DICIONÁRIO LABORAL

autores

AMANDA SALINA DE MENEZES
APARECIDA CAROLINE LEÃO ARAÚJO
BEATRIZ REGINA ANDRADE DE OLIVEIRA
CAIO RANGEL FINOCCHIARO GHIBERTI
CRISTIANE DE SOUZA PEREIRA
FILIPE DOS SANTOS SILVA
LAÍS CRISTIANE PEREIRA
LUCIANO DE CAMPOS PUPO CESAR DIAS
NATALLIA LIMA SOUZA
RICARDO AUGUSTO NOGUEIRA
SUELEN CAMILA CAMPOS COELHO BONAFÉ
VINICIUS MOTA DE JESUS
WILLIAN GONÇALVES FERREIRA

coordenadores

LEONE PEREIRA
MARCOS SCALERCIO
RENATO MONTEIRO SANTIAGO

CASA DO DIREITO

Diretor Editorial | Gustavo Abreu
Diretor Administrativo | Júnior Gaudereto
Diretor Financeiro | Cláudio Macedo
Logística | Vinícius Santiago
Comunicação e Marketing | Giulia Staar
Assistente de Marketing | Carolina Pires
Assistente Editorial | Matteos Moreno e Sarah Júlia Guerra
Designer Editorial | Gustavo Zeferino e Luís Otávio Ferreira
Revisão | Lorena Camilo

Dados Internacionais de Catalogação na Publicação (CIP) de acordo com ISBD

D546 Dicionário Laboral / Amanda Salina De Menezes ... [et al.] ; organizado por Leone Pereira, Marcos Scalercio, Renato Monteiro Santiago. - Belo Horizonte, MG : Casa do Direito, 2022.
718 p. ; 15,5cm x 22,5cm.

ISBN: 978-65-5932-149-0

1. Direito. 2. Dicionário Laboral. I. Menezes, Amanda Salina de. II. Araújo, Aparecida Caroline Leão. III. Oliveira, Beatriz Regina Andrade de. IV. Ghiberti, Caio Rangel Finocchiaro. V. Pereira, Cristiane de Souza. VI. Silva, Filipe dos Santos. VII. Pereira, Laís Cristiane. VIII. Dias, Luciano de Campos Pupo Cesar. IX. Souza, Natallia Lima. X. Nogueira, Ricardo Augusto. XI. Bonaf, Suelen Camila Campos Coelho. XII. Jesus, Vinicius Mota de. XIII. Ferreira, Willian Gon Alves. XIV. Pereira, Leone. XV. Scalercio, Marcos. XVI. Santiago, Renato Monteiro. XVII. Título.

CDD 340
2022-325 CDU 34

Elaborado por Vagner Rodolfo da Silva - CRB-8/9410

Índice para catálogo sistemático:
1. Direito 340
2. Direito 34

Belo Horizonte - MG
Rua Magnólia, 1086
Bairro Caiçara
CEP 30770-020
Fone 31 3327-5771
contato@editoraletramento.com.br
editoraletramento.com.br
casadodireito.com

Grupo Editorial LETRAMENTO
CASA DO DIREITO
Casa do Direito é o selo jurídico do Grupo Editorial Letramento

SUMÁRIO

SOBRE OS AUTORES

COORDENADORES

PROF. DR. LEONE PEREIRA é Sócio e Advogado Trabalhista do Escritório Leone Pereira Advogados (LPA). Pós-Doutor em Direito pela Universidade de Coimbra/Portugal. Pós-Doutor em Direito pela Universidade de Santiago de Compostela/Espanha. Doutor e Mestre em Direito pela PUC/SP. Especialista em Direito pela Universidade Cândido Mendes/RJ. Professor de Direito do Trabalho (Individual e Coletivo), de Direito Processual do Trabalho e de Prática Trabalhista. Autor de Obras e Artigos Jurídicos. Palestrante. Coordenador da Área Trabalhista e Professor do Damásio Educacional. Professor do Ibmec/SP. Conselheiro Efetivo da OAB/SP. Titular da Cadeira n. 19 da Academia Brasileira de Direito da Seguridade Social (ABDSS). Coordenador e Professor do Núcleo Trabalhista Leone Pereira do INIEC (Instituto Internacional de Educação Continuada). Coordenador e Professor da Pós Trabalhista online da FAAP (Fundação Armando Alvares Penteado). Membro do GETRAB-USP (Grupo de Estudos de Direito Contemporâneo do Trabalho e da Seguridade Social da Faculdade de Direito da Universidade de São Paulo).

Instagram: @professorleonepereira

E-mail: professorleonepereira@gmail.com

MARCOS SCALERCIO é Juiz do Trabalho da 2ª Região (SP). Aprovado nos concursos para a Magistratura do Trabalho dos TRTs da 1ª e da 24ª Região. Mestrando pela Pontifícia Universidade Católica de São Paulo (PUC/SP), pós-graduado em Direito e Processo do Trabalho. Professor de Direito do Trabalho, de Direito Processual do Trabalho e Prática Trabalhista do Damásio Educacional, professor convidado para ministrar palestras nas Escolas Judiciais dos TRTs da 1ª, 2ª, 5ª, 7ª e 17ª Região, palestrante, autor de obras jurídicas.

Instagram: @marcosscalercio

RENATO MONTEIRO SANTIAGO é Sócio e Advogado do Escritório Monteiro Santiago Sociedade de Advogados. Professor de Direito do Trabalho, de Direito Processual do Trabalho e Prática Trabalhista do Damásio Educacional, autor de obras e artigos Jurídicos.

Instagram: @renatomsantiago

COLABORADORES

AMANDA SALINA DE MENEZES

Advogada com especialização em Direito do Trabalho e Processo do Trabalho, especialista em Direito Digital, ambas pela Faculdade Damásio de Jesus. Professora assistente em Direito e Processo do Trabalho. Membro da Comissão de Direito do Trabalho (OAB/SP) Coautora de livros e escritora de artigos jurídicos.

APARECIDA CAROLINE LEÃO ARAÚJO

Advogada. Mestranda em Direito do Trabalho na Pontifícia Universidade Católica de São Paulo (PUC-SP), bacharel em Direito pela Faculdade de Direito Damásio, formada com honra e mérito acadêmico, 1º lugar da XX Turma. Especialista em Gestão Educacional, Direito Processual Civil e Constitucional pelo Grupo Damásio Educacional. Bacharel em Ciências Biológicas pela Universidade de São Paulo, com iniciação científica em Neurociências e Comportamento, financiada pela FAPESP. Licenciada pela Faculdade de Educação da Universidade de São Paulo. Palestrante e professora há aproximadamente dez anos. Atualmente, trabalha como professora tutora da pós-graduação em Direito e Processo do Trabalho no Grupo Damásio Educacional.

BEATRIZ REGINA ANDRADE DE OLIVEIRA

Advogada, professora tutora do Damásio Educacional, bacharel em Direito pela Faculdade Metropolitana Unidas (FMU), especializada em Gestão e Business Law pela Fundação Getúlio Vargas (FGV), pós-graduanda em Direito e Processo do Trabalho pela Universidade Presbiteriana Mackenzie e em Direito e Processo Previdenciário pelo Complexo Educacional Damásio de Jesus.

CAIO RANGEL FINOCCHIARO GHIBERTI

Advogado, professor tutor do Damásio Educacional, pós-graduado em Direito Material do Trabalho e Direito Processual do Trabalho pelo Damásio Educacional, graduado pela Faculdade Metropolitana Unidas (FMU).

CRISTIANE DE SOUZA PEREIRA

Advogada, professora tutora do Damásio Educacional, pós-graduada em Direito e Processo do Trabalho, bacharel em Direito pela Universidade Paulista (Unip).

FILIPE DOS SANTOS SILVA

Advogado, doutorando em Direito na Universidade de São Paulo (USP), Mestre em Direito do Trabalho na Pontifícia Universidade Católica de São Paulo (PUC-SP), especialista em Direitos Fundamentais e Humanos na Universidade Católica do Porto (Portugal), pós-graduado em Direito Constitucional Aplicado e em Direito e Processo do Trabalho na instituição Damásio Educacional. Professor tutor do Damásio Educacional, Professor Monitor na Universidade de São Paulo (USP) e na Pontifícia Universidade Católica de São Paulo (PUC-SP). Membro do Grupo de Estudos de Direito Contemporâneo do Trabalho e da Seguridade Social da Faculdade de Direito na Universidade de São Paulo (GETRAB-USP), pesquisador e palestrante.

LAÍS CRISTIANE PEREIRA

Advogada, consultora jurídica, professora tutora do Damásio Educacional. Especialista em Direito e Processo do Trabalho pelo Centro Universitário Salesiano (Unisal) e em Direito e Processo Previdenciário pelo Instituto Damásio de Direito (IBMEC), pós- graduanda em Compliance e Direito Digital pela Pontifícia Universidade Católica de São Paul (PUC/SP).

LUCIANO DE CAMPOS PUPO CESAR DIAS

Advogado, professor tutor do Damásio Educacional. Pós-graduado em Direito Administrativo e Constitucional pela escola Paulista de Direito (EPD), em Direito Previdenciário e Processo Previdenciário pelo Damásio Educacional (IBMEC).

NATALLIA LIMA SOUZA

Advogada, professora tutora do Damásio Educacional, sócia no Escritório Lima Souza Sociedade de Advocacia. Pós-graduanda em Direito e Processo do Trabalho, e em Direito Digital e LGPD, pós-graduada em Direito e Processo Eleitoral.

RICARDO AUGUSTO NOGUEIRA

Advogado, professor Tutor em Direito e Processo do Trabalho. Pós-Graduado em Direito Processual Civil pela Pontificia Universidade Católica de Minas Gerais (PUC/MG), mestrando em Direito Processual Constitucional pela Universidad Nacional de Lomas De Zamora (UNLZ). Membro Efetivo da Comissão de Diversidade Sexual (OAB/SP) e da Associação Brasileira de Direito Processual Constitucional.

SUELEN CAMILA CAMPOS COELHO BONAFÉ

Advogada, professora tutora do Damásio Educacional. Pós-graduada em Direito e Processo do Trabalho pelo Complexo Educacional Damásio de Jesus, bacharel em Ciências Jurídicas pela Universidade de Taubaté (UNITAU/SP).

VINICIUS MOTA DE JESUS

Advogado, Mestre em Direitos Humanos pela Universidade de São Paulo (USP), pós-Graduado em Direito do Trabalho e Processo do Trabalho pela Faculdade Damásio de Jesus. Processor de Direito do Trabalho, Processo do Trabalho e Direito Previdenciários nos cursos preparatórios e da pós-graduação do Damásio Educacional. Professor convidado nos programas de pós-graduação da Faculdade de Direito de São Bernardo do Campo, da Faculdade de Direito de Franca e do Damásio Educacional. Palestrante, autor de obras jurídicas.

WILLIAN GONÇALVES FERREIRA

Advogado, consultor jurídico, professor tutor do Damásio Educacional. Doutorando e Mestre em Direito pela Pontifícia Universidade Católica de São Paulo (PUC-SP), especialista em Direito e Processo do Trabalho pela PUC-SP.

APRESENTAÇÃO

Temos o imenso prazer de apresentar o *Dicionário Laboral*. O Direito Laboral consiste em um conjunto de princípios e regras que regulam as relações sociais envolvendo as empresas, os empregados e a Previdência Social. Abrange, portanto, as normas de Direito do Trabalho e Previdenciário.

A estreita relação entre o Direito do Trabalho e o Direito Previdenciário – devido ao intenso diálogo entre essas fontes normativas – exige uma expertise cada vez maior dos estudantes e dos profissionais atuantes na área laboral, a fim de solucionar as contingências daí decorrentes. A par disto, criamos o *Dicionário Laboral*, reunindo mais de seiscentos vocábulos de Direito do Trabalho, Direito Previdenciário, Direito Processual do Trabalho e Direito Processual Previdenciário, com vistas a propiciar uma correta compreensão dos termos, princípios, regras e institutos jurídicos dessas matérias. Procuramos utilizar uma linguagem simples, objetiva e precisa, apresentando as definições, sinônimos e exposição dos vocábulos de forma didática na tentativa de facilitar os estudos, transcrevemos as principais bases legais ao final de cada definição.

Sob a coordenação dos experientes Professores Leone Pereira e Marcos Scalercio – juntamente com o professor Renato Santiago – a elaboração do primeiro volume contou com a colaboração dos integrantes da equipe de professores da área trabalhista do Damásio Educacional: Vinicius Mota de Jesus, Beatriz Oliveira, Caio Rangel, Caroline Araújo, Cristiane Pereira, Filipe dos Santos, Laís Pereira, Luciano Dias, Natallia Lima, Ricardo Nogueira, Suellen Bonafé, Willian Gonçalves, além da advogada Amanda Salina.

Esperamos que este dicionário se torne o seu companheiro de estudos ou trabalho, auxiliando na pesquisa e na compreensão dos mais variados temas da área laboral.

PROF. DR. LEONE PEREIRA

PROF. MARCOS SCALERCIO

PROF. RENATO MONTEIRO SANTIAGO

A

ABANDONO DE EMPREGO. *Dir. Trab.*

É a falta grave praticada pelo empregado em virtude da ausência injustificada ao serviço por período igual ou superior a 30 dias. A prestação do serviços é a principal obrigação do empregado no contrato de trabalho. Por essa razão, quando o empregado deixa de cumprir essa obrigação, torna insustentável a manutenção do vínculo empregatício e possibilita a ruptura do contrato de trabalho pelo empregador. A doutrina e a jurisprudência majoritária exigem a demonstração de dois requisitos para a configuração do abandono de empregado:

- elemento objetivo, a ausência continuada e injustificada ao serviço por período igual ou superior a 30 dias;
- elemento subjetivo, o *animus abandonandi*, isto é, a intenção do empregado de não prestar mais serviços ao empregador.[1] **É importante destacar que as faltas injustificadas devem ser ininterruptas, contínuas, pois, se forem descontínuas ou intercaladas, estaremos diante de outra hipótese de justa causa: a desídia.**

BASE LEGAL:

CLT, Art. 482 – Constituem justa causa para rescisão do contrato de trabalho pelo empregador: [...] i) abandono de emprego.

Súmula nº 32 do TST. ABANDONO DE EMPREGO. Presume-se o abandono de emprego se o trabalhador não retornar ao serviço no prazo de 30 (trinta) dias após a cessação do benefício previdenciário nem justificar o motivo de não o fazer.

1 Delgado, 2019, p.

ABONO SALARIAL. *Dir. Trab.*

Os abonos segundo a doutrina e jurisprudência majoritária consiste em uma antecipação pecuniária realizada pelo empregador ao empregado, ou seja, trata-se de um adiantamento salarial, é uma antecipação do pagamento de salários, eventual, não continuo, para atender determinadas situações de perda do poder aquisitivo do salário.[2]

Sabemos que a Remuneração é o gênero composto por duas espécies, o Salário e as Gorjetas (R = S+G), ambas parcelas são dotadas de habitualidade. Ou seja, são paga, em regra, mensalmente contendo uma média de valores, permitindo assim que o empregado se organize financeiramente com base no valor médio que ele recebe. Por outro lado, o abono salarial possui natureza temporária, não podendo o empregado contar com aquele valor por muito tempo, desta forma, não faz sentido a integralização deste pagamento à sua remuneração, devendo ser considerado uma verba de natureza indenizatória, ou seja, não gerará reflexos nas demais verbas rescisórias.

Exceção: Se estas parcelas forem pagas em dinheiro e de forma habitual, poderão ser incorporadas ao salário e consequentemente refletiram nas demais verbas trabalhistas, não obstante, se forem convencionadas em acordo ou convenção coletiva, também poderão ser consideradas parcelas de natureza salarial.

BASE LEGAL:

CLT, Art. 457 Compreendem-se na remuneração do empregado, para todos os efeitos legais, além do salário devido e pago diretamente pelo empregador, como contraprestação do serviço, as gorjetas que receber. : [...] §2º As importâncias, ainda que habituais, pagas a título de ajuda de custo, auxílio-alimentação, vedado seu pagamento em dinheiro, diárias para viagem, prêmios e abonos não integram a remuneração do empregado, não se incorporam ao contrato de trabalho e não constituem base de incidência de qualquer encargo trabalhista. OJ nº 346, SDI-1 do TST. ABONO PREVISTO EM NORMA COLETIVA. NATUREZA INDENIZATÓRIA. CONCESSÃO APENAS AOS EMPREGADOS EM ATIVIDADE. EXTENSÃO AOS INATIVOS. IMPOSSIBILIDADE. D.

---

2 NASCIMENTO, 1997, p.

25.04.2007. A decisão que estende aos inativos a concessão de abono de natureza jurídica indenizatória, previsto em norma coletiva apenas para os empregados em atividade, a ser pago de uma única vez, e confere natureza salarial a parcela, afronta art. 7°, XXVI, da CF/88.

ABERTURA NOS PISOS. *Dir. Trab.*

O piso salarial é o valor mínimo pago pelo empregador ao empregado em contraprestação pela hora trabalhada de acordo com cada categoria profissional, conforme determina a CF/88, em seu inciso V. Nas palavras do Ministro Mauricio Godinho Delgado: "Traduz o patamar mínimo de contratação em certa categoria, à luz do respectivo instrumento normativo."[3] O piso salarial pode ser instituído por meio de lei federal, convenção coletiva ou acordo coletivo de trabalho, devendo ser reajustado conforme disposição da própria norma e não podendo ser inferior ao salário mínimo vigente à época de sua contratação.

BASE LEGAL:

CF, Art. 7° , inciso IV da Constituição Federal: "São direitos dos trabalhadores urbanos e rurais, além de outros que visem à melhoria de sua condição social: salário mínimo,. : [...] V- piso salarial proporcional à extensão e à complexidade do trabalho; [...]."

ABONO DE FALTA. *Dir. Trab.*

É a comprovação apresentada pelo empregado com o objetivo de justificar a sua ausência ao trabalho e evitar o desconto nos salários. As faltas justificadas, a rigor, estão previstas na legislação trabalhista, sendo lícito ao empregado deixar de comparecer ao trabalho, sem prejuízo dos salários, em caso de falecimento de um parente (cônjuge, ascendente, descendente, irmão ou pessoa que viva sob a dependência econômica do trabalhador); celebração de casamento civil, nos dias que sucedem a cerimônia; alistamento eleitoral ou cumprimento de obrigações militares; realização de exames para o ingresso em curso de ensino superior, dentre outras situações. Também se admite o abono de faltas instituídas por meio de instrumento de negociação coletiva (acordo ou convenção coletiva de trabalho), regulamento empresarial, ou convencionada entre o empregado e o empregador, desde que consubstancie condição mais vantajosa ao empregado.

3 Delgado, 2019.

BASE LEGAL:

CLT, Art. 395 – Falta Justificada – aborto

CLT, Art. 473, VIII – Fata justificada – comparecimento à justiça.

CLT, 473, X – Falta justificada para levar o filho ao médico.

ABONO DE FÉRIAS (ABONO PECUNIÁRIO). *Dir. Trab.*

O gozo das férias é um direito constitucional do empregado por ser essencial para sua saúde e, consequentemente, para o seu rendimento empresarial. Assim como os descansos semanais remunerados, este é o momento em que o empregado usufrui do seu direito à desconexão, onde deixa suas obrigações trabalhistas de lado para se dedicar às outras áreas de sua vida, recompor suas energias e socializar.

Entretanto, é permitido pela legislação trabalhista vigente que o empregado, usufruindo de seu poder potestativo, venda parte de suas férias, é o que chamamos de abono de férias, abono pecuniário de férias ou apenas abono pecuniário.

O empregado, para que possa usufruir do abono celetista, deverá requere-lo em até 15 dias antes do término do período aquisitivo, e esta venda será limitada em até 1/3 dos dias que teria direito de gozar.

No caso de férias coletivas, não há direito potestativo do empregado, e muito menos do empregador, neste caso somente poderá ocorrer o abono pecuniário por meio de acordo coletivo. Artigo 143, §2º CLT.

Por fim, o abono de férias tem natureza jurídica indenizatória, por reparar o obreiro pelo não gozo da parcela de férias (ideia de ressarcimento),[4] e deve ser pago de forma global, ou seja, computando-se os 30 dias de férias + 1/3 constitucional.

BASE LEGAL:

CF, Art. 7º São direitos dos trabalhadores urbanos e rurais, além de outros que visem à melhoria de sua condição social: [...] XVII – gozo de férias anuais remuneradas com, pelo menos, um terço a mais do que o salário normal;

CLT, Art. 143 É facultado ao empregado converter 1/3 (um terço) do período de férias a que tiver direito em abono pecuniário, no valor da remuneração que lhe seria devida nos dias correspondentes. (Redação dada pelo Decreto-lei nº 1.535, de 13.4.1977 (Vide Lei nº 7.923, de 1989)

4 Delgado, 2017, p. 1182.

§ 1º – O abono de férias deverá ser requerido até 15 (quinze) dias antes do término do período aquisitivo. (Incluído pelo Decreto-lei nº 1.535, de 13.4.1977
§ 2º – Tratando-se de férias coletivas, a conversão a que se refere este artigo deverá ser objeto de acordo coletivo entre o empregador e o sindicato representativo da respectiva categoria profissional, independendo de requerimento individual a concessão do abono.

ABORTO. *Dir. Trab.*

O aborto é um tema muito polêmico em todo o mundo. Aqui, no Brasil, a pratica do aborto clandestino ainda é criminalizada, portanto, quando tratamos de direitos trabalhistas estamos falando dos casos de aborto legitimo, ocorrido espontaneamente ou nos casos permitidos em lei como para salvaguardar vida da mãe mediante atestado médico.

Sabemos que quando ocorre a morte de um ente próximo, temos a possibilidade de o empregado gozar da licença "nojo", que é uma das hipóteses de falta justificada (interrupção do contrato de trabalho), assim sendo, não haverá consequências no gozo das férias.

No caso do aborto legitimo, os legisladores tiveram o mesmo raciocínio, mas, claro, ponderando o sofrimento de uma mãe diante da perda de um filho e o tempo mínimo que esta deve ter para se reestruturar emocionalmente. Em nossa legislação atual, a CLT prevê o prazo de duas semanas para repouso, sem prejuízo de seu cargo e salário.

Como estamos diante de uma interrupção contratual, onde é ônus do empregador a manutenção dos pagamentos do contrato de trabalho, o Regulamento da Previdência Social prevê a compensação destes dias pagos pela empresa, uma vez que nos casos de aborto legítimo, será concedido o salário-maternidade mediante apresentação de atestado médico. [5]

BASE LEGAL:

CLT, Art.131 Não será considerada falta ao serviço, para os efeitos do artigo anterior, a ausência do empregado: [...] II – durante o licenciamento compulsório da empregada por motivo de maternidade ou aborto, observados os requisitos para percepção do salário-maternidade custeado pela Previdência Social.
CLT, Art. 395. m caso de aborto não criminoso, comprovado por atestado médico oficial, a mulher terá um repouso remunerado de 2 (duas) semanas, ficando-lhe assegurado o direito de retornar à função que ocupava antes de seu afastamento.

5 MOURA, 2018.

Decreto nº 3.048/1999, Art. 93 O salário-maternidade é devido à segurada da previdência social, durante cento e vinte dias, com início vinte e oito dias antes e término noventa e um dia depois do parto, podendo ser prorrogado na forma prevista no § 3º. [...] §5º Em caso de aborto não criminoso, comprovado mediante atestado médico, a segurada terá direito ao salário-maternidade correspondente a duas semanas.

ABREUGRAFIA. *Dir. Trab./Dir. Prev.*

A doença do trabalho é um tema muito polêmico na justiça do trabalho, uma vez que a comprovação da correlação da enfermidade com o ambiente laboral é complicada para o empregado, entretanto, do lado patronal, caso seja o ramo empresarial um ambiente que contribua para aquele tipo de doença, a desqualificação do nexo causal torna-se impossível.

Neste sentido, existem alguns exames que são obrigatórios quando da contratação de um empregado, para comprovação da aptidão de sua saúde mental e física para exercer determinada função. Estes exames também são úteis para tentar resguardar a empresa de uma possível responsabilidade objetiva de um empregado que já estava enfermo quando ocorreu sua contratação.

O exame abreugráfico era um deles, que consistia em uma radiografia do tórax em dimensões reduzidas, idealizada em 1936, pelo médico Manuel de Abreu, que visava a detecção da tuberculose em indivíduos aparentemente sadios, já que a doença é assintomática, em sua fase inicial.

Entretanto, a Lei 4.575/1981 retirou a obrigatoriedade que era prevista no artigo 168, §1º da CLT, por ser um exame muito caro e de grande exposição à radiação que poderia acarretar em outras enfermidades como leucemia e anemia, sendo, portanto, um exame médico facultativo nos dias de hoje, salvo por determinação pelo Ministério do Trabalho.

BASE LEGAL:

CLT, Art.168 Será obrigatório exame médico, por conta do empregador, nas condições estabelecidas neste artigo e nas instruções complementares a serem expedidas pelo Ministério do Trabalho: (Redação dada pela Lei nº 7.855, de 24.10.1989)

I – a admissão;

II – na demissão;

III – periodicamente.

§ 1º – O Ministério do Trabalho baixará instruções relativas aos casos em que serão exigíveis exames:
a) por ocasião da demissão;
b) complementares.
§ 2º – Outros exames complementares poderão ser exigidos, a critério médico, para apuração da capacidade ou aptidão física e mental do empregado para a função que deva exercer.

AÇÃO ANULATÓRIA. *Dir. Trab.*

A ação anulatória está prevista no código de processo civil e consistem em levar ao poder judiciário a discussão sobre um ato eivado de vícios, para que este seja declarado nulo, tornando-o inválido. Na justiça do trabalho as ações declaratórias de nulidades possuem natureza constitutiva negativa, ou seja, seu objetivo é retirar a clausula ilegal do contrato individual, acordo ou convenção coletiva, para que está não produza mais efeitos em relação as partes contratantes ou terceiros. Esta ação é proposta, em regra, pelo Ministério Público do Trabalho, que detém legitimidade ativa por força de lei, em matérias de direito coletivo de trabalho, na condição de *custos legis*, mediante denúncia, ou quando toma conhecimento de cláusula isolada em contratos individuais de trabalho que viole direitos indisponíveis dos trabalhadores (jornada de trabalho acima da legalmente permitida, salário inferior ao mínimo legal, redução salarial injustificada).[6]

BASE LEGAL:
Lei Complementar nº 75/1993, Art.83 . Compete ao Ministério Público do Trabalho o exercício das seguintes atribuições junto aos órgãos da Justiça do Trabalho: [...] IV – propor as ações cabíveis para declaração de nulidade de cláusula de contrato, acordo coletivo ou convenção coletiva que viole as liberdades individuais ou coletivas ou os direitos individuais indisponíveis dos trabalhadores.

AÇÃO CIVIL PÚBLICA. *Dir. Trab.*

Existe uma grande divergência doutrinária sobre o conceito da ação civil pública. Para uns, ela é o "[...] direito expresso em lei de fazer atuar, na esfera civil, em defesa do interesse público, a função jurisdicional."[7] Também há quem conceitue a ação civil pública como "[...]

6 LEITE, 2017.

7 MEIRELLES, 2008, p. 142.

instrumento processual adequado para reprimir ou impedir danos ao meio ambiente, ao consumidor, a bens e direitos de valor artístico, histórico, turístico e paisagístico e por infrações da ordem econômica."[8]

Em âmbito da justiça do trabalho, a ação civil pública visa proteger o meio ambiente laboral, é um dos principais instrumentos para a proteção dos princípios, direitos e interesses coletivos dos trabalhadores.

Possuem legitimidade *ad causam* desta ação: Ministério Público do Trabalho, a União, os Estados, o Distrito federal, os Municípios, as entidades e órgãos da Administração pública (direta e indireta), as associações, a OAB, e a Defensoria pública da União e dos Estados, que podem atuar em defesa de direitos individuais ou homogêneos.

Entretanto, no caso de diretos difusos, a doutrina majoritária entende que apenas o Ministério Público do Trabalho (MPT) possui essa legitimidade.

BASE LEGAL:

CF. Art. 129, São funções institucionais do Ministério Público: – promover o inquérito civil e a ação civil pública, para a proteção do patrimônio público e social, do meio ambiente e de outros interesses difusos e coletivos; §1ª A legitimação do Ministério Público para as ações civis previstas neste artigo não impede a de terceiros, nas mesmas hipóteses, segundo o disposto nesta Constituição e na lei.

LACP. Art. 5º Têm legitimidade para propor a ação principal e a ação cautelar:

I – o Ministério Público;

II – a Defensoria Pública;

III – a União, os Estados, o Distrito Federal e os Municípios; IV – a autarquia, empresa pública, fundação ou sociedade de economia mista;

V – a associação.

Lei. 8.906/94, Art. 54. Compete ao Conselho Federal [...] XIV – ajuizar ação direta de inconstitucionalidade de normas legais e atos normativos, ação civil pública, mandado de segurança coletivo, mandado de injunção e demais ações cuja legitimação lhe seja outorgada por lei.

AÇÃO COLETIVA. *Dir. Trab.*

Os dissídios coletivos são ações coletivas distintas à defesa de interesses gerais e abstratos de categoria (profissional ou econômica), cujo objeto, via de regra, consiste na criação de novas normas (cláusulas) ou condições de trabalho mais benéficas do que as previstas em lei.[9] Na Justiça do Trabalho,

8 MEIRELLES, 2008, p. 142.

9 LEITE, 2017.

estas sentenças normativas podem desaguar em criações de novas normas trabalhistas por meio da manifestação do "poder normativo" do judiciário.

BASE LEGAL:
CF. Art. 114, Compete à Justiça do Trabalho processar e julgar: [...] §2º Recusando-se qualquer das partes à negociação coletiva ou à arbitragem, é facultado às mesmas, de comum acordo, ajuizar dissídio coletivo de natureza econômica, podendo a Justiça do Trabalho decidir o conflito, respeitadas as disposições mínimas legais de proteção ao trabalho, bem como as convencionadas anteriormente

AÇÃO DE CONSIGNAÇÃO EM PAGAMENTO. *Dir. Proc. Trab.*

A ação de consignação em pagamento constitui espécie de procedimento especial de jurisdição contenciosa, pelo qual o devedor objetiva, mediante o pagamento em consignação, o reconhecimento judicial da extinção da sua obrigação em face do seu credor.[10] É uma das espécies de petição inicial podendo ser proposta pelo empregado e pelo empregador. Este instrumento é utilizado na Justiça do Trabalho, em regra, pela empresa que objetiva efetuar o pagamento das verbas rescisórias de forma judicial, seja porque não localizou o empregado, ou porque há divergência sobre o valor a ser pago, consignando o pagamento em juízo, o empregador se esquiva da multa por atraso no pagamento das verbas rescisórias prevista no artigo 477 §8º da CLT. Poderá propor a ação de consignação de pagamento o empregador ou empregado que precisar entregar coisa certa, como seus pertences por exemplo ou entrega de uniformes a empresa. Esta ação está prevista no Código de Processo Civil, e é aplicada ao processo do trabalho por força do artigo 769 da CLT.

BASE LEGAL:
CPC Art. 539. Nos casos previstos em lei, poderá o devedor ou terceiro requerer, com efeito de pagamento, a consignação da quantia ou da coisa devida.
CLT. Art. 769 - Nos casos omissos, o direito processual comum será fonte subsidiária do direito processual do trabalho, exceto naquilo em que for incompatível com as normas deste Título.

10 LEITE, 2017.

AÇÃO DE CUMPRIMENTO. *Dir. Proc. Trab.*

É uma ação típica do Código de Processo Civil que visa satisfazer o título de execução judicial, dando início a fase do cumprimento de sentença no processo. Na justiça do trabalho, o segundo passo após a fase de conhecimento é o que chamamos de fase executória, nos casos de sentença condenatória por quantia certa, nós temos procedimento próprio é que dispõe o artigo 890 da CLT.[11]

Entretanto, no caso de dissídios coletivos em face das sentenças condenatórias que visam obrigação de fazer , não fazer e entregar coisa certa, por exemplo, cumprimento de clausulas constantes dos instrumentos normativos coletivos, não existe previsão legal em nosso diploma normativo juslaborativo, e diante desta lacuna, aplicamos o cumprimento de sentença por força do artigo 769 da CLT e 15 do CPC.

BASE LEGAL:

CLT, Art. 651. A competência das Juntas de Conciliação e Julgamento é determinada pela localidade onde o empregado, reclamante ou reclamado, prestar serviços ao empregador, ainda que tenha sido contratado noutro local ou no estrangeiro

CLT, Art. 872. Celebrado o acordo, ou transitada em julgado a decisão, seguir-se-á o seu cumprimento, sob as penas estabelecidas neste Título.

CLT, Art. 889. Aos trâmites e incidentes do processo da execução são aplicáveis, naquilo em que não contravierem ao presente Título, os preceitos que regem o processo dos executivos fiscais para a cobrança judicial da dívida ativa da Fazenda Pública Federal.

CLT, Art. 890. A execução para pagamento de prestações sucessivas far-se-á com observância das normas constantes desta Seção, sem prejuízo das demais estabelecidas neste Capítulo.

CLT. Art. 769 . Nos casos omissos, o direito processual comum será fonte subsidiária do direito processual do trabalho, exceto naquilo em que for incompatível com as normas deste Título.

CPC. Art. 15. Na ausência de normas que regulem processos eleitorais, trabalhistas ou administrativos, as disposições deste Código lhes serão aplicadas supletiva e subsidiariamente.

CPC. Art. 536. No cumprimento de sentença que reconheça a exigibilidade de obrigação de fazer ou de não fazer, o juiz poderá, de ofício ou a requerimento, para a efetivação da tutela específica ou a obtenção de tutela pelo resultado prático equivalente, determinar as medidas necessárias à satisfação do exequente.

---

11 LEITE, 2017.

AÇÃO DECLARATÓRIA. *Dir. Proc. Trab.*

É uma ação com escopo de reconhecer judicialmente determinada existência ou inexistência de uma relação jurídica. Na Justiça do Trabalho, este instrumento é utilizado para requerer o reconhecimento do vínculo empregatício pelo poder judiciário, para que esta decisão possa refletir seus efeitos em outras esferas, como por exemplo, na esfera previdenciária. A ação declaratória, por ser uma ação de reconhecimento de direito, não tem natureza condenatória, e é imprescritível para anotação da CTPS.

Por fim, é importante ressaltar o entendimento da OJ 276 da SDI-1, que determina ser incabível a ação declaratória que visa a declaração do vínculo empregatício para complementação da aposentadoria se, na época, não tiver ainda atendido os requisitos necessários para a aquisição do direito.

BASE LEGAL:

CLT, Art. 11. A pretensão quanto a créditos resultantes das relações de trabalho prescreve em cinco anos para os trabalhadores urbanos e rurais, até o limite de dois anos após a extinção do contrato de trabalho. [...] § 1º O disposto neste artigo não se aplica às ações que tenham por objeto anotações para fins de prova junto à Previdência Social

Súmula 242, STJ. cabe ação declaratória para reconhecimento de tempo de serviço para fins previdenciários.

OJ 276, SDI-1, TST. É incabível ação declaratória visando a declarar direito à complementação de aposentadoria, se ainda não atendidos os requisitos necessários à aquisição do direito, seja por via regulamentar, ou por acordo coletivo.

AÇÃO DIRETA DE INCONSTITUCIONALIDADE. *Dir. Const.*

É a ação que visa atacar a inconstitucionalidade de uma determinada lei ou ato normativo emanado pelo poder público. Integra o controle concentrado de constitucionalidade. Ajuizada perante alguns poucos tribunais (Tribunal de Justiça do Estado e principalmente, o Supremo Tribunal Federal), tem o objetivo de, mesmo sem existir em caso concreto, apreciar a constitucionalidade destas leis e atos normativos do poder público.[12] Os legitimados para propor esta ação estão elencados no artigo 103, CF.

BASE LEGAL:

CF, Art. 102. Compete ao Supremo Tribunal Federal, precipuamente, a guarda da Constituição, cabendo-lhe: I – processar e julgar, originariamente: [...], a) a ação direta de inconstitucionalidade de lei ou ato norma-

12 Nunes Junior, 2018.

tivo federal ou estadual e a ação declaratória de constitucionalidade de lei ou ato normativo federal; (Redação dada pela Emenda Constitucional nº 3, de 1993).
CF, Art. 103 – o Presidente da República;
II – a Mesa do Senado Federal;
III – a Mesa da Câmara dos Deputados;
IV – a Mesa de Assembleia Legislativa;
(Revogado)
IV – a Mesa de Assembleia Legislativa ou da Câmara Legislativa do Distrito Federal; (Redação dada pela Emenda Constitucional nº 45, de 2004)
V – o Governador de Estado;
(Revogado)
V – o Governador de Estado ou do Distrito Federal; (Redação dada pela Emenda Constitucional nº 45, de 2004)
VI – o Procurador-Geral da República;
VII – o Conselho Federal da Ordem dos Advogados do Brasil;
VIII – partido político com representação no Congresso Nacional;
IX – confederação sindical ou entidade de classe de âmbito nacional.

AÇÃO EXECUTIVA. *Proc. Civ.*

Trata-se de um instrumento processual que permite ao credor requerer a realização coativa do credito, que é de sua titularidade. Uma das providencias da ação executiva é a penhora de bens ou rendimentos do devedor. Ocorre que, não é aplicável à Justiça do Trabalho, uma vez que conforme o artigo 889, da CLT, temos procedimentos próprios em casos de execução perante a justiça do trabalho, aplicando em casos de lacuna, a lei de execução fiscal.

BASE LEGAL:

CLT, Art. 889. Aos trâmites e incidentes do processo da execução são aplicáveis, naquilo em que não contravierem ao presente Título, os preceitos que regem o processo dos executivos fiscais para a cobrança judicial da dívida ativa da Fazenda Pública Federal.
CLT, Art. 890. A execução para pagamento de prestações sucessivas far-se-á com observância das normas constantes desta Seção, sem prejuízo das demais estabelecidas neste Capítulo.

AÇÃO MONITÓRIA. *Proc. Civil.*

É o instrumento processual que pode ser utilizado pelo credor de quantia certa, de coisa fungível ou infungível, ou de coisa móvel ou imóvel, e o adimplemento de obrigação de fazer ou não fazer, demonstrada em prova escrita sem eficácia de título executivo judicial, com o intuito de obter judicialmente a imediata expedição de mandado judicial de pagamento ou entrega dos atinentes créditos.[13] Por ser uma ação prevista no CPC, a doutrina juslaboral diverge sobre sua aplicação no processo do trabalho. A corrente que defende sua aplicabilidade sustenta sua ideia pelo princípio da celeridade processual e economia processual. Corrente contrária sustenta que o processo do trabalho não comporta a execução de títulos extrajudiciais e, por isso, não se cogitaria a execução de algo que não é título. Sustentam também que existem procedimentos que inviabilizariam a possibilidade de conciliação. Entretanto, a jurisprudência é pacífica no que tange ao reconhecimento da aplicabilidade desta via que objetiva a eficácia executiva a documentos escritos que não possuam e que decorram das relações de trabalho, sendo, portanto, competência da justiça do trabalho.

BASE LEGAL:

Jurisprudência:

AÇAO MONITÓRIA. PROCESSO DO TRABALHO. COMPATIBILIDADE. A ação monitória, cujo escopo é a rápida formação do título executivo, mostra-se absolutamente compatível no processo laboral, na medida em que respeita os princípios fundamentais que formam a ciência processual especial, com destaque para a celeridade, economia e aproveitamento dos atos processuais. Desse modo, não havendo disciplina própria no campo do processo do trabalho para a formação expedita do título executivo, não há que se falar na não aplicação supletiva do direito processual comum. (TRT 15ª Região. RO 027147 ANO: 2000 Rel. Juiz Luís Carlos Cândido Martins Sotero da Silva. DOE -03/03/2001).

AÇAO MONITÓRIA. COMPATIBILIDADE COM O PROCESSO DO TRABALHO. CONSTITUIÇÃO DO TÍTULO EXECUTIVO JUDICIAL. Evidente a compatibilidade da ação monitória com a Justiça do Trabalho, que necessita de rápida solução da lide, considerando-se que, geralmente, o polo ativo é formado pelo hipossuficiente. Citada a reclamada para pagar a importância requerida ou apresentar embargos monitórios, mantendo-se inerte, constitui-se de pleno direito o título executivo judicial. (TRT 2ª Região. AP nº Relª. Juíza Maria Aparecida Duenhas. DOE/SP -18/10/2002).

INEXISTE INCOMPATIBILIDADE ENTRE O INSTITUTO DA AÇÃO MONITÓRIA E O PROCESSO TRABALHISTA. NADA OBSTA O CABIMENTO DA AÇÃO MONITÓRIA, PORQUANTO UMA DAS FINALIDADES DO INSTITUTO RESIDE NA CONSECUÇÃO DE UM TÍTULO EXECUTIVO JUDICIAL. Como o procedimento monitório tem por base prova escrita sem eficácia de título executivo e seu objeto é a constituição de um título judicial para o prosseguimento da execução por quantia certa, inapli-

13 SARAIVA, 2016.

cável o art. 467, da CLT, por ser incompatível com o objeto perseguido. (TRT 15ª R. – ROPS 01273-2003-118-15-00-7, Relator: Juiz Edison Giurno, j. 28.1.2005)

AÇÃO PLÚRIMA. *Proc. Civil.*

Consiste em ações que figure mais de uma pessoa no polo ativo e no polo passivo, também conhecido como litisconsorte ativo, onde há mais de um autor, e litisconsortes passivo, onde há mais de um réu. Na justiça do trabalho, quando o juiz identificar que existem várias reclamações trabalhistas com a mesma identidade de matéria, com empregados do mesmo estabelecimento, poderá cumular todas em uma só, convertendo, portanto, em uma ação plúrima.

BASE LEGAL:

CLT, Art. 842. Sendo várias as reclamações e havendo identidade de matéria, poderão ser acumuladas num só processo, se se tratar de empregados da mesma empresa ou estabelecimento.

AÇÃO REGRESSIVA. *Proc. Civil.*

É a ação que tem como objetivo de pretensão indenizatória com pedido de ressarcimento por prejuízos causados por terceiros. No âmbito laboral, este instrumento é muito utilizado pelo Instituto Nacional do Seguro Social (INSS) contra empregados que deram causa a acidentes de trabalho por deixarem de cumprir as normas de segurança e saúde do trabalho. Outro exemplo, é o caso de ação regressiva de empreiteiro em fazer do subempreiteiro visando o ressarcimento dos prejuízos causados na obra.

BASE LEGAL:

CPC, Art. 934. Aquele que ressarcir o dano causado por outrem pode reaver o que houver pago daquele por quem pagou, salvo se o causador do dano for descendente seu, absoluta ou relativamente incapaz.
Lei 8.8213/91, Art. 120. Nos casos de negligência quanto às normas padrão de segurança e higiene do trabalho indicados para a proteção individual e coletiva, a Previdência Social proporá ação regressiva contra os responsáveis.
CLT, Art. 455. Nos contratos de subempreitada responderá o subempreiteiro pelas obrigações derivadas do contrato de trabalho que celebrar, cabendo, todavia, aos empregados, o direito de reclamação contra o empreiteiro principal pelo inadimplemento daquelas obrigações por parte do primeiro.
Parágrafo único – Ao empreiteiro principal fica ressalvada, nos termos da lei civil, ação regressiva contra o subempreiteiro e a retenção de importâncias a este devidas, para a garantia das obrigações previstas neste artigo.

AÇÃO RESCISÓRIA. *Proc. Civil.*

A ação rescisória pode ser conceituada como a ação de procedimento especial que tem como escopo a desconstituição da coisa julgada material, nas hipóteses expressamente previstas no ordenamento jurídico.[14]

Para que possamos entender melhor o conceito de ação rescisória, é importante definirmos sobre o que se trata a coisa julgada. O instituto da coisa julgada é um gênero que comporta duas espécies, a coisa julgada formal e a coisa julgada material. O primeiro consiste no encerramento em definitivo de um processo de maneira técnica, ou seja, não houve solução da matéria que foi levada ao judiciário, e sim, do processo em si. Já a coisa julgada material, consiste na decisão definitiva de uma matéria ventilada na fase de conhecimento, trazendo uma solução definitiva e, em regra, intocável. Desta forma, estabiliza-se as relações jurídicas e sociais, fundamentais para qualquer Estado Democrático de Direito, respeitando assim o princípio constitucional da segurança jurídica. Para que seja ajuizado uma ação rescisória, são necessários dois requisitos cumulativos, quais sejam: sentença ou acordão de mérito e trânsito em julgado, e as hipóteses são taxativas e estão elencadas no artigo 966 do Código de Processo Civil, e é compatível e aplicada ao processo do trabalho por força do artigo 769 da CLT e 15 do CPC.

BASE LEGAL:

CPC, Art. 966. A decisão de mérito, transitada em julgado, pode ser rescindida quando:

I – se verificar que foi proferida por força de prevaricação, concussão ou corrupção do juiz;

II – for proferida por juiz impedido ou por juízo absolutamente incompetente;

III – resultar de dolo ou coação da parte vencedora em detrimento da parte vencida ou, ainda, de simulação ou colusão entre as partes, a fim de fraudar a lei;

IV – ofender a coisa julgada;

V – violar manifestamente norma jurídica;

VI – for fundada em prova cuja falsidade tenha sido apurada em processo criminal ou venha a ser demonstrada na própria ação rescisória;

VII – obtiver o autor, posteriormente ao trânsito em julgado, prova nova cuja existência ignorava ou de que não pôde fazer uso, capaz, por si só, de lhe assegurar pronunciamento favorável;

VIII – for fundada em erro de fato verificável do exame dos autos.

CPC, Art. 967. 967. Têm legitimidade para propor a ação rescisória:

---

14 PEREIRA, 2018, p. 996.

I – quem foi parte no processo ou o seu sucessor a título universal ou singular;
II – o terceiro juridicamente interessado;
III – o Ministério Público.

ACIDENTE DO TRABALHO. *Dir. Trab.*

Conforme dispõe o art. 19 da Lei nº 8.213/91, "[...] acidente de trabalho é o que ocorre pelo exercício do trabalho a serviço da empresa ou pelo exercício do trabalho dos segurados referidos no inciso VII do art. 11 desta lei, provocando lesão corporal ou perturbação funcional que cause a morte ou a perda ou redução, permanente ou temporária, da capacidade para o trabalho."

Ao lado da conceituação supracitada, de acidente de trabalho típico, por expressa determinação legal, as doenças profissionais e/ou ocupacionais equiparam-se a acidentes de trabalho. Os incisos do art. 20 da Lei nº 8.213/91 as conceitua:

- doença profissional, assim entendida a produzida ou desencadeada pelo exercício do trabalho peculiar a determinada atividade e constante da respectiva relação elaborada pelo Ministério do Trabalho e da Previdência Social;
- doença do trabalho, assim entendida a adquirida ou desencadeada em função de condições especiais em que o trabalho é realizado e com ele se relacione diretamente, constante da relação mencionada no inciso I.

O acidente do trabalho gera no contrato de trabalho o fenômeno da interrupção do contrato de trabalho e a suspensão. Nos primeiros 16 dias estamos diante da interrupção, uma vez que o trabalhador recebe, mas não está trabalhando. Após este período, o empregado é encaminhado à previdência social para ser afastado, neste período ocorre a suspensão contratual *suis generis*, uma vez que apesar de não haver o trabalho e o pagamento deste, ainda preservam-se o deposito do FGTS, o computo do período de afastamento para efeitos de indenização e a estabilidade celetista.

BASE LEGAL:
Lei nº 8.213/91, art. 19 e 20 (Supracitado).

ACIDENTE FERROVIÁRIO. *Dir. Trab.*

O acidente ferroviário é aquele em que envolve um ou mais trens durante sua operação em ferrovias. Quando analisamos este tipo de acidente pela ótica trabalhista, podemos extrair algumas discussões, por exemplo. No caso de um acidente ferroviário, quem é o responsável pelos danos causados? O empregado, o empregador?

Pra responder esta pergunta, temos que começar a pensar sobre a responsabilidade da empresa em relação aos seus empregados, que em determinada ocasião é objetiva, mas em outras é subjetiva.

O Código Civil traz a obrigatoriedade do ressarcimento da empresa que contribuiu, de alguma forma, para ocorrência daquele acidente, por exemplo, um empregado que perde três dedos da sua mão direita em uma máquina que estava com defeito, neste caso, estamos diante de um acidente típico de trabalho. Agora, ao analisarmos um caso de acidente ferroviário, onde o empregado estava dormindo enquanto estava trabalhando, devido sua carga horária extensa e maior do que o permitido pela CF, neste caso, cabe ao empregador comprovar a culpa exclusiva da vítima para afastar a responsabilidade objetiva, e cabe ao empregado comprovar sua exaustão por culpa exclusiva da empresa.

BASE LEGAL:

CC, Art. 927. Aquele que, por ato ilícito (arts. 186 e 187), causar dano a outrem, fica obrigado a repará-lo. [...] Parágrafo único. Haverá obrigação de reparar o dano, independentemente de culpa, nos casos especificados em lei, ou quando a atividade normalmente desenvolvida pelo autor do dano implicar, por sua natureza, risco para os direitos de outrem.

CC, Art. 931. Ressalvados outros casos previstos em lei especial, os empresários individuais e as empresas respondem independentemente de culpa pelos danos causados pelos produtos postos em circulação

ACORDO(S). *Dir. Trab.*

A justiça do trabalho tem como um de seus objetivos a conciliação por meio do acordo entre as partes, que antes da reforma trabalhista ocorria apenas em audiência ou em câmaras de arbitragem. Hoje, com o advento da reforma trabalhista, criou-se outra forma de acordo que é o acordo extrajudicial.

A obrigatoriedade de tentativa de conciliação está prevista na CLT em seu artigo 769, que determina que todos os dissídios individuais ou coletivos devem ser submetidos a conciliação, e caso não haja composição, o juiz da causa converte-se em juiz arbitral, para que possa proferir a sentença.

BASE LEGAL:
CLT, Art. 764. Os dissídios individuais ou coletivos submetidos à apreciação da Justiça do Trabalho serão sempre sujeitos à conciliação. § 1º – **Para os efeitos deste artigo, os juízes e Tribunais do Trabalho empregarão sempre os seus bons ofícios e persuasão no sentido de uma solução conciliatória dos conflitos. § 2º – Não havendo acordo, o juízo conciliatório converter-se-á obrigatoriamente em arbitral, proferindo decisão na forma prescrita neste** Título. § 3º – **É lícito às partes celebrar acordo que ponha termo ao processo, ainda mesmo depois de encerrado o juízo conciliatório.**

ACORDO EXTRAJUDICIAL. *Dir. Proc. Trab.*

O acordo extrajudicial nasceu com o advento da reforma trabalhista, a lei 13.467/2017, onde permite que seja realizada a composição de empregados e empregadores de maneira extrajudicial. Entretanto, o acordo realizado deverá ser chancelado pelo poder judiciário, e será admitido desde que ambas as partes cumpram os seguintes requisitos:

- seja realizado em petição conjunta;
- cada parte deve estar acompanhada de seu advogado, não podendo ser do mesmo escritório. A última obrigatoriedade existe para afastar a conhecida "casadinha" que infelizmente é muito comum em nosso ordenamento jurídico. A casadinha consiste em realizar um "acordo" em que o empregado apenas assine, sem a assistência de um advogado, objetivando lesar seus direitos rescisórios, o que é defeso em nosso ordenamento jurídico.

BASE LEGAL:
CLT, Art. 855-B. O processo de homologação de acordo extrajudicial terá início por petição conjunta, sendo obrigatória a representação das partes por advogado. (Incluído pela Lei nº 13.467, de 2017) . **§1º** As partes não poderão ser representadas por advogado comum. (Incluído pela Lei nº 13.467, de 2017). § 2º Faculta-se ao trabalhador ser assistido pelo advogado do sindicato de sua categoria. (Incluído pela Lei nº 13.467, de 2017).

ACORDO JUDICIAL. *Dir. Proc. Trab.*

Trata-se do acordo firmado entre partes envolvidas em um processo judicial. Neste caso, o acordo judicial, em regra, pressupõe a existência de uma demanda judicial em relação a qual há uma pretensão buscada por uma das partes envolvidas ou por ambas. O acordo judicial resulta em sentença irrecorrível, transitando em julgado na data de sua homologação judicial, salvo para a Previdência Social no que tange às contribuições previdenciárias eventualmente devidas.

BASE LEGAL:

CPC, Art. 448. Antes de iniciar a instrução, o juiz tentará conciliar as partes. Chegando a acordo, o juiz mandará tomá-lo por termo.
CPC. Art. 449. O termo de conciliação, assinado pelas partes e homologado pelo juiz, terá valor de sentença.
CLT, Art. 831. A decisão será proferida depois de rejeitada pelas partes a proposta de conciliação.
Parágrafo único. No caso de conciliação, o termo que for lavrado valerá como decisão irrecorrível, salvo para a Previdência Social quanto às contribuições que lhe forem devidas. (Redação dada pela Lei nº 10.035, de 2000)

ACORDO INDIVIDUAL. *Dir. Trab.*

Tal instituto diz respeito às negociações realizadas diretamente entre empregado e empregado, conforme Lei 13.467/2017, tal possibilidade foi contemplada no artigo 444 da CLT, estabelecendo a prevalência do negociado sobre o legislado. Assim, não obstante exista acordo coletivo de trabalho para a categoria à qual o trabalhador pertence, os trabalhadores poderão firmar acordo individual diretamente com o empregador, podendo negociar temas como: banco de horas, compensação de horas, intervalo, parcelamento de férias, dentre outros.

BASE LEGAL:

CLT, Art. 444. As relações contratuais de trabalho podem ser objeto de livre estipulação das partes interessadas em tudo quanto não contravenha às disposições de proteção ao trabalho, aos contratos coletivos que lhes sejam aplicáveis e às decisões das autoridades competentes.
Súmula nº 85 do TST. COMPENSAÇÃO DE JORNADA (inserido o item VI) – Res. 209/2016, DEJT divulgado em 01, 02 e 03.06.2016
I. A compensação de jornada de trabalho deve ser ajustada por acordo individual escrito, acordo coletivo ou convenção coletiva (ex-Súmula nº 85 – primeira parte – alterada pela Res. 121/2003, DJ 21.11.2003).
II. O acordo individual para compensação de horas é válido, salvo se houver norma coletiva em sentido contrário. (ex-OJ nº 182 da SBDI-1 – inserida em 08.11.2000

ACUMULO DE FUNÇÃO. *Dir. Trab.*

Consiste na situação caracterizada pela atribuição de funções adicionais ao empregado, além daquelas previstas contratualmente quando de sua admissão. Ou seja, além de executar as funções para as quais foi contratado, o funcionário recebe atribuições que seriam de incumbência de outros cargos, gerando alteração na condição contratual do empregado e trazendo ganho para a empresa sem a devida contrapartida ao empregado. Vale destacar que, restando comprovado o acumulo de função, será devido adicional remuneratório. Importante destacar, que não há acumulo de função quando a atribuição adicional for essencialmente inerente a atividade para a qual o funcionário foi contratado. Assim, em resumo, o acumulo de função será caracterizado quando além das atividades habituais do cargo para o qual o empregado foi contratado, o empregador lhe impõe o exercício de atribuições relativas à cargo ou função distintos dos exercidos anteriormente.

BASE LEGAL:

CLT, Art. 456. A prova do contrato individual do trabalho será feita pelas anotações constantes da carteira profissional ou por instrumento escrito e suprida por todos os meios permitidos em direito. (Vide Decreto-Lei nº 926, de 1969)

Parágrafo único. A falta de prova ou inexistindo cláusula expressa e tal respeito, entender-se-á que o empregado se obrigou a todo e qualquer serviço compatível com a sua condição pessoal.

AÇOUGUEIRO. *Dir. Trab.*

É o trabalhador responsável pelo abate, limpeza, corte, recebimento, armazenamento de animais (bovinos, suínos, ovinos, caprinos e aves), assim como pelo preparo, corte, processamento e identificação das carnes para a comercialização. Como regra, esses profissionais desempenham as suas atribuições em ambiente de trabalho artificialmente frio, na medida em que a natureza dos produtos manuseados exige o acondicionamento em baixa temperatura, sob pena de perecimento. De acordo com a Norma Regulamentadora n. 15 do Ministério do Trabalho e Previdência, as atividades realizadas no interior de câmaras frigoríficas, em locais que apresentam condições similares, que exponham os empregados ao frio, sem a devida proteção, são consideradas insalubres, de forma que o trabalhador terá direito ao recebimento de um adicional de 40% (quarenta por cento), 20% (vinte por cento) ou

10% (dez por cento), a depender do grau de exposição (máximo, médio ou mínimo), em conformidade com o laudo de inspeção realizada no local de trabalho. O desenvolvido nessas condições assegura ao trabalhador o direito a um intervalo de, no mínimo, 20 (vinte) minutos, após 1 (uma) hora e 40 (quarenta) minutos de trabalho (art. 253 da CLT), com o fito de assegurar a recuperação térmica, prevenindo, assim, a fadiga e o surgimento de doenças ocupacionais. A neutralização do adicional de insalubridade afasta a percepção do adicional de insalubridade, sendo necessário, no entanto, a demonstração de dois requisitos cumulativos, quais sejam: o fornecimento de EPI e a comprovação de seu uso efetivo, sem prejuízo da observância do intervalo para recuperação térmica.

BASE LEGAL:

CLT, Art. 253. Para os empregados que trabalham no interior das câmaras frigoríficas e para os que movimentam mercadorias do ambiente quente ou normal para o frio e vice-versa, depois de 1 (uma) hora e 40 (quarenta) minutos de trabalho contínuo, será assegurado um período de 20 (vinte) minutos de repouso, computado esse intervalo como de trabalho efetivo

Súmula nº 289 do TST – INSALUBRIDADE. ADICIONAL. FORNECIMENTO DO APARELHO DE PROTEÇÃO. EFEITO (mantida) – Res. 121/2003, DJ 19, 20 e 21.11.2003 – O simples fornecimento do aparelho de proteção pelo empregador nao o exime do pagamento do adicional de insalubridade. Cabe-lhe tomar as medidas que conduzam à diminuição ou eliminação da nocividade, entre as quais as relativas ao uso efetivo do equipamento pelo empregado

ADIANTAMENTO DE SALÁRIO. *Dir. Trab.*

Se trata de um benefício corporativo não obrigatório perante a legislação, concedido estrategicamente por determinadas empresas. Não obstante, o artigo 462 da CLT discipline a vedação imposta aos empregadores quanto a efetuar descontos nos salários dos empregados, não existem leis que estabeleçam regras sobre como deve funcionar o adiantamento salarial. Embora não seja previsto como mandatório pela lei trabalhista, a Súmula 342 do TST prevê a legalidade dos descontos efetuados a título de adiantamento salarial, bem como a título de assistência médica ou odontológica, desde que mediante autorização por escrito por parte do empregado. Esse é um recurso muito interessante para otimizar a satisfação dos colaboradores, sendo importante até para o recrutamento e a retenção de talentos. O adiantamento salarial nada mais é que o pagamento de uma parcela do salário ao colaborador antes da data de recebimento usual. Geralmente, o valor do adiantamento é de 40% do salário mensal do colaborador, e é pago entre o 15° e 20° dia útil do mês.

BASE LEGAL:

CLT, Art. 462. Ao empregador é vedado efetuar qualquer desconto nos salários do empregado, salvo quando este resultar de adiantamentos, de dispositivos de lei ou de contrato coletivo.

Súmula n° 342 do TST. Salário. Descontos salariais. CLT, art. 462. Descontos salariais efetuados pelo empregador, com a autorização prévia e por escrito do empregado, para ser integrado em planos de assistência odontológica, médico-hospitalar, de seguro, de previdência privada, ou de entidade cooperativa, cultural ou recreativa associativa dos seus trabalhadores, em seu benefício e dos seus dependentes, não afrontam o disposto no art. 462 da CLT, salvo se ficar demonstrada a existência de coação ou de outro defeito que vicie o ato jurídico.

ADICIONAL(AIS). *Dir. Trab.*

Etimologicamente, o termo em análise pressupõe os acréscimos efetuados ao salário base de um empregado tendo em vista situações que extrapolem as condições normais/usuais de saúde e segurança no trabalho como, por exemplo: horas extras, adicional noturno, adicional de insalubridade, adicional de periculosidade, adicional de transferência.

Tais adicionais visam remunerar condições adversas ou especiais às quais o empregado tenha que se submeter de forma constante ou mesmo de maneira esporádica, como no caso das horas extras.

BASE LEGAL:

CLT, Art. 142. O empregado perceberá, durante as férias, a remuneração que lhe for devida na data da sua concessão. (Redação dada pelo Decreto-lei n° 1.535, de 13.4.1977.

§ 1° – Quando o salário for pago por hora com jornadas variáveis, apurar-se-á a média do período aquisitivo, aplicando-se o valor do salário na data da concessão das férias. (Incluído pelo Decreto-lei n° 1.535, de 13.4.1977).

§ 2° – Quando o salário for pago por tarefa tomar-se-á por base a média da produção no período aquisitivo do direito a férias, aplicando-se o valor da remuneração da tarefa na data da concessão das férias. (Incluído pelo Decreto-lei n° 1.535, de 13.4.1977).

§ 3° – Quando o salário for pago por percentagem, comissão ou viagem, apurar-se-á a média percebida pelo empregado nos 12 (doze) meses que precederem à concessão das férias. (Incluído pelo Decreto-lei n° 1.535, de 13.4.1977).

§ 4º – A parte do salário paga em utilidades será computada de acordo com a anotação na Carteira de Trabalho e Previdência Social. (Incluído pelo Decreto-lei nº 1.535, de 13.4.1977).
§ 5º – Os adicionais por trabalho extraordinário, noturno, insalubre ou perigoso serão computados no salário que servirá de base ao cálculo da remuneração das férias. (Incluído pelo Decreto-lei nº 1.535, de 13.4.1977).

ADICIONAL DE HORAS EXTRAS. *Dir. Trab.*

Trata-se de acréscimo efetuado ao salário base do empregado em virtude da extrapolação da jornada contratual de trabalho, a qual, em regra, poderá ser de até 44 (quarenta e quatro) horas semanais ou 8 (oito) horas diárias. Tal adicional, segundo a legislação trabalhista, será de no mínimo 50% (cinquenta por cento) sobre o valor da hora normal de trabalho. Importante destacar ainda que quanto a determinadas categorias com jornadas diferenciadas, o adicional de horas de horas extras poderá ser devido em percentual maior ou ainda devido além da 6ª de trabalho diária, como no caso da categoria dos bancários.

BASE LEGAL:

CLT, Art. Art. 59 da CLT. A duração diária do trabalho poderá ser acrescida de horas extras, em número não excedente de duas, por acordo individual, convenção coletiva ou acordo coletivo de trabalho. § 1º – A remuneração da hora extra será, pelo menos, 50% (cinquenta por cento) superior à da hora normal.
Súmula nº 118 do TST – JORNADA DE TRABALHO. HORAS EXTRAS (mantida) – Res. 121/2003, DJ 19, 20 e 21.11.2003 – Os intervalos concedidos pelo empregador na jornada de trabalho, não previstos em lei, representam tempo à disposição da empresa, remunerados como serviço extraordinário, se acrescidos ao final da jornada.

ADICIONAL DE INSALUBRIDADE. *Dir. Trab.*

Trata-se do adicional devido ao empregado que labora em atividades insalubres, sendo tal adicional calculado nos seguintes graus: 10% (dez por cento) em grau mínimo; 20% (vinte por cento) em grau médio e 40% (quarenta por cento) em grau máximo, sobre o salário mínimo.

A insalubridade será caracterizada pela exposição a agentes nocivos à saúde do trabalhador, que tal exposição seja acima dos limites fixados em razão da natureza, intensidade e tempo de exposição ao agente. Vale destacar que será devido também aos empregados que trabalham e higienização de instalações sanitárias de locais de grande circulação, conforme Sumula 448, II do TST.

Vale destacar que o mero fornecimento dos Equipamentos de Proteção Individual (EPIS) pelo empregador não exime do pagamento do adicional de insalubridade devendo, para tanto, o uso destes equipamentos ser devidamente controlado pelo empregador e comprovado por este, de acordo com a Súmula 289 do TST.

BASE LEGAL:

CLT, Art. 192. O exercício de trabalho em condições insalubres, acima dos limites de tolerância estabelecidos pelo Ministério do Trabalho, assegura a percepção de adicional respectivamente de 40% (quarenta por cento), 20% (vinte por cento) e 10% (dez por cento) do salário-mínimo da região, segundo se classifiquem nos graus máximo, médio e mínimo. (Redação dada pela Lei nº 6.514, de 22.12.1977)

Súmula nº 47 do TST. INSALUBRIDADE (mantida) – Res. 121/2003, DJ 19, 20 e 21.11.2003 O trabalho executado em condições insalubres, em caráter intermitente, não afasta, só por essa circunstância, o direito à percepção do respectivo adicional.

Súmula nº 139 do TST. ADICIONAL DE INSALUBRIDADE (incorporada a Orientação Jurisprudencial nº 102 da SBDI-1) – Res. 129/2005, DJ 20, 22 e 25.04.2005. Enquanto percebido, o adicional de insalubridade integra a remuneração para todos os efeitos legais. (ex-OJ nº 102 da SBDI-1 – inserida em 01.10.1997)

Súmula nº 289 do TST. INSALUBRIDADE. ADICIONAL. FORNECIMENTO DO APARELHO DE PROTEÇÃO. EFEITO (mantida) – Res. 121/2003, DJ 19, 20 e 21.11.2003 – O simples fornecimento do aparelho de proteção pelo empregador não o exime do pagamento do adicional de insalubridade. Cabe-lhe tomar as medidas que conduzam à diminuição ou eliminação da nocividade, entre as quais as relativas ao uso efetivo do equipamento pelo empregado.

ADICIONAL DE PERICULOSIDADE. *Dir. Trab.*

Trata-se de adicional devido em virtude do trabalho em condições perigosas, conforme legalmente previsto no artigo 193 da CLT. Ou seja, atividades que impliquem em risco acentuado à integridade física do trabalhador, as quais são elencadas no referido artigo. Tal adicional possui natureza salarial, visto que remunera o trabalho em condições perigosas. Vale destacar que o contato eventual às condições perigosas não enseja o pagamento do referido adicional.

Por fim, vale destacar que o referido adicional será devido no percentual de 30% (trinta por cento) do salário base do empregado.

BASE LEGAL:

CLT, Art. 193. São consideradas atividades ou operações perigosas, na forma da regulamentação aprovada pelo Ministério do Trabalho e Emprego, aquelas que, por sua natureza ou métodos de trabalho, impliquem risco acentuado em virtude de exposição permanente do trabalhador a: (Redação dada pela Lei nº 12.740, de 2012)

I – inflamáveis, explosivos ou energia elétrica; (Incluído pela Lei nº 12.740, de 2012)

II – roubos ou outras espécies de violência física nas atividades profissionais de segurança pessoal ou patrimonial. (Incluído pela Lei nº 12.740, de 2012)

§ 1º – O trabalho em condições de periculosidade assegura ao empregado um adicional de 30% (trinta por cento) sobre o salário sem os acréscimos resultantes de gratificações, prêmios ou participações nos lucros da empresa.

Súmula nº 132 do TST. ADICIONAL DE PERICULOSIDADE. INTEGRAÇÃO (incorporadas as Orientações Jurisprudenciais nºs 174 e 267 da SBDI-1) – Res. 129/2005, DJ 20, 22 e 25.04.2005 I – O adicional de periculosidade, pago em caráter permanente, integra o cálculo de indenização e de horas extras (ex-Prejulgado nº 3). (ex-Súmula nº 132 – RA 102/1982, DJ 11.10.1982/ DJ 15.10.1982 – e ex-OJ nº 267 da SBDI-1 – inserida em 27.09.2002)

II – Durante as horas de sobreaviso, o empregado não se encontra em condições de risco, razão pela qual é incabível a integração do adicional de periculosidade sobre as mencionadas horas. (ex-OJ nº 174 da SBDI-1 – inserida em 08.11.2000)

Súmula nº 364 do TST – ADICIONAL DE PERICULOSIDADE. EXPOSIÇÃO EVENTUAL, PERMANENTE E INTERMITENTE (inserido o item II) – Res. 209/2016, DEJT divulgado em 01, 02 e 03.06.2016

I – Tem direito ao adicional de periculosidade o empregado exposto permanentemente ou que, de forma intermitente, sujeita-se a condições de risco. Indevido, apenas, quando o contato dá-se de forma eventual, assim considerado o fortuito, ou o que, sendo habitual, dá-se por tempo extremamente reduzido. (ex-Ojs da SBDI-1 nºs 05 – inserida em 14.03.1994 – e 280 – DJ 11.08.2003)

II – Não é válida a cláusula de acordo ou convenção coletiva de trabalho fixando o adicional de periculosidade em percentual inferior ao estabelecido em lei e proporcional ao tempo de exposição ao risco, pois tal parcela constitui medida de higiene, saúde e segurança do trabalho, garantida por norma de ordem pública (arts. 7º, XXII e XXIII, da CF e 193, §1º, da CLT).

ADICIONAL NOTURNO. *Dir. Trab.*

Trata-se do adicional devido em virtude do trabalho noturno, qual seja, aquele compreendido entre as 22 horas e as 5 horas da manhã, em regra para o trabalhador urbano ou doméstico (artigo 14 da Lei 150/2015). Já o trabalhador rural perceberá adicional noturno ao laborar no período compreendido entre as 21 horas de um dia e as 5 horas do dia seguinte. Vale destacar que, caso o trabalhador deixe de trabalhar em tais condições, ou seja, passe a trabalhar no período diurno, implicará na perda do direito do pagamento do adicional noturno, não se incorporando ao salário, conforme Súmula 265 do TST. No que tange ao percentual a ser pago, o adicional noturno será de 20% (vinte por cento) sobre a hora diurna, para o empregado urbano e de 25% (vinte e cinco por cento) sobre a hora diurna para o empregado rural. Importante ressaltar que, caso o adicional noturno seja pago com habitualidade, integrará o cálculo do salário do empregado para todos os efeitos legais.

BASE LEGAL:

CLT, Art. 73. Salvo nos casos de revezamento semanal ou quinzenal, o trabalho noturno terá remuneração superior a do diurno e, para esse efeito, sua remuneração terá um acréscimo de 20 % (vinte por cento), pelo menos, sobre a hora diurna.

Súmula nº 60 do TST. ADICIONAL NOTURNO. INTEGRAÇÃO NO SALÁRIO E PRORROGAÇÃO EM HORÁRIO DIURNO (incorporada a Orientação Jurisprudencial nº 6 da SBDI-1) – Res. 129/2005, DJ 20, 22 e 25.04.2005.

I – O adicional noturno, pago com habitualidade, integra o salário do empregado para todos os efeitos. (ex-Súmula nº 60 – RA 105/1974, DJ 24.10.1974).

II – Cumprida integralmente a jornada no período noturno e prorrogada esta, devido é também o adicional quanto às horas prorrogadas. Exegese do art. 73, § 5º, da CLT. (ex-OJ nº 6 da SBDI-1 – inserida em 25.11.1996).

Súmula nº 265 do TST. ADICIONAL NOTURNO. ALTERAÇÃO DE TURNO DE TRABALHO. POSSIBILIDADE DE SUPRESSÃO (mantida) – Res. 121/2003, DJ 19, 20 e 21.11.2003 . A transferência para o período diurno de trabalho implica a perda do direito ao adicional noturno.

ADMINISTRAÇÃO DE SINDICATO. *Dir. Trab.*

Vale destacar que a legislação atual se pauta pelo princípio da liberdade sindical, segundo o qual a organização será composta pelas Federações, que são entidades em grau superior e se organizam nos Estados; temos ainda as Confederações, conforme artigo 535 da CLT, que se constituem em âmbito nacional e se formam por meio da união de no mínimo três federações; temos ainda as centrais sindicais que são entidades associativas de direito privado e que não celebram acordos ou convenções coletivas, conforme Lei 11648/08.

BASE LEGAL:

CLT, Art. 522. A administração do sindicato será exercida por uma diretoria constituída no máximo de sete e no mínimo de três membros e de um Conselho Fiscal composto de três membros, eleitos esses órgãos pela Assembleia Geral. (Vide ADPF 276)

§ 1º A diretoria elegerá, dentre os seus membros, o presidente do sindicato.

§ 2º A competência do Conselho Fiscal é limitada à fiscalização da gestão financeira do sindicato.

§ 3º Constituirão atribuição exclusiva da Diretoria do Sindicato e dos Delegados Sindicais, a que se refere o art. 523, a representação e a defesa dos interesses da entidade perante os poderes públicos e as empresas, salvo mandatário com poderes outorgados por procuração da Diretoria, ou associado investido em representação prevista em lei.

ADMISSÃO DE EMPREGADO. *Dir. Trab.*

Diz respeito a sucessão de processos e procedimentos que envolvem a formalização da contratação de um novo funcionário. De acordo com o regime de contratação CLT, tais procedimentos envolverão etapas como: entrega e avaliação documental, registro no Cadastro Geral de Empregados e Desempregados (CAGED), realização de exame médico admissional, dentre outros que possam ser exigidos pela empresa em decorrência da função a ser exercida. Além do regime de contratação CLT, qual seja, a admissão como empregado, a lei ainda prevê outros regimes de contrato de trabalho, quais sejam: contratação temporária, trabalho intermitente, trabalho terceirizado, contrato de estágio, contrato de aprendizagem, etc. Cada um desses modelos de contratação possui regras específicas e parâmetros particulares de acordo com a legislação vigente, trazendo deveres e direitos tanto aos empregados quanto aos empregadores.

BASE LEGAL:

CLT, Art. Art. 41. Em todas as atividades será obrigatório para o empregador o registro dos respectivos trabalhadores, podendo ser adotados livros, fichas ou sistema eletrônico, conforme instruções a serem expedidas pelo Ministério do Trabalho.

Parágrafo único – Além da qualificação civil ou profissional de cada trabalhador, deverão ser anotados todos os dados relativos à sua admissão no emprego, duração e efetividade do trabalho, a férias, acidentes e demais circunstâncias que interessem à proteção do trabalhador.

ADOTANTE. *Dir. Trab.*

É aquele(a) que adota outrem. Nesse sentido, os reflexos trabalhistas são análogos aqueles aplicados ao casal ou indivíduo que gera um filho biológico, de modo que haverá direito ao afastamento remunerado tanto para a mãe adotante quanto para o pai adotante, de modo que o benefício do salário maternidade será pago de acordo com a seguinte regra: 120 (cento e vinte) dias de recebimento no caso de adoção de criança com até 1 ano de idade, 60 (sessenta) dias no caso de adoção de criança que tenha de 1 (um) a 4 (quatro) anos e, no caso de adoção de criança de 4 (quatro) a 8 (oito) anos, o período de recebimento é de 30 (trinta) dias, conforme Lei 8213/91.Quanto ao pai adotante único, vale destacar que a jurisprudência tem adotado a aplicação das mesmas regras supracitadas, por força do princípio da isonomia.

BASE LEGAL:

CLT, Art. 391-A. A confirmação do estado de gravidez advindo no curso do contrato de trabalho, ainda que durante o prazo do aviso prévio trabalhado ou indenizado, garante à empregada gestante a estabilidade provisória prevista na alínea b do inciso II do art. 10 do Ato das Disposições Constitucionais Transitórias. (Incluído pela Lei nº 12.812, de 2013)

Parágrafo único. O disposto no *caput* deste artigo aplica-se ao empregado adotante ao qual tenha sido concedida guarda provisória para fins de adoção.

Art. 392. A empregada gestante tem direito à licença-maternidade de 120 (cento e vinte) dias, sem prejuízo do emprego e do salário. (Redação dada pela Lei nº 10.421, 15.4.2002) (Vide Lei nº 13.985, de 2020)

Art. 392-A. À empregada que adotar ou obtiver guarda judicial para fins de adoção de criança ou adolescente será concedida licença-maternidade nos termos do art. 392 desta Lei. (Redação dada pela Lei nº 13.509, de 2017)

ADVOGADO(S). *Dir. Trab.*

Conforme artigo 133 da Constituição Federal, o advogado é figura indispensável à administração da justiça sendo inviolável por seus atos e manifestações no exercício da profissão, assim como o Ministério Público, a Advocacia Pública e a Defensoria Pública, exercendo profissão de caráter intelectual de forma a prestar assistência jurídica profissional, de forma judicial ou extrajudicial aos seus clientes. O advogado é dotado de capacidade postulatória, de modo que, poderá ingressar em juízo, a fim de ver apreciada pretensão própria ou de outrem.

Além da previsão constitucional, o exercício da advocacia é regulamentado pela Lei 8906/94, o Estatuto da Ordem dos Advogados do Brasil, o qual prevê deveres e prerrogativas da profissão de modo a assegurar a atuação efetiva dos profissionais no desempenho de suas funções.

BASE LEGAL:

Art. 133. O advogado é indispensável à administração da justiça, sendo inviolável por seus atos e manifestações no exercício da profissão, nos limites da lei.

Lei 8906/94, Art. 1º São atividades privativas de advocacia:

I – a postulação a qualquer órgão do Poder Judiciário e aos juizados especiais; (Vide ADIN 1.127-8)

II – as atividades de consultoria, assessoria e direção jurídicas.

§ 1º Não se inclui na atividade privativa de advocacia a impetração de habeas corpus em qualquer instância ou tribunal.

§ 2º Os atos e contratos constitutivos de pessoas jurídicas, sob pena de nulidade, só podem ser admitidos a registro, nos órgãos competentes, quando visados por advogados.

§ 3º É vedada a divulgação de advocacia em conjunto com outra atividade.

Lei 8906/94, Art. 18. A relação de emprego, na qualidade de advogado, não retira a isenção técnica nem reduz a independência profissional inerentes à advocacia. Parágrafo único. O advogado empregado não está obrigado à prestação de serviços profissionais de interesse pessoal dos empregadores, fora da relação de emprego.

AERONAUTA. *Dir. Trab.*

Segundo a Lei 13.475/2017, são reguladas as profissões dos chamados "aeronautas", quais sejam o pilotos de aeronave, comissários de voo e mecânicos de voo. Segundo a nova lei a escala destes profissionais deverá ser mensal, devendo ser divulgada a estes 5 (cinco) dias antes do término do mês e também foi instituído o sistema de gerenciamento de fadiga, já utilizado em outros países, a fim de diminuir o nível de cansaço melhorando a qualidade de vida dos tripulantes e pilotos.

Vale destacar que a nova lei do aeronauta supracitada determina os limites de horas de voo, jornada de trabalho e também número de pousos. No que tange a jornada diária de trabalho, este seguirá o tipo de tripulação composto (simples, mínima, composta ou de revezamento). Já o limite semanal, em regra, será de 44 (quarenta e quatro) horas. Por fim o limite mensal será de 176 (cento e setenta e seis) horas de trabalho.

Já em relação a quantidade horas de voo, os limites diários e mensais dependem, respectivamente do tipo de tripulação e do tipo do motor da aeronave, podendo ser de 8 (oito) a 14 (quatorze) horas de voo.

BASE LEGAL:

Lei 13.475/2017 Art. Art. 1o Esta Lei regula o exercício das profissões de piloto de aeronave, comissário de voo e mecânico de voo, denominados aeronautas.

1°. Para o desempenho das profissões descritas no *caput*, o profissional deve obrigatoriamente ser detentor de licença e certificados emitidos pela autoridade de aviação civil brasileira.

2°. Esta lei aplica-se também aos pilotos de aeronave, comissários de voo e mecânicos de voos brasileiros que exerçam suas funções a bordo de aeronave estrangeira em virtude de contrato de trabalho regido pela legislação brasileira.

AFASTAMENTO DO EMPREGADO. *Dir. Trab.*

Compreende as hipóteses contempladas pelo auxílio doença, ou seja, benefício recebido pelo empregado a partir do 16° dia de afastamento do trabalho. Nesse sentido, vale ressaltar que tal afastamento previdenciário pressupõe incapacidade laborativa superior a 15 (quinze) dias, visto que esta primeira quinzena é remunerada pelo empregador, de modo que a suspensão do contrato de trabalho ocorrerá a partir do 16° dia de afastamento, momento em que o empregado passará a receber o referido auxílio pelo INSS. Importante ressaltar que o empregado afastado pode incorrer em auxilio doença acidentário (em virtude de acontecimento decorrente do trabalho – sem carência) ou previdenciário (comum – com carência mínima de doze contribuições), o empregado afastado por auxilio doença acidentário terá garantia de emprego pelo período de doze meses após a alta previdenciária, podendo ser demitido dentro deste período estabilitário apenas por justa causa. Em regra, o mesmo não vale para o auxílio doença previdenciário, de modo que o empregado poderá ser dispensado sem justa causa quando retornar ao trabalho. Ademais, também é hipótese de afastamento do empregado a licença maternidade, a qual será concedida na forma do artigo 392 da CLT e o afastamento em virtude de serviço militar, conforme disciplinado na legislação trabalhista vigente.

BASE LEGAL:

CLT, Art. 392. A empregada gestante tem direito à licença-maternidade de 120 (cento e vinte) dias, sem prejuízo do emprego e do salário. (Redação dada pela Lei nº 10.421, 15.4.2002) (Vide Lei nº 13.985, de 2020)
§ 1º A empregada deve, mediante atestado médico, notificar o seu empregador da data do início do afastamento do emprego, que poderá ocorrer entre o 28º (vigésimo oitavo) dia antes do parto e ocorrência deste. (Redação dada pela Lei nº 10.421, 15.4.2002)
CLT, 472 – Art. 472. O afastamento do empregado em virtude das exigências do serviço militar, ou de outro encargo público, não constituirá motivo para alteração ou rescisão do contrato de trabalho por parte do empregador.
§ 1º – Para que o empregado tenha direito a voltar a exercer o cargo do qual se afastou em virtude de exigências do serviço militar ou de encargo público, é indispensável que notifique o empregador dessa intenção, por telegrama ou carta registrada, dentro do prazo máximo de 30 (trinta) dias, contados da data em que se verificar a respectiva baixa ou a terminação do encargo a que estava obrigado.
Súmula nº 371 do TST. AVISO PRÉVIO INDENIZADO. EFEITOS. SUPERVENIÊNCIA DE AUXÍLIO-DOENÇA NO CURSO DESTE (conversão das Orientações Jurisprudenciais nºs 40 e 135 da SBDI-1) – Res. 129/2005, DJ 20, 22 e 25.04.2005 – A projeção do contrato de trabalho para o futuro, pela concessão do aviso prévio indenizado, tem efeitos limitados às vantagens econômicas obtidas no período de pré-aviso, ou seja, salários, reflexos e verbas rescisórias. No caso de concessão de auxílio-doença no curso do aviso prévio, todavia, só se concretizam os efeitos da dispensa depois de expirado o benefício previdenciário. (ex-OJs nºs 40 e 135 da SBDI-1 – inseridas, respectivamente, em 28.11.1995 e 27.11.1998)
Súmula nº 440 do TST – AUXILIO-DOENÇA ACIDENTÁRIO. APOSENTADORIA POR INVALIDEZ. SUSPENSÃO DO CONTRATO DE TRABALHO. RECONHECIMENTO DO DIREITO À MANUTENÇÃO DE PLANO DE SAÚDE OU DE ASSISTÊNCIA MÉDICA – Res. 185/2012, DEJT divulgado em 25, 26 e 27.09.2012.
Assegura-se o direito à manutenção de plano de saúde ou de assistência médica oferecido pela empresa ao empregado, não obstante suspenso o contrato de trabalho em virtude de auxílio-doença acidentário ou de aposentadoria por invalidez.

AGENTES. *Dir. Trab.*

No que diz respeito a matéria de Direito do Trabalho, são considerados agentes agressivos a saúde do trabalhador o calor, o ruído, agentes químicos e biológicos, pressão, radiação ionizante, dentre outros, conforme Norma Regulamentadora nº 15 – NR 15 do Ministério do Trabalho e Emprego.

BASE LEGAL:

CLT, Art. 190. O Ministério do Trabalho aprovará o quadro das atividades e operações insalubres e adotará normas sobre os critérios de caracterização da insalubridade, os limites de tolerância aos agentes agressivos, meios de proteção e o tempo máximo de exposição do empregado a esses agentes. (Redação dada pela Lei nº 6.514, de 22.12.1977)

Parágrafo único – As normas referidas neste artigo incluirão medidas de proteção do organismo do trabalhador nas operações que produzem aerodispersóides tóxicos, irritantes, alérgicos ou incômodos. (Redação dada pela Lei nº 6.514, de 22.12.1977)

AGENTES DE INSPEÇÃO DO TRABALHO. *Dir. Trab.*

Também chamados de Auditores Fiscais do Trabalho (AFT), são autoridades vinculadas à Secretaria de Inspeção do Trabalho (SIT) do Ministério da Economia, dotadas de prerrogativas quanto a fiscalização, orientação e esclarecimento técnicos às empresas quanto as condições de trabalho por esta oferecidas, conforme Lei 10593/2002 (artigo 11) e no Decreto 4552/2002, podendo notificar a estas quando da constatação de irregularidades de cunho legal, regulamentar, bem como quanto a normas de saúde e segurança do trabalho em relações de trabalho e emprego. Tal fiscalização, em regra, está a cargo do poder público, sendo o agente de inspeção do trabalho responsável pela verificação do fiel cumprimento das diretrizes legais por parte de cada fiscalizado, sejam estas empresas públicas ou privadas.

BASE LEGAL:

Lei 10.593/2002, Art. 11. Os ocupantes do cargo de Auditor-Fiscal do Trabalho têm por atribuições assegurar, em todo o território nacional:

I – o cumprimento de disposições legais e regulamentares, inclusive as relacionadas à segurança e à medicina do trabalho, no âmbito das relações de trabalho e de emprego;

II – a verificação dos registros em Carteira de Trabalho e Previdência Social – CTPS, visando a redução dos índices de informalidade;

III – a verificação do recolhimento e a constituição e o lançamento dos créditos referentes ao Fundo de Garantia do Tempo de Serviço (FGTS) e à contribuição social de que trata o art. 1o da Lei Complementar no 110, de 29 de junho de 2001, objetivando maximizar os índices de arrecadação; (Incluído pela Lei nº 13.464, de 2017)

IV – o cumprimento de acordos, convenções e contratos coletivos de trabalho celebrados entre empregados e empregadores;

V – o respeito aos acordos, tratados e convenções internacionais dos quais o Brasil seja signatário;

VI – a lavratura de auto de apreensão e guarda de documentos, materiais, livros e assemelhados, para verificação da existência de fraude e irregularidades, bem como o exame da contabilidade das empresas, não se lhes aplicando o disposto nos arts. 17 e 18 do Código Comercial.
VII – a verificação do recolhimento e a constituição e o lançamento dos créditos decorrentes da cota-parte da contribuição sindical urbana e rural. (Incluído pela Lei nº 13.464, de 2017)
§1º. O Poder Executivo regulamentará as atribuições privativas previstas neste artigo, podendo cometer aos ocupantes do cargo de Auditor-Fiscal do Trabalho outras atribuições, desde que compatíveis com atividades de auditoria e fiscalização. (Redação dada pela Lei nº 13.464).

AGRAVO DE INSTRUMENTO. *Dir. Proc. Trab.*

Consiste em recurso cabível diante de decisão denegatória de seguimento de recurso. Vale destacar que, caso o recurso interposto para interpretação do TST, o mesmo também deverá contemplar matéria que apresente transcendência O prazo será de 8 (oito) dias, sendo este em dobro para o Ministério Público, Defensoria Pública e Fazenda Pública. Será interposto em duas peças: interposição e razões. Quanto ao preparo deste recurso, o mesmo será no valor de 50% (cinquenta por cento) do valor do recurso que se pretende destrancar.

BASE LEGAL:

CLT, Art. 897 – Cabe agravo, no prazo de 8 (oito) dias:
b) de instrumento, dos despachos que denegarem a interposição de recursos.
§ 2º – O agravo de instrumento interposto contra o despacho que não receber agravo de petição não suspende a execução da sentença.
Orientação Jurisprudencial nº 260 da SDI-1 do TST. AGRAVO DE INSTRUMENTO. RECURSO DE REVISTA. PROCEDIMENTO SUMARÍSSIMO. LEI Nº 9.957/00. PROCESSOS EM CURSO.
I – **É inaplicável o rito sumaríssimo aos processos iniciados antes da vigência da Lei nº 9.957/00.**
II – No caso de o despacho denegatório de recurso de revista invocar, em processo iniciado antes da Lei nº 9.957/00, o § 6º do art. 896 da CLT (rito sumaríssimo), como óbice ao trânsito do apelo calcado em divergência jurisprudencial ou violação de dispositivo infraconstitucional, o Tribunal superará o obstáculo, apreciando o recurso sob esses fundamentos.
Orientação Jurisprudencial nº 282 da SDI-1 do TST. AGRAVO DE INSTRUMENTO. JUÍZO DE ADMISSIBILIDADE "AD QUEM"
No julgamento de Agravo de Instrumento, ao afastar o óbice apontado pelo TRT para o processamento do recurso de revista, pode o juízo "ad quem" prosseguir no exame dos demais pressupostos extrínsecos e intrínsecos do recurso de revista, mesmo que não apreciados pelo TRT.

AGRAVO DE PETIÇÃO. *Dir. Proc. Trab.*

Se trata do recurso para apreciação do Tribunal Regional do Trabalho, a fim de impugnar decisões proferidas em fase executória no curso processual. Por força do artigo 897 da CLT será cabível no prazo de 8 (oito) dias, sendo requisito para seu recebimento a delimitação da matéria e valores que se visa impugnar. Tal exigência se deve pelo fato de o crédito trabalhista possuir natureza alimentar, de modo que, ao delimitar a matéria e os valores, será possível o prosseguimento da execução em face da parte incontroversa a fim de assegurar a efetividade do recebimento do credito exequendo.

BASE LEGAL:

CLT, Art. 897. Cabe agravo, no prazo de 8 (oito) dias:

a) de petição, das decisões do Juiz ou Presidente, nas execuções;

§ 1° – O agravo de petição só será recebido quando o agravante delimitar, justificadamente, as matérias e os valores impugnados, permitida a execução imediata da parte remanescente até o final, nos próprios autos ou por carta de sentença.

MANDADO DE SEGURANÇA. EXECUÇÃO. LEI Nº 8.432/1992. ART. 897, § 1º, DA CLT. CABIMENTO (conversão da Orientação Jurisprudencial nº 55 da SBDI-2) – Res. 137/2005, DJ 22, 23 e 24.08.2005. Devendo o agravo de petição delimitar justificadamente a matéria e os valores objeto de discordância, não fere direito líquido e certo o prosseguimento da execução quanto aos tópicos e valores não especificados no agravo. (ex-OJ nº 55 da SBDI-2 – inserida em 20.09.2000)

AGRAVO INTERNO/REGIMENTAL. *Dir. Proc. Trab./Civ.*

Trata-se de recurso cabível frente à decisões monocráticas, quais sejam, aquelas exaradas pelo relator do *órgão colegiado. Também será o recurso cabível em face das decisões proferidas pelo Corregedor, sendo interposto para apreciação do Tribunal Pleno.*

O agravo interno terá prazo de 8 (oito) dias, com prazo em dobro para o Ministério Público, Defensoria Pública e Fazenda Pública, devendo sua interposição e razões ser apresentadas para conhecimento, remessa e julgamento da matéria.

BASE LEGAL:

CPC, Art. Art. 1021. Contra decisão proferida pelo relator caberá agravo interno para o respectivo órgão colegiado, observadas, quanto ao processamento, as regras do regimento interno do tribunal.

§ 1º Na petição de agravo interno, o recorrente impugnará especificadamente os fundamentos da decisão agravada.

CLT, Art. 709 – Compete ao Corregedor, eleito dentre os Ministros togados do Tribunal Superior do Trabalho: (Redação dada pelo Decreto-lei nº 229, de 28.2.1967)

§ 1º – Das decisões proferidas pelo Corregedor, nos casos do artigo, caberá o agravo regimental, para o Tribunal Pleno. (Incluído pelo Decreto-lei nº 229, de 28.2.1967)

CLT, Art. 769 – Nos casos omissos, o direito processual comum será fonte subsidiária do direito processual do trabalho, exceto naquilo em que for incompatível com as normas deste Título.

AGRONÔMO. *Dir. Trab.*

Etimologicamente, agrônomo é o profissional graduado em Agronomia, seja em nível superior ou técnico, atuando preponderantemente na orientação técnica, supervisão e coordenação de atribuições relativas a administração rural, podendo atuar em áreas como engenharia rural, zootecnia ou mesmo vigilância sanitária quanto a fiscalização de insumos de origem vegetal e animal destinados a consumo humano. No que tange a esfera trabalhista, a profissão possui regulamentação própria prevista na Lei 4950/1966.

BASE LEGAL:

Lei 4950/66, Art. . 4º Para os efeitos desta Lei os profissionais citados no art. 1º são classificados em:

a) diplomados pelos cursos regulares superiores mantidos pelas Escolas de Engenharia, de Química, de Arquitetura, de Agronomia e de Veterinária com curso universitário de 4 (quatro) anos ou mais;

b) diplomados pelos cursos regulares superiores mantidos pelas Escolas de Engenharia, de Química, de Arquitetura, de Agronomia e de Veterinária com curso universitário de menos de 4 (quatro) anos.

Lei 4950/66, Art. 5º Para a execução das atividades e tarefas classificadas na alínea a do art. 3º, fica fixado o salário-base mínimo de 6 (seis) vezes o maior salário-mínimo comum vigente no País, para os profissionais relacionados na alínea a do art. 4º, e de 5 (cinco) vezes o maior salário-mínimo comum vigente no País, para os profissionais da alínea b do art. 4º.

Lei 4950/66, Art. 6º Para a execução de atividades e tarefas classificadas na alínea b do art. 3º, a fixação do salário-base mínimo será feito tomando-se por base o custo da hora fixado no art. 5º desta Lei, acrescidas de 25% as horas excedentes das 6 (seis) diárias de serviços.

ÁGUA POTÁVEL. *Dir. Trab.*

Etimologicamente, água potável se trata daquela em condições próprias para consumo. Nesse sentido, a legislação trabalhista prevê na Norma Regulamentadora nº 24 – NR 24, acerca das condições de higiene e conforto nos locais de trabalho, resta disciplinado que o fornecimento de *água* potável e em condições adequadas de higiene e armazenamento para consumo de seus empregados é obrigatório às empresas, sendo não apenas um direito trabalhista, mas um direito humano em essência, bem como norma básica de saúde e segurança no trabalho.

BASE LEGAL:

CLT, Art. 200. Cabe ao Ministério do Trabalho estabelecer disposições complementares às normas de que trata este Capítulo, tendo em vista as peculiaridades de cada atividade ou setor de trabalho, especialmente sobre: (Redação dada pela Lei nº 6.514, de 22.12.1977)

VII – higiene nos locais de trabalho, com discriminação das exigências, instalações sanitárias, com separação de sexos, chuveiros, lavatórios, vestiários e armários individuais, refeitórios ou condições de conforto por ocasião das refeições, fornecimento de água potável, condições de limpeza dos locais de trabalho e modo de sua execução, tratamento de resíduos industriais; (Incluído pela Lei nº 6.514, de 22.12.1977).

Norma Regulamentadora nº 24, do M.T.E – Item 24.5.2.1 A empresa deve garantir, nas proximidades do local para refeições:

a) meios para conservação e aquecimento das refeições;

b) local e material para lavagem de utensílios usados na refeição; e

c) água potável.

AJUDAS DE CUSTO. *Dir. Trab.*

Em essência, ajuda de custo diz respeito ao valor pago a empregados visando cobrir as despesas decorrentes de circunstâncias especiais determinadas pelo empregador ou ainda em virtude de mudança do local de trabalho. As parcelas discriminadas em lei, possuem natureza indenizatória, não se integrando ao salário e não gerando reflexos em outras parcelas.

Vale destacar que para haver ajuda de custo, é necessário que o empregado tenha um desembolso efetivo em decorrência de alguma situação que seja necessário para o desenvolvimento da atividade na qual o empregado labora. Ajuda de custo trata-se de uma despesa incorrida para o trabalho. Ou seja, custo este que o empregado precisa arcar para desempenhar o trabalho.

BASE LEGAL:

CLT, Art. Art. 457. Compreendem-se na remuneração do empregado, para todos os efeitos legais, além do salário devido e pago diretamente pelo empregador, como contraprestação do serviço, as gorjetas que receber. (Redação dada pela Lei nº 1.999, de 1.10.1953)

§ 1º Integram o salário a importância fixa estipulada, as gratificações legais e as comissões pagas pelo empregador. (Redação dada pela Lei nº 13.467, de 2017).

§ 2º As importâncias, ainda que habituais, pagas a título de ajuda de custo, auxílio-alimentação, vedado seu pagamento em dinheiro, diárias para viagem, prêmios e abonos não integram a remuneração do empregado, não se incorporam ao contrato de trabalho e não constituem base de incidência de qualquer encargo trabalhista e previdenciário.

ALÇADA. *Dir. Proc. Trab.*

Consiste em conceito processual segundo o qual é fixado o procedimento pelo qual tramitará a ação trabalhista, quais sejam, sumário, sumaríssimo e ordinário. No procedimento sumário ou dissídio de alçada, previsto na Lei 5584/70, a alçada será de até 2 (dois) salários mínimos; no procedimento sumaríssimo, conforme artigos 852-A a 852-I da CLT, teremos as causas com alçada entre 3 (três) e 40 (quarenta) salários mínimos e, por fim, no procedimento ordinário estarão englobadas as causas com alçada acima de 40 (quarenta) salários mínimos. Temos ainda os procedimentos especiais como inquérito judicial para apuração de falta grave, dissidio coletivo e a ação de cumprimento, os quais são típicos da área trabalhista além daqueles de vertente constitucional e cível admitidos na justiça do trabalho.

Conceitualmente, na esfera jurídica a alçada diz respeito a valor, ou seja, o valor da causa a ser ajuizada. A etimologia da palavra diz respeito a alcance, limitações da competência. Deste modo, alçada é a limitação baseada no valor da causa a fim de que um juiz ou tribunal possua competência para conhecer e julgar uma causa trabalhista.

BASE LEGAL:

Súmula nº 356 do TST – ALÇADA RECURSAL. VINCULAÇÃO AO SALÁRIO MÍNIMO (mantida) – Res. 121/2003, DJ 19, 20 e 21.11.2003 – O art. 2º, § 4º, da Lei nº 5.584, de 26.06.1970, foi recepcionado pela CF/1988, sendo lícita a fixação do valor da alçada com base no salário mínimo.

ALIMENTAÇÃO. *Dir. Trab.*

É uma das principais fontes de subsistência do trabalhador. A alimentação é importantíssima para que o trabalhador recarregue sua força de trabalho e possa continuar exercendo a prestação de serviços de modo que não afete o seu rendimento. O direito do trabalho possui um vasto campo de normas inerentes ao direito à alimentação dos trabalhadores. Nesse sentido, pode a alimentação compreender parte do salário do empregado, haja vista que é considerada uma parcela *in natura*. Vale ressaltar que a alimentação fornecida pelo empregador poderá ser revestida de natureza indenizatória e não salarial, na hipótese de a empresa fornecer a alimentação por meio do Programa de Alimentação do Trabalho (PAT) – Lei nº 6.321/76. A reforma trabalhista trouxe duas mudanças importantes no tocante à alimentação. A primeira delas é referente ao vale-alimentação, que não terá natureza salarial, ainda que pago de forma habitual, não incidindo assim em qualquer encargo trabalhista ou previdenciário. Por fim, vale destacar outra mudança trazida pela reforma trabalhista, que não considera tempo à disposição do empregador o fato do empregado adentrar ou permanecer nas dependências da empresa, para exercer atividades particulares, sendo uma destas a alimentação.

BASE LEGAL:

CLT, Art. 457. Compreendem-se na remuneração do empregado, para todos os efeitos legais, além do salário devido e pago diretamente pelo empregador, como contraprestação do serviço, as gorjetas que receber.

[...]

§ 2º As importâncias, ainda que habituais, pagas a título de ajuda de custo, auxílio-alimentação, vedado seu pagamento em dinheiro, diárias para viagem, prêmios e abonos não integram a remuneração do empregado, não se incorporam ao contrato de trabalho e não constituem base de incidência de qualquer encargo trabalhista e previdenciário.

CLT, Art. 458, *Caput*. Além do pagamento em dinheiro, compreende-se no salário, para todos os efeitos legais, a alimentação, habitação, vestuário ou outras prestações "in natura" que a empresa, por força do contrato ou do costume, fornecer habitualmente ao empregado. Em caso algum será permitido o pagamento com bebidas alcoólicas ou drogas nocivas.

Orientação Jurisprudencial, 133 da SDI-I do TST. Ajuda alimentação. Programa de Alimentação do Trabalhador – PAT. Lei 6.321/1976. Não integração ao salário. A ajuda alimentação fornecida por empresa participante do programa de alimentação ao trabalhador, instituído pela Lei

6.321/76, não tem caráter salarial. Portanto, não integra o salário para nenhum efeito legal.

CLT, Art. 4º. Considera-se como de serviço efetivo o período em que o empregado esteja à disposição do empregador, aguardando ou executando ordens, salvo disposição especial expressamente consignada.

[...]

§2º – Por não se considerar tempo à disposição do empregador, não será computado como período extraordinário o que exceder a jornada normal, ainda que ultrapasse o limite de cinco minutos previsto no § 1o do art. 58 desta Consolidação, quando o empregado, por escolha própria, buscar proteção pessoal, em caso de insegurança nas vias públicas ou más condições climáticas, bem como adentrar ou permanecer nas dependências da empresa para exercer atividades particulares, entre outras:

[...]

V – Alimentação

ALISTAMENTO ELEITORAL DO EMPREGADO. *Dir. Trab.*

É o ato que confere ao cidadão a sua condição de eleitor, ou seja, é o ato que certifica a aquisição dos direitos políticos do cidadão. A legislação eleitoral faculta as pessoas que possuem 15 (quinze) anos e que completarão 16 (dezesseis) anos até a data do primeiro turno da eleição, à possibilidade de realizar o alistamento eleitoral. Já aos cidadãos maiores de 18 (dezoito) e menores de 70 (setenta) anos, a Lei exige o voto. O voto não é obrigatório para os analfabetos, para os maiores de 70 anos e para as pessoas entre de 16 (dezesseis) e 18 (dezoito) anos. A legislação trabalhista autoriza o empregado a faltar no serviço, sem prejuízo do seu salário na hipótese de o mesmo realizar o alistamento eleitoral. Nesta hipótese será permitida a ausência no serviço por até 2 (dois) dias, consecutivos ou não. Portanto, para os dias em que o empregado deixa de comparecer ao trabalho para cumprir com o alistamento eleitoral, a Lei não considera falta ao serviço, não podendo o empregador efetuar descontos em seu salário.

BASE LEGAL:

CLT, Art. 473. O empregado poderá deixar de comparecer ao serviço sem prejuízo do salário:

[...]

V – até 2 (dois) dias consecutivos ou não, para o fim de se alistar eleitor, nos termos da lei respectiva.

CLT, Art. 131. Não será considerada falta ao serviço, para os efeitos do artigo anterior, a ausência do empregado:

I – nos casos referidos no art. 473; [...].

ALTERAÇÃO DO CONTRATO DE TRABALHO. *Dir. Trab.*

Possui origem no princípio da continuidade da relação de emprego, ou seja, a alteração não pode ter o condão de extinguir o contrato de trabalho, e sim de continuar o mesmo. A alteração do contrato de trabalho possui um princípio específico, o princípio da inalterabilidade contratual lesiva ao emprego. Assim, a alteração nos contratos individuais de trabalho só será permitida se forem observados dois requisitos: mútuo consentimento, ou seja, deve ter a aceitação do empregado e a ausência de prejuízos diretos ou indiretos ao trabalhador, sob pena da alteração contratual ser declarada nula. Ocorre que em algumas hipóteses é possível existir a alteração do contrato de trabalho de forma unilateral pelo empregador, é o que a doutrina e jurisprudência denominam de *jus variandi*. O *jus variandi* é o direito conferido ao empregador de implementar alterações unilaterais licitas no contrato individual de trabalho de seus empregados. Podemos citar como exemplos de *jus variandi* a determinação do empregador para o uso obrigatório de uniforme e a mudança de turno do trabalhador, do período noturno para o diurno. Vale destacar que nesta última hipótese a alteração do turno noturno para o diurno implica na perda do adicional noturno. A doutrina e a jurisprudência também entendem também que o empregado possui direito de se opor de forma válida as determinações ilícitas do empregador, é o que se denomina *jus resistentiae* ou princípio do direito de resistência obreiro.

BASE LEGAL:

CLT, Art. 468, *Caput*. Nos contratos individuais de trabalho só é lícita a alteração das respectivas condições por mútuo consentimento, e ainda assim desde que não resultem, direta ou indiretamente, prejuízos ao empregado, sob pena de nulidade da cláusula infringente desta garantia.
Súmula nº 265, TST – ADICIONAL NOTURNO. ALTERAÇÃO DE TURNO DE TRABALHO. POSSIBILIDADE DE SUPRESSÃO
A transferência para o período diurno de trabalho implica a perda do direito ao adicional noturno.

AMAMENTAÇÃO. *Dir. Trab.*

O direito do trabalho possui um amplo campo de normas jurídicas protetivas a mulher. Nesse sentido o direito a amamentação é um dos importantes direitos da mulher. O direito a amamentação possibilita a lactante (mãe) alimentar seu filho. No âmbito trabalhista, a legislação determina que toda empresa que possua ao menos 30 (trinta) mulheres com mais de 16 (dezesseis) anos de idade, possua local apropriado onde seja permitido às empregadas amamentar seus filhos. Nesse sentido, os locais destinados à guarda dos filhos das empregadas durante o período de amamentação deverão possuir um berçário, uma saleta de amamentação, uma cozinha dietética e uma instalação sanitária. É importante ressaltar que o direito a amamentação não se restringe apenas a genitora, mas também a empregada adotante. A empregada terá direito a dois descansos especiais de meia hora cada um, enquanto estiver no período de amamentação. Estes horários de descanso serão definidos em acordo individual entre empregada e empregador. Por último é importante destacar que a legislação trabalhista autoriza a mulher a amamentar seu filho na empresa até o mesmo completar seis meses de vida, exceto na hipótese de a saúde do filho exigir, que este período poderá ser prorrogado.

BASE LEGAL:
CLT, Art. 389. Toda empresa é obrigada:
[...]
§ 1º – Os estabelecimentos em que trabalharem pelo menos 30 (trinta) mulheres com mais de 16 (dezesseis) anos de idade terão local apropriado onde seja permitido às empregadas guardar sob vigilância e assistência os seus filhos no período da amamentação.
CLT, Art. 400. Os locais destinados à guarda dos filhos das operárias durante o período da amamentação deverão possuir, no mínimo, um berçário, uma saleta de amamentação, uma cozinha dietética e uma instalação sanitária.
CLT, Art. 396. Para amamentar seu filho, inclusive se advindo de adoção, até que este complete 6 (seis) meses de idade, a mulher terá direito, durante a jornada de trabalho, a 2 (dois) descansos especiais de meia hora cada um.
§ 1º Quando o exigir a saúde do filho, o período de 6 (seis) meses poderá ser dilatado, a critério da autoridade competente.
§ 2º Os horários dos descansos previstos no *caput* deste artigo deverão ser definidos em acordo individual entre a mulher e o empregador.

AMICUS CURIAE. *Dir. Proc. Trab., Dir. Proc. Civ.*

É a modalidade de intervenção que permite ao terceiro ingressar no processo para colaborar com o órgão julgador. Tal instituto é chamado também de "Amigo da Corte". A finalidade do *amicus curiae* é que, dependendo da relevância da matéria e da repercussão social, o juiz de ofício ou a requerimento das partes pode pedir a intervenção de um órgão que irá agir como amigo da corte. A decisão do juiz que admite ou que rejeita a participação do *amicus curiae é irrecorrível, com exceção a oposição de embargos de declaração. Vale frisar que o amicus curiae não é parte e nem auxiliar da parte. Ele ingressa ao processo para auxiliar a corte, o Juiz.* [15]O *amicus curiae* colabora com a solução do processo trazendo subsídios técnicos ou jurídicos para o julgador, uma vez que tem interesse na matéria discutida em Juízo. A figura jurídica do *amicus curiae é cabível e compatível com o processo do trabalho, inclusive utilizado no* Incidente de Resolução de Demandas Repetitivas (IRDR) no TST. Por fim, o *amicus curiae* poderá recorrer da decisão que julga o IRDR.

---

15 Schiavi, 2020.

BASE LEGAL:
CPC, Art.138. O juiz ou o relator, considerando a relevância da matéria, a especificidade do tema objeto da demanda ou a repercussão social da controvérsia, poderá, por decisão irrecorrível, de ofício ou a requerimento das partes ou de quem pretenda manifestar-se, solicitar ou admitir a participação de pessoa natural ou jurídica, órgão ou entidade especializada, com representatividade adequada, no prazo de 15 (quinze) dias de sua intimação.
§ 1° A intervenção de que trata o *caput* não implica alteração de competência nem autoriza a interposição de recursos, ressalvadas a oposição de embargos de declaração e a hipótese do § 3°.
§ 2° Caberá ao juiz ou ao relator, na decisão que solicitar ou admitir a intervenção, definir os poderes do amicus curiae.
§ 3° O amicus curiae pode recorrer da decisão que julgar o incidente de resolução de demandas repetitivas.

ANALFABETO. *Dir. Trab.*

É qualquer pessoa que não conheça o alfabeto ou que não saiba ler e escrever. No caso do empregado analfabeto o pagamento do salário deve ser realizado mediante sua impressão digital, ou não sendo esta possível a rogo. Nesse sentido ainda, o pagamento de salários ao empregado analfabeto deverá ser efetuado na presença de duas testemunhas. Em relação ao pagamento da rescisão contratual do trabalhador analfabeto, este deverá ser realizado em dinheiro ou em depósito bancário. Na esfera do direito processual do trabalho, os atos e termos processuais não puderem ser assinados pelas partes interessadas, poderão ser firmadas a rogo, na presença de duas testemunhas, quando não houver um procurador legalmente constituído nos autos. Dessa forma esta hipótese se aplicará ao empregado analfabeto.

BASE LEGAL:
CLT, Art. 464, *caput*. O pagamento do salário deverá ser efetuado contra recibo, assinado pelo empregado; em se tratando de analfabeto, mediante sua impressão digital, ou, não sendo esta possível, a seu rogo.
CLT, Art. 477. Na extinção do contrato de trabalho, o empregador deverá proceder à anotação na Carteira de Trabalho e Previdência Social, comunicar a dispensa aos órgãos competentes e realizar o pagamento das verbas rescisórias no prazo e na forma estabelecidos neste artigo.
[...]
§ 4° O pagamento a que fizer jus o empregado será efetuado:
[...]
II – em dinheiro ou depósito bancário quando o empregado for analfabeto.

CLT, Art. 772. Os atos e termos processuais, que devam ser assinados pelas partes interessadas, quando estas, por motivo justificado, não possam fazê-lo, serão firmados a rogo, na presença de 2 (duas) testemunhas, sempre que não houver procurador legalmente constituído.
Precedente Normativo nº 58 do TST – SALÁRIO. PAGAMENTO AO ANALFABETO (positivo) O pagamento de salário ao empregado analfabeto deverá ser efetuado na presença de 2 (duas) testemunhas.

ANALOGIA. *Dir. Proc. Trab.*

Consiste na aplicação de uma norma prevista para uma hipótese distinta, porém semelhante ao caso concreto. A analogia é uma forma de auto integração, pois utiliza a Lei para suprir omissão da própria Lei. O artigo 4º da Lei de Introdução às Normas de Direito Brasileiro – Decreto Lei nº 4.657/42 (LINDB) traz uma ordem a ser observada pelo operador do direito (analogia, costumes e princípios gerais de direito). No que se refere ao direito material do trabalho, a analogia é considerada uma fonte supletiva e subsidiária do direito do trabalho. Já no tocante ao direito processual do trabalho a jurisprudência entende ser cabível a analogia em matéria administrativa, caso não exista norma específica quanto ao prazo para interposição de recurso em matéria administrativa, aplicando a este o prazo de 8 (oito) dias.

BASE LEGAL:

Decreto Lei nº4.657/42, Art. 4º. Quando a lei for omissa, o juiz decidirá o caso de acordo com a analogia, os costumes e os princípios gerais de direito.
CLT, Art.8º. As autoridades administrativas e a Justiça do Trabalho, na falta de disposições legais ou contratuais, decidirão, conforme o caso, pela jurisprudência, por analogia, por equidade e outros princípios e normas gerais de direito, principalmente do direito do trabalho, e, ainda, de acordo com os usos e costumes, o direito comparado, mas sempre de maneira que nenhum interesse de classe ou particular prevaleça sobre o interesse público.
Orientação Jurisprudencial nº 11 do Tribunal Pleno – 11. RECURSO EM MATÉRIA ADMINISTRATIVA. PRAZO. ÓRGÃO COLEGIADO. OITO DIAS. ART. 6º DA LEI Nº 5.584, DE 26.06.1970 (DJ 25.04.2007) Se não houver norma específica quanto ao prazo para interposição de recurso em matéria administrativa de decisão emanada de órgão Colegiado do Tribunal Regional do Trabalho, aplica-se, por analogia, a regra geral dos prazos adotados na Justiça do Trabalho, ou seja, oito dias, conforme estabelecido no art. 6º da Lei nº 5.584, de 26.06.1970. O prazo de dez dias a que alude o art. 59 da Lei nº 9.784, de 29.01.1999, aplica-se somente à interposição de recursos de decisões prolatadas monocraticamente.

ANOTAÇÕES NA CARTEIRA DE TRABALHO E PREVIDÊNCIA SOCIAL. *Dir. Trab.*

O empregador ao contratar um empregado deverá realizar o registro em sua Carteira de Trabalho e Previdência Social (CTPS). O registro na CTPS é obrigatório, sendo de extrema importância ao trabalhador, garantindo ao mesmo os recolhimentos de FGTS e INSS, 13º, férias entre outros. Nesse sentido ainda, além da garantia de direito, as anotações são importantes também para o trabalhador requerer sua aposentadoria, comprovando o tempo de serviço prestado na empresa. Ao contratar o empregado, o empregador terá o prazo de 5 (cinco) dias úteis para anotar a CTPS do empregado em sistema manual, mecânico ou eletrônico. No que se refere à dispensa do empregado, o empregador também terá que proceder com as anotações na CTPS do empregado, sendo vedada qualquer anotação desabonadora ao trabalhador. No tocante ainda a data da baixa na CTPS quando houver a dispensa do empregado, esta deverá corresponder à data do término do prazo do aviso prévio, ainda que concedido de forma indenizada. Por fim, quanto a este tema, vale destacar a novidade trazida pela Reforma Trabalhista (Lei nº 13.467/17) que aduz que a anotação na CTPS é documento hábil para que o empregado possa requerer o benefício do seguro desemprego e movimentar a conta do FGTS.

BASE LEGAL:

CLT, Art. 29, *caput*. O empregador terá o prazo de 5 (cinco) dias úteis para anotar na CTPS, em relação aos trabalhadores que admitir, a data de admissão, a remuneração e as condições especiais, se houver, facultada a adoção de sistema manual, mecânico ou eletrônico, conforme instruções a serem expedidas pelo Ministério da Economia.

CLT, Art. 29, §4º – É vedado ao empregador efetuar anotações desabonadoras à conduta do empregado em sua Carteira de Trabalho e Previdência Social.

CLT, Art. 477, *caput*. Na extinção do contrato de trabalho, o empregador deverá proceder à anotação na Carteira de Trabalho e Previdência Social, comunicar a dispensa aos órgãos competentes e realizar o pagamento das verbas rescisórias no prazo e na forma estabelecidos neste artigo.

CLT, Art. 477, §10º. A anotação da extinção do contrato na Carteira de Trabalho e Previdência Social é documento hábil para requerer o benefício do seguro-desemprego e a movimentação da conta vinculada no Fundo de Garantia do Tempo de Serviço, nas hipóteses legais, desde que a comunicação prevista no *caput* deste artigo tenha sido realizada.

ANTECIPAÇÃO DE TUTELA. *Dir. Proc. Trab./Civil.*

No Direito existem algumas situações onde o direito postulado não pode aguardar o regular desenrolar do processo, sob pena de perecimento. Desse modo, há medidas processuais destinadas à tutelar as pretensões que não podem esperar a tramitação normal do processo e às vezes nem sequer aguardar a citação da parte contrária. Essas medidas são denominadas de tutelas de provisórias. As tutelas provisórias constituem um gênero que possui como espécies a tutela de urgência e a tutela de evidencia. A tutela antecipada tem por finalidade a antecipação provisória de um provimento satisfativo. A concessão da tutela antecipada não exige necessariamente a provocação da outra parte, e assim, o juiz pode conceder de ofício. No Direito Processual do Trabalho é permitida a concessão de tutela antecipada, ou seja, a medida pode ser concedida antes da sentença, sendo que nesta hipótese, da decisão que deferir ou indeferir a tutela antecipada não caberá a interposição de recurso de imediato, em razão do princípio da irrecorribilidade imediata das decisões interlocutórias. Todavia, caberá a interposição de Mandado de Segurança contra esta decisão. Nesse sentido, ainda é possível a concessão de tutela de urgência com a finalidade de impedir uma transferência abusiva e para reintegrar o empregado dirigente sindical afastado, suspenso ou dispensado pelo empregador. Em ambas as hipóteses o Autor poderá pleitear na petição inicial o pedido de antecipação de tutela. Por fim, vale ressaltar que o capitulo das Tutelas Provisórias previstas no Código de Processo Civil (artigos 294 a 311 do CPC), se aplicam de forma subsidiária ao processo do trabalho.

BASE LEGAL:

Súmula nº 414 TST – MANDADO DE SEGURANÇA. TUTELA PROVISÓRIA CONCEDIDA ANTES OU NA SENTENÇA.

I – A tutela provisória concedida na sentença não comporta impugnação pela via do mandado de segurança, por ser impugnável mediante recurso ordinário. É admissível a obtenção de efeito suspensivo ao recurso ordinário mediante requerimento dirigido ao tribunal, ao relator ou ao presidente ou ao vice-presidente do tribunal recorrido, por aplicação subsidiária ao processo do trabalho do artigo 1.029, § 5º, do CPC de 2015.

II – No caso de a tutela provisória haver sido concedida ou indeferida antes da sentença, cabe mandado de segurança, em face da inexistência de recurso próprio.

III – A superveniência da sentença, nos autos originários, faz perder o objeto do mandado de segurança que impugnava a concessão ou o indeferimento da tutela provisória.

CLT, Art. 659, IX e X. Competem privativamente aos Presidentes das Juntas, além das que lhes forem conferidas neste Título e das decorrentes de seu cargo, as seguintes atribuições:
[...]
IX – conceder medida liminar, até decisão final do processo, em reclamações trabalhistas que visem a tornar sem efeito transferência disciplinada pelos parágrafos do artigo 469 desta Consolidação.
X – conceder medida liminar, até decisão final do processo, em reclamações trabalhistas que visem reintegrar no emprego dirigente sindical afastado, suspenso ou dispensado pelo empregador.

APLICAÇÃO. *Dir. e Proc. Trab.*

Consiste no ato integrar/aplicar o direito (material ou processual) ao caso concreto. O Direito Processual do Trabalho e o Direito Material do Trabalho não possuem legislação que abrange todas as hipóteses previstas na Lei, e assim possuem diversas lacunas. Para que essas possam ser preenchidas, é necessário a utilização de outros ramos do Direito, que irão integrar e completar tais lacunas. A aplicação de outros ramos do direito ao Direito do Trabalho é possível pela existência da Teoria do Dialogo das Fontes, criada pelo jurista Erik Jayme. A teoria mencionada prevê que o direito deve ser interpretado como um todo, de forma sistemática e coordenada, assim uma norma jurídica não exclui a aplicação de outra. Por essa razão foi criado o princípio da subsidiariedade. No âmbito do Direito Processual do Trabalho, o princípio autoriza a aplicação subsidiaria do processual comum (civil) ao processo do trabalho, desde que presentes dois requisitos: lacuna na CLT e compatibilidade de princípios e regras. Neste contexto ainda há uma exceção, que diz respeito à execução trabalhista. Tratando-se de execução na hipótese de lacuna da CLT, aplica-se a LEF (Lei de Execuções Fiscais – Lei nº 6.830/90), devendo estar presentes os dois requisitos acima mencionados na hipótese de aplicação do CPC. No âmbito do Direito Material do Trabalho, a legislação trabalhista autoriza a aplicação do direito comum de forma subsidiária, sendo que para esta hipótese basta apenas existir a lacuna na CLT.

BASE LEGAL:
CLT, Art. 769. Nos casos omissos, o direito processual comum será fonte subsidiária do direito processual do trabalho, exceto naquilo em que for incompatível com as normas deste Título.

CPC, Art. 15. Na ausência de normas que regulem processos eleitorais, trabalhistas ou administrativos, as disposições deste Código lhes serão aplicadas supletiva e subsidiariamente.

CLT, Art. 8. As autoridades administrativas e a Justiça do Trabalho, na falta de disposições legais ou contratuais, decidirão, conforme o caso, pela jurisprudência, por analogia, por equidade e outros princípios e normas gerais de direito, principalmente do direito do trabalho, e, ainda, de acordo com os usos e costumes, o direito comparado, mas sempre de maneira que nenhum interesse de classe ou particular prevaleça sobre o interesse público.

§ 1° O direito comum será fonte subsidiária do direito do trabalho.

APOSENTADORIA POR INVALIDEZ. *Dir. Trab. Dir. Prev.*

É um benefício previdenciário que tutela incapacidades definitivas de doenças ou acidentes. A aposentadoria por invalidez não é vitalícia, pois o segurado é obrigado a realizar pericia bienal para verificar se a incapacidade existe, exceto se já tiver completado 60 (sessenta) anos ou mais. O retorno do trabalhador ao serviço gera a cessação da aposentadoria por invalidez, sendo que o retorno do trabalhador não exime o empregador de indenizar o empregado. Durante o período em que o empregado estiver afastado devido ao recebimento da aposentadoria por invalidez, seu contrato de trabalho permanecerá suspenso, até a cessação do benefício previdenciário. Na hipótese de o empregado recuperar a sua capacidade e retornar ao trabalho, mas o empregador já houver contratado empregado substituto em seu lugar, poderá a empresa rescindir o contrato de trabalho do empregado substituto desde que o mesmo já tivesse ciência de que isto poderia ocorrer com o retorno do trabalhador aposentado por invalidez. O benefício da aposentadoria por invalidez não precisa necessariamente ser precedida pelo recebimento de auxilio doença. Por fim, é assegurado ao empregado o direito a manutenção do plano médico durante o período da aposentadoria por invalidez.

BASE LEGAL:

CLT, Art. 475. O empregado que for aposentado por invalidez terá suspenso o seu contrato de trabalho durante o prazo fixado pelas leis de previdência social para a efetivação do benefício.

§ 1° – Recuperando o empregado a capacidade de trabalho e sendo a aposentadoria cancelada, ser-lhe-á assegurado o direito à função que ocupava ao tempo da aposentadoria, facultado, porém, ao empregador, o direito de indenizá-lo por rescisão do contrato de trabalho, nos termos dos arts.

477 e 478, salvo na hipótese de ser ele portador de estabilidade, quando a indenização deverá ser paga na forma do art. 497.

§ 2º – Se o empregador houver admitido substituto para o aposentado, poderá rescindir, com este, o respectivo contrato de trabalho sem indenização, desde que tenha havido ciência inequívoca da interinidade ao ser celebrado o contrato.

Súmula, 440 TST. AUXÍLIO-DOENÇA ACIDENTÁRIO. APOSENTADORIA POR INVALIDEZ. SUSPENSÃO DO CONTRATO DE TRABALHO. RECONHECIMENTO DO DIREITO À MANUTENÇÃO DE PLANO DE SAÚDE OU DE ASSISTÊNCIA MÉDICA. Assegura-se o direito à manutenção de plano de saúde ou de assistência médica oferecido pela empresa ao empregado, não obstante suspenso o contrato de trabalho em virtude de auxílio-doença acidentário ou de aposentadoria por invalidez.

APRENDIZES. *Dir. Trab.*

São os empregados com idade mínima de 14 (quatorze) e máxima de 24 (vinte e quatro) anos, inscritos em programa de aprendizagem, que são contratados com a finalidade de iniciar a sua formação técnica profissional. A regra da idade máxima do aprendiz não se aplica a pessoa portadora de deficiência, sendo que para esta não há limite de idade. O aprendiz possui vínculo empregatício com o empregador, todavia, possui algumas particularidades que o distinguem do empregado celetista comum. O prazo máximo de vigência do contrato de aprendizagem é de 2 (dois) anos, exceto na hipótese da pessoa com deficiência, que não há prazo máximo. Para que o contrato de aprendizagem seja válido, o empregador deverá anotar a CTPS do empregado aprendiz e o obreiro deverá estar matriculado e comparecer com frequência à escola. Também deverá o aprendiz estar inscrito no programa de aprendizagem, **que em regra é feito no sistema** "S". Outra particularidade do aprendiz é que a alíquota do FGTS a ser paga será calculada no percentual de 2%. Em regra, o aprendiz deverá respeitar o limite de 6 (seis) horas de jornada de trabalho, sendo vedada a prorrogação e a compensação. Todavia, excepcionalmente é permitido que a jornada do aprendiz seja de 8 (oito) horas diárias, desde que tenha completado o ensino fundamental e forem computadas as horas destinadas à aprendizagem teórica. Por fim, em regra as empresas deverão contratar aprendizes no percentual de 5% a 15%.

BASE LEGAL:

CLT, Art. 428. Contrato de aprendizagem é o contrato de trabalho especial, ajustado por escrito e por prazo determinado, em que o empregador se com-

promete a assegurar ao maior de 14 (quatorze) e menor de 24 (vinte e quatro) anos inscrito em programa de aprendizagem formação técnico-profissional metódica, compatível com o seu desenvolvimento físico, moral e psicológico, e o aprendiz, a executar com zelo e diligência as tarefas necessárias a essa formação.
§ 1º A validade do contrato de aprendizagem pressupõe anotação na Carteira de Trabalho e Previdência Social, matrícula e frequência do aprendiz na escola, caso não haja concluído o ensino médio, e inscrição em programa de aprendizagem desenvolvido sob orientação de entidade qualificada em formação técnico-profissional metódica.
§ 2º Ao aprendiz, salvo condição mais favorável, será garantido o salário mínimo hora.
§ 3º O contrato de aprendizagem não poderá ser estipulado por mais de 2 (dois) anos, exceto quando se tratar de aprendiz portador de deficiência.
§ 4º A formação técnico-profissional a que se refere o *caput* deste artigo caracteriza-se por atividades teóricas e práticas, metodicamente organizadas em tarefas de complexidade progressiva desenvolvidas no ambiente de trabalho.
§ 5º A idade máxima prevista no *caput* deste artigo não se aplica a aprendizes portadores de deficiência.
§6º Para os fins do contrato de aprendizagem, a comprovação da escolaridade de aprendiz com deficiência deve considerar, sobretudo, as habilidades e competências relacionadas com a profissionalização.
§ 7º Nas localidades onde não houver oferta de ensino médio para o cumprimento do disposto no § 1o deste artigo, a contratação do aprendiz poderá ocorrer sem a frequência à escola, desde que ele já tenha concluído o ensino fundamental.
§ 8º Para o aprendiz com deficiência com 18 (dezoito) anos ou mais, a validade do contrato de aprendizagem pressupõe anotação na CTPS e matrícula e frequência em programa de aprendizagem desenvolvido sob orientação de entidade qualificada em formação técnico-profissional metódica.
CLT, Art. 432. A duração do trabalho do aprendiz não excederá de seis horas diárias, sendo vedadas a prorrogação e a compensação de jornada.
§ 1º O limite previsto neste artigo poderá ser de até oito horas diárias para os aprendizes que já tiverem completado o ensino fundamental, se nelas forem computadas as horas destinadas à aprendizagem teórica.

APRESENTAÇÃO PARA SERVIÇO MILITAR. *Dir. Trab.*

O serviço militar consiste no exercício de atividades específicas desempenhadas nas Forças Armadas (Exército, Marinha e Aeronáutica). Nesse sentido, todos os brasileiros são obrigados a prestar o serviço militar. Vale ressaltar que as mulheres estão isentas do serviço militar obrigatório em tempo de paz. O empregado ao ser convocado para se apresentar ao serviço militar não poderá continuar prestando serviços na empresa, e desta forma seu contrato de trabalho ficará suspenso durante este período. Todavia, serão computados na contagem de tempo de serviço para efeito de indenização e estabilidade os períodos em que o empregado estiver prestando o serviço militar. Também serão devido ao empregado os depósitos do FGTS neste período. O empregador não poderá extinguir ou alterar o contrato de trabalho do empregado única e exclusivamente em razão do afastamento em decorrência das exigências do serviço militar. Após o término da prestação do serviço militar, o empregado deverá notificar o empregador sobre o seu interesse em retornar ao trabalho e exercer o cargo anteriormente ocupado. Esta notificação deverá ser feita por meio de telegrama ou carta registrada. Caso o empregado compareça ao estabelecimento do empregador dentro do prazo de 90 (noventa) dias contados da respectiva baixa, haverá o computo no período aquisitivo de férias, no período de trabalho anterior a sua apresentação ao serviço militar. Por fim, é garantido ao empregado que está prestando serviço militar a garantia de emprego, a contar da incorporação no serviço militar até 30 (trinta) dias após a baixa.

BASE LEGAL:

CLT, Art. 4°. Considera-se como de serviço efetivo o período em que o empregado esteja à disposição do empregador, aguardando ou executando ordens, salvo disposição especial expressamente consignada.

§1° Computar-se-ão, na contagem de tempo de serviço, para efeito de indenização e estabilidade, os períodos em que o empregado estiver afastado do trabalho prestando serviço militar e por motivo de acidente do trabalho.

CLT, Art. 472. O afastamento do empregado em virtude das exigências do serviço militar, ou de outro encargo público, não constituirá motivo para alteração ou rescisão do contrato de trabalho por parte do empregador.

§ 1° – Para que o empregado tenha direito a voltar a exercer o cargo do qual se afastou em virtude de exigências do serviço militar ou de encargo público, é indispensável que notifique o empregador dessa intenção, por telegrama ou carta registrada, dentro do prazo máximo de 30 (trinta) dias, contados da data em que se verificar a respectiva baixa ou a terminação do encargo a que estava obrigado.

CLT, Art. 132. O tempo de trabalho anterior à apresentação do empregado para serviço militar obrigatório será computado no período aquisitivo, desde que ele compareça ao estabelecimento dentro de 90 (noventa) dias da data em que se verificar a respectiva baixa.

Precedente Normativo n° 80 do TST – SERVIÇO MILITAR. GARANTIA DE EMPREGO AO ALISTANDO (positivo)

Garante-se o emprego do alistando, desde a data da incorporação no serviço militar até 30 dias após a baixa.

ARBITRAGEM. *Dir. Proc. Trab.*

É a forma de solução de conflitos imposta por um 3º (terceiro) escolhido pelas partes. A arbitragem é plenamente cabível nos dissídios coletivos de trabalho, haja vista a existência de previsão constitucional para esta hipótese. Já no que se diz respeito aos dissídios individuais, antes da entrada em vigor da Reforma Trabalhista (Lei nº 13.467/17), existiam correntes no sentido de a arbitragem não ser cabível, ou de ser excepcionalmente cabível em casos onde o trabalhador tivesse maior discernimento, existido uma subordinação jurídica, mas rarefeita, ou ainda sendo cabível excepcionalmente aos direitos trabalhistas de indisponibilidade relativa, como por exemplo, os prêmios. Todavia, este debate restou superado, pois com o advento da Reforma Trabalhista (Lei nº 13.467/2017) é possível nos contratos individuais de trabalho a inserção de clausula compromissória de arbitragem, desde que o empregado receba remuneração superior a 2 (duas) vezes o limite máximo estabelecido para os benefícios do Regime Geral de Previdência Social, e ainda que a instituição da clausula compromissória se dê por iniciativa sua ou mediante sua concordância expressa.

BASE LEGAL:

Lei nº 9.307/96

CF, Artigo 114. Compete à Justiça do Trabalho processar e julgar:

[...]

§ 1º Frustrada a negociação coletiva, as partes poderão eleger árbitros.

CLT, Art. 507-A. Nos contratos individuais de trabalho cuja remuneração seja superior a duas vezes o limite máximo estabelecido para os benefícios do Regime Geral de Previdência Social, poderá ser pactuada cláusula compromissória de arbitragem, desde que por iniciativa do empregado ou mediante a sua concordância expressa, nos termos previstos na Lei no 9.307, de 23 de setembro de 1996.

ARMADOR(ES). *Dir. Trab.*

É o empregador (empresa ou pessoa física) que será encarregado de realizar o transporte marítimo local ou internacional. O armador poderá se utilizar da contratação de empregados (tripulantes) que irão executar toda a operação e transporte de carga de um porto a outro, operando em navio e rotas já existentes no comércio internacional. A legislação trabalhista entende que o tripulante que for por determinação do armador, transferido para o serviço de outro armador, terá computado para efeito de gozo de férias, o período prestado ao primeiro. Desta forma o novo armador será obrigado a conceder as férias ao tripulante caso o mesmo tenha preenchido o período aquisitivo, considerando no cálculo também o período de prestação de serviços ao antigo armador. O tripulante poderá desde que manifeste o interesse e que tenha a concordância do armador usufruir de suas férias de forma parcelada, nos portos de escala de grande estadia do navio. É importante dizer que a Lei considera grande estadia a permanência no porto por prazo excedente a 6 (seis) dias. Para que as férias sejam gozadas nas condições acima previstas, haverá a necessidade do tripulante requerê-las por escrito à armação, antes do início da viagem, no porto de registro ou armação. Por fim, ante a inexistência de caderneta profissional para os marítimos, quem realizará as anotações referentes às férias será a Capitania do Porto na caderneta-matrícula do tripulante, na página das observações.

BASE LEGAL:

CLT, Art. 150. O tripulante que, por determinação do armador, for transferido para o serviço de outro, terá computado, para o efeito de gozo de férias, o tempo de serviço prestado ao primeiro, ficando obrigado a concedê-las o armador em cujo serviço ele se encontra na época de gozá-las.

§ 1º – As férias poderão ser concedidas, a pedido dos interessados e com aquiescência do armador, parceladamente, nos portos de escala de grande estadia do navio, aos tripulantes ali residentes.

§ 2º – Será considerada grande estadia a permanência no porto por prazo excedente de 6 (seis) dias.

§ 3º – Os embarcadiços, para gozarem férias nas condições deste artigo, deverão pedi-las, por escrito, ao armador, antes do início da viagem, no porto de registro ou armação.

CLT, Art. 151. Enquanto não se criar um tipo especial de caderneta profissional para os marítimos, as férias serão anotadas pela Capitania do Porto na caderneta-matrícula do tripulante, na página das observações.

ARMAZÉM. *Dir. Trab.*

Trata-se do espaço físico que compõe o estabelecimento empresarial e tem como finalidade o armazenamento de matérias primas, produtos semiacabados ou acabados para transferência para outro local, bem como controlar o fluxo de entrada e de saída de mercadorias.[16] O ordenamento jurídico trabalhista, bem como a doutrina e a jurisprudência

16 Delgado, 2019.

tem entendimento de que a relação estabelecida do trabalhador com o armazém é de natureza civil. Nesse sentido não pode o empregador se utilizar do armazém para pagar parte do salário do empregado, ou seja, não pode o armazém ser reconhecido como uma parcela de salário *in natura*. Neste contexto ainda, é vedado ao empregador coagir ou induzir os seus empregados a se utilizarem ou adquirem produtos ou serviços contidos no armazém, tendo em vista que o trabalhador possui liberdade para dispor de seu salário da maneira que lhe convier. Por fim, a CLT prevê ainda que equiparam-se aos serviços públicos os de utilidade pública, bem como os prestados em armazéns de gêneros alimentícios, açougues, padarias, leiterias, farmácias, hospitais, minas, empresas de transportes e comunicações, bancos e estabelecimentos que interessem à segurança nacional.

BASE LEGAL:

CLT, Art. 462. Ao empregador é vedado efetuar qualquer desconto nos salários do empregado, salvo quando este resultar de adiantamentos, de dispositivos de lei ou de contrato coletivo.

[...]

§ 2º – É vedado à empresa que mantiver armazém para venda de mercadorias aos empregados ou serviços estimados a proporcionar-lhes prestações *in natura* exercer qualquer coação ou induzimento no sentido de que os empregados se utilizem do armazém ou dos serviços.

CLT, Art. 910. Para os efeitos deste Título, equiparam-se aos serviços públicos os de utilidade pública, bem como os que forem prestados em armazéns de gêneros alimentícios, açougues, padarias, leiterias, farmácias, hospitais, minas, empresas de transportes e comunicações, bancos e estabelecimentos que interessem à segurança nacional.

ARMAZENAGEM. *Dir. Trab.*

Consiste na prática de preservação e conservação de matérias primas, produtos acabados ou semiacabados da empresa. A armazenagem é importante para que o produto seja mantido em suas condições naturais, antes de ser transferido para outras localidades. No âmbito trabalhista, a competência de estabelecer normas sobre a armazenagem de materiais é do Ministério do Trabalho e Emprego (atual Secretária Especial de Previdência e Trabalho do Ministério da Economia). Referida competência abrange ainda as condições de segurança e manutenção dos equipamentos. Nesse sentido ainda, caberá também ao Ministério do Trabalho estabelecer as condições no que diz respeito aos depósitos, armazenagens e manuseio de combustíveis, inflamáveis e explosivos, bem como trânsito e permanência nas áreas respectivas. Por fim, vale dizer ainda que na hipótese de existir em edifício, tanque de armazenamento com líquido inflamável acima do limite permitido na Lei, será devido ao empregado o adicional de periculosidade, ainda que seja em pavimento distinto daquele onde ocorreu a instalação dos tanques, pois considera-se área de risco toda a área interna da construção.

BASE LEGAL:

CLT, Art. 182. O Ministério do Trabalho estabelecerá normas sobre:

[...]

II – as exigências similares relativas ao manuseio e à armazenagem de materiais, inclusive quanto às condições de segurança e higiene relativas aos recipientes e locais de armazenagem e os equipamentos de proteção individual; [...].

CLT, Art. 200. Cabe ao Ministério do Trabalho estabelecer disposições complementares às normas de que trata este Capítulo, tendo em vista as peculiaridades de cada atividade ou setor de trabalho, especialmente sobre:

[...]

II – depósitos, armazenagem e manuseio de combustíveis, inflamáveis e explosivos, bem como trânsito e permanência nas áreas respectivas.

Orientação Jurisprudencial nº 385 da SDI-I do TST. ADICIONAL DE PERICULOSIDADE. DEVIDO. ARMAZENAMENTO DE LIQUIDO INFLAMÁVEL NO PRÉDIO. CONSTRUÇÃO VERTICAL. É devido o pagamento do adicional de periculosidade ao empregado que desenvolve suas atividades em edifício (construçao vertical), seja em pavimento igual ou distinto daquele onde estão instalados tanques para armazenamento de líquido inflamável, em quantidade acima do limite legal, considerando-se como área de risco toda a área interna da construção vertical.

ARQUIVAMENTO. *Dir. Proc. Trab.*

É a pena aplicada ao reclamante quando não comparece na primeira audiência. Desta forma, o arquivamento é a consequência da ausência do reclamante na audiência una ou na audiência inicial. Vale ressaltar que na hipótese do empregador ser a parte autora, como por exemplo, nos casos em que ajuíza o inquérito judicial para apuração para falta grave, ação de consignação em pagamento, etc., também haverá o arquivamento da ação, caso não haja o comparecimento do mesmo na primeira audiência. Caso o reclamante não compareça a audiência, será condenado ao pagamento das custas processuais, ainda que beneficiário de justiça gratuita, exceto se comprovar no prazo de 15 (quinze) dias que a ausência ocorreu por motivo legalmente justificável.

Nesse sentido, caso não haja a comprovação justificada da ausência em audiência no prazo acima mencionado, o reclamante só poderá ajuizar nova ação, se realizar o pagamento das custas processuais. O arquivamento pode ser evitado na hipótese do empregado por motivo de doença ou qualquer outro motivo ponderoso, fazer-se substituir por outro empregado que pertença a mesma profissão ou pelo sindicato da categoria. Por fim, caso o reclamante de causa a dois arquivamentos seguidos, ficará impossibilitado de ajuizar uma nova reclamação pelo prazo de 6 (seis) meses, estando presente o fenômeno da perempção.

BASE LEGAL:

CLT, Art. 843. Na audiência de julgamento deverão estar presentes o reclamante e o reclamado, independentemente do comparecimento de seus representantes salvo, nos casos de Reclamatórias Plúrimas ou Ações de Cumprimento, quando os empregados poderão fazer-se representar pelo Sindicato de sua categoria.

[...]

§ 2º Se por doença ou qualquer outro motivo poderoso, devidamente comprovado, não for possível ao empregado comparecer pessoalmente, poderá fazer-se representar por outro empregado que pertença à mesma profissão, ou pelo seu sindicato.

CLT, Art. 844. O não-comparecimento do reclamante à audiência importa o arquivamento da reclamação, e o não-comparecimento do reclamado importa revelia, além de confissão quanto à matéria de fato.

[...]

§ 2º Na hipótese de ausência do reclamante, este será condenado ao pagamento das custas calculadas na forma do art. 789 desta Consolidação, ainda que beneficiário da justiça gratuita, salvo se comprovar, no prazo de quinze dias, que a ausência ocorreu por motivo legalmente justificável.

§ 3º O pagamento das custas a que se refere o § 2º é condição para a propositura de nova demanda.

CLT, Art. 732. Na mesma pena do artigo anterior incorrerá o reclamante que, por 2 (duas) vezes seguidas, der causa ao arquivamento de que trata o art. 844.

ARREMATAÇÃO. *Dir. Proc. Trab.*

É um instituto que compõe a fase de execução do processo trabalhista. Trata-se da hipótese de um terceiro adquirir o bem penhorado em hasta pública através do valor do maior lance, não se admitindo o chamado preço vil. Na arrematação o arrematante irá realizar o pagamento de forma imediata no importe de 20% do valor e o saldo remanescente deverá ser quitado em até 24 horas. Caso o arrematante não faça o pagamento dentro deste prazo, perderá o sinal e o bem retornará a hasta pública. A arrematação no processo trabalhista será realizada em dia, hora e lugar anunciados, sendo que o exequente terá direito de preferência na aquisição do bem. Na hipótese de ocorrer a arrematação do bem, serão devidas custas pelo executado e pagas ao final do processo no importe de 5% sobre o valor, limitado ao valor de R$ 1.9.15,38. No mesmo sentido, caso haja a oposição de Embargos à Arrematação, também serão devidas custas a serem pagas pelo executado ao final do processo, no importe de R$ 44,26. Por fim, a jurisprudência trabalhista possui entendimento de que a ação rescisória não é o meio cabível para impugnar a decisão que homologa a arrematação.

BASE LEGAL:

CLT, Art. 888. Concluída a avaliação, dentro de dez dias, contados da data da nomeação do avaliador, seguir-se-á a arrematação, que será anunciada por edital afixado na sede do juízo ou tribunal e publicado no jornal local, se houver, com a antecedência de 20 (vinte) dias.

§ 1º A arrematação far-se-á em dia, hora e lugar anunciados e os bens serão vendidos pelo maior lance, tendo o exequente preferência para a adjudicação.

§ 2º O arrematante deverá garantir o lance com o sinal correspondente a 20% (vinte por cento) do seu valor.

CLT, Art. 789 A. No processo de execução são devidas custas, sempre de responsabilidade do executado e pagas ao final, de conformidade com a seguinte tabela:

I – autos de arrematação, de adjudicação e de remição: 5% (cinco por cento) sobre o respectivo valor, até o máximo de R$ 1.915,38 (um mil, novecentos e quinze reais e trinta e oito centavos).

[..]

V – embargos à execução, embargos de terceiro e embargos à arrematação: R$ 44,26 (quarenta e quatro reais e vinte e seis centavos);

Súmula, 399 do TST. AÇÃO RESCISÓRIA. CABIMENTO. SENTENÇA DE MÉRITO. DECISÃO HOMOLOGATÓRIA DE ADJUDICAÇÃO, DE ARREMATAÇÃO E DE CÁLCULOS

I – É incabível ação rescisória para impugnar decisão homologatória de adjudicação ou arrematação.

ARTISTA. *Dir. Trab.*

É o profissional que cria, interpreta ou executa obra de caráter cultural de qualquer natureza, para efeito de exibição ou divulgação pública, através de meios de comunicação de massa ou em locais onde se realizam espetáculos de diversão pública. O artista possui regulamentação própria e específica na Lei nº 6.533/78. A CLT proíbe qualquer trabalho aos menores de 16 (dezesseis) anos de idade, salvo na condição de aprendiz, a partir dos 14 (quatorze) anos. Ocorre que no que se refere ao menor artista, há uma flexibilização da norma jurídica trabalhista. Nesse sentido, o juiz poderá autorizar ao menor artista a trabalhar desde que a representação tenha fins educativos ou que a peça de que participe não seja prejudicial à sua formação moral. Também poderá o juiz autorizar o trabalho do menor quando verificar que a ocupação do menor é indispensável a sua própria subsistência ou à de seus pais, avós, irmãos, desde que não infrinja a sua formação moral. Existe discussão na doutrina e na jurisprudência sobre qual o juiz possui competência para autorizar o trabalho do menor: o juiz do trabalho ou o da vara da infância e juventude. Por enquanto esta discussão está superada, pois no julgamento da ADI nº 5326, o Supremo Tribunal Federal decidiu de forma liminar que a competência é da Vara da Infância e Juventude.

BASE LEGAL:

Lei nº 6.533/78, Art. 2º. Para os efeitos desta lei, é considerado:

I – Artista, o profissional que cria, interpreta ou executa obra de caráter cultural de qualquer natureza, para efeito de exibição ou divulgação pública, através de meios de comunicação de massa ou em locais onde se realizam espetáculos de diversão pública

CLT, Art. 406. O Juiz de Menores poderá autorizar ao menor o trabalho a que se referem as letras "a" e "b" do § 3º do art. 405:

I – desde que a representação tenha fim educativo ou a peça de que participe não possa ser prejudicial à sua formação moral;

II – desde que se certifique ser a ocupação do menor indispensável à própria subsistência ou à de seus pais, avós ou irmãos e não advir nenhum prejuízo à sua formação moral.

ASSÉDIO SEXUAL. *Dir. Trab.*

Consiste no ato de constranger alguém com o intuito de obter vantagem ou favorecimento sexual, prevalecendo-se ou não o agente da sua condição de superior hierárquico ou ascendência inerentes ao exercício de emprego, cargo ou função. A doutrina e a jurisprudência trabalhista tem entendimento de que o assédio sexual também pode ocorrer entre colegas de trabalho de mesma condição hierárquica e até na hipótese de pessoa de cargo inferior assediar sexualmente colega de trabalho de cargo superior. Não há na legislação trabalhista previsão especifica quanto à prática do assédio sexual. Tal instituto é regulamentado pelo Código

Penal que prevê que a conduta criminosa pode ser punida com pena de detenção de 1 (um) a 2 (dois) anos. Embora a legislação trabalhista não traga previsão específica sobre o assédio sexual, cabe salientar que se configurado no ambiente laboral o assédio, poderá o empregado ajuizar reclamação trabalhista pleiteando a rescisão indireta do contrato de trabalho, se fundamentando no fato do empregador não cumprir as obrigações do contrato, bem como, na hipótese de houver praticado o empregador ou seus prepostos contra o empregado ou pessoas de sua família, ato lesivo da honra e boa fama. Por fim, diferentemente do assédio moral que exige a reiteração de condutas, o assédio sexual pode ser caracterizado mediante um único ato praticado pelo assediador.

BASE LEGAL:

CP, Art. 216-A. Constranger alguém com o intuito de obter vantagem ou favorecimento sexual, prevalecendo-se o agente da sua condição de superior hierárquico ou ascendência inerentes ao exercício de emprego, cargo ou função.
Pena – detenção, de 1 (um) a 2 (dois) anos.
§ 2º A pena é aumentada em até um terço se a vítima é menor de 18 (dezoito) anos.
CLT, Art. 483. O empregado poderá considerar rescindido o contrato e pleitear a devida indenização quando:
[...]
d) não cumprir o empregador as obrigações do contrato;
e) praticar o empregador ou seus prepostos, contra ele ou pessoas de sua família, ato lesivo da honra e boa fama;

ASSINATURA A ROGO. *Dir. Trab. . Dir. Proc. Trab.*

A palavra "a rogo" significa "a pedido de". A assinatura a rogo significa a assinatura de um documento por outra pessoa a pedido de outra. Para que a assinatura a rogo de atos e termos processuais seja válida, é necessário que haja documento escrito assinado pelas partes interessadas, exceto na hipótese de existir motivo justificado que impossibilite a elaboração do documento escrito, situação em que será firmado a rogo na presença de duas testemunhas, caso a parte não tenha advogado legalmente constituído. Podemos citar como exemplo o caso do empregado analfabeto, que pode requer que outra pessoa assine um documento por ele. No que se refere ao analfabeto à legislação trabalhista determina que seu salário seja pago mediante sua impressão digital ou não sendo essa possível, a seu rogo. Neste contexto, o pagamento de salário ao analfabeto deverá ser realizado na presença de duas testemunhas. Já no que se diz respeito ao pagamento das verbas rescisórias, o pagamento deverá ser realizado em dinheiro ou em depósito bancário quando se tratar de empregado analfabeto.

BASE LEGAL:

CLT, Art. 772. Os atos e termos processuais, que devam ser assinados pelas partes interessadas, quando estas, por motivo justificado, não possam fazê-lo, serão firmados a rogo, na presença de 2 (duas) testemunhas, sempre que não houver procurador legalmente constituído.

CLT, Art. 464, *Caput*. O pagamento do salário deverá ser efetuado contra recibo, assinado pelo empregado; em se tratando de analfabeto, mediante sua impressão digital, ou, não sendo esta possível, a seu rogo.

Precedente Normativo, nº 58 do TST. PAGAMENTO AO ANALFABETO

O pagamento de salário ao empregado analfabeto deverá ser efetuado na presença de 2 (duas) testemunhas.

CLT, Art. 477. Na extinção do contrato de trabalho, o empregador deverá proceder à anotação na Carteira de Trabalho e Previdência Social, comunicar a dispensa aos órgãos competentes e realizar o pagamento das verbas rescisórias no prazo e na forma estabelecidos neste artigo.

[...]

§ 4º O pagamento a que fizer jus o empregado será efetuado:

[...]

II – em dinheiro ou depósito bancário quando o empregado for analfabeto.

ASSISTÊNCIA JUDICIÁRIA. *Dir. Proc. Trab.*

Trata-se de um dever do Estado em prestar assistência jurídica integral e gratuita aos que comprovarem a insuficiência de recursos. Nesse sentido a assistência judiciária compreende o serviço gratuito de representação em juízo, da parte que não possui condições para contratar um advogado. No processo do trabalho existe a figura do "jus postulandi", que permite os empregados e aos empregadores postularem pessoalmente perante a Justiça do Trabalho, com exceção dos recursos de competência do TST, ação rescisória, mandado de segurança e ação cautelar. A figura do "jus postulandi" existe justamente para a parte que possui insuficiência de recursos, ter a possibilidade de ajuizar uma reclamação trabalhista ou então se defender de uma reclamação trabalhista, sem a necessidade de contratar um procurador. Outra figura importantíssima que possibilita o empregado e o empregado a se utilizarem da assistência judiciária é o sindicato. O Sindicato é uma pessoa jurídica de direito privado que possui como uma de suas finalidades a defesa dos direitos e interesses coletivos ou individuais da categoria, inclusive em questões judiciais ou administrativas. Nesse sentido, o sindicato possui como dever a prestação de serviços de assistência judiciária para os seus associados.

BASE LEGAL:
CF, Art. 5. Todos são iguais perante a lei, sem distinção de qualquer natureza, garantindo-se aos brasileiros e aos estrangeiros residentes no País a inviolabilidade do direito à vida, à liberdade, à igualdade, à segurança e à propriedade, nos termos seguintes:
[...]
LXXIV – o Estado prestará assistência jurídica integral e gratuita aos que comprovarem insuficiência de recursos;
CLT, Art. 514. São deveres dos sindicatos :
[...]
b) manter serviços de assistência judiciária para os associados; [...].

ASSISTÊNCIA MÉDICA. *Dir. Trab.*

É um direito fundamental do trabalhador. A própria Constituição Federal de 1988 assegura a redução dos riscos inerentes ao trabalho, por meio de normas de saúde, higiene e segurança. No Direito do Trabalho, o direito a assistência médica se exterioriza por meio da instituição de normas estatais de proteção à saúde do trabalhador, de normas de proteção ao trabalhador elaboradas internamente pela empresa, por meio da inclusão do trabalhador em plano médico, entre outras medidas protetivas. Nesse sentido caso o trabalhador necessite utilizar o plano de assistência médica fornecida pela empresa em seu benefício ou de seus dependentes, poderá sofrer desconto em seu salário por esta utilização, desde que tenha autorizado previamente e por escrito o desconto. É permitido ainda ao empregado que contribua com o pagamento do plano médico em coparticipação com o empregador, no caso de rescisão do contrato de trabalho, manter a sua condição de beneficiário no plano de assistência médica nas mesmas condições existentes quando da vigência do seu contrato de trabalho, desde que assuma o pagamento integral. Por fim, vale ressaltar que não se considera coparticipação, o pagamento do empregado apenas quando da utilização da assistência médica para procedimentos.

BASE LEGAL:
Súmula, 342 TST. DESCONTOS SALARIAIS. ART. 462 DA CLT (mantida)
Descontos salariais efetuados pelo empregador, com a autorização prévia e por escrito do empregado, para ser integrado em planos de assistência odontológica, médico-hospitalar, de seguro, de previdência privada, ou de entidade cooperativa, cultural ou recreativo-associativa de seus trabalha-

dores, em seu benefício e de seus dependentes, não afrontam o disposto no art. 462 da CLT, salvo se ficar demonstrada a existência de coação ou de outro defeito que vicie o ato jurídico.
Lei nº 9.656/98, Art. 30. Ao consumidor que contribuir para produtos de que tratam o inciso I e o § 1º do art. 1o desta Lei, em decorrência de vínculo empregatício, no caso de rescisão ou exoneração do contrato de trabalho sem justa causa, é assegurado o direito de manter sua condição de beneficiário, nas mesmas condições de cobertura assistencial de que gozava quando da vigência do contrato de trabalho, desde que assuma o seu pagamento integral.
[...]
§6º – Nos planos coletivos custeados integralmente pela empresa, não é considerada contribuição a coparticipação do consumidor, única e exclusivamente, em procedimentos, como fator de moderação, na utilização dos serviços de assistência médica ou hospitalar.

ASSOCIAÇÕES RECREATIVAS. *Dir. Trab.*

A associação é uma pessoa jurídica de Direito Privado, que tem por objetivo a realização de atividades culturais, sociais, religiosas, recreativas etc., sem fins lucrativos, ou seja, não visam lucros e dotadas de personalidade distinta de seus componentes.[17] Ao ser criada a associação adquire personalidade jurídica, passando a ser sujeita de direitos e obrigações. Nesse sentido, para o direito do trabalho, a associação recreativa ao ser criada é equiparada a figura do empregador, sendo considerada empregadora por equiparação. Neste contexto a associação recreativa assumirá todas as obrigações inerentes ao empregador, tais como, admitir os empregados mediante registro na Carteira de Trabalho e Previdência Social, realizar o pagamento de salários, dirigir a prestação pessoal de serviços, entre outros direitos legalmente previstos. Portanto, a Justiça do Trabalho possui competência para processar e julgar a ação ajuizada pelo empregado em face da associação recreativa.

BASE LEGAL:

CLT, Art. 2º. Considera-se empregador a empresa, individual ou coletiva, que, assumindo os riscos da atividade econômica, admite, assalaria e dirige a prestação pessoal de serviço.
§ 1º – Equiparam-se ao empregador, para os efeitos exclusivos da relação de emprego, os profissionais liberais, as instituições de beneficência, as associações recreativas ou outras instituições sem fins lucr ativos, que admitirem trabalhadores como empregados.

---

17 ASSOCIAÇÕES SEM FINS LUCRATIVOS - CÓDIGO CIVIL. Disponível em: https://www.lefisc.com.br/materias/2007/122007societarios.htm. Acesso em: 24 jan. 2022.

ATA. *Dir. Trab.*

É o nome de um tipo de documento escrito com base em uma redação técnica, cujo objetivo é registrar os acontecimentos de uma reunião, assembleia, congresso, conferência ou outro evento que necessite de anotações formais para registro.[18]

A ata é o instrumento utilizado pelo judiciário trabalhista para registrar todos os acontecimentos ocorridos em uma audiência, como o nome das partes o processo, o depoimento das partes, os testemunhos, etc. Pelo princípio da informalidade e celeridade processual, com colo da oralidade, que regem o direito do trabalho, existe também a possibilidade de realização das razões finais orais em audiência, que serão registradas em ata pelo secretário de audiência.

BASE LEGAL:

CLT, Art. 851. Os tramites de instrução e julgamento da reclamação serão resumidos em ata, de que constará, na íntegra, a decisão. (Redação dada pelo Decreto-lei nº 8.737, de 19.1.1946)

§ 1º – Nos processos de exclusiva alçada das Juntas, será dispensável, a juízo do presidente, o resumo dos depoimentos, devendo constar da ata a conclusão do Tribunal quanto à matéria de fato. (Incluído pelo Decreto-lei nº 8.737, de 19.1.1946)

§ 2º – A ata será, pelo presidente ou juiz, junta ao processo, devidamente assinada, no prazo improrrogável de 48 (quarenta e oito) horas, contado da audiência de julgamento, e assinada pelos juízes classistas presentes à mesma audiência. (Parágrafo único renumerado e alterado pelo Decreto-lei nº 8.737, de 19.1.1946)

CLT, 850. Terminada a instrução, poderão as partes aduzir razões finais, em prazo não excedente de 10 (dez) minutos para cada uma. Em seguida, o juiz ou presidente renovará a proposta de conciliação, e não se realizando esta, será proferida a decisão.

Parágrafo único – O Presidente da Junta, após propor a solução do dissídio, tomará os votos dos vogais e, havendo divergência entre estes, poderá desempatar ou proferir decisão que melhor atenda ao cumprimento da lei e ao justo equilíbrio entre os votos divergentes e ao interesse social.

ATESTADO MÉDICO. *Dir. Trab.*

O atestado médico é um tema polêmico em nosso ordenamento justrabalhista, uma vez que em um cenário ele pode abonar uma falta e em outro ele pode caracterizar a discriminação de um certo tipo de indivíduo devido a sua condição de saúde.

---

18 CHÉROLET, 2019.

Ao empregado é permitido se abster do trabalho por motivo de doença, nestes casos a CLT determina que seja abonado o dia trabalhado (*vide* abono). A CLT não prevê um prazo para que o empregado apresente o atestado médico, esse prazo pode ser estipulado por acordo, convenção coletiva ou regimento interno empresarial.

A empresa não pode se abster de receber o atestado médico, entretanto pode pedir, a depender do caso, que o empregado compareça até a empresa para que este seja examinado pelo médico do trabalho da empresa.

Existem alguns atestados que não podem ser requeridos aos empregados sob pena de caracterização de discriminação deste indivíduo, como por exemplo o atestado de gravidez no período de contratação.

BASE LEGAL:

CLT, Art. 373-A. Ressalvadas as disposições legais destinadas a corrigir as distorções que afetam o acesso da mulher ao mercado de trabalho e certas especificidades estabelecidas nos acordos trabalhistas, é vedado:

[...] IV – exigir atestado ou exame, de qualquer natureza, para comprovação de esterilidade ou gravidez, na admissão ou permanência no emprego; (Incluído pela Lei nº 9.799, de 26.5.1999).

ATIVIDADES E OPERAÇÕES INSALUBRES. *Dir. Trab.*

Atividades insalubres são aquelas que expõem os empregados a agentes nocivos à saúde, acima dos limites legais permitidos. Juridicamente, a insalubridade somente é reconhecida quando a atividade ou operação passa a ser incluída em relação baixada pelo Ministério do Trabalho.[19]

O empregado que laborar em ambientes insalubres terá o direito a receber 10%, 20% ou 40% a mais em sua remuneração, além de seu salário, a depender do tamanho da exposição ao agente insalubre, como uma forma de compensação por sua exposição ao ambiente insalubre que atinge sua saúde.

BASE LEGAL:

CLT, Art. Art. 192. O exercício de trabalho em condições insalubres, acima dos limites de tolerância estabelecidos pelo Ministério do Trabalho, assegura a percepção de adicional respectivamente de 40% (quarenta por cento),

19 http://portalfat.mte.gov.br/programas-e-acoes-2/programa-de-protecao-do-emprego-ppe/perguntas-frequentes/atividade-insalubre-eperigosa/#:~:text=Atividades%20insalubres%20s%C3%A3o%20aquelas%20que,baixada%20pelo%20Minist%C3%A9rio%20do%20Trabalho [acessado em 17/02/2020]

20% (vinte por cento) e 10% (dez por cento) do salário-mínimo da região, segundo se classifiquem nos graus máximo, médio e mínimo.

ATIVIDADES INDUSTRIAIS E COMERCIAIS. *Dir. Trab.*

A atividade industrial consiste no processo de produção que visa transformar matérias-primas em mercadoria através do trabalho humano e, de forma cada vez mais comum, utilizando-se de máquinas. Essa atividade é classificada conforme seu foco de atuação, sendo ramificada em três grandes conjuntos: indústrias de bens de produção, indústrias de bens intermediários e indústrias de bens de consumo.[20]

As atividades comerciais, por sua vez, nasceram com a necessidade de troca de um produtor para outro de seus insumos, como o pescador e o agropecuário. Hoje, são diversas as atividades comerciais que existem em torno do mundo.

Em ambas as atividades empresariais, sob a ótica trabalhista o empregador é aquele que assumindo os riscos da atividade econômica, admite assalaria e dirige a prestação pessoal do serviço, esta definição trazida pela CLT é o princípio da alteridade trazido pela doutrina, onde o empregador não pode depositar nos empregados o ônus da atividade jurídica, devendo sempre manter o salário e os benefícios daquele empregado independente do mercado econômico.

BASE LEGAL:

CLT, Art. 2º Art. 2º. Considera-se empregador a empresa, individual ou coletiva, que, assumindo os riscos da atividade econômica, admite, assalaria e dirige a prestação pessoal de serviço.

§ 1º – Equiparam-se ao empregador, para os efeitos exclusivos da relação de emprego, os profissionais liberais, as instituições de beneficência, as associações recreativas ou outras instituições sem fins lucrativos, que admitirem trabalhadores como empregados.

ATIVIDADES OU OPERAÇÕES PERIGOSAS. *Dir. Trab.*

São atividades que, em essência, geram riscos elevados ao trabalhador em decorrência da exposição a energia elétrica, inflamáveis, explosivos, dentre outras substâncias ou situações perigosas como, por exemplo, atividades policiais ou de segurança profissional.

20 GUITARRA, [s.d.].

Vale destacar que, a exposição a agentes ou fatores de risco enseja o pagamento de adicional de periculosidade, conforme NR – Norma Regulamentadora nº 16 do Ministério do Trabalho e Emprego.

BASE LEGAL:

CLT, Art. 193. São consideradas atividades ou operações perigosas, na forma da regulamentação aprovada pelo Ministério do Trabalho e Emprego, aquelas que, por sua natureza ou métodos de trabalho, impliquem risco acentuado em virtude de exposição permanente do trabalhador a: (Redação dada pela Lei nº 12.740, de 2012)

I – inflamáveis, explosivos ou energia elétrica; (Incluído pela Lei nº 12.740, de 2012)

II – roubos ou outras espécies de violência física nas atividades profissionais de segurança pessoal ou patrimonial. (Incluído pela Lei nº 12.740, de 2012)

Norma Regulamentadora nº 16, M.T.E – Item 16.1 São consideradas atividades e operações perigosas as constantes dos Anexos desta Norma Regulamentadora.

Norma Regulamentadora nº 16, M.T.E. Item 16.2: O exercício de trabalho em condições de periculosidade assegura ao trabalhador a percepção de adicional de 30% (trinta por cento), incidente sobre o salário, sem os acréscimos resultantes de gratificações, prêmios ou participação nos lucros da empresa.

ATO DE IMPROBIDADE. *Dir. Trab.*

Trata-se de mais uma das causas elencadas pela CLT para rescisão do contrato de trabalho por justa causa. Vale destacar que, ato de improbidade constitui falta grave e pressupõe conduta desonesta por parte do empregado como, por exemplo, praticar roubos ou furtos, apresentar documentos falsos ou adulterados ao empregador, etc.

Neste caso, comprovada a conduta desonesta por parte do empregado, tendo em vista a quebra da fidúcia pela qual deve se pautar a relação de trabalho, ensejará a demissão por justa causa.

BASE LEGAL:

CLT, Art. 482. Constituem justa causa para rescisão do contrato de trabalho pelo empregador:

a) ato de improbidade; [...].

ATO LESIVO DA HONRA E DA BOA FAMA. *Dir. Trab.*

Constitui causa pra rescisão do contrato de trabalho por justa causa. O ato lesivo da honra e da boa fama constitui condutas que prejudiquem ao empregador ou a colegas de trabalho, como fofocas ou ainda postagens difamatórias em redes sociais, por exemplo, lesando a imagem destes de alguma maneira pejorativa ou prejudicial de modo geral.

> **BASE LEGAL:**
> CLT, Art. 482. Constituem justa causa para rescisão do contrato de trabalho pelo empregador:
> [...]
> j) ato lesivo da honra ou da boa fama praticado no serviço contra qualquer pessoa, ou ofensas físicas, nas mesmas condições, salvo em caso de legítima defesa, própria ou de outrem;
> k) ato lesivo da honra ou da boa fama ou ofensas físicas praticadas contra o empregador e superiores hierárquicos, salvo em caso de legítima defesa, própria ou de outrem; [...].

ATOS ATENTATÓRIOS À SEGURANÇA NACIONAL. *Dir. Trab.*

Segundo a CLT disciplina, atos atentatórios à segurança nacional constituem justa causa para rescisão do contrato de trabalho e consistem em, por exemplo, atos de terrorismo praticados pelo empregado, de modo que a demissao será válida a partir da comprovação da responsabilidade do obreiro quanto ao ato mediante apuração em competente inquérito administrativo.

> **BASE LEGAL:**
> CLT, Art. 482. Constituem justa causa para rescisão do contrato de trabalho pelo empregador:
> Parágrafo único: Constitui igualmente justa causa para dispensa de empregado a prática, devidamente comprovada em inquérito administrativo, de atos atentatórios à segurança nacional. (Incluído pelo Decreto-lei nº 3, de 27.1.1966)

ATOS E TERMOS PROCESSUAIS. *Dir. Proc. Trab.*

Os atos processuais são uma espécie de ato jurídico que visam à criação, modificação ou a extinção da relação jurídica processual. Representam a atividade das partes, dos magistrados e dos auxiliares da Justiça. Já os termos processuais são os nomes dados aos atos processuais, ou seja, é a expressão escrita do ato, como por exemplo: para que a reclamada possa ter ciência de uma reclamação trabalhista ajuizada contra ela, deve ser comunicada pela vara do trabalho. A este ato de comunicação à reclamada, dá-se o nome de notificação. Os atos processuais em regra são públicos, exceto nos casos em que o interesse público exigir ou quando o direito a intimidade da pessoa prevalecer. Nesse sentido, vale destacar que os atos processuais em regra serão praticados em dias úteis. Temos como exceção da prática de atos processuais em dia não útil, a penhora via BACEN-JUD. Os atos processuais poderão ser praticados das 6 (seis) horas às 20 (vinte) horas. Nessa linha, é importante salientar que não se pode confundir o horário dos atos processuais com o horário das audiências. As audiências serão praticadas no horário das 8 (oito) horas às 18 (dezoito) horas, não podendo exceder 5 horas seguidas, salvo matéria urgente.

BASE LEGAL:

CLT, Art. 770. Os atos processuais serão públicos salvo quando o contrário determinar o interesse social, e realizar-se-ão nos dias úteis das 6 (seis) às 20 (vinte) horas.

Parágrafo único – A penhora poderá realizar-se em domingo ou dia feriado, mediante autorização expressa do juiz ou presidente.

CLT, Art. 772. Os atos e termos processuais, que devam ser assinados pelas partes interessadas, quando estas, por motivo justificado, não possam fazê-lo, serão firmados a rogo, na presença de 2 (duas) testemunhas, sempre que não houver procurador legalmente constituído.

CLT, Art. 775, *Caput*. Os prazos estabelecidos neste Título serão contados em dias úteis, com exclusão do dia do começo e inclusão do dia do vencimento.

AUDIÊNCIA (S). *Dir. Proc. Trab.*[21]

É um ato formal, solene, que conta com o comparecimento das partes, advogados, funcionários da Justiça e do Juiz do Trabalho, em que são realizadas as tentativas de conciliação, o reclamado poderá apresentar resposta (contestação, exceção e reconvenção), se ouvem as partes e testemunhas e se profere decisão. Na Justiça do Trabalho em regra a audiência é una, ou seja, única, todos os atos processuais ocorrem dentro de uma única audiência. Assim, a tentativa de conciliação, o recebimento da defesa, a oitiva das partes e testemunhas, a apresentação das razões finais, a segunda tentativa de conciliação e o julgamento ocorrem dentro

---

21 Schiavi, 2020.

da mesma audiência. Todavia, a jurisprudência e a doutrina passaram a admitir a divisão desta audiência una, a critério do juiz. Dessa forma poderemos ter a audiência inicial, onde nesta modalidade o juiz primeiro realiza a tentativa de conciliação, e se a mesmo for infrutífera, receberá a defesa do reclamado. Após o recebimento da defesa o juiz tentará novamente a conciliação, e caso também não tenha sucesso, designará data para realização da audiência de instrução ou em prosseguimento. Na audiência de instrução ou em prosseguimento, primeiramente o juiz tentará o acordo, e caso este não ocorra irá se iniciar a fase de produção de prova oral: primeiro depoimentos das partes e depois a oitiva de testemunhas. Depois de tal ato é possível a apresentação de razões finais em 10 (dez) minutos. Após, o juiz tentará novamente a conciliação, e caso esta reste infrutífera, a audiência é encerrada e designada audiência de julgamento. A audiência de julgamento é onde o juiz profere a sentença, sendo que para esta, não há a necessidade de comparecimento das partes e testemunhas.

BASE LEGAL:

CLT, Art. 843, *Caput*. Na audiência de julgamento deverão estar presentes o reclamante e o reclamado, independentemente do comparecimento de seus representantes salvo, nos casos de Reclamatórias Plúrimas ou Ações de Cumprimento, quando os empregados poderão fazer-se representar pelo Sindicato de sua categoria.

CLT, Art. 850, *Caput*. Terminada a instrução, poderão as partes aduzir razões finais, em prazo não excedente de 10 (dez) minutos para cada uma. Em seguida, o juiz ou presidente renovará a proposta de conciliação, e não se realizando esta, será proferida a decisão.

AUMENTO SALARIAL. *Dir. Trab.*

Salário é a contraprestação paga diretamente pelo empregador ao empregado em decorrência dos serviços prestados por este. O salário é a grande fonte de subsistência do trabalhador e de sua família. Nesse sentido, possui caráter/natureza jurídica alimentar. Por essa razão é vedada em regra a redução no salário do empregado, sendo permitida a sua diminuição, na hipótese de existir previsão em norma coletiva (acordo coletivo ou convenção coletiva de trabalho) e em algumas hipóteses especificas previstas na legislação trabalhista, como por exemplo, no caso de força maior. Todavia, o aumento salarial é permitido e pode ocorrer de diversas formas. O empregado pode receber aumento em seu salário no caso de promoção, que é a ascensão do empregado na estrutura hierárquica de cargos na empresa. A promoção é acompanhada de um incremento salarial. Outra forma do empregado receber o aumento salarial se dá pela presença do instituto do plano de cargos e salários previsto em regulamento interno da empresa. Nesta modalidade o empregado por critérios de merecimento e antiguidade atingem metas que propiciam o aumento no seu salário. Detalhe desta última modalidade é que a existência do plano de cargos e salários impede a equiparação salarial entre os empregados.

BASE LEGAL:

CLT, Art. 457, *Caput*. Compreendem-se na remuneração do empregado, para todos os efeitos legais, além do salário devido e pago diretamente pelo empregador, como contraprestação do serviço, as gorjetas que receber.

CLT, Art. 461. Sendo idêntica a função, a todo trabalho de igual valor, prestado ao mesmo empregador, no mesmo estabelecimento empresarial, corresponderá igual salário, sem distinção de sexo, etnia, nacionalidade ou idade.

[...]

§2º – Os dispositivos deste artigo não prevalecerão quando o empregador tiver pessoal organizado em quadro de carreira ou adotar, por meio de norma interna da empresa ou de negociação coletiva, plano de cargos e salários, dispensada qualquer forma de homologação ou registro em órgão público.

§3º – No caso do § 2º deste artigo, as promoções poderão ser feitas por merecimento e por antiguidade, ou por apenas um destes critérios, dentro de cada categoria profissional.

AUSÊNCIA. *Dir. Proc. Trab./Dir. Trab.*

No sentido processual, a ausência consiste no não comparecimento do reclamante ou da reclamada em audiência. Caso o reclamante não compareça a primeira audiência (una ou inicial), a reclamação trabalhista será arquivada. Já na hipótese de a ausência do reclamante ocorrer na audiência de instrução ou em prosseguimento, ocorrerá a confissão quanto à matéria de fato, presumindo-se verdadeiro o alegado pela outra parte. Já no que diz respeito a reclamada, caso a mesma não compareça na audiência una ou inicial, vai gerar à revelia e a confissão quanto à matéria de fato, presumindo-se verdadeiros os fatos alegados pela outra parte. Na hipótese de a ausência ocorrer em audiência de instrução ou em prosseguimento, também irá gerar a confissão quanto à matéria de fato. Vale informar ainda o que ocorre na hipótese da ausência de ambas as partes. Se a ausência de ambas as partes ocorrer na audiência inicial ou una, irá ocorrer o arquivamento da reclamação trabalhista, uma vez que cabe a parte autora estar presente na primeira audiência, pois foi ela quem retirou a inercia do poder judiciário. Caso a ausência ocorra na audiência de instrução ou em prosseguimento, irá ocorrer a confissão para ambas as partes. Já na hipótese de a ausência ser do advogado de uma das partes, a audiência irá prosseguir, tendo em vista a existência do *jus postulandi*. Por fim, a ausência em sentido material, consiste no não comparecimento do empregado no serviço. Caso o empregado falte ao serviço e não justifique sua ausência poderá ser descontado do seu salário. Todavia, a CLT autoriza em algumas hipóteses a falta do empregado ao serviço, sem prejuízo de desconto em seu salário, a chamada falta justificada.

BASE LEGAL:

CLT, Art. 844, *Caput*. O não-comparecimento do reclamante à audiência importa o arquivamento da reclamação, e o não-comparecimento do reclamado importa revelia, além de confissão quanto à matéria de fato.

Súmula nº 9 TST – AUSÊNCIA DO RECLAMANTE (mantida) – Res. 121/2003, DJ 19, 20 e 21.11.2003. A ausência do reclamante, quando adiada a instrução após contestada a ação em audiência, não importa arquivamento do processo.

Súmula nº 74, I do TST – CONFISSÃO. (atualizada em decorrência do CPC de 2015) – Res. 208/2016, DEJT divulgado em 22, 25 e 26.04.2016.

I – Aplica-se a confissão à parte que, expressamente intimada com aquela cominação, não comparecer à audiência em prosseguimento, na qual deveria depor.

CLT, Art. 473. O empregado poderá deixar de comparecer ao serviço sem prejuízo do salário:

I – até 2 (dois) dias consecutivos, em caso de falecimento do cônjuge, ascendente, descendente, irmão ou pessoa que, declarada em sua carteira de trabalho e previdência social, viva sob sua dependência econômica;

II – até 3 (três) dias consecutivos, em virtude de casamento;

III – por um dia, em caso de nascimento de filho no decorrer da primeira semana;

IV – por um dia, em cada 12 (doze) meses de trabalho, em caso de doação voluntária de sangue devidamente comprovada;

V – até 2 (dois) dias consecutivos ou não, para o fim de se alistar eleitor, nos termos da lei respectiva.

VI – no período de tempo em que tiver de cumprir as exigências do Serviço Militar referidas na letra "c" do art. 65 da Lei nº 4.375, de 17 de agosto de 1964 (Lei do Serviço Militar).

VII – nos dias em que estiver comprovadamente realizando provas de exame vestibular para ingresso em estabelecimento de ensino superior.

VIII – pelo tempo que se fizer necessário, quando tiver que comparecer a juízo.
IX – pelo tempo que se fizer necessário, quando, na qualidade de representante de entidade sindical, estiver participando de reunião oficial de organismo internacional do qual o Brasil seja membro.
X – até 2 (dois) dias para acompanhar consultas médicas e exames complementares durante o período de gravidez de sua esposa ou companheira;
XI – por 1 (um) dia por ano para acompanhar filho de até 6 (seis) anos em consulta médica.
XII – até 3 (três) dias, em cada 12 (doze) meses de trabalho, em caso de realização de exames preventivos de câncer devidamente comprovada.

AUTARQUIA. *Dir. Proc. Trab.*

As autarquias são pessoas jurídicas de Direito Público, criada por lei, compondo a administração pública indireta. A doutrina classifica as autarquias em econômicas, de crédito, industriais, de previdência e assistência, profissionais ou corporativas, culturais ou de ensino, sendo elas consideradas em seu âmbito de atuação nas esferas federais, estaduais e municipais. No tocante aos servidores da administração pública, a relação de trabalho poderá ser estatutária ou empregatícia. Vale ressaltar que, quando se tratar de servidor público regido pela CLT sujeita a relação empregatícia com a administração pública, a competência para processar e julgar será da Justiça do Trabalho. Por fim, a estabilidade garantida aos servidores estatutários se estenderá aos celetistas.

BASE LEGAL:
CF/88, Art. 37. A administração pública direta e indireta de qualquer dos Poderes da União, dos Estados, do Distrito Federal e dos Municípios obedecerá aos princípios de legalidade, impessoalidade, moralidade, publicidade e eficiência e, também, ao seguinte: [...]
XIX – somente por lei específica poderá ser criada autarquia e autorizada a instituição de empresa pública, de sociedade de economia mista e de fundação, cabendo à lei complementar, neste último caso, definir as áreas de sua atuação; [...].
CF/88, Art.114. Compete à Justiça do Trabalho processar e julgar: I as ações oriundas da relação de trabalho, abrangidos os entes de direito público externo e da administração pública direta e indireta da União, dos Estados, do Distrito Federal e dos Municípios;
Súmula nº 390 do TST.ESTABILIDADE. ART. 41 DA CF/1988. CELETISTA. ADMINISTRAÇÃO DIRETA, AUTÁRQUICA OU FUNDACIONAL. APLICABILIDADE. EMPREGADO DE EMPRESA PÚBLICA E SOCIEDADE DE ECONOMIA MISTA. INAPLICÁVEL.I – O servidor público celetista da administração direta, autárquica ou fundacional é beneficiário da estabilidade prevista no art. 41 da CF/1988.

AUTO DE INFRAÇÃO. *Dir. Trab.*

É um documento lavrado por agente público competente, ao ser constatado alguma infração a lei. Conforme natureza da norma infringida, os autos de infração podem ser de diversas áreas como trabalhista, tributário, ambiental, trânsito etc. Quando a natureza da infração for na seara trabalhista, dispõe a legislação que caberá ao Ministério do Trabalho e Emprego (atual Ministério da Economia) assegurar o cumprimento de disposições legais das normas de segurança, medicina e higiene do trabalho, visando a proteção no âmbito das relações de trabalho e de emprego, através dos auditores fiscais do trabalho sendo de sua competência lavrar o auto de infração caso seja constatado alguma violação as regras de proteção e/ou irregularidades junto na empresa. Ademais, a fiscalização pelo auditor fiscal do trabalho deverá observar o critério de dupla visita segundo o qual, primeiramente se deve instruir os responsáveis pelo cumprimento da legislação trabalhista quando da promulgação de novas leis ou na primeira inspeção a empreendimento recentemente inaugurado. E somente na segunda visita, uma vez violadas as regras de proteção, ensejará o procedimento corretivo o qual seria a autuação a empresa.

BASE LEGAL:

CLT, Art. 626. Incumbe às autoridades competentes do Ministério do Trabalho, Industria e Comercio, ou àquelas que exerçam funções delegadas, a fiscalização do fiel cumprimento das normas de proteção ao trabalho.

Parágrafo único – Os fiscais dos Institutos de Seguro Social e das entidades paraestatais em geral dependentes do Ministério do Trabalho, Industria e Comercio serão competentes para a fiscalização a que se refere o presente artigo, na forma das instruções que forem expedidas pelo Ministro do Trabalho, Industria e Comercio.

CLT, Art. 627. A fim de promover a instrução dos responsáveis no cumprimento das leis de proteção do trabalho, a fiscalização deverá observar o critério de dupla visita nos seguintes casos:

a) quando ocorrer promulgação ou expedição de novas leis, regulamentos ou instruções ministeriais, sendo que, com relação exclusivamente a esses atos, será feita apenas a instrução dos responsáveis;

b) em se realizando a primeira inspeção dos estabelecimentos ou dos locais de trabalho, recentemente inaugurados ou empreendidos.

CLT, Art. 629. O auto de infração será lavrado em duplicata, nos termos dos modelos e instruções expedidos, sendo uma via entregue ao infrator, contra recibo, ou ao mesmo enviada, dentro de 10 (dez) dias da lavratura, sob pena de responsabilidade, em registro postal, com franquia e recibo de volta.

§ 1º O auto não terá o seu valor probante condicionado à assinatura do infrator ou de testemunhas, e será lavrado no local da inspeção, salvo havendo motivo justificado que será declarado no próprio auto, quando então deverá ser lavrado no prazo de 24 (vinte e quatro) horas, sob pena de responsabilidade.

§ 2º Lavrado o auto de infração, não poderá ele ser inutilizado, nem sustado o curso do respectivo processo, devendo o agente da inspeção apresentá-lo à autoridade competente, mesmo se incidir em erro.

§ 3º O infrator terá, para apresentar defesa, o prazo de 10 (dez) dias contados do recebimento do auto.

§ 4º O auto de infração será registrado com a indicação sumária de seus elementos característicos, em livro próprio que deverá existir em cada órgão fiscalizador, de modo a assegurar o controle do seu processamento.

AUTÔNOMOS. *Dir. Trab.*

O trabalhador autônomo é uma pessoa física, que presta serviços por conta própria, sem qualquer subordinação em sua atividade laboral. A reforma trabalhista trouxe como novidade a previsão de contratação do autônomo cumprida as formalidades legais com ou sem exclusividade de forma contínua ou não será afastada a qualidade de empregado previsto no art. 3° da CLT que prevê os requisitos caracterizadores da relação empregatícia que são pessoa física, subordinação, eventualidade, onerosidade e pessoalidade. Entretanto, caso ocorra a ingerência do empregador ou afastada os elementos de autonomia restarão descaracterizada o trabalho autônomo podendo ser reconhecido o vínculo empregatício com o quem o contratou prevalecendo assim, o princípio da primazia da realidade. Por fim, a legislação trabalhista autoriza associação sindical de trabalhadores autônomos.

BASE LEGAL:

CLT, Art. 442-B. A contratação do autônomo, cumpridas por este todas as formalidades legais, com ou sem exclusividade, de forma contínua ou não, afasta a qualidade de empregado prevista no art. 3º desta Consolidação.

CLT, Art. 511. É lícita a associação para fins de estudo, defesa e coordenação dos seus interesses econômicos ou profissionais de todos os que, como empregadores, empregados, agentes ou trabalhadores autônomos ou profissionais liberais exerçam, respectivamente, a mesma atividade ou profissão ou atividades ou profissões similares ou conexas.

AUTORIDADES POLICIAIS. *Dir. Trab.*

É o agente público regularmente investido na função de policiamento que exerce em nome próprio o poder do estado, impondo regras nos limites da lei. A legislação trabalhista prevê que caso seja necessário as autoridades policiais deverão prestar aos agentes de inspeção em cumprimento das leis, quando verificado irregularidades no âmbito laboral, bem como agir em defesa da sua função fiscalizatória com ajuda de força policial.

BASE LEGAL:

Art. 630. Nenhum agente da inspeção poderá exercer as atribuições do seu cargo sem exibir a carteira de identidade fiscal, devidamente autenticada, fornecida pela autoridade competente.

[...]

§ 8º – As autoridades policiais, quando solicitadas, deverão prestar aos agentes da inspeção a assistência de que necessitarem para o fiel cumprimento de suas atribuições legais.

AUTOS PROCESSUAIS. *Dir. Proc. Trab.*

É o conjunto de peças, documentos, termos, certidões e demais atos de um processo judicial ou administrativo, físico ou eletrônico (lei nº 11.419/2006). Trata-se, assim, da materialização do processo. Segundo Cândido Rangel Dinamarco, "[...] processo é uma série de atos interligados e coordenados ao objetivo de produzir a tutela jurisdicional justa, a serem realizados no exercício de poderes ou faculdade ou em cumprimento a deveres ou ônus. Os atos interligados, em seu conjunto, são o procedimento."[22] Em outras palavras, o processo é o conjunto de atos processuais coordenados que se sucedem no tempo, objetivando a entrega do bem da vida ao jurisdicionado com a aplicação do direito objetivo ao caso concreto. Já o procedimento é a forma pela qual o processo se desenvolve, de modo mais singelo ou mais complexo.[23]

BASE LEGAL:

Lei nº 11.419/2006, Art. 8º. Os órgãos do Poder Judiciário poderão desenvolver sistemas eletrônicos de processamento de ações judiciais por meio de autos total ou parcialmente digitais, utilizando, preferencialmen-

---

22 DINAMARCO, 2001, p. 25.

23 PEREIRA, 2019, p. 86

te, a rede mundial de computadores e acesso por meio de redes internas e externas.
Parágrafo único. Todos os atos processuais do processo eletrônico serão assinados eletronicamente na forma estabelecida nesta Lei.
Art. 9º. No processo eletrônico, todas as citações, intimações e notificações, inclusive da Fazenda Pública, serão feitas por meio eletrônico, na forma desta Lei.
§ 1º As citações, intimações, notificações e remessas que viabilizem o acesso à íntegra do processo correspondente serão consideradas vista pessoal do interessado para todos os efeitos legais.
§ 2º Quando, por motivo técnico, for inviável o uso do meio eletrônico para a realização de citação, intimação ou notificação, esses atos processuais poderão ser praticados segundo as regras ordinárias, digitalizando-se o documento físico, que deverá ser posteriormente destruído.
Art. 10. A distribuição da petição inicial e a juntada da contestação, dos recursos e das petições em geral, todos em formato digital, nos autos de processo eletrônico, podem ser feitas diretamente pelos advogados públicos e privados, sem necessidade da intervenção do cartório ou secretaria judicial, situação em que a autuação deverá se dar de forma automática, fornecendo-se recibo eletrônico de protocolo.

AUTUAÇÃO. *Dir. Trab. e Dir. Proc. Trab.*

A palavra "autuação" na seara jurídica tem dupla significação.

1. Decorre ação de lavrar um auto de infração, ou seja, fiscalizar, multar, autuar, aplicar uma sanção administrativa, instaurar um procedimento para ação fiscal. Conforme art. 628 da CLT, a toda verificação em que o Auditor-Fiscal do Trabalho concluir pela existência de violação de preceito legal deve corresponder, sob pena de responsabilidade administrativa, a lavratura de auto de infração.

2. Decorre da ação do auxiliar da justiça de reunir e ordenar peças em forma de processo. Conforme art. 771, alínea "a", da CLT, compete à secretaria das Juntas o recebimento, a autuação, o andamento, a guarda e a conservação dos processos e outro papéis que lhe forem encaminhados. Nesse sentido, o art. 206 do CPC aduz que o escrivão ou chefe de secretaria autuará, mencionando o juízo, a natureza do processo, o número de registro, os nomes das partes e a data de seu início, e procederá do mesmo modo em relação aos volumes.

BASE LEGAL:

CF, art. 114, VII. As ações relativas às penalidades administrativas impostas aos empregadores pelos órgãos de fiscalização das relações de trabalho;

CLT, art. 711. Compete à secretaria das Juntas: a) o recebimento, a autuação, o andamento, a guarda e a conservação dos processos e outros papéis que lhe forem encaminhados; [...].
CPC, Art. 206. Ao receber a petição inicial de processo, o escrivão ou o chefe de secretaria a autuará, mencionando o juízo, a natureza do processo, o número de seu registro, os nomes das partes e a data de seu início, e procederá do mesmo modo em relação aos volumes em formação.
CLT, Art. 627-A. Poderá ser instaurado procedimento especial para a ação fiscal, objetivando a orientação sobre o cumprimento das leis de proteção ao trabalho, bem como a prevenção e o saneamento de infrações à legislação mediante Termo de Compromisso, na forma a ser disciplinada no Regulamento da Inspeção do Trabalho.
Art. 628. Salvo o disposto nos arts. 627 e 627-A, a toda verificação em que o Auditor-Fiscal do Trabalho concluir pela existência de violação de preceito legal deve corresponder, sob pena de responsabilidade administrativa, a lavratura de auto de infração.

AUXÍLIO-DOENÇA. *Dir. Trab.*

Também chamado de "auxílio por incapacidade temporária", é uma espécie de benefício previdenciário devido ao segurado ficar incapacitado para o seu trabalho ou para a sua atividade habitual por mais de 15 (quinze) dias consecutivos (art. 18, I, "e" c/c 59, Lei nº 8.213/1991). O auxílio doença pode ser de dois tipos:

1. Auxílio-doença comum (Código B-31) concedido aos trabalhadores que estão impedidos de realizar suas funções por acidentes ou doença não relacionadas ao exercício laboral;

2. Auxílio-doença acidentário (Código B-91) que é concedido aos trabalhadores que sofreram algum tipo de acidente de trabalho ou sofreram alguma doença ocupacional em razão do exercício laboral. Somente o auxílio-doença acidentário (B-91) confere estabilidade provisória pelo período de 12 (doze) meses após a cessão do benefício previdenciário. Durante os primeiros 15 (quinze) dias consecutivos ao do afastamento da atividade por motivo de doença, incumbe à empresa pagar ao segurado empregado o seu salário integral (art. 60, §3º, Lei 8.213/91), considerando tal período como interrupção do contrato de trabalho. Após os primeiros 15 (quinze) dias, considera-se a suspensão do contrato de trabalho, e o segurado passará a ser remunerado pelo auxílio-doença e não pelo empregador.

BASE LEGAL:
Lei nº 8.213/1991. Art. 59. O auxílio-doença será devido ao segurado que, havendo cumprido, quando for o caso, o período de carência exigido nesta Lei, ficar incapacitado para o seu trabalho ou para a sua atividade habitual por mais de 15 (quinze) dias consecutivos. SUM-378 ESTABILIDADE PROVISÓRIA. ACIDENTE DO TRABALHO. ART. 118 DA LEI Nº 8.213/1991..
I – É constitucional o artigo 118 da Lei nº 8.213/1991 que assegura o direito à estabilidade provisória por período de 12 (doze) meses após a cessação do auxílio-doença ao empregado acidentado.
II – São pressupostos para a concessão da estabilidade o afastamento superior a 15 (quinze) dias e a consequente percepção do auxílio-doença acidentário, salvo se constatada, após a despedida, doença profissional que guarde relação de causalidade com a execução do contrato de emprego.
III – O empregado submetido a contrato de trabalho por tempo determinado goza da garantia provisória de emprego decorrente de acidente de trabalho prevista no art. 118 da Lei nº 8.213/91

AVALIAÇÃO DE BENS PENHORADOS. *Dir. Proc. Trab.*

É o ato pelo qual o oficial de justiça estima o valor do bem penhorado com a finalidade de verificar a garantia do juízo. No processo do trabalho a avaliação dos bens penhorados é realizada pelo oficial de justiça, que recebe o nome de oficial de justiça avaliador. Nos termos do art. 13 da Lei 6830/80, a avaliação deve constar do auto de penhora e caso o oficial de justiça não tenha elementos no ato da penhora para realizar a avaliação, poderá fazê-lo no prazo de 10 (dez) dias. Se a avaliação for complexa, poderá o juízo determinar que ela seja feita por perito, fixando-se prazo para confecção do laudo, restando aplicável à hipótese, por compatibilidade com o Processo do Trabalho (art. 870, CPC). Caso no curso da execução, em razão das variações de mercado, o bem constrito tenha sofrido diminuição ou majoração do valor, o juiz do trabalho, de ofício, ou a requerimento de uma das partes, deverá determinar a reavaliação dos bens penhorados pelo Oficial de Justiça Avaliado (art. 873, CPC).[24]

BASE LEGAL:
Lei 6.83080, art. 13. O termo ou auto de penhora conterá, também, a avaliação dos bens penhorados por quem o lavrar.
CLT, Art. 887. A avaliação dos bens penhorados em virtude da execução de decisão condenatória, será feita por avaliador escolhido de comum acordo pelas partes, que perceberá as custas arbitradas pelo juiz, ou presidente do

24 SCHIAVI, 2019, p. 1331-1334.

Tribunal Trabalhista, de conformidade com a tabela a ser expedida pelo Tribunal Superior do Trabalho.

§ 1º Não acordando as partes quanto à designação de avaliador, dentro de cinco dias após o despacho que determinou a avaliação, será o avaliador designado livremente pelo juiz ou presidente do Tribunal.

§ 2º Os servidores da Justiça do Trabalho não poderão ser escolhidos ou designados para servir de avaliador.

Art. 888. Concluída a avaliação, dentro de 10 (dez) dias, contados da data da nomeação do avaliador, seguir-se-á a arrematação, que será anunciada por edital afixado na sede do Juízo ou Tribunal e publicado no jornal local, se houver, com a antecedência de 20 (vinte) dias.

§ 1º A arrematação far-se-á em dia, hora e lugar anunciados e os bens serão vendidos pelo maior lance, tendo o exequente preferência para a adjudicação.

§ 2º O arrematante deverá garantir o lance com o sinal correspondente a 20% (vinte por cento) do seu valor.

§ 3º Não havendo licitante, e não requerendo o exequente a adjudicação dos bens penhorados, poderão os mesmos ser vendidos por leiloeiro nomeado pelo juiz ou presidente. § 4º Se o arrematante, ou seu fiador, não pagar dentro de 24 (vinte e quatro) horas o preço da arrematação, perderá, em benefício da execução, o sinal de que trata o § 2º deste artigo, voltando à praça os bens executados".

súmula nº 339 do TST CIPA. SUPLENTE. GARANTIA DE EMPREGO. CF/1988

I – O suplente da CIPA goza da garantia de emprego prevista no art. 10, II, "a", do ADCT a partir da promulgação da Constituição Federal de 1988.

II – A estabilidade provisória do cipeiro não constitui vantagem pessoal, mas garantia para as atividades dos membros da CIPA, que somente tem razão de ser quando em atividade a empresa. Extinto o estabelecimento, não se verifica a despedida arbitrária, sendo impossível a reintegração e indevida a indenização do período estabilitário.

B

BANCÁRIOS. *Dir. Trab.*

Como substantivo, designa o vocábulo toda pessoa que trabalha em um banco, casas bancárias, Caixa Econômica Federal, ou que está dentro da agência bancária, **é responsável por realizar as** atividades administrativas e de atendimento ao público (de pessoas físicas, jurídicas ou empresariais) e faz a abertura de conta corrente, poupança, pagamentos, planos de investimento, entre outras atividades inerentes a profissão. Porém, vale destacar, que para fins trabalhistas, conforme entendimento sumulado no TST (Súmula 55 do TST), equiparam-se aos bancários, aqueles que trabalham em empresas de crédito, financiamento ou investimento, também denominadas financeiras (eis que referidas empresas equiparam-se aos estabelecimentos bancários para efeito de jornada). Vale destacar que a referida categoria cumpre jornada diferenciada por ter regulamentação própria, os quais são contemplados com duração do trabalho em padrão diferenciado por força do quanto constante dos arts. 224 a 226 da CLT, o qual consiste na jornada de 6 (seis) horas contínuas nos dias úteis (com exceção dos sábados), perfazendo um total de 30 (trinta) horas semanais, salvo, como destaca a Doutrina, dos exercentes de funções de direção, gerência, fiscalização, chefia e equivalentes, ou que desempenhem outros cargos de confiança, desde que o valor da gratificação não seja inferior a um terço do salário do cargo efetivo, têm, entretanto, e por força do disposto nos §§ 2º e 3º do art. 224 e no art. 225 da CLT, duração do trabalho em dimensão ordinária, ou seja, oito horas diárias e quarenta horas semanais.[25]

BASE LEGAL:

CLT, Art. 224. A duração normal do trabalho dos empregados em bancos, casas bancárias e Caixa Econômica Federal será de 6 (seis) horas continuas nos dias úteis, com exceção dos sábados, perfazendo um total de 30 (trinta) horas de trabalho por semana.

25 Martinez, 2020, p. 724.

§ 1º A duração normal do trabalho estabelecida neste artigo ficará compreendida entre sete e vinte e duas horas, assegurando-se ao empregado, no horário diário, um intervalo de quinze minutos para alimentação.
§ 2º As disposições deste artigo não se aplicam aos que exercem funções de direção, gerência, fiscalização, chefia e equivalentes ou que desempenhem outros cargos de confiança desde que o valor da gratificação não seja inferior a um terço do salário do cargo efetivo.
CLT, Art. 225. A duração normal de trabalho dos bancários poderá ser excepcionalmente prorrogada até 8 (oito) horas diárias, não excedendo de 40 (quarenta) horas semanais, observados os preceitos gerais sobre a duração do trabalho. .
CLT, Art. 226. O regime especial de 6 (seis) horas de trabalho também se aplica aos empregados de portaria e de limpeza, tais como porteiros, telefonistas de mesa, contínuos e serventes, empregados em bancos e casas bancárias.
Parágrafo único: A direção de cada banco organizará a escala de serviço do estabelecimento de maneira a haver empregados do quadro da portaria em função, meia hora antes e até meia hora após o encerramento dos trabalhos, respeitado o limite de 6 (seis) horas diárias.
Súmula nº 102 do TST BANCÁRIO. CARGO DE CONFIANÇA.
I – A configuração, ou não, do exercício da função de confiança a que se refere o art. 224, § 2º, da CLT, dependente da prova das reais atribuições do empregado, é insuscetível de exame mediante recurso de revista ou de embargos.
II – O bancário que exerce a função a que se refere o § 2º do art. 224 da CLT e recebe gratificação não inferior a um terço de seu salário já tem remuneradas as duas horas extraordinárias excedentes de seis.
III – Ao bancário exercente de cargo de confiança previsto no artigo 224, § 2º, da CLT são devidas as 7ª e 8ª horas, como extras, no período em que se verificar o pagamento a menor da gratificação de 1/3 (um terço).
IV – O bancário sujeito à regra do art. 224, § 2º, da CLT cumpre jornada de trabalho de 8 (oito) horas, sendo extraordinárias as trabalhadas além da oitava.
V – O advogado empregado de banco, pelo simples exercício da advocacia, não exerce cargo de confiança, não se enquadrando, portanto, na hipótese do § 2º do art. 224 da CLT.
VI – O caixa bancário, ainda que caixa executivo, não exerce cargo de confiança. Se perceber gratificação igual ou superior a um terço do salário do posto efetivo, essa remunera apenas a maior responsabilidade do cargo e não as duas horas extraordinárias além da sexta.
VII – O bancário exercente de função de confiança, que percebe a gratificação não inferior ao terço legal, ainda que norma coletiva contemple percentual superior, não tem direito às sétima e oitava horas como extras, mas tão somente às diferenças de gratificação de função, se postuladas.

Súmula nº 117 do TST. BANCÁRIO. CATEGORIA DIFERENCIADA Não se beneficiam do regime legal relativo aos bancários os empregados de estabelecimento de crédito pertencentes a categorias profissionais diferenciadas.

Súmula nº 124 do TST – BANCÁRIO. SALÁRIO-HORA. DIVISOR.

I – o divisor aplicável para o cálculo das horas extras do bancário será:

a) 180, para os empregados submetidos à jornada de seis horas prevista no *caput* do art. 224 da CLT;

b) 220, para os empregados submetidos à jornada de oito horas, nos termos do § 2º do art. 224 da CLT.

II – Ressalvam-se da aplicação do item anterior as decisões de mérito sobre o tema, qualquer que seja o seu teor, emanadas de Turma do TST ou da SBDI-I, no período de 27/09/2012 até 21/11/2016, conforme a modulação aprovada no precedente obrigatório firmado no Incidente de Recursos de Revista Repetitivos nº TST-IRR-849-83.2013.5.03.0138, DEJT 19.12.2016.

Súmula nº 199 do TST – BANCÁRIO. PRÉ-CONTRATAÇÃO DE HORAS EXTRAS.

I – A contratação do serviço suplementar, quando da admissão do trabalhador bancário, é nula. Os valores assim ajustados apenas remuneram a jornada normal, sendo devidas as horas extras com o adicional de, no mínimo, 50% (cinquenta por cento), as quais não configuram pré-contratação, se pactuadas após a admissão do bancário.

II – Em se tratando de horas extras pré-contratadas, opera-se a prescrição total se a ação não for ajuizada no prazo de cinco anos, a partir da data em que foram suprimidas. (ex-OJ nº 63 da SBDI-1 – inserida em 14.03.1994)

BANCO DE HORAS. *Dir. Trab.*

O banco de horas consiste na possibilidade de computar o saldo de horas não trabalhadas (em razão da diminuição da demanda), para manter os postos de trabalho e com isso, poder utilizar uma compensação posterior, com o aumento da duração do trabalho. Referida figura somente surgiu com a Lei n. 9.601/98[26] (que modificou o art. 59 da CLT) a qual permitia um sistema de compensação muito mais largo no tempo e, dessa maneira, com acentuado potencial lesivo ao trabalhador,[27] eis que inicialmente ele era de 120 (cento e vinte) dias. Com a reforma trabalhista (Lei 13.467/2017), referida pactuação tem de ser por norma coletiva (novo § 5º do art. 59 da CLT). Entretanto, poderá o banco de horas ser pactuado por acordo individual escrito (art. 59, § 5º, CLT), desde que a compensação ocorra no período máximo de seis meses.

26 Delgado, 2019, p. 1055

27 Delgado, 2019, p. 1056.

BASE LEGAL:

CLT, Art. 59. A duração diária do trabalho poderá ser acrescida de horas extras, em número não excedente de duas, por acordo individual, convenção coletiva ou acordo coletivo de trabalho. (Redação dada pela Lei nº 13.467, de 2017)

[...]

§ 2º Poderá ser dispensado o acréscimo de salário se, por força de acordo ou convenção coletiva de trabalho, o excesso de horas em um dia for compensado pela correspondente diminuição em outro dia, de maneira que não exceda, no período máximo de um ano, à soma das jornadas semanais de trabalho previstas, nem seja ultrapassado o limite máximo de dez horas diárias.

[...]

§ 5º O banco de horas de que trata o § 2o deste artigo poderá ser pactuado por acordo individual escrito, desde que a compensação ocorra no período máximo de seis meses. (Incluído pela Lei nº 13.467, de 2017)

CLT, Art. 59-B. O não atendimento das exigências legais para compensação de jornada, inclusive quando estabelecida mediante acordo tácito, não implica a repetição do pagamento das horas excedentes à jornada normal diária se não ultrapassada a duração máxima semanal, sendo devido apenas o respectivo adicional. (Incluído pela Lei nº 13.467, de 2017)

Súmula nº 85 do TST COMPENSAÇÃO DE JORNADA.

I. A compensação de jornada de trabalho deve ser ajustada por acordo individual escrito, acordo coletivo ou convenção coletiva.

II. O acordo individual para compensação de horas é válido, salvo se houver norma coletiva em sentido contrário.

III. O mero não atendimento das exigências legais para a compensação de jornada, inclusive quando encetada mediante acordo tácito, não implica a repetição do pagamento das horas excedentes à jornada normal diária, se não dilatada a jornada máxima semanal, sendo devido apenas o respectivo adicional.

IV. A prestação de horas extras habituais descaracteriza o acordo de compensação de jornada. Nesta hipótese, as horas que ultrapassarem a jornada semanal normal deverão ser pagas como horas extraordinárias e, quanto àquelas destinadas à compensação, deverá ser pago a mais apenas o adicional por trabalho extraordinário.

V. As disposições contidas nesta súmula não se aplicam ao regime compensatório na modalidade "banco de horas", que somente pode ser instituído por negociação coletiva.

VI – Não é válido acordo de compensação de jornada em atividade insalubre, ainda que estipulado em norma coletiva, sem a necessária inspeção prévia e permissão da autoridade competente, na forma do art. 60 da CLT.

Súmula nº 146 do TST. TRABALHO EM DOMINGOS E FERIADOS, NÃO COMPENSADO. O trabalho prestado em domingos e feriados, não compensado, deve ser pago em dobro, sem prejuízo da remuneração relativa ao repouso semanal.

OJ nº 323 da SDI-I do TST. ACORDO DE COMPENSAÇÃO DE JORNADA. "SEMANA ESPANHOLA". VALIDADE. É válido o sistema de compensação de horário quando a jornada adotada é a denominada "semana espanhola", que alterna a prestação de 48 horas em uma semana e 40 horas em outra, não violando os arts. 59, § 2º, da CLT e 7º, XIII, da CF/88 o seu ajuste mediante acordo ou convenção coletiva de trabalho.

BANCO NACIONAL DE DEVEDORES TRABALHISTAS (BNDT). *Dir. Trab.*

O Banco Nacional de Devedores Trabalhista – BNDT é um cadastro criado pelo Poder Judiciário Trabalhista,[28] o qual foi regulamentado pela Resolução Administrativa nº 1470/2011 do TST, para que nele constem e sejam identificadas as pessoas físicas e jurídicas, de Direito Público e Privado, que são devedoras inadimplentes em processo de execução trabalhista definitiva (decorrentes de obrigações trabalhistas, de fazer ou de pagar, impostas por sentença, os acordos trabalhistas homologados pelo juiz e não cumpridos, os acordos realizados perante as Comissões de Conciliação Prévia (Lei nº 9958/2000) e não cumpridos, os termos de ajuste de conduta firmados com o Ministério Público do Trabalho (Lei nº 9958/2000) e não cumpridos, as custas processuais, emolumentos, multas, honorários de perito e demais despesas oriundas dos processos trabalhistas e não adimplidas). Ele adquire importância, porque ele é formado com informações fornecidas pelos 24 Tribunais Regionais do Trabalho de todo o Brasil e também porque desde a criação da Certidão Negativa de Créditos Trabalhistas (CNDT), pela Lei nº 12.440/2011 que alterou a CLT e a Lei das Licitações (nº 8666/1993), as empresas que participam de licitações públicas e pleiteiam acesso a programas de incentivos fiscais, precisam comprovar que não têm dívidas trabalhistas mediante a expedição da CNDT e para que seja realizada essa comprovação, referida lei determinou que o Poder Judiciário emitisse referida CNTD e por essa razão foi criado mencionado cadastro específico.

BASE LEGAL:

CLT, Art. 642-A. É instituída a Certidão Negativa de Débitos Trabalhistas (CNDT), expedida gratuita e eletronicamente, para comprovar a inexistência de débitos inadimplidos perante a Justiça do Trabalho.

§ 1º O interessado não obterá a certidão quando em seu nome constar:

I – o inadimplemento de obrigações estabelecidas em sentença condenatória transitada em julgado proferida pela Justiça do Trabalho ou em acordos judiciais

28 TRIBUNAL JUSTIÇA DO TRABALHO. O Que é CNDT. Disponível em: http://www.tst.jus.br/o-que-e-cndt. Acesso em: 4 jan. 2022.

trabalhistas, inclusive no concernente aos recolhimentos previdenciários, a honorários, a custas, a emolumentos ou a recolhimentos determinados em lei; ou
II – o inadimplemento de obrigações decorrentes de execução de acordos firmados perante o Ministério Público do Trabalho ou Comissão de Conciliação Prévia.
§ 2º Verificada a existência de débitos garantidos por penhora suficiente ou com exigibilidade suspensa, será expedida Certidão Positiva de Débitos Trabalhistas em nome do interessado com os mesmos efeitos da CNDT.
§ 3º A CNDT certificará a empresa em relação a todos os seus estabelecimentos, agências e filiais.
§ 4º O prazo de validade da CNDT é de 180 (cento e oitenta) dias, contado da data de sua emissão.
CLT, Art. 883-A. A decisão judicial transitada em julgado somente poderá ser levada a protesto, gerar inscrição do nome do executado em órgãos de proteção ao crédito ou no Banco Nacional de Devedores Trabalhistas (BNDT), nos termos da lei, depois de transcorrido o prazo de quarenta e cinco dias a contar da citação do executado, se não houver garantia do juízo. (Incluído pela Lei nº 13.467, de 2017)
Lei nº 12.440/2011:
[...] Art. 2º O inciso IV do art. 27 da Lei nº 8.666, de 21 de junho de 1993, passa a vigorar com a seguinte redação:
"Art. 27. Para a habilitação nas licitações exigir-se-á dos interessados, exclusivamente, documentação relativa a:
[...]
IV – regularidade fiscal e trabalhista; (NR)
[...]
Art. 3º O art. 29 da Lei nº 8.666, de 21 de junho de 1993, passa a vigorar com a seguinte redação:
Art. 29. A documentação relativa à regularidade fiscal e trabalhista, conforme o caso, consistirá em:
[...]
V – prova de inexistência de débitos inadimplidos perante a Justiça do Trabalho, mediante a apresentação de certidão negativa, nos termos do Título VII-A da Consolidação das Leis do Trabalho, aprovada pelo Decreto-Lei nº 5.452, de 1º de maio de 1943. (NR)
- Provimento 2/2012 da Corregedoria-Geral da Justiça do Trabalho (CGJT);
- Resolução Administrativa 1.470/2011 do TST.
- Orientação Jurisprudencial 92 da SDI-2 do TST – 92. MANDADO DE SEGURANÇA. EXISTÊNCIA DE RECURSO PRÓPRIO (inserida em 27.05.2002) Não cabe mandado de segurança contra decisão judicial passível de reforma mediante recurso próprio, ainda que com efeito diferido.
- Súmula 267 STF. Não cabe mandado de segurança contra ato judicial passível de recurso ou correição.

BEBEDOUROS. *Dir. Trab.*

Bebedouros são aparelhos ligados à tubulação de água, elétrico ou não, que fornecem água para beber. É normalmente munido de torneira que jorra água para cima, para que o usuário possa ingerir diretamente nele e/ou para baixo, de modo a permitir colocar a água em um copo ou outro recipiente. De acordo com a CLT, toda empresa é obrigada a instalar bebedouros a fim de oferecer água potável para os seus colaboradores. A NR 24, que trata das condições sanitárias e de conforto nos locais de trabalho, estabelece que o fornecimento de água deve ser feito através de bebedouros na quantidade mínima de 1 (um) para cada grupo de 50 (cinquenta) trabalhadores ou fração. O Anexo III da NR 24, que trata dos trabalhadores em transporte público rodoviário coletivo urbano de passageiros em atividade externa, estabelece o fornecimento de água potável nos pontos inicial ou final e nos terminais, através de bebedouro ou equipamento similar que permita ao trabalhador encher recipientes individuais ou consumir no local. Importante destacar também, que de acordo com a NR 18, que trata das condições de segurança e saúde no trabalho na indústria da construção, é obrigatório o fornecimento de água potável, através de bebedouros ou equivalente, na proporção de 1 (um) para cada grupo de 25 (vinte e cinco) trabalhadores ou fração. Em todos os casos é vedado o uso de copos coletivos.

BASE LEGAL:

CLT, Art. 389. Toda empresa é obrigada:

[...] II – a instalar bebedouros, lavatórios, aparelhos sanitários; dispor de cadeiras ou bancos, em número suficiente, que permitam às mulheres trabalhar sem grande esgotamento físico; [...].

NR 18 Condições de Segurança e Saúde no Trabalho na Indústria da Construção:

18.5.6. É obrigatório o fornecimento de água potável, filtrada e fresca para os trabalhadores, no canteiro de obras, nas frentes de trabalho e nos alojamentos, por meio de bebedouro ou outro dispositivo equivalente, na proporção de 1 (uma) unidade para cada grupo de 25 (vinte e cinco) trabalhadores ou fração, sendo vedado o uso de copos coletivos.

18.5.6.1. O fornecimento de água potável deve ser garantido de forma que, do posto de trabalho ao bebedouro ou ao dispositivo equivalente, não haja deslocamento superior a 100m (cem metros) no plano horizontal e 15 m (quinze metros) no plano vertical.

18.5.6.2. Na impossibilidade de instalação de bebedouro ou de dispositivo equivalente dentro dos limites referidos no subitem anterior, as empresas

devem garantir, nos postos de trabalho, suprimento de água potável, filtrada e fresca fornecida em recipientes portáteis herméticos.
NR 24 – Condições Sanitárias e de Conforto nos Locais de Trabalho:
24.9.1.1. O fornecimento de água deve ser feito por meio de bebedouros na proporção de, no mínimo, 1 (um) para cada grupo de 50 (cinquenta) trabalhadores ou fração, ou outro sistema que ofereça as mesmas condições.
Anexo III da NR-24 Condições sanitárias e de conforto aplicáveis a trabalhadores em transporte público rodoviário coletivo urbano de passageiros em atividade externa:
[...]
4.3 Água potável deve ser disponibilizada nos pontos inicial ou final e nos terminais por bebedouro ou equipamento similar que permita o enchimento de recipientes individuais ou o consumo no local, proibido o uso de copos coletivos.

BEBIDAS ALCOÓLICAS E DROGAS NOCIVAS. *Dir. Trab.*

Bebidas alcoólicas são bebidas potáveis que contém teor alcoólico. No Brasil, são consideradas drogas psicotrópicas lícitas que podem causar efeitos nocivos ao organismo, pois possuem propriedades depressoras do sistema nervoso central e podem causar dependência. Drogas nocivas são substâncias psicoativas, que podem ser alucinógenas, excitantes ou entorpecentes. Também são nocivas à saúde e o seu uso pode levar à dependência. Geralmente são consideradas ilícitas ou possuem comercialização controlada. A CLT veda o trabalho do menor na venda, a varejo, de bebidas alcoólicas e também não admite que, tanto as bebidas alcoólicas quanto as drogas nocivas, sejam considerados como salário *in natura*. De acordo com a doutrina e jurisprudência, de maneira geral, o objetivo da norma é razoável, pois admitir que esses bens configurassem salário-utilidade, seria permitir que um percentual significativo do salário do obreiro fosse pago em material prejudicial à saúde do próprio empregado e sua família.[29]

BASE LEGAL:
CLT, Art. 405. Ao menor não será permitido o trabalho:
[...]
d) consistente na venda, a varejo, de bebidas alcoólicas.
CLT, Art. 458. Além do pagamento em dinheiro, compreende-se no salário, para todos os efeitos legais, a alimentação, habitação, vestuário ou outras prestações *in natura* que a empresa, por força do contrato ou do costume,

29 Delgado, 2019, p. 896.

fornecer habitualmente ao empregado. Em caso algum será permitido o pagamento com bebidas alcoólicas ou drogas nocivas.
Súmula nº 367 do TST. UTILIDADES *IN NATURA*. HABITAÇÃO. ENERGIA ELÉTRICA. VEÍCULO. CIGARRO. NÃO INTEGRAÇÃO AO SALÁRIO (conversão das Orientações Jurisprudenciais nºs 24, 131 e 246 da SBDI-1) – Res. 129/2005, DJ 20, 22 e 25.04.2005. [...]
II – O cigarro não se considera salário utilidade em face de sua nocividade à saúde. (ex-OJ nº 24 da SBDI-1 – inserida em 29.03.1996)
Convenção nº 95 OIT, Artigo 4º, 1. A legislação nacional, as convenções coletivas ou as sentenças arbitrais podem permitir o pagamento parcial do salário em espécie nas indústrias ou nas profissões em causa. O pagamento do salário sob forma de bebidas alcoólicas ou de drogas nocivas não será admitido em caso algum.

BOMBEIRO CIVIL. *Dir. Trab.*

Bombeiro civil é aquele que, habilitado conforme a lei, exerce, em caráter habitual, uma função exclusiva e remunerada de prevenção e combate a incêndio, como empregado contratado de forma direta por empresas privadas ou públicas, sociedades de economia mista, ou empresas especializadas em prestação de serviços de prevenção e combate a incêndio. O exercício da profissão de bombeiro civil é regida pela Lei 11.901/2009, que traz as respectivas funções classificadas em níveis, bem como estabelece jornada de trabalho de 12 (doze) horas de trabalho por 36 (trinta e seis) horas de descanso, num total máximo de 36 (trinta e seis) horas semanais. A lei ainda prevê que, ao bombeiro civil, deve ser assegurado uniforme especial custeado pelo empregador, seguro de vida em grupo, adicional de periculosidade de 30% (trinta por cento) do salário mensal sem os acréscimos resultantes de gratificações, prêmios ou participações nos lucros da empresa e, ainda, o direito à reciclagem periódica. Aplica-se à profissão as regras da CLT, naquilo que não confrontarem com a Lei 11.901/2009.

BASE LEGAL:
Lei 11.901/2009, Art. 2º. Considera-se Bombeiro Civil aquele que, habilitado nos termos desta Lei, exerça, em caráter habitual, função remunerada e exclusiva de prevenção e combate a incêndio, como empregado contratado diretamente por empresas privadas ou públicas, sociedades de economia mista, ou empresas especializadas em prestação de serviços de prevenção e combate a incêndio.
§ 1º (VETADO)

§ 2º No atendimento a sinistros em que atuem, em conjunto, os Bombeiros Civis e o Corpo de Bombeiros Militar, a coordenação e a direção das ações caberão, com exclusividade e em qualquer hipótese, à corporação militar.

BEBIDAS ALCOÓLICAS E DROGAS NOCIVAS. *Dir. Trab.*

O empregado não poderá receber como forma de pagamento salário bebidas alcoólicas e drogas nocivas. Cabe destacar que, além do pagamento ser realizado em dinheiro, o empregador poderá pagar em utilidades (denominado como *salário in natura* ou *salário utilidade*) desde que observados os requisitos legais, por essa razão, a legislação proíbe o pagamento ser realizado com bebidas alcoólicas ou drogas nocivas em decorrência do contrato de trabalho, uma vez que se trata de produtos prejudiciais à saúde. Ademais, em sede internacional a Convenção Internacional da Organização Internacional do Trabalho (OIT) que trata da proteção do salário também prevê a proibição de pagamento como contraprestação com bebidas alcoólicas ou drogas nocivas.

BASE LEGAL:

CLT, Art. 458. Além do pagamento em dinheiro, compreende-se no salário, para todos os efeitos legais, a alimentação, habitação, vestuário ou outras prestações *in natura* que a empresa, por força do contrato ou do costume, fornecer habitualmente ao empregado. Em caso algum será permitido o pagamento com bebidas alcoólicas ou drogas nocivas.

Súmula nº 367 do TST. UTILIDADES *IN NATURA*. HABITAÇÃO. ENERGIA ELÉTRICA. VEÍCULO. CIGARRO. NÃO INTEGRAÇÃO AO SALÁRIO.

[...] II – O cigarro não se considera salário utilidade em face de sua nocividade à saúde.

Convenção nº 95 da OIT, Art. 4.

1. A legislação nacional, as convenções coletivas ou as sentenças arbitrais podem permitir o pagamento parcial do salário em espécie nas indústrias ou nas profissões em que esta forma de pagamento seja de uso corrente ou conveniente em razão da indústria ou profissão em causa. O pagamento do salário sob forma de bebidas alcoólicas ou de drogas nocivas não será admitido em caso algum.

C

CALDEIRAS, FORNOS E RECIPIENTES SOB PRESSÃO. *Dir. Trab.*

Caldeiras são equipamentos que produzem e acumulam vapor sob pressão uperior à atmosférica. Os fornos elétricos ou a combustão tem como objetivo fornecer calor gerado de várias fontes. Os recipientes são vasos de pressão que armazenam fluidos sob pressão. Os fluidos podem ser líquidos, gases ou mistura dos dois. A legislação prevê que cabe ao Ministério do Trabalho (atual Ministério da Economia) a regulamentação da segurança dos empregados das cadeiras, fornos e recipiente sob pressão. Diante disso, vale destacar que as normas regulamentadores que dispõe os requisitos mínimos que o empregado deve adotar nos procedimentos das caldeiras e recipiente sob pressão é a NR nº 13 e os dos fornos é a NR nº 14.

BASE LEGAL:

CLT, Art.187. As caldeiras, equipamentos e recipientes em geral que operam sob pressão deverão dispor de válvula e outros dispositivos de segurança, que evitem seja ultrapassada a pressão interna de trabalho compatível com a sua resistência.

Parágrafo único: O Ministério do Trabalho expedirá normas complementares quanto à segurança das caldeiras, fornos e recipientes sob pressão, especialmente quanto ao revestimento interno, à localização, à ventilação dos locais e outros meios de eliminação de gases ou vapores prejudiciais à saúde, e demais instalações ou equipamentos necessários à execução segura das tarefas de cada empregado.

CLT, Art. 188. As caldeiras serão periodicamente submetidas a inspeções de segurança, por engenheiro ou empresa especializada, inscritos no Ministério do Trabalho, de conformidade com as instruções que, para esse fim, forem expedidas.

CÂNCER. *Dir. Trab.*

É o nome genérico dado para mais de 200 doenças que se inicia com crescimento e multiplicação anormal das células. A legislação trabalhista prevê ao empregado a interrupção de contrato de trabalho para realização de exames preventivos de câncer, permitindo a ele faltar até 3 (três) dias a cada 12 (doze) meses devendo comprovar a realização do exame. Ainda, em se tratando de doença grave e estigmatizada a dispensa discriminatória será presumida, não sendo absoluta conforme preceitua a súmula 443 do TST. No que tange a reintegração do empregado portador de doença grave a doutrina e a jurisprudência tem firmado entendimento que, somente será possível caso seja reconhecida a existência da dispensa discriminatória, cabendo ao empregador o ônus de demonstrar que a dispensa do empregado não teve causa, ainda que indireta, com a respectiva enfermidade.

BASE LEGAL:

CLT, Art. 473. O empregado poderá deixar de comparecer ao serviço sem prejuízo do salário:

[...] XII – até 3 (três) dias, em cada 12 (doze) meses de trabalho, em caso de realização de exames preventivos de câncer devidamente comprovada.

Súmula nº 443 do TST. DISPENSA DISCRIMINATÓRIA. PRESUNÇÃO. EMPREGADO PORTADOR DE DOENÇA GRAVE. ESTIGMA OU PRECONCEITO. DIREITO À REINTEGRAÇÃO. Presume-se discriminatória a despedida de empregado portador do vírus HIV ou de outra doença grave que suscite estigma ou preconceito. Inválido o ato, o empregado tem direito à reintegração no emprego.

CARGO DE CONFIANÇA. *Dir. Trab.*

O empregado que possui cargo de confiança é aquele que detém de poder diretivo, coordena atividades e fiscaliza a execução, sendo eles gerentes, diretores e chefes de departamento ou filial. O objetivo previsto na legislação ao empregado possuidor de cargo de confiança é excluir a obrigação do empregador remunerar, como extraordinário, o trabalho prestado pelos ocupantes de cargo de confiança uma vez que a jornada de trabalho é livre de controle. Ainda, a legislação prevê a possibilidade de uma gratificação de função para os cargos de confiança exercentes de cargos de gestão, a qual a referida gratificação caso seja paga, jamais ultrapasse a soma do salário fixo acrescido de 40% garantindo que a existência da chefia dependerá de um *plus* a ser creditado pelo empregador aos ganhos do empregado. Cabe ressaltar que, os bancários que detém cargos de confiança tem disposições diferentes quanto a jornada de trabalho e remuneração.

BASE LEGAL:

CLT, Art. 62. Não são abrangidos pelo regime previsto neste capítulo:

[...] II – os gerentes, assim considerados os exercentes de cargos de gestão, aos quais se equiparam, para efeito do disposto neste artigo, os diretores e chefes de departamento ou filial.
CLT, Art. 224. A duração normal do trabalho dos empregados em bancos, casas bancárias e Caixa Econômica Federal será de 6 (seis) horas continuas nos dias úteis, com exceção dos sábados, perfazendo um total de 30 (trinta) horas de trabalho por semana.
[...]§ 2º As disposições deste artigo não se aplicam aos que exercem funções de direção, gerência, fiscalização, chefia e equivalentes ou que desempenhem outros cargos de confiança desde que o valor da gratificação não seja inferior a um terço do salário do cargo efetivo.
Súmula nº 102 do TST. BANCÁRIO. CARGO DE CONFIANÇA.
[...] II – O bancário que exerce a função a que se refere o § 2º do art. 224 da CLT e recebe gratificação não inferior a um terço de seu salário já tem remuneradas as duas horas extraordinárias excedentes de seis.
III – Ao bancário exercente de cargo de confiança previsto no artigo 224, § 2º, da CLT são devidas as 7ª e 8ª horas, como extras, no período em que se verificar o pagamento a menor da gratificação de 1/3 (um terço).

116 CARTA DE SENTENÇA. *Dir. Proc. Trab.*

É a extração de peças necessárias do processo, possibilitando a execução provisória da sentença enquanto pende julgamento de recurso. Cabe esclarecer que, para a execução provisória necessário a extração da carta de sentença o qual o exequente irá requerer por petição ao juízo competente a ser acompanhada da decisão exequenda, certidão de interposição do recurso não dotado de efeito suspensivo, procurações outorgadas pelas partes, decisão de habilitação, se for o caso e sendo facultativa outras peças processuais considerando necessárias para demonstração do crédito. Entretanto, quando o processo judicial for eletrônico a petição e as cópias das peças se dará por autenticidade pelo próprio advogado.

BASE LEGAL:
CPC, Art. 520. O cumprimento provisório da sentença impugnada por recurso desprovido de efeito suspensivo será realizado da mesma forma que o cumprimento definitivo, sujeitando-se ao seguinte regime:
[...]§ 1º No cumprimento provisório da sentença, o executado poderá apresentar impugnação, se quiser, nos termos do art. 525.
CPC, Art. 522. O cumprimento provisório da sentença será requerido por petição dirigida ao juízo competente.
Parágrafo único. Não sendo eletrônicos os autos, a petição será acompanhada de cópias das seguintes peças do processo, cuja autenticidade poderá ser certificada pelo próprio advogado, sob sua responsabilidade pessoal:

I – decisão exequenda;
II – certidão de interposição do recurso não dotado de efeito suspensivo;
III – procurações outorgadas pelas partes;
IV – decisão de habilitação, se for o caso;
V – facultativamente, outras peças processuais consideradas necessárias para demonstrar a existência do crédito.

CARTA PRECATÓRIA. *Dir. Proc. Trab.*

Trata-se de comunicação entre juízes, ou seja, é quando o juízo (chamado de deprecante) solicita através da carta precatória algum ato processual necessário para o andamento do processo a ser realizado por outro juízo (chamado de deprecado), de outra comarca ambas brasileiras. É uma forma de colaboração entre juízos, visando o cumprimento dos atos judiciais. Isso ocorre, porque o Juiz somente pode atuar no limite da sua Comarca.

BASE LEGAL:

CPC, Art. 237. Será expedida carta:
[...] III – precatória, para que órgão jurisdicional brasileiro pratique ou determine o cumprimento, na área de sua competência territorial, de ato relativo a pedido de cooperação judiciária formulado por órgão jurisdicional de competência territorial diversa; [...].

CARTEIRA DE TRABALHO E PREVIDÊNCIA SOCIAL (CTPS). *Dir. do Trab.*

É um documento obrigatório do empregado que tem como finalidade registrar todas as informações e fazer as anotações sobre o contrato de trabalho. A carteira de trabalho será emitida pelo Ministério da Economia preferencialmente por meio eletrônico, e excepcionalmente por meio físico. O empregador após a admissão do empregado terá o prazo de 5 (cinco) dias úteis para anotar na CTPS. Ainda, cabe ressaltar que, é proibido ao empregador efetuar anotações desabonadoras à conduta do empregado na CTPS.

Por fim, importante destacar que, a inexistência de anotações ou anotações inverídicas não descaracterizam a relação de trabalho ou de emprego, nem consistem em presunção absoluta de veracidade.

BASE LEGAL:

CLT, Art. 29. O empregador terá o prazo de 5 (cinco) dias úteis para anotar na CTPS, em relação aos trabalhadores que admitir, a data de admissão, a remuneração e as condições especiais, se houver, facultada a adoção de

sistema manual, mecânico ou eletrônico, conforme instruções a serem expedidas pelo Ministério da Economia.
[..]§ 4° É vedado ao empregador efetuar anotações desabonadoras à conduta do empregado em sua Carteira de Trabalho e Previdência Social.
Súmula nº 12 do TST. CARTEIRA PROFISSIONAL. As anotações apostas pelo empregador na carteira profissional do empregado não geram presunção *juris et de jure*, mas apenas *juris tantum*.
Súmula 225 do STF. Não é absoluto o valor probatório das anotações da carteira profissional.

CARTÓRIO DOS JUÍZOS DE DIREITO. *Dir. Trab.*

Os juízos de Direito investido na administração da Justiça do Trabalho seguirão as legislações gerais e específicas das quais tem as mesmas atribuições e obrigações conferidas às Varas do Trabalho. Ademais, cabe destacar que, com a Emenda Constitucional n° 24 de 09 de dezembro de 1999, as Juntas de Conciliação e Julgamento passaram a denominar-se Varas de Trabalho.

BASE LEGAL:

CLT, Art. 716. Os cartórios dos juízos de Direito, investidos na administração da Justiça do Trabalho, têm, para esse fim, as mesmas atribuições e obrigações conferidas na Seção I às secretarias das Juntas de Conciliação e Julgamento.
Parágrafo único: Nos Juízos em que houver mais de um cartório, far-se-á entre eles a distribuição alternada e sucessiva das reclamações.

CASAMENTO DE EMPREGADO. *Dir. do trab.*

A lei garante ao empregado, em caso de afastamento em virtude de casamento, faltar até 3 (três) dias consecutivos. Quando tratar de professor, a ausência ao trabalho em decorrência de casamento (ou licença gala) será de 9 (nove) dias. O afastamento do empregado se trata de falta justificada caracterizando a interrupção do contrato de trabalho, ou seja, na interrupção do contrato de trabalho o empregado deixa de prestar serviços, mas continua recebendo salários bem como, o tempo de contribuição será computado para todos os efeitos contratuais e legais.

BASE LEGAL:

CLT, Art. 320. A remuneração dos professores será fixada pelo número de aulas semanais, na conformidade dos horários.

[...] § 3º – Não serão descontadas, no decurso de 9 (nove) dias, as faltas verificadas por motivo de gala ou de luto em consequência de falecimento do cônjuge, do pai ou mãe, ou de filho.
CLT, Art. 473. O empregado poderá deixar de comparecer ao serviço sem prejuízo do salário:
[...] II – até 3 (três) dias consecutivos, em virtude de casamento; [...].

CATEGORIAS. *Dir. Col. Trab.*

A organização sindical é feita com base no sistema de categorias, ou seja, os sindicados são associações que representam categorias econômicas (empresas), categorias profissionais (trabalhadores) e categorias profissionais diferenciada (que são definidas de acordo com as atividades que exerce em decorrência de sua natureza). Importante destacar que, a empresa não está obrigada a cumprir normas coletivas de categorias diferenciadas das quais não participou da negociação coletiva. Vale ressaltar que, o empregado de categoria diferenciada eleito como dirigente sindical somente terá estabilidade se exercer atividade pertinente a categoria profissional do sindicato para qual foi eleito. No que tange ao enquadrando sindical, as categorias se classificam através do quadro das atividades e profissões que dispõe na legislação trabalhista e após exame da comissão de enquadramento sindical conforme elencado na CLT, definirá o exercício sindical em consonância com as atividades especificas de cada entidade de classe.

BASE LEGAL:
CLT, Art. 511. É lícita a associação para fins de estudo, defesa e coordenação dos seus interesses econômicos ou profissionais de todos os que, como empregadores, empregados, agentes ou trabalhadores autônomos ou profissionais liberais exerçam, respectivamente, a mesma atividade ou profissão ou atividades ou profissões similares ou conexas.
§ 1º A solidariedade de interesses econômicos dos que empreendem atividades idênticas, similares ou conexas, constitui o vínculo social básico que se denomina categoria econômica.
§ 2º A similitude de condições de vida oriunda da profissão ou trabalho em comum, em situação de emprego na mesma atividade econômica ou em atividades econômicas similares ou conexas, compõe a expressão social elementar compreendida como categoria profissional.
§ 3º Categoria profissional diferenciada é a que se forma dos empregados que exerçam profissões ou funções diferenciadas por força de estatuto profissional especial ou em consequência de condições de vida singulares.
Súmula nº 374 do TST. NORMA COLETIVA. CATEGORIA DIFERENCIADA. ABRANGÊNCIA.

Empregado integrante de categoria profissional diferenciada não tem o direito de haver de seu empregador vantagens previstas em instrumento coletivo no qual a empresa não foi representada por órgão de classe de sua categoria.

CERTIDÃO NEGATIVA DE DÉBITOS TRABALHISTA. *Dir. Proc. Trab.*

É o documento que prova a inexistência de *débitos inadimplidos* perante a Justiça do Trabalho, o qual irá constar no Banco Nacional de Devedores Trabalhistas (BNDT) as pessoas físicas e jurídicas que são devedoras inadimplentes em processo de *execução trabalhista definitiva*. Cabe ressaltar que, os débitos constantes incluem as obrigações trabalhistas, de fazer ou de pagar, impostas por sentença, os acordos trabalhistas homologados pelo juízo e não cumpridos, os termos de ajuste de conduta firmados com o Ministério Público do Trabalho e não cumpridos, as custas processuais, emolumentos, multas, honorários de perito e demais despesas oriundas dos processos trabalhistas e não adimplidas. Ainda, o prazo para efetivar a inscrição da empresa devedora só poderá ocorrer após 45 (quarenta e cinco) dias da citação e consequente ausência de garantia do juízo por parte da empresa no processo de execução. Por fim, importante destacar que a lei de licitações exige a empresa interessa em participar de licitação pública a prova da regularidade trabalhista sendo um dos documentos exigíveis a emissão da CNDT.

BASE LEGAL:

CLT, Art. 642-A. É instituída a Certidão Negativa de Débitos Trabalhistas (CNDT), expedida gratuita e eletronicamente, para comprovar a inexistência de débitos inadimplidos perante a Justiça do Trabalho.

CLT, Art. 883-A. A decisão judicial transitada em julgado somente poderá ser levada a protesto, gerar inscrição do nome do executado em órgãos de proteção ao crédito ou no Banco Nacional de Devedores Trabalhistas (BNDT), nos termos da lei, depois de transcorrido o prazo de 45 (quarenta e cinco) dias a contar da citação do executado, se não houver garantia do juízo.

Lei 8.666/1993. Art. 27. Para a habilitação nas licitações exigir-se-á dos interessados, exclusivamente, documentação relativa a:

[...] IV – regularidade fiscal e trabalhista; [...].

CESSAÇÃO DA ATIVIDADE DA EMPRESA. *Dir. do Trab.*

É o encerramento da atividade empresarial, seja em decorrência da morte do empregador, falência ou por força maior. Em regra, poderá ocorrer a extinção do contrato de trabalho do empregado, devendo o empregador pagar as todas as verbas rescisórias e o aviso prévio indenizado.

BASE LEGAL:
CLT, Art. 485. Quando cessar a atividade da empresa, por morte do empregador, os empregados terão direito, conforme o caso, à indenização a que se referem os art. 477 e 497.
Súmula nº 44 do TST. AVISO PRÉVIO. A cessação da atividade da empresa, com o pagamento da indenização, simples ou em dobro, não exclui, por si só, o direito do empregado ao aviso prévio.

CHAMAMENTO AO PROCESSO. *Dir. Proc. Civ.*

É uma espécie de intervenção de terceiro, ou seja, é o chamamento ao processo pelo réu (intitulado de chamante), de um terceiro (intitulado de chamado) na relação processual, a qual pode ocorrer na forma voluntária (assistência, oposição) ou na forma provocada (denunciação da lide, desconsideração da personalidade jurídica e chamamento ao processo). A finalidade do chamamento é trazer para o mesmo processo outros responsáveis pelo débito reclamado pelo autor, formando o litisconsórcio passivo. Importante ressaltar que, a hipótese cabível ao processo do trabalho está elencada no inciso III do art. 130 do Código de Processo Civil, sendo aplicado o Processo Civil de forma supletiva e subsidiaria.

BASE LEGAL:
CPC, Art. 130. É admissível o chamamento ao processo, requerido pelo réu: [...] III – dos demais devedores solidários, quando o credor exigir de um ou de alguns o pagamento da dívida comum.

CHEFES DE SECRETARIA. *Dir. Proc. Trab.*

São os diretores de secretaria das Varas do Trabalho, ou seja, auxiliares da justiça que exercem cargo de chefia. Cada Vara possuiu um diretor de secretaria o qual será indicado pelo Juiz Titular e nomeado pelo Presidente do Tribunal Regional do Trabalho. Ao Diretor de Secretaria compete dirigir os trabalhos da secretaria, velando pela celeridade e a eficiência da justiça, cumprir e fazer cumprir as ordens determinadas pelo juiz (titular ou substituto) e demais órgãos superiores, submeter a despacho e assinatura do juiz (titular ou substituto), abrir a correspondência oficial dirigida a Vara e ao juiz (titular ou substituto), tomar por termos as reclamações quando houver setor especifico nas situações de dissídios individuais e outras funções conforme elencados na CLT.

Por fim, cabe destacar que, com a Emenda Constitucional nº 24 de 9 de dezembro de 1999, as Juntas de Conciliação e Julgamento passaram a denominar-se Varas de Trabalho.

BASE LEGAL:

CPC, Art. 149. São auxiliares da Justiça, além de outros cujas atribuições sejam determinadas pelas normas de organização judiciária, o escrivão, o chefe de secretaria, o oficial de justiça, o perito, o depositário, o administrador, o intérprete, o tradutor, o mediador, o conciliador judicial, o partidor, o distribuidor, o contabilista e o regulador de avarias.

CLT, Art. 710. Cada Junta terá 1 (uma) secretaria, sob a direção de funcionário que o Presidente designar, para exercer a função de secretário, e que receberá, além dos vencimentos correspondentes ao seu padrão, a gratificação de função fixada em lei.

CLT, Art. 712. Compete especialmente aos secretários das Juntas de Conciliação e Julgamento:

a) superintender os trabalhos da secretaria, velando pela boa ordem do serviço;

b) cumprir e fazer cumprir as ordens emanadas do Presidente e das autoridades superiores;

c) submeter a despacho e assinatura do Presidente o expediente e os papéis que devam ser por ele despachados e assinados;

d) abrir a correspondência oficial dirigida à Junta e ao seu Presidente, a cuja deliberação será submetida;

e) tomar por termo as reclamações verbais nos casos de dissídios individuais;

f) promover o rápido andamento dos processos, especialmente na fase de execução, e a pronta realização dos atos e diligências deprecadas pelas autoridades superiores;

g) secretariar as audiências da Junta, lavrando as respectivas atas;

h) subscrever as certidões e os termos processuais;

i) dar aos litigantes ciência das reclamações e demais atos processuais de que devam ter conhecimento, assinando as respectivas notificações;

j) executar os demais trabalhos que lhe forem atribuídos pelo Presidente da Junta.

CHEQUE. *Dir. Trab.*

No Direito Empresarial o cheque é uma das espécies de título de crédito que consiste em uma ordem de pagamento à vista emitida em favor de terceiro, contra um banco em razão de fundos que o emitente possuiu naquela instituição financeira. O cheque está regulamentado pela Lei nº 7.357, de setembro de 1985. No que tange ao Direito do Trabalho, a regra é que o pagamento do salário do empregado seja realizado em dinheiro, garantido assim o acesso imediato de modo a facilitar o empregado a suprir com as suas necessidades. No entanto, o pagamento mediante cheque é permitido na legislação trabalhista desde que não tenha restrições ou torne dificultosa o acesso a disponibilização de seu pagamento.

BASE LEGAL:

CLT, Art. 464. O pagamento do salário deverá ser efetuado contra recibo, assinado pelo empregado; em se tratando de analfabeto, mediante sua impressão digital, ou, não sendo esta possível, a seu rogo.
Parágrafo único. Terá força de recibo o comprovante de depósito em conta bancária, aberta para esse fim em nome de cada empregado, com o consentimento deste, em estabelecimento de crédito próximo ao local de trabalho.
CLT, Art. 477. Na extinção do contrato de trabalho, o empregador deverá proceder à anotação na Carteira de Trabalho e Previdência Social, comunicar a dispensa aos órgãos competentes e realizar o pagamento das verbas rescisórias no prazo e na forma estabelecidos neste artigo.
[...] § 4º O pagamento a que fizer jus o empregado será efetuado:
I – em dinheiro, depósito bancário ou cheque visado, conforme acordem as partes; [...].

CHUVEIRO. *Dir. Trab.*

Cabe ao empregador adotar todas as medidas de proteção, saúde, segurança e higiene aos empregados, a fim de proteger a dignidade da pessoa humana conforme proteção constitucional. A legislação trabalhista dispõe ser atribuição do Ministério do Trabalho e Emprego (atual Ministério da Economia), zelar, orientar, fiscalizar, pelas condições e proteção laborais, bem como fazer cumprir as normas de saúde, segurança e higiene do trabalho. Ademais, através das fiscalizações a ele incumbida, se necessário for, impor o cumprimento das leis que favoreçam o bem-estar e conforto em todos os aspectos ao trabalhador, capazes de assegurar um local adequado de proteção e higiene abrangendo os cuidados a saúde dos empregados, devendo assim ter todas as instalações adequadas conforme determina as normas trabalhistas.

BASE LEGAL:

CLT, Art. 157 – Cabe às empresas:
[...] III – adotar as medidas que lhes sejam determinadas pelo órgão regional competente; [...].
CLT, Art. 200. Cabe ao Ministério do Trabalho estabelecer disposições complementares às normas de que trata este Capítulo, tendo em vista as peculiaridades de cada atividade ou setor de trabalho, especialmente sobre: [...]
VII – higiene nos locais de trabalho, com discriminação das exigências, ins-

talações sanitárias, com separação de sexos, chuveiros, lavatórios, vestiários e armários individuais, refeitórios ou condições de conforto por ocasião das refeições, fornecimento de água potável, condições de limpeza dos locais de trabalho e modo de sua execução, tratamento de resíduos industriais; [...].
CF/88, Art. 7º. São direitos dos trabalhadores urbanos e rurais, além de outros que visem à melhoria de sua condição social:
[...] XXII – redução dos riscos inerentes ao trabalho, por meio de normas de saúde, higiene e segurança; [...].

CITAÇÃO POR EDITAL. *Dir. Proc. Trab.*

A citação é o ato pelo qual se convoca o réu, o executado ou o interessado para integrar a relação jurídica processual. Entretanto, no processo do trabalho a citação recebe o nome de notificação. A citação poderá ocorrer por via postal, por edital, por oficial de justiça e por meio eletrônico. No que tange a citação por edital, recebida a reclamação trabalhista o escrivão ou secretário, notificará a reclamada para comparecer à audiência de julgamento, em regra a notificação será por via postal, entretanto, na hipótese de a reclamada criar obstáculos, embaraços ou não ser encontrada e com isso dificultar o recebimento da notificação postal, esta poderá ser realizada da forma editalícia. Ademais, na fase de execução quando o executado é procurado por 2 (duas) vezes para cumprir com a determinação judicial no prazo de 48 (quarenta e oito) horas e não é encontrado, a citação por edital será permitida. Importante destacar que, nas reclamações trabalhistas enquadradas ao procedimento sumaríssimo a citação por edital é vedada, sendo um dos requisitos para esse procedimento a indicação correta do nome e o endereço da reclamada.

BASE LEGAL:
CLT, Art. 841. Recebida e protocolada a reclamação, o escrivão ou secretário, dentro de 48 (quarenta e oito) horas, remeterá a segunda via da petição, ou do termo, ao reclamado, notificando-o ao mesmo tempo, para comparecer à audiência do julgamento, que será a primeira desimpedida, depois de 5 (cinco) dias.
§ 1º – A notificação será feita em registro postal com franquia. Se o reclamado criar embaraços ao seu recebimento ou não for encontrado, far-se-á a notificação por edital, inserto no jornal oficial ou no que publicar o expediente forense, ou, na falta, afixado na sede da Junta ou juízo.
CLT, Art. 852-B. Nas reclamações enquadradas no procedimento sumaríssimo:

[...] II – não se fará citação por edital, incumbindo ao autor a correta indicação do nome e endereço do reclamado; [...].
CLT, Art. 880. Requerida a execução, o juiz ou presidente do tribunal mandará expedir mandado de citação do executado, a fim de que cumpra a decisão ou o acordo no prazo, pelo modo e sob as cominações estabelecidas ou, quando se tratar de pagamento em dinheiro, inclusive de contribuições sociais devidas à União, para que o faça em 48 (quarenta e oito) horas ou garanta a execução, sob pena de penhora.
[...]§ 3º – Se o executado, procurado por 2 (duas) vezes no espaço de 48 (quarenta e oito) horas, não for encontrado, far-se-á citação por edital, publicado no jornal oficial ou, na falta deste, afixado na sede da Junta ou Juízo, durante 5 (cinco) dias.

COISA JULGADA. *Dir. Proc. Trab.*

É a qualidade especial da sentença a qual se torna imutável e indiscutível as questões decididas no processo. A proteção a coisa julgada possui previsão na Constituição Federal de 1988 como direito fundamental vez que possui escopo de garantir a segurança nas relações jurídicas. A coisa julgada é dividida pela doutrina como formal ou material. A coisa julgada formal é o impedimento da modificaçao da decisão tornando irrecorrível por qualquer meio processual dentro do processo. Já a coisa julgada material é a qualidade de imutável da sentença definitiva, ou seja, sentença que resolvem, no todo ou em parte o mérito, não admitindo que seja novamente discutida os elementos da ação em outro processo. Importante destacar que, somente a coisa julgada material pode ser impugnada por ação rescisória.

BASE LEGAL:

CF/88, Art. 5º. Todos são iguais perante a lei, sem distinção de qualquer natureza, garantindo-se aos brasileiros e aos estrangeiros residentes no País a inviolabilidade do direito à vida, à liberdade, à igualdade, à segurança e à propriedade, nos termos seguintes:
[...] XXXVI – a lei não prejudicará o direito adquirido, o ato jurídico perfeito e a coisa julgada; [...].
CPC, Art. 966. A decisão de mérito, transitada em julgado, pode ser rescindida quando:
[...] IV – ofender a coisa julgada; [...].
Súmula nº 299 do TST. AÇÃO RESCISÓRIA. DECISÃO RESCINDENDA. TRÂNSITO EM JULGADO. COMPROVAÇÃO.
I – É indispensável ao processamento da ação rescisória a prova do trânsito em julgado da decisão rescindenda.

COLUSÃO. *Dir. Proc. Trab.*

É um fato que consiste na utilização do processo judicial pelas partes, com o intuito de fraudar a lei mediante simulação processual ou ilícito. Na colusão haverá acordo prévio, ou seja, a intenção é clara e consciente entre as partes com objetivo de fraudar a lei ou prejudicar terceiros. Ocorre que, durante o processo judicial em tramite, em alguns momentos não é possível verificar que há uma colusão entre as partes antes da decisão judicial, levando o magistrado a proferir a sentença ou acórdão de maneira equivocada. Deste modo, em se tratando de uma decisão em trânsito em julgado caberá a propositura da ação rescisória, permitindo assim a desconstituição da decisão transitada em julgado. Vale destacar que, por tratar de acordo entres as partes, havendo interesse comum, a propositura da ação se dará por terceiro prejudicado ou pelo Ministério Público como fiscal a lei. No tocante ao prazo inicial para o ajuizamento da ação rescisória pelo Ministério Público, o prazo decadencial terá início da data da ciência da fraude.

BASE LEGAL:

CPC, Art. 966. A decisão de mérito, transitada em julgado, pode ser rescindida quando:

[...] III – resultar de dolo ou coação da parte vencedora em detrimento da parte vencida ou, ainda, de simulação ou colusão entre as partes, a fim de fraudar a lei; [...].

OJ 94, SBDI-II do TST. AÇÃO RESCISÓRIA. COLUSÃO. FRAUDE À LEI. RECLAMATÓRIA SIMULADA EXTINTA.

A decisão ou acordo judicial subjacente à reclamação trabalhista, cuja tramitação deixa nítida a simulação do litígio para fraudar a lei e prejudicar terceiros, enseja ação rescisória, com lastro em colusão. No juízo rescisório, o processo simulado deve ser extinto.

Súmula nº 100 do TST. AÇÃO RESCISÓRIA. DECADÊNCIA.

[...] VI – Na hipótese de colusão das partes, o prazo decadencial da ação rescisória somente começa a fluir para o Ministério Público, que não interveio no processo principal, a partir do momento em que tem ciência da fraude.

COMBUSTÍVEIS. *Dir. Trab.*

É uma substância que, na presença de um comburente (que reage com o combustível para provocar a combustão – exemplo o oxigênio – e sob ação de uma fonte de calor – exemplo uma faísca) entrará em combustão (ato ou efeito de queimar). Os combustíveis podem ser sólidos, líquidos ou gasosos. Dito isso, importante destacar que ao Ministério do Trabalho caberá estabelecer normas sobre segurança e medicina do trabalho, de acordo com as peculiaridades de cada atividade e setor de trabalho, zelando assim as condições de proteção ao trabalho. Nesse sentido a norma regulamentadora nº 20 estabelece os requisitos mínimos para a proteção da saúde e segurança do trabalho contra fatores de riscos e acidentes decorrentes das atividades de depósitos, armazenamento e manuseio de combustíveis, inflamáveis e explosivos.

BASE LEGAL:
CLT, Art. 200. Cabe ao Ministério do Trabalho estabelecer disposições complementares às normas de que trata este Capítulo, tendo em vista as peculiaridades de cada atividade ou setor de trabalho, especialmente sobre: [...] II – depósitos, armazenagem e manuseio de combustíveis, inflamáveis e explosivos, bem como trânsito e permanência nas áreas respectivas; [...].

COMISSÃO DE CONCILIAÇÃO PRÉVIA (CCP). *Dir. Proc. Trab.*

É a forma alternativa de autocomposição dos conflitos individuais trabalhistas. A CCP foi criada e inserida na CLT pela lei 9.958/2000, permitindo que os sindicatos e as empresas possam instituir as Comissões, com objetivo de conciliação de conflitos individuais do trabalho. A Comissão é composta por no mínimo 2 (dois) e, no máximo, 10 (dez) membros, sendo metade dos representantes indicados pelo empregador e a outra metade eleito pelos empregados. Importante ressaltar que, a CLT prevê a exigência que a reclamação trabalhista seja submetida a CCP, no entanto, o Supremo Tribunal Federal afastou essa obrigatoriedade prevista na legislação sob o argumento de ofensa a regra do princípio constitucional do amplo acesso ao Poder Judiciário, uma vez que a passagem pela Comissão não é pressuposto processual e nem condição da ação para o empregado ingressar com ação trabalhista sendo então, uma faculdade do trabalhador. Cabe destacar que, caso a demanda seja submetida a Comissão, o termo de conciliação é título executivo extrajudicial e terá eficácia liberatória geral, exceto quanto às parcelas expressamente ressalvadas.

BASE LEGAL:
CLT, Art. 625-A. As empresas e os sindicatos podem instituir Comissões de Conciliação Prévia, de composição paritária, com representante dos empregados e dos empregadores, com a atribuição de tentar conciliar os conflitos individuais do trabalho.

Parágrafo único: as Comissões referidas no *caput* deste artigo poderão ser constituídas por grupos de empresas ou ter caráter intersindical.
CLT, Art. 625-E. Aceita a conciliação, será lavrado termo assinado pelo empregado, pelo empregador ou seu proposto e pelos membros da Comissão, fornecendo-se cópia às partes.
Parágrafo único. O termo de conciliação é título executivo extrajudicial e terá eficácia liberatória geral, exceto quanto às parcelas expressamente ressalvadas.
CLT, Art. 876. As decisões passadas em julgado ou das quais não tenha havido recurso com efeito suspensivo; os acordos, quando não cumpridos; os termos de ajuste de conduta firmados perante o Ministério Público do Trabalho e os termos de conciliação firmados perante as Comissões de Conciliação Prévia serão executada pela forma estabelecida neste Capítulo.

COMISSÃO DE REPRESENTANTES DOS EMPREGADOS. *Dir. Trab.*

Trata-se de uma comissão composta por empregados, eleitos por eles. Importante destacar que, a luz da Constituição Federal de 1988 que já previa a comissão, esta foi regulamentada pela reforma trabalhista, a qual tem como objetivo aproximar empregados e empregadores com intuito de buscar uma flexibilização nas relações trabalhistas, ou seja, promover diálogos, buscar soluções para os conflitos laborais, apresentar reinvindicações e etc. Portanto, sua criação não é obrigatória. No tocante, a quantidade de membros para compor a comissão, irá variar de acordo com a quantidade de empregados na empresa, cabendo esclarecer que os membros da comissão terá garantia de emprego, desde o início do registro da sua candidatura até um ano após o fim do mandato, não podendo sofrer dispensa arbitrária, entendendo-se como tal a que não se fundar em motivo disciplinar, técnico, econômico ou financeiro.

BASE LEGAL:
CF/88, Art. 11. Nas empresas de mais de duzentos empregados, é assegurada a eleição de um representante destes com a finalidade exclusiva de promover-lhes o entendimento direto com os empregadores.
CLT, Art. 510-A. Nas empresas com mais de duzentos empregados, é assegurada a eleição de uma comissão para representá-los, com a finalidade de promover-lhes o entendimento direto com os empregadores.
CLT, Art. 510-D. O mandato dos membros da comissão de representantes dos empregados será de um ano.
[...] § 3º Desde o registro da candidatura até um ano após o fim do mandato, o membro da comissão de representantes dos empregados não poderá sofrer despedida arbitrária, entendendo-se como tal a que não se fundar em motivo disciplinar, técnico, econômico ou financeiro.

COMISSÃO INTERNA DE PREVENÇÃO DE ACIDENTES (CIPA). *Dir. Trab.*

Mais conhecida pela sigla CIPA, trata-se de órgão de segurança e de medicina do trabalho constituído dentro da empresa com a finalidade de evitar acidentes e doenças do trabalho. Tem previsão legal nos artigos 163 a 165 da CLT e na NR 5. Dentre suas atribuições, está a elaboração do mapa de risco, plano de trabalho para ação preventiva na solução de problemas de segurança e saúde no trabalho, participação na implementação e do controle de qualidade das medidas de prevenção necessárias, bem como da avaliação das prioridades de ação nos locais de trabalho.[30] A CIPA é composta de representantes (titulares e suplentes) do empregador dos empregados. Os representantes do empregador serão por ele designados e os representantes dos empregados serão eleitos em escrutínio secreto. O presidente da CIPA será sempre um representante do empregador e o vice-presidente será um representante dos trabalhadores. Conforme art. 10, II, "a" do ADCT, súmulas 676 do STF e 339 do TST os empregados eleitos para o cargo na CIPA gozam de estabilidade, desde o registro da candidatura até um ano após o fim do mandado. Vale ressaltar que referida estabilidade alcança apenas os representantes dos empregados na CIPA (titulares e suplantes) e não aqueles que representam o empregador, logo o presidente da CIPA (indicado pelo empregador) não tem estabilidade, mas o vice-presidente da CIPA (eleito pelos trabalhadores) terá.

BASE LEGAL:

CLT, Art. 164. Cada CIPA será composta de representantes da empresa e dos empregados.

[...] § 1º – Os representantes dos empregadores, titulares e suplentes, serão por eles designados.

§ 2º – Os representantes dos empregados, titulares e suplentes, serão eleitos em escrutínio secreto, [...].

§ 3º – O mandato dos membros eleitos da CIPA terá a duração de 1 (um) ano, permitida uma reeleição.

[...] § 5º – O empregador designará, anualmente, dentre os seus representantes, o Presidente da CIPA e os empregados elegerão, dentre eles, o Vice-Presidente.

Súmula nº 339 do TST CIPA. SUPLENTE. GARANTIA DE EMPREGO. CF/1988.

I – O suplente da CIPA goza da garantia de emprego prevista no art. 10, II, "a", do ADCT a partir da promulgação da Constituição Federal de 1988.

II – A estabilidade provisória do cipeiro não constitui vantagem pessoal, mas garantia para as atividades dos membros da CIPA, que somente tem

---

30 GARCIA, 2020, p. 231.

razão de ser quando em atividade a empresa. Extinto o estabelecimento, não se verifica a despedida arbitrária, sendo impossível a reintegração e indevida a indenização do período estabilitário.

COMPETÊNCIA. *Dir. Proc. Trab.*

É a medida, o limite o fracionamento ou a parcela da jurisdição. Doutrina moderna conceitua competência como a delimitação do exercício legítimo da jurisdição.[31] Nessa toada, pode-se caracterizar a competência como a divisão dos trabalhos perante os órgãos encarregados do exercício da função jurisdicional. Todo juiz está investido de jurisdição, mas apenas um magistrado será competente para o caso concreto. A competência na seara trabalhista pode ser classificada em razão da matéria (*ratione materiae*) e em razão da pessoa (*ratione personae*), conforme art. 114 da Constituição Federal de 1988, cuja redação foi substancialmente ampliada pela EC 45/2004 (Reforma do Judiciário). Pode ser classificada, também, como competência em razão do território (*ratione loci*), conforme art. 651 da CLT. As competências *ratione materiae* e *ratione personae* são absolutas, podendo ser reconhecidas de ofício pelo juiz, ao passo que a competência ratione loci é relativa, devendo ser alegada pelo reclamado em momento processual oportuno, sob pena de prorrogação da competência, ou seja, o juiz inicialmente incompetente torna-se competente.

BASE LEGAL:

CLT, Art. 651. A competência das Juntas de Conciliação e Julgamento é determinada pela localidade onde o empregado, reclamante ou reclamado, prestar serviços ao empregador, ainda que tenha sido contratado noutro local ou no estrangeiro.

§ 1º – Quando for parte de dissídio agente ou viajante comercial, a competência será da Junta da localidade em que a empresa tenha agência ou filial e a esta o empregado esteja subordinado e, na falta, será competente a Junta da localização em que o empregado tenha domicílio ou a localidade mais próxima.

§ 2º – A competência das Juntas de Conciliação e Julgamento, estabelecida neste artigo, estende-se aos dissídios ocorridos em agência ou filial no estrangeiro, desde que o empregado seja brasileiro e não haja convenção internacional dispondo em contrário.

§ 3º – Em se tratando de empregador que promova realização de atividades fora do lugar do contrato de trabalho, é assegurado ao empregado apresentar reclamação no foro da celebração do contrato ou no da prestação dos respectivos serviços.

31 NEVES, 2019, p. 218.

CF, art. 114. Compete à Justiça do Trabalho processar e julgar:
I As ações oriundas da relação de trabalho, abrangidos os entes de direito público externo e da administração pública direta e indireta da União, dos Estados, do Distrito Federal e dos Municípios;
II As ações que envolvam exercício do direito de greve;
III As ações sobre representação sindical, entre sindicatos, entre sindicatos e trabalhadores, e entre sindicatos e empregadores;
IV Os mandados de segurança, habeas corpus e habeas data , quando o ato questionado envolver matéria sujeita à sua jurisdição;
V Os conflitos de competência entre órgãos com jurisdição trabalhista, ressalvado o disposto no art. 102, I, o;
VI As ações de indenização por dano moral ou patrimonial, decorrentes da relação de trabalho;
VII As ações relativas às penalidades administrativas impostas aos empregadores pelos órgãos de fiscalização das relações de trabalho;
VIII A execução, de ofício, das contribuições sociais previstas no art. 195, I, a, e II, e seus acréscimos legais, decorrentes das sentenças que proferir;
IX Outras controvérsias decorrentes da relação de trabalho, na forma da lei.

CONCILIAÇÃO E MEDIAÇÃO. *Dir. Trab.*

Conciliação e a mediação são instrumentos efetivos de pacificação social, solução e prevenção de litígios e que a sua apropriada disciplina em programas já implementados no país tem reduzido a excessiva judicialização dos conflitos de interesses, bem como a quantidade de recursos e também de execução de sentenças. Conforme Resolução 174 do CSJT, "Conciliação" é o meio adequado de resolução de disputas em que as partes confiam a uma terceira pessoa – magistrado ou servidor público por aquele sempre supervisionado –, a função de aproximá-las, empoderá-las e orientá-las na construção de um acordo quando a lide já está instaurada, com a criação ou proposta de opções para composição do litígio. De outra banda, a Mediação é o meio adequado de resolução de disputas em que as partes confiam a uma terceira pessoa – magistrado ou servidor público por aquele sempre supervisionado –, a função de aproximá-las, empoderá-las e orientá-las na construção de um acordo quando a lide já está instaurada, sem a criação ou proposta de opções para composição do litígio. Conforme NCPC, a conciliação, a mediação e outros métodos de solução consensual de conflitos deverão ser estimulados por juízes, advogados, defensores públicos e membros do Ministério Público, inclusive no curso do processo judicial (art. 3, §3º).

BASE LEGAL:

CPC. Art. 3º Não se excluirá da apreciação jurisdicional ameaça ou lesão a direito.

§ 1º É permitida a arbitragem, na forma da lei.

§ 2º O Estado promoverá, sempre que possível, a solução consensual dos conflitos.

§ 3º A conciliação, a mediação e outros métodos de solução consensual de conflitos deverão ser estimulados por juízes, advogados, defensores públicos e membros do Ministério Público, inclusive no curso do processo judicial.

CPC, Art. 166. A conciliação e a mediação são informadas pelos princípios da independência, da imparcialidade, da autonomia da vontade, da confidencialidade, da oralidade, da informalidade e da decisão informada.

§ 1º A confidencialidade estende-se a todas as informações produzidas no curso do procedimento, cujo teor não poderá ser utilizado para fim diverso daquele previsto por expressa deliberação das partes.

§ 2º Em razão do dever de sigilo, inerente às suas funções, o conciliador e o mediador, assim como os membros de suas equipes, não poderão divulgar ou depor acerca de fatos ou elementos oriundos da conciliação ou da mediação.

§ 3º Admite-se a aplicação de técnicas negociais, com o objetivo de proporcionar ambiente favorável à autocomposição.

§ 4º A mediação e a conciliação serão regidas conforme a livre autonomia dos interessados, inclusive no que diz respeito à definição das regras procedimentais.

CONCURSO PÚBLICO. *Dir. Trab.*

"É o meio técnico posto à disposição da Administração Pública para obter-se moralidade, eficiência e aperfeiçoamento do serviço público e, ao mesmo tempo, propiciar igual oportunidade a todos os interessados que atendam aos requisitos da lei."[32] Trata-se, assim, do pressuposto de validez da admissão de pessoal na administração pública direta e indireta, conforme previsto no art. 37, II da CF/88. O concurso público será realizado na modalidade de provas ou provas e títulos, de acordo com a natureza e complexidade do cargo ou emprego, na forma prevista em lei, ressalvadas as nomeações para cargo em comissão declarado em lei de livre nomeação e exoneração. Conforme súmula 363 do TST, a contratação de servidor público, após a CF/1988, sem prévia aprovação em concurso público, encontra óbice no respectivo art. 37, II e § 2º, somente lhe conferindo direito ao pagamento da contraprestação pactuada, em relação ao número de horas trabalhadas, respeitado o valor da hora do salário mínimo, e dos valores referentes aos depósitos do FGTS.

32 MEIRELLES, 1997, p. 380.

BASE LEGAL:

Art. 37. A administração pública direta e indireta de qualquer dos Poderes da União, dos Estados, do Distrito Federal e dos Municípios obedecerá aos princípios de legalidade, impessoalidade, moralidade, publicidade e eficiência e, também, ao seguinte:

I – os cargos, empregos e funções públicas são acessíveis aos brasileiros que preencham os requisitos estabelecidos em lei, assim como aos estrangeiros, na forma da lei

II – a investidura em cargo ou emprego público depende de aprovação prévia em concurso público de provas ou de provas e títulos, de acordo com a natureza e a complexidade do cargo ou emprego, na forma prevista em lei, ressalvadas as nomeações para cargo em comissão declarado em lei de livre nomeação e exoneração

III – o prazo de validade do concurso público será de até dois anos, prorrogável uma vez, por igual período;

IV – durante o prazo improrrogável previsto no edital de convocação, aquele aprovado em concurso público de provas ou de provas e títulos será convocado com prioridade sobre novos concursados para assumir cargo ou emprego, na carreira; [...].

Súmula nº 363 do TST CONTRATO NULO. EFEITOS. A contratação de servidor publico, após a CF/1988, sem prévia aprovação em concurso público, encontra óbice no respectivo art. 37, II e § 2º, somente lhe conferindo direito ao pagamento da contraprestação pactuada, em relação ao número de horas trabalhadas, respeitado o valor da hora do salário mínimo, e dos valores referentes aos depósitos do FGTS.

CONDIÇÃO ANÁLOGA A DE ESCRAVO. *Dir. Trab.*

Também conhecido como "trabalho escravo", ou 'trabalho forçado", é a prestação de serviços imposta e/ou aviltante, que agride a dignidade da pessoa humana, a liberdade e/ou os direitos da personalidade. Em que pese a Lei Áurea (1888) tenha abolido formalmente o trabalho escravo no Brasil (trabalho escravo tradicional), ainda remanescem práticas escravagistas, de forma velada ou camuflada, por meio do labor em condições degradantes, jornadas exaustivas e restrição da liberdade de locomoção por dívida (trabalho escravo contemporâneo/moderno). Em decorrência da evolução forma de exploração do ser humano, o código penal brasileiro tipifica como crime de redução a condição análoga a de escravo qualquer conduta que reduzir alguém a condição análoga à de escravo, quer submetendo-o a trabalhos forçados ou a jornada exaustiva, quer sujeitando-o a condições degradantes de trabalho, quer restringindo, por qualquer meio, sua locomoção em razão de dívida contraída com o empregador (art. 149, CP). Além da responsabilidade penal, a imposição de trabalho escravo gera indenização por danos morais administrativas para as vítimas e danos morais coletivos, além de sanções administrativas como a expropriação da propriedade (art. 243, CF/88) e a inclusão no cadastro de Empregadores que tenham submetido trabalhadores a condições análogas à de escravo (LISTA SUJA).

BASE LEGAL:

CP, Art. 149. Reduzir alguém a condição análoga à de escravo, quer submetendo-o a trabalhos forçados ou a jornada exaustiva, quer sujeitando-o a condições degradantes de trabalho, quer restringindo, por qualquer meio, sua locomoção em razão de dívida contraída com o empregador ou preposto: Pena – reclusão, de dois a oito anos, e multa, além da pena correspondente à violência

§ 1º Nas mesmas penas incorre quem:

I – cerceia o uso de qualquer meio de transporte por parte do trabalhador, com o fim de retê-lo no local de trabalho;

II – mantém vigilância ostensiva no local de trabalho ou se apodera de documentos ou objetos pessoais do trabalhador, com o fim de retê-lo no local de trabalho

§ 2º A pena é aumentada de metade, se o crime é cometido:

I – contra criança ou adolescente;

II – por motivo de preconceito de raça, cor, etnia, religião ou origem.

CF, Art. 243. As propriedades rurais e urbanas de qualquer região do País onde forem localizadas culturas ilegais de plantas psicotrópicas ou a exploração de trabalho escravo na forma da lei serão expropriadas e destinadas à reforma agrária e a programas de habitação popular, sem qualquer indenização ao proprietário e sem prejuízo de outras sanções previstas em lei, observado, no que couber, o disposto no art. 5º.

Parágrafo único: Todo e qualquer bem de valor econômico apreendido em decorrência do tráfico ilícito de entorpecentes e drogas afins e da exploração de trabalho escravo será confiscado e reverterá a fundo especial com destinação específica, na forma da lei.

CONEXÃO. *Dir. Proc. Trab.*

É conexa a ligação ou vínculo entre as ações com mesma causa de pedir ou mesmo pedido. Segundo a doutrina, são conexas duas ou mais ações quando apresentem mesma causa de pedir ou pedido, mas as partes, necessariamente, não são as mesmas.[33] Na Justiça do Trabalho, é comum haver conexão entre demandas trabalhistas que apresentem

33 SCHIAVI, 2019, p. 337.

em comum pedido ou causa de pedir, como, por exemplo, diversos trabalhadores que realizam um mesmo pedido que tem suporte em norma coletiva comum. Conforme §1° do art. 55 do CPC, os processos de ações conexas serão reunidos para decisão conjunta, salvo se um deles já houver sido sentenciado. Schiavi adverte que embora o referido dispositivo legal preveja a reunião dos processos como sendo obrigatória, no Processo do Trabalho, caberá ao Juiz do Trabalho avaliar o custo benefício da reunião das ações conexas, considerando-se que as reclamações trabalhistas apresentam diversos pedidos e, normalmente, apenas um ou alguns deles são idênticos.[34]

BASE LEGAL:

CPC, Art. 54. A competência relativa poderá modificar-se pela conexão ou pela continência, observado o disposto nesta Seção.
Art. 55. Reputam-se conexas 2 (duas) ou mais ações quando lhes for comum o pedido ou a causa de pedir.
§ 1° Os processos de ações conexas serão reunidos para decisão conjunta, salvo se um deles já houver sido sentenciado.
§ 2° Aplica-se o disposto no *caput*:
I – a execução de título extrajudicial e à ação de conhecimento relativa ao mesmo ato jurídico;
II – às execuções fundadas no mesmo título executivo.
§ 3° Serão reunidos para julgamento conjunto os processos que possam gerar risco de prolação de decisões conflitantes ou contraditórias caso decididos separadamente, mesmo sem conexão entre eles.

CONFEDERAÇÕES. *Dir. Trab.*

São as organizações sindicais de maior grau em determinada categoria.[35]Conforme art. 535 da CLT, as confederações resultam da conjugação de, pelo menos, três federações, respeitadas as respectivas categorias, tendo sede em Brasília. Ressalta-se que cada federação é composta por no mínimo 5 (cinco) sindicatos. Ademais, vale destacar que a CLT impõe a composição do sistema sindical sob a forma piramidal em que o sindicato está no piso, a federação em seu centro e a confederação em sua cúpula. Por fim, ressalta-se que as confederações sindicais não se confundam com as centrais sindicais (Lei 11.648/08): as confederações podem ser representantes dos trabalhadores e dos patrões, já as centrais sindicais são representantes apenas da classe trabalhadora.

34 SCHIAVI, 2019, p. 338.

35 NASCIMENTO, 2011, p. 276.

As centrais não compõem a estrutura piramidal do sistema sindical brasileiro, mas servem para ajudar no diálogo político-econômico dos trabalhadores.

BASE LEGAL:
CLT, Art. 533. Constituem associações sindicais de grau superior as federações e confederações organizadas nos termos desta Lei.
Art. 534. É facultado aos Sindicatos, quando em número não inferior a 5 (cinco), desde que representem a maioria absoluta de um grupo de atividades ou profissões idênticas, similares ou conexas, organizarem-se em federação.
Art. 535. As Confederações organizar-se-ão com o mínimo de 3 (três) federações e terão sede na Capital da República.
Lei 11.648/08, art. 1ºç A central sindical, entidade de representação geral dos trabalhadores, constituída em âmbito nacional, terá as seguintes atribuições e prerrogativas:
I – coordenar a representação dos trabalhadores por meio das organizações sindicais a ela filiadas;
II – participar de negociações em fóruns, colegiados de órgãos públicos e demais espaços de diálogo social que possuam composição tripartite, nos quais estejam em discussão assuntos de interesse geral dos trabalhadores.
Parágrafo único. Considera-se central sindical, para os efeitos do disposto nesta Lei, a entidade associativa de direito privado composta por organizações sindicais de trabalhadores.

CONFISSÃO. *Dir. Proc. Trab.*

É a admissão dos fatos declinados pela parte contrária contra os interesses do confidente.[36] Segundo Amauri Mascaro Nascimento a confissão é consequência da revelia.[37] Revelia tem origem na expressão *rebellis*, rebeldia, e na seara processual significa a ausência de resposta ou defesa do réu que gera a presunção de veracidade dos fatos declinados na inicial. Na justiça do trabalho o principal caso de confissão é o não comparecimento do reclamado na audiência de julgamento. Além disso, poderá ocorrer confissão ficta quando, regularmente intimado, não comparecer para prestar depoimento (ar.t 385, §1, CPC c/c Súmula 74, I, TST), caso em que esta confissão terá natureza jurídica de meio de prova.

36 SCHIAVI, Mauro. Manual de direito processual do trabalho. 14. ed. São Paulo: LTr, 2019, p. 646.

37 NASCIMENTO, Amauri Mascaro. Curso de direito processual do trabalho. 20. ed. São Paulo: Saraiva, 2001, p; 405.

BASE LEGAL:
CLT, Art. 844. O não-comparecimento do reclamante à audiência importa o arquivamento da reclamação, e o não-comparecimento do reclamado importa revelia, além de confissão quanto à matéria de fato.§ 3º Serão reunidos para julgamento conjunto os processos que possam gerar risco de prolação de decisões conflitantes ou contraditórias caso decididos separadamente, mesmo sem conexão entre eles.
Súmula nº 74 do TST CONFISSÃO. I – Aplica-se a confissão à parte que, expressamente intimada com aquela cominação, não comparecer à audiência em prosseguimento, na qual deveria depor. II – A prova pré-constituída nos autos pode ser levada em conta para confronto com a confissão ficta (arts. 442 e 443, do CPC de 2015 – art. 400, I, do CPC de 1973), não implicando cerceamento de defesa o indeferimento de provas posteriores. III- A vedação à produção de prova posterior pela parte confessa somente a ela se aplica, não afetando o exercício, pelo magistrado, do poder/dever de conduzir o processo.

CONFLITOS DE COMPETÊNCIA. *Dir. Proc. Trab.*

Há conflito de competência quando um ou mais juízes se consideram simultaneamente competentes (conflito positivo) ou incompetentes (conflito negativo) para apreciar a causa ou, entre dois ou mais juízes, surge controvérsia acerca da reunião ou separação de processos. No âmbito trabalhista o conflito de competência está previsto nos arts. 804 a 805 da CLT, podendo ser suscitados pelos juízes e tribunais, pelo MPT ou pela parte interessada. Os principais conflitos de competência na área trabalhistas podem ser esquematizados da seguinte maneira:

1. conflito entre varas do trabalho da mesma região será solucionado pelo respectivo TRT;
2. conflito entre varas do trabalho de regiões distintas será solucionado pelo TST;
3. conflito entre VT e TRT de outra região será solucionado pelo TST;
4. conflito entre VT ou TRT e juiz de direito ou TJ ou juiz federal ou TRF será solucionado pelo STJ;
5. Conflito entre TST e TJ ou TRF ou Juiz de direito ou Juiz federal será solucionado pelo STF. Conforme súmula 420 do TST não existe conflito de competência entre TRT e Vara do Trabalho a ele vinculada.

BASE LEGAL:
CLT, Art. 804. Dar-se-á conflito de jurisdição:
a. quando ambas as autoridades se considerarem competentes;
b. quando ambas as autoridades se considerarem incompetentes.

Art. 805. Os conflitos de jurisdição podem ser suscitados:
a. pelos Juízes e Tribunais do Trabalho;
b. pelo procurador-geral e pelos procuradores regionais da Justiça do Trabalho;
c. pela parte interessada, ou o seu representante.
Súmula nº 420 do TST COMPETÊNCIA FUNCIONAL. CONFLITO NEGATIVO. TRT E VARA DO TRABALHO DE IDÊNTICA REGIÃO. NÃO CONFIGURAÇÃO
Não se configura conflito de competência entre Tribunal Regional do Trabalho e Vara do Trabalho a ele vinculada.

CONTESTAÇÃO. *Dir. Proc. Trab.*

É a defesa do réu (reclamado), também conhecida como resposta trabalhista, objeção ou defesa processual. Na linguagem comum, contestação representa a negação, resistência, discussão ou debate.[38] Segundo a doutrina clássica,[39] o vocábulo "contestação" significa lutar com alguém por meio de testemunhas e por meio de provas. A contestação trabalhistas, nesse sentido, significa a reação do reclamado destinada à impugnar a reclamação trabalhista (petição inicial), em outras palavras, é a peça defensiva pela qual o

reclamado terá a oportunidade de impugnar a pretensão aduzida na inicial e também aduzir toda a matéria de defesa que entender pertinente,[40] podendo conter preliminares (defesas processuais), defesas indiretas de mérito/prejudiciais de mérito (*ex vi* prescrição bienal e quinquenal) e defesas direta de mérito. O direito de defesa do réu encontra alicerce no art. 5º, LV da CF/88 (princípio do contraditório e ampla defesa), e a contestação encontra amparo legal no art. 847 da CLT, bem como nos arts 335 a 342 do CPC, aplicados supletiva e subsidiariamente ao processo do trabalho por força dos arts. 769 da CLT e 15 do CPC. Pela processualística trabalhistas, a contestação será ofertada oralmente no prazo de vinte minutos após a tentativa infrutífera de acordo. Todavia, na praxe forense a contestação é apresentada de forma escrita pelo sistema de processo judicial eletrônico até a audiência, conforme assegura o parágrafo único do art. 847 da CLT.

BASE LEGAL:

CLT, Art. 847. Não havendo acordo, o reclamado terá vinte minutos para aduzir sua defesa, após a leitura da reclamação, quando esta não for dis-

38 BEZERRA LEITE, 2019, p. 730.

39 NASCIMENTO, 2015. P. 625.

40 SCHIAVI, 2019, p. 662.

pensada por ambas as partes. Parágrafo único. A parte poderá apresentar defesa escrita pelo sistema de processo judicial eletrônico até a audiência. CPC. Art. 336. Incumbe ao réu alegar, na contestação, toda a matéria de defesa, expondo as razões de fato e de direito com que impugna o pedido do autor e especificando as provas que pretende produzir.

CONTINÊNCIA. *Dir. Proc. Trab.*

É a possibilidade de modificação da competência – relativa – quando houver identidade de partes e causa de pedir entre duas ou mais ações, porém o pedido formulado em uma delas, por ser mais amplo, abrange os pedidos postulados nas demais demandas (art. 56 do CPC). Isto é, há uma diferença quantitativa entre as ações. O reconhecimento do instituto jurídico em análise, segundo a doutrina, é recorrente na Justiça do Trabalho, porquanto não são raras as vezes em que o empregado ingressa com duas ações trabalhistas em face de um mesmo empregador, mas os pedidos delineados numa das ações são reproduzidos em maior ou menor escala, em relação aos pedidos deduzidos em demanda anterior. Nesse aspecto, inclusive, quando a ação continente tiver sido proposta anteriormente, a ação contida será extinta sem resolução de mérito, caso contrário, obrigatoriamente as ações serão reunidas.

BASE LEGAL:

CPC, Art. 56. Dá se a continência entre 2 (duas) ou mais ações quando houver identidade quanto às partes e à causa de pedir, mas o pedido de uma, por ser mais amplo, abrange o das demais

Art. 57. Quando houver continência e a ação continente tiver sido proposta anteriormente, no processo relativo à ação contida será proferida sentença sem resolução de mérito, caso contrário, as ações serão necessariamente reunidas.

Art. 58. A reunião das ações propostas em separado far-se-á no juízo prevento, onde serão decididas simultaneamente.

CONTRADITÓRIO. *Dir. Proc. Trab.*

Decorre do princípio do contraditório, significa que não se proferirá decisão contra uma das partes sem que ela seja previamente ouvida. Está previsto no art. 5º, LV da CF e arts. 9º e 10 do CPC. Com efeito, a cada prova produzida por uma das partes, a outra deverá ter ciência de sua produção, bem como a oportunidade para manifestação. Em sede probatória, o contraditório impõe a ciência de todas as provas produzidas em juízo, com a possibilidade conferida pelo juiz para impugnação. Com efeito, a cada prova produzida por uma das partes, a outra deverá ter ciência de sua produção, bem como a oportunidade para manifestação. No plano recursal, o contraditório exige a necessidade de fundamentação nos recursos trabalhistas, de modo que o recorrido possa contra-arrazoar, e o tribunal analisar as razões de inconformismo.

BASE LEGAL:

CF, Art. 5º, LV. Aos litigantes, em processo judicial ou administrativo, e aos acusados em geral são assegurados o contraditório e ampla defesa, com os meios e recursos a ela inerentes;

CPC, Art. 9º. Não se proferirá decisão contra uma das partes sem que ela seja previamente ouvida.

Parágrafo único. O disposto no *caput* não se aplica:

I – à tutela provisória de urgência;

II – às hipóteses de tutela da evidência previstas no art. 311, incisos II e III;

III – à decisão prevista no art. 701.

Art. 10. O juiz não pode decidir, em grau algum de jurisdição, com base em fundamento a respeito do qual não se tenha dado às partes oportunidade de se manifestar, ainda que se trate de matéria sobre a qual deva decidir de ofício.

CONTRATO DE EMPREITADA. *Dir. Trab.*

É o negócio jurídico por meio do qual uma das partes se obriga a fazer ou a mandar fazer determinado serviço ou certa obra, recebendo em contrapartida remuneração determinada ou proporcional ao serviço executado. Tem por antecedente a *locatio operis* dos Romanos[41] e atualmente encontra previsão no art. 610 do Código Civil. O contrato de empreitada pode ter por objeto uma atividade autônoma (empreitada de mão de obra, geralmente executada por trabalhadores braçais) ou um resultado (empreitada de obra). Nos termos do art. 652, "a" III da CLT compete à Justiça do Trabalho julgar os dissídios resultantes de contratos de empreitadas em que o empreiteiro seja operário ou artífice. Conforme a doutrina,[42] a empreitada difere da prestação de serviços, porque nesta o que importa é o serviço prestado, a atividade profissional, sem que o prestador esteja subordinado ao tomador do serviço; na empreitada o que importa para o tomador do trabalho é o resultado, a obra pronta e acabada.

41 BEZERRA LEITE, 2019, p. 632

42 BEZERRA LEITE, 2019, p. 633

BASE LEGAL:

CC, Art. 610. O empreiteiro de uma obra pode contribuir para ela só com seu trabalho ou com ele e os materiais. § 1º A obrigação de fornecer os materiais não se presume; resulta da lei ou da vontade das partes. § 2º O contrato para elaboração de um projeto não implica a obrigação de executá-lo, ou de fiscalizar-lhe a execução.

Art. 652. Compete às Varas do Trabalho:

a) conciliar e julgar:

[...] III – os dissídios resultantes de contratos de empreitadas em que o empreiteiro seja operário ou artífice; [...].

CONTRATO DE EXPERIÊNCIA. *Dir. Trab.*

É o contrato de trabalho realizado por prazo determinado (contrato a termo). O prazo máximo de vigência do contrato de experiência é de 90 (noventa) dias. Está previsto no art. 445 parágrafo único. Conforme súmula 188 do TST, a prorrogação é admitida uma única vez, dentro do prazo máximo de 90 dias, sendo que o segundo período poderá ser igual, inferior ou superior ao primeiro (*ex vi*, 45 (quarenta e cinco) dias + 45 (quarenta e cinco) dias; 60 (sessenta) dias + 30 (trinta) dias; etc.). Caso o prazo máximo de vigência de 90 (noventa) dias seja ultrapassado, ou haja mais de uma prorrogação dentro desse período, o contrato se transforma automaticamente por prazo indeterminado, com todos os seus efeitos trabalhistas. Por fim, vale consignar que o contrato de experiência não se confunde com comprovação de experiência prévia; nos termos do art. 442-A da CLT, para fins de contratação, o empregador não exigirá do candidato a emprego comprovação de experiência prévia por tempo superior a seis meses no mesmo tipo de atividade.

BASE LEGAL:

CLT, Art. 445. Parágrafo único. O contrato de experiência não poderá exceder de 90 (noventa) dias.

CLT, Art. 442-A. Para fins de contratação, o empregador não exigirá do candidato a emprego comprovação de experiência prévia por tempo superior a 6 (seis) meses no mesmo tipo de atividade.

Súmula 188, TST. Contrato de trabalho. Experiência. Prorrogação. O contrato de experiência pode ser prorrogado, respeitado o limite máximo de 90 (noventa) dias.

CONTRATO COLETIVO DE TRABALHO. *Dir. Trab.*

Corresponde a figura do Direito Coletivo do Trabalho, mediante a qual seres coletivos empresariais e obreiros pactuam cláusulas assecuratórias de direitos e obrigações entre si e dispositivos fixadores de normas jurídicas autônomas aplicáveis à respectiva base econômico-social.[43] Na redação originária da CLT o contrato coletivo de trabalho foi conceituado como o convênio de caráter normativo pelo qual dois ou mais sindicatos representativos da categoria estipulam condições que regerão as relações individuais de trabalho (art. 611, *caput*, CLT). Posteriormente, o termo "contrato coletivo de trabalho" foi alterado pelo epiteto "convenção coletiva de trabalho", correspondendo ao instrumento normativo formal que materializa a negociação coletiva, constituindo verdadeira fonte formal autônoma do Direito do Trabalho. Como regra, é firmado pelos sindicatos da categoria profissional e econômica (sindicatos nos dois polos). Diferencia-se do Acordo Coletivo de trabalho, em que a pactuação é realizada pelo sindicato da categoria profissional com uma ou mais empresas (sindicato apenas em um dos polos).

BASE LEGAL:

CLT, Art. 611. Convenção Coletiva de Trabalho é o acordo de caráter normativo, pelo qual dois ou mais Sindicatos representativos de categorias econômicas e profissionais estipulam condições de trabalho aplicáveis, no âmbito das respectivas representações, às relações individuais de trabalho.
CF/88, Art. 7º. São direitos dos trabalhadores urbanos e rurais, além de outros que visem à melhoria de sua condição social: XXVI – reconhecimento das convenções e acordos coletivos de trabalho;

CONTRATO INDIVIDUAL DE TRABALHO. *Dir. Trab.*

É o acordo, tácito ou expresso, correspondente à relação de emprego, podendo ser pactuado por prazo determinado ou indeterminado ou para prestação intermitente. Encontra previsão no art. 442 a 510 da CLT. Trata-se do núcleo central do Direito do Trabalho, por isso parte da doutrina prefere o epíteto "contrato individual de emprego", porquanto designa apenas a relação empregatícia. Doutrina e jurisprudência elencam diversas características do contrato individual de trabalho, tais quais, negócio jurídico bilateral, de trato sucessivo, de atividade,

43 DELGADO, 2019, p. 646.

consensual, comutativo, sinalagmático, oneroso, informal e de direito privado. O contrato individual de trabalho como regra é por prazo indeterminado (princípio da continuidade da relação de emprego), podendo ser verbal ou escrito; por outro lado, como a contratação a termo (por prazo determinado) é exceção, deverá ser necessariamente realizada na forma escrita.

BASE LEGAL:

CLT, Art. 442. Contrato individual de trabalho é o acordo tácito ou expresso, correspondente à relação de emprego.

Parágrafo único: Qualquer que seja o ramo de atividade da sociedade cooperativa, não existe vínculo empregatício entre ela e seus associados, nem entre estes e os tomadores de serviços daquela.

Art. 443. O contrato individual de trabalho poderá ser acordado tácita ou expressamente, verbalmente ou por escrito, por prazo determinado ou indeterminado, ou para prestação de trabalho intermitente.

Art. 452-A. O contrato de trabalho intermitente deve ser celebrado por escrito e deve conter especificamente o valor da hora de trabalho, que não pode ser inferior ao valor horário do salário mínimo ou àquele devido aos demais empregados do estabelecimento que exerçam a mesma função em contrato intermitente ou não [...].

CONTRATO DE TRABALHO INTERMITENTE. *Dir. Trab.*

É o acordo necessariamente escrito correspondente à relação de emprego no qual a prestação de trabalho não é contínua, ocorrendo com alternância de períodos de prestação de serviços e de inatividade. Encontra amparo nos arts. 443, *caput* e §3° c/c art. 452-A, todos da CLT, novidades perpetradas pela reforma trabalhista (Lei 13.467/17). Tem natureza jurídica de contrato atípico (*sui generis*), porém materializa uma relação empregatícia, porquanto a prestação de serviços é exercida com subordinação (art. 2° e 3°, CLT). Além de ser pactuado necessariamente na forma escrita, deverá conter o valor da hora de trabalho, que não poderá ser inferior ao valor horário do salário mínimo ou àquele devido aos demais trabalhadores do estabelecimento que exerçam a mesma função em contrato intermitente ou não intermitente (princípio da isonomia). Ressalta-se que a alternância de períodos de prestação de serviços e de inatividade poderá ocorrer por horas, dias ou meses, independentemente do tipo de atividade do emprego e do empregador, porém não poderá ser aplicado aos aeronautas, porquanto são regidos por legislação própria (atualmente, Lei 13.475/17).

BASE LEGAL:

CLT, Art. 443. O contrato individual de trabalho poderá ser acordado tácita ou expressamente, verbalmente ou por escrito, por prazo determinado ou indeterminado, ou para prestação de trabalho intermitente.

[...]

§ 3º Considera-se como intermitente o contrato de trabalho no qual a prestação de serviços, com subordinação, não é contínua, ocorrendo com alternância de períodos de prestação de serviços e de inatividade, determinados em horas, dias ou meses, independentemente do tipo de atividade do empregado e do empregador, exceto para os aeronautas, regidos por legislação própria.

Art. 452-A. O contrato de trabalho intermitente deve ser celebrado por escrito e deve conter especificamente o valor da hora de trabalho, que não pode ser inferior ao valor horário do salário mínimo ou àquele devido aos demais empregados do estabelecimento que exerçam a mesma função em contrato intermitente ou não

§ 1º O empregador convocará, por qualquer meio de comunicação eficaz, para a prestação de serviços, informando qual será a jornada, com, pelo menos, três dias corridos de antecedência.

§ 2º Recebida a convocação, o empregado terá o prazo de um dia útil para responder ao chamado, presumindo-se, no silêncio, a recusa.

§ 3º A recusa da oferta não descaracteriza a subordinação para fins do contrato de trabalho intermitente.

§ 4º Aceita a oferta para o comparecimento ao trabalho, a parte que descumprir, sem justo motivo, pagará à outra parte, no prazo de trinta dias, multa de 50% (cinquenta por cento) da remuneração que seria devida, permitida a compensação em igual prazo

§ 5º O período de inatividade não será considerado tempo à disposição do empregador, podendo o trabalhador prestar serviços a outros contratantes.

§ 6º Ao final de cada período de prestação de serviço, o empregado receberá o pagamento imediato das seguintes parcelas:

I – remuneração;

II – férias proporcionais com acréscimo de um terço;

III – décimo terceiro salário proporcional;

IV – repouso semanal remunerado;

V – adicionais legais;

§ 7º O recibo de pagamento deverá conter a discriminação dos valores pagos relativos a cada uma das parcelas referidas no § 6º deste artigo.

§ 8º O empregador efetuará o recolhimento da contribuição previdenciária e o depósito do Fundo de Garantia do Tempo de Serviço, na forma da lei, com base nos valores pagos no período mensal e fornecerá ao empregado comprovante do cumprimento dessas obrigações.

§ 9º A cada doze meses, o empregado adquire direito a usufruir, nos doze meses subsequentes, um mês de férias, período no qual não poderá ser convocado para prestar serviços pelo mesmo empregador.

CONTRATO POR OBRA OU SERVIÇO CERTO. *Dir. Trab.*

É espécie de contrato de trabalho a termo. Segundo Maurício Godinho Delgado,[44] Contrato de obra certa é o pacto empregatício urbano a prazo, qualificado pela presença de um construtor em caráter permanente no polo empresarial da relação e pela execução de obra ou serviço certo como fator ensejador da prefixação do prazo contratual. O motivo justificador do contrato é a realização de obra ou serviço certos, vinculados ao objeto empresarial do construtor contratante do obreiro. Encontra previsão na Lei nº 2.959/56 e submete-se às regras gerais dos contratos a prazo instituídos pela CLT.

BASE LEGAL:

Lei nº 2.959/56, Art. 1º. No contrato individual de trabalho por obra certa, as inscrições na carteira profissional do empregado serão feitas pelo construtor, desse modo constituído em empregador, desde que exerça a atividade em caráter permanente.

Art. 443. O contrato individual de trabalho poderá ser acordado tácita ou expressamente, verbalmente ou por escrito, por prazo determinado ou indeterminado, ou para prestação de trabalho intermitente.

§ 1º – Considera-se como de prazo determinado o contrato de trabalho cuja vigência dependa de termo prefixado ou da execução de serviços especificados ou ainda da realização de certo acontecimento suscetível de previsão aproximada.

CONTRIBUIÇÃO PREVIDENCIÁRIA. *Dir. Proc. Trab.*

É o encargo fiscal imposto aos contribuintes (empregado e empregador), constitucionalmente estabelecido pelo art. 195 CF/88 e destinado à seguridade social. Também denominada de contribuição sindical, poderá ser executada de oficio pela justiça do trabalho quando relativas ao objeto da condenação constante das sentenças que proferir e dos acordos que homologar (art. 876, parágrafo único, da CLT c/c Art. 114, VIII, CF e Súmula vinculante 53 do STF.

BASE LEGAL:

CLT, Art. 876. Parágrafo único. as contribuições sociais previstas na alínea a do inciso I e no inciso II do *caput* do art. 195 da Constituição Federal, e seus acréscimos legais, relativas ao objeto da condenação constante das sentenças que proferir e dos acordos que homologar. (Redação dada pela Lei nº 13.467, de 2017)

44 DELGADO, 2019, p. 686.

CF, Art. 114. Compete à Justiça do Trabalho processar e julgar: VIII a execução, de ofício, das contribuições sociais previstas no art. 195, I, a , e II, e seus acréscimos legais, decorrentes das sentenças que proferir;
Súmula Vinculante 53 A competência da Justiça do Trabalho prevista no art. 114, VIII, da Constituição Federal alcança a execução de ofício das contribuições previdenciárias relativas ao objeto da condenação constante das sentenças que proferir e acordos por ela homologados.

CONTRIBUIÇÃO SINDICAL. *Dir. Trab.*

É a receita ou fonte de custeio das entidades sindicais. Até o advento da Reforma Trabalhista (Lei 13.467/17) a contribuição sindical era obrigatória, ocasião em que passou a ser facultativa. Conforme explica Maurício Godinho Delgado, "Com a Lei n. 13.467, vigorante desde 11.11.2017, a contribuição sindical obrigatória foi convolada em contribuição sindical voluntária, passível de desconto apenas mediante expressa e prévia autorização dos participantes das categoriais econômicas e profissionais (novas redações conferidas aos arts. 545, *caput*, 578, 579, 582, *caput*, 583, *caput*, 587 e 602, *caput*, CLT; além disso, foram revogados os arts. 601 e 604 da CLT).[45]

BASE LEGAL:

CLT, Art. 545. Os empregadores ficam obrigados a descontar da folha de pagamento dos seus empregados, desde que por eles devidamente autorizados, as contribuições devidas ao sindicato, quando por este notificados.
Art. 579. O desconto da contribuição sindical está condicionado à autorização prévia e expressa dos que participarem de uma determinada categoria econômica ou profissional, ou de uma profissão liberal, em favor do sindicato representativo da mesma categoria ou profissão ou, inexistindo este, na conformidade do disposto no art. 591 desta Consolidação.

CONTROLE DE PONTO. *Dir. Trab.*

É o local onde será anotado o horário de trabalho. Nos termos do art. 74 da CLT o horário de trabalho será anotado em registro de empregados. Para os estabelecimentos com mais de 20 (vinte) trabalhadores será obrigatória a anotação da hora de entrada e de saída, podendo ser em registro manual, mecânico ou eletrônico, conforme instruções da autoridade competente. Conforme §§ 2º e 4º do art. 74 da CLT são permitidas a pré-assinalação do período de repouso e a utilização de re-

45 DELGADO, 2019, p. 1609.

gistro de ponto por exceção à jornada regular de trabalho, esta última, mediante acordo individual escrito, convenção coletiva ou acordo coletivo de trabalho. A CLT prevendo possíveis variações de horário, traz uma tolerância de 5 (cinco) minutos na entrada e/ou na saída, com limite máximo de 10 (dez) minutos diários, que não será descontada nem computada como jornada extraordinária. Ademais, a CLT traz empregados que são excluídos do controle de jornada, quais sejam:

a) os empregados que exercem atividade externa incompatível com a fixação da jornada;

b) os empregados que exercem função de confiança e recebem gratificação de função de pelo menos 40% do salário efetivo e c)os empregados em regime de teletrabalho (art. 62).

BASE LEGAL:

CLT, Art. 62. Não são abrangidos pelo regime previsto neste capítulo:
I – os empregados que exercem atividade externa incompatível com a fixação de horário de trabalho, devendo tal condição ser anotada na Carteira de Trabalho e Previdência Social e no registro de empregados;
II – os gerentes, assim considerados os exercentes de cargos de gestão, aos quais se equiparam, para efeito do disposto neste artigo, os diretores e chefes de departamento ou filial;
III – os empregados em regime de teletrabalho.
CLT, Art. 74. O horário de trabalho será anotado em registro de empregados.
§ 1º (Revogado).
§ 2º Para os estabelecimentos com mais de 20 (vinte) trabalhadores será obrigatória a anotação da hora de entrada e de saída, em registro manual, mecânico ou eletrônico, conforme instruções expedidas pela Secretaria Especial de Previdência e Trabalho do Ministério da Economia, permitida a pré-assinalação do período de repouso.
§ 3º Se o trabalho for executado fora do estabelecimento, o horário dos empregados constará do registro manual, mecânico ou eletrônico em seu poder, sem prejuízo do que dispõe o *caput* deste artigo.
§ 4º Fica permitida a utilização de registro de ponto por exceção à jornada regular de trabalho, mediante acordo individual escrito, convenção coletiva ou acordo coletivo de trabalho.

CONVENÇÕES COLETIVAS DE TRABALHO (CCT). *Dir. Trab.*

Amplamente conhecida pela sigla "CCT", é o acordo de caráter normativo, pelo qual dois ou mais sindicatos representativos de categorias econômicas e profissionais estipulam condições coletivas de trabalho aplicáveis, no âmbito das respectivas representações, às relações individuais de trabalho. Ao lado dos acordos coletivos de trabalho (ACT), a CCT consubstancia instrumento de negociação coletiva pelo qual soluciona os conflitos coletivos trabalhistas de forma autônoma. Encontra previsão nos arts. 611 a 625 da CLT e deve ser celebrados por escrito, sem emendas nem rasuras, em tantas vias quantos forem os sindicatos convenentes, além de uma destinada ao registro. No exame da convenção coletiva ou do acordo coletivo de trabalho, a Justiça do Trabalho analisará exclusivamente a conformidade dos elementos essenciais do negócio jurídico, respeitado o disposto no art. 104 da Lei no 10.406, de 10 de janeiro de 2002 (Código Civil), e balizará sua atuação pelo princípio da intervenção mínima na autonomia da vontade coletiva. A partir da Reforma Trabalhista (Lei 13.467/17) as convenções e acordos coletivos de trabalho terão prevalência sobre a lei em algumas situações (art. 611-A), o que a doutrina denomina "Princípio do Negociado sobre o legislado".

BASE LEGAL:

CLT, Art. 611. Convenção Coletiva de Trabalho é o acordo de caráter normativo, pelo qual dois ou mais Sindicatos representativos de categorias econômicas e profissionais estipulam condições de trabalho aplicáveis, no âmbito das respectivas representações, às relações individuais de trabalho.
§ 1° É facultado aos Sindicatos representativos de categorias profissionais celebrar Acordos Coletivos com uma ou mais empresas da correspondente categoria econômica, que estipulem condições de trabalho, aplicáveis no âmbito da empresa ou das acordantes respectivas relações de trabalho
§ 2° As Federações e, na falta desta, as Confederações representativas de categorias econômicas ou profissionais poderão celebrar convenções coletivas de trabalho para reger as relações das categorias a elas vinculadas, inorganizadas em Sindicatos, no âmbito de suas representações.
Art. 611-A. A convenção coletiva e o acordo coletivo de trabalho têm prevalência sobre a lei quando, entre outros, dispuserem sobre:
I – pacto quanto à jornada de trabalho, observados os limites constitucionais;
II – banco de horas anual;
III – intervalo intrajornada, respeitado o limite mínimo de trinta minutos para jornadas superior a seis horas;
IV – adesão ao Programa Seguro-Emprego (PSE), de que trata a Lei no 13.189, de 19 de novembro de 2015;
V – plano de cargos, salários e funções compatíveis com a condição pessoal do empregado, bem como identificação dos cargos que se enquadram como funções de confiança;
VI – regulamento empresarial;
VII – representante dos trabalhadores no local de trabalho;
VIII – teletrabalho, regime de sobreaviso, e trabalho intermitente;

IX – remuneração por produtividade, incluídas as gorjetas percebidas pelo empregado, e remuneração por desempenho individual;
X – modalidade de registro de jornada de trabalho;
XI – troca do dia de feriado;
XII – enquadramento do grau de insalubridade;
XIII – prorrogação de jornada em ambientes insalubres, sem licença prévia das autoridades competentes do Ministério do Trabalho;
XIV – prêmios de incentivo em bens ou serviços, eventualmente concedidos em programas de incentivo;
XV – participação nos lucros ou resultados da empresa.

CONVÊNIO MÉDICO. *Dir. Trab.*

É o plano assistencial de saúde ofertado em razão do vínculo empregatício. A jurisprudência trabalhista tem considerado subsistente a obrigação empresarial de manter plano de saúde ofertado aos empregados durante o contrato de trabalho, nos casos em que a licença previdenciária estende-se no tempo, convertendo-se na chamada aposentadoria por invalidez, uma vez que esta não extingue o contrato de trabalho, mantendo-o apenas suspenso (art. 471, CLT; art. 47, II, Lei n. 8.213/1991; Súmula 440 do TST).

BASE LEGAL:

CLT, Art. 471. Ao empregado afastado do emprego, são asseguradas, por ocasião de sua volta, todas as vantagens que, em sua ausência, tenham sido atribuídas à categoria a que pertencia na empresa.
Súmula nº 440 do TST AUXÍLIO-DOENÇA ACIDENTÁRIO. APOSENTADORIA POR INVALIDEZ. SUSPENSÃO DO CONTRATO DE TRABALHO. RECONHECIMENTO DO DIREITO À MANUTENÇÃO DE PLANO DE SAÚDE OU DE ASSISTÊNCIA MÉDICA.
Assegura-se o direito à manutenção de plano de saúde ou de assistência médica oferecido pela empresa ao empregado, não obstante suspenso o contrato de trabalho em virtude de auxílio-doença acidentário ou de aposentadoria por invalidez.

COOPERATIVA. *Dir. Trab.*

É a sociedade constituída por trabalhadores para o exercício de suas atividades laborativas ou profissionais com proveito comum, autonomia e autogestão para obterem melhor qualificação, renda, situação socioeconômica e condições gerais de trabalho. Entra previsão no art. 442, parágrafo único CLT e Leis 5.764/1971 e Lei 12.690/2012. Para a licitude da sociedade cooperativa é necessária a observância de dois princípios:

1. Princípio da dupla qualidade, isto é, o filiado deve ser, ao mesmo tempo, cooperado e beneficiário da atividade presta pela cooperativa;

2. Princípio da Restrição Pessoal Diferenciada, ou seja, a reunião em cooperativa deve possibilitar que o associado receba uma retribuição pessoal superior àquela que receberia caso não fosse associado. Pela literalidade do parágrafo único do art. 442 da CLT qualquer que seja o ramo de atividade da sociedade cooperativa, não existe vínculo empregatício entre ela e seus associados, nem entre estes e os tomadores de serviços daquela. Porém, em razão do princípio da primazia da realidade sobre a forma, caso presentes os pressupostos fáticos jurídicos da relação de emprego na situação concreta (art. 2º e 3º, CLT) será reconhecido o vínculo empregatício, porquanto são nulos de pleno direito os atos praticados com o objetivo de desvirtuar, impedir ou frustrar a aplicação dos dispositivos celetistas (art. 9º, CLT).

BASE LEGAL:

Lei 12.690/12, Art. 2º. Considera-se Cooperativa de Trabalho a sociedade constituída por trabalhadores para o exercício de suas atividades laborativas ou profissionais com proveito comum, autonomia e autogestão para obterem melhor qualificação, renda, situação socioeconômica e condições gerais de trabalho.

CLT, Art. 442. Contrato individual de trabalho é o acordo tácito ou expresso, correspondente à relação de emprego. Parágrafo único – Qualquer que seja o ramo de atividade da sociedade cooperativa, não existe vínculo empregatício entre ela e seus associados, nem entre estes e os tomadores de serviços daquela.

CORREÇÃO MONETÁRIA. *Dir. Proc. Trab.*

Também denominada de atualização monetária, trata-se da recomposição do valor do capital que faz frente à inflação e à sua defasagem em razão do decurso do tempo. Conforme à doutrina,[46] a correção monetária é o efeito automático, inerente à preservação do valor real dos créditos resultantes da condenação e tem por escopo manter o crédito trabalhista atualizado. Não se confunde com os juros moratórios, que constituem indenização a ser paga pelo atraso no cumprimento da obrigação, sendo, pois, uma forma de composição das perdas e danos. Encontra previsão no art. 39 da Lei 8.177/91 e súmulas 200, 211, 304 e 381 do TST. Com a reforma trabalhista (Lei 13.467/17) a CLT passou a prevê a atualiza-

46 DELGADO, 2017, p. 969.

ção dos créditos decorrentes de condenação judicial será feita pela Taxa Referencial (TR), divulgada pelo Banco Central do Brasil (art. 879, §7º), o que recebe inúmeras críticas doutrinárias e debates judiciais.

BASE LEGAL:

CLT, Art. 879, §7º. § 7º. A atualização dos créditos decorrentes de condenação judicial será feita pela Taxa Referencial (TR), divulgada pelo Banco Central do Brasil, conforme a Lei no 8.177, de 1o de março de 1991.
Súmula nº 200 do TST JUROS DE MORA. INCIDÊNCIA Os juros de mora incidem sobre a importância da condenação já corrigida monetariamente.
Súmula nº 211 do TST JUROS DE MORA E CORREÇÃO MONETÁRIA. INDEPENDÊNCIA DO PEDIDO INICIAL E DO TÍTULO EXECUTIVO JUDICIAL Os juros de mora e a correção monetária incluem-se na liquidação, ainda que omisso o pedido inicial ou a condenação.
Súmula nº 304 do TST CORREÇÃO MONETÁRIA. EMPRESAS EM LIQUIDAÇÃO. ART. 46 DO ADCT Os débitos trabalhistas das entidades submetidas aos regimes de intervenção ou liquidação extrajudicial estão sujeitos a correção monetária desde o respectivo vencimento até seu efetivo pagamento, sem interrupção ou suspensão, não incidindo, entretanto, sobre tais débitos, juros de mora.
Súmula nº 381 do TST CORREÇÃO MONETÁRIA. SALÁRIO. ART. 459 DA CLT O pagamento dos salários até o 5º dia útil do mês subsequente ao vencido não está sujeito à correção monetária. Se essa data limite for ultrapassada, incidirá o índice da correção monetária do mês subsequente ao da prestação dos serviços, a partir do dia 1º

COSTUMES. *Dir. Trab.*

Consiste na incorporação ao regramento normativo positivado de reiterado hábito (*regra*) social. Trata em si, do uso reiterado daquilo que se habitou como sendo costumeiro a positivar determinado ato social. Sérgio Pinto Martins,[47] a exemplificar a incorporação dos costumes ao direito do trabalho, recorda que a Gratificação Natalina, antes paga espontaneamente pelo empregador, em razão da habitualidade de seu pagamento, passou a ser reivindicada pelos trabalhadores a integrar o ordenamento jurídico positivado (Art. 458, CLT).

CRÉDITO TRABALHISTA. *Dir. Trab.*

Consiste no direito adquirido decorrente da relação de trabalho, oriundo de acontecimentos previsíveis ou não que, ensejam na criação de direito creditício em benefício do empregado. Os créditos trabalhistas

47 Martins, 2015.

são dotados de natureza alimentar e preferencial. Não se há na doutrina uniformidade acerca da classificação e conceito taxativo das parcelas que integram o denominado crédito trabalhista, considerando para tanto, ser este composto pelas variadas parcelas de natureza salarial, indenizatória e ainda, as fornecidas por liberalidade do empregador ou terceiro, desde que a título de natureza remuneratória.

BASE LEGAL:
Orientação Jurisprudencial n. 226/SDI-1. CRÉDITO TRABALHISTA. CÉDULA DE CRÉDITO RURAL. CÉDULA DE CRÉDITO INDUSTRIAL. PENHORABILIDADE. Diferentemente da cédula de crédito industrial garantida por alienação fiduciária, na cédula rural pignoratícia ou hipotecária o bem permanece sob o domínio do devedor (executado), não constituindo óbice à penhora na esfera trabalhista. (Decreto-Lei nº 167/67, art. 69; CLT, arts. 10 e 30 e Lei nº 6.830/80).

CRIMES CONTRA AS RELAÇÕES DE TRABALHO. *Dir. Pen.*

São considerados crimes contra a organização do trabalho, aqueles que violam entidades representativas de classe e decorrem da prática de atos ilícitos em função do exercício da profissão, mediante violência, grave ameaça ou fraude, previstos para tanto nos arts. 197 a 207, do Código Penal. Os crimes contra as organizações do trabalho, implicam em violação direta ou indireta, a direito individual ou a coletividade, sempre no exercício de atividade lícita, em razão do exercício de função, trabalho ou atividade econômica, pelo qual a conduta punível é do agente que, de forma dolosa, adota conduta múltipla, com finalidade de impedir ou violar, direitos e garantias inerentes as relações de trabalho, protegidas por lei.

CULPA RECÍPROCA. *Dir. Trab.*

A rescisão do contrato de trabalho pode ter origem em falta praticada pelo empregado e/ou pelo empregador. Neste contexto, o art. 482, da CLT estabelece o rol de faltas a serem praticadas pelo empregado, conquanto, o art. 483, da CLT, traz o rol de faltas a serem praticadas pelo empregador. Reconhecida a culpa recíproca na rescisão do contrato de trabalho, na forma do art. 484, da CLT, o empregado fará jus ao percebimento da indenização que seria devida em caso de culpa exclusiva do empregador, pela metade. Isto é, perceberá o empregado 50% do valor do aviso prévio; do décimo terceiro salário e das férias proporcionais.

BASE LEGAL:

CLT, Art. 484. Havendo culpa recíproca no ato que determinou a rescisão do contrato de trabalho, o tribunal de trabalho reduzirá a indenização à que seria devida em caso de culpa exclusiva do empregador, por metade.
Súmula 14 TST. CULPA RECÍPROCA. Reconhecida a culpa recíproca na rescisão do contrato de trabalho (art. 484 da CLT), o empregado tem direito a 50% (cinquenta por cento) do valor do aviso prévio, do décimo terceiro salário e das férias proporcionais.

CUSTAS E EMOLUMENTOS. *Dir. Proc. Trab.*

As custas abrangem as despesas de um processo, no processo de conhecimento as custas são fixadas com base no artigo 789 da CLT, o qual determina que serão devidas ao final do processo no importe de 2% (dois por cento) sobre o valor da condenação quando a ação for totalmente procedente, ou tiver a procedência em parte, já a responsabilidade pela quitação é do reclamado. Em caso de acordo o valor será fixado sobre o valor deste e serão divididas em percentual iguais para ambas as partes, se porventura o obreiro foi beneficiário de justiça gratuita, será isento. Já se por um lapso houver arquivamento do processo, o responsável neste caso para recolhimento das custas é o reclamante, ou em caso de desistência o percentual acima indicado será calculado com base no valor concedido à causa, e a responsabilidade para recolhimento das custas é da parte que abandonou. No caso de dissídios coletivos, *as partes vencidas responderão solidariamente pelo pagamento das custas, calculadas sobre o valor arbitrado na decisão, ou pelo Presidente do Tribunal.* No processo de execução são devidas custas, sempre de responsabilidade do executado e pagas ao final (art. 789-A, CLT). Além dos beneficiários da justiça gratuita, há isenção de custas para a *União, Estados, Distrito Federal, Municípios e respectivas autarquias e fundações públicas federais, estaduais ou municipais que não explorem atividade econômica e, o Ministério Público do Trabalho. Com ressalva que a isenção prevista neste artigo não alcança as entidades fiscalizadoras do exercício profissional, nem exime as pessoas jurídicas referidas no inciso I da obrigação de reembolsar as despesas judiciais realizadas pela parte vencedora*, nos moldes do artigo 790-A, da CLT. Sobre o tema há incidência das Súmulas 25, 36, 86, ambas do TST, as quais disciplinam a questão da inversão do ônus da sucumbência, no caso de ações plúrimas, deserção e massa falida. Em referência aos emolumentos, os quais tem natureza de taxa remuneratória, encontra-se previsão no artigo 789-B da CLT, são suportados pelo Requerente nas proporções indicada no dispositivo.

BASE LEGAL:

Artigo 789, 789-A, 789-B, 790-A, da CLT.

Súmula nº 25 do TST

CUSTAS PROCESSUAIS. INVERSÃO DO ÔNUS DA SUCUMBÊNCIA. (alterada a Súmula e incorporadas as Orientações Jurisprudenciais nºs 104 e 186 da SBDI-1) – Res. 197/2015 – DEJT divulgado em 14, 15 e 18.05.2015

I – A parte vencedora na primeira instância, se vencida na segunda, está obrigada, independentemente de intimação, a pagar as custas fixadas na sentença originária, das quais ficara isenta a parte então vencida; II – No caso de inversão do ônus da sucumbência em segundo grau, sem acréscimo ou atualização do valor das custas e se estas já foram devidamente recolhidas, descabe um novo pagamento pela parte vencida, ao recorrer. Deverá ao final, se sucumbente, reembolsar a quantia; (ex-OJ nº 186 da SBDI-I) III – Não caracteriza deserção a hipótese em que, acrescido o valor da condenação, não houve fixação ou cálculo do valor devido a título de custas e tampouco intimação da parte para o preparo do recurso, devendo ser as custas pagas ao final; (ex-OJ nº 104 da SBDI-I) IV – O reembolso das custas à parte vencedora faz-se necessário mesmo na hipótese em que a parte vencida for pessoa isenta do seu pagamento, nos termos do art. 790-A, parágrafo único, da CLT.

Súmula nº 36 do TST

CUSTAS (mantida) – Res. 121/2003, DJ 19, 20 e 21.11.2003

Nas ações plúrimas, as custas incidem sobre o respectivo valor global.

Súmula nº 86 do TST

DESERÇÃO. MASSA FALIDA. EMPRESA EM LIQUIDAÇÃO EXTRAJUDICIAL (incorporada a Orientação Jurisprudencial nº 31 da SBDI-1) – Res. 129/2005, DJ 20, 22 e 25.04.2005

Não ocorre deserção de recurso da massa falida por falta de pagamento de custas ou de depósito do valor da condenação. Esse privilégio, todavia, não se aplica à empresa em liquidação extrajudicial. (primeira parte – ex-Súmula nº 86 – RA 69/78, DJ 26.09.1978; segunda parte – ex-OJ nº 31 da SBDI-1 – inserida em 14.03.1994)

D

DANO CAUSADO POR EMPREGADO. *Dir. Trab.*

A lei protege o trabalhador contra descontos arbitrários no salário por parte do empregador, princípio da intangibilidade e irredutibilidade salarial. Todavia, há casos específicos que por conta de conduta dolosa do empregado, o empregador está autorizado a realizar descontos pelos danos causados pelo empregado em seu salário, em duas hipóteses, conforme dispõe o parágrafo primeiro do artigo 462 da CLT, são elas: a primeira, é no caso de haver autorização no contrato de trabalho para descontos; a segunda, é pela prática de ato doloso por parte do empregado, não havendo necessidade de previsão específica no contrato de trabalho, como exemplo de possíveis descontos, tem-se a OJ N.251 da SDI-1 do TST, e súmula 342, do TST.

BASE LEGAL: Artigo 7º, inciso VI, da CF/88; Artigo 462 da CLT; Súmula 342 do TST; OJ N.251 da SDI-1 do TST;

OJ 251 da SDI-I do TST. DESCONTOS. FRENTISTA. CHEQUES SEM FUNDOS. É lícito o desconto salarial referente à devolução de cheques sem fundos, quando o frentista não observar as recomendações previstas em instrumento coletivo.

Súmula nº 342 do TST. DESCONTOS SALARIAIS. ART. 462 DA CLT. Descontos salariais efetuados pelo empregador, com a autorização prévia e por escrito do empregado, para ser integrado em planos de assistência odontológica, médico-hospitalar, de seguro, de previdência privada, ou de entidade cooperativa, cultural ou recreativo-associativa de seus trabalhadores, em seu benefício e de seus dependentes, não afrontam o disposto no art. 462 da CLT, salvo se ficar demonstrada a existência de coação ou de outro defeito que vicie o ato jurídico.

DANO ESTÉTICO. *Dir. Civ.*

É o dano sofrido pelo obreiro em alguma parte de seu corpo, causando profundo impacto em sua imagem, enfeiamento, perda de um membro, o qual não se é possível reparação através de cirurgia plástica ou afins, causando profundo abalo psicológico ao empregado, é de impossível reparação. A jurisprudência majoritária, entende que é possível a cumulação dos pedidos de dano estético, moral, e material, pois ambos são autônomos, devendo os Magistrados agirem com equidade, sensatez e ponderação no momento de fixação da quantia reparatória.

BASE LEGAL:

Súmulas 37 e 387 ambas do STJ; Artigo 114, VI, CF; Súmula Vinculante 22 do STF; Súmula 392 do TST; Artigos 223-A a 223-G ambos da CLT.

Súmula 347 STJ: SÃO CUMULAVEIS AS INDENIZAÇÕES POR DANO MATERIAL E DANO MORAL ORIUNDOS DO MESMO FATO.

Súmula 387 STJ: É lícita a cumulação das indenizações de dano estético e dano moral.

Art. 114. Compete à Justiça do Trabalho processar e julgar: [...]

VI As ações de indenização por dano moral ou patrimonial, decorrentes da relação de trabalho; [...].

SÚMULA VINCULANTE 22 STF: A Justiça do Trabalho é competente para processar e julgar as ações de indenização por danos morais e patrimoniais decorrentes de acidente de trabalho propostas por empregado contra empregador, inclusive aquelas que ainda não possuíam sentença de mérito em primeiro grau quando da promulgação da Emenda Constitucional nº 45/04.

Súmula nº 392 do TST. DANO MORAL E MATERIAL. RELAÇÃO DE TRABALHO. COMPETÊNCIA DA JUSTIÇA DO TRABALHO. Nos termos do art. 114, inc. VI, da Constituição da República, a Justiça do Trabalho é competente para processar e julgar ações de indenização por dano moral e material, decorrentes da relação de trabalho, inclusive as oriundas de acidente de trabalho e doenças a ele equiparadas, ainda que propostas pelos dependentes ou sucessores do trabalhador falecido.

DANO MATERIAL. *Dir. Civ.*

É um prejuízo econômico e patrimonial sofrido pelo obreiro pela perda da sua capacidade produtiva, pode ser fruto de uma doença ocupacional que cause incapacidade laborativa decorrente de acidente de trabalho, ou doença ocupacional, por exemplo, oriundas de esforços repetitivos. Estas lesões acidentárias causam normalmente perda demasiada no patrimônio do obreiro, podem ser temporárias ou permanentes, e isto gera direito a indenização pelo dano material sofrido, cuja a essência é o caráter alimentar garantido ao empregado. Há casos que esta indenização precisa ser fixada permanentemente e levará em conta a expectativa de vida do obreiro, pois o trabalhador perdeu toda a capacidade laborativa por conta da lesão. Segundo a doutrina e jurisprudência, deve-se levar em consideração a aplicação do disposto nos artigos 402, 949, 950 ambos do Código Civil os quais preveem as indenizações por *lucro cessante – aquilo que deixou ou deixará de ganhar; dano emergente – aquilo que perdeu, exemplo despesas médicas.*[48] A indenização pelos danos materiais ocasionados poderá ser cumulada com as indenizações pelo dano moral e dano estético, tratados no capítulo pertinente.

BASE LEGAL:
CC, Art. 402. Salvo as exceções expressamente previstas em lei, as perdas e danos devidas ao credor abrangem, além do que ele efetivamente perdeu, o que razoavelmente deixou de lucrar.
CC, Art. 494. Se a coisa for expedida para lugar diverso, por ordem do comprador, por sua conta correrão os riscos, uma vez entregue a quem haja de transportá-la, salvo se das instruções dele se afastar o vendedor.
CC, Art. 950. Se da ofensa resultar defeito pelo qual o ofendido não possa exercer o seu ofício ou profissão, ou se lhe diminua a capacidade de trabalho, a indenização, além das despesas do tratamento e lucros cessantes até ao fim da convalescença, incluirá pensão correspondente à importância do trabalho para que se inabilitou, ou da depreciação que ele sofreu. Parágrafo único. O prejudicado, se preferir, poderá exigir que a indenização seja arbitrada e paga de uma só vez.

DANO EXTRAPATRIMONIAL. *Dir. Civ.*

Temos que a Responsabilidade Civil, divide "dano" em patrimonial (ou material) e extrapatrimonial (ou imaterial, ou ainda moral para alguns). Enquanto o dano material possui possibilidade física de comprovaçao, o dano extrapatrimonial atinge características intrínsecas ao indivíduo, insubstituíveis e, por tanto, apenas indenizáveis (não se trata de perder patrimônio e depois recuperá-lo, mas sim de ser ressarcido pela violação de suas individualidades).[49] A etimologia da palavra extrapatrimonial, significa: *Extra,* originário do latim com sentido de fora de, para fora de, quando utilizado como prefixo, aponta para aquilo que está além, que não pode ser incluso em determinado grupo. *Patrimonial*, por sua vez, é relativo a bem ou conjunto de bens, materiais ou naturais, reconhecidos por sua importância cultural. Com isso, percebe-se que dano extrapatrimonial abrange tudo aquilo que não pode ser considerado patrimônio, aquilo que está além do material, do físico, mas que mesmo assim integra determinada esfera de direitos (que, conforme o raciocínio firmado no Enunciado nº 456 da

48 Delgado, 2020, p. 757

49 TARTUCE, 2017.

V Jornada de Direito Civil, pode ser tanto de direitos individuais quanto de direitos coletivos). Dentro dos danos extrapatrimoniais estão os danos morais (direito e indireto; relativos ao momento, a um sofrimento passageiro sofrido pela vítima), os danos existenciais (danos que deixam sequelas na existência do indivíduo, prejudicando suas relações sociais e suas projeções futuras) e os danos estéticos (ligados a aparência do indivíduo, que, quando afetada, interfere no modo como este se vê perante a sociedade), assédio sexual (conduta não desejada, pela pessoa, ofendida, em regra reiterada, violando a liberdade sexual), assédio moral (toda e qualquer conduta reiterada e abusiva, manifestando-se por comportamentos, palavras, atos, gestos ou escritos que possam trazer danos à personalidade, à dignidade ou à integridade física e psíquica de uma pessoa, pondo em perigo o seu emprego ou degradando o ambiente de trabalho. Sendo moral interpessoal, institucional, vertical – ascendente e descendente –, horizontal, perda de uma chance, trabalho a condição análoga a escravo e tráfico de pessoas (coação moral, coação psicológica, coação física). Nas relações de trabalho sempre tivemos dano extrapatrimonial, mas antes eram julgados pela justiça comum. Então, passaram a ser julgados pela justiça trabalhista com a utilização de dispositivos do direito comum. Portanto, os valores das indenizações de danos patrimoniais e das reparações pode danos de natureza extrapatrimonial devem ser discriminadas na decisão judicial. A composição das perdas e danos, assim compreendidas os lucros cessantes e os danos emergentes, não interfere na avaliação dos danos extrapatrimoniais, de modo ocorrendo dano de natureza patrimonial ou extrapatrimonial, presente o nexo causal, o dolo ou a culpa (exceto responsabilidade objetiva), surge o dever de indenizar.

BASE LEGAL:

Art. 223-A a 223-G da CLT

Art. 1.0, III e IV, da CF: A República Federativa do Brasil, formada pela união indissolúvel dos Estados e Municípios e do Distrito Federal, constitui-se em Estado Democrático de Direito e tem como fundamentos:

[...]

III – a dignidade da pessoa humana;

IV – os valores sociais do trabalho e da livre iniciativa.

Art. 5.°, X e XII: Todos são iguais perante a lei, sem distinção de qualquer natureza, garantindo-se aos brasileiros e aos estrangeiros residentes no País a inviolabilidade do direito à vida, à liberdade, à igualdade, à segurança e à propriedade, nos termos seguintes:

[...]

X – são invioláveis a intimidade, a vida privada, a honra e a imagem das pessoas, assegurado o direito a indenização pelo dano material ou moral decorrente de sua violação;

[...]

XII – e inviolável o sigilo da correspondência e das comunicações telegráficas, de dados e das comunicações telefônicas, salvo, no último caso, por ordem judicial, nas hipóteses e na forma que a lei estabelecer para fins de investigação criminal ou instrução processual penal.

Art. 186, do CC: Aquele que, por ação ou omissão voluntária, negligência ou imprudência, violar direito e causar dano a outrem, ainda que exclusivamente moral, comete ato ilícito.

Art. 187, do CC: Também comete ato ilícito o titular de um direito que, ao exercê-lo, excede manifestamente os limites impostos pelo seu fim econômico ou social, pela boa-fé ou pelos bons costumes.

Súmula 392/TST: Dano moral e material. Relação de trabalho. Competência da justiça do Trabalho. Nos termos do art. 114, inc. VI, da Constituição da República, a justiça do Trabalho é competente para processar e julgar ações de indenização por dano moral e material, decorrentes da relação de trabalho, inclusive as oriundas de acidente de trabalho e doenças a ele equiparadas, ainda que propostas pelos dependentes ou sucessores do trabalhador falecido.

Súmula 439/TST: Danos morais. Juros de mora e atualização monetária. Termo inicial. Nas condenações por dano moral, a atualização monetária é devida a partir da data da decisão de arbitramento ou de alteração do valor. Os juros incidem desde o ajuizamento da ação, nos termos do art. 883 da CLT.

Súmula Vinculante n. 22. A justiça do Trabalho é competente para processar e julgar as ações de indenização por danos morais e patrimoniais decorrentes de acidente de trabalho propostas por empregado contra empregador, inclusive aquelas que ainda não possuíam sentença de mérito em primeiro grau quando da promulgação da Emenda Constitucional n.45/04.

DANO PROCESSUAL.

Com fincas nos princípios da boa-fé e lealdade processual (art. 79 a 81, NCPC), a multa por litigância de má-fé, se impõe àquele (reclamante, reclamado, interveniente, serventuários da justiça) que aturar dolosamente no processo, incorrendo na afronta direta à legislação ou aos fatos incontroversos, adulteração da verdade dos fatos, uso do processo para fins escusos, resistência injustificada à marcha processual, atos temerários e recursos protelatórios (art. 793-A, B, C e D, da CLT).

BASE LEGAL:

CLT, Art. 793-A. Responde por perdas e danos aquele que litigar de má-fé como reclamante, reclamado ou interveniente.

CLT, Art. 793-B. Considera-se litigante de má-fé aquele que:

I – deduzir pretensão ou defesa contra texto expresso de lei ou fato incontroverso;
II – alterar a verdade dos fatos;
III – usar do processo para conseguir objetivo ilegal;
IV – opuser resistência injustificada ao andamento do processo;
V – proceder de modo temerário em qualquer incidente ou ato do processo;
VI – provocar incidente manifestamente infundado;
VII – interpuser recurso com intuito manifestamente protelatório.
CLT, Art. 793-C. De ofício ou a requerimento, o juízo condenará o litigante de má-fé a pagar multa, que deverá ser superior a 1% (um por cento) e inferior a 10% (dez por cento) do valor corrigido da causa, a indenizar a parte contrária pelos prejuízos que esta sofreu e a arcar com os honorários advocatícios e com todas as despesas que efetuou.
§ 1º Quando forem dois ou mais os litigantes de má-fé, o juízo condenará cada um na proporção de seu respectivo interesse na causa ou solidariamente aqueles que se coligaram para lesar a parte contrária.
§ 2º Quando o valor da causa for irrisório ou inestimável, a multa poderá ser fixada em até duas vezes o limite máximo dos benefícios do Regime Geral de Previdência Social.
§ 3º O valor da indenização será fixado pelo juízo ou, caso não seja possível mensurá-lo, liquidado por arbitramento ou pelo procedimento comum, nos próprios autos.
CLT, Art. 793-D. Aplica-se a multa prevista no art. 793-C desta Consolidação à testemunha que intencionalmente alterar a verdade dos fatos ou omitir fatos essenciais ao julgamento da causa.
Parágrafo único: A execução da multa prevista neste artigo dar-se-á nos mesmos autos.

DATILOGRAFIA (DIGITADOR). *Dir. Trab.*

Organiza a rotina de serviços e realizam entrada e transmissão de dados, operando impressoras e microcomputadores; registram e transcrevem informações, operando máquinas de escrever; atendem necessidades do cliente interno e externo. Supervisiona trabalho e equipe, negociam serviço com clientes. Há previsão expressa de que o serviço de mecanografia (datilografia, digitador, escrituração e cálculo), terão um intervalo, inserido na jornada com efeito de interrupção, de 10 (dez) minutos, a cada período de 90 (noventa) minutos trabalhados (art. 72, da CLT, Súmula 346, do TST). A hermenêutica autoriza a possibilidade de adaptação as normas celetistas às novas condições sociais, por um processo de analogia ou interpretação extensiva, inclui os trabalhadores em processamento de dados, analistas de sistemas, programadores e operadores de computadores (M.T.E, portaria 3.251/1985).

BASE LEGAL:

CLT, Art. 72. Nos serviços permanentes de mecanografia (datilografia, escrituração ou cálculo), a cada período de 90 (noventa) minutos de trabalho consecutivo corresponderá um repouso de 10 (dez) minutos não deduzidos da duração normal de trabalho.

Art. 7°, XIII, da CF: São direitos dos trabalhadores urbanos e rurais, além de outros que visem à melhoria de sua condição social:

[...] XIII – duração do trabalho normal não superior a oito horas diárias e quarenta e quatro semanais, facultada a compensação de horários e a redução da jornada, mediante acordo ou convenção coletiva de trabalho.

Art. 298, da CLT: Em cada período de 3 (três) horas consecutivas de trabalho, será obrigatória uma pausa de 15 (quinze) minutos para repouso, a qual será computada na duração normal de trabalho efetivo.

Súmula 118/TST: Jornada de trabalho. Horas extras. Os intervalos concedidos pelo empregador na jornada de trabalho, não previstos em lei, representam tempo à disposição da empresa, remunerados como serviço extraordinário, se acrescidos ao final da jornada.

Súmula 346/TST: Digitador. Intervalos intrajornada. Aplicação analógica do art. 72 da CLT. Os digitadores, por aplicação analógica do art. 72 da CLT, equiparam-se aos trabalhadores nos serviços de mecanografia (datilografia, escrituração ou cálculo), razão pela qual têm direito a intervalos de descanso de 10 (dez) minutos a cada 90 (noventa) de trabalho consecutivo.

DECADÊNCIA. *Dir. Proc. Trab.*

Derivado do latim *cadens*, de *decare*, cair, perecer, cessar. É a perda de um direito potestativo de sujeitar outrem à constituição, desconstituição, modificação ou extinção de uma relação jurídica, pela inércia do titular em exercitá-lo, num determinado prazo, legal ou convencional.[50] Na seara Laboral, temos como, exemplo, o inquérito para apuração de falta grave (rito especial, ação desconstitutiva do contrato de trabalho), segue a suspensão do contrato de trabalho, eis que o legislador estipulou um prazo de 30 dias para decadência do direito (art. 853, da CLT).

DÉCIMO TERCEIRO SALÁRIO. *Dir. Trab.*

É uma gratificação anual, também conhecida como gratificação natalina, com previsão constitucional e legal com valor correspondente

50 BELMONTE, 2004. p. 91.

a um doze avos da remuneração devida em dezembro, multiplicada pelo número de meses trabalhados no ano do pagamento. Na definição do valor a ser pago à título de décimo terceiro salário, a fração igual ou superior a quinze dias de trabalho será considerada como um mês integral. Importa destacar que o pagamento desta gratificação deve se dar em dois momentos: a primeira parcela deve ser paga entre fevereiro e novembro, ao passo que a segunda parcela deve ser depositada até o dia 20 de dezembro. Por derradeiro, nas hipóteses de extinção do contrato de trabalho, poderá haver o pagamento do décimo terceiro salário proporcional por conta das verbas rescisórias, excepcionado o caso de resolução do contrato por falta do emprego e ainda o caso de culpa recíproca, na qual o pagamento do décimo terceiro salário proporcional fica reduzido à metade.

BASE LEGAL:

CF, Art. 7º, São direitos dos trabalhadores urbanos e rurais, além de outros que visem à melhoria de sua condição social:
[...] V
III – décimo terceiro salário com base na remuneração integral ou no valor da aposentadoria; [...].
Lei 4.749/1965
Art. 1º – A gratificação salarial instituída pela Lei número 4.090, de 13 de julho de 1962, será paga pelo empregador até o dia 20 de dezembro de cada ano, compensada a importância que, a título de adiantamento, o empregado houver recebido na forma do artigo seguinte.
Parágrafo único. (Vetado).
Art. 2º – Entre os meses de fevereiro e novembro de cada ano, o empregador pagará, como adiantamento da gratificação referida no artigo precedente, de uma só vez, metade do salário recebido pelo respectivo empregado no mês anterior.

DECISÕES INTERLOCUTÓRIAS. *Dir. Proc. Trab.*

São as decisões judiciais que resolvem questões incidentais apresentadas no curso do processo. Portanto, são pronunciamentos judiciais de natureza decisória que não se enquadram na definição de sentença, compreendida esta como a manifestação do magistrado que coloca fim à fase de conhecimento ou extingue a execução, com ou sem resolução do mérito. Especificamente na seara trabalhista, vigora o princípio da irrecorribilidade imediata das decisões interlocutórias, que devem ser combatidas posteriormente, quando da interposição do recurso em face da decisão definitiva ou terminativa que exaure a participação do órgão julgador. Em situações excepcionais, será possível recorrer das decisões interlocutórias de imediato, como na hipótese de acolhimento da exceção de incompetência territorial com remessa do processo para Vara do Trabalho vinculada ao outro Tribunal Regional do Trabalho. Além disso, na hipótese de concessão ou indeferimento de tutela de urgência, é possível se insurgir contra o conteúdo da decisão interlocutória manejando o remédio constitucional do mandado de segurança.

BASE LEGAL:

CPC, Art. 203. Os pronunciamentos do juiz consistirão em sentenças, decisões interlocutórias e despachos.

§ 1º Ressalvadas as disposições expressas dos procedimentos especiais, sentença é o pronunciamento por meio do qual o juiz, com fundamento nos arts. 485 e 487 , põe fim à fase cognitiva do procedimento comum, bem como extingue a execução.

§ 2º Decisão interlocutória é todo pronunciamento judicial de natureza decisória que não se enquadre no § 1º.

[...]

CLT, Art. 893 – Das decisões são admissíveis os seguintes recursos: [...]

§ 1º – Os incidentes do processo são resolvidos pelo próprio Juízo ou Tribunal, admitindo-se a apreciação do merecimento das decisoes interlocutórias somente em recursos da decisão definitiva.

DECISÕES MONOCRÁTICAS DE INTEGRANTES DE ÓRGÃOS COLEGIADOS. *Dir. Proc. Trab.*

São as decisões proferidas por Desembargadores dos Tribunais Regionais do Trabalho ou Ministros do Tribunal Superior do Trabalho, na condição de integrantes de órgãos colegiados. A título exemplificativo, o Tribunal Superior do Trabalho é dividido em diversos órgãos colegiados:

a) Tribunal Pleno;

b) Órgão Especial;

c) Seções de Dissídios Coletivos e Seções de Dissídios Individuais (que se subdivide em duas subseções)

d) Turmas.

Posto isso, quando um processo tramita em órgãos colegiados, é sorteado um Desembargador ou Ministro para a relatoria e este pode proferir decisões monocráticas, ou seja, pode decidir sozinho algumas matérias, como a concessão ou negativa de liminar, ou admissibilidade de recurso. As decisões monocráticas podem ser objeto de agravo interno ou regimental, levando o tema da decisão singular ao conhecimento do colegiado. Por derradeiro, é importante destacar que o Tribunal Superior do Trabalho julgou inconstitucional o dispositivo celetista que estabelecia como irrecorrível da decisão monocrática do relator que, em agravo de instrumento em recurso de revista, considerava ausente a transcendência da matéria.

BASE LEGAL:

CPC, Art. 1.021. Contra decisão proferida pelo relator caberá agravo interno para o respectivo órgão colegiado, observadas, quanto ao processamento, as regras do regimento interno do tribunal. [...]

OJ-SDI1-412, TST. AGRAVO INTERNO OU AGRAVO REGIMEN-TAL. INTERPOSIÇÃO EM FACE DE DECISÃO COLEGIA-DA. NÃO CABIMENTO. ERRO GROSSEIRO. INAPLICABI-LIDADE DO PRINCÍPIO DA FUNGIBILIDADE RECURSAL. É incabível agravo interno (art. 1.021 do CPC de 2015, art. 557, §1º, do CPC de 1973) ou agravo regimental (art. 235 do RITST) contra decisão proferida por Órgão colegiado. Tais recursos destinam-se, exclusivamente, a impugnar decisão monocrática nas hipóteses previstas. Inaplicável, no caso, o princípio da fungibilidade ante a configuração de erro grosseiro.

CLT, Art.896-A: O Tribunal Superior do Trabalho, no recurso de revista, examinará previamente se a causa oferece transcendência com relação aos reflexos gerais de natureza econômica, política, social ou jurídica.

[...] § 5º. É irrecorrível a decisão monocrática do relator que, em agravo de instrumento em recurso de revista, considerar ausente a transcendência da matéria.

DEDUÇÃO. *Dir. Proc. Trab.*

Se caracteriza quando se verifica que parcela da pretensão apresentada em juízo já foi adimplida por aquele que figura no polo passivo da ação. Poderíamos exemplificar com a hipótese em que o empregado pleiteia horas extras, mas o empregador demonstra que já pagou parcela dos valores devidos à título de horas extras. Em consonância com o princípio que veda o enriquecimento sem causa, a dedução pode ser aplicada de ofício pelo magistrado ou a pedido da parte. Nesse sentido, a dedução pode ser reconhecida em qualquer momento processual, não se limitando à contestação.

BASE LEGAL:

OJ-SDI1-415, TST. HORAS EXTRAS. RECONHECIMENTO EM JUÍ-ZO. CRITÉRIO DE DEDUÇÃO/ABATIMENTO DOS VALO-RES COMPROVADAMENTE PAGOS NO CURSO DO CON-TRATO DE TRABALHO. (DEJT divulgado em 14, 15 e 16.02.2012)

A dedução das horas extras comprovadamente pagas daquelas reconhecidas em juízo não pode ser limitada ao mês de apuração, devendo ser integral e aferida pelo total das horas extraordinárias quitadas durante o período imprescrito do contrato de trabalho.

DEFESAS. *Dir. Proc. Trab.*

É o instrumento processual que o réu dispõe para se resistir à pretensão do autor (reclamante). A Consolidação das Leis do Trabalho prevê apenas duas modalidade de defesa: a contestação (art. 847) e a exceção (art. 799 e seguintes). Entretanto, a reconvenção – uma demanda do réu contra o autor na mesma ação – disciplinada no art. 343 do Código de Processo Civil (CPC) é aplicável subsidiariamente ao processo do trabalho com base no art. 769 da CLT e art. 15 do CPC. A peça de defesa por excelência é a contestação, mas o Reclamado pode não se limitar a defender-se e contra-atacar, por meio da denominada reconvenção. Poderá, ainda, discutir a competência do juízo ou a imparcialidade do juiz. Cada uma dessas formas de resposta provoca consequências específicas. A defesa será apresentada em audiência, tendo o reclamado 20 (vinte) minutos para deduzir sua defesa ou apresentá-la por escrito pelo sistema do processo judicial eletrônico até a data da audiência (artigo 847, *caput*, CLT). Havendo mais de um reclamado, o prazo será comum para a defesa escrita ou, na forma verbal, cada um deles terá 20 (vinte) minutos. As respostas do réu poderão ser apresentadas até a data da audiência inicial, exceto quando houver incompetência territorial, onde o réu terá o prazo de cinco dias a contar da notificação para apresentar a exceção de incompetência territorial, em peça que sinalize sua existência (art. 800, CLT). A contestação, principal, defesa do Reclamado, será aceita junto com os documentos que a acompanham, ainda que ausente o reclamado, desde que seu advogado esteja presente na audiência (art. 844, §5º, CLT). Nela, o Reclamado deverá impugnar especificadamente cada fato afirmado pelo autor na petição inicial (artigo 341 do CPC), alegue toda a matéria na defesa (art. 336, CCP). Poderá apresentar defesas processuais (preliminares), defesas indiretas de mérito – indicando fato extintivo, modificativo ou impeditivo, como a prescrição – e defesa direta de mérito, impugnando frontalmente os pedidos do autor.

BASE LEGAL:

Art. 847 da CLT: Não havendo acordo, o reclamado terá vinte minutos para aduzir sua defesa, após a leitura da reclamação, quando esta não for dis-

pensada por ambas as partes. Parágrafo único: A parte poderá apresentar defesa escrita pelo sistema de processo judicial eletrônico até a audiência.
Art. 5.°, LV e LX, da CF: Todos são iguais perante a lei, sem distinção de qualquer natureza, garantindo-se aos brasileiros e aos estrangeiros residentes no País a inviolabilidade do direito à vida, à liberdade, à igualdade, à segurança e à propriedade, nos termos seguintes:
[...] LV – aos litigantes, em processo judicial ou administrativo, e aos acusados em geral são assegurados o contraditório e ampla defesa, com os meios e recursos a ela inerentes
[...] LX – a lei só poderá restringir a publicidade dos atos processuais quando a defesa da intimidade ou o interesse social o exigirem.
Art. 799 da CLT: Nas causas da jurisdição da Justiça do Trabalho, somente podem ser opostas, com suspensão do feito, as exceções de suspeição ou incompetência. § 1º. As demais exceções serão alegadas como matéria de defesa. § 2.° Das decisões sobre exceções de suspeição e incompetência, salvo, quanto a estas, se terminativas do feito, não caberá recurso, podendo, no entanto, as partes alegá-las novamente no recurso que couber da decisão final.
Art. 336 do CPC: Incumbe ao réu alegar, na contestação, toda a matéria de defesa, expondo as razões de fato e de direito com que impugna o pedido do autor e especificando as provas que pretende produzir.
Art. 338 do CPC: Alegando o réu, na contestação, ser parte ilegítima ou não ser o responsável pelo prejuízo invocado, o juiz facultará ao autor, em 15 (quinze) dias, a alteração da petição inicial para substituição do réu. Parágrafo único. Realizada a substituição, o autor reembolsará as despesas e pagará os honorários ao procurador do réu excluído, que serão fixados entre três e cinco por cento do valor da causa ou, sendo este irrisório, nos termos do art. 85, § 8.°.
Art. 343 do CPC: Na contestação, é lícito ao réu propor reconvenção para manifestar pretensão própria, conexa com a ação principal ou com o fundamento da defesa.
§ 1º Proposta a reconvenção, o autor será intimado, na pessoa de seu advogado, para apresentar resposta no prazo de 15 (quinze) dias.
§ 2° A desistência da ação ou a ocorrência de causa extintiva que impeça c) exame de seu mérito não obsta ao prosseguimento do processo quanto à reconvenção.
§ 3º A reconvenção pode ser proposta contra o autor e terceiro.
§ 4° A reconvenção pode ser proposta pelo réu em litisconsórcio com terceiro.
§ 5º Se o autor for substituto processual, o reconvinte deverá afirmar ser titular de direito em face do substituído, e a reconvenção deverá ser proposta em face do autor, também na qualidade de substituto processual.
§ 6º O réu pode propor reconvenção independentemente de oferecer contestação.
Art. 346 do CPC: Os prazos contra o revel que não tenha patrono nos autos fluirão da data de publicação do ato decisório no órgão oficial. Parágrafo

único. O revel poderá intervir no processo em qualquer fase, recebendo-o no estado em que se encontrar.
Vide arts. 335, 337, 339, 340, 341, 342, 343, 344 e 345 do CPC.
Vide art. 2.° da Lei n. 5.584, de 26-6-1970.

DEFICIÊNCIA. *Dir. Trab.*

A pessoa com deficiência é aquela que tem impedimento de longo prazo de natureza física, mental, intelectual ou sensorial, o qual, em interação com uma ou mais barreiras, pode obstruir sua participação plena e efetiva na sociedade em igualdade de condições com as demais pessoas. A Constituição veda a adoção de discriminação sobre critérios de admissão ou salário do trabalhador com deficiência (art. 7º, XXXI, CF). O empregador deve se certificar que não haja a imposição de restrições ao trabalho ou qual quer tipo de discriminação durante o recrutamento, admissão, exames médicos, inclusive para fins de promoção ou reabilitação profissional. Também, deve garantir um ambiente de trabalho acessível e inclusivo, assegurando e promovendo em condições de igualdade, o exercício dos direitos e das liberdades fundamentais por pessoa com deficiência. Baseando-se nessas premissas, podemos afirmar que o legislador instituiu discriminações positivas (ou ações afirmativas) direcionadas às pessoas com deficiência, com o objetivo de proteger o mercado de trabalho e ao emprego da pessoa com deficiência, ao instituir as seguintes normas:

a. o preenchimento de 2 a 5 % dos cargos com pessoas reabilitadas ou com deficiência, nas empresas com 100 ou mais empregados (art. 93 da Lei 8.213/91);

b. condicionar a dispensa do empregado com deficiência ou reabilitado a contratação de outro trabalhador com deficiência ou reabilitado;

c. audiência de limitação de idade, ou do prazo de duração do contrato de trabalho, ao aprendiz com deficiência (art. 428, §§3º e 5º, CLT);e,

d. vedação de supressão, redução de direitos, ou discriminação, no tocante a salário e critérios de admissão do trabalhador com deficiência, por acordo ou convenção coletiva de trabalho (art. 611-B, XXII, CLT);

e. o contrato de estágio não pode ultrapassar o prazo de dois anos, salvo, para o estagiário com deficiência (art. 11 da Lei 11.788/08);

f. A Lei de Estágio assegura 10% das vagas de estágio oferecidas às pessoas com deficiência (§5° do art. 17 da ei 11.788/2008). A adoção de medidas afirmativas direcionadas aos grupos considerados socialmente vulneráveis – em oposição àqueles reputados dominantes – é imprescindível para a inclusão e preservação do emprego daqueles trabalhadores enquadrados nestes grupos, bem como permite o alcance da efetiva igualdade e justiça social.

BASE LEGAL:

CF, Art. 7º São direitos dos trabalhadores urbanos e rurais, além de outros que visem à melhoria de sua condição social:

XXXI – proibição de qualquer discriminação no tocante a salário e critérios de admissão do trabalhador portador de deficiência;

CF, Art. 23, II: É competência comum da União, dos Estados, do Distrito Federal e dos Municípios: [...] II – cuidar da saúde e assistência pública, da proteção e garantia das pessoas portadoras de deficiência.

CLT, Art. 428. Contrato de aprendizagem é o contrato de trabalho especial, ajustado por escrito e por prazo determinado, em que o empregador se compromete a assegurar ao maior de 14 (quatorze) e menor de 24 (vinte e quatro) anos inscrito em programa de aprendizagem formação técnico-profissional metódica, compatível com o seu desenvolvimento físico, moral e psicológico, e o aprendiz, a executar com zelo e diligência as tarefas necessárias a essa formação.

[...]

§ 3º O contrato de aprendizagem não poderá ser estipulado por mais de 2 (dois) anos, exceto quando se tratar de aprendiz portador de deficiência.

§ 4º A formação técnico-profissional a que se refere o caput deste artigo caracteriza-se por atividades teóricas e práticas, metodicamente organizadas em tarefas de complexidade progressiva desenvolvidas no ambiente de trabalho.

§ 5º A idade máxima prevista no caput deste artigo não se aplica a aprendizes portadores de deficiência.

§ 6º Para os fins do contrato de aprendizagem, a comprovação da escolaridade de aprendiz com deficiência deve considerar, sobretudo, as habilidades e competências relacionadas com a profissionalização.

[...]

§ 8º Para o aprendiz com deficiência com 18 (dezoito) anos OU mais, a validade do contrato de aprendizagem pressupõe anotação na CTPS e matrícula e frequência em programa de aprendizagem desenvolvido sob orientação de entidade qualificada em formação técnico-profissional metódica.

CLT, Art. 461. Sendo idêntica a função, a todo trabalho de igual valor, prestado ao mesmo empregador, no mesmo estabelecimento empresarial, corresponderá igual salário, sem distinção de sexo, etnia, nacionalidade ou idade.

[...]

§ 4º – O trabalhador readaptado em nova função por motivo de deficiência física ou mental atestada pelo órgão competente da Previdência Social não servirá de paradigma para fins de equiparação salarial.

Lei Complementar 150/2015, art. 27: Considera-se justa causa para os efeitos desta Lei: I – submissão a maus tratos de idoso, de enfermo, de pessoa com deficiência ou de criança sob cuidado direto ou indireto do empregado;
**vide artigos 34 a 38 da Lei 13.146/2015*
**vide art. 93 da Lei 8.213/91*

DELEGADOS SINDICAIS. *Dir. Trab.*

São aqueles indicados pela diretoria do sindicato para defender os interesses da categoria perante nos seu local de trabalho. Tem a função precípua de organizar, mobilizar os trabalhadores da categoria no local de trabalho, além de divulgar os materiais do sindicato aos trabalhadores; apontar as necessidades dos trabalhadores naquele local de trabalho; e representar a direção do sindicato junto aos trabalhadores, instituições públicas e eventos. A estabilidade aplicável aos dirigentes sindicais (Art. 8º, VIII, da CF; art. 543, §3º e 4º, da CLT) não se estende ao delegado sindical, por se tratar de uma função decorrente de mera designação pela diretoria do sindicato, não estando sujeito ao processo eletivo ou representando propriamente a categoria. A função de delegado sindical é considerada meramente administrativa.

BASE LEGAL:

OJ 369 da SDI-1 do TST: ESTABILIDADE PROVISÓRIA. DELEGADO SINDICAL. INAPLICÁVEL. O delegado sindical não é beneficiário da estabilidade provisória prevista no art. 8º, VIII, da CF/1988, a qual é dirigida, exclusivamente, àqueles que exerçam ou ocupem cargos de direção nos sindicatos, submetidos a processo eletivo.
OJ 365 da SDI-1 do TST: ESTABILIDADE PROVISÓRIA. MEMBRO DE CONSELHO FISCAL DE SINDICATO. INEXISTÊNCIA. Membro de conselho fiscal de sindicato não tem direito à estabilidade prevista nos arts. 543, § 3º, da CLT e 8º, VIII, da CF/1988, porquanto não representa ou atua na defesa de direitos da categoria respectiva, tendo sua competência limitada à fiscalização da gestão financeira do sindicato (art. 522, § 2º, da CLT).
Art. 543 da CLT: O empregado eleito para cargo de administração sindical ou representação profissional, inclusive junto a órgão de deliberação coletiva, não poderá ser impedido do exercício de suas funções, nem transferido para lugar ou mister que lhe dificulte ou torne impossível o desempenho das suas atribuições sindicais.
§ 3º Fica vedada a dispensa do empregado sindicalizado ou associado, a partir do momento do registro de sua candidatura a cargo de direção ou representação de entidade sindical ou de associação profissional, até 1 (um) ano após o final do seu mandato, caso seja eleito, inclusive como suplente, salvo se cometer falta grave devidamente apurada nos termos desta Consolidação.

§ 4° Considera-se cargo de direção ou de representação sindical aquele cujo exercício ou indicação decorre de eleição prevista em lei.

Art. 8°, VIII, da CF: É livre a associação profissional ou sindical, observado o seguinte: [...] VIII – é vedada a dispensa do empregado sindicalizado a partir do registro da candidatura a cargo de direção ou representação sindical e, se eleito, ainda que suplente, até um ano após o final do mandato, salvo se cometer falta grave nos termos da lei.

Art. 11 da CF: Nas empresas de mais de duzentos empregados, é assegurada a eleição de um representante destes com a finalidade exclusiva de promover-lhes o entendimento direto com os empregadores.

Súmula 369/TST: Dirigente sindical. Estabilidade provisória.

I – É assegurada a estabilidade provisória ao empregado dirigente sindical, ainda que a comunicação do registro da candidatura ou da eleição e da posse seja realizada fora do prazo previsto no art. 543, § 5.°, da CLT, desde que a ciência ao empregador, por qualquer meio, ocorra na vigência do contrato de trabalho.

II – O art. 522 da CLT foi recepcionado pela Constituição Federal de 1988. Fica limitada, assim, a estabilidade a que alude o art. 543, § 3.°, da CLT a sete dirigentes sindicais e igual número de suplentes.

III – O empregado de categoria diferenciada eleito dirigente sindical só goza de estabilidade se exercer na empresa atividade pertinente à categoria profissional do sindicato para o qual foi eleito dirigente.

170

IV – Havendo extinção da atividade empresarial no âmbito da base territorial do sindicato, não há razão para subsistir a estabilidade.

V – O registro da candidatura do empregado a cargo de dirigente sindical durante o período de aviso prévio, ainda que indenizado, não lhe assegura a estabilidade, visto que inaplicável a regra do § 3.° do art. 543 da Consolidação das Leis do Trabalho.

Súmulas 379/TST: Dirigente sindical. Despedida. Falta grave. Inquérito judicial. Necessidade. O dirigente sindical somente poderá ser dispensado por falta grave mediante a apuração em inquérito judicial, inteligência dos arts. 494 e 543, § 3.°, da CLT.

Lei n. 5.764/ 1971, Art. 55: Os empregados de empresas que sejam eleitos diretores de sociedades cooperativas pelos mesmos criadas gozarão das garantias asseguradas aos dirigentes sindicais pelo art. 543 da Consolidação das Leis do Trabalho (Decreto-lei n. 5.452, de 1g.5.43).

DEMISSÃO. *Dir. Trab.*

É a manifestação de vontade imotivada de um dos sujeitos da relação de trabalho com o fito de pôr fim ao contrato de trabalho. Corresponde ao termino do contrato de trabalho a pedido do empregado, sem que tenha ocorrido a prática de falta grave. A doutrina classifica a extinção do contrato em resilição contratual, resolução contratual e de rescisão contratual:

i) Resilição contratual corresponderia a todas as modalidades de ruptura do contrato de trabalho por exercício lícito da vontade das partes. Neste grupo estariam abrangidos o pedido de demissão por ato do trabalhador, a dispensa ou despedida sem justa causa, por ato empresarial; o distrato – a resilição bilateral do contrato de trabalho; e a adesão ao Plano de Demissão Voluntária ou Incentivada pelo empregado (art. 477-B da CLT);

ii) Resolução contratual: modalidades de ruptura do contrato de trabalho por infração ou prática de ato faltoso pelo empregado (dispensa por justa causa), pelo empregador (dispensa ou despedida indireta), por ambas as partes (culpa recíproca das partes), bem como as pelo implemento de condição resolutiva;

iii) Rescisão contratual: a ruptura do contrato de trabalho em face de nulidade como, por exemplo, a admissão de por entidades estatais sem a observância de prévio concurso público (Súmula 363, TST).[51]

DENTISTA. *Adj.*

Profissional que se dedica à profilaxia e ao tratamento dos dentes; odontologista.[52] O exercício da Odontologia no território nacional só é permitido ao cirurgião-dentista habilitado por escola ou faculdade oficial ou reconhecida, após o registro do diploma na Diretoria do Ensino Superior, no Serviço Nacional de Fiscalização da Odontologia, na repartição sanitária estadual competente e inscrição no Conselho Regional de Odontologia sob cuja jurisdição se achar o local de sua atividade. O exercício da Odontologia é regulado pela Lei nº 5.081, de 24 de agosto de 1966. A assistência odontológica, prestada diretamente ou mediante seguro-saúde, não é considerado como salário quando concedida pelo empregador ao empregado.

BASE LEGAL:

CLT, Art. 458. Além do pagamento em dinheiro, compreende-se no salário, para todos os efeitos legais, a alimentação, habitação, vestuário ou outras prestações *in natura* que a empresa, por força do contrato ou do costume, fornecer habitualmente ao empregado. Em caso algum será permitido o pagamento com bebidas alcoólicas ou drogas nocivas. (Redação dada pelo Decreto-lei nº 229, de 28.2.1967).

51 Delgado, 2019.

52 HOUAISS, 2002.

[...] § 2º Para os efeitos previstos neste artigo, não serão consideradas como salário as seguintes utilidades concedidas pelo empregador: (Redação dada pela Lei nº 10.243, de 19.6.2001)
[...] IV – assistência médica, hospitalar e odontológica, prestada diretamente ou mediante seguro-saúde; (Incluído pela Lei nº 10.243, de 19.6.2001)
[...] § 5º O valor relativo à assistência prestada por serviço médico ou odontológico, próprio ou não, inclusive o reembolso de despesas com medicamentos, óculos, aparelhos ortopédicos, próteses, órteses, despesas médico-hospitalares e outras similares, mesmo quando concedido em diferentes modalidades de planos e coberturas, não integram o salário do empregado para qualquer efeito nem o salário de contribuição, para efeitos do previsto na alínea q do § 9o do art. 28 da Lei no 8.212, de 24 de julho de 1991. (Incluído pela Lei nº 13.467, de 2017)

DEPOSITÁRIO INFIEL. *Dir. Civ.*

Depositário é a pessoa designada pelo juiz da execução, que tem obrigação a ter na guarda e conservação da coisa depositada o cuidado e diligência que costuma ter com o que lhe pertence, bem como a restituí-la, com todos os frutos e acrescidos, quando exigido por quem tem direito tão logo determine o magistrado. Aquele que se recusa a restituir a coisa que lhe foi entregue, ou não teve zelo e diligência, poderá ser considerado infiel. O artigo 5º, inciso LXVII da Constituição Federal indica a possibilidade de prisão civil por dívida nos casos de inadimplemento voluntário e inescusável de obrigação alimentícia e a do depositário infiel. Não obstante, seguindo a posição adotada pelo Pacto de São José da Costa Rica, o Supremo Tribunal Federal editou a Súmula Vinculante 25 definindo ser "ilícita a prisão de depositário infiel, qualquer que seja a modalidade de depósito".

BASE LEGAL:

CF, Art. 5º. [...] LXVII – não haverá prisão civil por dívida, salvo a do responsável pelo inadimplemento voluntário e inescusável de obrigação alimentícia e a do depositário infiel;
CC, Art. 652. Seja o depósito voluntário ou necessário, o depositário que não o restituir quando exigido será compelido a fazê-lo mediante prisão não excedente a um ano, e ressarcir os prejuízos.
Súmula Vinculante 25 – É ilícita a prisão civil de depositário infiel, qualquer que seja a modalidade de depósito.

DEPÓSITO JUDICIAL. *Dir. Proc. Civ.*

Depósito judicial é realizado em nome do juízo vinculado ao processo, com o objetivo de garantir o pagamento de uma obrigação financeira dentro de um processo judicial. O depósito judicial ocorre antes que haja uma sentença que ponha fim na lide, podemos dizer, dessa forma, que o depósito judicial tem como objetivo garantir que não haverá inadimplência por parte do devedor. O depósito judicial poderá ser voluntário, ocorrendo por iniciativa da parte, sem a necessidade de determinação judicial ou por determinação do magistrado. A Instrução Normativa nº 36 regulamenta o acolhimento e o levantamento de depósitos judiciais na seara trabalhista. Os depósitos judiciais podem ser realizados através da Caixa Econômica Federal e do Banco do Brasil.

BASE LEGAL:

CLT, Art. 882. O executado que não pagar a importância reclamada poderá garantir a execução mediante depósito da quantia correspondente, atualizada e acrescida das despesas processuais, apresentação de seguro-garantia judicial ou nomeação de bens à penhora, observada a ordem preferencial estabelecida no art. 835 da Lei no 13.105, de 16 de março de 2015 Código de Processo Civil. (Redação dada pela Lei nº 13.467, de 2017)

Súmula 179 do STJ – O estabelecimento de crédito que recebe dinheiro, em deposito judicial, responde pelo pagamento da correção monetária relativa aos valores recolhidos.

Súmula 185 do STJ – Nos depósitos judiciais, não incide o imposto sobre operações financeiras.

DEPÓSITO RECURSAL. *Dir. Trab.*

É o valor pecuniário a ser depositado na conta do judicial, devido quando há condenação em pecúnia, como condição para conhecimento do recurso interposto pelo reclamado.[53] Ele é um dos pressupostos objetivos de admissibilidade do recurso, porém, ele será reduzido pela metade para entidades sem fins lucrativos, empregadores domésticos, microempreendedores individuais, microempresas e empresas de pequeno porte, enquanto que são isentos do seu recolhimento os beneficiários da justiça gratuita, as entidades filantrópicas e as empresas em recuperação judicial (assim como as massas falis, esta última por entendimento sumulado no TST). Vale destacar, que a reforma trabalhista (Lei 13.467/2017), modificou o art. 899, § 11 da CLT, para per-

53 Schiavi, 2018, p. 504, p. 932;

mitir que o depósito recursal possa ser substituído por fiança bancária ou seguro garantia judicial. Também salienta-se que em caso de recolhimento insuficiente do deposito recursal, somente será considerado deserto se no prazo de 5 (cinco) dias, o recorrente não complementar e nem comprovar o valor devido. Inclusive, a doutrina também destaca, que ocorrendo a condenação solidária de duas ou mais empresas, o depósito recursal efetuado por uma delas aproveita às demais, desde que a empresa que tenha efetuado o depósito não pleiteie sua exclusão da lide, ou seja, que não esteja a defender sua ausência de responsabilidade solidária, se pondo a discutir, apenas, o mérito da decisão que importou em condenação ao pagamento de determinado crédito.[54] Ressalta-se, que em caso de recurso ordinário em ação rescisória, ele somente será exigível, quando for julgado procedente o pedido e imposta condenação em pecúnia. Por fim, a IN n. 03/93 do TST atribuiu natureza de futura execução por quantia ao depósito recursal.

BASE LEGAL:

CLT, Art. 899. Os recursos serão interpostos por simples petição e terão efeito meramente devolutivo, salvo as exceções previstas neste Título, permitida a execução provisória até a penhora. (Redação dada pela Lei nº 5.442, de 24.5.1968) (Vide Lei nº 7.701, de 1988)

§ 1º Sendo a condenação de valor até 10 (dez) vezes o salário-mínimo regional, nos dissídios individuais, só será admitido o recurso inclusive o extraordinário, mediante prévio depósito da respectiva importância. Transitada em julgado a decisão recorrida, ordenar-se-á o levantamento imediato da importância de depósito, em favor da parte vencedora, por simples despacho do juiz. (Redação dada pela Lei nº 5.442, 24.5.1968)

§ 2º Tratando-se de condenação de valor indeterminado, o depósito corresponderá ao que for arbitrado, para efeito de custas, pela Junta ou Juízo de Direito, até o limite de 10 (dez) vezes o salário-mínimo da região. (Redação dada pela Lei nº 5.442, 24.5.1968)

§ 3º – (Revogado pela Lei nº 7.033, de 5.10.1982)

§ 4º O depósito recursal será feito em conta vinculada ao juízo e corrigido com os mesmos índices da poupança. (Redação dada pela Lei nº 13.467, de 2017)

§ 5º (Revogado). (Redação dada pela Lei nº 13.467, de 2017)

§ 6º – Quando o valor da condenação, ou o arbitrado para fins de custas, exceder o limite de 10 (dez) vezes o salário-mínimo da região, o depósito para fins de recursos será limitado a este valor. (Incluído pela Lei nº 5.442, 24.5.1968)

§ 7º No ato de interposição do agravo de instrumento, o depósito recursal corresponderá a 50% (cinquenta por cento) do valor do depósito do recurso ao qual se pretende destrancar. (Incluído pela Lei nº 12.275, de 2010)

---

54 Cesário, 2018, p. 66.

§ 8º Quando o agravo de instrumento tem a finalidade de destrancar recurso de revista que se insurge contra decisão que contraria a jurisprudência uniforme do Tribunal Superior do Trabalho, consubstanciada nas suas súmulas ou em orientação jurisprudencial, não haverá obrigatoriedade de se efetuar o depósito referido no § 7o deste artigo. (Incluído pela Lei nº 13.015, de 2014)

§ 9º O valor do depósito recursal será reduzido pela metade para entidades sem fins lucrativos, empregadores domésticos, microempreendedores individuais, microempresas e empresas de pequeno porte. (Incluído pela Lei nº 13.467, de 2017)

§ 10º São isentos do depósito recursal os beneficiários da justiça gratuita, as entidades filantrópicas e as empresas em recuperação judicial. (Incluído pela Lei nº 13.467, de 2017)

§ 11º O depósito recursal poderá ser substituído por fiança bancária ou seguro garantia judicial. (Incluído pela Lei nº 13.467, de 2017)

Súmula nº 86 do TST – DESERÇÃO. MASSA FALIDA. EMPRESA EM LIQUIDAÇÃO EXTRAJUDICIAL (incorporada a Orientação Jurisprudencial nº 31 da SBDI-1) – Res. 129/2005, DJ 20, 22 e 25.04.2005

Não ocorre deserção de recurso da massa falida por falta de pagamento de custas ou de depósito do valor da condenação. Esse privilégio, todavia, não se aplica à empresa em liquidação extrajudicial. (primeira parte – ex-Súmula nº 86 – RA 69/78, DJ 26.09.1978; segunda parte – ex-OJ nº 31 da SBDI-1 – inserida em 14.03.1994)

Súmula nº 99 do TST – AÇÃO RESCISÓRIA. DESERÇÃO. PRAZO (incorporada a Orientação Jurisprudencial nº 117 da SBDI-2) – Res. 137/2005, DJ 22, 23 e 24.08.2005

Havendo recurso ordinário em sede de rescisória, o depósito recursal só é exigível quando for julgado procedente o pedido e imposta condenação em pecúnia, devendo este ser efetuado no prazo recursal, no limite e nos termos da legislação vigente, sob pena de deserção. (ex-Súmula nº 99 – alterada pela Res. 110/2002, DJ 15.04.2002 – e ex-OJ nº 117 da SBDI-2 – DJ 11.08.2003)

Súmula nº 128 do TST – DEPÓSITO RECURSAL (incorporadas as Orientações Jurisprudenciais nºs 139, 189 e 190 da SBDI-1) – Res. 129/2005, DJ 20, 22 e 25.04.2005

I – É ônus da parte recorrente efetuar o depósito legal, integralmente, em relação a cada novo recurso interposto, sob pena de deserção. Atingido o valor da condenação, nenhum depósito mais é exigido para qualquer recurso. (ex-Súmula nº 128 – alterada pela Res. 121/2003, DJ 21.11.03, que incorporou a OJ nº 139 da SBDI-1 – inserida em 27.11.1998)

II – Garantido o juízo, na fase executória, a exigência de depósito para recorrer de qualquer decisão viola os incisos II e LV do art. 5º da CF/1988. Havendo, porém, elevação do valor do débito, exige-se a complementação da garantia do juízo. (ex-OJ nº 189 da SBDI-1 – inserida em 08.11.2000)

III – Havendo condenação solidária de duas ou mais empresas, o depósito recursal efetuado por uma delas aproveita as demais, quando a empresa

que efetuou o depósito não pleiteia sua exclusão da lide. (ex-OJ nº 190 da SBDI-1 – inserida em 08.11.2000)
Súmula nº 245 do TST – DEPÓSITO RECURSAL. PRAZO (mantida) – Res. 121/2003, DJ 19, 20 e 21.11.2003
O depósito recursal deve ser feito e comprovado no prazo alusivo ao recurso. A interposição antecipada deste não prejudica a dilação legal.
OJ nº 140 da SDI-I do TST – DEPÓSITO RECURSAL E CUSTAS PROCESSUAIS. RECOLHIMENTO INSUFICIENTE. DESERÇÃO. (nova redação em decorrência do CPC de 2015) – Res. 217/2017 – DEJT divulgado em 20, 24 e 25.04.2017
Em caso de recolhimento insuficiente das custas processuais ou do depósito recursal, somente haverá deserção do recurso se, concedido o prazo de 5 (cinco) dias previsto no § 2º do art. 1.007 do CPC de 2015, o recorrente não complementar e comprovar o valor devido.
A duração normal do trabalho dos empregados em bancos, casas bancárias e Caixa Econômica Federal será de 6 (seis) horas continuas nos dias úteis, com exceção dos sábados, perfazendo um total de 30 (trinta) horas de trabalho por semana. (Redação dada pela Lei nº 7.430, de 17.12.1985); [...]

176 **DESCANSO SEMANAL REMUNERADO.** *Dir. Trab.*

O Descanso semanal remunerado (DSR), que também é conhecido como Repouso Semanal Remunerado (RSR), consiste num direito que é definido pela doutrina, como um período de descanso (ou pausa intersemanal),[55] previsto pela Constituição Federal e na CLT, no qual no mínio de 24 (vinte e quatro) horas o trabalhador se ausenta do trabalho, uma vez por semana – e preferencialmente aos domingos, mas ele tem direito à remuneração que compõe o salário do empregado. Ademais, jurisprudência tem entendido que a concessão de folga compensatória em outro dia da semana elide o pagamento dobrado da remuneração do repouso. Destaca-se também, que a Doutrina entende que o desrespeito à norma assecuratória do descanso semanal remunerado (isto é, a realização de efetivo trabalho em dia de repouso) constitui falta administrativa do empregador, passível de sanção pela fiscalização laboral (arts. 13 e 14, Lei n. 605/49).[56] Ademais, caso o funcionário não cumpra integralmente sua jornada de trabalho na semana, por exemplo, por um atraso de 1hora, sem justificativa, ele poderá ter descontado além de referido atraso, o DSR, caso não exista alguma outra previsão em negociação coletiva ou não seja a hipótese

55 Martinez, 2020, p. 798

56 Delgado, 2019, p. 1151.

de faltas abonadas pela legislação. O cálculo dessa remuneração é realizado mediante a somatória da horas normais realizadas no mês, da qual divide-se o resultado pelo número de dias úteis (sábado incluso) e multiplica-se pelo número de domingos e feriados, cujo resultado é multiplicado pelo valor da hora normal, sendo que no caso dos funcionários que recebem horas extras ou comissões, a empresa para fins do cálculo considerará os reflexos (ou seja, considerará as horas laboradas durante o repouso, conforme a norma coletiva do sindicato da categoria e optam pelo cálculo semanal ou mensal. Por fim, salienta-se que a reforma trabalhista (Lei 13.467/2017) inclui um importante ponto quanto aos trabalhadores que exercem a jornada 13x36, eis eu nesse caso, os pagamentos devidos pelo DSR e pelo descanso em feriados já estão incluídos na remuneração mensal, sendo os feriados considerados compensados.

BASE LEGAL:

CF, A Art. 7º São direitos dos trabalhadores urbanos e rurais, além de outros que visem à melhoria de sua condição social:
[...] XV – repouso semanal remunerado, preferencialmente aos domingos;
[...] Parágrafo único: São assegurados à categoria dos trabalhadores domésticos os direitos previstos nos incisos IV, VI, VII, VIII, X, XIII, XV, XVI, XVII, XVIII, XIX, XXI, XXII, XXIV, XXVI, XXX, XXXI e XXXIII e, atendidas as condições estabelecidas em lei e observada a simplificação do cumprimento das obrigações tributárias, principais e acessórias, decorrentes da relação de trabalho e suas peculiaridades, os previstos nos incisos I, II, III, IX, XII, XXV e XXVIII, bem como a sua integração à previdência social. (Redação dada pela Emenda Constitucional nº 72, de 2013)
CF. – Art. 39. A União, os Estados, o Distrito Federal e os Municípios instituirão conselho de política de administração e remuneração de pessoal, integrado por servidores designados pelos respectivos Poderes (Redação dada pela Emenda Constitucional nº 19, de 1998) (Vide ADIN nº 2.135-4)
[...] § 3º Aplica-se aos servidores ocupantes de cargo público o disposto no art. 7º, IV, VII, VIII, IX, XII, XIII, XV, XVI, XVII, XVIII, XIX, XX, XXII e XXX, podendo a lei estabelecer requisitos diferenciados de admissão quando a natureza do cargo o exigir.
CLT, Art. 59-A. Em exceção ao disposto no art. 59 desta Consolidação, é facultado às partes, mediante acordo individual escrito, convenção coletiva ou acordo coletivo de trabalho, estabelecer horário de trabalho de doze horas seguidas por trinta e seis horas ininterruptas de descanso, observados ou indenizados os intervalos para repouso e alimentação. (Incluído pela Lei nº 13.467, de 2017) (Vigência)
Parágrafo único. A remuneração mensal pactuada pelo horário previsto no *caput* deste artigo abrange os pagamentos devidos pelo descanso semanal

remunerado e pelo descanso em feriados, e serão considerados compensados os feriados e as prorrogações de trabalho noturno, quando houver, de que tratam o art. 70 e o § 5º do art. 73 desta Consolidação. (Incluído pela Lei nº 13.467, de 2017) (Vigência)

Lei n. 605/49, Art. 1º Todo empregado tem direito ao repouso semanal remunerado de vinte e quatro horas consecutivas, preferentemente aos domingos e, nos limites das exigências técnicas das empresas, nos feriados civis e religiosos, de acordo com a tradição local.

[...]

Art. 6º Não será devida a remuneração quando, sem motivo justificado, o empregado não tiver trabalhado durante toda a semana anterior, cumprindo integralmente o seu horário de trabalho.

§ 1º São motivos justificados:

a) os previstos no artigo 473 e seu parágrafo único da Consolidação das Leis do Trabalho;

b) a ausência do empregado devidamente justificada, a critério da administração do estabelecimento;

c) a paralisação do serviço nos dias em que, por conveniência do empregador, não tenha havido trabalho;

d) a ausência do empregado, até três dias consecutivos, em virtude do seu casamento;

e) a falta ao serviço com fundamento na lei sobre acidente do trabalho;

f) a doença do empregado, devidamente comprovada.

§ 2º A doença será comprovada mediante atestado de médico da instituição da previdência social a que estiver filiado o empregado, e, na falta deste e sucessivamente, de médico do Serviço Social do Comércio ou da Indústria; de médico da empresa ou por ela designado; de médico a serviço de representação federal, estadual ou municipal incumbido de assuntos de higiene ou de saúde pública; ou não existindo estes, na localidade em que trabalhar, de médico de sua escolha. (Redação dada pela Lei nº 2.761, de 26.4.56)

§ 3º Nas empresas em que vigorar regime de trabalho reduzido, a frequência exigida corresponderá ao número de dias em que o empregado tiver de trabalhar.

Art. 7º A remuneração do repouso semanal corresponderá:

a) para os que trabalham por dia, semana, quinzena ou mês, à de um dia de serviço, computadas as horas extraordinárias habitualmente prestadas; (Redação dada pela Lei nº 7.415, de 09.12.85)

b) para os que trabalham por hora, à sua jornada norma de trabalho, computadas as horas extraordinárias habitualmente prestadas; (Redação dada pela Lei nº 7.415, de 09.12.85)

c) para os que trabalham por tarefa ou peça, o equivalente ao salário correspondente às tarefas ou peças feitas durante a semana, no horário normal de trabalho, dividido pelos dias de serviço efetivamente prestados ao empregador;

d) para o empregado em domicílio, o equivalente ao quociente da divisão por 6 (seis) da importância total da sua produção na semana.

§ 1º Os empregados cujos salários não sofram descontos por motivo de feriados civis ou religiosos são considerados já remunerados nesses mesmos dias de repouso, conquanto tenham direito à remuneração dominical.

§ 2º Consideram-se já remunerados os dias de repouso semanal do empregado mensalista ou quinzenalista cujo cálculo de salário mensal ou quinzenal, ou cujos descontos por falta sejam efetuados na base do número de dias do mês ou de 30 (trinta) e 15 (quinze) diárias, respectivamente.

Art. 8º Excetuados os casos em que a execução do serviço for imposta pelas exigências técnicas das empresas, é vedado o trabalho em dias feriados, civis e religiosos, garantida, entretanto, aos empregados a remuneração respectiva, observados os dispositivos dos artigos 6º e 7º desta lei.

Art. 9º Nas atividades em que não for possível, em virtude das exigências técnicas das empresas, a suspensão do trabalho, nos dias feriados civis e religiosos, a remuneração será paga em dobro, salvo se o empregador determinar outro dia de folga.

[...]

Art. 13. Serão originariamente competentes, para a imposição das multas de que trata a presente lei, os delegados regionais do Ministério do Trabalho e, nos Estados, onde houver delegação de atribuições, a autoridade delegada.

Art. 14. A fiscalização da execução da presente lei, o processo de autuação dos seus infratores, os recursos e a cobrança das multas reger-se-ão pelo disposto no Título VII da Consolidação das Leis do Trabalho.

Súmula nº 15 do TST – ATESTADO MÉDICO (mantida) – Res. 121/2003, DJ 19, 20 e 21.11.2003

A justificação da ausência do empregado motivada por doença, para a percepção do salário-enfermidade e da remuneração do repouso semanal, deve observar a ordem preferencial dos atestados médicos estabelecida em lei.

Súmula nº 27 do TST – COMISSIONISTA (mantida) – Res. 121/2003, DJ 19, 20 e 21.11.2003

É devida a remuneração do repouso semanal e dos dias feriados ao empregado comissionista, ainda que pracista.

Súmula nº 146 do TST – TRABALHO EM DOMINGOS E FERIADOS, NÃO COMPENSADO (incorporada a Orientação Jurisprudencial nº 93 da SBDI-1) – Res. 121/2003, DJ 19, 20 e 21.11.2003

O trabalho prestado em domingos e feriados, não compensado, deve ser pago em dobro, sem prejuízo da remuneração relativa ao repouso semanal.

Súmula nº 172 do TST – REPOUSO REMUNERADO. HORAS EXTRAS. CÁLCULO (mantida) – Res. 121/2003, DJ 19, 20 e 21.11.2003

Computam-se no cálculo do repouso remunerado as horas extras habitualmente prestadas. (ex-Prejulgado nº 52).

Súmula nº 225 do TST – REPOUSO SEMANAL. CÁLCULO. GRATIFICAÇÕES POR TEMPO DE SERVIÇO E PRODUTIVIDADE (mantida) – Res. 121/2003, DJ 19, 20 e 21.11.2003
As gratificações por tempo de serviço e produtividade, pagas mensalmente, não repercutem no cálculo do repouso semanal remunerado.
OJ nº 93 da SDI-I do TST. DOMINGOS E FERIADOS TRABALHADOS E NÃO COMPENSADOS. APLICAÇÃO DA SÚMULA Nº 146 (cancelada em decorrência da redação da Súmula nº 146 conferida pela Res. 121/2003, DJ 21.11.2003) – Res. 129/2005, DJ 20, 22 e 25.04.2005
O trabalho prestado em domingos e feriados não compensados deve ser pago em dobro sem prejuízo da remuneração relativa ao repouso semanal.

DESCONSIDERAÇÃO DA PERSONALIDADE JURÍDICA. *Dir. Trab.*

Referida teoria que também é conhecida como "despersonificação do empregador",[57] consiste na possibilidade de ser afastada a autonomia patrimonial da empresa e com isso, poder cobrar diretamente dos sócios, as dívidas da pessoa jurídica, no caso desta não possuir mais bens. Muitos diplomas legais prevê em referida teoria, com os requisitos próprios para serem aplicados referido instituto (*v.g.* CDC, Lei de crimes ambientais – Lei nº 9.605/98, art. 50 do CC, art. 133 CPC), sendo que a previsão expressa quanto aos procedimentos específicos para sua aplicação no processo do trabalho (e que foi denominado de Incidente de Desconsideração da Personalidade jurídica) foi inserida com a reforma trabalhista (lei 13.467/2017), embora com as alterações advindas do CPC/2015, dos quais muitos artigos influenciaram diretamente a área trabalhista, merece destaque o art. 6º da IN/TST 39/2016, que mandava aplicar "ao Processo do Trabalho o incidente de desconsideração da personalidade jurídica regulado no CPC.[58] Vale destacar que anteriormente à reforma trabalhista, a Doutrina distinguia (para fins de fundamentação do pedido de desconsideração da personalidade jurídica, entre o disposto no 50 do Código Civil (que adota a chamada Teoria Maior, o qual somente reconhecia referida desconsideração quando fosse configurado que os sócios agiram com fraude ou abuso, ou, ainda, que houve confusão patrimonial entre os bens da pessoa física e os bens da pessoa jurídica) e aquele previsto no parágrafo 5º do artigo 28 do CDC que era aplicável n área trabalhista (e também pela lei de crimes ambientais, referente à Teoria Menor, que era mais é

57 Leite, 2019, p.118.

58 Leite, 2019, p.118.

mais ampla, porque não exigia a prova de fraude ou abuso de direito, como também não era necessária a prova da confusão patrimonial, bastando que fosse demonstrado o estado de insolvência da empresa, por exemplo). Por fim, vale informar que referida teoria que teve origem na *Common Law* norte-americana e britânica,[59] também permite a aplicação da desconsideração inversa da personalidade jurídica, no caso de confusão patrimonial, para responsabilizar a empresa por dívidas dos sócios, por meio da desconsideração inversa ou invertida, para alcançar bens de sócio que se valeu da pessoa jurídica para ocultar ou desviar bens pessoais, com prejuízo a terceiro, positivado no art. 1 33, § 2º CPC, aplicável de forma subsidiária, na esfera trabalhista, pelo art. 769 da CLT.

BASE LEGAL:

CPC, Art. 133. O incidente de desconsideração da personalidade jurídica será instaurado a pedido da parte ou do Ministério Público, quando lhe couber intervir no processo.

§ 1º O pedido de desconsideração da personalidade jurídica observará os pressupostos previstos em lei.

§ 2º Aplica-se o disposto neste Capítulo à hipótese de desconsideração inversa da personalidade jurídica.

Art. 134. O incidente de desconsideração é cabível em todas as fases do processo de conhecimento, no cumprimento de sentença e na execução fundada em título executivo extrajudicial.

§ 1º A instauração do incidente será imediatamente comunicada ao distribuidor para as anotações devidas.

§ 2º Dispensa-se a instauração do incidente se a desconsideração da personalidade jurídica for requerida na petição inicial, hipótese em que será citado o sócio ou a pessoa jurídica.

§ 3º A instauração do incidente suspenderá o processo, salvo na hipótese do § 2º.

§ 4º O requerimento deve demonstrar o preenchimento dos pressupostos legais específicos para desconsideração da personalidade jurídica.

CLT, Art. 855-A. Aplica-se ao processo do trabalho o incidente de desconsideração da personalidade jurídica previsto nos arts. 133 a 137 da Lei no 13.105, de 16 de março de 2015 – Código de Processo Civil. (Incluído pela Lei nº 13.467, de 2017)

§ 1º Da decisão interlocutória que acolher ou rejeitar o incidente: (Incluído pela Lei nº 13.467, de 2017)

I – na fase de cognição, não cabe recurso de imediato, na forma do § 1o do art. 893 desta Consolidação; (Incluído pela Lei nº 13.467, de 2017)

II – na fase de execução, cabe agravo de petição, independentemente de garantia do juízo; (Incluído pela Lei nº 13.467, de 2017)

59 Delgado, 2019, p.596

III – cabe agravo interno se proferida pelo relator em incidente instaurado originariamente no tribunal. (Incluído pela Lei nº 13.467, de 2017)
§ 2º A instauração do incidente suspenderá o processo, sem prejuízo de concessão da tutela de urgência de natureza cautelar de que trata o art. 301 da Lei no 13.105, de 16 de março de 2015 (Código de Processo Civil) (Incluído pela Lei nº 13.467, de 2017)
PROVIMENTO CGJT Nº 1, DE 8 DE FEVEREIRO DE 2019, Disponibilizado no DeJT de 08/02/2019 e que disciplina o processamento do incidente de desconsideração de personalidade jurídica.

DESCONTOS NOS SALÁRIOS. *Dir. Trab.*

A CLT, em regra, disciplina de forma expressa, que o desconto de salários é pratica vedada em lei, salvo exceções estritas, que permitem ao empregador efetuá-los e dentre essas hipóteses, podemos destacar que seja necessário o consentimento do empregado, a possibilidade de serem permitidas por lei ou por meio de um acordo coletivo, sentença arbitral ou ordem judicial, tendo a Doutrina destacado que o art. 462 valida os seguintes descontos:

a) adiantamento salarial, se houver, pois do contrário esbarraríamos no conceito de enriquecimento sem causa;

b) aqueles previstos em lei, e são muitos, como a retenção do imposto de renda e da cota previdenciária, a retenção da pensão alimentícia e do crédito consignado, a participação do empregado no vale-transporte, a contribuição sindical compulsória e assim por diante;

c) aqueles previstos em norma coletiva – sendo comuns algumas modalidades de contribuição assistencial para a entidade sindical; note-se que o art. 462, novamente, utiliza a expressão antiquada "contrato coletivo", que foi abandonada na reforma de 1969, que criou o acordo coletivo, entre sindicato e empresa, e a convenção coletiva, entre dois sindicatos;

d) aqueles decorrentes de atos dolosos praticados pelo empregado – ou seja, com a deliberada intenção do prejuízo –, o que carece de difícil comprovação pelo empregador;

e) aqueles decorrentes de atos culposos praticados pelo empregado, como a quebra de uma peça por negligência no manuseio, a avaria causada pela imprudência ou o prejuízo a um carro ou máquina pela imperícia de seu manuseio – mas, em todos esses casos de culpa, a previsão deve ter sido previamente ajustada entre as partes.[60]

Outros exemplos que podem ser citados para a proibição de referidos descontos são os gastos de treinamento fornecido pela empresa e que são necessários para o exercício da função, lanches e cafezinhos feito pelos funcionários na empresa e a cobertura de custos fixos ou variáveis.

BASE LEGAL:

CLT, Art. 462. Ao empregador é vedado efetuar qualquer desconto nos salários do empregado, salvo quando este resultar de adiantamentos, de dispositivos de lei ou de contrato coletivo.

§ 1º – Em caso de dano causado pelo empregado, o desconto será lícito, desde de que esta possibilidade tenha sido acordada ou na ocorrência de dolo do empregado. (Parágrafo único renumerado pelo Decreto-lei nº 229, de 28.2.1967)

§ 2º – É vedado à empresa que mantiver armazém para venda de mercadorias aos empregados ou serviços estimados a proporcionar-lhes prestações *in natura* exercer qualquer coação ou induzimento no sentido de que os empregados se utilizem do armazém ou dos serviços. (Incluído pelo Decreto-lei nº 229, de 28.2.1967)

§ 3º – Sempre que não for possível o acesso dos empregados a armazéns ou serviços não mantidos pela Empresa, é lícito à autoridade competente determinar a adoção de medidas adequadas, visando a que as mercadorias sejam vendidas e os serviços prestados a preços razoaveis, sem intuito de lucro e sempre em benefício das empregados. (Incluído pelo Decreto-lei nº 229, de 28.2.1967)

§ 4º – Observado o disposto neste Capítulo, é vedado às empresas limitar, por qualquer forma, a liberdade dos empregados de dispor do seu salário. (Incluído pelo Decreto-lei nº 229, de 28.2.1967)

Súmula nº 342 do TST – DESCONTOS SALARIAIS. ART. 462 DA CLT (mantida) – Res. 121/2003, DJ 19, 20 e 21.11.2003

Descontos salariais efetuados pelo empregador, com a autorização prévia e por escrito do empregado, para ser integrado em planos de assistência odontológica, médico-hospitalar, de seguro, de previdência privada, ou de entidade cooperativa, cultural ou recreativo-associativa de seus trabalhadores, em seu benefício e de seus dependentes, não afrontam o disposto no art. 462 da CLT, salvo se ficar demonstrada a existência de coação ou de outro defeito que vicie o ato jurídico.

OJ nº 160 da SDI-I do TST. DESCONTOS SALARIAIS. AUTORIZAÇÃO NO ATO DA ADMISSÃO. VALIDADE (inserida em 26.03.1999)

É inválida a presunção de vício de consentimento resultante do fato de ter o empregado anuído expressamente com descontos salariais na

60 Silva, 2018, p. 327.

oportunidade da admissão. É de se exigir demonstração concreta do vício de vontade.
OJ nº 160 da SDI-I do TST. DESCONTOS. FRENTISTA. CHEQUES SEM FUNDOS (inserida em 13.03.2002)
É lícito o desconto salarial referente à devolução de cheques sem fundos, quando o frentista não observar as recomendações previstas em instrumento coletivo.
OJ nº 18 da SDC do TST. DESCONTOS AUTORIZADOS NO SALÁRIO PELO TRABALHADOR. LIMITAÇÃO MÁXIMA DE 70% DO SALÁRIO BASE. (inserida em 25.05.1998)
Os descontos efetuados com base em cláusula de acordo firmado entre as partes não podem ser superiores a 70% do salário base percebido pelo empregado, pois deve-se assegurar um mínimo de salário em espécie ao trabalhador.

DESCONTOS PREVIDENCIÁRIOS E FISCAIS. *Dir. Trab.*

Os descontos previdenciários e fiscais decorrem de norma cogente, de cunho imperativo e por decorrerem de referida imposição legal, razão pela qual tanto o empregador, como o empregado, têm responsabilidade pelo recolhimento de sua cota parte. Ademais, vale destacar que a Justiça do Trabalho é competente para determinar o recolhimento das contribuições fiscais, salvo as destinadas a terceiros,[61] sendo que em relação à execução das contribuições previdenciárias, referida competência limita-se às sentenças condenatórias em pecúnia que proferir e aos valores, objeto de acordo homologado. Inclusive, destaca-se que embora a responsabilidade pelo recolhimento seja da reclamada, a legislação autoriza o desconto das parcelas a cargo do reclamante.

BASE LEGAL:
CF, Art. 114. Compete à Justiça do Trabalho processar e julgar: (Redação dada pela Emenda Constitucional nº 45, de 2004)
[...] VIII a execução, de ofício, das contribuições sociais previstas no art. 195, I, a , e II, e seus acréscimos legais, decorrentes das sentenças que proferir; (Incluído pela Emenda Constitucional nº 45, de 2004)
Lei 8212/91 – Art. 28. Art. 28. Entende-se por salário-de-contribuição:
[...] I – para o empregado e trabalhador avulso: a remuneração auferida em uma ou mais empresas, assim entendida a totalidade dos rendimentos pagos, devidos ou creditados a qualquer título, durante o mês, destinados a retribuir o trabalho, qualquer que seja a sua forma, inclusive as gorjetas, os ganhos habituais sob a forma de utilidades e os adiantamentos decorrentes

61 Leite, 2019, p.253.

de reajuste salarial, quer pelos serviços efetivamente prestados, quer pelo tempo à disposição do empregador ou tomador de serviços nos termos da lei ou do contrato ou, ainda, de convenção ou acordo coletivo de trabalho ou sentença normativa; (Redação dada pela Lei nº 9.528, de 10.12.97)

II – para o empregado doméstico: a remuneração registrada na Carteira de Trabalho e Previdência Social, observadas as normas a serem estabelecidas em regulamento para comprovação do vínculo empregatício e do valor da remuneração;

Súmula nº 368 do TST

DESCONTOS PREVIDENCIÁRIOS. IMPOSTO DE RENDA. COMPETÊNCIA. RESPONSABILIDADE PELO RECOLHIMENTO. FORMA DE CÁLCULO. FATO GERADOR (aglutinada a parte final da Orientação Jurisprudencial nº 363 da SBDI-I à redação do item II e incluídos os itens IV, V e VI em sessão do Tribunal Pleno realizada em 26.06.2017) – Res. 219/2017, republicada em razão de erro material – DEJT divulgado em 12, 13 e 14.07.2017

I – A Justiça do Trabalho é competente para determinar o recolhimento das contribuições fiscais. A competência da Justiça do Trabalho, quanto à execução das contribuições previdenciárias, limita-se às sentenças condenatórias em pecúnia que proferir e aos valores, objeto de acordo homologado, que integrem o salário de contribuição. (ex-OJ nº 141 da SBDI-1 – inserida em 27.11.1998).

II – É do empregador a responsabilidade pelo recolhimento das contribuições previdenciárias e fiscais, resultantes de crédito do empregado oriundo de condenação judicial. A culpa do empregador pelo inadimplemento das verbas remuneratórias, contudo, não exime a responsabilidade do empregado pelos pagamentos do imposto de renda devido e da contribuição previdenciária que recaia sobre sua quota-parte. (ex-OJ nº 363 da SBDI-1, parte final)

III – Os descontos previdenciários relativos à contribuição do empregado, no caso de ações trabalhistas, devem ser calculados mês a mês, de conformidade com o art. 276, § 4º, do Decreto n º 3.048/1999 que regulamentou a Lei nº 8.212/1991, aplicando-se as alíquotas previstas no art. 198, observado o limite máximo do salário de contribuição (ex-OJs nºs 32 e 228 da SBDI-1 – inseridas, respectivamente, em 14.03.1994 e 20.06.2001).

IV – Considera-se fato gerador das contribuições previdenciárias decorrentes de créditos trabalhistas reconhecidos ou homologados em juízo, para os serviços prestados até 4.3.2009, inclusive, o efetivo pagamento das verbas, configurando-se a mora a partir do dia dois do mês seguinte ao da liquidação (art. 276, *caput*, do Decreto nº 3.048/1999). Eficácia não retroativa da alteração legislativa promovida pela Medida Provisória nº 449/2008, posteriormente convertida na Lei nº 11.941/2009, que deu nova redação ao art. 43 da Lei nº 8.212/91.

V – Para o labor realizado a partir de 5.3.2009, considera-se fato gerador das contribuições previdenciárias decorrentes de créditos trabalhistas reconhecidos ou homologados em juízo a data da efetiva prestação dos serviços. Sobre as contribuições previdenciárias não recolhidas a partir da prestação dos serviços incidem juros de mora e, uma vez apurados os créditos previdenciários, aplica-se multa a partir do exaurimento do prazo de citação para pagamento, se

descumprida a obrigação, observado o limite legal de 20% (art. 61, § 2º, da Lei nº 9.430/96).
VI – O imposto de renda decorrente de crédito do empregado recebido acumuladamente deve ser calculado sobre o montante dos rendimentos pagos, mediante a utilização de tabela progressiva resultante da multiplicação da quantidade de meses a que se refiram os rendimentos pelos valores constantes da tabela progressiva mensal correspondente ao mês do recebimento ou crédito, nos termos do art. 12-A da Lei nº 7.713, de 22/12/1988, com a redação conferida pela Lei nº 13.149/2015, observado o procedimento previsto nas Instruções Normativas da Receita Federal do Brasil.
OJ nº 363 da SDI-I do TST. DESCONTOS PREVIDENCIÁRIOS E FISCAIS. CONDENAÇÃO DO EMPREGADOR EM RAZÃO DO INADIMPLEMENTO DE VERBAS REMUNERATÓRIAS. RESPONSABILIDADE DO EMPREGADO PELO PAGAMENTO. ABRANGÊNCIA (cancelada em decorrência da aglutinação da sua parte final ao item II da Súmula nº 368 do TST) – Res. 219/2017, DEJT divulgado em 28, 29 e 30.06.2017 – republicada – DEJT divulgado em 12, 13 e 14.07.2017
A responsabilidade pelo recolhimento das contribuições social e fiscal, resultante de condenação judicial referente a verbas remuneratórias, é do empregador e incide sobre o total da condenação. Contudo, a culpa do empregador pelo inadimplemento das verbas remuneratórias não exime a responsabilidade do empregado pelos pagamentos do imposto de renda devido e da contribuição previdenciária que recaia sobre sua quota-parte.

DESÍDIA. *Dir. Trab.*

A Doutrina define Desídia como a desatenção reiterada, o desinteresse contínuo, o desleixo contumaz com as obrigações contratuais[62] e que autoriza a resolução culposa do contrato. Ademais, ela constitui justa causa para a rescisão do contrato de trabalho pelo empregador, razão pela qual a Doutrina destaca que a negligência, a imprudência e a imperícia caracterizam a falta, havendo restrições doutrinárias quanto à inclusão desta última e também, que há divergências quanto à caracterização das faltas reiteradas e sem justificação ao serviço como desídia, preferindo algumas tipificá-las como ato de indisciplina, eis que sustentam que desídia é a justa causa que se perfaz "no desempenho das funções", o que não ocorre, quando o empregado não comparece para trabalhar. Porém, as faltas ao serviço não podem configurar indisciplina, porque esta é o descumprimento de ordens gerais de serviço, e as faltas constituem inadimplemento da obrigação de trabalhar.[63]

62 Delgado, 2019, p. 1434.

63 Nascimento, 2018, p. 853.

DESCANSO SEMANAL REMUNERADO (DSR). *Dir. Trab.*

É conhecido como Repouso Semanal Remunerado (RSR) o direito que é definido pela doutrina, como um período de descanso (ou pausa interseman),[64] previsto pela Constituição Federal e na CLT, no qual no mínio de 24 (vinte e quatro) horas o trabalhador se ausenta do trabalho, uma vez por semana – e preferencialmente aos domingos, mas ele tem direito à remuneração que compõe o salário do empregado. Ademais, jurisprudência tem entendido que a concessão de folga compensatória em outro dia da semana elide o pagamento dobrado da remuneração do repouso. Destaca-se também, que a Doutrina entende que o desrespeito à norma assecuratória do descanso semanal remunerado (isto é, a realização de efetivo trabalho em dia de a jornada 13x36, eis eu nesse caso, os pagamentos devidos pelo DSR e pelo descanso em feriados já estão incluídos na remuneração mensal, sendo os feriados considerados compensados.

BASE LEGAL:

CF, Art. 7º São direitos dos trabalhadores urbanos e rurais, além de outros que visem à melhoria de sua condição social:

I – relação de emprego protegida contra despedida arbitrária ou sem justa causa, nos termos de lei complementar, que preverá indenização compensatória, dentre outros direitos; [...].

CLT, Art. 482 – Constituem justa causa para rescisão do contrato de trabalho pelo empregador:

[...]

e) desídia no desempenho das respectivas funções; [...].

Súmula nº 73 do TST – DESPEDIDA. JUSTA CAUSA (nova redação) – Res. 121/2003, DJ 19, 20 e 21.11.2003

A ocorrência de justa causa, salvo a de abandono de emprego, no decurso do prazo do aviso prévio dado pelo empregador, retira do empregado qualquer direito às verbas rescisórias de natureza indenizatória.

DESISTÊNCIA DA RECLAMAÇÃO. *Dir. Proc. Trab.*

É entendida como ato pelo qual o Reclamante, que é autor de uma reclamação trabalhista renuncia ao andamento dela, não quanto ao direito que a motivou, mas sim ao andamento processual. Cumpre destacar, que enquanto a ação não for contestada, entende-se como ato voluntário do Autor, sem qualquer intervenção da outra parte, porém, uma

64 Martinez, 2020, p. 798

vez tendo sido contestada, tem-se a necessidade da aprovação da parte contrária, a qual poderá recusar. Inclusive, após a reforma trabalhista (lei 13.467/17), salienta-se que uma vez oferecida a contestação, ainda que eletronicamente, o reclamante não poderá, sem o consentimento do reclamado, desistir da ação. Existe na Doutrina[65] o entendimento que no sistema do Processo Judicial Eletrônico (PJe), o parágrafo único do art. 847, acrescentado pela Lei n. 13.467/2017, prevê que a parte poderá apresentar defesa escrita até a audiência. Esta lei é posterior à Resolução CSJT 185, de 24 de março de 2017, cujo art. 22 prescreve que a contestação, reconvenção, exceção e documentos deverão ser protocolados no PJe até a realização da proposta conciliatória infrutífera, com a utilização de equipamento próprio, sendo automaticamente juntados, facultada a apresentação de defesa oral, na forma do art. 847, da CLT, ou seja, tem sido entendido que o limite temporal para referido ato de desistência seria a realização de audiência, por se tratar do momento do ato processual do efetivo recebimento da defesa; porém, no plano jurisprudencial, a questão ainda não se encontra pacificada (assim como a questão referente à condenação em honorários sucumbenciais em caso

de desistência da ação, porque parte tem entendido que não há previsão a respeito e outra corrente entende que diante da previsão expressa do art. 90 do CPC, seria devido de forma subsidiária).

BASE LEGAL:

CLT, Art. 841. Recebida e protocolada a reclamação, o escrivão ou secretário, dentro de 48 (quarenta e oito) horas, remeterá a segunda via da petição, ou do termo, ao reclamado, notificando-o ao mesmo tempo, para comparecer à audiência do julgamento, que será a primeira desimpedida, depois de 5 (cinco) dias.

[,,,] § 3° Oferecida a contestação, ainda que eletronicamente, o reclamante não poderá, sem o consentimento do reclamado, desistir da ação. Incluído pela Lei nº 13.467, de 2017)

CLT, Art. 847. Não havendo acordo, o reclamado terá vinte minutos para aduzir sua defesa, após a leitura da reclamação, quando esta não for dispensada por ambas as partes. (Redação dada pela Lei nº 9.022, de 5.4.1995)

Parágrafo único. A parte poderá apresentar defesa escrita pelo sistema de processo judicial eletrônico até a audiência. (Incluído pela Lei nº 13.467, de 2017)

Enunciado 106 – 2ª Jornada de Direito Material e Processual do Trabalho, realizada pela Associação Nacional dos Magistrados da Justiça do Trabalho – ANAMATRA, nos dias 09 e 10.10.2017.

---

65 Leite, 2019, p. 670.

LIMITE TEMPORAL PARA O AUTOR DESISTIR DA AÇÃO SEM O CONSENTIMENTO DO RÉU CLT – Art. 841, § 3º. Desistência da ação. Necessidade de consentimento do réu. Limite temporal. A CLT estabelece que o momento processual próprio para o demandando "oferecer a contestação" é na audiência, depois de proposta a conciliação. Por isso, ainda que a parte demandada envie/protocole a contestação antes da fase processual prevista em Lei, não há razão para a anuência pelo réu de desistência da ação enquanto não atingido tal momento processual.
Enunciado 221 – Fórum Nacional de Processo do Trabalho (FNPTrabalho), em sua quinta edição, realizada em Brasília no período de 16 a 18.11.2017. 221) DESISTÊNCIA DA AÇÃO. NECESSIDADE DE CONSENTIMENTO DO RÉU. INTERPRETAÇÃO DA EXPRESSÃO "OFERTAR A CONTESTAÇÃO". LEI Nº 13.467/2017. CLT, ART. 841, § 3º. A parte demandada só pode validamente "ofertar a contestação" quando a audiência atinge o estágio processual para a prática desse ato. Em consequência, até esse momento, o autor pode desistir da ação, sem necessidade de consentimento do réu, mesmo porque não pode a parte alterar o rito procedimental da audiência (inteligência dos arts. 846 e 847 da CLT). Resultado: aprovado por maioria qualificada.

DESPACHO. *Dir. Proc. Civ./Dir. Proc. Trab.*

O despacho é um dos atos (pronunciamentos) do juiz, posto que a Doutrina[66] tem definido que na dicção do art. 203 do CPC, os atos processuais (pronunciamentos) escritos do juiz consistirão em sentenças, decisões interlocutórias e despachos. Logo, referido parágrafo dispõe que são despachos todos os demais pronunciamentos do juiz praticados no processo, de ofício ou a requerimento da parte. Por sua vez, na área trabalhista, como bem salienta a Doutrina,[67] a CLT, em regra, emprega o termo "decisão" no sentido amplo, o que exige do intérprete a devida cautela para desvendar, no contexto, o seu exato sentido. Noutro falar, a expressão "decisão", no processo do trabalho, pode ser utilizada em lugar de "sentença" ou de "decisão interlocutória". Por essa razão, faz-se necessária referida distinção, eis que nos termos do art. 893, § 1º, da CLT, as decisões interlocutórias não ensejam recurso imediato, salvo nas hipóteses legais (e destacadas na Súmula 214 do TST).

BASE LEGAL:
CPC, Art. 203. Os pronunciamentos do juiz consistirão em sentenças, decisões interlocutórias e despachos.

66 Leite, 2019, p. 800.

67 Leite, 2019, p. 800.

[...] § 3º São despachos todos os demais pronunciamentos do juiz praticados no processo, de ofício ou a requerimento da parte.
Súmula nº 214 do TST – DECISÃO INTERLOCUTÓRIA. IRRECORRIBILIDADE (nova redação) – Res. 127/2005, DJ 14, 15 e 16.03.2005.
Na Justiça do Trabalho, nos termos do art. 893, § 1º, da CLT, as decisões interlocutórias não ensejam recurso imediato, salvo nas hipóteses de decisão:
a) de Tribunal Regional do Trabalho contrária à Súmula ou Orientação Jurisprudencial do Tribunal Superior do Trabalho;
b) suscetível de impugnação mediante recurso para o mesmo Tribunal;
c) que acolhe exceção de incompetência territorial, com a remessa dos autos para Tribunal Regional distinto daquele a que se vincula o juízo excepcionado, consoante o disposto no art. 799, § 2º, da CLT.

DESPEDIDA. *Dir. Trab.*

De acordo com o a Doutrina,[68] a despedida vem do latim *expedire*, desembaraçar, e é empregado na terminológa jurídica para indicar, em regra, o ato de dispensa do empregado, em instituição de natureza comercial, ou privada, tal como a exoneração ou demissão, em uso na técnica do Direito Administrativo. Vide DISPENSA (que será tratado mais adiante).

BASE LEGAL:

CF, Art. 7º. São direitos dos trabalhadores urbanos e rurais, além de outros que visem à melhoria de sua condição social:
I – relação de emprego protegida contra despedida arbitrária ou sem justa causa, nos termos de lei complementar, que preverá indenização compensatória, dentre outros direitos; [...].

DESVIO DE FUNÇÃO. *Dir. Trab.*

O desvio de função ocorre, quando o empregado, passa a exercer uma outra função que não tenha sido a contratada ou com uma maior responsabilidade e remuneração, mas ele ainda permanece com os vencimentos inalterados, ou seja, ele agrega atribuições e responsabilidades não compreendidas na função originalmente contratada e por essa razão, na hipótese de referida caracterização, o empregado terá direito aos salários da função efetivamente exercida. O desafio para o funcionário é quanto à prova, de que apesar das atividades exigidas pelo empregador não estejam especificadas no contrato de trabalho, precisa demonstrar que elas não são afetas, por sua natureza ao cargo por ele

68 DE PLACIDO E SILVA, 2006. p.449

ocupado, sob pena de não conseguir demonstrar referido desvio. Um exemplo é o que ocorre, quando a empresa deixa o PCMSO ser executado pelo técnico de segurança do Trabalho e outros, sendo que referida atribuição, por força da NR 7 (item 7.3.1), em regra geral, o responsável pela execução e a elaboração do PCMSO é o médico do trabalho ou do médico que o empregador indicar, caracterizando assim um desvio de função desse técnico de trabalho. Vale destacar, que não há menção expressa de referido instituto na CLT, mas que referido conceito tem sido desenvolvido pela jurisprudência, a qual de fora sistemática tem fundamentado suas decisões nos arts. 884 e 927 do CC, assim como no art. 468 da CLT e no plano Doutrinário[69], salienta-se a Orientação Jurisprudencial 125 da SDII do TST, que, uma vez constatado tal desvio de função, são devidas as diferenças salariais daí oriundas.

BASE LEGAL:

CC, Art. 884. Aquele que, sem justa causa, se enriquecer à custa de outrem, será obrigado a restituir o indevidamente auferido, feita a atualização dos valores monetários.

CC, Art. 927. Aquele que, por ato ilícito (arts. 186 e 187), causar dano a outrem, fica obrigado a repará-lo.

CLT, Art. 468 – Nos contratos individuais de trabalho só é lícita a alteração das respectivas condições por mútuo consentimento, e ainda assim desde que não resultem, direta ou indiretamente, prejuízos ao empregado, sob pena de nulidade da cláusula infringente desta garantia.

Súmula nº 275 do TST – PRESCRIÇÃO. DESVIO DE FUNÇÃO E REENQUADRAMENTO

I – Na ação que objetive corrigir desvio funcional, a prescrição só alcança as diferenças salariais vencidas no período de 5 (cinco) anos que precedeu o ajuizamento.

II – Em se tratando de pedido de reenquadramento, a prescrição é total, contada da data do enquadramento do empregado.

NR 7 – NORMA REGULAMENTADORA 7 – PROGRAMA DE CONTROLE MÉDICO DE SAÚDE OCUPACIONAL (PCMSO)

[...] 7.2.4. O PCMSO deverá ser planejado e implantado com base nos riscos à saúde dos trabalhadores, especialmente os identificados nas avaliações previstas nas demais NR.

[...]

7.3. Das responsabilidades (voltar)

7.3.1. Compete ao empregador:

a) garantir a elaboração e efetiva implementação do PCMSO, bem como zelar pela sua eficácia;

69 Martinez, 2020, p. 1008.

b) custear sem ônus para o empregado todos os procedimentos relacionados ao PCMSO;
c) indicar, dentre os médicos dos Serviços Especializados em Engenharia de Segurança e Medicina do Trabalho (SESOMT), da empresa, um coordenador responsável pela execução do PCMSO;
d) no caso de a empresa estar desobrigada de manter médico do trabalho, de acordo com a NR 4, deverá o empregador indicar médico do trabalho, empregado ou não da empresa, para coordenar o PCMSO;
e) inexistindo médico do trabalho na localidade, o empregador poderá contratar médico de outra especialidade para coordenar o PCMSO.

DEVEDORES TRABALHISTAS. *Dir. Trab.*

São assim definidos aqueles que aqueles que não efetuarem o pagamento referente a ações judiciais com o trânsito em julgado, em acordos judiciais trabalhistas ou firmados com o Ministério Público do Trabalho. Vale esclarecer, outrossim, que a Justiça Trabalhista possui regramento próprio para o procedimento da execução, conforme disposição elencada no artigo 880 da CLT, que exige a citação do executado, para fins de referido pagamento. (VIDE BNDT).

BASE LEGAL:

CLT, Art. 880. Requerida a execução, o juiz ou presidente do tribunal mandará expedir mandado de citação do executado, a fim de que cumpra a decisão ou o acordo no prazo, pelo modo e sob as cominações estabelecidas ou, quando se tratar de pagamento em dinheiro, inclusive de contribuições sociais devidas à União, para que o faça em 48 (quarenta e oito) horas ou garanta a execução, sob pena de penhora.
[...]
Art. 882. O executado que não pagar a importância reclamada poderá garantir a execução mediante depósito da quantia correspondente, atualizada e acrescida das despesas processuais, apresentação de seguro-garantia judicial ou nomeação de bens à penhora, observada a ordem preferencial estabelecida no art. 835 da Lei no 13.105, de 16 de março de 2015 – Código de Processo Civil. (Redação dada pela Lei nº 13.467, de 2017)
Art. 883 – Não pagando o executado, nem garantindo a execução, seguir-se-á penhora dos bens, tantos quantos bastem ao pagamento da importância da condenação, acrescida de custas e juros de mora, sendo estes, em qualquer caso, devidos a partir da data em que for ajuizada a reclamação inicial.
Art. 883-A. A decisão judicial transitada em julgado somente poderá ser levada a protesto, gerar inscrição do nome do executado em órgãos de proteção ao crédito ou no Banco Nacional de Devedores Trabalhistas (BNDT), nos termos da lei, depois de transcorrido o prazo de quarenta e cinco

dias a contar da citação do executado, se não houver garantia do juízo. (Incluído pela Lei nº 13.467, de 2017)

DESPEDIDA INDIRETA. *Dir. Trab.*

Ela é uma das formas de extinção contratual e a Doutrina da define como a resolução contratual por infração empresarial, que se denomina dispensa ou despedida indireta.[70] De forma simples, ela poderia ser entendida como uma inversão da demissão por justa causa. Porém, tem sido criticado o fato dela estar enquadrada como uma das formas de despedidas ou dispensas, eis que parte da Doutrina entende que às vezes arrola-se no grupo das despedidas ou dispensas, embora impropriamente ,a figura da despedida indireta ou dispensa indireta. Trata-se, contudo, de modalidade de terminação do contrato provocada por iniciativa do empregado, que se funda em motivação tipificada pela ordem jurídica, consistente em ato infrator trabalhista cometido por seu empregador. Ou seja, está-se diante da rescisão indireta, regulada pelo art. 483 da CLT. Ora, este modo de extinção contratual corresponde à resolução culposa do pacto empregatício, por infração empresarial: rigorosamente, não deve ser enquadrada no grupo das despedidas, por não ser de iniciativa do empregador.[71]

BASE LEGAL:

CLT, Art. 483. O empregado poderá considerar rescindido o contrato e pleitear a devida indenização quando:

a) forem exigidos serviços superiores às suas forças, defesos por lei, contrários aos bons costumes, ou alheios ao contrato;

b) for tratado pelo empregador ou por seus superiores hierárquicos com rigor excessivo;

c) correr perigo manifesto de mal considerável;

d) não cumprir o empregador as obrigações do contrato;

e) praticar o empregador ou seus prepostos, contra ele ou pessoas de sua família, ato lesivo da honra e boa fama;

f) o empregador ou seus prepostos ofenderem-no fisicamente, salvo em caso de legítima defesa, própria ou de outrem;

g) o empregador reduzir o seu trabalho, sendo este por peça ou tarefa, de forma a afetar sensivelmente a importância dos salários.

70 Delgado, 2019, p. 1344.

71 Delgado, 2019, p.1383.

§ 1º – O empregado poderá suspender a prestação dos serviços ou rescindir o contrato, quando tiver de desempenhar obrigações legais, incompatíveis com a continuação do serviço.
§ 2º – No caso de morte do empregador constituído em empresa individual, é facultado ao empregado rescindir o contrato de trabalho.
§ 3º – Nas hipóteses das letras "d" e "g", poderá o empregado pleitear a rescisão de seu contrato de trabalho e o pagamento das respectivas indenizações, permanecendo ou não no serviço até final decisão do processo. (Incluído pela Lei nº 4.825, de 5.11.1965)
Art. 484 – Havendo culpa recíproca no ato que determinou a rescisão do contrato de trabalho, o tribunal de trabalho reduzirá a indenização à que seria devida em caso de culpa exclusiva do empregador, por metade.

DESPEDIDA SEM JUSTA CAUSA. *Dir. Trab.*

Ela é considerada uma das modalidades mais comuns de extinção contratual, nos contratos de duração indeterminada, com suas correspondentes repercussões rescisórias e também é definida pela Doutrina,[72] como Dispensa arbitrária (ou despedida sem justa causa ou, ainda, dispensa desmotivada).Tal modalidade de ruptura incorpora o maior número de verbas rescisórias trabalhistas (ao lado da ruptura contratual por justa causa empresarial, a rescisão indireta), eis que são devidos o pagamento de: aviso-prévio (inclusive a proporcionalidade da Lei n. 12.506/2011, se for o caso); 13º salário proporcional; férias proporcionais, com 1/3; liberação do FGTS, período contratual, com acréscimo de 40% (ressalvados os 10% de contribuição social que o empregador também tem de recolher, em favor do fundo social do FGTS, em vista do disposto no art. 1º, *caput*, da Lei Complementar n. 110, de 2001).

BASE LEGAL:
CF, Art. 7º São direitos dos trabalhadores urbanos e rurais, além de outros que visem à melhoria de sua condição social:
I – relação de emprego protegida contra despedida arbitrária ou sem justa causa, nos termos de lei complementar, que preverá indenização compensatória, dentre outros direitos; [...].
CLT, Art. 477. Na extinção do contrato de trabalho, o empregador deverá proceder à anotação na Carteira de Trabalho e Previdência Social, comunicar a dispensa aos órgãos competentes e realizar o pagamento das verbas rescisórias no prazo e na forma estabelecidos neste artigo. (Redação dada pela Lei nº 13.467, de 2017)

72 Delgado, 2019, p.1351.

DIÁRIAS PARA VIAGEM. *Dir. Trab.*

Quando há necessidade do deslocamento do funcionário, em virtude de trabalho, tem se entendido que a responsabilidade pelo pagamento de diária para viagem (assim compreendidas as despesas dela decorrentes), vem a ser do empregador. Contudo, vale destacar que antes da reforma trabalhista (Lei 13.467/17), a legislação determinava que referidas despesas não poderiam ultrapassar 50% (cinquenta por cento) do salário do funcionário, para que não fossem consideradas como integrantes dele. Por sua vez, com a alteração da reforma trabalhista, referido conceito foi modificado, no sentido de que elas não integram a remuneração do empregado, não se incorporam ao contrato de trabalho e não constituem base de incidência de qualquer encargo trabalhista e previdenciário, ou seja, como tem entendido a Doutrina,[73] foram excluídas, expressamente, do rol salarial as seguintes parcelas: as ajudas de custo; o auxílio-alimentação, vedado o seu pagamento em dinheiro; as diárias para viagem; os prêmios; os abonos (art. 457, §§ 1º e, especialmente, 2º, CLT. Contudo, vale destacar o que no plano Doutrinário tem sido destacado nos casos de fraude, ou seja, se forem concedidas fraudulentamente, contudo – o empregado não realiza viagens, mas recebe diárias para viagem; ou, alternativamente, o empregado recebe um valor sumamente maior, artificialmente maior, do que seria despendido nas viagens, de maneira a, essencialmente, fraudar a legislação trabalhista, previdenciária e tributária. Ora, configurada a fraude, o caráter salarial da verba despontará (art. 9º, CLT).[74] Também vale destacar que no caso dos contratos firmados após a reforma trabalhista, como existe disposição expressa, poder-se-ia entender que resta prejudicada a aplicação da súmula 101, do C. TST, enquanto que para aqueles firmados antes de referida reforma trabalhista, poderá ter questionamento judicial, para estabelecer-se um pronunciamento jurisdicional, como um critério temporal a aplicação de referida Súmula e referida incidência da anterior redação do art. 457, § 2º da CLT.

BASE LEGAL:

CLT, Art. 457. Compreendem-se na remuneração do empregado, para todos os efeitos legais, além do salário devido e pago diretamente pelo empregador, como contraprestação do serviço, as gorjetas que receber. (Redação dada pela Lei nº 1.999, de 1.10.1953)

73 Delgado, 2019, p. 857.

74 Delgado, 2019, p. 859.

[...] § 2º As importâncias, ainda que habituais, pagas a título de ajuda de custo, auxílio-alimentação, vedado seu pagamento em dinheiro, diárias para viagem, prêmios e abonos não integram a remuneração do empregado, não se incorporam ao contrato de trabalho e não constituem base de incidência de qualquer encargo trabalhista e previdenciário. (Redação dada pela Lei nº 13.467, de 2017)
Súmula nº 101 do TST – DIÁRIAS DE VIAGEM. SALÁRIO (incorporada a Orientação Jurisprudencial nº 292 da SBDI-1) – Res. 129/2005, DJ 20, 22 e 25.04.2005
Integram o salário, pelo seu valor total e para efeitos indenizatórios, as diárias de viagem que excedam a 50% (cinquenta por cento) do salário do empregado, enquanto perdurarem as viagens. (primeira parte – ex-Súmula nº 101 – RA 65/1980, DJ 18.06.1980; segunda parte – ex-OJ nº 292 da SBDI-1 – inserida em 11.08.2003)

DIARISTA. *Dir. Trab.*

O trabalhador diarista é aquele entendido como o que trabalha de forma descontínua, não eventual e por exercer por conta própria atividade profissional remunerada, para uma ou mais pessoas ou empresas e não tem relação de emprego. Referido conceito foi muito debatido, por ocasião da caracterização de empregado doméstico (art. 1º, *caput*, Lei n. 5.859/72;), eis que antes da edição da Lei Complementar n. 150/2015, discutia-se muito na Doutrina e Jurisprudência se o diarista poderia ser classificado como empregado doméstico, porque a legislação não definia com precisão e nem conceituava a periodicidade com que o labor na residência poderia ser caracterizado como relação de emprego. Como exemplo, destacamos o que a Doutrina[75] salientou acerca dessa lacuna legislativa no tocante ao conceito e à extensão do "serviço contínuo", sugeriu a adoção de referenciais oferecidos pela legislação estrangeira. Observe-se: DIARISTA – RELAÇÃO DE EMPREGO – A chamada "diarista" (faxineira, lavadeira, passadeira etc.), que trabalha nas residências, de forma descontínua, não é destinatária do art. 1º da lei 5.859/72, que disciplina o trabalho doméstico. Referido dispositivo legal considera doméstico "quem presta serviços de natureza contínua e de finalidade não lucrativa à pessoa ou à família, no âmbito residencial destas [...]." Assim, à luz, portanto, desta vertente interpretativa, configuraria trabalhador eventual doméstico – por incidência da teoria da descontinuidade, adotada expressamente pelo art. 1º, Lei n. 5.859/72 – a chamada diarista doméstica, que labora em distintas residências, vinculando-se a cada uma delas apenas

75 Martinez, 2020, p. 328

uma ou duas vezes por semana,[76] situação essa que já restou definida, por força da Lei Complementar n. 150/2015.

> **BASE LEGAL:**
> Lei Complementar n. 150/2015. – Art. 1o Ao empregado doméstico, assim considerado aquele que presta serviços de forma contínua, subordinada, onerosa e pessoal e de finalidade não lucrativa à pessoa ou à família, no âmbito residencial destas, por mais de 2 (dois) dias por semana, aplica-se o disposto nesta Lei.

DIGITADOR. *Dir. Trab.*

Referida função é definida no Classificação Brasileira de Ocupações (CBO), eis que o digitador (é aquele classificado pelo Código 3-42.40 – CBO) e sua função consiste em trabalhar na entrada de um sistema de processamento de dados, operando mini ou microcomputadores digitais, gravar informações e também de interpretar as mensagens fornecidas pela máquina, para efetuar a detecção dos registros incorretos e adotar as medidas adequadas ao sistema. Inclusive, a Doutrina destaca a despeito disso, que o TST indica a aplicabilidade analógica do art. 72 aos digitadores.[77]

> **BASE LEGAL:**
> CLT, Art. 72. Nos serviços permanentes de mecanografia (datilografia, escrituração ou cálculo), a cada período de 90 (noventa) minutos de trabalho consecutivo corresponderá um repouso de 10 (dez) minutos não deduzidos da duração normal de trabalho.
> Súmula nº 346 do TST – DIGITADOR. INTERVALOS INTRAJORNADA. APLICAÇÃO ANALÓGICA DO ART. 72 DA CLT (mantida) – Res. 121/2003, DJ 19, 20 e 21.11.2003
> Os digitadores, por aplicação analógica do art. 72 da CLT, equiparam-se aos trabalhadores nos serviços de mecanografia (datilografia, escrituração ou cálculo), razão pela qual têm direito a intervalos de descanso de 10 (dez) minutos a cada 90 (noventa) de trabalho consecutivo.

DIREITOS ADQUIRIDOS. *Dir. Civ.*

A Lei de Introdução às Normas do Direito Brasileiro (LINDB) conceitua que consideram-se adquiridos assim os direitos que o seu titular, ou alguém por ele, possa exercer, como aqueles cujo começo do exercício tenha termo pré-fixo, ou condição pré-estabelecida inalterável, a arbí-

---

76 Delgado, 2019, p. 446

77 Martinez, 2020, p. 796.

trio de outrem. Na esfera trabalhista, ele encontra previsão no artigo 468 da Consolidação das Leis do Trabalho (CLT), ao proteger o empregado de quaisquer alterações contratuais que possam prejudicá-lo de forma direta ou indireta.

BASE LEGAL:

CF, Art. 5º Todos são iguais perante a lei, sem distinção de qualquer natureza, garantindo-se aos brasileiros e aos estrangeiros residentes no País a inviolabilidade do direito à vida, à liberdade, à igualdade, à segurança e à propriedade, nos termos seguintes:

[...] XXXVI – a lei não prejudicará o direito adquirido, o ato jurídico perfeito e a coisa julgada;

Lei 13.655/18. – Art. 6º A Lei em vigor terá efeito imediato e geral, respeitados o ato jurídico perfeito, o direito adquirido e a coisa julgada.

[...] § 2º Consideram-se adquiridos assim os direitos que o seu titular, ou alguém por ele, possa exercer, como aqueles cujo começo do exercício tenha termo pré-fixo, ou condição pré-estabelecida inalterável, a arbítrio de outrem.

CLT, Art. 468 – Nos contratos individuais de trabalho só é lícita a alteração das respectivas condições por mútuo consentimento, e ainda assim desde que não resultem, direta ou indiretamente, prejuízos ao empregado, sob pena de nulidade da cláusula infringente desta garantia.

Súmula nº 248 do TST – ADICIONAL DE INSALUBRIDADE. DIREITO ADQUIRIDO (mantida) – Res. 121/2003, DJ 19, 20 e 21.11.2003

A reclassificação ou a descaracterização da insalubridade, por ato da autoridade competente, repercute na satisfação do respectivo adicional, sem ofensa a direito adquirido ou ao princípio da irredutibilidade salarial.

DIRETORES. *Dir. Trab.*

Com a modernização das empresas, o conceito de diretor de sociedade tem se afastado da definição de sócio, devido à própria profissionalização cada vez mais crescente de suas direções, razão pela qual, a Doutrina tem destacado que nesse quadro contextual, a ideia de direção tem-se afastado cada vez mais da ideia de propriedade (e, portanto, da noção de sócio), descolando-se do padrão clássico característico dos primórdios do processo industrial e organizacional do sistema econômico capitalista. Surge, assim, o claro interesse em se discutir a incidência ou não sobre os diretores não proprietários das normas próprias à relação de emprego.[78] Por essa razão, conforme as circunstâncias, o vínculo entre o diretor e a companhia poderá ser trabalhista ou societário.

78 Delgado, 2019, p. 431.

BASE LEGAL:

Lei nº 6.404/76 – Lei das Sociedades Anônimas

Art. 145. As normas relativas a requisitos, impedimentos, investidura, remuneração, deveres e responsabilidade dos administradores aplicam-se a conselheiros e diretores.

DIRIGENTE SINDICAL. *Dir. Trab.*

Ele é conceituado como o empregado que foi eleito para exercer o cargo de direção e representação de sindicato profissional, inclusive como suplente. Dentre as peculiaridades que possui, a Doutrina destaca a que tem garantia de emprego (art. 8º,VIII, CF/88), a qual pode, eventualmente, ser alcançada antes de ele suplantar um ano de serviço na empresa. Em face dessa importante garantia, seu pedido de demissão, implicando renúncia ao mandato sindical e respectiva proteção jurídica, tem de seguir o especificado rito rescisório, com a participação do sindicato e, "[...] se não houver, perante a autoridade local competente do Ministério do Trabalho ou da Justiça do Trabalho".[79] Ademais, também destaca-se que embora o dispositivo celetista não se refira, é claro, expressamente, ao dirigente sindical, considera-se que o abrange, por aplicação analógica: é que a dispensa desse representante obreiro somente pode verificar mediante o rito formal da ação de inquérito para apuração de falta grave, que é pertinente ao empregado estável.[80]

BASE LEGAL:

CLT, Art. 543. O empregado eleito para cargo de administração sindical ou representação profissional, inclusive junto a órgão de deliberação coletiva, não poderá ser impedido do exercício de suas funções, nem transferido para lugar ou mister que lhe dificulte ou torne impossível o desempenho das suas atribuições sindicais.

[...] § 4º – Considera-se cargo de direção ou de representação sindical aquele cujo exercício ou indicação decorre de eleição prevista em lei.

Súmula nº 369 do TST – DIRIGENTE SINDICAL. ESTABILIDADE PROVISÓRIA (redação do item I alterada na sessão do Tribunal Pleno realizada em 14.09.2012) – Res. 185/2012, DEJT divulgado em 25, 26 e 27.09.2012

I – É assegurada a estabilidade provisória ao empregado dirigente sindical, ainda que a comunicação do registro da candidatura ou da eleição e da posse seja realizada fora do prazo previsto no art. 543, § 5º, da CLT, desde

79 Delgado, 2019, p.1369.

80 Delgado, 2019, p.1370

que a ciência ao empregador, por qualquer meio, ocorra na vigência do contrato de trabalho.
II – O art. 522 da CLT foi recepcionado pela Constituição Federal de 1988. Fica limitada, assim, a estabilidade a que alude o art. 543, § 3.º, da CLT a sete dirigentes sindicais e igual número de suplentes.
III – O empregado de categoria diferenciada eleito dirigente sindical só goza de estabilidade se exercer na empresa atividade pertinente à categoria profissional do sindicato para o qual foi eleito dirigente.
IV – Havendo extinção da atividade empresarial no âmbito da base territorial do sindicato, não há razão para subsistir a estabilidade.
V – O registro da candidatura do empregado a cargo de dirigente sindical durante o período de aviso prévio, ainda que indenizado, não lhe assegura a estabilidade, visto que inaplicável a regra do § 3º do art. 543 da Consolidação das Leis do Trabalho.
Súmula nº 379 do TST – DIRIGENTE SINDICAL. DESPEDIDA. FALTA GRAVE. INQUÉRITO JUDICIAL. NECESSIDADE (conversão da Orientação Jurisprudencial nº 114 da SBDI-1) – Res. 129/2005, DJ 20, 22 e 25.04.2005
O dirigente sindical somente poderá ser dispensado por falta grave mediante a apuração em inquérito judicial, inteligência dos arts. 494 e 543, §3º, da CLT. (ex-OJ nº 114 da SBDI-1 – inserida em 20.11.1997)

DISPENSA DISCRIMINATÓRIA. *Dir. Trab.*

Tem-se como entendimento sumulado pelo TST, que a definição de dispensa discriminatória é toda aquela que inclui a despedida de empregado portador do vírus HIV ou de outra doença grave que suscite estigma ou preconceito, eis que existe proteção constitucional que assegura ao trabalhador o direito à relação de emprego protegida contra a dispensa arbitrária. Afinal, tem sido destacado pela Doutrina, que embora não se trate de efetiva garantia de emprego, o fato é que sua dispensa meramente arbitrária presume-se discriminatória, ensejando a reintegração ou indenização equivalente.[81] Também tem sido destacado pela Doutrina, que além da indenização por danos morais, cabe se aquilatarem, evidentemente, os efeitos jurídicos decorrentes do ato ilícito no que tange ao próprio rompimento do contrato. Neste quadro, a ilicitude quanto à causa da extinção contratual pode levar a três alternativas:

a) à própria reintegração no emprego;

b) à indenização rescisória pertinente, se incabível ou não recomendável a reintegração, conforme o caso;

81 Delgado, 2019, p.1394.

c) à conversão em dispensa sem justa causa do tipo de rescisão imposto pelo empregador (caso tenha ocorrido irregular dispensa por justa causa), em contexto da presença de outros fatores rescisórios relevantes.[82]

BASE LEGAL:

CF, Art. 1º A República Federativa do Brasil, formada pela união indissolúvel dos Estados e Municípios e do Distrito Federal, constitui-se em Estado Democrático de Direito e tem como fundamentos:

[...] III – a dignidade da pessoa humana; [...].

Art. 3º Constituem objetivos fundamentais da República Federativa do Brasil:

I – construir uma sociedade livre, justa e solidária;

[...] IV – promover o bem de todos, sem preconceitos de origem, raça, sexo, cor, idade e quaisquer outras formas de discriminação.

Art. 5º Todos são iguais perante a lei, sem distinção de qualquer natureza, garantindo-se aos brasileiros e aos estrangeiros residentes no País a inviolabilidade do direito à vida, à liberdade, à igualdade, à segurança e à propriedade, nos termos seguintes:

I – homens e mulheres são iguais em direitos e obrigações, nos termos desta Constituição;

[...] III – ninguém será submetido a tortura nem a tratamento desumano ou degradante;

[...] V – é assegurado o direito de resposta, proporcional ao agravo, além da indenização por dano material, moral ou à imagem;

[...] X – são invioláveis a intimidade, a vida privada, a honra e a imagem das pessoas, assegurado o direito a indenização pelo dano material ou moral decorrente de sua violação;

[...] Art. 7º São direitos dos trabalhadores urbanos e rurais, além de outros que visem à melhoria de sua condição social:

I – relação de emprego protegida contra despedida arbitrária ou sem justa causa, nos termos de lei complementar, que preverá indenização compensatória, dentre outros direitos;

Súmula nº 443 do TST – DISPENSA DISCRIMINATÓRIA. PRESUNÇÃO. EMPREGADO PORTADOR DE DOENÇA GRAVE. ESTIGMA OU PRECONCEITO. DIREITO À REINTEGRAÇÃO – Res. 185/2012, DEJT divulgado em 25, 26 e 27.09.2012

Presume-se discriminatória a despedida de empregado portador do vírus HIV ou de outra doença grave que suscite estigma ou preconceito. Inválido o ato, o empregado tem direito à reintegração no emprego.

Lei n. 9.029, de 1995 – Art. 1o É proibida a adoção de qualquer prática discriminatória e limitativa para efeito de acesso à relação de trabalho, ou de sua manutenção, por motivo de sexo, origem, raça, cor, estado civil, situação familiar, deficiência, reabilitação profissional, idade, entre outros,

82 Delgado, 2019, p.780.

ressalvadas, nesse caso, as hipóteses de proteção à criança e ao adolescente previstas no inciso XXXIII do art. 7o da Constituição Federal. (Redação dada pela Lei nº 13.146, de 2015) (Vigência)

CC, Art. 927. Aquele que, por ato ilícito (arts. 186 e 187), causar dano a outrem, fica obrigado a repará-lo.

OIT – Convenções ns. 111 e 117.

DISPENSA PLÚRIMA. *Dir. Trab.*

A Doutrina[83] define como referida dispensa, aquela que atinge um número diversificado de empregados, porém não alcança o sentido e o impacto de uma dispensa coletiva, de caráter massivo. Inclusive, com a edição da reforma trabalhista (lei 13.467/17), a qual inseriu o art. 477-A da CLT, vale destacar o conceito trazido pela Doutrina, que diferencia das dispensas coletivas, ao definir que ele equipara as dispensas isoladas àquelas feitas em pequenos blocos – a que chamou de plúrimas – e, ainda, àquelas feitas em larga escala – a que chamou de coletivas – com ou sem o fechamento da filial, do setor ou da empresa como um todo.[84]

BASE LEGAL:

CLT, rt. 477-A. As dispensas imotivadas individuais, plúrimas ou coletivas equiparam-se para todos os fins, não havendo necessidade de autorização prévia de entidade sindical ou de celebração de convenção coletiva ou acordo coletivo de trabalho para sua efetivação. (Incluído pela Lei nº 13.467, de 2017)

Art. 477-B. Plano de Demissão Voluntária ou Incentivada, para dispensa individual, plúrima ou coletiva, previsto em convenção coletiva ou acordo coletivo de trabalho, enseja quitação plena e irrevogável dos direitos decorrentes da relação empregatícia, salvo disposição em contrário estipulada entre as partes. (Incluído pela Lei nº 13.467, de 2017)

DISPENSA SEM JUSTA CAUSA. *Dir. Trab.*

Vide DESPEDIDA SEM JUSTA CAUSA.

BASE LEGAL:

CF, Art. 7º São direitos dos trabalhadores urbanos e rurais, além de outros que visem à melhoria de sua condição social:

83 Delgado, 2019, p.1383.

84 Silva, 2018, p. 213

I – relação de emprego protegida contra despedida arbitrária ou sem justa causa, nos termos de lei complementar, que preverá indenização compensatória, dentre outros direitos;
CLT, Art. 477. Na extinção do contrato de trabalho, o empregador deverá proceder à anotação na Carteira de Trabalho e Previdência Social, comunicar a dispensa aos órgãos competentes e realizar o pagamento das verbas rescisórias no prazo e na forma estabelecidos neste artigo. (Redação dada pela Lei nº 13.467, de 2017)

DISSÍDIO COLETIVO. *Dir. Proc. Trab.*

Pela Doutrina,[85] a terminologia de Direito do Trabalho, que significar qualquer questão havida entre empregado ou empregador que é levada a deliberação da Justiça Trabalhista. Assim, ele é conceituado como coletivo, quando ele é suscitado por uma classe de trabalhadores, sob a iniciativa do seu sindicato. Também elaboram normas que serão aplicados nos contatos individuais de trabalho. Ele possui três abrangências, as quais consistem no dissídio coletivo de direito (que é uma ação que, geralmente, é ajuizada pelo sindicato da categoria, visa dar uma interpretação a uma norma existente, porém que ainda não o foi, por falta de orientação do legislador sobre como essa efetivação poderia ocorrer), também pode ser de natureza econômica (quando se discutem questões que discutem questões que regulamentam alguns pontos do contrato de trabalho, como horas extras, garantias trabalhistas, condições salariais e que específicos a uma determinada categoria profissional. e que criam normas que regulamentam alguns pontos do contrato do trabalho) e por fim, o que ocorre em situação de greve (e neste caso a ação será ajuizada pelo MPT) .

BASE LEGAL:

CF, Art. 114. Compete à Justiça do Trabalho processar e julgar:
[...] II as ações que envolvam exercício do direito de greve;
[...] § 1º Frustrada a negociação coletiva, as partes poderão eleger árbitros.
§ 2º Recusando-se qualquer das partes à negociação coletiva ou à arbitragem, é facultado às mesmas, de comum acordo, ajuizar dissídio coletivo de natureza econômica, podendo a Justiça do Trabalho decidir o conflito, respeitadas as disposições mínimas legais de proteção ao trabalho, bem como as convencionadas anteriormente.
§ 3º Em caso de greve em atividade essencial, com possibilidade de lesão do interesse público, o Ministério Público do Trabalho poderá ajuizar dissídio coletivo, competindo à Justiça do Trabalho decidir o conflito

85 DE PLACIDO E SILVA, 2006, p.482

CLT, Arts. 856 até 875.
Súmula nº 190 do TST – PODER NORMATIVO DO TST. CONDIÇÕES DE TRABALHO. INCONSTITUCIONALIDADE. DECISÕES CONTRÁRIAS AO STF. Ao julgar ou homologar ação coletiva ou acordo nela havido, o Tribunal Superior do Trabalho exerce o poder normativo constitucional, não podendo criar ou homologar condições de trabalho que o Supremo Tribunal Federal julgue iterativamente inconstitucionais.
Súmula nº 286 do TST – SINDICATO. SUBSTITUIÇÃO PROCESSUAL. CONVENÇÃO E ACORDO COLETIVOS. A legitimidade do sindicato para propor ação de cumprimento estende-se também à observância de acordo ou de convenção coletivos.
OJ nº 5 da SDC do TST. – DISSÍDIO COLETIVO. PESSOA JURÍDICA DE DIREITO PÚBLICO. POSSIBILIDADE JURÍDICA. CLÁUSULA DE NATUREZA SOCIAL. Em face de pessoa jurídica de direito público que mantenha empregados, cabe dissídio coletivo exclusivamente para apreciação de cláusulas de natureza social. Inteligência da Convenção nº 151 da Organização Internacional do Trabalho, ratificada pelo Decreto Legislativo nº 206/2010

DISSÍDIO INDIVIDUAL. *Dir. Proc. Trab.*

204 Ele é conceituado nos artigos 837 a 855 da CLT e é definido como a reclamação trabalhista em que o empregado ajuíza uma ação contra seu empregador, pleiteando algum direito previsto na Consolidação das Leis do Trabalho (CLT) ou na convenção coletiva da categoria do empregado (CCT), que, não foi cumprida pelo empregador. Ele possui como espécies o simples (quando penas um trabalhador aciona a justiça trabalhista em face de um ou mais empregadores), o plúrimo (quando dois ou mais trabalhadores são os autores) e o especial ou inquérito judicial que é um processo de direito do empregador e tem por objeto a finalidade de investigar uma falta grave, que foi cometida por um funcionário estável visando a rescisão judicial do contrato de trabalho, ou como a Doutrina define, que uma resolução contratual culposa teria de ser apurada por meio de ação de inquérito judicial, proposta pelo empregador, cuja sentença é que determinaria ou não o término do contrato de trabalho.[86]

BASE LEGAL:
CLT, Arts. 832 até 855.

86 Delgado, 2019, p 1390.

DISTRATO. *Dir. Trab.*

A reforma trabalhista (lei 13.467/17) inseriu mais uma modalidade de extinção do contrato de trabalho, que é definido pela Doutrina como resilição bilateral do contrato isto é, o distrato, no seio do qual se integra a nova hipótese extintiva prevista no art. 484-A da CLT (extinção por acordo entre empregador e empregado). Aqui também poderiam ser inseridas as rupturas por adesão do empregado a PDVs ou PDIs (novo art. 477-B da CLT).[87] Ademais, nesses casos, o trabalhador somente terá direito ao recebimento de metade do aviso prévio; nas ocasiões em que este for indenizado, a multa incidente sobre o FGTS será reduzida para 20% e o trabalhador não poderá sacar a integralidade de seu FGTS, mas apenas 80% de seu saldo e o empregado perderá o direito à habilitação no seguro desemprego, enquanto que as demais verbas demais verbas, como saldo de salário, férias e 13º salário, devem ser pagas normalmente, como se fossem na modalidade de dispensa sem justa causa.

BASE LEGAL:

CLT, Art. 484-A. O contrato de trabalho poderá ser extinto por acordo entre empregado e empregador, caso em que serão devidas as seguintes verbas trabalhistas: (Incluído pela Lei nº 13.467, de 2017)

I – por metade:

a) o aviso prévio, se indenizado; e

b) a indenização sobre o saldo do Fundo de Garantia do Tempo de Serviço, prevista no § 1o do art. 18 da Lei no 8.036, de 11 de maio de 1990;

II – na integralidade, as demais verbas trabalhistas.

§ 1º A extinção do contrato prevista no *caput* deste artigo permite a movimentação da conta vinculada do trabalhador no Fundo de Garantia do Tempo de Serviço na forma do inciso I-A do art. 20 da Lei no 8.036, de 11 de maio de 1990, limitada até 80% (oitenta por cento) do valor dos depósitos.

§ 2º A extinção do contrato por acordo prevista no *caput* deste artigo não autoriza o ingresso no Programa de Seguro-Desemprego.

DISTRIBUIÇÃO DAS RECLAMAÇÕES. *Dir. Proc. Trab.*

A distribuição das reclamações é o ato pelo qual é selecionado o órgão em que o processo deve se desenvolver. A distribuição é feita entre as varas do trabalho ou juízes de direito do cível, que possuem jurisdição trabalhista nas localidades não compreendidas na jurisdição das varas

---

87 Delgado, 2019, p 1343.

do trabalho, de modo a dividir igualmente os processos entre eles. A distribuição, que seguirá a ordem de sua apresentação ao distribuidor, determinará, a princípio, o juízo competente para o julgamento da demanda. Conforme ensina o professor Homero Batista Mateus da Silva, [88] "[...] a distribuição livre, idônea e equitativa é indispensável para o respeito ao princípio do juiz natural num regime democrático de direito." O juiz natural é a autoridade designada por sorteio, de forma aleatória, para apreciar e julgar a lide. Com o advento do processo eletrônico, as práticas antigas de distribuição foram substituídas pelas contemporâneas, em sistema informatizado. Importante destacar que, mesmo nos casos de reclamação verbal, é preciso que primeiro seja feito o sorteio da vara do trabalho, para depois a reclamação ser reduzida a termo, pois tal serviço é designado à própria vara de destino.

BASE LEGAL:

CLT, Art. 783. A distribuição das reclamações será feita entre as Juntas de Conciliação e Julgamento, ou os Juízes de Direito do Cível, nos casos previstos no art. 669, § 1º, pela ordem rigorosa de sua apresentação ao distribuidor, quando o houver.

CLT, Art. 786. A reclamação verbal será distribuída antes de sua redução a termo.

Parágrafo único – Distribuída a reclamação verbal, o reclamante deverá, salvo motivo de força maior, apresentar-se no prazo de 5 (cinco) dias, ao cartório ou à secretaria, para reduzi-la a termo, sob a pena estabelecida no art. 731.

CLT, Art. 788 – Feita a distribuição, a reclamação será remetida pelo distribuidor à Junta ou Juízo competente, acompanhada do bilhete de distribuição.

DISTRIBUIDOR(ES). *Dir. Proc. Trab.*

Distribuidor **é o servidor público designado pelo** Presidente do Tribunal Regional do Trabalho, dentre os servidores de todas varas do trabalho e do respectivo Tribunal Regional, nas localidades em que existir mais de uma vara do trabalho subordinadas ao mesmo Presidente, incumbido da função de realizar a divisão de trabalho de forma equitativa entre as varas do trabalho e remeter os processos para a vara cometente. O distribuidor também tem a função de receber a reclamação verbal. Ele é subordinado diretamente ao Presidente do Tribunal, a quem compete determinar todas as providências administrativas para a correta distribuição dos feitos.

88 Silva, 2019, p. 339.

BASE LEGAL:
CLT, Art. 713. Nas localidades em que existir mais de uma Junta de Conciliação e Julgamento haverá um distribuidor.
CLT, Art. 714. Compete ao distribuidor:
a) a distribuição, pela ordem rigorosa de entrada, e sucessivamente a cada Junta, dos feitos que, para esse fim, lhe forem apresentados pelos interessados;
b) o fornecimento, aos interessados, do recibo correspondente a cada feito distribuído;
c) a manutenção de 2 (dois) fichários dos feitos distribuídos, sendo um organizado pelos nomes dos reclamantes e o outro dos reclamados, ambos por ordem alfabética;
d) o fornecimento a qualquer pessoa que o solicite, verbalmente ou por certidão, de informações sobre os feitos distribuídos;
e) a baixa na distribuição dos feitos, quando isto lhe for determinado pelos Presidentes das Juntas, formando, com as fichas correspondentes, fichários à parte, cujos dados poderão ser consultados pelos interessados, mas não serão mencionados em certidões.
CLT, Art. 715 – Os distribuidores são designados pelo Presidente do Tribunal Regional dentre os funcionários das Juntas e do Tribunal Regional, existentes na mesma localidade, e ao mesmo Presidente diretamente subordinados.
CLT, Art. 731 – Aquele que, tendo apresentado ao distribuidor reclamação verbal, não se apresentar, no prazo estabelecido no parágrafo único do art. 786, à Junta ou Juízo para fazê-lo tomar por termo, incorrerá na pena de perda, pelo prazo de 6 (seis) meses, do direito de reclamar perante a Justiça do Trabalho.

DOAÇÃO VOLUNTÁRIA DE SANGUE. *Dir. Trab.*

É o processo por meio do qual um doador voluntário tem o seu sangue coletado para armazenamento em um hemocentro ou banco de sangue, para que seja usado em transfusão. A medicina admite a doação de sangue bimestral ou trimestral, entretanto, de acordo com a CLT o abono de ausência do empregado é somente de um dia por ano. A ausência é considerada modalidade de interrupção do contrato de trabalho, ou seja, de afastamento das atividades, sustação das obrigações contratuais do empregado e de disponibilidade perante o empregador no período, sem prejuízo da remuneração correspondente, mantendo-se, entretanto, as obrigações empresariais.[89]

BASE LEGAL:
CLT, Art. 473 – O empregado poderá deixar de comparecer ao serviço sem prejuízo do salário: [...]

89 Delgado, 2019, 1.276-1.277.

IV – por um dia, em cada 12 (doze) meses de trabalho, em caso de doação voluntária de sangue devidamente comprovada; [...].
CLT, Art. 131 – Não será considerada falta ao serviço, para os efeitos do artigo anterior, a ausência do empregado:
I – nos casos referidos no art. 473; [...].

DOENÇA GRAVE/HIV. *Dir. Trab.*

Doença grave é a patologia de evolução permanente e prolongada que compromete gravemente a saúde e a funcionalidade do indivíduo. HIV é uma sigla em inglês que designa o vírus da imunodeficiência humana, que causa a AIDS, doença que ataca o sistema imunológico, responsável por defender o organismo de doenças. Em razão dos estigmas e preconceitos causados por essas doenças, a jurisprudência trabalhista, para o fim de conferir efetividade a princípios e regras constitucionais, legais e internacionais ratificadas pelo Brasil, tais como a Convenção n. 111 da OIT, que trata da "Discriminação em Matéria de Emprego e Ocupação" e a Convenção n. 117 da OIT, tratando de "Objetivos e Normas Básicas da Política Social", que vedam a discriminação, se consolidou no sentido de presumir discriminatória a dispensa do empregado que possuir tais patologias, sendo inválido o ato, de modo a ensejar reintegração ou indenização equivalente. A doutrina esclarece se trata de presunção *juris tantum*, e não absoluta. Havendo prova consistente de que, no caso em análise, não se configurou a conduta discriminatória, esvai-se a diretriz presuntiva firmada pelo Direito do Trabalho. Destaca também que, embora não se trate de efetiva garantia de emprego, a existência da presunção agrega proteção ao trabalhador, uma vez que a prática jurisprudencial trabalhista tem evidenciado a ocorrência de reiterados preconceito e discriminação, dentro do ambiente empresarial, seja em razão da própria doença, seja em razão do decréscimo de produtividade laborativa que o malefício tende a produzir no empregado.[90]

BASE LEGAL:
Súmula nº 443 do TST – DISPENSA DISCRIMINATÓRIA. PRESUNÇÃO. EMPREGADO PORTADOR DE DOENÇA GRAVE. ESTIGMA OU PRECONCEITO. DIREITO À REINTEGRAÇÃO – Res. 185/2012, DEJT divulgado em 25, 26 e 27.09.2012

90 Delgado, 2019, p. 975.

Presume-se discriminatória a despedida de empregado portador do vírus HIV ou de outra doença grave que suscite estigma ou preconceito. Inválido o ato, o empregado tem direito à reintegração no emprego.
CPC, Art. 1.048. Terão prioridade de tramitação, em qualquer juízo ou tribunal, os procedimentos judiciais:
I – em que figure como parte ou interessado pessoa com idade igual ou superior a 60 (sessenta) anos ou portadora de doença grave, assim compreendida qualquer das enumeradas no art. 6º, inciso XIV, da Lei nº 7.713, de 22 de dezembro de 1988;
Lei nº 7.713/88, Art. 6º. Ficam isentos do imposto de renda os seguinte rendimentos percebidos por pessoas físicas: [...] XIV – os proventos de aposentadoria ou reforma motivada por acidente em serviço e os percebidos pelos portadores de moléstia profissional, tuberculose ativa, alienação mental, esclerose múltipla, neoplasia maligna, cegueira, hanseníase, paralisia irreversível e incapacitante, cardiopatia grave, doença de Parkinson, espondiloartrose anquilosante, nefropatia grave, hepatopatia grave, estados avançados da doença de Paget (osteíte deformante), contaminação por radiação, síndrome da imunodeficiência adquirida, com base em conclusão da medicina especializada, mesmo que a doença tenha sido contraída depois da aposentadoria ou reforma; (Redação dada pela Lei nº 11.052, de 2004) (Vide Lei nº 13.105, de 2015) (Vigência) (Vide ADIN 6025)"

DOENÇAS PROFISSIONAIS. *Dir. Trab.*

Doenças profissionais são espécies de lesões à segurança ou saúde do trabalhador decorrentes do cumprimento do contrato de trabalho. A Lei 8.213/91, em seu artigo 20, conceitua doença profissional como aquela que é produzida e desencadeada pelo exercício do trabalho que é peculiar a determinada atividade e que consta da relação elaborada pelo Ministério do Trabalho e da Previdência Social, estabelecendo ainda que elas são consideradas como acidente de trabalho, que ocorre pelo exercício do trabalho prestado ao empregador e provoca lesão corporal ou perturbação funcional que acarrete morte ou a perda ou redução, permanente ou temporária, da capacidade para o trabalho. De acordo com a doutrina, a doença profissional, como espécie de lesão acidentária, pode causar danos patrimoniais, morais e até mesmo estéticos, conforme a gravidade da lesão,[91] passíveis de responsabilização do empregador ou tomador de serviços, desde que respeitados certos requisitos jurídicos.

BASE LEGAL: .
CLT, Art. 169 Será obrigatória a notificação das doenças profissionais e das produzidas em virtude de condições especiais de trabalho, comprovadas

91 Delgado, 2019, p. 741-743.

ou objeto de suspeita, de conformidade com as instruções expedidas pelo Ministério do Trabalho. (Redação dada pela Lei nº 6.514, de 22.12.1977)
Lei 8.213/91, Art. 20. Consideram-se acidente do trabalho, nos termos do artigo anterior, as seguintes entidades mórbidas:
I – doença profissional, assim entendida a produzida ou desencadeada pelo exercício do trabalho peculiar a determinada atividade e constante da respectiva relação elaborada pelo Ministério do Trabalho e da Previdência Social;
II – doença do trabalho, assim entendida a adquirida ou desencadeada em função de condições especiais em que o trabalho é realizado e com ele se relacione diretamente, constante da relação mencionada no inciso I.
§ 1º Não são consideradas como doença do trabalho:
a) a doença degenerativa;
b) a inerente a grupo etário;
c) a que não produza incapacidade laborativa;
d) a doença endêmica adquirida por segurado habitante de região em que ela se desenvolva, salvo comprovação de que é resultante de exposição ou contato direto determinado pela natureza do trabalho.
§ 2º Em caso excepcional, constatando-se que a doença não incluída na relação prevista nos incisos I e II deste artigo resultou das condições especiais em que o trabalho é executado e com ele se relaciona diretamente, a Previdência Social deve considerá-la acidente do trabalho.

DOMÉSTICOS. *Dir. Trab.*

A Lei Complementar 150/2015, que dispõe sobre o contrato de trabalho doméstico, define o empregado doméstico em seu artigo 1º, como aquele que presta serviços de forma contínua, subordinada, onerosa e pessoal e de finalidade não lucrativa à pessoa ou à família, no âmbito residencial destas, por mais de 2 (dois) dias por semana. Já, de acordo com a doutrina, empregado doméstico é uma modalidade especial da figura jurídica empregado que tem seu tipo legal composto pelos mesmos cinco elementos fático-jurídicos característicos de qualquer empregado – embora um desses elementos receba conformação jurídica especial. Portanto, é considerado tecnicamente como a "[...] pessoa física que presta, com pessoalidade, onerosidade e subordinadamente, serviços de natureza contínua e de finalidade não lucrativa à pessoa ou à família, em função do âmbito residencial destas." [92] O elemento fático-jurídico comum aos demais empregados, mas que recebe, no caso do doméstico, conformação jurídica distinta é a continuidade. Além desses elementos há também elementos fático-jurídicos específicos da relação de emprego doméstica que é a finalidade não lucrativa dos

92 Delgado, 2019, p. 441-442.

serviços, que devem ser prestados apenas para pessoa física ou família em função do âmbito residencial dos tomadores. Sobreleva destacar também, que é vedada a contratação de menor de 18 (dezoito) anos para o desemprenho de trabalho doméstico.

BASE LEGAL:

LC 150/15, Art. 1º – Ao empregado doméstico, assim considerado aquele que presta serviços de forma contínua, subordinada, onerosa e pessoal e de finalidade não lucrativa à pessoa ou à família, no âmbito residencial destas, por mais de 2 (dois) dias por semana, aplica-se o disposto nesta Lei.

Parágrafo único. É vedada a contratação de menor de 18 (dezoito) anos para desempenho de trabalho doméstico, de acordo com a Convenção no 182, de 1999, da Organização Internacional do Trabalho (OIT) e com o Decreto no 6.481, de 12 de junho de 2008.

CLT, Art. 7º. Os preceitos constantes da presente Consolidação salvo quando for em cada caso, expressamente determinado em contrário, não se aplicam: (Redação dada pelo Decreto-lei nº 8.079, 11.10.1945)

a) aos empregados domésticos, assim considerados, de um modo geral, os que prestam serviços de natureza não-econômica à pessoa ou à família, no âmbito residencial destas;

CLT, Art. 899. Os recursos serão interpostos por simples petição e terão efeito meramente devolutivo, salvo as exceções previstas neste Título, permitida a execução provisória até a penhora. [...]

§ 9º O valor do depósito recursal será reduzido pela metade para entidades sem fins lucrativos, empregadores domésticos, microempreendedores individuais, microempresas e empresas de pequeno porte. (Incluído pela Lei nº 13.467, de 2017)

DOMICÍLIO/TRABALHO EM DOMICÍLIO. *Dir. do Trabalho.*

O trabalho em domicílio é aquele realizado fora das dependências da empresa no domicílio do empregado. De acordo com o doutrinador Maurício Godinho Delgado, que trata do tema junto com o teletrabalho, divide-se em três espécies:

i) trabalho em domicílio tradicional, remunerado por unidade de obra, há tempos existente e comum a certos segmentos profissionais, como as costureiras, os trabalhadores no setor de calçados, as doceiras, etc;

ii) o novo trabalho no domicílio, com configuração tecnológica moderna (*home-office*), que é realizado à base da informática, através dos novos meios de comunicação e de equipamentos elétricos e eletrônicos convergentes;

iii) o teletrabalho, que pode se jungir ao *home-office*, mas pode também se concretizar em distintos locais de utilização dos equipamentos eletrônicos hoje consagrados (informática, internet, telefonia celular, etc.).[93]

Já o professor Homero Batista Mateus da Silva ensina que, em sua configuração tradicional, não é raro que o trabalhador detenha a ferramenta da profissão – a máquina de costura, por exemplo – e seja remunerado "por produção", como a unidade da roupa costurada ou arrematada. Contudo, a modalidade da remuneração e a utilização de maquinário próprio não são decisivos para definir ou refutar a ocorrência da relação de emprego, tendo em vista que o empregado se submete as prescrições técnicas emanadas do empregador e ao comprometimento com a quota de produtos a ser produzidos, o que caracteriza subordinação, elemento da relação de emprego. A subordinação também pode ocorrer através dos meios telemáticos e informatizados de comando, controle e supervisão, que se equiparam, aos meios pessoais e diretos para todos os fins.[94] Importante consignar que, a CLT não distingue entre o trabalho realizado no estabelecimento do empregador, no domicílio do empregado ou à distância, desde que presentes os pressupostos da relação de emprego.

BASE LEGAL: CLT, Art. 6º. Não se distingue entre o trabalho realizado no estabelecimento do empregador, o executado no domicílio do empregado e o realizado a distância, desde que estejam caracterizados os pressupostos da relação de emprego.
Parágrafo único. Os meios telemáticos e informatizados de comando, controle e supervisão se equiparam, para fins de subordinação jurídica, aos meios pessoais e diretos de comando, controle e supervisão do trabalho alheio.
CLT, Art. 83. É devido o salário mínimo ao trabalhador em domicílio, considerado este como o executado na habitação do empregado ou em oficina de família, por conta de empregador que o remunere.

DOMINGOS E FERIADOS. *Dir. do Trabalho.*

De acordo com a Lei 605/1949 e o Decreto 27.048/1949, a semana tem sete dias (segunda-feira a domingo), um dos quais deve ser destinado ao descanso semanal remunerado, que deve ser, preferencialmente, concedido aos domingos. A doutrina define o descanso semanal como

93 Delgado, 2019, p. 1.068.

94 Silva, p. 20.

o lapso temporal de 24 (vinte e quatro) horas consecutivas situado entre os módulos semanais de duração do trabalho do empregado, em que se susta a prestação de serviços e disponibilidade perante o empregador com o objetivo de recomposição da sua energia e inserção familiar, comunitária e política. O descanso semanal é período de interrupção da prestação de serviços, sendo lapso temporal remunerado. O empregado também tem direito a descanso nos feriados, que são definidos, no Direito do Trabalho, como lapsos temporais de um dia, situados ao longo do ano-calendário, eleitos pela legislação em face de datas comemorativas cívicas ou religiosas específicas, em que o empregado também pode sustar a prestação de serviços e sua disponibilidade perante o empregador. As características dos feriados são semelhantes àquelas próprias dos descansos semanais, diferenciando-se pelo fato de que são lapsos temporais não rotineiros, verificados apenas em função da ocorrência de datas festivas legalmente tipificadas. Os descansos semanais remunerados e feriados estão regulados, em geral, pelos mesmos textos legais.[95] Importante destacar que, com relação às jornada 12x36, o art. 59-A da CLT considera que os feriados já estão embutidos na compensação.

BASE LEGAL:

CLT, Art. 67. Será assegurado a todo empregado um descanso semanal de 24 (vinte e quatro) horas consecutivas, o qual, salvo motivo de conveniência pública ou necessidade imperiosa do serviço, deverá coincidir com o domingo, no todo ou em parte.

Paragrafo unico – Nos serviços que exijam trabalho aos domingos, com exceção quanto aos elencos teatrais, será estabelecida escala de revezamento, mensalmente organizada e constando de quadro sujeito à fiscalização.

CLT, Art. 68. O trabalho em domingo, seja total ou parcial, na forma do art. 67, será sempre subordinado à permissão prévia da autoridade competente em matéria de trabalho.

Parágrafo único – A permissão será concedida a título permanente nas atividades que, por sua natureza ou pela conveniência pública, devem ser exercidas aos domingos, cabendo ao Ministro do Trabalho, Industria e Comercio, expedir instruções em que sejam especificadas tais atividades. Nos demais casos, ela será dada sob forma transitória, com discriminação do período autorizado, o qual, de cada vez, não excederá de 60 (sessenta) dias.

CLT, Art. 70. Salvo o disposto nos artigos 68 e 69, é vedado o trabalho em dias feriados nacionais e feriados religiosos, nos termos da legislação própria.

95 Delgado, 2019, p. 1.142.

CLT, Art. 307. A cada 6 (seis) dias de trabalho efetivo corresponderá 1 (um) dia de descanso obrigatório, que coincidirá com o domingo, salvo acordo escrito em contrário, no qual será expressamente estipulado o dia em que se deve verificar o descanso.
CLT, Art. 319. Aos professores é vedado, aos domingos, a regência de aulas e o trabalho em exames.
CLT, Art. 385. O descanso semanal será de 24 (vinte e quatro) horas consecutivas e coincidirá no todo ou em parte com o domingo, salvo motivo de conveniência pública ou necessidade imperiosa de serviço, a juízo da autoridade competente, na forma das disposições gerais, caso em que recairá em outro dia.
Parágrafo único: Observar-se-ão, igualmente, os preceitos da legislação geral sobre a proibição de trabalho nos feriados civis e religiosos.
CLT, Art. 386. Havendo trabalho aos domingos, será organizada uma escala de revezamento quinzenal, que favoreça o repouso dominical.
CF, Art. 7º São direitos dos trabalhadores urbanos e rurais, além de outros que visem à melhoria de sua condição social: [...]
XV – repouso semanal remunerado, preferencialmente aos domingos; [...].
Decreto 27.048/49 – Art. 1º Todo empregado tem direito a repouso remunerado, num dia de cada semana, perfeitamente aos domingos, nos feriados civis e nos religiosos, de acordo com a tradição local, salvo as exceções previstas neste Regulamento.
Decreto 27.048/49 – Art. 11. [...]
§ 4º Para os efeitos do pagamento da remuneração, entende-se como semana o período da segunda-feira a domingo, anterior à semana em que recair o dia de repouso definido no art. 1º.
Lei 605/49 – Art. 1º Todo empregado tem direito ao repouso semanal remunerado de vinte e quatro horas consecutivas, preferentemente aos domingos e, nos limites das exigências técnicas das empresas, nos feriados civis e religiosos, de acordo com a tradição local.
Súmula nº 146 do TST – TRABALHO EM DOMINGOS E FERIADOS, NÃO COMPENSADO (incorporada a Orientação Jurisprudencial nº 93 da SBDI-1) – Res. 121/2003, DJ 19, 20 e 21.11.2003
O trabalho prestado em domingos e feriados, não compensado, deve ser pago em dobro, sem prejuízo da remuneração relativa ao repouso semanal.

DONO DA OBRA. *Dir. Trab.*

Dono da obra é aquele que contrata os serviços de uma empreiteira para realização de uma reforma, construção, ou serviços similares. Conforme esclarece o professor Homero Batista Mateus da Silva[96] o art. 455, *caput*, da CLT, estipula, que nos contratos de subempreita-

96 Silva, 2019, p. 185.

da, o empreiteiro principal (tomador de serviços) é corresponsável pelos débitos trabalhistas do subempreiteiro (prestador de serviços). Entretanto, o dispositivo legal não prevê que deve haver outra pessoa acima dele, ou seja, o dono da obra. Portanto, omite-se, pois, a CLT a respeito da responsabilidade do dono da obra, de modo que ficou a cargo da jurisprudência delimitar os contornos dessa responsabilidade. A jurisprudência do TST elaborou o primeiro verbete sobre esse assunto em novembro de 2000 (OJ nº 191 da SBDI-1), porém o entendimento sofreu alteração em maio de 2011 (redação vigente até os dias atuais) e atualmente é regido pela tese firmada em julgamento de incidente de recursos repetitivos.[97] Conforme elucida o doutrinador Maurício Godinho Delgado, a tese estabelece que a exclusão de responsabilidade do dono da obra em contratos de empreitada será ampla, deixando de ocorrer, entretanto, em duas hipóteses:

a) nos casos em que o dono da obra de construção civil seja construtor ou incorporador e, portanto, desenvolva a mesma atividade econômica do empreiteiro;

b) excetuados os entes públicos da Administração Direta e Indireta (que se manterão isentos de responsabilização, se atuando como donos da obra), haverá responsabilidade nos casos em que houver inadimplemento das obrigações trabalhistas contraídas por empreiteiro que contratar, sem idoneidade econômico-financeira; nesse caso, o dono da obra responderá subsidiariamente por tais obrigações, em face de aplicação analógica do art. 455 da CLT e da culpa *in eligendo* configurada.[98]

BASE LEGAL:

OJ 191. SBDI-1 – CONTRATO DE EMPREITADA. DONO DA OBRA DE CONSTRUÇÃO CIVIL. RESPONSABILIDADE. (nova redação) – Res. 175/2011, DEJT divulgado em 27, 30 e 31.05.2011

Diante da inexistência de previsão legal específica, o contrato de empreitada de construção civil entre o dono da obra e o empreiteiro não enseja responsabilidade solidária ou subsidiária nas obrigações trabalhistas contraídas pelo empreiteiro, salvo sendo o dono da obra uma empresa construtora ou incorporadora.

CLT, Art. 455. Nos contratos de subempreitada responderá o subempreiteiro pelas obrigações derivadas do contrato de trabalho que celebrar, cabendo,

---

97 IRR-190-53.2015.5.03.0090. Relator Min. João Oreste Dalazen, sessão de 11.5.2017, com publicação do acórdão em 30 de junho de 2017.

98 Delgado, 2019, p. 608.

todavia, aos empregados, o direito de reclamação contra o empreiteiro principal pelo inadimplemento daquelas obrigações por parte do primeiro. Parágrafo único: Ao empreiteiro principal fica ressalvada, nos termos da lei civil, ação regressiva contra o subempreiteiro e a retenção de importâncias a este devidas, para a garantia das obrigações previstas neste artigo.

IRR-190-53.2015.5.03.0090. RESPONSABILIDADE SUBSIDIÁRIA – DONA DA OBRA – APLICAÇÃO DA OJ 191 DA SbDI-1 LIMITADA À PESSOA FÍSICA OU MICRO E PEQUENAS EMPRESAS:

I) A exclusão de responsabilidade solidária ou subsidiária por obrigação trabalhista a que se refere a Orientação Jurisprudencial n. 191 da SDI-1 do TST não se restringe à pessoa física ou micro e pequenas empresas, compreende igualmente empresas de médio e grande porte e entes públicos (decidido por unanimidade).

II) A excepcional responsabilidade por obrigações trabalhistas prevista na parte final da Orientação Jurisprudencial n. 191, por aplicação analógica do art. 455 da CLT, alcança os casos em que o dono da obra de construção civil é construtor ou incorporador e, portanto, desenvolve a mesma atividade econômica do empreiteiro (decidido por unanimidade).

III) Não é compatível com a diretriz sufragada na Orientação Jurisprudencial n. 191 da SDI-1 do TST jurisprudência de Tribunal Regional do Trabalho que amplia a responsabilidade trabalhista ao dono da obra, excepcionando apenas "a pessoa física ou micro e pequenas empresas, na forma da lei, que não exerçam atividade econômica vinculada ao objeto contratado" (decidido por unanimidade).

IV) Exceto ente público da Administração Direta e Indireta, se houver inadimplemento das obrigações trabalhistas contraídas por empreiteiro que contratar, sem idoneidade econômico-financeira, o dono da obra responderá subsidiariamente por tais obrigações, em face de aplicação analógica do art. 455 da CLT e culpa in eligendo (decidido por maioria, vencido o Exmo. Ministro Márcio Eurico Vitral Amaro).

DUPLO GRAU DE JURISDIÇÃO. *Dir. Proc. Civ./Dir. Proc. Trab.*

O duplo grau de jurisdição é um princípio de direito processual, que implica no direito ao reexame de uma decisão judicial, da forma mais plena e ampla possível. É, portanto, o direito que as partes têm de verem seus recursos sendo julgados por um órgão diferente daquele que proferiu a decisão, o chamado juízo *ad quem*, que é o juízo superior àquele que julgou o caso em primeira instância. Há controvérsias quanto à sua natureza jurídica. Conforme nos ensina o professor Mauro Schiavi,[99] alguns autores entendem que se trata de princípio constitucional, pois o artigo 5º, LV da Constituição consagra os recur-

99 Schiavi, 2020, p. 934.

sos inerentes ao contraditório. Outros dizem que o princípio estaria implícito nos artigos 102 e 105 da Constituição, ao regulamentar os recursos extraordinário e especial. Por outro lado, parte da doutrina entende que o princípio tem natureza infraconstitucional. Tem prevalecido o entendimento de que o duplo grau de jurisdição não é um princípio constitucional, pois além de não estar expressamente previsto na Constituição, também não decorre do devido processo legal, do contraditório ou da inafastabilidade da jurisdição. A previsão do artigo 5º, LV, alude aos meios e recursos inerentes ao contraditório e à ampla defesa, sendo que o termo recursos é empregado no sentido de viabilizar os recursos previstos em lei para o exercício desses princípios. Desse modo, o direito de recorrer não poderá ser exercido em qualquer situação, mas somente quando a lei disciplinar. Na Justiça do Trabalho pode ser observado no artigo 893 e seguintes da CLT (que tratam dos recursos) e na Súmula 303, TST.

BASE LEGAL:

CF, Art. 5º [...] LV – aos litigantes, em processo judicial ou administrativo, e aos acusados em geral são assegurados o contraditório e ampla defesa, com os meios e recursos a ela inerentes;

CPC, Art. 496. Está sujeita ao duplo grau de jurisdição, não produzindo efeito senão depois de confirmada pelo tribunal, a sentença:

I – proferida contra a União, os Estados, o Distrito Federal, os Municípios e suas respectivas autarquias e fundações de direito público;

II – que julgar procedentes, no todo ou em parte, os embargos à execução fiscal. [...]

Súmula nº 303 do TST – FAZENDA PÚBLICA. REEXAME NECESSÁRIO (nova redação em decorrência do CPC de 2015) – Res. 211/2016, DEJT divulgado em 24, 25 e 26.08.2016

I – Em dissídio individual, está sujeita ao reexame necessário, mesmo na vigência da Constituição Federal de 1988, decisão contrária à Fazenda Pública, salvo quando a condenação não ultrapassar o valor correspondente a:

a) 1.000 (mil) salários mínimos para a União e as respectivas autarquias e fundações de direito público;

b) 500 (quinhentos) salários mínimos para os Estados, o Distrito Federal, as respectivas autarquias e fundações de direito público e os Municípios que constituam capitais dos Estados;

c) 100 (cem) salários mínimos para todos os demais Municípios e respectivas autarquias e fundações de direito público.

II – Também não se sujeita ao duplo grau de jurisdição a decisão fundada em:

a) súmula ou orientação jurisprudencial do Tribunal Superior do Trabalho;

b) acórdão proferido pelo Supremo Tribunal Federal ou pelo Tribunal Superior do Trabalho em julgamento de recursos repetitivos;

c) entendimento firmado em incidente de resolução de demandas repetitivas ou de assunção de competência;
d) entendimento coincidente com orientação vinculante firmada no âmbito administrativo do próprio ente público, consolidada em manifestação, parecer ou súmula administrativa.
III – Em ação rescisória, a decisão proferida pelo Tribunal Regional do Trabalho está sujeita ao duplo grau de jurisdição obrigatório quando desfavorável ao ente público, exceto nas hipóteses dos incisos anteriores. (ex-OJ nº 71 da SBDI-1 – inserida em 03.06.1996) IV – Em mandado de segurança, somente cabe reexame necessário se, na relação processual, figurar pessoa jurídica de direito público como parte prejudicada pela concessão da ordem. Tal situação não ocorre na hipótese de figurar no feito como impetrante e terceiro interessado pessoa de direito privado, ressalvada a hipótese de matéria administrativa. (ex-OJs nºs 72 e 73 da SBDI-1 – inseridas, respectivamente, em 25.11.1996 e 03.06.1996).
Decreto 678/92 (Pacto de San José da Costa Rica ou Convenção Americana dos Direitos Humanos). Artigo 8º – [...] 2. Toda pessoa acusada de delito tem direito a que se presuma sua inocência enquanto não se comprove legalmente sua culpa. Durante o processo, toda pessoa tem direito, em plena igualdade, às seguintes garantias mínimas: [...] h) direito de recorrer da sentença para juiz ou tribunal superior.

DURAÇÃO DO TRABALHO. *Dir. do Trabalho.*

A duração do trabalho é regulada no Capítulo II, Título II da CLT, composto pelos artigos 57 até 75, que tratam da jornada, da duração semanal de labor, dos intervalos intrajornada e interjornadas, do trabalho noturno e dos repousos trabalhistas. Entretanto, há também previsões específicas, em relação a algumas atividades e trabalhadores, espalhadas em outros dispositivos da CLT. Conforme conceitua o doutrinador Maurício Godinho Delgado, duração do trabalho "[...] abrange o lapso temporal de labor ou disponibilidade do empregado perante seu empregador em virtude do contrato, considerados distintos parâmetros de mensuração: dia (duração diária, ou jornada), semana (duração semanal), mês (duração mensal), e até mesmo o ano (duração anual)." [100] É importante distinguir a duração do trabalho, que tem abrangência mais ampla, de jornada de trabalho e horário de trabalho. Jornada de trabalho é o tempo diário em que o empregado precisa se colocar em disponibilidade perante seu empregador, em decorrência do contrato de trabalho e horário é o lapso temporal entre o início e o fim de certa jornada laboral.

100 Delgado, 2019, p. 1029.

BASE LEGAL:

CLT, Art. 58. A duração normal do trabalho, para os empregados em qualquer atividade privada, não excederá de 8 (oito) horas diárias, desde que não seja fixado expressamente outro limite.

§ 1º Não serão descontadas nem computadas como jornada extraordinária as variações de horário no registro de ponto não excedentes de cinco minutos, observado o limite máximo de dez minutos diários. (Parágrafo incluído pela Lei nº 10.243, de 19.6.2001)

§ 2º O tempo despendido pelo empregado desde a sua residência até a efetiva ocupação do posto de trabalho e para o seu retorno, caminhando ou por qualquer meio de transporte, inclusive o fornecido pelo empregador, não será computado na jornada de trabalho, por não ser tempo à disposição do empregador. (Redação dada pela Lei nº 13.467, de 2017) (Vigência)

CLT, Art. 61. Ocorrendo necessidade imperiosa, poderá a duração do trabalho exceder do limite legal ou convencionado, seja para fazer face a motivo de força maior, seja para atender à realização ou conclusão de serviços inadiáveis ou cuja inexecução possa acarretar prejuízo manifesto.

§ 1º O excesso, nos casos deste artigo, pode ser exigido independentemente de convenção coletiva ou acordo coletivo de trabalho. (Redação dada pela Lei nº 13.467, de 2017)

§ 2º Nos casos de excesso de horário por motivo de força maior, a remuneração da hora excedente não será inferior à da hora normal. Nos demais casos de excesso previstos neste artigo, a remuneração será, pelo menos, 25% (vinte e cinco por cento) superior à da hora normal, e o trabalho não poderá exceder de 12 (doze) horas, desde que a lei não fixe expressamente outro limite.

§ 3º Sempre que ocorrer interrupção do trabalho, resultante de causas acidentais, ou de força maior, que determinem a impossibilidade de sua realização, a duração do trabalho poderá ser prorrogada pelo tempo necessário até o máximo de 2 (duas) horas, durante o número de dias indispensáveis à recuperação do tempo perdido, desde que não exceda de 10 (dez) horas diárias, em período não superior a 45 (quarenta e cinco) dias por ano, sujeita essa recuperação à prévia autorização da autoridade competente.

CLT, Art. 225. A duração normal de trabalho dos bancários poderá ser excepcionalmente prorrogada até 8 (oito) horas diárias, não excedendo de 40 (quarenta) horas semanais, observados os preceitos gerais sobre a duração do trabalho. (Redação dada pela Lei nº 6.637, de 8.5.1979)

CLT, Art. 233. A duração normal de trabalho dos músicos profissionais poderá ser elevada até oito horas diárias, observados os preceitos gerais sobre duração do trabalho.

CLT, Art. 240. Nos casos de urgência ou de acidente, capazes de afetar a segurança ou regularidade do serviço, poderá a duração do trabalho ser excepcionalmente elevada a qualquer número de horas, incumbindo à Estrada zelar pela incolumidade dos seus empregados e pela possibilidade de revezamento de turmas, assegurando ao pessoal um repouso correspondente e

comunicando a ocorrência ao Ministério do Trabalho, Industria e Comercio, dentro de 10 (dez) dias da sua verificação.
Parágrafo único: Nos casos previstos neste artigo, a recusa, sem causa justificada, por parte de qualquer empregado, à execução de serviço extraordinário será considerada falta grave.
CLT, Art. 411. A duração do trabalho do menor regular-se-á pelas disposições legais relativas à duração do trabalho em geral, com as restrições estabelecidas neste Capítulo.
CLT, Art. 432. A duração do trabalho do aprendiz não excederá de seis horas diárias, sendo vedadas a prorrogação e a compensação de jornada. (Redação dada pela Lei nº 10.097, de 19.12.2000)
§ 1º O limite previsto neste artigo poderá ser de até oito horas diárias para os aprendizes que já tiverem completado o ensino fundamental, se nelas forem computadas as horas destinadas à aprendizagem teórica. (Redação dada pela Lei nº 10.097, de 19.12.2000)
§ 2º Revogado. (Redação dada pela Lei nº 10.097, de 19.12.2000)

E

EFEITO DEVOLUTIVO. *Dir. Proc. Civ. Dir. Proc. Trab.*

O efeito devolutivo é o de devolver toda a matéria para reexame em instância superior, ou seja, devolver ao tribunal a jurisdição para a sua apreciação através de recurso. Segundo a doutrina, todos os recursos têm efeito devolutivo, pois transfere a matéria a outro órgão hierarquicamente superior ao que prolatou a decisão à reapreciação da matéria que fora objeto de impugnação. Entretanto, parte da doutrina entende que os embargos de declaração, por serem apreciados pelo mesmo órgão que prolatou a decisão e por não permitirem a cassação da decisão embargada, não possuem tal efeito.[101] Em regra, o efeito devolutivo abrange toda a matéria impugnada. Portanto, se o recurso for parcial, a matéria não impugnada não será devolvida ao órgão *ad quem*. Importante destacar também que a doutrina classifica os limites do efeito devolutivo da apelação em:

a) extensão ou horizontal;

b) vertical ou profundidade.

Nesse sentido, como explica Marcus Vinicius Rios Gonçalves: "A extensão da devolutividade é limitada por aquilo que é postulado no recurso. Se recorrer de apenas uma das partes, somente ela será reexaminada." [102] Já quanto ao aspecto vertical, serão objeto de apreciação e julgamento pelo Tribunal todas as questões suscitadas e discutidas no processo, mesmo que não tenham sido impugnadas, desde que relativas as capítulo impugnado. Quando o pedido ou a defesa tiver mais de um fundamento e apenas um for escolhido pelo juiz, a apelação devolverá ao tribunal o conhecimento dos demais. Por fim, como a CLT é omissa com relação à extensão e profundidade do efeito devolutivo no Recurso Ordinário, se aplica, por força do artigo 769 da CLT, o *caput* e os §§ 1º e 2º do artigo 1.013 do CPC. [103]

---

101 Schiavi, 2020, p. 989.

102 Gonçalves, 2007, p. 76.

103 Schiavi, 2020, p. 991-992.

BASE LEGAL:

CLT, Art. 899. Os recursos serão interpostos por simples petição e terão efeito meramente devolutivo, salvo as exceções previstas neste Título, permitida a execução provisória até a penhora. (Redação dada pela Lei nº 5.442, de 24.5.1968) (Vide Lei nº 7.701, de 1988) [...].

CLT, Art. 896. [...] § 1º O recurso de revista, dotado de efeito apenas devolutivo, será interposto perante o Presidente do Tribunal Regional do Trabalho, que, por decisão fundamentada, poderá ecebe-lo ou denegá-lo. (Redação dada pela Lei nº 13.015, de 2014) [...].

Súmula nº 393 do TST – RECURSO ORDINÁRIO. EFEITO DEVOLUTIVO EM PROFUNDIDADE. ART. 1.013, § 1º, DO CPC DE 2015. ART. 515, § 1º, DO CPC DE 1973. (nova redação em decorrência do CPC de 2015) – Res. 208/2016, DEJT divulgado em 22, 25 e 26.04.2016

I – O efeito devolutivo em profundidade do recurso ordinário, que se extrai do § 1º do art. 1.013 do CPC de 2015 (art. 515, §1º, do CPC de 1973), transfere ao Tribunal a apreciação dos fundamentos da inicial ou da defesa, não examinados pela sentença, ainda que não renovados em contrarrazões, desde que relativos ao capítulo impugnado.

II – Se o processo estiver em condições, o tribunal, ao julgar o recurso ordinário, deverá decidir desde logo o mérito da causa, nos termos do § 3º do art. 1.013 do CPC de 2015, inclusive quando constatar a omissão da sentença no exame de um dos pedidos.

CPC, Art. 1.013. A apelação devolverá ao tribunal o conhecimento da matéria impugnada.

§ 1º Serão, porém, objeto de apreciação e julgamento pelo tribunal todas as questões suscitadas e discutidas no processo, ainda que não tenham sido solucionadas, desde que relativas ao capítulo impugnado.

§ 2º Quando o pedido ou a defesa tiver mais de um fundamento e o juiz acolher apenas um deles, a apelação devolverá ao tribunal o conhecimento dos demais.

§ 3º Se o processo estiver em condições de imediato julgamento, o tribunal deve decidir desde logo o mérito quando:

I – reformar sentença fundada no art. 485;

II – decretar a nulidade da sentença por não ser ela congruente com os limites do pedido ou da causa de pedir;

III – constatar a omissão no exame de um dos pedidos, hipótese em que poderá julgá-lo;

IV – decretar a nulidade de sentença por falta de fundamentação.

§ 4º Quando reformar sentença que reconheça a decadência ou a prescrição, o tribunal, se possível, julgará o mérito, examinando as demais questões, sem determinar o retorno do processo ao juízo de primeiro grau.

§ 5º O capítulo da sentença que confirma, concede ou revoga a tutela provisória é impugnável na apelação.

EFEITO SUSPENSIVO. *Dir. Proc. Civ./Dir. Proc. Trab.*

O efeito suspensivo é aquele que suspende a eficácia da decisão proferida até que o recurso interposto contra ela seja julgado. É uma qualidade do recurso que adia produção de efeitos da decisão impugnada até que transite em julgado a decisão sobre o recurso. No Processo do Trabalho, em regra, os recursos não têm efeito suspensivo, de modo que a sentença pode ser executada provisoriamente. Por outro lado, tratando-se de dissídio coletivo, há possibilidade de ser concedido tal efeito ao recurso ordinário, nos termos da Lei 10.192/2001. O Presidente do Tribunal examina a fundamentação do pedido e se entender que há possibilidade de o Tribunal rever as cláusulas impugnadas, concede a suspensão. Isso é importante porque a Lei 4.725/1965, ao disciplinar o processo de dissídio coletivo, estabelece no art. 6º, § 3º, que o provimento do recurso não importará na restituição dos salários ou vantagens pagos, em execução do julgado. Por outro lado, se for suspensa a decisão e a cláusula, depois, for mantida, o aumento será pago retroativamente. Conforme esclarece Mauro Schiavi, a atual jurisprudência do TST entende ser aplicável o art. 1.029, § 5º do CPC para obtenção de efeito suspensivo ao recurso em algumas hipóteses em que a execução provisória da sentença possa acarretar danos irreparáveis ou de difícil reparação ao reclamado. [104]

BASE LEGAL:

CLT, Art. 161. [...]

§ 3º – Da decisão do Delegado Regional do Trabalho poderão os interessados recorrer, no prazo de 10 (dez) dias, para o órgão de âmbito nacional competente em matéria de segurança e medicina do trabalho, ao qual será facultado dar efeito suspensivo ao recurso. (Incluído pela Lei nº 6.514, de 22.12.1977)

CLT, Art. 876. As decisões passadas em julgado ou das quais não tenha havido recurso com efeito suspensivo; os acordos, quando não cumpridos; os termos de ajuste de conduta firmados perante o Ministério Público do Trabalho e os termos de conciliação firmados perante as Comissões de Conciliação Prévia serão executada pela forma estabelecida neste Capítulo. (Redação dada pela Lei nº 9.958, de 12.1.2000)

Lei 10.192/2001 – Art. 14. O recurso interposto de decisão normativa da Justiça do Trabalho terá efeito suspensivo, na medida e extensão conferidas em despacho do Presidente do Tribunal Superior do Trabalho.

CPC, Art. 1.029 – [...]

104 Schiavi, 2020, p. 994.

§ 5º O pedido de concessão de efeito suspensivo a recurso extraordinário ou a recurso especial poderá ser formulado por requerimento dirigido:
I – ao tribunal superior respectivo, no período compreendido entre a publicação da decisão de admissão do recurso e sua distribuição, ficando o relator designado para seu exame prevento para julgá-lo; (Redação dada pela Lei nº 13.256, de 2016)
II – ao relator, se já distribuído o recurso;
III – ao presidente ou ao vice-presidente do tribunal recorrido, no período compreendido entre a interposição do recurso e a publicação da decisão de admissão do recurso, assim como no caso de o recurso ter sido sobrestado, nos termos do art. 1.037 . (Redação dada pela Lei nº 13.256, de 2016)
Súmula nº 414 do TST – MANDADO DE SEGURANÇA. TUTELA PROVISÓRIA CONCEDIDA ANTES OU NA SENTENÇA (nova redação em decorrência do CPC de 2015) – Res. 217/2017 – DEJT divulgado em 20, 24 e 25.04.2017
I – A tutela provisória concedida na sentença não comporta impugnação pela via do mandado de segurança, por ser impugnável mediante recurso ordinário. É admissível a obtenção de efeito suspensivo ao recurso ordinário mediante requerimento dirigido ao tribunal, ao relator ou ao presidente ou ao vice-presidente do tribunal recorrido, por aplicação subsidiária ao processo do trabalho do artigo 1.029, § 5º, do CPC de 2015.
II – No caso de a tutela provisória haver sido concedida ou indeferida antes da sentença, cabe mandado de segurança, em face da inexistência de recurso próprio.
III – A superveniência da sentença, nos autos originários, faz perder o objeto do mandado de segurança que impugnava a concessão ou o indeferimento da tutela provisória.

ELEIÇÕES SINDICAIS. *Dir. do Trabalho.*

As eleições sindicais estão disciplinadas entre os artigos 529 a 532 da CLT. Elas representam o processo de escolha daqueles que serão administradores ou representantes sindicais de uma classe econômica ou profissional. O artigo 529 da CLT estabelece as regras para os que querem votar ou se candidatar a um cargo de administração ou representação econômica ou profissional, ou seja, o associado precisa:

i) ter mais de seis meses de inscrição no quadro social e mais de dois anos de exercício da atividade ou da profissão; i

i) ter mais de 18 (dezoito) anos;

iii) estar usufruindo dos direitos sindicais.

A Constituição Federal prevê que é livre a associação profissional ou sindical. Entretanto, uma vez associado, é obrigatório o voto nas eleições sindicais. A importância das eleições sindicais reside na função que os sindicatos desempenham na garantia dos direitos trabalhista, pois a eles cabe a defesa dos direitos e interesses coletivos ou individuais da categoria, inclusive em questões judiciais ou administrativas. Portanto, a escolha daqueles que serão os legítimos representantes sindicais merece bastante atenção.

BASE LEGAL:

CLT, Art. 529. São condições para o exercício do direito do voto como para a investidura em cargo de administração ou representação econômica ou profissional:

a) ter o associado mais de seis meses de inscrição no Quadro Social e mais de 2 (dois) anos de exercício da atividade ou da profissão; (Redação dada pelo Decreto-lei nº 8.080, 11.10.1945)

b) ser maior de 18 (dezoito) anos;

c) estar no gozo dos direitos sindicais.

Parágrafo único – É obrigatório aos associados o voto nas eleições sindicais. (Incluído pelo Decreto-lei nº 229, de 28.2.1967)

CF, Art. 5º – [...] XX – ninguém poderá ser compelido a associar-se ou a permanecer associado; [...].

CF, Art. 8º É livre a associação profissional ou sindical, observado o seguinte: [...] VII – o aposentado filiado tem direito a votar e ser votado nas organizações sindicais; [...].

OJ SDC 28. TST – EDITAL DE CONVOCAÇÃO DA AGT. PUBLICAÇÃO. BASE TERRITORIAL. VALIDADE. (inserida em 19.08.1998)

O edital de convocação para a AGT deve ser publicado em jornal que circule em cada um dos municípios componentes da base territorial.

OJ 29. SDC TST – EDITAL DE CONVOCAÇÃO E ATA DA ASSEMBLÉIA GERAL. REQUISITOS ESSENCIAIS PARA INSTAURAÇÃO DE DISSÍDIO COLETIVO. (inserida em 19.08.1998)

O edital de convocação da categoria e a respectiva ata da AGT constituem peças essenciais à instauração do processo de dissídio coletivo.

Súmula 4 STJ – Compete a Justiça Estadual julgar causa decorrente do processo eleitoral sindical.

ELETRICITÁRIOS. *Dir. do Trabalho.*

Os eletricitários são trabalhadores que executam atividades ou operações em instalações ou equipamentos elétricos energizados em alta tensão ou equipamentos integrantes do Sistema Elétrico de Potência (SEP) ou em outras instalações e equipamentos elétricos em condições de periculosidade. Em razão do risco inerente a atividade e do elevado número de mortes na profissão, o legislador criou uma forma de periculosidade específica para o contato com a rede elétrica através da Lei

7.369/1985, estabelecendo o suplemento de 30% (trinta por cento) sobre a remuneração desses trabalhadores. Entretanto, com a edição da Lei 12.740/2012 que revogou a Lei 7.369/1985, o adicional de periculosidade dos eletricitários passou a ser calculado sobre o salário-base e não mais sobre a remuneração, conforme a nova redação dada ao artigo 193 da CLT pela Lei 7.369/1985. Como surgiram muitas controvérsias após referida alteração, em razão da problemática envolvendo os trabalhadores eletricitários contratados sob a égide da lei anterior, o TST fixou entendimento (Súmula 191 do TST) no sentido de que o empregado eletricitário, admitido antes da Lei 12.740/2012, e que já recebia o adicional de periculosidade sobre a totalidade das parcelas de natureza salarial, não pode ter a incidência do referido adicional calculado somente sobre o salário básico. De modo que a nova modalidade de cálculo do adicional incide apenas no contrato de trabalho firmado a partir da vigência da Lei 12.740/2012.

BASE LEGAL:

CLT, Art. 193. São consideradas atividades ou operações perigosas, na forma da regulamentação aprovada pelo Ministério do Trabalho e Emprego, aquelas que, por sua natureza ou métodos de trabalho, impliquem risco acentuado em virtude de exposição permanente do trabalhador a: (Redação dada pela Lei nº 12.740, de 2012)

I – inflamáveis, explosivos ou energia elétrica; (Incluído pela Lei nº 12.740, de 2012)

II – roubos ou outras espécies de violência física nas atividades profissionais de segurança pessoal ou patrimonial. (Incluído pela Lei nº 12.740, de 2012)

§ 1º – O trabalho em condições de periculosidade assegura ao empregado um adicional de 30% (trinta por cento) sobre o salário sem os acréscimos resultantes de gratificações, prêmios ou participações nos lucros da empresa. (Incluído pela Lei nº 6.514, de 22.12.1977)

Súmula nº 191 TST – ADICIONAL DE PERICULOSIDADE. INCIDÊNCIA. BASE DE CÁLCULO (cancelada a parte final da antiga redação e inseridos os itens II e III) – Res. 214/2016, DEJT divulgado em 30.11.2016 e 01 e 02.12.2016

I – O adicional de periculosidade incide apenas sobre o salário básico e não sobre este acrescido de outros adicionais.

II – O adicional de periculosidade do empregado eletricitário, contratado sob a égide da Lei nº 7.369/1985, deve ser calculado sobre a totalidade das parcelas de natureza salarial. Não é válida norma coletiva mediante a qual se determina a incidência do referido adicional sobre o salário básico.

III – A alteração da base de cálculo do adicional de periculosidade do eletricitário promovida pela Lei nº 12.740/2012 atinge somente contrato de trabalho firmado a partir de sua vigência, de modo que, nesse caso, o cálculo será realizado exclusivamente sobre o salário básico, conforme determina o § 1º do art. 193 da CLT.

NR 16 – Anexo 4 – ATIVIDADES E OPERAÇÕES PERIGOSAS COM ENERGIA ELÉTRICA

1. Têm direito ao adicional de periculosidade os trabalhadores:

a) que executam atividades ou operações em instalações ou equipamentos elétricos energizados em alta tensão;

b) que realizam atividades ou operações com trabalho em proximidade, conforme estabelece a NR10;

c) que realizam atividades ou operações em instalações ou equipamentos elétricos energizados em baixa tensão no Sistema Elétrico de Consumo (SEC), no caso de descumprimento do item 10.2.8 e seus subitens da NR10 – Segurança em Instalações e Serviços em Eletricidade;

d) das empresas que operam em instalações ou equipamentos integrantes do sistema elétrico de potência – SEP, bem como suas contratadas, em conformidade com as atividades e respectivas áreas de risco descritas no quadro I deste anexo.

Súmula nº 229 do TST – SOBREAVISO. ELETRICITÁRIOS (nova redação) – Res. 121/2003, DJ 19, 20 e 21.11.2003

Por aplicação analógica do art. 244, § 2º, da CLT, as horas de sobreaviso dos eletricitários são remuneradas à base de 1/3 (um terço) sobre a totalidade das parcelas de natureza salarial.

EMBARCADIÇOS. *Dir. do Trabalho.*

Embarcadiços são os trabalhadores marítimos que trabalham em empresas de navegação que realizam as suas atividades, prestam seus serviços, em embarcações. Não há leis nacionais específicas que tratem de forma exclusiva desse trabalhador, como ocorre com certas categorias de trabalhadores. As normas são inseridas em legislações que disciplinam o tráfego aquaviário e o transporte marítimo, assim como na própria CLT que, entre os artigos 150 a 152, dispõe especificamente sobre as férias desses trabalhadores. No que tange a outros direitos trabalhistas, o Decreto 2.256/1997, que regulamenta o Registro Especial Brasileiro – REB, para embarcações de que trata a Lei nº 9.432/97 que, por sua vez, dispõe sobre a ordenação do transporte aquaviário, prevê que as condições de trabalho, remuneração e férias, das tripulações das embarcações registradas serão regidas por acordo ou convenção coletiva de trabalho, que deverão ser depositados na Delegacia Regional do Trabalho e no Tribunal Marítimo, no prazo de 120 (cento e vinte) dias após o registro da embarcação no Registro Especial Brasileiro (REB).

BASE LEGAL:

CLT, Art. 150. O tripulante que, por determinação do armador, for transferido para o serviço de outro, terá computado, para o efeito de gozo de férias, o tempo de serviço prestado ao primeiro, ficando obrigado a concedê-las o armador em cujo serviço ele se encontra na época de gozá-las. (Redação dada pelo Decreto-lei nº 1.535, de 13.4.1977

§ 1º – As férias poderão ser concedidas, a pedido dos interessados e com aquiescência do armador, parceladamente, nos portos de escala de grande estadia do navio, aos tripulantes ali residentes. (Incluído pelo Decreto-lei nº 1.535, de 13.4.1977

§ 2º – Será considerada grande estadia a permanência no porto por prazo excedente de 6 (seis) dias. (Incluído pelo Decreto-lei nº 1.535, de 13.4.1977)

§ 3º – Os embarcadiços, para gozarem férias nas condições deste artigo, deverão pedi-las, por escrito, ao armador, antes do início da viagem, no porto de registro ou armação. (Incluído pelo Decreto-lei nº 1.535, de 13.4.1977)

§ 4º – O tripulante, ao terminar as férias, apresentar-se-á ao armador, que deverá designá-lo para qualquer de suas embarcações ou o adir a algum dos seus serviços terrestres, respeitadas a condição pessoal e a remuneração. (Incluído pelo Decreto-lei nº 1.535, de 13.4.1977)

§ 5º – Em caso de necessidade, determinada pelo interesse público, e comprovada pela autoridade competente, poderá o armador ordenar a suspensão das férias já iniciadas ou a iniciar-se, ressalvado ao tripulante o direito ao respectivo gozo posteriormente. (Incluído pelo Decreto-lei nº 1.535, de 13.4.1977)

§ 6º – O Delegado do Trabalho Marítimo poderá autorizar a acumulação de 2 (dois) períodos de férias do marítimo, mediante requerimento justificado: (Incluído pelo Decreto-lei nº 1.535, de 13.4.1977)

I – do sindicato, quando se tratar de sindicalizado; e (Incluído pelo Decreto-lei nº 1.535, de 13.4.1977)

II – da empresa, quando o empregado não for sindicalizado. (Incluído pelo Decreto-lei nº 1.535, de 13.4.1977)

Decreto 2.256/1997, Art. 8º. **As convenções e os acordos coletivos de trabalho regerão as condições de trabalho para as tripulações das embarcações registradas no REB, estipulando, dentre outras normas, as relativas a remuneração e regime de férias.**

Parágrafo único. As convenções e acordos coletivos de trabalho serão devidamente depositados nas Delegacias Regionais do Trabalho e no Tribunal Marítimo, no prazo de 120 (cento e vinte) dias após o registro da embarcação no REB.

EMBARGO DE OBRA. *Dir. do Trabalho.*

O embargo de obra e a interdição são procedimentos fiscais, medidas de urgência, que podem ser adotados pela fiscalização trabalhista quando for constatada, em determinado ambiente, condição ou situação de trabalho que caracterize risco grave e iminente ao trabalhador. Embora os dois procedimentos sejam considerados sinônimos, por proporcionarem a mesma consequência jurídica que é a paralisação total ou parcial das atividades, o embargo implica na paralisação parcial ou total da obra, enquanto a interdição é a paralisação parcial ou total da atividade, da máquina ou equipamento, do setor de serviço ou do estabelecimento, com conceitua a NR 3, que é parte integrante da Portaria 3.214/1978. O embargo de obra e a interdição não são medidas punitivas, mas medidas de proteção emergencial à segurança e à saúde do trabalhador. O risco grave e iminente são as condições ambientais que estejam na iminência de acarretar acidente de trabalho com lesões graves à saúde e/ou a integridade do trabalhador ou até mesmo a sua morte. Esse risco deve ser avaliado pelo auditor-fiscal do trabalho que deve considerar a consequência e a probabilidade 229
de sua ocorrência, consignando-as em laudo técnico a ser apresentado ao Delegado Regional do Trabalho para que determine o embargo ou interdição.

BASE LEGAL:

CLT, Art. 161. O Delegado Regional do Trabalho, à vista do laudo técnico do serviço competente que demonstre grave e iminente risco para o trabalhador, poderá interditar estabelecimento, setor de serviço, máquina ou equipamento, ou embargar obra, indicando na decisão, tomada com a brevidade que a ocorrência exigir, as providências que deverão ser adotadas para prevenção de infortúnios de trabalho. (Redação dada pela Lei nº 6.514, de 22.12.1977)

§ 1º – As autoridades federais, estaduais e municipais darão imediato apoio às medidas determinadas pelo Delegado Regional do Trabalho. (Incluído pela Lei nº 6.514, de 22.12.1977)

§ 2º – A interdição ou embargo poderão ser requeridos pelo serviço competente da Delegacia Regional do Trabalho e, ainda, por agente da inspeção do trabalho ou por entidade sindical. (Incluído pela Lei nº 6.514, de 22.12.1977)

§ 3º – Da decisão do Delegado Regional do Trabalho poderão os interessados recorrer, no prazo de 10 (dez) dias, para o órgão de âmbito nacional competente em matéria de segurança e medicina do trabalho, ao qual será facultado dar efeito suspensivo ao recurso. (Incluído pela Lei nº 6.514, de 22.12.1977)

§ 4º – Responderá por desobediência, além das medidas penais cabíveis, quem, após determinada a interdição ou embargo, ordenar ou permitir o funcionamento do estabelecimento ou de um dos seus setores, a utilização de máquina ou equipamento, ou o prosseguimento de obra, se, em consequência, resultarem danos a terceiros. (Incluído pela Lei nº 6.514, de 22.12.1977)

§ 5º – O Delegado Regional do Trabalho, independente de recurso, e após laudo técnico do serviço competente, poderá levantar a interdição. (Incluído pela Lei nº 6.514, de 22.12.1977)

§ 6º – Durante a paralisação dos serviços, em decorrência da interdição ou embargo, os empregados receberão os salários como se estivessem em efetivo exercício. (Incluído pela Lei nº 6.514, de 22.12.1977)

NR3 – 3.2.2 Embargo e interdição são medidas de urgência adotadas a partir da constatação de condição ou situação de trabalho que caracterize grave e iminente risco ao trabalhador.

NR3 – 3.2.2.1 O embargo implica a paralisação parcial ou total da obra.

NR3 – 3.2.2.3.1 O Auditor Fiscal do Trabalho deve adotar o embargo ou a interdição na menor unidade onde for constatada situação de grave e iminente risco.

NR3 – 3.5.2 O embargo e a interdição são medidas de proteção emergencial à segurança e à saúde do trabalhador, não se caracterizando como medidas punitivas.

NR3 – 3.5.3 A imposição de embargo ou interdição não elide a lavratura de autos de infração por descumprimento das normas de segurança e saúde no trabalho ou dos demais dispositivos da legislação trabalhista relacionados à situação analisada.

NR3 – 3.5.4 Durante a vigência de embargo ou interdição, podem ser desenvolvidas atividades necessárias à correção da situação de grave e iminente risco, desde que garantidas condições de segurança e saúde aos trabalhadores envolvidos.

EMBARGOS À ARREMATAÇÃO OU À ADJUDICAÇÃO. *Dir. Proc. Civ./Dir. Proc. Trab.*

Os embargos à arrematação ou à adjudicação eram um meio de defesa do executado ou devedor que servia para alegar vícios ou nulidades na fase de expropriação de bens. O prazo para oposição era de 5 (cinco) dias a contar da data que foi realizada adjudicação, alienação ou arrematação. Estavam previstos no artigo 746 do Código de Processo Civil de 1973, mas foram extintos no Código de Processo Civil de 2015, que passou a prever no artigo 903, que a invalidação da arrematação poderá ser pleiteada mediante simples petição interposta no prazo de 10 (dez) dias após o aperfeiçoamento da arrematação ou, depois de tal prazo e expedida a carta de arrematação ou ordem de entrega, é facultado àquele que teve seu bem expropriado ajuizar ação própria autônoma com vistas a discutir a referida arrematação. Portanto, atualmente o meio de impugnação da arrematação ou adjudicação é petição simples ou ação autônoma. Nesse sentido, embora os embargos à arrematação permaneçam previstos na CLT, no artigo 789-A, V, prevalece o entendimento de que deve ser aplicado o novo regramento do CPC/15, bastando uma simples petição para alegar o vício. Nesse sentido, OJ 66 da SDI-2 do TST.

BASE LEGAL:

CLT, Art. 161 – Art. 789-A. No processo de execução são devidas custas, sempre de responsabilidade do executado e pagas ao final, de conformidade com a seguinte tabela: [...]

V – embargos à execução, embargos de terceiro e embargos à arrematação: R$ 44,26 (quarenta e quatro reais e vinte e seis centavos);

CPC, Art. 903. Qualquer que seja a modalidade de leilão, assinado o auto pelo juiz, pelo arrematante e pelo leiloeiro, a arrematação será considerada perfeita, acabada e irretratável, ainda que venham a ser julgados procedentes os embargos do executado ou a ação autônoma de que trata o § 4º deste artigo, assegurada a possibilidade de reparação pelos prejuízos sofridos.

§ 1º Ressalvadas outras situações previstas neste Código, a arrematação poderá, no entanto, ser:

I – invalidada, quando realizada por preço vil ou com outro vício;

II – considerada ineficaz, se não observado o disposto no art. 804 ;

III – resolvida, se não for pago o preço ou se não for prestada a caução.

§ 2º O juiz decidirá acerca das situações referidas no § 1º, se for provocado em até 10 (dez) dias após o aperfeiçoamento da arrematação.

§ 3º Passado o prazo previsto no § 2º sem que tenha havido alegação de qualquer das situações previstas no § 1º, será expedida a carta de arrematação e, conforme o caso, a ordem de entrega ou mandado de imissão na posse.

§ 4º Após a expedição da carta de arrematação ou da ordem de entrega, a invalidação da arrematação poderá ser pleiteada por ação autônoma, em cujo processo o arrematante figurará como litisconsorte necessário.

§ 5º O arrematante poderá desistir da arrematação, sendo-lhe imediatamente devolvido o depósito que tiver feito:

I – se provar, nos 10 (dez) dias seguintes, a existência de ônus real ou gravame não mencionado no edital;

II – se, antes de expedida a carta de arrematação ou a ordem de entrega, o executado alegar alguma das situações previstas no § 1º ;

III – uma vez citado para responder a ação autônoma de que trata o § 4º deste artigo, desde que apresente a desistência no prazo de que dispõe para responder a essa ação.

§ 6º Considera-se ato atentatório à dignidade da justiça a suscitação infundada de vício com o objetivo de ensejar a desistência do arrematante, devendo o suscitante ser condenado, sem prejuízo da responsabilidade por perdas e danos, ao pagamento de multa, a ser fixada pelo juiz e devida ao exequente, em montante não superior a 20% (vinte por cento) do valor atualizado do bem.

OJ 66. SDI-2 – MANDADO DE SEGURANÇA. SENTENÇA HOMOLOGATÓRIA DE ADJUDICAÇÃO. INCABÍVEL (atualizado o item I e incluído o item II em decorrência do CPC de 2015) Res. 212/2016, DEJT divulgado em 20, 21 e 22.09.2016

I – Sob a égide do CPC de 1973 é incabível o mandado de segurança contra sentença homologatória de adjudicação, uma vez que existe meio próprio para impugnar o ato judicial, consistente nos embargos à adjudicação (CPC de 1973, art. 746).

II – Na vigência do CPC de 2015 também não cabe mandado de segurança, pois o ato judicial pode ser impugnado por simples petição, na forma do artigo 877, *caput*, do CPC de 2015.

CPC/73 – Art. 746. CPC/73 (revogado) – "É lícito ao executado, no prazo de 5 (cinco) dias, contados da adjudicação, alienação ou arrematação, oferecer embargos fundados em nulidade da execução, ou em causa extintiva da obrigação, desde que superveniente à penhora, aplicando-se, no que couber, o disposto neste Capítulo.

232

EMBARGOS À EXECUÇÃO. *Dir. Proc. Civ./Dir. Proc. Trab.*

Os embargos à execução são um meio de defesa pelo qual o devedor se opõe à execução, seja ela fundada em título judicial (sentença) ou em título extrajudicial (cheque, contrato, etc.). A doutrina denomina os embargos à execução, no Processo do Trabalho, também como embargos do devedor ou embargos do executado, prevalecendo a utilização da expressão embargos à execução. A CLT limita as matérias que podem ser arguidas pelo embargante, restringindo às alegações de cumprimento da decisão ou do acordo, a quitação ou prescrição da dívida.[105] Contudo, prevalece o entendimento que o rol é exemplificativo, cabendo ao executado alegar também as matérias dos artigos 525, § 1º, 535 e 917 do CPC/15. A medida encontra amparo legal no artigo 884 da CLT e exige garantia do juízo para a sua apresentação, salvo a previsão do § 6º do artigo citado, que afasta a sua necessidade para as entidades filantrópicas e os associados que compõem ou compuseram a diretoria dessas instituições. O prazo para a sua oposição é de 5 (cinco) dias, a partir da garantia do juízo, sendo que para a Fazenda Pública o prazo é de 30 (trinta) dias, a partir da citação na execução, pois não precisa garantir o juízo.

105 Schiavi, 2020, p. 1406-1407.

BASE LEGAL:

CLT, Art. 884. Garantida a execução ou penhorados os bens, terá o executado 5 (cinco) dias para apresentar embargos, cabendo igual prazo ao exequente para impugnação.

§ 1º – A matéria de defesa será restrita às alegações de cumprimento da decisão ou do acordo, quitação ou prescrição da dívida.

§ 2º – Se na defesa tiverem sido arroladas testemunhas, poderá o Juiz ou o Presidente do Tribunal, caso julgue necessários seus depoimentos, marcar audiência para a produção das provas, a qual deverá realizar-se dentro de 5 (cinco) dias.

§ 3º – Somente nos embargos à penhora poderá o executado impugnar a sentença de liquidação, cabendo ao exequente igual direito e no mesmo prazo.

§ 4º Julgar-se-ão na mesma sentença os embargos e as impugnações à liquidação apresentadas pelos credores trabalhista e previdenciário.

§ 5º Considera-se inexigível o título judicial fundado em lei ou ato normativo declarados inconstitucionais pelo Supremo Tribunal Federal ou em aplicação ou interpretação tidas por incompatíveis com a Constituição Federal.

§ 6º A exigência da garantia ou penhora não se aplica às entidades filantrópicas e/ou àqueles que compõem ou compuseram a diretoria dessas instituições.

Art. 525. Transcorrido o prazo previsto no art. 523 sem o pagamento voluntário, inicia-se o prazo de 15 (quinze) dias para que o executado, independentemente de penhora ou nova intimação, apresente, nos próprios autos, sua impugnação.

§ 1º Na impugnação, o executado poderá alegar:

I – falta ou nulidade da citação se, na fase de conhecimento, o processo correu à revelia;

II – ilegitimidade de parte;

III – inexequibilidade do título ou inexigibilidade da obrigação;

IV – penhora incorreta ou avaliação errônea;

V – excesso de execução ou cumulação indevida de execuções;

VI – incompetência absoluta ou relativa do juízo da execução;

VII – qualquer causa modificativa ou extintiva da obrigação, como pagamento, novação, compensação, transação ou prescrição, desde que supervenientes à sentença. [...]

CPC, Art. 535. A Fazenda Pública será intimada na pessoa de seu representante judicial, por carga, remessa ou meio eletrônico, para, querendo, no prazo de 30 (trinta) dias e nos próprios autos, impugnar a execução, podendo arguir:

I – falta ou nulidade da citação se, na fase de conhecimento, o processo correu à revelia;

II – ilegitimidade de parte;

III – inexequibilidade do título ou inexigibilidade da obrigação;

IV – excesso de execução ou cumulação indevida de execuções;
V – incompetência absoluta ou relativa do juízo da execução;
VI – qualquer causa modificativa ou extintiva da obrigação, como pagamento, novação, compensação, transação ou prescrição, desde que supervenientes ao trânsito em julgado da sentença. [...]
CPC, Art. 917. Nos embargos à execução, o executado poderá alegar:
I – inexequibilidade do título ou inexigibilidade da obrigação;
II – penhora incorreta ou avaliação errônea;
III – excesso de execução ou cumulação indevida de execuções;
IV – retenção por benfeitorias necessárias ou úteis, nos casos de execução para entrega de coisa certa;
V – incompetência absoluta ou relativa do juízo da execução;
VI – qualquer matéria que lhe seria lícito deduzir como defesa em processo de conhecimento. [...]
CPC, Art. 910. Na execução fundada em título extrajudicial, a Fazenda Pública será citada para opor embargos em 30 (trinta) dias.
§ 1º Não opostos embargos ou transitada em julgado a decisão que os rejeitar, expedir-se-á precatório ou requisição de pequeno valor em favor do exequente, observando-se o disposto no art. 100 da Constituição Federal .
§ 2º Nos embargos, a Fazenda Pública poderá alegar qualquer matéria que lhe seria lícito deduzir como defesa no processo de conhecimento.
§ 3º Aplica-se a este Capítulo, no que couber, o disposto nos artigos 534 e 535 .

EMBARGOS DE DECLARAÇÃO. *Dir. Proc. Civ./Dir. Proc. Trab.*

Os embargos de declaração constituem medida recursal contra decisão que contém obscuridade, omissão ou contradição, com a finalidade de tornar clara a decisão, aperfeiçoando e complementando a prestação jurisdicional. O professor Homero Batista Mateus da Silva explica que "[...] os embargos de declaração correspondem ao mais peculiar dos recursos, pois é destinado à mesma autoridade prolatora da decisão, quando a teoria dos recursos normalmente se refere ao direito de revisão por outra autoridade, além de ser livre de qualquer preparo e não envolver, em geral, pedido de reforma da decisão." [106] De acordo com o artigo 9º da IN 39/16 do TST, o cabimento dos embargos de declaração no Processo do Trabalho, para impugnar qualquer decisão judicial, rege-se pelo art. 897-A da CLT e, supletivamente, pelo Código de Processo Civil, excetuada a garantia de prazo em dobro para litisconsortes. O doutrinador Mauro Schiavi esclarece que conjugando o respectivo artigo 897-A da CLT com o artigo 1.022 do CPC, os embar-

106 Silva, 2019, p. 427.

gos de declaração são cabíveis na Justiça do Trabalho nas seguintes hipóteses da sentença ou acórdão:

a) omissão: falta de apreciação de algo;

b) contradição: conflito entre duas proposições;

c) obscuridade: falta de clareza;

d) manifesto equívoco no exame dos pressupostos extrínsecos do recurso;

e) erro material;

f) decisões *extra, ultra* e *citra petita.* [107]

O recurso, que tem prazo de 5 (cinco) dias, pode ter efeito modificativo, situação em que deve ser ouvida a parte contrária, e interrompe o prazo para interposição de outros recursos.

BASE LEGAL:

CLT. Art. 897-A . Caberão embargos de declaração da sentença ou acórdão, no prazo de cinco dias, devendo seu julgamento ocorrer na primeira audiência ou sessão subsequente a sua apresentação, registrado na certidão, admitido efeito modificativo da decisão nos casos de omissão e contradição no julgado e manifesto equívoco no exame dos pressupostos extrínsecos do recurso.

§ 1° Os erros materiais poderão ser corrigidos de ofício ou a requerimento de qualquer das partes.

§ 2° Eventual efeito modificativo dos embargos de declaraçao somente poderá ocorrer em virtude da correção de vício na decisão embargada e desde que ouvida a parte contrária, no prazo de 5 (cinco) dias.

§ 3° Os embargos de declaração interrompem o prazo para interposição de outros recursos, por qualquer das partes, salvo quando intempestivos, irregular a representação da parte ou ausente a sua assinatura.

Súmula n° 184 do TST – EMBARGOS DECLARATÓRIOS. OMISSÃO EM RECURSO DE REVISTA . PRECLUSÃO (mantida) – Res. 121/2003, DJ 19, 20 e 21.11.2003

Ocorre preclusão se não forem opostos embargos declaratórios para suprir omissão apontada em recurso de revista ou de embargos.

Súmula n° 278 do TST – EMBARGOS DE DECLARAÇÃO. OMISSÃO NO JULGADO (mantida) – Res. 121/2003, DJ 19, 20 e 21.11.2003

A natureza da omissão suprida pelo julgamento de embargos declaratórios pode ocasionar efeito modificativo no julgado.

Súmula n° 297 do TST – PREQUESTIONAMENTO. OPORTUNIDADE. CONFIGURAÇÃO (nova redação) – Res. 121/2003, DJ 19, 20 e 21.11.2003

I. Diz-se prequestionada a matéria ou questão quando na decisão impugnada haja sido adotada, explicitamente, tese a respeito.

107 Schiavi, 2020, p. 1100-1101.

II. Incumbe à parte interessada, desde que a matéria haja sido invocada no recurso principal, opor embargos declaratórios objetivando o pronunciamento sobre o tema, sob pena de preclusão.

III. Considera-se prequestionada a questão jurídica invocada no recurso principal sobre a qual se omite o Tribunal de pronunciar tese, não obstante opostos embargos de declaração.

OJ 142. SDI-1 – EMBARGOS DE DECLARAÇÃO. EFEITO MODIFICATIVO. VISTA PRÉVIA À PARTE CONTRÁRIA. (cancelado o item II em decorrência do CPC de 2015) – Res. 214/2016, DEJT divulgado em 30.11.2016 e 01 e 02.12.2016

É passível de nulidade decisão que acolhe embargos de declaração com efeito modificativo sem que seja concedida oportunidade de manifestação prévia à parte contrária.

OJ 192. SDI-1 – EMBARGOS DECLARATÓRIOS. PRAZO EM DOBRO. PESSOA JURÍDICA DE DIREITO PÚBLICO. DECRETO-LEI Nº 779/69 (inserida em 08.11.2000)

É em dobro o prazo para a interposição de embargos declaratórios por Pessoa jurídica de direito público.

IN 39/16, Art. 9º – O cabimento dos embargos de declaração no Processo do Trabalho, para impugnar qualquer decisão judicial, rege-se pelo art. 897-A da CLT e, supletivamente, pelo Código de Processo Civil (arts. 1022 a 1025; §§ 2º, 3º e 4º do art. 1026), excetuada a garantia de prazo em dobro para litisconsortes (§ 1º do art. 1023). Parágrafo único. A omissão para fins do prequestionamento ficto a que alude o art. 1025 do CPC dá-se no caso de o Tribunal Regional do Trabalho, mesmo instado mediante embargos de declaração, recusar-se a emitir tese sobre questão jurídica pertinente, na forma da Súmula nº 297, item III, do Tribunal Superior do Trabalho.

EMBARGOS DE DIVERGÊNCIA. *Dir. Proc. Trab.*

Os embargos de divergência é uma modalidade de recurso que tem a finalidade de uniformizar a interpretação da legislação de competência do Tribunal Superior do Trabalho no âmbito da Seção de Dissídios Individuais, que julga os recursos referentes aos conflitos individuais trabalhistas. Desse modo, esse recurso não reaprecia matéria fática, pois o seu objeto é a uniformização da jurisprudência interna do Tribunal. De acordo com o artigo 894, II da CLT, tem cabimento nas decisões das Turmas na hipótese:

a) que divergirem entre si;

b) que divergirem da Seção de Dissídios Individuais do TST;

c) de contrariedade a súmula ou orientação jurisprudencial do TST;

d) contrariedade a súmula vinculante do STF.

O prazo para apresentação do recurso é de 8 (oito) dias e são impugnáveis as decisões colegiadas proferidas pelas Turmas no julgamento, como regra, de recursos de revista. Importante destacar que os embargos de divergência não são cabíveis para impugnar decisão monocrática, pois pressupõe decisão de Turma (princípio da colegialidade), ou seja, decisão colegiada. Essa é a previsão da OJ nº 378 da SDI-1 do TST. [108]

BASE LEGAL:

CLT, Art. 894. No Tribunal Superior do Trabalho cabem embargos, no prazo de 8 (oito) dias: [...]

II – das decisões das Turmas que divergirem entre si ou das decisões proferidas pela Seção de Dissídios Individuais, ou contrárias a súmula ou orientação jurisprudencial do Tribunal Superior do Trabalho ou súmula vinculante do Supremo Tribunal Federal.

Parágrafo único. (Revogado).

§ 2º A divergência apta a ensejar os embargos deve ser atual, não se considerando tal a ultrapassada por súmula do Tribunal Superior do Trabalho ou do Supremo Tribunal Federal, ou superada por iterativa e notória jurisprudência do Tribunal Superior do Trabalho.

§ 3º O Ministro Relator denegará seguimento aos embargos:

I – se a decisão recorrida estiver em consonância com súmula da jurisprudência do Tribunal Superior do Trabalho ou do Supremo Tribunal Federal, ou com iterativa, notória e atual jurisprudência do Tribunal Superior do Trabalho, cumprindo-lhe indicá-la;

II – nas hipóteses de intempestividade, deserção, irregularidade de representação ou de ausência de qualquer outro pressuposto extrínseco de admissibilidade.

§ 4º Da decisão denegatória dos embargos caberá agravo, no prazo de 8 (oito) dias.

Lei 7.701/88, Art. 3º – Compete à Seção de Dissídios Individuais julgar:

[...]

III – em última instância:

[...]

b) os embargos das decisões das Turmas que divergirem entre si, ou das decisões proferidas pela Seção de Dissídios Individuais;

OJ 405. SDI-1 TST – EMBARGOS. PROCEDIMENTO SUMARÍSSIMO. CONHECIMENTO. RECURSO INTERPOSTO APÓS VIGÊNCIA DA LEI Nº 11.496, DE 22.06.2007, QUE CONFERIU NOVA REDAÇÃO AO ART. 894, II, DA CLT. (cancelada em decorrência da sua conversão na Súmula nº 458) – Res. 194/2014, DEJT divulgado em 21, 22 e 23.05.2014.

Em causas sujeitas ao procedimento demanda submetida ao rito sumaríssimo, em que pese a limitação imposta no art. 896, § 6º, da CLT à interpo-

108 Schiavi, 2020, p. 1.129.

sição de recurso de revista, admite-se os embargos interpostos na vigência da Lei nº 11.496, de 22.06.2007, que conferiu nova redação ao art. 894 da CLT, quando demonstrada a divergência jurisprudencial entre Turmas do TST, fundada em interpretações diversas acerca da aplicação de mesmo dispositivo constitucional ou de matéria sumulada.

OJ 378. SDI-1 TST – EMBARGOS. INTERPOSIÇÃO CONTRA DECISÃO MONOCRÁTICA. NÃO CABIMENTO. (atualizada em decorrência do CPC de 2015) – Res. 208/2016, DEJT divulgado em 22, 25 e 26.04.2016

Não encontra amparo no art. 894 da CLT, quer na redação anterior quer na redação posterior à Lei n.º 11.496, de 22.06.2007, recurso de embargos interposto à decisão monocrática exarada nos moldes do art. 932 do CPC de 2015 (art. 557 do CPC de 1973), pois o comando legal restringe seu cabimento à pretensão de reforma de decisão colegiada proferida por Turma do Tribunal Superior do Trabalho.

EMBARGOS DE TERCEIRO. *Dir. Proc. Trab.*

Os embargos de terceiro são uma ação autônoma de natureza possessória, incidental ao processo de conhecimento ou de execução, que tem a finalidade de livrar da constrição judicial injusta (penhora, arresto, sequestro) bens pertencentes a terceiros que foram apreendidos em um processo no qual o seu proprietário ou possuidor não é parte e tampouco responde patrimonialmente pela dívida. Conforme explica Mauro Schiavi,[109] a CLT não disciplina os embargos de terceiro, mas por aplicação dos artigos 769 e 889, eles são compatíveis com o Processo do Trabalho. Desse modo, por se tratar de ação de rito especial, não se aplicam as regras da CLT e sim o procedimento próprio do CPC, previsto nos artigos 674 a 681. O prazo para oposição dos embargos de terceiro no Processo do Trabalho, na fase de conhecimento, é até o trânsito em julgado da sentença e, na fase de execução, até 5 (cinco) dias depois da expropriação, mas sempre antes da assinatura da respectiva carta. Após esses prazos, o embargante só poderá postular o seu direito em ação própria no juízo competente. Importante destacar que os embargos de terceiro não têm efeitos suspensivo, mas tal efeito pode ser obtido através de pedido de tutela cautelar.

BASE LEGAL:

CPC, Art. 674. Quem, não sendo parte no processo, sofrer constrição ou ameaça de constrição sobre bens que possua ou sobre os quais tenha direito incompatível com o ato constritivo, poderá requerer seu desfazimento ou sua inibição por meio de embargos de terceiro.

109 Schiavi, 2020, p. 1428.

§ 1º Os embargos podem ser de terceiro proprietário, inclusive fiduciário, ou possuidor.

§ 2º Considera-se terceiro, para ajuizamento dos embargos:

I – o cônjuge ou companheiro, quando defende a posse de bens próprios ou de sua meação, ressalvado o disposto no art. 843;

II – o adquirente de bens cuja constrição decorreu de decisão que declara a ineficácia da alienação realizada em fraude à execução;

III – quem sofre constrição judicial de seus bens por força de desconsideração da personalidade jurídica, de cujo incidente não fez parte;

IV – o credor com garantia real para obstar expropriação judicial do objeto de direito real de garantia, caso não tenha sido intimado, nos termos legais dos atos expropriatórios respectivos.

CPC, Art. 675. Os embargos podem ser opostos a qualquer tempo no processo de conhecimento enquanto não transitada em julgado a sentença e, no cumprimento de sentença ou no processo de execução, até 5 (cinco) dias depois da adjudicação, da alienação por iniciativa particular ou da arrematação, mas sempre antes da assinatura da respectiva carta.

Parágrafo único. Caso identifique a existência de terceiro titular de interesse em embargar o ato, o juiz mandará intimá-lo pessoalmente.

CPC, Art. 676. Os embargos serão distribuídos por dependência ao juízo que ordenou a constrição e autuados em apartado.

Parágrafo único. Nos casos de ato de constrição realizado por carta, os embargos serão oferecidos no juízo deprecado, salvo se indicado pelo juízo deprecante o bem constrito ou se já devolvida a carta.

CPC, Art. 677. Na petição inicial, o embargante fará a prova sumária de sua posse ou de seu domínio e da qualidade de terceiro, oferecendo documentos e rol de testemunhas.

§ 1º É facultada a prova da posse em audiência preliminar designada pelo juiz.

§ 2º O possuidor direto pode alegar, além da sua posse, o domínio alheio.

§ 3º A citação será pessoal, se o embargado não tiver procurador constituído nos autos da ação principal.

§ 4º Será legitimado passivo o sujeito a quem o ato de constrição aproveita, assim como o será seu adversário no processo principal quando for sua a indicação do bem para a constrição judicial.

CPC, Art. 678. A decisão que reconhecer suficientemente provado o domínio ou a posse determinará a suspensão das medidas constritivas sobre os bens litigiosos objeto dos embargos, bem como a manutenção ou a reintegração provisória da posse, se o embargante a houver requerido.

Parágrafo único. O juiz poderá condicionar a ordem de manutenção ou de reintegração provisória de posse à prestação de caução pelo requerente, ressalvada a impossibilidade da parte economicamente hipossuficiente.

CPC, Art. 679. Os embargos poderão ser contestados no prazo de 15 (quinze) dias, findo o qual se seguirá o procedimento comum.

CPC, Art. 680. Contra os embargos do credor com garantia real, o embargado somente poderá alegar que:

I – o devedor comum é insolvente;

II – o título é nulo ou não obriga a terceiro;
III – outra é a coisa dada em garantia.
CPC, Art. 681. Acolhido o pedido inicial, o ato de constrição judicial indevida será cancelado, com o reconhecimento do domínio, da manutenção da posse ou da reintegração definitiva do bem ou do direito ao embargante.
OJ 54. SDI-2 TST – MANDADO DE SEGURANÇA. EMBARGOS DE TERCEIRO. CUMULAÇÃO. PENHORA. INCABÍVEL (atualizada em decorrência do CPC de 2015) – Res. 208/2016, DEJT divulgado em 22, 25 e 26.04.2016
Ajuizados embargos de terceiro (art. 674 do CPC de 2015 – art. 1.046 do CPC de 1973) para pleitear a desconstituição da penhora, é incabível mandado de segurança com a mesma finalidade.
Súmula nº 419 do TST – COMPETÊNCIA. EMBARGOS DE TERCEIRO. EXECUÇÃO POR CARTA PRECATÓRIA. JUÍZO DEPRECADO. (alterada em decorrência do CPC de 2015) – Res. 212/2016, DEJT divulgado em 20, 21 e 22.09.2016
Na execução por carta precatória, os embargos de terceiro serão oferecidos no juízo deprecado, salvo se indicado pelo juízo deprecante o bem constrito ou se já devolvida a carta (art. 676, parágrafo único, do CPC de 2015).

EMBRIAGUEZ. *Dir. Trab.*

240 Alcoólica ou, oriundo da utilização de tóxicos ou entorpecentes. Há configuração da embriaguez, podemos distingui-las em 2 (duas) espécies: *habitual* ou *em serviço*. A embriaguez habitual a ensejar falta grave, configura-se quando o empregado faz consumo de forma contumaz, de álcool, tóxicos ou entorpecentes, fora do ambiente de trabalho, cujos reflexos desta prática transpareçam em serviço. A seu turno, a ensejar a configuração de dispensa por justa causa, restará configurada quando o empregado se apresentar ao trabalho embriagado, de tal modo que, esteja fora do controle de suas faculdades a ponto de impedir a execução da atividade laboral. Valentin Carrion[110] defende que, para definir se o ato isolado de embriaguez em serviço constitui elemento apto a configurar dispensa por justa causa, deve-se examinar, os entremeios a que se apresentou o empregado embriagado, considerando para tanto as circunstâncias gerais (*tempo de serviço do empregado, conduta similar anterior*) e específicas (*embriaguez culposa, resistência enfraquecida, fato excepcional que atingiu o empregado, etc.*).

BASE LEGAL:
CLT, Art. 482. Constituem justa causa para rescisão do contrato de trabalho pelo empregador:
[...]
f) embriaguez habitual ou em serviço; [...].

110 Carrion, 2020.

EMPREGADO(S). *Dir. Trab.*

É toda pessoa física que prestar serviços a um empregador, sob carga horária pré-definida, de forma habitual e contínua, sob a dependência deste, mediante salário. Observa-se que os requisitos ínsitos a tipificar a qualidade de *empregado* são:

a) pessoa física;

b) continuidade;

c) subordinação;

d) remuneração;

e) pessoalidade.

A prestação de serviços a ser desenvolvida pelo *empregado*, poderão ser de natureza técnica, intelectual ou manual, integrantes das diversas categorias profissionais reconhecidas em sociedade.

BASE LEGAL:

CLT, Art. 3.º, *caput* – Considera-se empregado toda pessoa física que prestar serviços de natureza não eventual a empregador, sob a dependência deste e mediante salário.

EMPREGADO RURAL. *Dir. Trab.*

É toda pessoa física que, em propriedade rural ou prédio rústico, prestar serviços a empregador rural, de forma contínua, sob a dependência deste, mediante salário. Distingue-se o empregado rural do empregado urbano, pelo fato deste prestar serviços para empregador que explore a atividade rural com finalidade lucrativa. O empregado rural será regido por legislação própria (Lei n. 5.889/73, sendo aplicável a CLT de forma subsidiária, naquele em que couber.

BASE LEGAL:

Lei n. 5.889/73, Art. 2.º – Empregado rural é toda pessoa física que, em propriedade rural ou prédio rústico, presta serviços de natureza não eventual a empregador rural, sob a dependência deste e mediante salário.

EMPREGADOR(ES). *Dir. Trab.*

É toda pessoa física ou jurídica que, assumindo os riscos da atividade econômica, admite, remunera e dirige a prestação de serviços a ser desenvolvida. No conceito *equiparado* de empregador, aos fins exclusivos da relação de emprego, encontram-se os profissionais liberais, instituições de beneficência, associações recreativas ou instituições sem fins lucrativos que, ao desempenho da atividade exercida, admitem trabalhadores como empregados (Art. 2.º, § 1.º, CLT). Ainda, no mesmo conceito integram, uma ou mais empresas que, possuindo cada uma delas personalidade jurídica própria e, estiverem sob direção, controle ou administração de outra, ou ainda, guardando cada qual sua autonomia, integrem grupo econômico, serão indissociáveis na responsabilidade solidária pelas obrigações e encargos decorrentes da relação de emprego. Acerca de grupo econômico, a mera identidade de sócios não é elemento apto a configurar a existência de grupo, sendo necessário a demonstração de:

a) interesse integrado;

b) efetiva comunhão de interesses;

c) atuação conjunta das empresas integrantes do grupo.

BASE LEGAL:

CLT, Art. 2.º. Considera-se empregador a empresa, individual ou coletiva, que, assumindo os riscos da atividade econômica, admite, assalaria e dirige a prestação pessoal de serviço.

§ 1º – Equiparam-se ao empregador, para os efeitos exclusivos da relação de emprego, os profissionais liberais, as instituições de beneficência, as associações recreativas ou outras instituições sem fins lucrativos, que admitirem trabalhadores como empregados.

§ 2º Sempre que uma ou mais empresas, tendo, embora, cada uma delas, personalidade jurídica própria, estiverem sob a direção, controle ou administração de outra, ou ainda quando, mesmo guardando cada uma sua autonomia, integrem grupo econômico, serão responsáveis solidariamente pelas obrigações decorrentes da relação de emprego.

• *Redação determinada pela Lei n. 13.467, de 13 de julho de 2017.*

§ 3º Não caracteriza grupo econômico a mera identidade de sócios, sendo necessárias, para a configuração do grupo, a demonstração do interesse integrado, a efetiva comunhão de interesses e a atuação conjunta das empresas dele integrantes.

EMPREITADA. *Dir. Civ./Dir. Trab.*

Trata-se de um contrato de natureza cível, por meio do qual o proprietário da obra contrata o empreiteiro para realizar no todo ou em parte, obra específica, podendo ser escrito ou verbal. Sob esta modalidade de contrato, uma das partes de sujeitará à execução da obra, de forma pessoal ou por terceiros, mediante remuneração a ser adimplida pelo contratante, na forma e sob as instruções constantes do pacto sinalagmático contraído.

EMPREITEIRO. *Dir. Trab.*

É a designação atribuída ao responsável legal pelo *Contrato de Empreitada*, podendo ser pessoa física ou jurídica, a realizar determinada obra, mediante remuneração e nos termos pré-determinados no pacto sinalagmático que, em razão de sua natureza cível, não gera subordinação entre os contraentes.

EMPRESA(S). *Dir. Trab.*

É a entidade constituída, sob as mais diversas formas jurídicas, para exploração de atividade econômica, com a finalidade lucrativa. Para Sérgio Pinto Martins,[111] empresa é atividade organizada para produção e circulação de bens e serviços para o mercado, com fito de lucro.

EMPRESA PÚBLICA. *Dir. Trab.*

É a entidade constituída para exploração da atividade econômica, no âmbito da administração pública, possuindo assim obrigações de natureza trabalhista, sendo considerados em si mesmo, empregadores.

EMPRESAS DE TRANSPORTES E COMUNICAÇÕES. *Dir. Trab.*

Equiparam-se aos serviços públicos os de utilidade pública com finalidade de exploração da atividade econômica, os que forem prestados, dentre outros, pelas empresas de transportes e comunicação.

BASE LEGAL:

CLT, Art. 910. Para os efeitos deste Título, equiparam-se aos serviços públicos os de utilidade pública, bem como os que forem prestados em armazéns de gêneros alimentícios, açougues, padarias, leiterias, farmácias, hospitais, minas, *empresas de transportes e comunicação*, bancos e estabelecimentos que interessem à segurança nacional.

ENERGIA ELÉTRICA. *Dir. Trab.*

Constitui atividade ou operação de natureza perigosa, aquelas que por sua natureza ou método de trabalho, impliquem em riscos em virtude

111 Martins, 2015.

da exposição permanente do trabalhador, entre outras, ao manuseio de atividades que envolvam exposição à energia elétrica.

BASE LEGAL:
CLT, Art. 193
§ 1.º – São consideradas atividades ou operações perigosas, na forma da regulamentação aprovada pelo Ministério do Trabalho e Emprego, aquelas que, por sua natureza ou métodos de trabalho, impliquem risco acentuado em virtude de exposição permanente do trabalhador a:
• Redação determinada pela Lei n. 12.740, de 8 de dezembro de 2012.
I – inflamáveis, explosivos ou *energia elétrica.*

ENGENHEIRO. *Dir. Trab.*

Profissional de engenharia, responsável pela aplicação de conhecimento científico, matemático e dotado ainda, de criatividade técnica ao desenvolvimento de soluções viáveis a problemas técnicos. A Lei n. 4.950-A, de 22 de abril de 1966, estabelece o piso mínimo da categoria dos profissionais diplomados na área de Engenharia.

BASE LEGAL:
Súmula n. 370/TST. MÉDICO E ENGENHEIRO. JORNADA DE TRABALHO. LEIS N. 3.999/1961 E 4.950-A/1966.
Tendo em vista que as Leis n. 3.999/1961 e 4.950-a/1966 não estipulam a jornada reduzida, mas apenas estabelecem o salário mínimo da categoria para uma jornada de 4 horas para os médicos e de 6 horas para os engenheiros, não há que se falar em horas extras, salvo as excedentes à oitava, desde que seja respeitado o salário mínimo/horário das categorias. (ex-OJs n. 39e 53 da SBDI-1 – inseridas, respectivamente, em 07.11.1994 e 29.04.1994).

ENÓLOGO. *Dir. Trab.*

É o profissional especializado em enologia. *Enologia,* por sua vez, é a ciência que trata do vinho, especialmente vinculado a técnica de sua produção.

ENQUADRAMENTO SINDICAL. *Dir. Trab.*

É o meio elegido pela empresa como apto a definir qual será o sindicato que representará os seus trabalhadores, isto é, qual o sindicato representará ativamente a defesa e direitos daquela determinada categoria profissional. O enquadramento sindical tem sua previsão legal, regulada pelos arts. 570 a 577, da CLT.

ENTE PÚBLICO.

Ver FAZENDA PÚBLICA.

ENTIDADE DE CLASSE.

Ver SINDICATO.

ENTIDADE FILANTRÓPICA. *Dir. Trab.*

Cuida-se, também, de espécie de sociedade sem fins lucrativos, pessoa jurídica de direito privado, com propósito de prestar serviços de interesse social (*assistência à família; à maternidade; à infância; à adolescência; à velhice; à integração das pessoas portadoras de deficiência a impulsionar seu integração no mercado de trabalho*). Em razão de sua natureza, gozam as entidades filantrópicas de gratuidade da justiça. A ser reconhecida como filantrópica pelos órgãos públicos, deve a entidade comprovar ter desenvolvido atividades em prol da sociedade, pelo período de três anos, sem distribuir lucros ou remunerar seus dirigentes.

ENTIDADE SEM FINS LUCRATIVOS. *Dir. Trab.*

Trata-se de pessoa jurídica de Direito Privado, dotada de personalidade jurídica e, tem por objetivo prestar serviços de interesse social, podendo ter ou não parceria com o Estado. As arrecadações e receitas são vertidos em prol do matrimônio da própria instituição, isto é, a manter os custos e mantença da própria atividade. Seus administradores se equiparam a empregadores, nos termos da legislaçao trabalhistas e, em casos judiciais, em razão de sua natureza (*sem fins lucrativos*), quando incursos em *ações judiciais*, por ocasião do depósito recursal, efetuarão às expensas pela metade.

> ***BASE LEGAL:***
> CLT, Art. 2°.
> **§ 1°** Equiparam-se ao empregador, para os efeitos exclusivos da relação de emprego, os profissionais liberais, as instituições de beneficência, as associações recreativas ou outras *instituições sem fins lucrativos*, que admitirem trabalhadores como empregados.
> CLT, Art. 899, **§ 9°**. O valor do depósito recursal será reduzido pela metade para entidades sem fins lucrativos, empregadores domésticos, microempreendedores individuais, microempresas e empresas de pequeno porte.

ENTIDADES SINDICAIS.

Ver SINDICATO.

EQUIDADE. *Dir. Trab.*

Consiste na adaptação da norma positivada à situação concreta, observando para tanto, os critérios de justiça e igualdade. Inegável a dificuldade de se conceituar o princípio da equidade de forma a exaurir sua amplitude, a considerarmos que a equidade, em si, reciprocamente considerada, consiste na distribuição igualitária das normas e regras positivadas em nosso ordenamento jurídico, a possibilitar o exercício efetivo do direito, de maneira equânime, por todos os envolvidos de determinada relação jurídica, seja esta judicial ou social. Em assim sendo, temos que a equidade, consiste na readequação das normas a amoldar-se de forma paritária, no exercício efetivo de determinado direito.

EQUIPAMENTO DE PROTEÇÃO INDIVIDUAL (EPI). *Dir. Trab.*

É todo dispositivo ou produto, de uso individual, utilizado pelo empregado, destinado à proteção e prevenção de riscos suscetíveis de ameaçar a segurança e saúde do empregado no ambiente de trabalho.

BASE LEGAL:

CLT, Art. 158, parágrafo único, alínea *b* – ao uso dos equipamentos de proteção individual fornecidos pela empresa.

CLT, Art. 166. A empresa é obrigada a fornecer aos empregados, gratuitamente, equipamento de proteção individual adequado ao risco e em perfeito estado de conservação e funcionamento, sempre que as medidas de ordem geral não ofereçam completa proteção contra os riscos de acidentes e danos à saúde dos empregados.

CLT, Art. 167. O equipamento de proteção só poderá ser posto à venda ou utilizado com a indicação do Certificado de Aprovação do Ministério do Trabalho.

EQUIPARAÇÃO SALARIAL. *Dir. Trab.*

Havendo identidade no exercício da função, a todo trabalho em igual valor, prestado ao mesmo empregador, no mesmo estabelecimento empresarial, corresponderá a igual remuneração, sem distinção de sexo, etnia, nacionalidade ou idade. O art. 7.º, XXX, da Constituição Federal, veda expressamente, a diferença de salários, de exercício de funções e critérios de admissão, por motivos de sexo, idade, cor ou estado civil. Por sua vez, o art. 5.º da CLT, estabelece que a todo trabalho de igual valor corresponderá, igual remuneração, sem distinção de sexo. Em assim sendo, a equiparação salarial, somente será possível se o empregado e o paradigma, exercerem a mesma função, desempenhando tarefas idênticas, não importando para tanto, se exercem ou não, cargos sob a mesma denominação.

BASE LEGAL:
CLT, Art. 461. Sendo idêntica a função, a todo trabalho de igual valor, prestado ao mesmo empregador, no mesmo estabelecimento empresarial, corresponderá igual salário, sem distinção de sexo, etnia, nacionalidade ou idade.
§ 1° Trabalho de igual valor, para os fins deste Capítulo, será o que for feito com igual produtividade e com a mesma perfeição técnica, entre pessoas cuja diferença de tempo de serviço para o mesmo empregador não seja superior a quatro anos e a diferença de tempo na função não seja superior a dois anos.
Súmula 6, III, TST – A equiparação salarial só é possível se o empregado e o paradigma exercerem a mesma função, desempenhando as mesmas tarefas, não importando se os cargos têm, ou não, a mesma denominação. (ex-OJ da SBDI-1 n° 328 – DJ 09.12.2003).

ERRO MATERIAL. *Dir. Proc. Trab.*

Considera-se toda inexatidão, falha ou equivoco relacionados aos materiais da decisão, tais como erros de digitação, ausência de palavras, cálculos incorretos, entre outros desacertos que não implicam no entendimento e julgamento do magistrado acerca da matéria, podendo ser corrigidos de ofício ou a requerimento das partes.

BASE LEGAL:
CLT, Art. 897-A, § 1° – Os erros materiais poderão ser corrigidos de ofício ou a requerimento de qualquer das partes.

ESCALA DE REVEZAMENTO. *Dir. Trab.*

Consiste em meio legal apto, conferido pelo legislador aos profissionais que integrem categoria empresarial diferenciada, que em razão da natureza da atividade, exige o exercício do labor de forma ininterrupta, para além da 8ª hora diária e 44ª hora semanal. Sob este regime, as empresas legalmente autorizadas a funcionar nos domingos e feriados, a cumprimento do disposto na legislação, devem organizar escala de revezamento e folga, a garantir ao empregado, um descanso semanal de 24 (vinte e quatro) horas.

BASE LEGAL:

CLT, Art. 67. Será assegurado a todo empregado um descanso semanal de 24 (vinte e quatro) horas consecutivas, o qual, salvo motivo de conveniência pública ou necessidade imperiosa do serviço, deverá coincidir com o domingo, no todo ou em parte.

Parágrafo único: Nos serviços que exijam trabalho aos domingos, com exceção quanto aos elencos teatrais, será estabelecida escala de revezamento, mensalmente organizada e constando de quadro sujeito à fiscalização.

CLT, Art. 386. Havendo trabalho aos domingos, será organizada uma escala de revezamento quinzenal, que favoreça o repouso dominical.

ESCRIVÃES. *Dir. Trab.*

Dos juízos, são profissionais investidos na administração da Justiça do Trabalho, a quem compete especialmente as atribuições e obrigações dos secretários da juntas de trabalho.

BASE LEGAL:

CLT, Art. 717. Aos escrivães dos Juízo de Direito, investidos na administração da Justiça do Trabalho, competem especialmente as atribuições dos secretários das Juntas, e aos demais funcionários dos cartórios, as que couberem nas respectivas funções, dentre as que competem às secretarias das Juntas, enumeradas no art. 711.

ESTABILIDADE. *Dir. Trab.*

A garantia no emprego trata-se de uma proteção conferida ao obreiro visando afastar que ele tenha seu contrato de trabalho rescindido repentinamente de maneira autoritária ou sem justa causa. É classificada em garantia permanente ou provisória, a garantia permanente como o próprio nome diz são para os casos de permanência, neste caso, se tem como exemplo, o caso do estável decenal (art. 492, CLT), já a garantia provisória, é aquela conquistada por determinado período, entre várias hipóteses, se tem, como exemplo o caso da empregada gestante, CIPA, entre outros. A estabilidade é conferida ao obreiro visando a proteção da relação de emprego que somente poderá ser dispensado em caso de constatada a falta grave através de inquérito judicial, sendo este requisito indispensável.

BASE LEGAL:

Art. 492. O empregado que contar mais de 10 (dez) anos de serviço na mesma empresa não poderá ser despedido senão por motivo de falta grave ou circunstância de força maior, devidamente comprovadas.

Parágrafo único: Considera-se como de serviço todo o tempo em que o empregado esteja à disposição do empregador.

- ***DIRIGENTE SINDICAL. DIR. TRAB.*** A estabilidade do dirigente sindical tem previsão no artigo 543, parágrafo terceiro da CLT, recepcionado pelo artigo 8º, inciso VIII da CF/88, e Súmula 369 do TST. A estabilidade do dirigente sindical é oriunda de proteção legislativa a fim de afastar condutas antissindicais por parte dos empregadores, visando a garantia do exercício de representação sindical na sociedade e proteção ao pleno emprego, tais garantias nada mais são que uma limitação ao poder do *jus variandi* do empregador, que não poderá dispensar o dirigente sem a apuração de falta grave através de inquérito judicial, (arts. 494 e 853, CLT, e Súmulas 379 TST e 197 e 403 do STF). Em caso de suspensão do empregado o empregador terá o prazo de 30 (trinta) dias para instauração do inquérito judicial, sendo este prazo de cunho decadencial. São portadores de estabilidade provisória no emprego os dirigentes sindicais, que são eleitos (artigo 543, §4º), limitados ao número de 7 (sete) e igual número de suplentes, ressaltando que se porventura houver número maior os demais não serão alcançados pela estabilidade. A estabilidade é adquirida a partir do registro da candidatura e perpetua-se até um ano após o encerramento o mandato. Entretanto, havia entendimento que os Sindicatos eram responsáveis para fornecer a lista com o nome dos dirigentes que se entendiam estáveis, com base em seus estatutos. Todavia, o TST, visando afastar quaisquer atritos com o disposto no artigo 522 da CLT, editou a OJ 266, convertida na então, Súmula 369, item II. O artigo 543, 5º§, CLT não foi bem recepcionado pelo artigo 8º, inciso VIII, CF/88, tendo em vista que o texto constitucional fez menção que bastava o registro da candidatura do empregado, diante da controvérsia, o tema chegou ao Supremo Tribunal Federal (STF), que decidiu o texto constitucional não se mostrou incompatível, diante do entendimento do STF, o TST editou a OJ 34 da SBDI-1, ora, convertida na referida Súmula 369, especificamente item I. Cabe ressaltar que o dirigente sindical de sindicato de categoria profissional diferenciada, de acordo com item III, da Súmula 369, só terá estabilidade se exercer na empresa atividade pertinente à categoria profissional do sindicato o qual foi eleito. Para os dirigentes sindicais que tiverem a extinção do estabelecimento na base territorial para qual foram eleitos não se perpetua a estabilidade. Também, não é cabível estabilidade para os obreiros que efetuarem registro a cargo de dirigente sindical no curso do aviso-prévio.

- ***DIRIGENTE DE SOCIEDADE COOPERATIVA DE EMPREGADOS. DIR. TRAB.*** A lei 5.764/71, artigo 55, dispões sobre os empregados de cooperativas, embora não sejam muito comum, há o reconhecimento que os empregados que são eleitos para os cargos de diretores das sociedades por eles mesmo criadas gozam da mesma estabilidade conferida ao dirigente sindical, sendo aplicável aos seus suplentes, também, só podem ser dispensados se praticarem falta grave que deverá ser apurada através de inquérito judicial.
- ***EMPREGADO MEMBRO DO CONSELHO NACIONAL DE PREVIDÊNCIA SOCIAL (CNPS). DIR. TRAB.*** É assegurada a estabilidade para os membros que são representantes dos trabalhadores em plena atividade, sendo assegurados os mesmos direitos dos dirigentes sindicais, ou seja estabilidade no emprego, só podem ser dispensados se praticarem falta grave devidamente apurada através de inquérito judicial, tal estabilidade se estende para os seus suplentes.

- ***EMPREGADO MEMBRO DO CONSELHO CURADOR DO FGTS. DIR. TRAB.*** Aos membros do Conselho Curador do FGTS, são assegurados os mesmos direitos dos dirigentes sindicais, ou seja, possui estabilidade os membros e seus suplentes, desde que estejam no exercício de representação dos demais trabalhadores. Cabe ressaltar que na parte final do artigo 3º, parágrafo 9º, Lei 8.036/90, há a afirmação que o procedimento para dispensa será através de processo sindical, cuidado, pois, há entendimento que são assegurados os mesmos direitos dos dirigentes sindicais, leia-se estabilidade provisória para membros e suplentes do registro da candidatura até um ano após final do mandato, somente sendo permitida a dispensa em caso de pratica de falta grave devidamente apurada através de inquérito judicial, para apuração de falta grave.
- ***REPRESENTANTES DOS EMPREGADOS NAS COMISSÕES DE CONCILIAÇÃO PRÉVIA. DIR. TRAB.*** Aos representantes dos empregados nas comissões de conciliação prévia são atribuídos os mesmos direitos dos dirigentes sindicais, ou seja, aos membros e seus suplentes são assegurados a estabilidade do registro até um ano após o final do mandato, somente podendo sofrer demissão no caso da prática de falta grave mediante apuração através de inquérito para apuração de falta grave.

GARANTIA PROVISÓRIA NO EMPREGO NÃO SUJEITA A APURAÇÃO DE INQUÉRITO JUDICIAL

- ***EMPREGADO DE COMISSÃO INTERNA DE PREVENÇÃO DE ACIDENTES (CIPA). DIR. TRAB.*** O empregado eleito para compor a comissão interna de prevenção de acidentes tem estabilidade juntamente com seu suplente, desde do registro da candidatura até um ano após o mandato, e somente podem ser dispensados por motivos de ordem econômica, técnica, financeira ou no caso de comprovação de motivo disciplinar prevista no artigo 482, CLT. A presente estabilidade não constitui vantagem pessoal, por este motivo em caso de extinção do estabelecimento a dispensa não se qualifica como arbitrária, não sendo possível a reintegração e indenização do período estabilitário, item II da Súmula 339 do TST.
- ***EMPREGADA GESTANTE. DIR. TRAB.*** A empregada gestante tem direito à estabilidade no emprego desde a concepção até cinco mês após ao parto, ainda que tome conhecimento do estado gravídico no curso do aviso-prévio ou diante da contratação através de prazo determinado, só podendo ser dispensada mediante a prática de falta grave ou entre algumas das hipóteses previstas no artigo 165 da CLT. A empregada que se encontrar no estado gravídico ou no período de licença maternidade e for dispensada arbitrariamente e sem justa causa deve ajuizar reclamação trabalhista pleiteando a reintegração no emprego, se a mesma ainda estiver dentro do prazo de estabilidade e indenizações pelo período, ou seja, salários e demais direitos correspondentes. Cabendo ressaltar que a jurisprudência entende que mesmo após o término do período de estabilidade previsto em lei, a obreira gestante poderá ajuizar reclamatória trabalhista pleiteando à indenização pelo período, leia-se, da dispensa até o final do período (5 (cinco) meses após ao parto), devendo atentar-se ao período prescricional, artigo 7º, inciso XXIX, CF. Cumpre esclarecer que caso seja desaconselhável a reintegração o Tribunal poderá convertê-la em indenização, artigo 496, CLT, vide súmula 396, TST.
- ***EMPREGADO ACIDENTADO. DIR. TRAB.*** O obreiro segurado que sofrer acidente do trabalho no curso do contrato de trabalho ou que tenha constatado após a despedida que é portador de doença profissional, que guarde relação de causalidade com à atividade desenvolvida na empresa tem direito à estabilidade no emprego, com proteção pelo prazo 12 (doze) meses a manutenção do contrato de trabalho, desde que cessado o recebimento do auxílio doença acidentário. Cumpre esclarecer que os primeiros 15º

dias de afastamento são hipótese de interrupção do contrato de trabalho, sendo custeados pelo empregador, já a partir do 16º dia, é hipótese de suspensão do contrato de trabalho, período que será o obreiro submetido ao recebimento de auxílio doença acidentário pelo INSS, eis o segundo requisito para adquirir estabilidade, cabendo ressaltar que nos casos de recebimento de auxílio doença comum, desde que a doença guarde causalidade com a atividade exercida na empresa, a jurisprudência entende ser cabível a estabilidade.

- ***ATO DISCRIMINATÓRIO. DIR. TRAB.*** A Lei 9.029/1995, em seu artigo 4º incisos I e II, dispõe que a dispensa por ato discriminatório, leia-se, motivos de raça, cor, sexo, estado civil, situação familiar, idade constitui discriminação e deve ser indenizado pelo empregador, facultando o empregado optar pela reintegração com ressarcimento integral de todo o período de afastamento, mediante pagamento das remunerações devidas, com as devidas correções monetárias e computação de juros, ou percepção, em dobro, da remuneração do período de afastamento, corrigida monetariamente e acrescida dos juros legais, e direito a indenização reparatória por danos morais.

- ***REPRESENTANTE DA COMISSÃO DE EMPREGADOS. DIR. TRAB.*** O membro que for eleito como Representante da Comissão de Empregados em empresas que tenham mais de duzentos funcionários tem assegurado garantia provisória no emprego pelo prazo de 1 (um) ano, desde do registro da candidatura até 1 (um) anos após a extinção do mandato, podendo ser dispensado somente se o empregador comprovar a prática de falta grave ou motivos de ordem técnico, econômicos ou financeiro, cuja aplicação analógica do artigo 165,CLT.

ESTAGIÁRIO. *Dir. Trab.*

O estagiário é todo estudante que esteja frequentando o ensino regular em instituições de educação superior, de educação profissional, de ensino médio, da educação especial e dos anos finais do ensino fundamental, na modalidade profissional da educação de jovens e adultos, nos moldes do artigo 1º da Lei 11.788/08, que deseje por mera liberalidade ou por questões obrigacionais da grade curricular realizar estágio. O estágio pode ser classificado em obrigatório ou não, o estágio obrigatório está previsto no grade curricular do aluno, e deverá ser realizado sob pena de não conclusão do curso, já o estágio não obrigatório pode ser realizado pelo estudante que deseja aprofundar conhecimentos específicos em determinadas áreas que tenha interesse, ou que já esteja ingressando, ambos server para auxiliar no desempenho profissional. De acordo com o artigo 3º da referida Lei, se faz necessário cumprir requisitos para que o estágio não seja desvirtuado e crie vínculo empregatício de qualquer natureza, devendo ser controlado a matrícula e frequência escolar, celebração de termo de compromisso entre as partes envolvidas, ou seja, instituição de ensino, instituição concedente do estágio e o estagiário, compatibilidade entre as atividades desempenhadas e aquelas previstas no termo de compromisso, e fiscalização através de relatórios de atividades, inclusive controle do número máximo de estagiários por unidade concedente, e recesso de 30 (trinta) dias nos casos em que o termo de estágio seja superior a um ano, a serem gozados preferencialmente no período de férias, em caso de estágio remunerado, deverá ser remunerado nos casos em que receber bolsa ou outra forma de contraprestação. Considerando, o disposto no artigo 37, inciso II, §2º, da CF/88 o aluno estagiário de qualquer Órgão da Administração Pública direta, indireta, em caso de desvirtuamento do estágio, não terá vínculo de emprego reconhecido. Todo estagiário terá direito a jornada definida, não podendo ultrapassar o previsto no artigo 9º e incisos da Lei 11.788/08, não poderá o tempo total de duração de estágio exceder a dois anos; poderá receber bolsa auxílio e auxílio transporte e, nas hipóteses de estágio não obrigatório deverá receber auxílio transporte, cabendo esclarecer que a concessão de tais modalidade não configuram vínculo empregatício, poderá ainda o estagiário ser segurado facultativo da Previdência Social.

BASE LEGAL:
Lei 11.788/08

ESTATUTO DA CRIANÇA E DO ADOLESCENTE (ECA)

- ***ADOLESCENTE EMPREGADO. DIR. TRAB.*** **É o adolescente empregado aquele com idade entre 16** (dezesseis) a 18 (dezoito) anos participante de uma relação empregatícia, o qual não se enquadra como aprendiz que poderá ser contratado a partir dos 14 (quatorze) anos. Aos empregados adolescentes, são assegurados todos os direitos trabalhistas e previdenciários. É permitido ao menor adolescente assinar recibo de quitação do pagamento do salário, entretanto, no caso de rescisão do contrato de trabalho deverá ser assistindo pelos seus pais ou representante legal, não corre prescrição contra o empregado menor de 18(dezoito) anos.

- ***ADOLESCENTE APRENDIZ. DIR. TRAB.*** **É considerado adolescente aprendiz, todos que entre 14** (quatorze) a 24 (vinte e quatro) anos celebram contrato a termo – especial com período estipulado de 2 (dois) anos, para fins de aprendizagem, visando aprendizado técnico profissional. É de se ressaltar que o limite de 24 (vinte e quatro) anos de idade não se aplica aos contratos de aprendizagem cujo aprendiz seja portador de doença especial. A CLT, através do artigo 429, obriga que os estabelecimentos contratem aprendiz no percentual de no mínimo 5% ao máximo de 15%, com a exceção das empresas de pequeno porte, e microempresas, artigo 51, inciso III, Lei 126/2006. É garantindo ao aprendiz salário-mínimo hora, e estipulação de termo final no contrato, e em caso de extinção do contrato não são asseguradas as regras de indenização por extinção antecipada previstas nos contratos por prazo determinado. Em caso de desempenho insuficiente, não adaptação do aprendiz, falta disciplinar grave, ausência não justificada à escola que implique na reprovação do ano letivo e a pedido do adolescente aprendiz, se finda o contrato de aprendizagem.[112]
- ***TRABALHO EDUCATIVO ADOLESCENTE. DIR. TRAB.*** .**É aquele que prepara o adolescente para atividade laborativa, o adolescente** inserido dentro de um programa assistencial é inserido no mercado de trabalho cuja a essência é retirá-lo de situação de vulnerabilidade almejando desenvolvimento moral e social, portanto, não é considerado como uma simples atividade empregatícia, pois a principal característica é o desenvolvimento humano do adolescente e formação moral.

ESTATUTO DA IGUALDADE RACIAL. *Dir. Trab.*

O artigo 5º, inciso I, da CF, disciplina a igualdade entre os brasileiros sem distinção de qualquer natureza. O Estatuto da igualde racial veio corroborar a previsão constitucional assegurando à proteção aos direitos social e do trabalho, estabelecendo a necessidade de políticas públicas para inclusão da população negra, afastando qualquer resquício de discriminação, tendo em vista o princípio da primazia da dignidade da pessoa humana.

112 Delgado, 2020; LEITE, 2018.

BASE LEGAL:

Artigo 5º, inciso I e 7º, inciso XXXII, CF/88 e Lei 12.288 /2010.

CF, Art. 5º Todos são iguais perante a lei, sem distinção de qualquer natureza, garantindo-se aos brasileiros e aos estrangeiros residentes no País a inviolabilidade do direito à vida, à liberdade, à igualdade, à segurança e à propriedade, nos termos seguintes:

I – homens e mulheres são iguais em direitos e obrigações, nos termos desta Constituição; [...].

XXXII – proibição de distinção entre trabalho manual, técnico e intelectual ou entre os profissionais respectivos; [...].

LEI Nº 12.288, DE 20 DE JULHO DE 2010.

Art. 38. A implementação de políticas voltadas para a inclusão da população negra no mercado de trabalho será de responsabilidade do poder público, observando-se: [...].

III – os compromissos assumidos pelo Brasil ao ratificar a Convenção no 111, de 1958, da Organização Internacional do Trabalho (OIT), que trata da discriminação no emprego e na profissão; [...].

Art. 39. O poder público promoverá ações que assegurem a igualdade de oportunidades no mercado de trabalho para a população negra, inclusive mediante a implementação de medidas visando à promoção da igualdade nas contratações do setor público e o incentivo à adoção de medidas similares nas empresas e organizações privadas.

§ 1º A igualdade de oportunidades será lograda mediante a adoção de políticas e programas de formação profissional, de emprego e de geração de renda voltados para a população negra.

§ 2º As ações visando a promover a igualdade de oportunidades na esfera da administração pública far-se-ão por meio de normas estabelecidas ou a serem estabelecidas em legislação específica e em seus regulamentos.

§ 3º O poder público estimulará, por meio de incentivos, a adoção de iguais medidas pelo setor privado. [...].

§ 6º O poder público promoverá campanhas de sensibilização contra a marginalização da mulher negra no trabalho artístico e cultural.

§ 7º O poder público promoverá ações com o objetivo de elevar a escolaridade e a qualificação profissional nos setores da economia que contem com alto índice de ocupação por trabalhadores negros de baixa escolarização.

Art. 40. O Conselho Deliberativo do Fundo de Amparo ao Trabalhador (Codefat) formulará políticas, programas e projetos voltados para a inclusão da população negra no mercado de trabalho e orientará a destinação de recursos para seu financiamento.

Art. 41. As ações de emprego e renda, promovidas por meio de financiamento para constituição e ampliação de pequenas e médias empresas e de programas de geração de renda, contemplarão o estímulo à promoção de empresários negros. [...]

Art. 42. O Poder Executivo federal poderá implementar critérios para provimento de cargos em comissão e funções de confiança destinados a

ampliar a participação de negros, buscando reproduzir a estrutura da distribuição étnica nacional ou, quando for o caso, estadual, observados os dados demográficos oficiais.
Art. 7º São direitos dos trabalhadores urbanos e rurais, além de outros que visem à melhoria de sua condição social:
XXXII – proibição de distinção entre trabalho manual, técnico e intelectual ou entre os profissionais respectivos;

ESTATUTO DA MICROEMPRESA E DA EMPRESA DE PEQUENO PORTE.

O estatuto foi promulgado visando melhor inserção da micro e empresa de pequeno porte no mercado, por se tratarem de empresas pequenas com recursos e número de funcionários reduzidos. A Lei Complementar 123/2006, previu diversas exceções para estas empresas a fim de impulsioná-las no mercado, na seara trabalhista:

PREPOSTO / DESNECESSIDADE DE SER EMPREGADO/NECESSIDADE DE CONHECIMENTO DOS FATOS SOB PENA DE CONFISSÃO FICTA. Dir. *Trab.*

O artigo 54, trouxe faculdade a estes empregadores de fazerem-se substituir por preposto nas audiências trabalhistas, basta que o preposto tenha pleno conhecimento dos fatos, ressaltando que o preposto que não tiver conhecimento dos fatos, incorrerá a reclamada na aplicação da confissão ficta. Neste sentido o artigo 843, parágrafos 1º e 3º, da CLT Lei 13.467/17, superado entendimento da Súmula 377 do TST.[113]

BASE LEGAL:
Artigo 843, §1º e 3º CLT; Artigo 54 LC 123/2006; Súmula 377 do TST
LC 123/2006
Art. 54. É facultado ao empregador de microempresa ou de empresa de pequeno porte fazer-se substituir ou representar perante a Justiça do Trabalho por terceiros que conheçam dos fatos, ainda que não possuam vínculo trabalhista ou societário.
Art. 843. Na audiência de julgamento deverão estar presentes o reclamante e o reclamado, independentemente do comparecimento de seus representantes salvo, nos casos de Reclamatórias Plúrimas ou Ações de Cumprimento, quando os empregados poderão fazer-se representar pelo Sindicato de sua categoria.
§ 1º É facultado ao empregador fazer-se substituir pelo gerente, ou qualquer outro preposto que tenha conhecimento do fato, e cujas declarações obrigarão o proponente. [...]

113 SCHIAVI, 2020.

§ 3º O preposto a que se refere o § 1o deste artigo não precisa ser empregado da parte reclamada.
Súmula nº 277 do TST
CONVENÇÃO COLETIVA DE TRABALHO OU ACORDO COLETIVO DE TRABALHO. EFICÁCIA. ULTRATIVIDADE (redação alterada na sessão do Tribunal Pleno realizada em 14.09.2012) – SÚMULA CUJA APLICAÇÃO ESTÁ SUSPENSA NOS TERMOS DA MEDIDA CAUTELAR DEFERIDA NOS AUTOS DO PROCESSO STF-ADPF Nº 323/DF, REL. MIN. GILMAR MENDES – Res. 185/2012, DEJT divulgado em 25, 26 e 27.09.2012
As cláusulas normativas dos acordos coletivos ou convenções coletivas integram os contratos individuais de trabalho e somente poderão ser modificadas ou suprimidas mediante negociação coletiva de trabalho.

CONCILIAÇÃO PRÉVIA. *Dir. Trab.*

O artigo 625-A ss. da CLT, instituiu a previsão da criação das comissões de conciliação prévia no âmbito de empresas e sindicatos visando a resolução dos conflitos de natureza individual, entre empregados e empregadores em esfera extrajudicial. Diante da previsão legal, houve uma série de debates no sentido se a passagem pela Comissão de Conciliação Prévia, era facultativa ou obrigatória. Visando dar maior assistência as micro e empresas de pequeno porte, a Lei Complementar 123/2006, estabeleceu no artigo 75, que estas empresas deveriam ter estímulos para participação na Comissão. Todavia houve inúmeras discussões no âmbito trabalhista sobre a natureza da Comissão de Conciliação Prévia, e o tema chegou ao Supremo Tribunal Federal que decidiu que a Comissão de Conciliação prévia trata-se de meio válido da solução de conflitos, entretanto, a passagem por esta é facultativa e não obrigatória, conferindo a interpretação do artigo 625-D da CLT, conforme o artigo 5, inciso XXXV, CF/88.

BASE LEGAL:
Artigo 625-A a 625-H; Artigo 5º, inciso XXXV, CF/88; Artigo 75, *caput*, parágrafo primeiro LC. 123/2006

ESTATUTO DO IDOSO.

De acordo com o artigo 1º, da Lei 10.741/2003, considera-se idosa a pessoa com 60 (sessenta) anos ou mais, sendo garantido a estes igualdade de direitos, vedada a prática de qualquer ato discriminatório, artigos 3º, inciso IV, artigo 7º, inciso XXX, artigo 230, parágrafo segundo, ambos da Constituição Cidadã. Segundo o Estatuto do Idoso, é extremamente necessário o respeito as condições físicas, intelectuais e psíquicas do idoso. É garantido ao idoso igualdade de fracionamento do período de férias, tal disposição é fruto da reforma trabalhista, artigo 136, parágrafo primeiro, da CLT; Há direito ao gozo de férias coletivas em dois períodos; goza da possibilidade de "venda das férias" abono pecuniário de férias; Já em relação a estabilidade pré-aposentadoria, não há previsão legal, devendo atentar-se a possibilidade deste direito estar previsto em acordo ou convecção coletiva de trabalho.

BASE LEGAL:
Artigos 1º, 26, 27, 28 Lei 10.741/2003; Artigo 3, inciso IV, artigo 7º, inciso XXX, artigo 230 ambos da Constituição Federal/88; Artigo 136, parágrafo primeiro CLT,

ESTIVADOR. *Dir. Trab.*

Considera-se categoria profissional diferenciada, regida pela Lei 12.815/2013. Para fins da função de estivador dispõe o artigo 41, parágrafo primeiro, inciso II: *estiva: atividade de movimentação de mercadorias nos conveses ou nos porões das embarcações principais ou auxiliares, incluindo o transbordo, arrumação, peação e despeação, bem como o carregamento e a descarga, quando realizados com equipamentos de bordo;* Os trabalhadores portuários, sejam avulsos ou contratados por prazo indeterminado devem efetuar treinamento específico nas entidades indicadas pelo Órgão de Gestão de mão de obra do trabalho portuário (OGMO), e filiar-se ao órgão, artigo 32.

BASE LEGAL:
Artigos 32 e 41 da Lei 12.815/2013.
Art. 41. O órgão de gestão de mão de obra:
I – organizará e manterá cadastro de trabalhadores portuários habilitados ao desempenho das atividades referidas no § 1º do art. 40;
II – organizará e manterá o registro dos trabalhadores portuários avulsos.
§ 1º A inscrição no cadastro do trabalhador portuário dependerá exclusivamente de prévia habilitação profissional do trabalhador interessado, mediante treinamento realizado em entidade indicada pelo órgão de gestão de mão de obra.
§ 2º O ingresso no registro do trabalhador portuário avulso depende de prévia seleção e inscrição no cadastro de que trata o inciso I do *caput*, obedecidas a disponibilidade de vagas e a ordem cronológica de inscrição no cadastro.
§ 3º A inscrição no cadastro e o registro do trabalhador portuário extinguem-se por morte ou cancelamento.

ESTRANGEIRO. *Dir. Trab.*

Não há distinção entre brasileiros e estrangeiros segundo o texto Constitucional, todos são iguais perante à lei, assim como é garantido o exercício de qualquer profissão, desde que sejam atendidas as qualificações exigidas para desempenho de cada atividade. Os artigos 352 a 358, da CLT, que preveem a proporcionalidade de empregados brasileiros não foram recepcionados pela Constituição Federal/88. Todavia, há no país a incidência de duas Leis disciplinando sobre a questão da entrada de imigrantes no país, são elas as Lei 11.962/2009 e Lei 13.445/2017, atenção a disposição do artigo 3º, inciso XI, que garante livre acesso ao trabalho, com exceção dos cargos exclusivos de brasileiros, artigo 12, parágrafo terceiro da CF/88. [114]

BASE LEGAL:

Artigo 5º, *caput*, artigo 7º, inciso XIII, e artigo 12, parágrafo terceiro da CF/88, artigo 352 a 358 CLT; Lei 11.962/2009, Lei 13.445/2017, artigo 3º, inciso XI .

CF:

Art. 5º Todos são iguais perante a lei, sem distinção de qualquer natureza, garantindo-se aos brasileiros e aos estrangeiros residentes no País a inviolabilidade do direito à vida, à liberdade, à igualdade, à segurança e à propriedade, nos termos seguintes: [...]

Art. 7º São direitos dos trabalhadores urbanos e rurais, além de outros que visem à melhoria de sua condição social:

XIII – duração do trabalho normal não superior a oito horas diárias e quarenta e quatro semanais, facultada a compensação de horários e a redução da jornada, mediante acordo ou convenção coletiva de trabalho;

Art. 12. São brasileiros: [...]

§ 3º São privativos de brasileiro nato os cargos:

I – de Presidente e Vice-Presidente da República;

II – de Presidente da Câmara dos Deputados;

III – de Presidente do Senado Federal;

IV – de Ministro do Supremo Tribunal Federal;

V – da carreira diplomática;

VI – de oficial das Forças Armadas.

VII – de Ministro de Estado da Defesa

CLT:

Art. 353. Equiparam-se aos brasileiros, para os fins deste Capítulo, ressalvado o exercício de profissões reservadas aos brasileiros natos ou aos

114 Leis e legislação – Brasil I. Colnago, Lorena de Mello Rezende. II. Rocha, Fábio Ribeiro da. III. Ferreira, Farley Roberto Rodrigues de Carvalho.

brasileiros em geral, os estrangeiros que, residindo no País há mais de dez anos, tenham cônjuge ou filho brasileiro, e os portugueses.
Lei 13.445/2017 – Art. 3º A política migratória brasileira rege-se pelos seguintes princípios e diretrizes: [...]
XI – acesso igualitário e livre do migrante a serviços, programas e benefícios sociais, bens públicos, educação, assistência jurídica integral pública, trabalho, moradia, serviço bancário e seguridade social; [...].

ESTUDO.

O legislador impôs restrições aos empregadores que contratar menor estudante, visando proteção do menor ao acesso à educação, dispõe o artigo 427 da CLT, que o empregador que empregar menor deverá atentar-se ao horário de estudo deste, disponibilizando o tempo que for necessário para frequência escolar, sendo responsabilidade dos pais diante da previsão legal do artigo 424, CLT, a supervisão. Neste sentido, dispõe o artigo 67, inciso IV do ECA e artigo 7º, inciso XXXIII, da CF/88. Aos infratores será aplicada multa, de acordo com o disposto no artigo 434, CLT.

BASE LEGAL:
Artigos 424, 427, 434, ambos da CLT; Artigo 67, inciso IV, da Lei 8069/90; Artigo 7º, inciso XXXIII CF/88.
Lei 8069/90 – Art. 67. Ao adolescente empregado, aprendiz, em regime familiar de trabalho, aluno de escola técnica, assistido em entidade governamental ou não-governamental, é vedado trabalho:
[...] IV – realizado em horários e locais que não permitam a frequência à escola.
Art. 424. É dever dos responsáveis legais de menores, pais, mães, ou tutores, afastá-los de empregos que diminuam consideravelmente o seu tempo de estudo, reduzam o tempo de repouso necessário à sua saúde e constituição física, ou prejudiquem a sua educação moral.,
Art. 427. O empregador, cuja empresa ou estabelecimento ocupar menores, será obrigado a conceder-lhes o tempo que for necessário para a frequência às aulas.
Parágrafo único – Os estabelecimentos situados em lugar onde a escola estiver a maior distância que 2 (dois) quilômetros, e que ocuparem, permanentemente, mais de 30 (trinta) menores analfabetos, de 14 (quatorze) a 18 (dezoito) anos, serão obrigados a manter local apropriado em que lhes seja ministrada a instrução primária.
Art. 434. Os infratores das disposições deste Capítulo ficam sujeitos à multa de valor igual a 1 (um) salário mínimo regional, aplicada tantas vezes quantos forem os menores empregados em desacordo com a lei, não

podendo, todavia, a soma das multas exceder a 5 (cinco) vezes o salário-mínimo, salvo no caso de reincidência em que esse total poderá ser elevado ao dobro.
Art. 7º São direitos dos trabalhadores urbanos e rurais, além de outros que visem à melhoria de sua condição social:
XXXIII – proibição de trabalho noturno, perigoso ou insalubre a menores de dezoito e de qualquer trabalho a menores de dezesseis anos, salvo na condição de aprendiz, a partir de quatorze anos;

EXAME MÉDICO DO EMPREGADO

- ***EXAME ADMISSIONAL, DEMISSIONAL E PERIODICAMENTE.*** É obrigatório a realização de exame admissional no ato de contratação do empregado a fim de resguardar à empresa acerca da contratação de candidato possivelmente doente, visa atestar a possibilidade de plena saúde para exercício da função. A mesma obrigatoriedade se volta para a necessidade de realização de exame periódicos ao longo do contrato e para exame demissional no caso de rescisão do contrato de trabalho, cuja obrigatoriedade visa afastar qualquer possibilidade de a empresa dispensar o funcionário estando o mesmo inapto ao labor. Artigo 168, da CLT.
- ***EXAME TOXICOLÓGICO MOTORISTA PROFISSIONAL.*** É obrigatório a realização de exame toxicológico a fim de detectar o uso substâncias ilícitas pelos motoristas profissionais, na ocasião da admissão, e no desligamento da empresa, sendo assegurado o direito a contraprova caso o teste seja afirmativo. Ressalta-se, ainda, que é de responsabilidade da empresa o sigilo das informações ao que se refere ao resultado dos testes, seja ele negativo ou não, sob pena de responder por violação dos direitos fundamentais do obreiro. Artigo 168, parágrafos 6º e 7º, da CLT.

EXCEÇÕES. *Dir. Proc. Trab.*

Segundo os ensinamentos do Professor Mauro Schiavi, "As exceções são defesas dirigidas contra o processo, e não contra o mérito, não visam à improcedência do pedido, mas sim a trancar o curso do processo, provocando sua extinção sem resolução do mérito, ou dilatação do seu curso."[115]

- ***EXCEÇÕES DE IMPEDIMENTO E SUSPEIÇÃO.*** É modalidade de defesa, utilizada para impugnar a figura do juiz, é realizada através de peça autôno-

115 SCHIAVI, 2020, p. 702.

ma. O próprio juiz pode se declarar impedido ou suspeito, ressaltando que as causas de impedimento são de ordem pública, portanto, não estão sujeitas ao instituto da preclusão, já as causas de suspeição sim, neste caso, se não ventiladas na primeira ocasião, ou seja, no prazo legal, estará acobertada pelo manto da preclusão. Cabe consignar, que após ao trânsito em julgado do processo as causas de impedimento podem ser atacadas mediante ajuizamento de ação rescisória. A exceção de impedimento é matéria de defesa, e não cabe recurso de sua decisão, deverá portanto, ser atacada no recurso aviado em face da sentença, nos moldes dos artigos Art. 799, § 2º, CLT + art. 893, § 1º, CLT. A CLT dispõe do instituto nos artigos . 799, 801 e 802, segundo o artigo 801, da CLT. Em caso de acolhimento pelo TRT os autos serão remetidos para outro juiz, em caso de não acolhimento pelo TRT, ocorre imediatamente o retorno dos autos ao juiz de origem para prosseguimento da ação.

EXCEÇÕES DE INCOMPETÊNCIA TERRITORIAL. *Dir. Proc. Trab.*

O artigo 651, da CLT, trata das competências da juntas de conciliação e julgamento e disciplina que caso violada as normas de competência, estamos diante da incompetência territorial /relativa, cujo o meio hábil para defesa é a apresentação da exceção de incompetência territorial, com fulcro nos artigo 799 e 800 da CLT. A reforma trabalhista alterou entendimento do artigo 800 da CLT, que passou a dispor que a exceção de incompetência relativa deve ser apresentada em peça autônoma no prazo de 5 (cinco) dias do recebimento da citação, neste caso a audiência será cancelada e o reclamante será intimado para manifestação em igual prazo. Em caso de acolhimento da exceção, o processo é encaminhado para outro juiz competente, já se rejeitada a exceção, permanecerá na mesma Vara, cabendo ao reclamado apresentação da contestação. A decisão que acolher a exceção de incompetência é interlocutória, ou seja, não cabe recurso de imediato.

BASE LEGAL:

Súmula 214 TST – DECISÃO INTERLOCUTÓRIA. IRRECORRIBILIDADE. Na Justiça do Trabalho, nos termos do art. 893, § 1º, da CLT, as decisões interlocutórias não ensejam recurso imediato, salvo nas hipóteses de decisão [...].

c) que acolhe exceção de incompetência territorial, com a remessa dos autos para Tribunal Regional distinto daquele a que se vincula o juízo excepcionado, consoante o disposto no art. 799, § 2º, da CLT.

CLT, Art. 651. A competência das Juntas de Conciliação e Julgamento é determinada pela localidade onde o empregado, reclamante ou reclamado, prestar serviços ao empregador, ainda que tenha sido contratado noutro local ou no estrangeiro.

§ 1º Quando for parte de dissídio agente ou viajante comercial, a competência será da Junta da localidade em que a empresa tenha agência ou filial e a esta o empregado esteja subordinado e, na falta, será competente a Junta da localização em que o empregado tenha domicílio ou a localidade mais próxima.

§ 2º A competência das Juntas de Conciliação e Julgamento, estabelecida neste artigo, estende-se aos dissídios ocorridos em agência ou filial no estrangeiro, desde que o empregado seja brasileiro e não haja convenção internacional dispondo em contrário.

§ 3º Em se tratando de empregador que promova realização de atividades fora do lugar do contrato de trabalho, é assegurado ao empregado apresentar reclamação no foro da celebração do contrato ou no da prestação dos respectivos serviços.

CLT, Art. 799. Nas causas da jurisdição da Justiça do Trabalho, somente podem ser opostas, com suspensão do feito, as exceções de suspeição ou incompetência.

§ 1º As demais exceções serão alegadas como matéria de defesa.

§ 2º Das decisões sobre exceções de suspeição e incompetência, salvo, quanto a estas, se terminativas do feito, não caberá recurso, podendo, no entanto, as partes alegá-las novamente no recurso que couber da decisão final.

CLT, Art. 800. Apresentada exceção de incompetência territorial no prazo de cinco dias a contar da notificação, antes da audiência e em peça que sinalize a existência desta exceção, seguir-se-á o procedimento estabelecido neste artigo.

§ 1º Protocolada a petição, será suspenso o processo e não se realizará a audiência a que se refere o art. 843 desta Consolidação até que se decida a exceção.

§ 2º Os autos serão imediatamente conclusos ao juiz, que intimará o reclamante e, se existentes, os litisconsortes, para manifestação no prazo comum de cinco dias.

§ 3º Se entender necessária a produção de prova oral, o juízo designará audiência, garantindo o direito de o excipiente e de suas testemunhas serem ouvidos, por carta precatória, no juízo que este houver indicado como competente.

§ 4º Decidida a exceção de incompetência territorial, o processo retomará seu curso, com a designação de audiência, a apresentação de defesa e a instrução processual perante o juízo competente.

EXECUÇÃO.

A execução é conceituada como "um conjunto de atos praticados, pela Justiça do Trabalho destinados à satisfação de uma obrigação consagrada num título executivo judicial ou extrajudicial, da competência da justiça do trabalho, não voluntariamente satisfeita pelo devedor, contra a vontade deste último."[116] Para que se inicie um processo executório há necessidade de um título que poderá ser judicial ou extrajudicial, e o mesmo precisa gozar de força executiva, ou seja precisam ser líquidos, certo e exigíveis. A CLT trata da execução dos artigos 876 a 892, entretanto, em caso de omissão desta será aplicada a Lei de Execução Fiscal n. 6830/80, e na omissão da LEF, ocorre a aplicação do CPC. O artigo 876, da CLT elenca os títulos executivos, quais sejam: As decisões passadas em julgado ou das quais não tenha havido recurso com efeito suspensivo; os acordos, quando não cumpridos; os termos de ajuste de conduta firmados perante o Ministério Público do Trabalho e os termos de conciliação firmados perante as Comissões de Conciliação Prévia [...]. O parágrafo único do mesmo dispositivo, aponta, ainda, que a Justiça do Trabalho executará, de ofício, as contribuições sociais e seus acréscimos legais, *relativas ao objeto da* condenação constante das sentenças que proferir e dos acordos que homologar.

- ***TÍTULOS EXECUTIVOS JUDICIAIS.*** [117] A competência para execução vem disciplinada no artigo 877, da CLT: É competente para a execução das decisões o juiz ou Presidente do Tribunal que tiver conciliado ou julgado originariamente o dissídio.
    - ***SENTENÇA TRABALHISTA TRANSITADA EM JULGADO:*** Para ter força executiva a sentença precisa estar revestida de coisa julgada material.
    - ***SENTENÇA TRABALHISTA PENDENTE DE JULGAMENTO DE RECURSO RECEBIDO APENAS NO EFEITO DEVOLUTIVO:*** Esta sentença ainda não transitou em julgado, ela pende de julgamento de recurso, no entanto, pode ser executada provisoriamente, nos moldes do artigo 899 da CLT.
    - ***ACORDOS HOMOLOGADOS NA JUSTIÇA DO TRABALHO:*** No ato de homologação de acordo configura-se o trânsito em julgado nos moldes do artigo 831, da CLT.

---

116 SCHIAVI, 2020, p. 1164.

117 SCHIAVI, 2020, p. 1164.

- ***SENTENÇA PENAL CONDENATÓRIA, TRANSITADA EM JULGADO:*** Visa cobrar os danos morais e patrimoniais decorrentes da relação de trabalho, artigos 515 do CPC e artigo 114, inciso VI, da CF/88.
- ***SENTENÇA ARBITRAL, ARTIGO 515, INCISO VII, DO CPC E III, ARTIGO 515, CPC:*** a decisão homologatória de autocomposição extrajudicial de qualquer natureza [...].

- ***TÍTULOS EXECUTIVOS EXTRAJUDICIAIS.***[118] São executados nos moldes dos artigos 880 a 892, da CLT. A competência para execução vem disciplinada no artigo 877-A, CLT: É competente para a execução de título executivo extrajudicial o juiz que teria competência para o processo de conhecimento relativo à matéria.
    - ***TERMOS DE AJUSTES DE CONDUTA FIRMADOS PERANTE O MINISTÉRIO PÚBLICO DO TRABALHO (TAC):*** é o instrumento por meio do qual o MPT firma geralmente com uma empresa que está descumpridos direitos metaindividuais de natureza trabalhista, este título geralmente prevê multa por descumprimento das obrigações ali pactuadas, e é título executivo extrajudicial.
    - ***TERMOS DE CONCILIAÇÃO FIRMADOS PERANTE AS COMISSÕES DE CONCILIAÇÃO PRÉVIA:*** É considerado meio de resolução de conflito, alternativo, conforme dispõe o artigo 625-E, da CLT é título executivo extrajudicial.
    - ***TÍTULOS DE CRÉDITOS ORIUNDOS OU DECORRENTES DA RELAÇÃO DE TRABALHO, NOS MOLDES DO ARTIGO 784, DO CPC:*** São títulos executivos extrajudiciais: I – a letra de câmbio, a nota promissória, a duplicata, a debênture e o cheque;

      II – a escritura pública ou outro documento público assinado pelo devedor; III – o documento particular assinado pelo devedor e por 2 (duas) testemunhas;

      IV – o instrumento de transação referendado pelo Ministério Público, pela Defensoria Pública, pela Advocacia Pública, pelos advogados dos transatores ou por conciliador ou mediador credenciado por tribunal;

      V – o contrato garantido por hipoteca, penhor, anticrese ou outro direito real de garantia e aquele garantido por caução;

      VI – o contrato de seguro de vida em caso de morte;

      VII – o crédito decorrente de foro e laudêmio;

---

118 SCHIAVI, 2020, p. 1164.

VIII – o crédito, documentalmente comprovado, decorrente de aluguel de imóvel, bem como de encargos acessórios, tais como taxas e despesas de condomínio;

IX – a certidão de dívida ativa da Fazenda Pública da União, dos Estados, do Distrito Federal e dos Municípios, correspondente aos créditos inscritos na forma da lei;

X – o crédito referente às contribuições ordinárias ou extraordinárias de condomínio edilício, previstas na respectiva convenção ou aprovadas em assembleia geral, desde que documentalmente comprovadas;

XI – a certidão expedida por serventia notarial ou de registro relativa a valores de emolumentos e demais despesas devidas pelos atos por ela praticados, fixados nas tabelas estabelecidas em lei;

XII – todos os demais títulos aos quais, por disposição expressa, a lei atribuir força executiva.

§ 1º A propositura de qualquer ação relativa a débito constante de título executivo não inibe o credor de promover-lhe a execução.

§ 2º Os títulos executivos extrajudiciais oriundos de país estrangeiro não dependem de homologação para serem executados.

§ 3º O título estrangeiro só terá eficácia executiva quando satisfeitos os requisitos de formação exigidos pela lei do lugar de sua celebração e quando o Brasil for indicado como o lugar de cumprimento da obrigação.

- ***ORDEM DE EXECUÇÃO:***[119]

i. Inicia-se com a petição inicial, artigo 798 e 829, do CPC.
ii. É realizada a citação do reclamado para pagar ou nomear bens à penhora em 48h, artigo 880, da CLT
iii. Havendo pagamento, haverá a extinção da execução, artigo 881, da CLT;
iv. Caso não haja pagamento, haverá penhora de tantos bens quantos bastem para a garantia do juízo, artigo 883, da CLT;
v. Uma vez garantido o juízo, poderá o executado embargar a execução no prazo de 05 dias, artigo 884, da CLT.

119 SCHIAVI, 2020, p. 1164.

vi. Expropriação de bens em hasta pública, artigo 888, da CLT.

- ***LEGITIMIDADE PARA PROMOVER A EXECUÇÃO***
- ***ATIVA:*** Segundo o artigo 878, da CLT, na Justiça do Trabalho estão aptos a promover a execução as partes, ou seja, credor ou quem for indicado no título com legitimidade ativa ou passiva. O juiz pode impulsionar de ofício a execução, ele não é parte, entretanto tem a prerrogativa de iniciá-la, inclusive ao que se refere a parcela previdenciária, peculiaridade específica da área trabalhista.
    - ***ESPÓLIO:*** Em caso de falecimento do credor deverá ser suspensa a execução e determinada pelo magistrado a habilitação do espólio para prosseguimento, pois este detêm capacidade processual. Na esfera trabalhista tem se admitido além da certidão de habilitação no inventário sem oposição a certidão de dependente emitida pela Previdência social, artigo 1°, Lei n.6.858/1980.
    - ***CESSÃO DE CRÉDITO:*** Há posições variadas da possibilidade ou não de cessão do crédito trabalhista, tema polêmico. Todavia, a jurisprudência vem se manifestando no sentido de impossibilidade, tendo em vista que ocorrendo a cessão se afasta a relação de emprego e prestação de serviço, afastando a competência da justiça especializada.
    - ***DO SUB-ROGADO:*** Neste caso também há posições variadas da possibilidade ou não de sub-rogação, sobre o fundamento que havendo a sub-rogação não há competência da justiça especializada, tendo em vista afastar a natureza de relação de emprego e prestação de serviço.
- ***PASSIVA:*** É aquele que figura no título como devedor. Há aplicação dos artigos 4° da Lei 6.830/80, e artigo 779, CPC, tendo em vista a omissão da CLT, artigo 889.
- ***DA RESPONSABILIDADE PATRIMONIAL:*** É o patrimônio do indivíduo que responde pela dívida, ou seja, seus bens, não é pessoal, artigo 789, do CPC.
- ***DA RESPONSABILIDADE PATRIMONIAL SECUNDÁRIA:*** É a possibilidade de executar sujeitos próximos ao devedor que mantiveram com ele negócios patrimoniais que podem afetar a execução, neste caso é aplicável o artigo 790, do CPC, por ausência de previsão legal no texto celetista.
    - **Sucessão de empresas:** O artigo 878 da CLT, dispõe que é permitida na execução o conhecimento de ofício pelo magistrado da sucessão de empresa. Reconhecida a sucessão

nos moldes do artigo 10 e 448 da CLT, a responsabilidade para quitação das dívidas trabalhistas é do sucessor, como regra, salvo, se houver comprovação de fraude, neste caso a empresa sucedida será responsável solidariamente, conforme dispõe os artigos 9º da CLT e 942 do Código Civil. Cabe ressaltar, que as cláusulas inseridas no contrato de sucessão que regulem ou disciplinem a responsabilidade das partes por dívidas trabalhistas terão eficácia somente entre as partes e para fins de ação de regresso, não atinge ao credor trabalhista por força do artigo 448, da CLT.

- ***DESCONSIDERAÇÃO DA PERSONALIDADE JURÍDICA:*** Em um processo de execução, caso porventura o patrimônio da empresa não seja capaz de satisfazer a quitação das dívidas, de acordo com os dispositivos citados é possível pleitear que o patrimônio particular do sócio responda para saudar a dívida, através do instituto conhecido como incidente de desconsideração da personalidade jurídica, artigo 855-A CLT, calcados pelos artigos 28 da Lei n. 8.078/90 Código de Defesa do Consumidor, e 50 do Código Civil. Esta teoria é classificada em subjetiva ou objetiva nos dizeres do Professor Mauro Schiavi,[120] senão vejamos: "Pela teoria subjetiva da desconsideração da personalidade jurídica, os bens do sócio podem ser atingidos quando: a pessoa jurídica não apresentar bens para o pagamento das dívidas; atos forem praticados pelo sócio com abuso de poder, desvio de finalidade, confusão patrimonial, ou má-fé." Há consenso que na área trabalhista a teoria observada é a objetiva, bastando que a empresa não tenha patrimônio para saudar a dívida a execução cairá sobre os bens do sócio, não é apurado se ele violou ou não o contrato.
- ***DO SÓCIO QUE SE RETIROU DA EMPRESA HÁ MAIS DE 2 (DOIS) ANOS DA DATA DE INGRESSO DA AÇÃO:*** A responsabilidade do sócio retirante é subsidiária até dois anos após averbada a sua saída da empresa, e em caso de fraude a responsabilidade é solidária, neste sentido aplicação dos artigos 10-A, CLT e artigos 1.003 e 1.032 ambos do Código Civil.
- ***TEORIA INVERSA DA DESCONSIDERAÇÃO DA PERSONALIDADE JURÍDICA:*** A desconsideração inversa da personalidade jurídica atingirá o patrimônio da empresa, totalmente cabível na área trabalhista, artigo

120 SCHIAVI, 2020, p. 1208.

28 CDC e artigo 50, §3º, do Código Civil, por força dos artigos 769 e 889 da CLT.

- ***BENS DO CÔNJUGE OU COMPANHEIRO:*** Considerando a previsão do artigo 790 do CPC: Art. 790. São sujeitos à execução os bens [...]:
- IV – do cônjuge ou companheiro, nos casos em que seus bens próprios ou de sua meação respondem pela dívida; [...] Os bens do cônjuge e do companheiro respondem pela dívida uma vez que se presume que as dívidas foram contraídas em proveito próprio do casal, essa regra poderá ser afastada se o cônjuge conseguir comprovar que o bem, por exemplo, foi adquirido com recursos particulares, ou que não se beneficiou das dívidas contraídas, poderá atacar a execução assim que devidamente intimado da penhora através de embargos à execução ou embargos de terceiro, artigo 674, §2º, inciso I, do CPC.
- ***DA RESPONSABILIDADE DO DEVEDOR SUBSIDIÁRIO:*** Neste caso a execução inicia-se pelo devedor principal, todavia basta que o mesmo seja intimado, não há necessidade de esgotamento dos meios executivos, podendo, o exequente prosseguir a execução em face do devedor subsidiário, artigo 786, do CPC, aplicável ao Processo do Trabalho por força do artigo 769 e 889, da CLT. Cumpre esclarecer que a doutrina e a jurisprudência predominante entendem ser necessário que o devedor subsidiário deva ter participado do processo principal, ou seja da fase de conhecimento, nestes termos, súmula 331 do TST, item IV. Se porventura, isso não ocorreu, o meio cabível será a ação declaratória de responsabilização do devedor subsidiário, de acordo com a previsão do artigo 19 do CPC, todavia, o TST firmou posicionamento no sentido de não ser possível através desta ação (Súmula 331, IV, TST).
- ***RESPONSABILIDADE DA EMPRESA DO MESMO GRUPO ECONÔMICO QUE NÃO PARTICIPOU DA FASE DE CONHECIMENTO:*** A mera identidade de sócio não configura grupo econômico, sendo necessária a comunhão de interesse e atuação conjunta, artigo 2º, §3º CLT, neste caso, a responsabilidade das empresas é solidária. O TST entende que é possível na execução, que a empresa não participante da fase de conhecimento, pode integrar a execução, nos moldes do artigo 2º, §2º, CLT.
- ***FRAUDE À EXECUÇÃO:*** Para ser considerada fraude à execução é necessário provar que houve conluio entre as partes contra-

tantes. Há entendimento, por exemplo, que se o adquirente tomou todas as cautelas no momento de adquirir o imóvel, emitindo todas as certidões, cíveis, fiscais, criminais, trabalhistas, Serasa, etc., e todas com efeito negativa, o adquirente é de boa-fé, o TST entende que não há como presumir fraude à execução, neste sentido reza a Súmula 375 do STJ, aplicável a Justiça do Trabalho: O reconhecimento da fraude à execução depende do registro da penhora do bem alienado ou da prova de má-fé do terceiro adquirente. Todavia, constada a fraude à execução o executado poderá também sofrer as sanções previstas no artigo 774, do CPC.

- ***DA EXECUÇÃO PROVISÓRIA NA JUSTIÇA DO TRABALHO:*** É possível a execução provisória no Processo do Trabalho, de acordo com a disposição do artigo 899, da CLT. Conforme, dispõe o artigo 522, do CPC, inicia-se a execução com as cópias do processo principal que ainda depende de julgamento de recurso, juntamente com as cópias processuais necessárias será extraída a carta de sentença, que seguirá o curso até a penhora, a doutrina entende que a execução provisória terá apreciado seus incidentes, embargos à execução e agravo de petição, posteriormente aguardará o desfecho do julgamento do recurso pendente para se tornar definitiva. Cumpre consignar que com a incidência do novo CPC, o executado não tem mais direito a execução menos gravosa, houve, portanto, alteração no entendimento da Súmula 417, do TST, a qual passou a prever a possibilidade de penhora em dinheiro na execução provisória.

EXPERIÊNCIA. *Dir. Trab.*

O contrato de experiência não poderá exceder 90 (noventa dias), pode se pactuado em período inferior, entretanto, somente poderá ser prorrogado por uma única vez. Na cessação do prazo e nada dito pelas partes o contrato de experiência se tornará em contrato por prazo indeterminado. Não há previsão específica na CLT sobre a necessidade deste contrato ser por escrito, todavia, a jurisprudência entende a impossibilidade de a contratação ser tácita. Artigo 443, parágrafo segundo, combinado com o artigo 445, parágrafo único, CLT.

- ***GESTANTE:*** A jurisprudência entende, que a funcionária contratada através de contrato de experiência tem direito a estabilidade provisória no emprego. Item III, da Súmula 244 do TST.

- **ACIDENTADO:** A jurisprudência entende, que o empregado que sofrer acidente de trabalho no curso do contrato de experiência, goza da garantia provisória no emprego, item III, da Súmula 378 do TST.
- **PERÍODO DE EXPERIÊNCIA:** Não tem ligação com o contrato de experiência, ambos possuem natureza diversa, o período de experiência vem previsto no artigo 478, parágrafo primeiro da CLT, ele é automaticamente inserido no contrato por prazo indeterminado, durante o período de experiência o empregado faz jus ao direito a férias, entretanto, este não desfrutará no caso da dispensa por justa causa. [121]

BASE LEGAL:

Artigo 443, parágrafo segundo, artigo 445, parágrafo único, artigo 478, parágrafo primeiro ambos da CLT; Súmula 244 e 378 do TST;

Súmula nº 244 do TST. GESTANTE. ESTABILIDADE PROVISÓRIA.

I – O desconhecimento do estado gravídico pelo empregador não afasta o direito ao pagamento da indenização decorrente da estabilidade (art. 10, II, "b" do ADCT).

II – A garantia de emprego à gestante só autoriza a reintegração se esta se der durante o período de estabilidade. Do contrário, a garantia restringe-se aos salários e demais direitos correspondentes ao período de estabilidade.

III – A empregada gestante tem direito à estabilidade provisória prevista no art. 10, inciso II, alínea "b", do Ato das Disposições Constitucionais Transitórias, mesmo na hipótese de admissão mediante contrato por tempo determinado.

Súmula nº 378 do TST. ESTABILIDADE PROVISÓRIA. ACIDENTE DO TRABALHO. ART. 118 DA LEI Nº 8.213/1991.

I – É constitucional o artigo 118 da Lei nº 8.213/1991 que assegura o direito à estabilidade provisória por período de 12 (doze) meses após a cessação do auxílio-doença ao empregado acidentado.

II – São pressupostos para a concessão da estabilidade o afastamento superior a 15 (quinze) dias e a consequente percepção do auxílio-doença acidentário, salvo se constatada, após a despedida, doença profissional que guarde relação de causalidade com a execução do contrato de emprego.

III – O empregado submetido a contrato de trabalho por tempo determinado goza da garantia provisória de emprego decorrente de acidente de trabalho prevista no n no art. 118 da Lei nº 8.213/91.

EXPLOSIVOS.

A NR19 – item 19.1.1 – dispões que para fins desta Norma, considera-se explosivo material ou substância que, quando iniciada, sofre

121 LEITE, 2018.

decomposição muito rápida em produtos mais estáveis, com grande liberação de calor e desenvolvimento súbito de pressão. É de responsabilidade do empregador à disponibilização de vestimenta adequada aos funcionários para fabricação e manuseio dos explosivos, cabendo ao Ministério do Trabalho à fiscalização.

BASE LEGAL:
NR19 Ministério do Trabalho

EXTINÇÃO DA EMPRESA. *Dir. Trab.*

A extinção da empresa poderá ocorrer diante de três hipóteses, falecimento do empregador no caso da empresa individual ou pessoa física, neste caso se houver interesse do empregado poderá ocorrer sucessão trabalhista nos moldes do artigo 10 e 448, CLT, ou não havendo interesse poderá rescindir o contrato nos moldes do artigo 483, parágrafo segundo da CLT; nas demais modalidades de empresa, desde que o motivo não seja advindo de força maior, é devido o pagamento das verbas rescisórias devidas no caso de rescisão do contrato de trabalho por ato unilateral do empregador, ou seja nos moldes do artigo 485, CLT, Súmula 44, do TST, artigo 20, inciso IV, Lei8.036/90 ; Já no caso de extinção da empresa por motivo de força maior, são devida as verbas pela metade, nos termos do artigo 502 da CLT e artigo 18, parágrafo segundo, Lei 8.036/1990, nesta linha Súmula 44 do TST; Em caso de extinção do contrato de trabalho por *factum principis*, a indenização será a cargo do Ente Público que deu causa, nos moldes dos artigos 486, 477 e 478, 479 e 497, 498 ambos da CLT, ressalvando que as rescisões oriundas da crise instalada pela Pandemia de Covid 19, não é considerado *factum principis*, ou seja, cabe ao empregador os riscos da atividade, princípio da alteridade, artigo 2º da CLT;

BASE LEGAL:
Artigos 2º 10, 48, 483, parágrafo segundo, 485, 502, 486,477, 478, 479,497,498 ambos da CLT; Súmula 44, do TST; artigo 20, inciso IV, Lei 8.036/90.
Súmula nº 44 do TST: AVISO PRÉVIO. A cessação da atividade da empresa, com o pagamento da indenização, simples ou em dobro, não exclui, por si só, o direito do empregado ao aviso prévio.
Art. 20. A conta vinculada do trabalhador no FGTS poderá ser movimentada nas seguintes situações: [...] IV – falecimento do trabalhador, sendo o saldo pago a seus dependentes, para esse fim habilitados perante a

Previdência Social, segundo o critério adotado para a concessão de pensões por morte. Na falta de dependentes, farão jus ao recebimento do saldo da conta vinculada os seus sucessores previstos na lei civil, indicados em alvará judicial, expedido a requerimento do interessado, independente de inventário ou arrolamento; [...].

EXTINÇÃO DO CONTRATO. *Dir. Trab.*

É o ato que põe fim a relação empregatícia, é a cessão total ou definitiva do contrato, independentemente se o contrato for realizado por prazo determinado ou indeterminado, sendo importante detectar corretamente a modalidade de contrato realizado com o obreiro, pois a modalidade refletirá no cálculo das verbas rescisórias. A extinção do contrato em tese, é lesão ao princípio da continuidade da relação de emprego, cuja essência é a continuidade do vínculo e visa a proteção social do trabalho, das presunções favoráveis ao trabalhador, princípio da norma mais favorável. Todavia, a extinção se faz necessária diante de insatisfação de uma das partes ou de ambas na relação empregatícia, cabendo ressaltar que a extinção do contrato de trabalho se dá por diversas espécies, e precisam cumprir formalidade, senão vejamos.

- ***CONTRATO DE TRABALHO POR TEMPO INDETERMINADO:*** É a modalidade de contrato realizada sem a estipulação de um prazo para extinção do contrato. Antes da reforma trabalhista ocorrida em 2017, havia necessidade no caso de rescisão do contrato de trabalho com mais de 1 (um) ano, a passagem pela assistência do sindicato da categoria ou Ministério do trabalho, segundo a antiga redação do parágrafo primeiro. Ocorre que, com advento da reforma trabalhista a redação foi alterada e o respectivo parágrafo revogado, o que ocasionou a desnecessidade de passagem pelo sindicato ou Ministério do Trabalho, de acordo com o artigo 477, *caput*, da CLT. Todavia, ainda há necessidade de assistência do sindicato nas hipóteses de extinção do vínculo empregatício no caso do empregado estável, considerando que na ausência de sindicato será realizada no Ministério do Trabalho e Previdência Social ou da Justiça do Trabalho. Consigna-se que no caso do menor de 18 (dezoito) anos, no ato de rescisão do contrato é necessária a assistência dos responsáveis legais.
- ***DISPENSA ARBITRÁRIA OU SEM JUSTA CAUSA:*** Nesta modalidade de dispensa ocorrerá o pagamento de aviso prévio, 13º salário proporcional ao período; férias proporcionais ao período + 1/3 (um terço), liberação do FGTS, com o acréscimo de 40%. Terá o empregador

que lançar baixa na CTPS do empregado e liberar as guias do CD/SD (comunicação de dispensa e seguro-desemprego), em caso de descumprimento pelo empregador, poderá gerar indenização em face do empregado, Súmula 389, do TST. Já se a dispensa ocorrer 30 (trinta) dias antes da data-base, também gera direito à indenização, Súmulas 314, 182, 242 do TST. Esclarece que se porventura houver hipótese de estabilidade ou garantia do emprego, a dispensa é nula, devendo ocorrer reintegração do obreiro ou indenização a depender da análise judicial ao caso concreto.

- ***PEDIDO DE DEMISSÃO PELO OBREIRO:*** Nesta modalidade de dispensa ocorrerá o pagamento de duas verbas, qual seja, 13° salário proporcional ao período; férias proporcionais ao período + 1/3; Não há direito ao recebimento de aviso-prévio caso não seja efetivamente trabalhado, e se não concedido deverá ser descontado do saldo de salário; não há direito a liberação do FGTS e nem ao recebimento dos 40% sobre o Fundo e nem seguro desemprego. Como tal modalidade é fruto da vontade do obreiro, ao exercitá-la perderá a proteção a garantia de emprego se porventura houver.

- ***DISTRATO TRABALHISTA:*** Nova modalidade trazida pela reforma trabalhista, segundo o artigo 484-A, da CLT, são devidas as seguintes verbas:
- i) por metade: a) o aviso prévio, se indenizado; e b) a indenização sobre o saldo do Fundo de Garantia do Tempo de Serviço, prevista no § 1° do art. 18 da Lei no 8.036, de 11 de maio de 1990; ii – na integralidade, as demais verbas trabalhistas. § 1º A extinção do contrato prevista no *caput* deste artigo permite a movimentação da conta vinculada do trabalhador no Fundo de Garantia do Tempo de Serviço na forma do inciso I-A do art. 20 da Lei no 8.036, de 11 de maio de 1990, limitada até 80% (oitenta por cento) do valor dos depósitos. § 2º A extinção do contrato por acordo prevista no *caput* deste artigo não autoriza o ingresso no Programa de Seguro-Desemprego.
- ***DISPENSA ATRAVÉS DE PLANOS DE INCENTIVO A DESLIGAMENTO INCENTIVADO (PDV E PDI):*** Nesta ocasião, são devidas as mesmas parcelas em caso de dispensa injusta e mais uma indenização cuja natureza é indenizatória, visando reparar a perda do emprego. Não pode haver lesão a direitos trabalhistas que não guardem relação com o fim do contrato de trabalho, nos termos da OJ 270 da SDI-1 do TST, por exemplo, horas extras. No entanto, o trabalhador que aderir ao programa deve atentar-se a existência da cláusula de quitação

plena e irrevogável que vem prevista no artigo 477-B, da CLT, pois nada poderá reclamar, posteriormente.

- ***DISPENSA POR JUSTA CAUSA OPERÁRIA:*** **É a modalidade mais grave de dispensa, é enquadra conforme previsão do artigo 482 da CLT. Nesta ocasião o trabalhador não recebe qualquer parcela rescisória, terá direito apenas ao saldo de salário. De acordo com o art.** 482 da CLT, Constituem justa causa para rescisão do contrato de trabalho pelo empregador:
    - ato de improbidade;
    - incontinência de conduta ou mau procedimento;
    - negociação habitual por conta própria ou alheia sem permissão do empregador, e quando constituir ato de concorrência à empresa para a qual trabalha o empregado, ou for prejudicial ao serviço;
    - condenação criminal do empregado, passada em julgado, caso não tenha havido suspensão da execução da pena;
    - desídia no desempenho das respectivas funções;
    - embriaguez habitual ou em serviço;
    - violação de segredo da empresa;
    - ato de indisciplina ou de insubordinação;
    - abandono de emprego;
    - ato lesivo da honra ou da boa fama praticado no serviço contra qualquer pessoa, ou ofensas físicas, nas mesmas condições, salvo em caso de legítima defesa, própria ou de outrem;
    - ato lesivo da honra ou da boa fama ou ofensas físicas praticadas contra o empregador e superiores hierárquicos, salvo em caso de legítima defesa, própria ou de outrem;
    - prática constante de jogos de azar.
    - perda da habilitação ou dos requisitos estabelecidos em lei para o exercício da profissão, em decorrência de conduta dolosa do empregado.
- ***INFRAÇÃO DO EMPREGADOR (RESCISÃO INDIRETA):*** Neste caso, é o obreiro que aplica "justa causa" no patrão, por infração cometida por este, cabendo ao empregado os mesmos direitos da dispensa injusta, quais sejam: aviso-prévio com projeção; 13º salário proporcional; férias proporcionais + 1/3 (um terço), liberação do FGTS e acréscimo de 40% (quarenta por cento); emissão das guias CD/SD, e as

outras indenização previstas em lei, se for hipótese por exemplo, de garantias no emprego.

- **RUPTURA DO CONTRATO POR CULPA RECÍPROCA:** É a possibilidade prevista em lei em que empregado e empregador ao mesmo tempo pratique atos que configurem justa causa, enquadramento nos artigos 482 e 483, da CLT. Nesta modalidade são cabíveis o pagamento do saldo de salário, férias vencidas, indenização pela metade FGTS, 50% do aviso-prévio, e 13º terceiro salário e das férias proporcionais. [122]
- **EXTINÇÃO DA EMPRESA OU ESTABELECIMENTO:** Inicialmente, de acordo com o artigo 2º da CLT, princípio da alteridade, o empregador não pode transferir ao empregado o ônus de sua atividade. Em primeiro momento, a extinção da empresa no país ou em determinado Estado, município não pode ser transferida ao empregado, neste caso caberá o pagamento de todas as verbas devidas em caso de dispensa injusta. Já no caso de extinção da empresa por motivo de força maior, deve ser seguida a previsão do artigo 502 da CLT, que reduz o percentual para metade, e artigo 479, da CLT e Súmula 44 do TST. Todavia, em caso de ruptura contratual por *factum principis* – fato do príncipe –, caberá ao agente público causador a responsabilidade, artigo 486 da CLT, trata-se de indenizações antigas previstas na CLT, artigos 477 e 478 estabilidades, tempo de serviço, rescisão antecipada de contrato a termo, artigo 479, da CLT. [123]
- **MORTE DO EMPREGADO:** A relação de emprego é personalíssima, portanto, extingue com o falecimento. No caso de morte natural do empregado, são devidos ao espólio do obreiro, o 13º salário proporcional, férias proporcionais + 1/3, saldo de salário se houver, e parcelas já vencidas, que porventura existirem. São cabíveis o recebimento dos depósitos FGTS, que poderá ser pago diretamente aos dependentes cadastrados junto ao INSS ou na ausência, nas pessoas indicadas no alvará judicial. Em caso de morte provocada por alguma culpa do empregador, hipótese do artigo 483, "c" da CLT, ensejando as verbas rescisórias disposta para a modalidade. [124]
- **MORTE DO EMPREGADOR:**
- *i) pessoa física e firma individual:* Neste caso, se houver interesse do empregado o vínculo empregatício pode ser mantido peran-

122 LEITE, 2018, p. 621.

123 Delgado, 2020, p.1385.

124 Delgado, 2020, p.1386-1387.

te aos herdeiros do empregador, pois com o falecimento deste possa ser que haja continuidade da empresa, neste caso ocorrerá a sucessão trabalhista. Todavia, se não houver continuidade da empresa, deverá provocar a extinção do contrato, nos moldes do artigo 485 da CLT, ensejando todas as verbas.

- ii) *pessoa física, constituída em empresa individual:* Neste caso, ainda que haja continuidade da empresa, é facultado ao empregado rescindir o contrato de trabalho. Sendo devido o saque do FGTS, sem o 40%, 13º salário proporcional + férias proporcionais e 1/3 (um terço) constitucional; **não concede aviso-prévio e nos casos de contrato a termo está afastada a indenização.**
- **APOSENTADORIA:** A aposentadoria não cessa o contrato de trabalho, é facultado ao empregado continuar trabalhando, e se desejar após a concessão do benefício pelo INSS, poderá pedir demissão, neste é necessário conceder o período de aviso-prévio, tem direito ao recebimento das verbas ao pedido de demissão. Já se a empresa o dispensar, irá arcar com as verbas devidas em caso de demissão sem justa causa. Esclarece que a aposentadoria por invalidez não causa a extinção do contrato de trabalho, ocorrerá a suspensão do contrato por um decurso de tempo, 5 (cinco) anos, neste sentido súmula 217, do STF. Já em caso de cancelamento da aposentadoria, a jurisprudência trabalhista entende ser direito do trabalhador retornar ao posto de trabalho, ou o empregador usufruir da garantia de indenizá-lo, neste sentido a Súmula 160 do TST.

- **DISPENSA COLETIVA:** O professor Bezerra Leite, menciona em sua obra Curso de Direito do Trabalho: "Contrariando a jurisprudência do TST (RO-6155-89.2014.5.15.0000, SDC, Tel. Min. Maria de Assis Calsing), que caminha no sentido de que a dispensa imotivada coletiva (ou em massa) de trabalhadores caracteriza abuso de direito e necessita de autorização prévia do sindicato correspondente categoria profissional ou previsão em instrumento coletivo [...]. [125] Todavia, a reforma trabalhista inseriu na disposição do artigo 477-A, da CLT: Art. 477-A. As dispensas imotivadas individuais, plúrimas ou coletivas equiparam-se para todos os fins, não havendo necessidade de autorização prévia de entidade sindical ou de celebração de convenção coletiva ou acordo coletivo de trabalho para sua efetivação.

---

125 LEITE, 2018, p. 629-630.

F

FADIGA. *Dir. Trab.*

Segundo Oliveira e outros, conceituam fadiga como: "[...] esgotamento físico e mental grave e crônico que difere do cansaço e da falta de motivação por não ser atribuída a exercício físico ou a uma enfermidade diagnosticável."[126] Ou seja, a fadiga ocasiona grande diminuição na capacidade laboral do obreiro, memória, concentração, por este motivo é tão importante a concessão adequada pelo empregador dos intervalos, férias, repousos, pausas, durante a jornada de trabalho, pois a concessão adequada inibem em grande parte a fadiga muscular e mental do empregado, fazendo que o mesmo tenha bom desempenho em suas funções. Os artigos 198 e 199 da CLT, disciplinam medidas para prevenção da fadiga, entre as legislações existentes, pode se citar como exemplo os artigo 234, 253, 293 e 294, CLT; Convenção 137, da OIT; Portaria nº3.751, de 23/11/1990, do MTE; NR17.

BASE LEGAL:

Artigos 198, 199, 234, 253, 293 e 294 da CLT; Convenção 137, da OIT; Portaria nº3.751, de 23/11/1990 MTE; NR17.

CLT, Art.198. É de 60kg (sessenta quilogramas) o peso máximo que um empregado pode remover individualmente, ressalvadas as disposições especiais relativas ao trabalho do menor e da mulher.

Parágrafo único: Não está compreendida na proibição deste artigo a remoção de material feita por impulsão ou tração de vagonetes sobre trilhos, carros de mão ou quaisquer outros aparelhos mecânicos, podendo o Ministério do Trabalho, em tais casos, fixar limites diversos, que evitem sejam exigidos do empregado serviços superiores às suas forças.

CLT, 199. Será obrigatória a colocação de assentos que assegurem postura correta ao trabalhador, capazes de evitar posições incômodas ou forçadas, sempre que a execução da tarefa exija que trabalhe sentado.

Parágrafo único: Quando o trabalho deva ser executado de pé, os empregados terão à sua disposição assentos para serem utilizados nas pausas que o serviço permitir.

---

126 ROCHA; COLNAGO; FERREIRA, 2020, p. 242.

FALÊNCIA. *Dir. Empresarial.*

A falência é um processo iniciado por um sujeito que exerce atividade empresarial, ou seja, sujeito de direitos e obrigações, a grosso modo, "cuja a empresa é registrada", salienta-se que a insolvência da empresa não necessariamente precisa ser econômica, havendo necessidade que a insolvência seja jurídica para sofrer à falência, pode-se citar, como exemplo, o Empresário Individual, EIRELI e Sociedade Empresária. Ressalta-se que os Sujeitos que não têm personalidade jurídica adquirida, sofrem insolvência civil, é o caso dos Profissionais Liberais, Sociedade Simples, Cooperativa, etc. Empresas com exclusão parcial: É o caso de Bancos, Operadoras de Plano de saúde, para não sofrerem processo de falência há um procedimento de intervenção realizado pelos Órgãos que são responsáveis pela sua fiscalização os quais irão exercer o procedimento administrativo através de criação de um comitê, visando evitar maiores prejuízos à sociedade.

BASE LEGAL:
Lei n. 11.101 de 2005.

FALSIDADE. *Dir. Proc. Civ.*

A prova documental juntada aos autos pelo advogado poderá ser impugnada pela outra parte que desconfie da legitimidade/autenticidade do documento através do incidente de falsidade, que poderá ser arguido com a inicial, no momento de apresentação da contestação ou 15 (quinze) dias a contar da juntada do documento aos autos, no momento de arguição o contestante deverá indicar se prefere a realização da análise como questão principal ou questão incidental, sendo que a primeira fará coisa julgada material, já análise incidental não. Oportuno consignar, que a parte que juntar documento falso ou a parte que impugnar o documento sobre a justificativa de falsidade levianamente, ou seja com intuito de induzir o juízo a erro, responderá por litigância de má-fé.

BASE LEGAL:
Artigo 430 CPC, aplicado subsidiária/supletivamente por força dos artigos 15 do CPC e 769 da CLT; Artigo 19, II; 431, 432, 433; Artigos 793-C, 830 CLT.
CPC: Art. 430. A falsidade deve ser suscitada na contestação, na réplica ou no prazo de 15 (quinze) dias, contado a partir da intimação da juntada do documento aos autos.

Parágrafo único. Uma vez arguida, a falsidade será resolvida como questão incidental, salvo se a parte requerer que o juiz a decida como questão principal, nos termos do inciso II do art. 19.
CLT: Art. 793-C. De ofício ou a requerimento, o juízo condenará o litigante de má-fé a pagar multa, que deverá ser superior a 1% (um por cento) e inferior a 10% (dez por cento) do valor corrigido da causa, a indenizar a parte contrária pelos prejuízos que esta sofreu e a arcar com os honorários advocatícios e com todas as despesas que efetuou.
§ 1° Quando forem dois ou mais os litigantes de má-fé, o juízo condenará cada um na proporção de seu respectivo interesse na causa ou solidariamente aqueles que se coligaram para lesar a parte contrária.
§ 2° Quando o valor da causa for irrisório ou inestimável, a multa poderá ser fixada em até duas vezes o limite máximo dos benefícios do Regime Geral de Previdência Social.
§ 3° O valor da indenização será fixado pelo juízo ou, caso não seja possível mensurá-lo, liquidado por arbitramento ou pelo procedimento comum, nos próprios autos.
CLT, Art. 830. O documento em cópia oferecido para prova poderá ser declarado autêntico pelo próprio advogado, sob sua responsabilidade pessoal.
Parágrafo único. Impugnada a autenticidade da cópia, a parte que a produziu será intimada para apresentar cópias devidamente autenticadas ou o original, cabendo ao serventuário competente proceder à conferência e certificar a conformidade entre esses documentos.

FALTAS JUSTIFICADAS. *Dir. Trab.*

São as ausências justificadas ao trabalho, sem prejuízo da remuneração. Considera-se justificada as faltas nas seguintes hipóteses:[127]

- Licença nojo ou luto: até 2 (dois) dias consecutivos, em caso de falecimento do cônjuge, ascendente, descendente, irmão ou pessoa que, declarada em sua carteira de trabalho e previdência social, viva sob sua dependência econômica ou no caso. Também assegura-se 9 (nove) dias de falta aos professores nas mesmas circunstâncias (art. 320, §3°, da CLT).
- **Licença de gala:** até 3 (três) dias consecutivos, em virtude de casamento com efeito civil, bastando o obreiro apresentar a cópia da certidão de casamento, vale ressaltar que esta previsão pode ser ampliada no caso de acordo e convenção coletiva. Os Professores, devem observar a previsão legal do artigo 320, parágrafo terceiro, da CLT.

---

127 Ibidem.

- 1(um) dia, em caso de nascimento de filho no decorrer da primeira semana. Aplica-se ao caso a previsão legal do artigo 7º, inciso XIX, da Constituição Federal, que revogou tacitamente o inciso em questão, ressalvando que caso o obreiro labore em empresa apoiadora do programa "Empresa Cidadã", o prazo da licença é ampliado, para 20 (vinte) dias, artigo 1º, inciso II, da Lei 11.770/08.
- 1 (um) dia, em cada 12 (doze) meses de trabalho, em caso de doação voluntária de sangue devidamente comprovada.
- até 2 (dois) dias consecutivos ou não, para o fim de se alistar eleitor, nos termos da lei respectiva.
- no período de tempo em que tiver de cumprir as exigências do Serviço Militar.
- nos dias em que estiver comprovadamente realizando provas de exame vestibular para ingresso em estabelecimento de ensino superior. O dispositivo não estipulou um prazo máximo, entende-se que se aplica o regramento conforme a necessidade do obreiro, cabendo a este comprovar mediante a apresentação de declaração da Instituição Organizadora do vestibular.
- pelo tempo que se fizer necessário, quando tiver que comparecer a juízo: A lei foi omissa em relação as condições que o obreiro deverá se apresentar em juízo, ou seja, parte, testemunha, etc., e também não estipulou um limite de horário, portanto, entende-se que o comparecimento é pelo período que se fizer necessário, neste sentido deverá observar os artigos 822 da CLT, artigo 441 do CPC, e Súmula 155 do TST.
- pelo tempo que se fizer necessário, quando, na qualidade de representante de entidade sindical, estiver participando de reunião oficial de organismo internacional do qual o Brasil seja membro.
- até 2 (dois) dias para acompanhar consultas médicas e exames complementares durante o período de gravidez de sua esposa ou companheira;
- por 1 (um) dia por ano para acompanhar filho de até 6 (seis) anos em consulta médica.
- até 3 (três) dias, em cada 12 (doze) meses de trabalho, em caso de realização de exames preventivos de câncer devidamente comprovada.
- licença-maternidade de 120 (cento e vinte) dias, dentre outras situações.

FALTA GRAVE. *Dir. Trab.*

A dispensa por justa causa, tem intuito punitivo, põe fim ao contrato de trabalho, as hipóteses estão elencadas no artigo 482, da CLT, oportuno consignar a necessidade de enquadramento correto em uma de suas alíneas.

a) **Ato de improbidade: É o ato ilícito praticado em face do patrimônio do empregador, exige-se que haja provas legitimas sobre a prática, pois o ato desabona a honra do empregado, configurada a prática do ato, cabe dispensa por justa causa, exemplo: furto.**

b) **Incontinência de conduta ou mau procedimento**: Está intimamente ligada a prática de conduta sexual pelo empregado no ambiente de trabalho.

c) **negociação habitual por conta própria ou alheia sem permissão do empregador, e quando constituir ato de concorrência à empresa para a qual trabalha o empregado, ou for prejudicial ao serviço: É constituída pela prática de atos que levem a efetuar concorrência desleal com o empregador, por exemplo: efetuar vendas de produtos terceiros para os clientes do empregador, fazendo concorrência com a atividade deste, sem que o empregador houvesse autorizado.**

d) **condenação criminal do empregado, passada em julgado, caso não tenha havido suspensão da execução da pena**: Qualquer condenação criminal imposta em face do empregado, que impossibilite seu comparecimento ao local de trabalho para prestação dos serviços, leia-se condenação em regime de reclusão.

e) **desídia no desempenho das respectivas funções**: A desídia é a prática de atos reiterados pelos empregados advindos de comportamentos inadequados, como a ausência de comprometimento na execução de suas tarefas, exemplo, atrasos sucessivos ao início da jornada, desleixo, etc. A jurisprudência entende que se faz necessária a aplicação de advertência ou suspensão antes que seja aplicada a pena de justa causa fundamentada em desídia.

f) **embriaguez habitual ou em serviço**: A doutrina e jurisprudência entende que constatada a embriaguez habitual do empregado, o correto seria encaminhar o obreiro para tratamentos, inclusive afastando-o pelo INSS, tendo em vista que a embriaguez é considerada como doença. A embriaguez no serviço, também é bem séria, pois o obreiro poderá ocasionar acidentes graves no local de trabalho, inclusive envolvendo colegas e terceiros. Portanto, para aplicação da justa causa nesta modalidade é preciso cautela do empregador, analisar cautelosamente caso a caso.

g) **violação de segredo da empresa:** É a revelação de segredo da empresa em relação a fórmulas, segredo industrial, etc., cujo o conhecimento se deu pela natureza do cargo que exerce ou por tomar conhecimento através de meios obscuros.

h) **ato de indisciplina ou de insubordinação:** Indisciplina implica a não observância de avisos, regulamentos internos, etc. Insubordinação é a não obediência das ordens vindas dos superiores hierárquicos para execução ou não de alguma tarefa, ou de cunho pessoal.

i) **abandono de emprego:** É a hipótese de justa causa sendo necessário a acumulação de dois requisitos para configuração, o decurso do prazo de 30 (trinta) dias, entendimento majoritário da jurisprudência, e a intenção de pôr fim ao vínculo empregatício.

j) **ato lesivo da honra ou da boa fama praticado no serviço contra qualquer pessoa, ou ofensas físicas, nas mesmas condições, salvo em caso de legítima defesa, própria ou de outrem:** É aquele praticado em face dos colegas de trabalho, empregadores, ou terceiros, dentro do ambiente de trabalho. Agora se o ato for praticado em face do empregador ou superior hierárquico não importa o local, ou seja, dentro ou fora o ambiente de trabalho, é hipótese ensejadora de justa causa. A exceção aplicada ao caso, é se o ato foi praticado em legitima defesa, própria, neste caso será afastada a aplicação de justa causa.

k) **ato lesivo da honra ou da boa fama ou ofensas físicas praticadas contra o empregador e superiores hierárquicos, salvo em caso de legítima defesa, própria ou de outrem:** É a prática de ato investido em face de colegas de trabalhos, empregadores, terceiros, superiores hierárquicos, dentro do ambiente de trabalho ou local que guarde relação com este, a prática da agressão é hipótese de dispensa por justa causa, salvo se o ato for praticado em legitima defesa.

l) **prática constante de jogos de azar:** É o exercício constante pelo obreiro de jogos tipificados pela legislação penal brasileira como jogo de azar, exemplo: jogo do bicho.

m) **perda da habilitação ou dos requisitos estabelecidos em lei para o exercício da profissão, em decorrência de conduta dolosa do empregado:** A perda da habilitação a fim de ensejar hipótese de demissão por justa causa deve ser consumada de forma dolosa pelo empregado, exemplo: motorista profissional constatado com embriaguez ao volante; **já se a conduta for culposa, não enseja aplicação de justa causa.**

BASE LEGAL:
Artigos 482 e 483 da CLT.
Art. 158, parágrafo único, da CLT: Constitui ato faltoso do empregado a recusa injustificada: a) à observância das instruções expedidas pelo empregador na forma do item lido artigo anterior; b) ao uso dos equipamentos de proteção individual fornecidos pela empresa.
Art. 235-B, VII, da CLT: São deveres do motorista profissional empregado: [...]
VII – submeter-se a exames toxicológicos com janela de detecção mínima de 90 (noventa) dias e a programa de controle de uso de droga e de bebida alcoólica, instituído pelo empregador, com sua ampla ciência, pelo menos uma vez a cada 2 (dois) anos e 6 (seis) meses, podendo ser utilizado para esse fim o exame obrigatório previsto na Lei n. 9.503, de 23 de setembro de 1997– Código de Trânsito Brasileiro, desde que realizado nos últimos 60 (sessenta) dias.
Art. 240 da CLT: Nos casos de urgência ou de acidente, capazes de afetar a segurança ou regularidade do serviço, poderá a duração do trabalho ser excepcionalmente elevada a qualquer número de horas, incumbindo à Estrada zelar pela incolumidade dos seus empregados e pela possibilidade de revezamento de turmas, assegurando ao pessoal um repouso correspondente e comunicando a ocorrência ao Ministério do Trabalho e Previdência Social, dentro de 10 (dez) dias da sua verificação.
Súmula 316/STF: A simples adesão à greve não constitui falta grave.
Súmula 73/TST: Despedida. Justa causa. A ocorrência de justa causa, salvo a de abandono de emprego, no decurso do prazo do aviso prévio dado pelo empregador, retira do empregado qualquer direito às verbas rescisórias de natureza indenizatória.
Súmula 77/TST: Punição. Nula é a punição de empregado se não precedida de inquérito ou sindicância internos a que se obrigou a empresa por norma regulamentar.
***Vide art. 27 da Lei Complementar n. 150, de 1º-6-2015 (justa causa do empregado doméstico).*
Vide art. 1.0 da Lei n. 7.418, de 16-12-1985.
Vide art. 7.0 do Decreto n. 95.247, de 17-11-1987.
Vide art. 15 da Lei n. 7.783, de 28-6-1989.

FAXINEIRO. *Dri. Trab.*

É o serviço efetuado no âmbito da residência, de forma eventual, esporádica, cujo o pagamento se dá no mesmo dia da execução da faxina, não recebe ordens direta, portanto, não é caracterizada doméstica, pois não preenche os requisitos do artigo 3º, da CLT.

BASE LEGAL:
Artigo 3º, da CLT.
Art. 3º. Considera-se empregado toda pessoa física que prestar serviços de natureza não eventual a empregador, sob a dependência deste e mediante salário.
Parágrafo único: Não haverá distinções relativas à espécie de emprego e à *condição de trabalhador, nem entre o trabalho intelectual, técnico e manual.*

FAZENDA PÚBLICA. *Dir. Adm.*

A expressão Fazenda Pública é utilizada para designar as pessoas jurídicas de Direito Público que figurem em ações judiciais, mesmo que a demanda não verse sobre matéria estritamente fiscal ou financeira. Quando a legislação processual se utiliza o termo Fazenda Pública está a referir-se à União, aos Estados, aos Municípios, ao Distrito Federal e suas respectivas autarquias e fundações.[128] As pessoas jurídicas de direito público que não explorem atividades econômicas, estando entre elas o prazo em dobro para recorrer (art. 1º, III, Decreto Lei 779/69).

FEDERAÇÕES. *Dir. Trab.*

As federações são formadas por número não inferior a cinco Sindicatos, sendo constituídas por Estados. Faculta-se aos Sindicatos, em número não inferior a cinco, cuja representatividade se dá por maioria absoluta do grupo de atividades ou profissões idênticas, similares ou conexas, organizarem por federações. (art. 534, da CLT).

BASE LEGAL:
CLT: Art. 534. É facultado aos Sindicatos, quando em número não inferior a 5 (cinco), desde que representem a maioria absoluta de um grupo de atividades ou profissões idênticas, similares ou conexas, organizarem-se em federação.

128 MEIRELLES, 1998, p. 590.

§ 1º Se já existir federação no grupo de atividades ou profissões em que deva ser constituída a nova entidade, a criação desta não poderá reduzir a menos de 5 (cinco) o número de Sindicatos que àquela devam continuar filiados.
§ 2º As federações serão constituídas por Estados, podendo o Ministro do Trabalho e Previdência Social autorizar a constituição de Federações interestaduais ou nacionais.
§ 3º É permitido a qualquer federação, para o fim de lhes coordenar os interesses, agrupar os Sindicatos de determinado município ou região a ela filiados, mas a União não terá direito de representação das atividades ou profissões agrupadas.
Súmula 677 do STF: REGISTRO DAS ENTIDADES SINDICAIS. PRINCÍPIO DA UNICIDADE. MINISTÉRIO DO TRABALHO. Até que a lei venha a dispor a respeito, incumbe ao Ministério do Trabalho proceder ao registro das entidades sindicais e zelar pela observância do princípio da unicidade

FERIADOS. *Dri. Trab.*

Tem origem no latim *feriatus*, "estar de festa ou estas de férias", sendo considerado um dia de descanso, pela suspensão das atividades públicas e particulares. A Constituição Federal não fez menção aos feriados, eis que este instituto foi regulamentado pela lei do Descanso Semanal Remunerado – DSR (Lei 605/49), e pelo art. 70, da CLT. Considera-se o período de 24h00 em que não há prestação de serviços, mas o empregador fica obrigado a pagar a remuneração. Em regra, é proibido o trabalho em feriados nacionais e religiosos, inclusive para os empregados domésticos. (art. 2º, § 8º, LC 150/2015). É possível a troca do dia do feriado mediante acordo ou convenção coletiva, nos termos do art. 611-A, XI, da CLT. Para os efeitos forenses, feriados se estendem todos os domingos, dias de festas nacional e os que forem decretados pelo Governo, de modo que os prazos processuais se estendem para o primeiro dia útil subsequente.

BASE LEGAL:
Lei 605/49
Súmula 15/TST: Atestado médico. A justificação da ausência do empregado motivada por doença, para a percepção do salário-enfermidade e da remuneração do repouso semanal, deve observar a ordem preferencial dos atestados médicos estabelecida em lei.
Súmula 27/TST: Comissionista. É devida a remuneração do repouso semanal e dos dias feriados ao empregado comissionista, ainda que pracista.
Súmula 110/TST: Jornada de trabalho. Intervalo. No regime de revezamento, as horas trabalhadas em seguida ao repouso semanal de 24 horas, com prejuízo do

intervalo mínimo de 11 horas consecutivas para descanso entre jornadas, devem ser remuneradas como extraordinárias, inclusive com o respectivo adicional.
Súmula 113/TST: Bancário. Sábado. Dia útil. O sábado do bancário é dia útil não trabalhado, não dia de repouso remunerado. Não cabe a repercussão do pagamento de horas extras habituais em sua remuneração.
Súmula 146/TST: Trabalho em domingos e feriados, não compensado. O trabalho prestado em domingos e feriados, não compensado, deve ser pago em dobro, sem prejuízo da remuneração relativa ao repouso semanal.
Súmula 172/TST: Repouso remunerado. Horas extras. Cálculo. Computam-se no cálculo do repouso remunerado as horas extras habitualmente prestadas.
Súmula 225/TST: Repouso semanal. Cálculo. Gratificações por tempo de serviço e produtividade. As gratificações por tempo de serviço e produtividade, pagas mensalmente, não repercutem no cálculo do repouso semanal remunerado.
Súmula 351/TST: Professor. Repouso semanal remunerado. Art. 70, § 2°, da Lei n. 605, de 5 de janeiro de 1949, e art. 320 da CLT. O professor que recebe salário mensal à base de hora-aula tem direito ao acréscimo de 1/6 (um sexto) a título de repouso semanal remunerado, considerando-se para esse fim o mês de quatro semanas e meia.

FÉRIAS. *Dir. Trab.*

É um período mais prolongado de descanso, em que o empregado não presta serviços, mas tem direito de receber a remuneração, com acréscimo de um terço do salário normal (art. 7°, inciso XVII, CF/88; Arts. 129 a 153, da CLT; art. 17, LC 150/2015). As férias, vistas como período de ausência do trabalho, mas com o recebimento da respectiva remuneração, apresenta natureza de interrupção do contrato de trabalho. Possui natureza de direito social e trabalhista, de ordem fundamental, pois necessário à saúde e segurança do trabalhador. As férias constituem um dever de ser cumprido, ou seja, obrigação de fazer, no sentido de conceder as férias ao empregado, acompanhado de uma obrigação de pagar a respectivas férias. Classificação das férias. Férias individuais: concedidas a cada empregado em particular. Férias coletivas pode ser concedida a todos os empregados da empresa ou determinados estabelecimentos ou setores da empresa (art. 139). O empregado que converter 10 dias de férias em pecúnia, nos moldes do art. 143, da CLT, faz jus ao pagamento do valor correspondente a 30 (trinta) dias de féria (Salário + 1/3 um terço)). As férias forenses indicam o período indica o período em que suspende o exercício das atividades dos Tribunais ou das Varas do Trabalho, das pessoas que exercem suas funções de magistrados, auxiliares da justiça e os que cooperam na atividade jurisdicional.

BASE LEGAL:
art. 7º, inciso XVII, CF/88;
arts. 129 a 153, da CLT;
art. 17, LC 150/2015

FIANÇA BANCÁRIA. *Dir. Proc. Trab./Civil.*

Em regra, o patrimônio do devedor constitui a garantia para pagamento da dívida. Um terceiro pode ser concedido a garantia, passando a responder pela dívida. Tem-se uma garantia pessoal chamada fiança. Caso o banco seja o fiador, temos a fiança bancária que consiste, portanto, em um contrato em que o banco garante o cumprimento da obrigação de seu cliente (Executado, devedor trabalhista), observada a ordem preferencial estabelecida no art. 835, do CPC (art. 882, da CLT, OJ nº 59, da SDI-II, do TST). O Enunciado nº 119, da 2ª Jornada do direito material e processual do trabalho estabelece que "a aceitação do seguro garantia judicial previsto no art. 882, da CLT, pressupõe o acréscimo de 30% do débito, por aplicação supletiva do art. 835, §2º, do CPC (art. 15, do CPC e art. 769, da CLT, aplicação supletiva e subsidiaria).

FICHA DE REGISTRO DE EMPREGADOS. *Dir. Trab.*

Empregador pode adotar a ficha de registra de empregado no modelo de livros, fichas ou sistemas eletrônicos (Portaria M.T.E 41/07, art. 4º), eis que é uma obrigatoriedade disciplinada no art. 41, da CLT. A autenticidade das informações e documentos repassados pelo empregado é de total responsabilidade do empregador ou representante legal. São informações obrigatórias na ficha de registro a qualificação civil ou profissional de cada trabalhador, os dados relativos à sua admissão no emprego, duração e efetividade do trabalho, as férias, acidentes e demais circunstâncias que interessem à proteção do trabalhador. (Precedente Normativo nº 24, do M.T.E, art. 41, parágrafo único, da CLT; art. 1º da Portaria nº 2626/91). O empregador que não registrar seus empregados, serão aplicadas multas administrativas pelo M. T. E, por meio de seus fiscais, no valor de um salário-mínimo por empregado que não estiver registrado, podendo dobrar no caso de reincidência.

FISCALIZAÇÃO, AUTUAÇÃO E IMPOSIÇÃO DE MULTAS. *Dir. Trab.*

A Administração Púbica do Trabalho tem o dever de fiscalizar o seu cumprimento, sancionando orientando e regularizando, quando possível contrárias à legislação Trabalhista.[129] À luz dos dizeres insertos do art. 21, XXIV, da CF/88, compete a União organizar, manter e executar a inspeção do trabalho. Ao Auditor Fiscal do Trabalho incumbe a fiscalização do fiel cumprimento das normas de proteção do trabalho, ao observar a ausência de contrato de trabalho e suas regras essenciais (ausência de registro e anotação da CTPS), cabe ao agente estatal aplicar sanções previstas em lei para tal hipótese. A referida atribuição é um poder dever, a ser exercido por meio de atividade administrativa vinculada (art. 626, 628, *caput*, da CLT). O § 2º, do art. 47, da CLT, dispõe que a infração relativa ao empregador que mantiver o empregado não registrado constitui exceção da dupla visita. Exceto a hipótese da dupla visita (art. 627, da CLT), e o caso do art. 627-A, CLT, a toda verificação em que o agente da inspeção concluir pela violação de preceito legal deve corresponder, sob pena de responsabilidade administrativa, a lavratura de auto de infração (art. 628, da CLT). No livro de inspeção do trabalho (art. 51, V, Lei 123/2006, empresa de pequeno porte não precisa do livro de inspeção), o auditor do trabalho registra a sua visita na empresa, declarando data e hora do início e término, consignando, caso haja, as irregularidades encontradas e as exigências feita, com os respectivos prazos para o seu atendimento, e, de modo legível sua identificação pessoal. O auto de infração deve ser realizado em via duplicata, sendo uma via entregue ao infrator, com recibo, podendo ser enviada via postal, com aviso de recebimento (art. 629, da CLT). O infrator poderá apresentar defesa, no prazo de 10 (dez) dias contados do recebimento do auto. Os recursos devem ser interpostos no prazo de 10 (dez) dias, contados do recebimento da notificação, perante a autoridade que impôs a multa, a qual depois de os informar, encaminhá-los-á a autoridade de instancia superior (art. 636, da CLT). Na hipótese do infrator não comparecer, não depositar de forma amigável a importância da multa ou penalidade (art. 640, da CLT), será realizada a inscrição em livro especial, nas repartições das quais estiver originado a multa ou penalidade, ou de onde tenha provindo a reclamação que a determinou, sendo extraída cópia autenticada dessa inscrição e enviada às autoridades competentes para a respectiva cobrança judicial, valendo como título de dividida liquida e certa (art. 641, 642, da CLT, Lei 6830/80). A Justiça do Trabalho tem competência para processar e julgar as ações relativas a penalidades administrativas impostas aos empregadores pelos órgãos de Fiscalização das relações de trabalho (art. 114, VII, da CF/88).

129 MANRICH *apud* MALLET; ROBORTELLA, 1996.

FISCALIZAÇÃO DO TRABALHO. *Dir. Trab.*

A fiscalização do trabalho visa, administrativamente,[130] o cumprimento da legislação laboral, paralelamente à atuação judiciária, que ao compor os litígios, é como a mão cumprida do legislador (*longa manu*, na expressão de Bindo Galli). São direitos do trabalhador estão protegidos pela inspeção ou fiscalização do trabalho, de natureza administrativa, e a proteção judicial.

FISIOTERAPEUTA. *Dir. Trab.*

Aplicam técnicas fisioterapêuticas para prevenção, readaptação e recuperação de pacientes e clientes. Atendem e avaliam as condições funcionais de pacientes e clientes utilizando protocolos e procedimentos específicos da fisioterapia e suas especialidades. Atuam na área de educação em saúde por meio de palestras, distribuição de materiais educativos e orientações para melhor qualidade de vida. Desenvolvem e implementam programas de prevenção em saúde geral e do trabalho. Gerenciam serviços de saúde orientando e supervisionando recursos humanos. Exercem atividades técnico-científicas através da realização de pesquisas, trabalhos específicos, organização e participação em eventos científicos (Código Brasileiro de Ocupação – 2236). Os profissionais Fisioterapeuta e Terapeuta ocupacional ficarão sujeitos à prestação máxima de 30h (trinta horas) semanais de trabalho (art. 1º, da Lei 8856/1994).

FORÇA MAIOR. *Dir. Trab.*

É todo o acontecimento inevitável, em relação à vontade do empregador, e para realização do qual não concorreu, direta ou indiretamente, exceto a imprevidência do empregador exclui a razão da força maior (art. 501, *caput* e § 1º, da CLT). Havendo a extinção da empresa ou de seus estabelecimentos por motivo de força maior, e se em razão disso os contratos de trabalho dos empregados tiverem que ser rescindidos, a indenização que seria devida caso a extinção decorresse da vontade do empregador (dispensa sem justo motivo ou rescisão antecipada nos contratos por prazo determinado), será reduzido pela metade. Na hipótese de alegação falsa do empregador por motivo de força maior, o empregado terá direito ao complemento da indenização (art. 504, da CLT). Na extinção do contrato por força maior são devidas as seguintes verbas: saldo salarial,

130 CARRION, 1998, p. 484-485.

férias vencidas e proporcionais com 1/3 (um terço), décimo terceiro salário vencido e proporcional, indenização compensatória de 20% (vinter por cento) do FGTS, levantamento do saldo FGTS.

FONTES SUBSIDIARIAS. *Dir. Proc. Trab.*

No art. 8º, § 1º, a Lei 13.467/2017, temos que o direito comum passa a ser fonte subsidiária do direito do trabalho. O art. 769 não refere diretamente ao CPC como fonte subsidiária inevitável, mas as normas do processo comum, o que inclui importantes dispositivos do microssistema de processo coletivo, formado pelas leis do consumidor, da criança e do adolescente e da ação civil pública, sem mencionar o processo civil constitucional – por exemplo, a amplitude da substituição processual oriunda dos arts. 5º, XXI, e 8º, III, da CF. Foi com base no Código do Consumidor que o TST estabeleceu as premissas para a competência territorial em caso de ações coletivas. Há também leis de procedimentos especiais, como o mandado de segurança. O processo do trabalho aponta a Lei de Execução Fiscal como sua fonte subsidiária principal (art. 763, 769, 882, 889, da CLT), somente se acessando o CPC se também essa norma for omissa. Há explicação a esse respeito no art. 1º da Lei 6.830/1980. À época da promulgação da CLT vigorava outra Lei de executivos fiscais, mas sua revogação tácita pela Lei 6.830/1980 em nada afeta a interpretação do art. 889 da CLT, pois o intuito é se aproximar mais dos princípios e singularidades da execução "privilegiada" do erário do que da execução generalizada do processo civil. Com isso, o legislador esperava estender para o trabalhador algumas das prerrogativas da Fazenda Pública para o trabalhador.

FORNOS/CALDEIRAS. *Dir. Trab.*

São equipamentos que atingem elevadas temperaturas e são empregados em processos industriais, devendo ser utilizados apenas por profissionais habilitados e devidamente treinados para tanto. A prevenção de acidentes em caldeiras/fornos, torna-se necessária fazer testes e exames para que o equipamento seja utilizado, na medida que os trabalhadores trabalham com altas temperaturas e qualquer falha pode acarretar facilmente um acidente a quem está mais próximo do equipamento. As caldeiras, equipamentos e recipientes em geral que operam sob pressão deverão dispor de válvula e outros dispositivos de segurança, que evitem seja ultrapassada a pressão interna de trabalho compatível com a sua resistência (art. 187, da CLT). As caldeiras recipientes sob pressão apresentam regulamentação pela NR 13, instituída pela portaria 3.214/78. Os fornos, por sua vez, são regulados pela NR 14, da Portaria 3.214/78). As caldeiras/fornos devem ser periodicamente submetidas a inspeções de segurança, por engenheiro ou empresa especializada, inscritos no M.T.E, de acordo com as instruções que para esse fim, forem expedidas (art. 188, da CLT).

FONTES DO DIREITO DO TRABALHO. *Dir. Trab.*

Tem origem no latim *fons*, "nascente", manancial", local que nascem ou brotam a água. A *nomenclatura fontes do direito*, significa origem, manancial de onde surge o Direito, sendo agente formador ou revelador das normas jurídicas. Fontes materiais são todos os elementos que inspiram a formação das normas jurídicas. No caso do direito do trabalho são exemplos as greves, o desemprego, a evolução digital, a globalização, as reinvindicações dos trabalhadores, entre outras. As fontes formais do Direito do Trabalho são os meios pelos quais se estabelecem as normas jurídicas. As fontes heterônomas são elaboradas por terceiros, alheios a relação jurídica reguladas:

a) as normas jurídicas de origem estatal: a constituição federal, as leis e os atos normativos;

b) as sentenças normativas;

c) a jurisprudência;

d) a sentença arbitral. As fontes autônomas se originam da atuação das organizações de trabalhadores e empregadores na busca da solução de conflitos de trabalho (convenção coletiva de trabalho, acordo coletivo de trabalho, regulamento interno da empresa).

O Tratados Internacionais que alberguem matéria trabalhista e as Convenções da Organização Internacional do Trabalho são fontes formais do direito do trabalho, quando ratificadas para que passem integrar o ordenamento do país.

FUNDO DE GARANTIA DO TEMPO DE SERVIÇO. *Dir. Trab.*

O Fundo de Garantia do Tempo de Serviço é constituído de recolhimentos pecuniários mensais (alíquota de 8% da remuneração, salvo contrato de aprendizagem, cuja alíquota será de 2%, art. 15, § 7ª, da Lei 8036/90), realizados pelo empregador, em uma conta bancária na CEF, de forma compulsória, em no nome do empregado (urbano, rural, empregado doméstico) e avulso, na CEF, que é o agente operador responsável, até o dia 7 de cada mês, com base na remuneração do mês anterior, sendo que este atualiza com juros e correção monetária (art. 6°, *caput*, art. 7°, *caput*, III, XXXIV, § único, da CF/88, Lei 8036/90, Decreto 99.684/90, Lei Complementar 150/2015, art. 21; Lei Complementar 110/2001). Incide o FGTS sobre a remuneração devida ao empregado, inclusive as Horas extras e adicionais (Súmula 63, do TST), com abrangência da verba salarial ao empregado transferido ao exterior (OJ, 232, da SDI-1, do TST). A incidência alcança o aviso prévio trabalhado ou indenizado (Súmula 305, do TST). Não haverá incidência do FGTS nas seguintes verbas: Parcelas previstas no art. 457, §2 °, da CLT; Participação nos lucros – art. 7°, XI. Férias indenizadas e abono de férias (OJ 195, SDI, 1, do TST). A indenização devida ao empregado na hipótese de dispensa sem justa causa, corresponde a 40% do montante de todos os depósitos realizados em sua conta vinculada durante a vigência do contrato de trabalho, atualizado monetariamente e acrescidos dos respectivos juros, desconsiderada a projeção do aviso prévio indenizado (OJ, 42, da SDI-1, do TST; art. 18, § 1° da Lei 8036/90).

FRAUDE. *Dir. Trab.*

Tem origem no latim *fraus*, *fraudis*, enganar, má-fé, é a ocultação da verdade ou fuga do cumprimento do dever. Desvirtuar, dar-lhe efeitos que não são desejados pela intenção legal; impedir, obstar, negar ou fraudar, aplica-se a lei aparentemente, não seu espírito.[131] A fraude do ato ou negócio gera a nulidade, gerando no plano jurídico a não produção dos efeitos visados pelo agente, em face da inobservância das condições necessárias a sua observação (art. 9°, art. 444, 468, da CLT).

BASE LEGAL:

Art. 9. Da CLT: Serão nulos de pleno direito os atos praticados com o objetivo de desvirtuar, impedir ou fraudar a aplicação dos preceitos contidos na presente Consolidação.

Art. 444 da CLT: As relações contratuais de trabalho podem ser objeto de livre estipulação das partes interessadas em tudo quanto não contravenha às disposições de proteção ao trabalho, aos contratos coletivos que lhes sejam aplicáveis e às decisões das autoridades competentes.

Art. 448 da CLT: A mudança na propriedade ou na estrutura jurídica da empresa não afetará os contratos de trabalho dos respectivos empregados.

131 CARRION, 1998, p. 70.

Art. 448-A da CLT: Caracterizada a sucessão empresarial ou de empregadores prevista nos arts. 10 e 448 desta Consolidação, as obrigações trabalhistas, inclusive as contraídas à época em que os empregados trabalhavam para a empresa sucedida, são de responsabilidade do sucessor.
Súmula 77/TST: Punição. Nula é a punição de empregado se não precedida de inquérito ou sindicância internos a que se obrigou a empresa por norma regulamentar.
Súmula 91/TST: Salário complessivo. Nula é a cláusula contratual que fixa determinada importância ou percentagem para atender englobadamente vários direitos legais ou contratuais do trabalhador.
Súmula 152/ TST: Gratificação. Ajuste Tácito. O fato de constar do recibo de pagamento de gratificação o caráter de liberalidade não basta, por si só, para excluir a existência de ajuste tácito.
Súmula 230/TST: Aviso prévio. Substituição pelo pagamento das horas reduzidas da jornada de trabalho. É ilegal substituir o período que se reduz da jornada de trabalho, no aviso prévio, pelo pagamento das horas correspondentes.
Súmula 430/TST: Administração Pública Indireta. Contratação. Ausência de Concurso Público. Nulidade, Ulterior Privatização. Convalidação. Insubsistência do Vício. Convalidam-se os efeitos do contrato de trabalho que, considerado nulo por ausência de concurso público, quando celebrado originalmente com ente da Administração Pública Indireta, continua a existir após a sua privatização.
Súmula 462/TST: Multa do art. 477, § 8.°, da CLT. Incidência. Reconhecimento judicial da relação de emprego. A circunstância de a relação de emprego ter sido reconhecida apenas em juízo não tem o condão de afastar a incidência da multa prevista no art. 477, § 8.°, da CLT. A referida multa não será devida apenas quando, comprovadamente, o empregado der causa à mora no pagamento das verbas rescisórias.
OJ 199 SDI-1/TST: jogo do bicho. Contrato de trabalho. Nulidade. Objeto ilícito. Arts. 82 e 145 do Código Civil. É nulo o contrato de trabalho celebrado para o desempenho de atividade inerente à prática do jogo do bicho, ante a ilicitude de seu objeto, o que subtrai o requisito de validade para a formação do ato jurídico.

G

GARANTIA DE EMPREGO.

Ver ESTABILIDADE.

GARANTIA DO JUÍZO. *Dir. Proc. Trab.*

Possui o sentido amplo de significar a segurança ou o poder de usar, fruir ou obter tudo que é de direito. A garantia do juízo, proveniente do depósito recursal, visa garantir, ainda, que em parte, o sucesso da futura execução. Por se buscar o sucesso da execução, o depósito pressupõe uma condenação em pecúnia, haja vista que é feito em moeda corrente ou substituído por fiança bancária ou seguro garantia judicial (art. 889, § 11, da CLT, Súmula 128, 161, do TST). Garantida a execução ou penhorado, o Executado terá cinco dias para apresentar Embargos (art. 884, da CLT).

GARIMPEIRO. *Dir. Trab.*

Pesquisam e preparam áreas para extração de minérios; providenciam máquinas, equipamentos, ferramentas e acessórios de segurança; exploram mina, beneficiam o minério e comercializam o minério. Em razão das atividades peculiares, os empregados que atuam em minas de subsolo (art. 298, da CLT), terá direito a intervalo remunerado, após 3h00 consecutivas de trabalho, a um intervalo de 15 (quinze) minutos. A NR 22, demonstra que nos locais onde haja geração de poeiras na superfície ou no subsolo, a empresa Permissionária de Lavra de Poeira deverá realizar o monitoramento periódico da exposição dos trabalhadores que atuam no garimpo, através de grupos homogêneos de exposição e das medidas de controle adotadas.

GERENTE. *Dir. Trab.*

Possui o significado de *gerens*, "gere" ou "dirige", exprime no sentido de administrador e gerência. É a pessoa que se coloca, sob qualquer denominação, para tratar de todos os negócios de um estabelecimento, comércio ou firma, no lugar em que este é exercido ou em qualquer lugar. Prática todos os atos indispensáveis à efetividade dessa direção. O mero exercício da função de gerente delegado não figura a qualidade de sócio (art. 1016, do CC/02). O bancário ocupante de cargo de confiança específica, ou seja, função de gerência, não terá direito a jornada reduzida (6h (seis horas) por 30 (trinta), semanais), haja vista que preenche dois requisitos, primeiro, exerce função de gerência direção, fiscalização, chefia e equivalentes ou desempenha cargo de confiança, segundo, recebe gratificação não inferior a 1/3 do salário do cargo efetivo. (arts. 62, II, 224, § 2º, da CLT, Súmula 287, do TST).

BASE LEGAL:

Súmula 102/TST: Bancário. Cargo de confiança:

I – A configuração, ou não, do exercício da função de confiança a que se refere o art. 224, § 2.°, da CLT, dependente da prova das reais atribuições do empregado, é insuscetível de exame mediante recurso de revista ou de embargos.

II – O bancário que exerce a função a que se refere o § 2.° do art. 224 da CLT e recebe gratificação não inferior a um terço de seu salário já tem remuneradas as duas horas extraordinárias excedentes de seis.

III – Ao bancário exercente de cargo de confiança previsto no art. 224, § 2.°, da CLT são devidas as 7ª e 8ª horas, como extras, no período em que se verificar o pagamento a menor da gratificação de 1/3.

IV – O bancário sujeito à regra do art. 224, § 2.°, da CLT cumpre jornada de trabalho de 8 (oito) horas, sendo extraordinárias as trabalhadas além da oitava.

V – O advogado empregado de banco, pelo simples exercício da advocacia, não exerce cargo de confiança, não se enquadrando, portanto, na hipótese do § 2.° do art. 224 da CLT.

VI – O caixa bancário, ainda que caixa executivo, não exerce cargo de confiança. Se perceber gratificação igual ou superior a um terço do salário do posto efetivo, essa remunera apenas a maior responsabilidade do cargo e não as duas horas extraordinárias além da sexta.

VII – O bancário exercente de função de confiança, que percebe a gratificação não inferior ao terço legal, ainda que norma coletiva contemple percentual superior, não tem direito às sétima e oitava horas como extras, mas tão somente às diferenças de gratificação de função, se postuladas.

Súmula 269/TST: Diretor eleito. Cômputo do período como tempo de serviço. O empregado eleito para ocupar cargo de diretor tem o respectivo contrato de trabalho suspenso, não se computando o tempo de serviço desse período, salvo se permanecer a subordinação jurídica inerente à relação de emprego.

Súmula 287/TST: Jornada de trabalho. Gerente bancário. A jornada de trabalho do empregado de banco gerente de agência é regida pelo art. 224, § 2°, da CLT. Quanto ao gerente-geral de agência bancária, presume-se o exercício de encargo de gestão, aplicando-se-lhe o art. 62 da CLT.

GESTANTE. *Dir. Trab.*

A gestante possui proteção ao emprego, mediante a vedação de dispensa arbitrária ou sem justa causa, desde a confirmação da gravidez até cinco meses após o parto (art. 10, II, alínea "b", ADCT/88, Súmula 244, do TST). A estabilidade da gestante como um dos aspectos da proteção à maternidade, foi erigida a garantia constitucional, tornando irrenunciável a trabalhadora. Nem mesmo norma coletiva (acordo ou convenção) pode conter previsão de renúncia ao direito da gestante à estabilidade ao emprego, sendo nula nesse sentido em cláusula normativa, em razão das garantias à manutenção ao emprego e salário (OJ, SDC 30, TST).

BASE LEGAL:

Art. 7º., XVIII, XX e XXV, da CF: São direitos dos trabalhadores urbanos e rurais, além de outros que visem à melhoria de sua condição social: [...]

XVIII – licença à gestante, sem prejuízo do emprego e do salário, com a duração de cento e vinte dias; [...]

XX – proteção do mercado de trabalho da mulher, mediante incentivos específicos, nos termos da lei; [...]

XXII – redução dos riscos inerentes ao trabalho, por meio de normas de saúde, higiene e segurança; [...]

XXV– assistência gratuita aos filhos e dependentes desde o nascimento até 5 (cinco) anos de idade em creches e pré-escolas.

Art. 10, II, b, do ADCT: Até que seja promulgada a lei complementar a que se refere o art. 7.0, I, da Constituição:

[...] II – fica vedada a dispensa arbitrária ou sem justa causa:

[...] b) da empregada gestante, desde a confirmação da gravidez até cinco meses após o parto.

Art. 373-A, II, da CLT: Ressalvadas as disposições legais destinadas a corrigir as distorções que afetam o acesso da mulher ao mercado de trabalho e certas especificidades estabelecidas nos acordos trabalhistas, é vedado:

[...] II – recusar emprego, promoção ou motivar a dispensa do trabalho em razão de sexo, idade, cor, situação familiar ou estado de gravidez, salvo quando a natureza da atividade seja notória e publicamente incompatível.

Súmula 244/TST: Gestante. Estabilidade Provisória.

I – O desconhecimento do estado gravídico pelo empregador não afasta o direito ao pagamento da indenização decorrente da estabilidade. (art. 10, II, b, do ADCT).

II – A garantia de emprego à gestante só autoriza a reintegração se esta se der durante o período de estabilidade. Do contrário, a garantia restringe-se aos salários e demais direitos correspondentes ao período de estabilidade.

III – A empregada gestante tem direito à estabilidade provisória prevista no art. 10, II, b, do Ato das Disposições Constitucionais Transitórias, mesmo na hipótese de admissão mediante contrato por tempo determinado.

GORJETAS. *Dir. Trab.*

Do latim *gurges*, "encher de benefício", significa a gratificação que se dá a pessoa, que presta um serviço, além do pagamento que é devido pelo mesmo ou aquisição da coisa. Para os efeitos trabalhistas considera-se não só a importância dada pelo cliente ao empregado do estabelecimento, como também aquela que é cobrada do cliente da empresa, como adicional nas contas e destinadas a distribuição aos empregados (art. 457, § 3º, da CLT). As gorjetas, no sentido próprio, são aquelas espontaneamente dadas pelos clientes aos empregados do estabelecimento. A gorjeta imprópria é a cobrada do cliente na nota de serviços.

BASE LEGAL:

Súmula 354/TST: Gorjetas. Natureza jurídica. Repercussões. As gorjetas, cobradas pelo empregador na nota de serviço ou oferecidas espontaneamente pelos clientes, integram a remuneração do empregado, não servindo de base de cálculo para as parcelas de aviso prévio, adicional noturno, horas extras e repouso semanal remunerado.

GRATIFICAÇÃO (ÕES).

Do latim *graticatio*, "beneficiar", "favorecer", "remunerar", tomado no sentido de prêmio ou bonificação. No direito do trabalho tem o escopo de recompensa ou prêmio pago pelo empregador ao empregado, por mera liberalidade e sem qualquer promessa de repetição de pagamento. A gratificação paga por mera liberalidade do empregador sem a expectativa de recebimento pelo empregado e sem reiteração não será considerada salário, mas mero prêmio sem natureza salarial, pois não há previsão legal da referida gratificação (art. 457, § 1º, da CLT). Diversamente, caracterizado o ajuste prévio, tácito ou expresso (anotação na CTPS), pelas partes do contrato de trabalho, a gratificação será caracterizada como ajustada, e portanto, terá natureza salarial, devendo ser considerada como integrante da remuneração do empregado para efeito de FGTS, férias e gratificações de um terço, aviso prévio, horas extras e 13º salário (Súmula 203, 225, 226 e 372, do TST). As gratificações podem ser classificadas:

a) quanto à periodicidade do pagamento: gratificações mensais, semestrais e anuais;

b) quanto ao valor: gratificações fixas ou variáveis;

c) quanto a origem: gratificações autônomas (ajustadas entre as partes) ou heterônomas (fixadas por norma jurídica);

d) quanto à causa: gratificações de funções, de festas, de balanço, por tempo de serviços, dentre outras.

GRAVIDEZ. *Dir. Trab.*

Do latim *gravidus*, estado da mulher que vai da fecundação do óvulo ou óvulos até o parto. A confirmação da gravidez é nada mais que a certeza do estado gravídico, de modo que a melhor interpretação Constitucional é a de que a confirmação deste fato ocorre quando a empregada, cientificamente, tem ciência do seu estado, seja através de atestado médico, exame laboratorial ou exame de ultrassonografia. E para que o direito se perfaça é imprescindível que exista a confirmação da gravidez, ainda, no curso do pacto laboral. Portanto, a empregada não pode ser dispensada, exceto se cometer falta grave. No entanto, não há direito da empregada gestante a estabilidade provisória na hipótese de admissão mediante contrato de experiência ou contrato a termo (art. 10, II, alínea, "b", ADCT/88, Súmula 244, do TST).

GREVE. *Dir. Trab.*

A greve pode ser conceituada como suspensão coletiva, temporária e pacífica, total ou parcial, de prestação pessoal de serviços a empregador. (art. 7º, XXXIV, art. 9º, art. 114, II, da CF/88; Súmula Vinculante 23, do STF; Art. 2º, da Lei 7.783/89). A greve revela natureza jurídica não apenas de liberdade, mas de efetivo direito, no sentido de ser a greve garantida, disciplinada e limitada pela Lei. O Direito de Greve é de titularidade dos trabalhadores, mas o seu exercício é feito de forma coletiva (art. 9º, da CF). A greve é uma forma de solução de conflitos coletivo de trabalho, ou seja, por meio da autodefesa (autotutela), por ser uma reação contra a resistência do empregador diante da reinvindicação de melhores condições de trabalho. No enfoque do contrato de trabalho, a greve tem natureza de suspensão do contrato de trabalho, conforme art. 7º, *caput*, da Lei 7853/89. No *lockout* – a paralisação das atividades por iniciativa do empregador, com o objetivo de frustrar a negociação ou dificultar o atendimento de reinvindicações dos respectivos empregados, art. 17, da Lei 7853/89. Caso ocorra o lockout, o período respectivo é considerado como interrupção do contrato de trabalho, de modo que são computados os salários e o tempo de serviço é computado. Classificação: *1) Quanto a licitude:*

a) greve lícita = se atendidas as determinações legais;

b) greve ilícita = se as prescrições legais não forem atendidas.

2) Quanto aos limites:

a) abusiva – se cometidos abusos, indo além das determinações legais;

b) greve não abusiva – se exercida dentro das previsões legais, sem excessos.

3) Quanto a extensão:

a) greve global – quando alcança todos os empregados da categoria profissional;

b) greve parcial – se envolve algumas empresas ou setores destas;

c) greve de empresa – restrita a empregados das empresas ou setores desta.

A legitimidade para instauração da greve é da organização sindical dos trabalhadores, tratando-se de direito de natureza coletiva. Art. 4º. Na ausência deste, a legitimidade é da federação e na ausência desta última da confederação, na falta de entidade sindical, admite-se a comissão de negociação, conforme art. 4º e 5º, da Lei da Greve.

GRATIFICAÇÃO SEMESTRAL. *Dir. Trab.*

Do latim *graticatio*, "beneficiar", "favorecer", "remunerar", tomado no sentido de prêmio ou bonificação. Gratificação semestral é uma parcela salarial em razão da condição especial de trabalho. Esse pagamento não é imposto por lei, mas pago em razão do contrato de trabalho, norma coletiva (convenção, acordo) ou precedente normativo, cabendo ao trabalhador optar pela norma mais favorável (Súmula 253, do TST). Essa gratificação não repercute no cálculo das horas extras, das férias ou aviso prévio. O valor das horas extras é que repercutirá na gratificação semestral e não o contrário, sob pena de duplo pagamento (Súmula, 115, do TST).

GRATUIDADE DA JUSTIÇA. *Dir. Proc. Trab.*

É a concessão de isenção quanto aos custos relativos ao processo, a fim de garantir o acesso à justiça por parte daqueles que não dispõem de condições econômicas para arcar com as despesas oriundas da ação. Na Justiça Trabalhista, a gratuidade pode ser concedida de ofício ou a pedido da parte, para aqueles que auferem salário igual ou inferior a 40% (quarenta por cento) do valor relativo ao teto de benefício do

Regime Geral de Previdência Social, ou para aqueles que conseguirem demonstrar que se encontram em dificuldade econômica. Esse benefício pode ser concedido à pessoa física e à pessoa jurídica, independentemente do polo em que figure no processo. Por derradeiro, a concessão do benefício da justiça gratuita não impede que a parte venha a arcar com os honorários advocatícios sucumbenciais ou com os honorários periciais, caso ela obtenha créditos em juízo, ainda que em outro processo; porém, se não obter valores, a exigibilidade de obrigação fica suspensa pelo prazo de dois anos, contados do trânsito em julgado, sendo que neste período o credor deve demonstrar que cessou a condição de insuficiência de recursos para arcar com os honorários.

BASE LEGAL:

CLT, Art. 790. Nas Varas do Trabalho, nos Juízos de Direito, nos Tribunais e no Tribunal Superior do Trabalho, a forma de pagamento das custas e emolumentos obedecerá às instruções que serão expedidas pelo Tribunal Superior do Trabalho. [...]

§ 3º É facultado aos juízes, órgãos julgadores e presidentes dos tribunais do trabalho de qualquer instância conceder, a requerimento ou de ofício, o benefício da justiça gratuita, inclusive quanto a traslados e instrumentos, àqueles que perceberem salário igual ou inferior a 40% (quarenta por cento) do limite máximo dos benefícios do Regime Geral de Previdência Social.

§ 4º O benefício da justiça gratuita será concedido à parte que comprovar insuficiência de recursos para o pagamento das custas do processo.

GRUPO ECONÔMICO. *Dir. Trab.*

É uma figura tipicamente trabalhista que tem lugar quando duas ou mais empresas possuem atividade empresariais interligadas. Pode-se caracterizar quando uma empresa exerce direção, administração ou controle sobre uma ou mais empresas, sendo que cada qual é objeto de titularidade de pessoas distintas. Igualmente, o grupo econômico também pode se configurar quando entre as empresas existe autonomia, sem a figura de uma empresa que exerça mando sobre as demais. Na primeira hipótese, temos o grupo econômico hierárquico ou vertical, enquanto na segunda temos o grupo econômico por coordenação ou horizontal. Cumpre destacar que não se configura o grupo econômico com a mera identidade de sócios entre os titulares das empresas, pois faz-se necessário demonstrar o interesse integrado, a efetiva comunhão de interesses e a atuação conjunta das empresas. Ademais, as empresas integrantes do grupo econômico possuem responsabilidade solidária quanto aos débitos trabalhistas de seus empregados e, de acordo com a posição jurisprudência dominante no TST, também possuem responsabilidade ativa, caracterizando como empregador comum ou empregador único.

BASE LEGAL:

CLT, Art. 2º. Considera-se empregador a empresa, individual ou coletiva, que, assumindo os riscos da atividade econômica, admite, assalaria e dirige a prestação pessoal de serviço.

[...]

§ 2º Sempre que uma ou mais empresas, tendo, embora, cada uma delas, personalidade jurídica própria, estiverem sob a direção, controle ou administração de outra, ou ainda quando, mesmo guardando cada uma sua autonomia, integrem grupo econômico, serão responsáveis solidariamente pelas obrigações decorrentes da relação de emprego.

§ 3º Não caracteriza grupo econômico a mera identidade de sócios, sendo necessárias, para a configuração do grupo, a demonstração do interesse integrado, a efetiva comunhão de interesses e a atuação conjunta das empresas dele integrantes.

Súmula n.129, TST, CONTRATO DE TRABALHO. GRUPO ECONÔMICO (mantida) – Res. 121/2003, DJ 19, 20 e 21.11.2003

A prestação de serviços a mais de uma empresa do mesmo grupo econômico, durante a mesma jornada de trabalho, não caracteriza a coexistência de mais de um contrato de trabalho, salvo ajuste em contrário.

H

HABEAS DATA. *Dir. Proc. Trab.*

Trata-se de uma ação com previsão constitucional que tem por objeto facultar aos interessados o acesso ao conhecimento de informações relativas a eles em registros ou banco de dados de entidades governamentais ou de caráter público, bem para possibilitar a retificação de dados ou, ainda, a anotação de contestações ou explicações nos assentamos do interessado.

BASE LEGAL:

Art. 5º Todos são iguais perante a lei, sem distinção de qualquer natureza, garantindo-se aos brasileiros e aos estrangeiros residentes no País a inviolabilidade do direito à vida, à liberdade, à igualdade, à segurança e à propriedade, nos termos seguintes: [...] LXXII – conceder-se-á habeas data:
a) para assegurar o conhecimento de informações relativas à pessoa do impetrante, constantes de registros ou bancos de dados de entidades governamentais ou de caráter público;
b) para a retificação de dados, quando não se prefira fazê-lo por processo sigiloso, judicial ou administrativo;
Lei 9.507/1997. Art. 7º Conceder se á habeas data:
I – para assegurar o conhecimento de informações relativas à pessoa do impetrante, constantes de registro ou banco de dados de entidades governamentais ou de caráter público;
II – para a retificação de dados, quando não se prefira fazê-lo por processo sigiloso, judicial ou administrativo;
III – para a anotação nos assentamentos do interessado, de contestação ou explicação sobre dado verdadeiro mas justificável e que esteja sob pendência judicial ou amigável.

HIGIENE NOS LOCAIS DE TRABALHO. *Dir. Trab.*

Diz respeito aos normativos relativos às condições das instalações sanitárias, com separação por sexo, chuveiros, lavatórios, vestiários e armários individuais, bem como ao regramento voltado aos refeitórios, ao fornecimento de água potável e ainda quanto à limpeza dos locais de trabalho e ao tratamento de resíduos industriais. Como efeito, a discriminação das exigências quanto a esse regulamento de proteção do meio ambiente laboral está disposta em normas de Poder Executivo, notadamente às normas regulamentadoras criadas pelo então Ministério do Trabalho, hoje Secretaria Especial da Previdência e Trabalho integradas ao Ministério da Economia.

BASE LEGAL:

CLT, Art. 200. Cabe ao Ministério do Trabalho estabelecer disposições complementares às normas de que trata este Capítulo, tendo em vista as peculiaridades de cada atividade ou setor de trabalho, especialmente sobre: [...]
VII – higiene nos locais de trabalho, com discriminação das exigências, instalações sanitárias, com separação de sexos, chuveiros, lavatórios, vestiários e armários individuais, refeitórios ou condições de conforto por ocasião das refeições, fornecimento de água potável, condições de limpeza dos locais de trabalho e modo de sua execução, tratamento de resíduos industriais;

HIGIENE PESSOAL. *Dir. Trab.*

É tema presente na seara trabalhista sob diversos aspectos. Por um determinado prisma, o tempo gasto pelo empregado para realização de sua higiene pessoal, no ambiente de trabalho, não será considerado como tempo à disposição do empregador, de acordo com o novo regramento decorrente da reforma trabalhista que vai de encontro à jurisprudência sumulada do TST. Não obstante, quando a higiene pessoal for condição necessária para a realização do trabalho e não uma opção do trabalhador, será possível computar esse período como tempo de trabalho. Por outro ângulo, a higiene pessoal também concerne ao direito do trabalho na perspectiva da saúde e segurança do trabalhador, pois deve ser preservada a possibilidade de fazer-se livremente a higiene ao longo da jornada de trabalho. Por fim, em razão de métodos de organização do trabalho nos quais o empregador exerce controle sobre o tempo em que o trabalhador faz sua higiene pessoal, é possível abordar esse tema à luz de respeito à dignidade da pessoa humana, ensejando eventual pretensão de reparação por danos extrapatrimoniais.

BASE LEGAL:

CLT, Art. 4º. Considera-se como de serviço efetivo o período em que o empregado esteja à disposição do empregador, aguardando ou executando ordens, salvo disposição especial expressamente consignada.
[...] § 2º Por não se considerar tempo à disposição do empregador, não será computado como período extraordinário o que exceder a jornada normal, ainda que ultrapasse o limite de cinco minutos previsto no § 1º do art. 58

desta Consolidação, quando o empregado, por escolha própria, buscar proteção pessoal, em caso de insegurança nas vias públicas ou más condições climáticas, bem como adentrar ou permanecer nas dependências da empresa para exercer atividades particulares, entre outras: [...] VII – higiene pessoal;

HOLDING. *Dir. Civ.*

É a sociedade que tem por objeto a participação em outras sociedades. Nesse contexto, a *holding* é constituída para exercício do controle de outras companhias ou para a participação acionária relevante, sendo que no primeiro caso, as empresas objeto do controle são consideradas como subsidiárias da empresa principal. A caracterização como *holding* não é condição para o reconhecimento do grupo econômico trabalhista, que não se submete às formalidades do direito empresarial. De outra sorte, o grupo econômico deve ser reconhecido quando estamos diante de uma *holding*, na medida em que esta exercer a direção, a administração ou o controle sobre outras empresas, caracterizando o grupo econômico vertical ou por hierarquia.

BASE LEGAL:

Lei 6.406/76, Art. 2°. Pode ser objeto da companhia qualquer empresa de fim lucrativo, não contrário à lei, à ordem pública e aos bons costumes.

[...]

§ 3° A companhia pode ter por objeto participar de outras sociedades; ainda que não prevista no estatuto, a participação é facultada como meio de realizar o objeto social, ou para beneficiar-se de incentivos fiscais.

HOMOLOGAÇÃO DA RESCISÃO CONTRATUAL. *Dir. Trab.*

Diz respeito aos casos nos quais o ordenamento exige a participação de um terceiro para que a rescisão contratual produza seus efeitos. A regra de homologação da rescisão do contrato de trabalho para os empregados com mais de um ano de contrato de trabalho, com participação do sindicato ou do Ministério do Trabalho, foi revogada com a Lei 13.467/2017, lei da reforma trabalhista. Não obstante, o requisito da homologação como forma prescrita em lei para conferir validade ao ato de rescisão ainda tem lugar na hipótese de pedido de demissão por parte do empregado estável.

BASE LEGAL:

CLT, Art. 500. O pedido de demissão do empregado estável só será válido quando feito com a assistência do respectivo Sindicato e, se não o houver, perante autoridade local competente do Ministério do Trabalho e Previdência Social ou da Justiça do Trabalho.

HOMOLOGAÇÃO DE ACORDO EXTRAJUDICIAL. *Dir. Proc. Trab.*

Diz respeito ao procedimento regulamentado com a reforma trabalhista, definindo a possibilidade de as partes da relação de trabalho apresentarem ao judiciário a composição de seus interesses, visando obter a chancela judicial. Para tanto, cada parte deve estar representada por um advogado distinto, não se aplicando a possibilidade do *jus postulandi*. Ademais, a apresentação da petição do acordo não suspende o prazo para pagamento das verbas rescisórias, porém suspende o prazo prescricional das parcelas específicas na peça. O magistrado dispõe da possibilidade de apreciar os termos do acordo entabulado pelas partes, sendo que a homologação é uma faculdade do juiz. A decisão que homologa ou rejeita o acordo possui natureza jurídica de sentença, podendo ser objeto de recurso ordinário na última hipótese.

BASE LEGAL:

CLT, Art. 855-B. O processo de homologação de acordo extrajudicial terá início por petição conjunta, sendo obrigatória a representação das partes por advogado.

§ 1º As partes não poderão ser representadas por advogado comum.

§ 2º Faculta-se ao trabalhador ser assistido pelo advogado do sindicato de sua categoria.

HONORÁRIOS ADVOCATÍCIOS. *Dir. Proc. Trab.*

São os valores destinados a remunerar o advogado pelos serviços prestados. Dentre as diferentes modalidades de honorários advocatícios, cumpre destacar os honorários advocatícios contratuais, decorrentes do negócio jurídico firmado entre o patrono e seu cliente e os honorários advocatícios sucumbenciais, definidos no bojo de um processo, por intermédio dos quais a parte que sucumbe em determinada pretensão deve pagar os honorários ao advogado da parte adversa. Quanto a este último, é fundamental destacar que somente a partir da Lei 13.467/2017 é que os honorários advocatícios sucumbenciais passaram a ter aplicação em todos os processos da Justiça do Trabalho. Assim, ainda que atue em causa própria, ao advogado serão devidos os honorários de sucumbência, fixados entre o mínimo de 5% (cinco por cento) e o máximo de 15% (quinze por cento) sobre o valor que resultar da liquidação da sentença, do proveito econômico obtido ou, não sendo possível mensurá-lo, sobre o valor atualizado da causa. Por derradeiro, vale ressaltar o fato de que a concessão do benefício da justiça gratuita não afasta, por si só, a responsabilidade quanto aos honorários, sendo exigível a obrigação quando a parte obtiver créditos capazes de suportar a despesa, ou deixar a condição de insuficiência de recursos no prazo de 2 (dois) anos após o trânsito em julgado.

BASE LEGAL:

CLT, Art. 791-A. Ao advogado, ainda que atue em causa própria, serão devidos honorários de sucumbência, fixados entre o mínimo de 5% (cinco por cento) e o máximo de 15% (quinze por cento) sobre o valor que resultar da liquidação da sentença, do proveito econômico obtido ou, não sendo possível mensurá-lo, sobre o valor atualizado da causa.

§ 1º Os honorários são devidos também nas ações contra a Fazenda Pública e nas ações em que a parte estiver assistida ou substituída pelo sindicato de sua categoria.

§ 2º Ao fixar os honorários, o juízo observará:

I – o grau de zelo do profissional;

II – o lugar de prestação do serviço;

III – a natureza e a importância da causa;

IV – o trabalho realizado pelo advogado e o tempo exigido para o seu serviço.

§ 3º Na hipótese de procedência parcial, o juízo arbitrará honorários de sucumbência recíproca, vedada a compensação entre os honorários.

§ 4º Vencido o beneficiário da justiça gratuita, desde que não tenha obtido em juízo, ainda que em outro processo, créditos capazes de suportar a despesa, as obrigações decorrentes de sua sucumbência ficarão sob condição suspensiva de exigibilidade e somente poderão ser executadas se, nos dois anos subsequentes ao trânsito em julgado da decisão que as certificou, o credor demonstrar que deixou de existir a situação de insuficiência de recursos que justificou a concessão de gratuidade, extinguindo-se, passado esse prazo, tais obrigações do beneficiário.

§ 5º São devidos honorários de sucumbência na reconvenção.

HONORÁRIOS PERICIAIS. *Dir. Proc. Trab.*

São os valores destinados a remunerar os serviços prestados pelo perito no processo. A responsabilidade quanto aos honorários periciais recai sobre a parte sucumbente na pretensão objeto da perícia, ainda que seja beneficiária da justiça gratuita. Com efeito, a obrigação de arcar com os honorários do perito independente do posicionamento adotado pelo *expert* na sua perícia, mas sim do conteúdo da decisão judicial, caso acolha ou não a tese que foi objeto da perícia. Ademais, a lei autoriza o parcelamento dos honorários e veda a exigência da antecipação dos mesmos. Por fim, caso haja concessão do benefício da justiça gratuita, a União terá o encargo dos honorários periciais.

BASE LEGAL:
CLT, Art. 790-B. A responsabilidade pelo pagamento dos honorários periciais é da parte sucumbente na pretensão objeto da perícia, ainda que beneficiária da justiça gratuita.
§ 1° Ao fixar o valor dos honorários periciais, o juízo deverá respeitar o limite máximo estabelecido pelo Conselho Superior da Justiça do Trabalho.
§ 2° O juízo poderá deferir parcelamento dos honorários periciais.
§ 3° O juízo não poderá exigir adiantamento de valores para realização de perícias.
§ 4° Somente no caso em que o beneficiário da justiça gratuita não tenha obtido em juízo créditos capazes de suportar a despesa referida no *caput*, ainda que em outro processo, a União responderá pelo encargo.

HONRA. *Dir. Civ.*

É um dos direitos da personalidade podendo ser compreendida como a proteção da integridade moral de uma determinada pessoa (honra subjetiva) ou como a estima de que uma pessoa goza em suas relações com terceiros (honra objetiva).[132] Tanto a honra subjetiva quanto a honra objetiva também são objeto de tutela no direito do trabalho, sendo que na hipótese de ofensa surge o dever de reparação à título de dano extrapatrimonial.

BASE LEGAL:
CF, Art. 5º Todos são iguais perante a lei, sem distinção de qualquer natureza, garantindo-se aos brasileiros e aos estrangeiros residentes no País a inviolabilidade do direito à vida, à liberdade, à igualdade, à segurança e à propriedade, nos termos seguintes: [...] X – são invioláveis a intimidade, a vida privada, a honra e a imagem das pessoas, assegurado o direito a indenização pelo dano material ou moral decorrente de sua violação;
CLT, Art. 223-C. A honra, a imagem, a intimidade, a liberdade de ação, a autoestima, a sexualidade, a saúde, o lazer e a integridade física são os bens juridicamente tutelados inerentes à pessoa física.

---

132 "No Brasil, aliás, por influência de Hungria, em geral, a doutrina simplesmente diferencia o bem jurídico em honra subjetiva, ou interna, entendida como sentimento da própria dignidade, e honra objetiva, ou externa, relativa ao apreço e respeito de que cada qual é objeto ou merecedor perante os demais concidadãos". Cf.: SOUZA, 2019.

HORAS EXTRAS. *Dir. Trab.*

Dizem respeito ao trabalho executado além da jornada estabelecida previamente entre as partes. Pode-se falar em horas extras pela atividade exercida antes do horário designado para início do trabalho ou realizada após a hora de encerramento da jornada, bem como podemos detectar as horas extras quando há labor nos períodos destinados ao repouso do empregado. Em condições normais, o empregador somente poderá exigir duas horas extras diárias de seus empregados, por acordo individual, convenção coletiva ou acordo coletivo de trabalho, sendo que este limite pode ser afastado em casos de força maior ou nos quais houver necessidade de realizar ou concluir serviços inadiáveis ou cuja inexecução possa acarretar prejuízo manifesto. Posto isso, em geral, as horas extras devem ser remuneradas com adicional de, no mínimo, 50% (cinquenta por cento) sobre o valor da hora regular de trabalho. Todavia, o período de sobrejornada pode ser objeto de acordo de compensação, de maneira que as horas trabalhadas a mais em um determinado dia serão deduzidas no futuro, e, nesses casos, não haverá necessidade de pagamento do adicional.

BASE LEGAL:

CF, Art. 7º São direitos dos trabalhadores urbanos e rurais, além de outros que visem à melhoria de sua condição social: [...] XVI – remuneração do serviço extraordinário superior, no mínimo, em cinquenta por cento à do normal;

CLT, Art. 59. A duração diária do trabalho poderá ser acrescida de horas extras, em número não excedente de duas, por acordo individual, convenção coletiva ou acordo coletivo de trabalho.

§ 1º A remuneração da hora extra será, pelo menos, 50% (cinquenta por cento) superior à da hora normal.

§ 2º Poderá ser dispensado o acréscimo de salário se, por força de acordo ou convenção coletiva de trabalho, o excesso de horas em um dia for compensado pela correspondente diminuição em outro dia, de maneira que não exceda, no período máximo de um ano, à soma das jornadas semanais de trabalho previstas, nem seja ultrapassado o limite máximo de dez horas diárias.

§ 3º Na hipótese de rescisão do contrato de trabalho sem que tenha havido a compensação integral da jornada extraordinária, na forma dos §§ 2º e 5º deste artigo, o trabalhador terá direito ao pagamento das horas extras não compensadas, calculadas sobre o valor da remuneração na data da rescisão.

[...]

§ 5º O banco de horas de que trata o § 2º deste artigo poderá ser pactuado por acordo individual escrito, desde que a compensação ocorra no período máximo de seis meses.

§ 6º É lícito o regime de compensação de jornada estabelecido por acordo individual, tácito ou escrito, para a compensação no mesmo mês.

HORAS IN ITINERE. *Dir. Trab.*

São os períodos destinados ao deslocamento o empregado de sua residência e ao trabalho, bem como o respectivo retorno. Com a reforma trabalhista, a regra que possibilitava o cômputo do tempo de deslocamento como tempo de serviço foi revogada, de forma que em linhas gerais, o tempo gasto pelo empregado de sua residência até a efetiva ocupação do posto de serviço, bem como o retorno para sua residência, não será contado na jornada de trabalho, ainda que o trajeto seja feito em veículo do empregador. Posto isso, ainda é possível identificar situações específicas nas quais o tempo do deslocamento será considerado como tempo de serviço, como ocorre com os trabalhadores em minas no subsolo.

BASE LEGAL:

CLT, Art. 58 – A duração normal do trabalho, para os empregados em qualquer atividade privada, não excederá de 8 (oito) horas diárias, desde que não seja fixado expressamente outro limite.

[...]

§ 2º O tempo despendido pelo empregado desde a sua residência até a efetiva ocupação do posto de trabalho e para o seu retorno, caminhando ou por qualquer meio de transporte, inclusive o fornecido pelo empregador, não será computado na jornada de trabalho, por não ser tempo à disposição do empregador.

HORISTA. *Dir. Trab.*

É o empregado que está submetido a contrato de trabalho no qual está estipulada remuneração com base nas horas trabalhadas. Assim, o ajuste entre as partes define que o trabalhador perceberá salário de acordo com as horas trabalhadas, sendo possível ajustar a faculdade de variação da jornada. Essa forma de remuneração se diferencia do mensalista e daquelas em que o empregado recebe por obra ou tarefa. De toda sorte, o empregado horista receberá o pagamento de sua remuneração mensalmente, à luz das horas trabalhadas.

BASE LEGAL:

OJ-SDI1-275, TST, TURNO ININTERRUPTO DE REVEZAMENTO. HORISTA. HORAS EXTRAS E ADICIONAL. DEVIDOS (inserida em 27.09.2002)

Inexistindo instrumento coletivo fixando jornada diversa, o empregado horista submetido a turno ininterrupto de revezamento faz jus ao pagamento das horas extraordinárias laboradas além da 6ª, bem como ao respectivo adicional.

OJ-SDI1-396, TST, TURNOS ININTERRUPTOS DE REVEZAMENTO. ALTERAÇÃO DA JORNADA DE 8 PARA 6 HORAS DIÁ-RIAS. EMPREGADO HORISTA. APLICAÇÃO DO DIVISOR 180. (DEJT divulgado em 09, 10 e 11.06.2010)

Para o cálculo do salário hora do empregado horista, submetido a turnos ininterruptos de revezamento, considerando a alteração da jornada de 8 para 6 horas diárias, aplica-se o divisor 180, em observância ao disposto no art. 7º, VI, da Constituição Federal, que assegura a irredutibilidade salarial.

HOSPITAIS. *Dir. Trab.*

São unidades ou estabelecimentos que prestam serviços ou assistência de saúde. Podem ser organizados na forma de empreendidos de atividade econômica de natureza privada, de prestação de assistência de caráter filantrópico ou ainda na forma de serviço público. Desde que contem com a prestação de serviços de pessoas físicas ou naturais, com pessoalidade, subordinação, onerosidade e habitualidade, no âmbito das relações privadas, serão considerados como empregadores, ainda que organizados como instituições sem fins lucrativos. Além disso, em razão da peculiaridades na forma de organização do trabalho, os serviços de saúde são relevantes na área trabalhista em vista da adoção das jornadas de 12 (doze) horas de trabalho por 36 (trinta e seis) horas de descanso, comuns nesta área, e também por conta das regras relativas às medidas de proteção à segurança e à saúde dos trabalhadores dos serviços de saúde, ante os riscos biológicos e químicos, das radiações e do tratamento dos resíduos.

BASE LEGAL:

Lei 8.080/90 Art. 23. É permitida a participação direta ou indireta, inclusive controle, de empresas ou de capital estrangeiro na assistência à saúde nos seguintes casos: [...]

II – pessoas jurídicas destinadas a instalar, operacionalizar ou explorar:

a) hospital geral, inclusive filantrópico, hospital especializado, policlínica, clínica geral e clínica especializada; e [...].

CLT, Art. 59-A. Em exceção ao disposto no art. 59 desta Consolidação, é facultado às partes, mediante acordo individual escrito, convenção coletiva ou acordo coletivo de trabalho, estabelecer horário de trabalho de doze horas seguidas por trinta e seis horas ininterruptas de descanso, observados ou indenizados os intervalos para repouso e alimentação.

I

IDENTIDADE FÍSICA DO JUIZ. *Dir. Proc. Civ.*

Trata-se da regra presente no Código de Processo Civil de 1973, no sentido de que o juiz que concluísse a audiência de instrução deveria julgar a lide. Essa regra não foi repetida com o Código de Processo Civil de 2015, o que tem leva à interpretação de mitigação do princípio da identidade física do juiz. De toda sorte, no processo trabalhista, a posição dominante na jurisprudência e na doutrina é no sentido de que o referido princípio não se aplica na Justiça do Trabalho, por não se compatibilizar com o princípio da celeridade e da simplicidade, e ainda em razão da competência funcional para o julgamento da lide ser daquele que estiver atuando na Vara do Trabalho e não do juiz que realizou a instrução. O Tribunal Superior do Trabalho chegou a editar a súmula de n. 136, explícita quanto à inaplicabilidade do princípio da identidade física do juiz e, a despeito do cancelamento da súmula em 2012, permanece a compreensão da inaplicabilidade na seara trabalhista.

BASE LEGAL:

CPC, Art. 366. Encerrado o debate ou oferecidas as razões finais, o juiz proferirá sentença em audiência ou no prazo de 30 (trinta) dias.

IDOSO. *Dir. Proc. Civ.*

É a pessoa com 60 (sessenta) anos ao mais, de acordo com o Estatuto do Idoso, e que em razão dessa circunstância é titular de faculdades processuais. Nesse sentido, o idoso terá prioridade na tramitação dos processos e procedimentos e na execução dos atos e diligências judiciais quando figure como parte ou como interveniente. Aos idosos com mais de oitenta anos será concedida prioridade especial, dentre os idosos.

BASE LEGAL:

Lei 10.741/2003, Art. 71. É assegurada prioridade na tramitação dos processos e procedimentos e na execução dos atos e diligências judiciais em que figure como parte ou interveniente pessoa com idade igual ou superior a 60 (sessenta) anos, em qualquer instância.

[...]

§ 5º Dentre os processos de idosos, dar-se-á prioridade especial aos maiores de 80 (oitenta) anos.

ILUMINAÇÃO. *Dir. Trab.*

O direito do trabalho assegura que em todos os locais de trabalho deverá haver iluminação adequada para o desempenho das atividades profissionais, seja natural ou artificial. Compete ao Poder Executivo estabelecer os níveis mínimos de iluminamento que devem ser observados no meio ambiente do trabalho.

BASE LEGAL:

CLT, Art. 175 – Em todos os locais de trabalho deverá haver iluminação adequada, natural ou artificial, apropriada à natureza da atividade.

§ 1º – A iluminação deverá ser uniformemente distribuída, geral e difusa, a fim de evitar ofuscamento, reflexos incômodos, sombras e contrastes excessivos.

§ 2º – O Ministério do Trabalho estabelecerá os níveis mínimos de iluminamento a serem observados.

OJ-SDI1T-57, TST, ADICIONAL DE INSALUBRIDADE. DEFICIÊN-CIA DE ILUMINAMENTO. LIMITAÇÃO (conversão da Orientação Jurisprudencial nº 153 da SBDI-I) – Res. 129/2005, DJ 20, 22 e 25.04.2005

Somente após 26.02.1991 foram, efetivamente, retiradas do mundo jurídico as normas ensejadoras do direito ao adicional de insalubridade por iluminamento insuficiente no local da prestação de serviço, como previsto na Portaria nº 3751/1990 do Ministério do Trabalho. (ex-OJ nº 153 da SBDI-I – inserida em 26.03.99)

IMPROBIDADE. *Dir. Trab.*

É o comportamento do empregado que consiste em uma falta grave, caracterizada como a ação que provoca danos ao empregador e tem correlação com hipóteses tipificadas na legislação penal, como o furto ou a apropriação indébita. Desta feita, o ato de improbidade autorização a resolução do contrato de trabalho por justa causa. Leciona o Ministro Maurício Godinho Delgado que improbidade é a "conduta faltosa obreira que provoque dano ao patrimônio empresarial ou de terceiro, em função de comportamento vinculado ao contrato, com o objetivo de alcançar vantagem para si ou para outrem. O ato de improbidade, embora seja também mau procedimento, afrontando a moral genérica imperante na vida social, tem a particularidade, segundo a ótica justrabalhista, de afetar o patrimônio de alguém, em especial do empregador, visando, irregularmente, a obtenção de vantagens para o obreiro ou a quem este favorecer".[133]

BASE LEGAL:

CLT, Art. 482. Constituem justa causa para rescisão do contrato de trabalho pelo empregador:
a) ato de improbidade; [...].

IMPRESSÃO DIGITAL. *Dir. Trab.*

É meio alternativo à assinatura do trabalhador, na hipótese em que este seja analfabeto. No direito do trabalho, a impressão digital pode ser lançada no recebimento de pagamento, caso o empregado não sabia escrever.

BASE LEGAL:

CLT, Art. 464. O pagamento do salário deverá ser efetuado contra recibo, assinado pelo empregado; em se tratando de analfabeto, mediante sua impressão digital, ou, não sendo esta possível, a seu rogo.

INCAPACIDADE. *Dir. Civ.*

Enquanto figura disciplinada no Direito Civil, diz respeito à falta de plena autonomia para o exercício dos atos da vida civil. Os menores de 16 (dezesseis) anos são *absolutamente* incapazes, ao passo que são *relativamente* incapazes os maiores de 16 (dezesseis) e menores de 18 (dezoito) anos, os ébrios habituais e os viciados em tóxicos, aqueles que por causa transitória ou permanente, não puderem exprimir a sua vontade e os pródigos. Processualmente, os absolutamente incapazes devem ser representados, de maneira que os representantes agem em nome alheio na defesa de interesse alheio, ao passo que os relativamente incapazes devem ser assistidos.

BASE LEGAL:

CC, Art. 3º. São absolutamente incapazes de exercer pessoalmente os atos da vida civil os menores de 16 (dezesseis) anos.
CC, Art. 4º. São incapazes, relativamente a certos atos ou à maneira de os exercer:

---

133 DELGADO, 2018, p. 1422.

I – os maiores de dezesseis e menores de dezoito anos;
II – os ébrios habituais e os viciados em tóxico;
III – aqueles que, por causa transitória ou permanente, não puderem exprimir sua vontade;
IV – os pródigos.
Parágrafo único: A capacidade dos indígenas será regulada por legislação especial.

INCONTINÊNCIA DE CONDUTA OU MAU PROCEDIMENTO. *Dir. Trab.*

É o comportamento faltoso do empregado, caracterizado como as ações que são consideradas impróprias ao ambiente de trabalho. A incontinência de conduta é compreendida como o ato desrespeitoso que possua um componente de natureza sexual, como a exteriorização de comentários de cunho libidinoso ou importunação a colegas de trabalho ou clientes. O mau procedimento é entendido como uma hipótese mais ampla, relativa a toda ação que resulte em ofensa os demais, excetuadas a de cunho sexual, prejudicando o ambiente de trabalho.

BASE LEGAL:
CLT, Art. 482 – Constituem justa causa para rescisão do contrato de trabalho pelo empregador: [...]
b) incontinência de conduta ou mau procedimento; [...].

INDENIZAÇÃO. *Dir. Civ.*

É o dever de reparar a ofensa, por ação ou omissão voluntária, negligência ou imprudência, ao direito alheio. Ensinam Medina e Araújo que: "[...] [c]comprovada a lesão praticada, surge o dever de reparar. O dano material deverá ser arbitrado em função da extensão da lesão praticada. O sistema de reparação civil não visa a criar qualquer forma de enriquecimento. Por esse motivo, os danos sofridos devem ser efetivamente demonstrados no processo, e, quando isso não for possível, o juiz pode postergar a sua fixação para a fase de liquidação (cf. art. 491 do CPC/2015)."[134] A indenização ter lugar quando há necessidade de reparar lesões de natureza patrimonial, bem como pode se fazer presente para ressarcir ofensas de natureza extrapatrimonial. Em determinadas hipóteses, o dever de reparar pode exsurgir independentemente da culpa, nos casos especificados em lei ou quando a natureza da atividade desenvolvida pelo agente implicar em riscos para os direitos de outrem.

134 MEDINA, 2018, [e-book].

BASE LEGAL:
CC, Art. 927. Aquele que, por ato ilícito (arts. 186 e 187), causar dano a outrem, fica obrigado a repará-lo.
Parágrafo único. Haverá obrigação de reparar o dano, independentemente de culpa, nos casos especificados em lei, ou quando a atividade normalmente desenvolvida pelo autor do dano implicar, por sua natureza, risco para os direitos de outrem.

INFLAMÁVEIS. *Dir. Trab.*

São substâncias em estado líquido ou gasoso. A Norma Regulamentadora nº 20 do extinto Ministério do Trabalho (atual Secretaria Especial de Previdência e Trabalho do Ministério da Economia) define os líquidos inflamáveis como os líquidos que possuem ponto de fulgor superior a 60°C (sessenta graus Celsius), quando armazenados e transferidos aquecidos a temperaturas iguais ou superiores ao seu ponto de fulgor, se equiparam aos líquidos inflamáveis. Os líquidos combustíveis, por sua vez, são os líquidos com ponto de fulgor superior a 60°C (sessenta graus Celsius) e inferior a 93°C (noventa e três graus Celsius). Já os gases inflamáveis são gases que inflamam com o ar a 20°C (vinte graus Celsius) e a uma pressão padrão de 101,3 kPa (cento e um vírgula três quilopascal). As atividades ou operações que, por sua natureza ou métodos de trabalho, impliquem risco acentuado em virtude de exposição permanente do trabalhador a inflamáveis, são consideradas perigosas, de modo que será assegurado ao trabalhador a percepção de adicional de 30% (trinta por cento), incidente sobre o salário, sem os acréscimos resultantes de gratificações, prêmios ou participação nos lucros da empresa (art. 193, I e §1°, da CLT).

BASE LEGAL:
Art. 7., XXIII, da CF: São direitos dos trabalhadores urbanos e rurais, além de outros que visem à melhoria de sua condição social: [...] XXIII – adicional de remuneração para as atividades penosas, insalubres ou perigosas, na forma da lei.
CLT, Art. 193. São consideradas atividades ou operações perigosas, na forma da regulamentação aprovada pelo Ministério do Trabalho e Emprego, aquelas que, por sua natureza ou métodos de trabalho, impliquem risco acentuado em virtude de exposição permanente do trabalhador a: I – inflamáveis, explosivos ou energia elétrica; [...] § 1.° O trabalho em condições de periculosidade assegura ao empregado um adicional de 30% (trinta por cento) sobre o salário sem os acréscimos resultantes de gratificações, prêmios ou participações nos lucros da empresa.

Súmula 212/STF: Tem direito ao adicional de serviço perigoso o empregado de posto de revenda de combustível líquido.

Súmula 39/TST: Periculosidade. Os empregados que operam em bomba de gasolina têm direito ao adicional de periculosidade (Lei n. 2.573, de 15-8-1955).

Súmula 132/TST: Adicional de periculosidade. Integração.

I – O adicional de periculosidade, pago em caráter permanente, integra o cálculo de indenização e de horas extras.

II – Durante as horas de sobreaviso, o empregado não se encontra em condições de risco, razão pela qual é incabível a integração do adicional de periculosidade sobre as mencionadas horas.

Súmula 191/TST: Adicional. Periculosidade. Incidência. O adicional de periculosidade incide apenas sobre o salário básico e não sobre este acrescido de outros adicionais. Em relação aos eletricitários, o cálculo do adicional de periculosidade deverá ser efetuado sobre a totalidade das parcelas de natureza salarial.

Súmula 364/TST: Adicional de periculosidade. Exposição eventual, permanente e intermitente.

I. Tem direito ao adicional de periculosidade o empregado exposto permanentemente ou que, de forma intermitente, sujeita-se a condições de risco. Indevido, apenas, quando o contato dá-se de forma eventual, assim considerado o fortuito, ou o que, sendo habitual, dá-se por tempo extremamente reduzido.

II – Não é válida a cláusula de acordo ou convenção coletiva de trabalho fixando o adicional de periculosidade em percentual inferior ao estabelecido em lei e proporcional ao tempo de exposição ao risco, pois tal parcela constitui medida de higiene, saúde e segurança do trabalho, garantida por norma de ordem pública (arts. 7.0, XXII e XXIII, da CF e 193, § 1.°, da CLT).

Súmula 447/TST: Adicional de periculosidade. Permanência a bordo durante o abastecimento da aeronave. Indevido. Os tripulantes e demais empregados em serviços auxiliares de transporte aéreo que, no momento do abastecimento da aeronave, permanecem a bordo não têm direito ao adicional de periculosidade a que aludem o art. 193 da CLT e o Anexo 2, item 1, c, da NR 16 do MTE.

Súmula 453/TST: Adicional de periculosidade. Pagamento espontâneo. Caracterização de fato incontroverso. Desnecessária a perícia de que trata o art. 195 da CLT. (conversão da Orientação jurisprudencial n. 406 da SBDI-1) O pagamento de adicional de periculosidade efetuado por mera liberalidade da empresa, ainda que de forma proporcional ao tempo de exposição ao risco ou em percentual inferior ao máximo legalmente previsto, dispensa a realização da prova técnica exigida pelo art. 195 da CLT, pois torna incontroversa a existência do trabalho em condições perigosas.

OJ 165 da SDI-1 do TST: Perícia. Engenheiro ou médico. Adicional de insalubridade e periculosidade. Válido. Art. 195, da CLT. O art. 195 da CLT não faz qualquer distinção entre o médico e o engenheiro para efeito de caracte-

rização e classificação da insalubridade e periculosidade, bastando para a elaboração do laudo seja o profissional devidamente qualificado.

OJ 385 da SDI-1 do TST: Adicional de periculosidade. Devido. Armazenamento de líquido inflamável no prédio. Construção vertical. É devido o pagamento do adicional de periculosidade ao empregado que desenvolve suas atividades em edifício (construção vertical), seja em pavimento igual ou distinto daquele onde estão instalados tanques para armazenamento de líquido inflamável, em quantidade acima do limite legal, considerando-se como área de risco toda a área interna da construção vertical.

OJ 402 da SDI-1 do TST: Adicional de risco. Portuário. Terminal privativo. Arts. 14 e 19 da Lei n. 4.860, de 26 de novembro de 1965. Indevido. O adicional de risco previsto no art. 14 da Lei n. 4.860, de 26 de novembro de 1965, aplica-se somente aos portuários que trabalham em portos organizados, não podendo ser conferido aos que operam terminal privativo.

INQUÉRITO ADMINISTRATIVO. *Dir. Adm.*

318 É o procedimento instaurado por autoridade pública para apurar a prática de ilícitos administrativos definidos na legislação. A doutrina aponta uma impropriedade na denominação inquérito administrativo, indicando a expressão "procedimento administrativo disciplinar" como a mais adequada.[135] O inquérito administrativo obedecerá ao princípio do contraditório, assegurada ao acusado ampla defesa, com a utilização dos meios e recursos admitidos em direito (art.5º, LV, CF; art. 153 da Lei 8.112/90). A esse respeito, vale ressaltar o processo administrativo é norteado pelo princípio da publicidade, princípio da oficialidade (art. 5º, da Lei nº 9.784/99), princípio da obediência à forma e aos procedimentos (artigo 2o, incisos VIII e IX, da Lei no 9.784/99), princípio da gratuidade, princípio da economia processual, princípio da participação popular e o princípio da pluralidade de instancias. Comprovada a infração, no âmbito federal, o servidor estará sujeito às penalidades prescritas no art. 127 da Lei 8.112/90, quais sejam: advertência, suspensão, demissão, cassação de aposentadoria ou disponibilidade, destituição de cargo em comissão ou destituição de função comissionada, sem prejuízo de eventual responsabilização penal.

BASE LEGAL:

**vide Lei 8.112/90, art. 153. O inquérito administrativo obedecerá ao princípio do contraditório, assegurada ao acusado ampla defesa, com a utilização dos meios e recursos admitidos em direito.*

135 Pietro, 2018.

**vide Lei 9.784/99 – regula o processo administrativo no âmbito da Administração Pública Federal.*

INQUÉRITO PARA APURAÇÃO DE FALTA GRAVE. *Dir. Proc. Trab.*

O Inquérito Judicial para Apuração de Falta Grave é ação de procedimento especial que tem como objetivo a resolução do contrato de trabalho, por iniciativa do empregador, de determinados empregados estáveis quando estes cometerem falta grave. Vale ressaltar que a garantia no emprego, por si só, não impede a dispensa do empregado, mas apenas veda a dispensa sem justa causa. Por isso, é necessária a comprovação judicial da falta grave praticada pelo empregado para efetivação da sua dispensa. O Inquérito Judicial é ação desconstitutiva ou constitutivo-negativa, isto é, a decisão proferida irá extinguir uma relação jurídica. O prazo do inquérito judicial é decadencial de 30 (trinta) dias, contados da suspensão do empregado, para o empregador (autor) ajuizar reclamação por escrito (art. 853 da CLT e Súmula 403 STF). Porém, no caso de abandono de emprego, inicia-se o prazo na data em que o empregado pretendeu retornar ao serviço – Súmula 62 do TST. Cada parte poderá apresentar até seis testemunhas. O inquérito judicial deve ser proposto para dispensar os seguintes estáveis: decenais; diretores de sociedades cooperativas; representantes dos trabalhadores membros do Conselho Nacional da Previdência Social; representantes dos empregados membros do Conselho Curador do FGTS; representantes dos empregados membros da Comissão de Conciliação Prévia; Dirigentes Sindicais. Por outro lado, não gozam da proteção do inquérito judicial: o acidentado, a gestante e o cipeiro.

BASE LEGAL:

Art. 494 da CLT: O empregado acusado de falta grave poderá ser suspenso de suas funções, mas a sua despedida só se tornará efetiva após o inquérito em que se verifique a procedência da acusação. Parágrafo único. A suspensão, no caso deste artigo, perdurará até a decisão final do processo.

Art. 853 da CLT: Para a instauração do inquérito para apuração de falta grave contra empregado garantido com estabilidade, o empregador apresentará reclamação por escrito à Junta ou juízo de Direito, dentro de 30 (trinta) dias, contados da data da suspensão do empregado.

Súmulas 197 do STF – ESTABILIDADE. DIRIGENTE SINDICAL. O empregado com representação sindical só pode ser despedido mediante inquérito em que se apure falta grave.

Súmulas 403 do STF – INQUÉRITO JUDICIAL. DECADENCIAL. É de decadência o prazo de trinta dias para a instauração de inquérito judicial, a contar da suspensão, por falta grave, de empregado estável.
Súmulas 28 do TST – INDENIZAÇÃO. NOVA REDAÇÃO. No caso de se converter a reintegração em indenização dobrada, o direito aos salários é assegurado até a data da primeira decisão que determinou essa conversão.
Súmulas 62 do TST – ABANDONO DE EMPREGO. O prazo de decadência do direito do empregador de ajuizar inquérito em face do empregado que incorre em abandono de emprego é contado a partir do momento em que o empregado pretendeu seu retorno ao serviço.
Súmulas 77 do TST – PUNIÇÃO. Nula é a punição de empregado se não precedida de inquérito ou sindicância internos a que se obrigou a empresa por norma regulamentar.
Súmulas 379 do TST – DIRIGENTE SINDICAL. DESPEDIDA. FALTA GRAVE. INQUÉRITO JUDICIAL. NECESSIDADE. O dirigente sindical somente poderá ser dispensado por falta grave mediante a apuração em inquérito judicial, inteligência dos arts. 494 e 543, § 3°, da CLT.

INSALUBRIDADE. *Dir. Trab.*

320 A Constituição Federal e as normas infraconstitucionais estabelecem normas de proteção ao ambiente de trabalho, visando garantir higiene, saúde e segurança ao trabalhador. Por esse motivo, o desempenho de atividade insalubre, perigosa ou penosa, enseja o pagamento de adicional à remuneração do trabalhador (art. 7°, XXIII, da CF). É considerada insalubre a atividade ou operação que expõe o trabalhador a agentes nocivos à saúde, acima dos limites de tolerância, como, por exemplo, ruído excessivo; compostos de carbono; bactérias, etc (art. 189 da CLT). O adicional de insalubridade é devido em percentuais de 40% (quarenta por cento), 20% (vinte por cento) ou 10% (dez por cento), caso a insalubridade constatada seja em grau máximo, médio ou mínimo, respectivamente, sobre o salário mínimo (Súmula Vinculante 4, do STF). Não basta a exposição a agente nocivo à saúde para ter direito ao adicional de insalubridade, sendo necessária a previsão em regulamentação do Ministério da Economia (que concentrou a maioria das antigas atribuições do extinto Ministério do Trabalho).

BASE LEGAL:
Art. 189 da CLT: Serão consideradas atividades ou operações insalubres aquelas que, por sua natureza, condições ou métodos de trabalho, exponham os empregados a agentes nocivos à saúde, acima dos limites de tolerância fixados em razão da natureza e da intensidade do agente e do tempo de exposição aos seus efeitos.

Art. 190 da CLT: O Ministério do Trabalho aprovará o quadro das atividades e operações insalubres e adotará normas sobre os critérios de caracterização da insalubridade, os limites de tolerância aos agentes agressivos, meios de proteção e o tempo máximo de exposição do empregado a esses agentes. Parágrafo único. As normas referidas neste artigo incluirão medidas de proteção do organismo do trabalhador nas operações que produzem aerodispersoides tóxicos, irritantes, alergênicos ou incômodos.

Art. 192 da CLT: O exercício de trabalho em condições insalubres, acima dos limites de tolerância estabelecidos pelo Ministério do Trabalho, assegura a percepção de adicional respectivamente de 40% (quarenta por cento), 20% (vinte por cento) e 10% (dez por cento) do salário mínimo da região, segundo se classifiquem nos graus máximo, médio e mínimo.

Art. 7º, IV, XXII e XXIII, da CF: São direitos dos trabalhadores urbanos e rurais, além de outros que visem à melhoria de sua condição social:

[...] IV – salário mínimo, fixado em lei, nacionalmente unificado, capaz de atender a suas necessidades vitais básicas e às de sua família com moradia, alimentação, educação, saúde, lazer, vestuário, higiene, transporte e previdência social, com reajustes periódicos que lhe preservem o poder aquisitivo, sendo vedada sua vinculação para qualquer fim;

[...] XXII – redução dos riscos inerentes ao trabalho, por meio de normas de saúde, higiene e segurança; 321

XXIII – adicional de remuneração para as atividades penosas, insalubres ou perigosas, na forma da lei.

Súmula 47/TST: Insalubridade. O trabalho executado em condições insalubres, em caráter intermitente, não afasta, só por essa circunstância, o direito à percepção do respectivo adicional.

Súmula 80/TST: Insalubridade. A eliminação da insalubridade mediante fornecimento de aparelhos protetores aprovados pelo órgão competente do Poder Executivo exclui a percepção do respectivo adicional.

Súmula 228/TST: Adicional de insalubridade. Base de cálculo. Súmula cuja eficácia está suspensa por decisão liminar do Supremo Tribunal Federal. A partir de 9 de maio de 2008, data da publicação da Súmula Vinculante n. 4 do Supremo Tribunal Federal, o adicional de insalubridade será calculado sobre o salário básico, salvo critério mais vantajoso fixado em instrumento coletivo.

Súmula 248/TST: Adicional de insalubridade. Direito adquirido. A reclassificação ou a descaracterização da insalubridade, por ato da autoridade competente, repercute na satisfação do respectivo adicional, sem ofensa a direito adquirido ou ao princípio da irredutibilidade salarial.

Súmula 289/TST: Insalubridade. Adicional. Fornecimento do aparelho de proteção. Efeito. O simples fornecimento do aparelho de proteção pelo empregador não o exime do pagamento do adicional de insalubridade. Cabe-lhe tomar as medidas que conduzam à diminuição ou eliminação da nocividade, entre as quais as relativas ao uso efetivo do equipamento pelo empregado.

OJ 173 da SDI-1 do TST: Adicional de insalubridade. Atividade a céu aberto. Exposição ao sol e ao calor. (redação alterada na sessão do Tribunal Pleno realizada em 14-9-2012)
I – Ausente previsão legal, indevido o adicional de insalubridade ao trabalhador em atividade a céu aberto, por sujeição à radiação solar (art. 195 da CLT e Anexo 7 da NR 15 da Portaria n. 3.214/78 do MTE).
II – Tem direito ao adicional de insalubridade o trabalhador que exerce atividade exposto ao calor acima dos limites de tolerância, inclusive em ambiente externo com carga solar, nas condições previstas no Anexo 3 da NR 15 da Portaria n. 3.214/78 do MTE.
Súmula Vinculante n. 4: Salvo nos casos previstos na Constituição, o salário mínimo não pode ser usado como indexador de base de cálculo de vantagem de servidor público ou de empregado, nem ser substituído por decisão judicial.
***Vide art. 611-A, da CLT.*
***Vide NR 15 do MTE.*

INTERDIÇÃO DE ESTABELECIMENTO. *Dir. Trab.*

É a paralização total ou parcial do estabelecimento, atividade, setor de serviço, máquina ou equipamento em virtude de apresentar grave e iminente risco para o trabalhador (art. 161, *caput*, da CLT). É uma medida de proteção emergencial à segurança e à saúde do trabalhador, não se caracterizando como medida punitiva ao empregador, de modo que será permitido o desenvolvimento de atividades necessárias à correção da situação de grave e iminente risco, desde que garantida condições de segurança e saúde aos trabalhadores envolvidos. De acordo com a Norma Regulamentadora nº 3 do extinto Ministério do Trabalho, considera-se grave e iminente risco toda condição ou situação de trabalho que possa causar acidente ou doença com lesão grave ao trabalhador. Leva-se em consideração, para aferir o risco, a combinação das consequências de um evento e a probabilidade de sua ocorrência. Ao avaliar os riscos o Auditor-Fiscal do Trabalho deve considerar a consequência e a probabilidade separadamente, bem como estabelecer o excesso de risco por meio da comparação entre o risco atual (situação encontrada) e o risco de referência (situação objetivo), na hipótese de caracterização de grave e iminente risco ao trabalhador.

BASE LEGAL:
CLT, Art. 160. Nenhum estabelecimento poderá iniciar suas atividades sem prévia inspeção e aprovação das respectivas instalações pela autoridade regional competente em matéria de segurança e medicina do trabalho.

§ 1º – Nova inspeção deverá ser feita quando ocorrer modificação substancial nas instalações, inclusive equipamentos, que a empresa fica obrigada a comunicar, prontamente, à Delegacia Regional do Trabalho.
§ 2º – É facultado às empresas solicitar prévia aprovação, pela Delegacia Regional do Trabalho, dos projetos de construção e respectivas instalações.
CLT, Art. 161. O Delegado Regional do Trabalho, à vista do laudo técnico do serviço competente que demonstre grave e iminente risco para o trabalhador, poderá interditar estabelecimento, setor de serviço, máquina ou equipamento, ou embargar obra, indicando na decisão, tomada com a brevidade que a ocorrência exigir, as providências que deverão ser adotadas para prevenção de infortúnios de trabalho.
§ 1º – As autoridades federais, estaduais e municipais darão imediato apoio às medidas determinadas pelo Delegado Regional do Trabalho.
§ 2º – A interdição ou embargo poderão ser requeridos pelo serviço competente da Delegacia Regional do Trabalho e, ainda, por agente da inspeção do trabalho ou por entidade sindical.
§ 3º – Da decisão do Delegado Regional do Trabalho poderão os interessados recorrer, no prazo de 10 (dez) dias, para o órgão de âmbito nacional competente em matéria de segurança e medicina do trabalho, ao qual será facultado dar efeito suspensivo ao recurso.
§ 4º – Responderá por desobediência, além das medidas penais cabíveis, quem, após determinada a interdição ou embargo, ordenar ou permitir o funcionamento do estabelecimento ou de um dos seus setores, a utilização de máquina ou equipamento, ou o prosseguimento de obra, se, em consequência, resultarem danos a terceiros.
§ 5º – O Delegado Regional do Trabalho, independente de recurso, e após laudo técnico do serviço competente, poderá levantar a interdição.
§ 6º – Durante a paralisação dos serviços, em decorrência da interdição ou embargo, os empregados receberão os salários como se estivessem em efetivo exercício.
**vide Norma Regulamentadora nº. 3 do extinto Ministério do Trabalho*

INTERDITO PROIBITÓRIO. *Dir. Proc. Civ.*

É uma espécie de ação possessória que objetiva a proteção judicial da posse quando houver fundado receio de que o possuidor seja molestado na sua posse, postulando ao juiz o proteja da turbação ou do esbulho iminente, mediante mandado proibitório em que se comine ao réu determinada pena pecuniária caso transgredida (art. 567, CPC). O interdito proibitório tem caráter inibitório. O pedido de mandado proibitório pressupõe a presença de:

a) receito;

b) que esse receio seja justo;

c) que possa provocar moléstia;

d) iminência de ação injusta do réu.

A Justiça do Trabalho é competente para processar e julgar ação possessória ajuizada em decorrência do exercício do direito de greve pelos trabalhadores da iniciativa privada (art. 114, II, da CF; Súmula Vinculante 23 do STF).

BASE LEGAL:

Código de Processo Civil:

Seção II Da Manutenção e da Reintegração de Posse

Art. 560. O possuidor tem direito a ser mantido na posse em caso de turbação e reintegrado em caso de esbulho.

Art. 561. Incumbe ao autor provar:

I – a sua posse;

II – a turbação ou o esbulho praticado pelo réu;

III – a data da turbação ou do esbulho;

IV – a continuação da posse, embora turbada, na ação de manutenção, ou a perda da posse, na ação de reintegração.

[...]

Seção III Do Interdito Proibitório

Art. 567. O possuidor direto ou indireto que tenha justo receio de ser molestado na posse poderá requerer ao juiz que o segure da turbação ou esbulho iminente, mediante mandado proibitório em que se comine ao réu determinada pena pecuniária caso transgrida o preceito.

Art. 568. Aplica-se ao interdito proibitório o disposto na Seção II deste Capítulo..

INTERMEDIAÇÃO DA MÃO DE OBRA. *Dir. Trab.*

É a colocação da força de trabalho prestada por uma pessoa física à disposição de um tomador de serviços, por uma empresa prestadora de serviços, sindicado ou órgão gestor de mão de obra. No trabalho temporário o serviço é prestado por pessoa física contratada por uma empresa de trabalho temporário que a coloca à disposição de uma empresa tomadora de serviços, para atender à necessidade de substituição transitória de pessoal permanente ou à demanda complementar de serviços. Esse trabalhador é admitido por uma pessoa jurídica devidamente registrada no Ministério do Trabalho, mediante contrato escrito, que coloca os trabalhadores temporários à disposição de outras empresas temporariamente (art. 4º e 9º da Lei 6.019/74). Na terceirização, da atividade do meio ou fim, também há intermediação de mão de obra e é considerada lícita quando inexistir pessoalidade e a subordinação direta entre o trabalhador terceirizado ou o tomador de serviços. No trabalho avulso também existe uma relação jurídica trilateral, isso porque os sujeitos desta relação jurídica são: o trabalhador avulso, o sindicato ou OGMO (intermediador, recrutamento, colocação dos trabalhadores e distribuição do rateio do preço global dos serviços) e o tomador dos serviços. A jurisprudência consolidada do TST considera ilegal a contratação de trabalhadores por empresa interposta é ilegal, formando-se o vínculo diretamente com o tomador dos serviços, salvo no caso de trabalho temporário (item I da Sumula 331 do TST).

BASE LEGAL:

Lei 6.019/1974:

Art. 2º Trabalho temporário é aquele prestado por pessoa física contratada por uma empresa de trabalho temporário que a coloca à disposição de uma empresa tomadora de serviços, para atender à necessidade de substituição transitória de pessoal permanente ou à demanda complementar de serviços.

§ 1º É proibida a contratação de trabalho temporário para a substituição de trabalhadores em greve, salvo nos casos previstos em lei.

§ 2º Considera-se complementar a demanda de serviços que seja oriunda de fatores imprevisíveis ou, quando decorrente de fatores previsíveis, tenha natureza intermitente, periódica ou sazonal.

Art. 3º – *É reconhecida a atividade da empresa de trabalho temporário que passa a integrar o plano básico do enquadramento sindical a que se refere o* art. 577, da Consolidação da Leis do Trabalho.

Art. 4º Empresa de trabalho temporário é a pessoa jurídica, devidamente registrada no Ministério do Trabalho, responsável pela colocação de trabalhadores à disposição de outras empresas temporariamente.

Art. 4º-A. Considera-se prestação de serviços a terceiros a transferência feita pela contratante da execução de quaisquer de suas atividades, inclusive sua atividade principal, à pessoa jurídica de direito privado prestadora de serviços que possua capacidade econômica compatível com a sua execução.

§ 1º A empresa prestadora de serviços contrata, remunera e dirige o trabalho realizado por seus trabalhadores, ou subcontrata outras empresas para realização desses serviços.

§ 2º Não se configura vínculo empregatício entre os trabalhadores, ou sócios das empresas prestadoras de serviços, qualquer que seja o seu ramo, e a empresa contratante.

Súmula 331 do TST: CONTRATO DE PRESTAÇÃO DE SERVIÇOS. LEGALIDADE.

1– A contratação de trabalhadores por empresa interposta é ilegal, formando-se o vínculo diretamente com o tomador dos serviços, salvo no caso de trabalho temporário (Lei n. 6.019, de 3.1.1974).

II – A contratação irregular de trabalhador, mediante empresa interposta, não gera vínculo de emprego com os órgãos da Administração Pública direta, indireta ou fundacional (art. 37,11, da CF/1988).
III—Não forma vinculo de emprego com o tomador a contratação de serviços de vigilância (Lei n. 7.102, de 20.6.1983) e de conservação e limpeza, bem como a de serviços especializados ligados à atividade-meio do tomador, desde que inexistente a pessoalidade e a subordinação direta.
IV – O inadimplemento das obrigações trabalhistas, por parte do empregador, implica a responsabilidade subsidiária do tomador dos serviços quanto àquelas obrigações, desde que haja participado da relação processual e conste também do título executivo judicial.
V – Os entes integrantes da Administração Pública direta e indireta respondem subsidiariamente, nas mesmas condições do item IV, caso evidenciada a sua conduta culposa no cumprimento das obrigações da Lei n. 8.666, de 21.6.1993, especialmente na fiscalização do cumprimento das obrigações contratuais e legais da prestadora de serviço como empregadora. A aludida responsabilidade não decorre de mero inadimplemento das obrigações trabalhistas assumidas pela empresa regularmente contratada.
VI – A responsabilidade subsidiária do tomador de serviços abrange todas as verbas decorrentes da condenação referentes ao período da prestação laboral.

INTERMITENTE. *Dir. Trab.*

É o contrato de trabalho no qual a prestação de serviços, com subordinação não é contínua, ocorrendo com alternância de períodos de prestação de serviços e de inatividade, determinados em horas, dias ou meses, independentemente do tipo de atividade do empregado e do empregador, exceto para os aeronautas, regidos por legislação própria. A figura do contrato de trabalho intermitente é nova, embora tenha sido implementada recentemente no Brasil. Na Espanha o trabalho intermitente é denominado de trabalho "fixo-descontínuo", ou seja, um contrato individual de trabalho por prazo indeterminado, por escrito, com a indicação da estimativa da duração da atividade e da jornada de trabalho, para a realização de serviços que tenham caráter descontínuos, intervalado, sem continuidade, com interrupções. Tal figura também é encontrada no Direito Italiano (lavoro intermitente), no Direito Português (trabalho intermitente, alternado ou à chamada) e na legislação inglesa (Zero hour contract). O empregador convocará o trabalhador para prestar serviços com pelo menos três dias corridos de antecedência, por qualquer meio de comunicação eficaz, informando-lhe a jornada de trabalho que será prestada. O empregado terá o prazo de um dia útil para responder ao chamado. O silencia gera presunção de recusa à convocação que, por sua vez, não descaracteriza a subordinação para fins do contrato de trabalho intermitente. Se o trabalhador aceitar a oferta para o comparecimento ao trabalho, a parte que descumprir, sem justo motivo, pagará à outra parte, no prazo de trinta dias, multa de 50% (cinquenta por cento) da remuneração que seria devida, permitida a compensação em igual prazo. Ao final de cada período de prestação de serviço o empregado receberá o pagamento imediato da remuneração, férias proporcionais com um terço, décimo terceiro salário proporcional, repouso semanal remunerado e adicionais legais. Cabe dizer que o período de inatividade não será considerado tempo à disposição do empregador, podendo o trabalhador prestar serviços a outros contratantes.

BASE LEGAL:
Art. 452-A da CLT

INTÉRPRETE. *Dir. Proc. Trab.*

É o funcionário, servidor público ou cidadão comum investido de múnus público, que atende a determinação do juiz do trabalho para a prática de um ato fundamental ao desenvolvimento do processo. Estabelece a comunicação entre as partes, ou testemunhas, que não souberem o idioma nacional, e o juiz do trabalho, vertendo as declarações feitas em idioma estrangeiro para o português (idioma oficial do Brasil, conforme art. 13 da CF), assim como a interpretação simultânea dos depoimento de pessoas com deficiência auditiva que se comuniquem por meio da Língua Brasileira de Sinais ou equivalente (art. 162, CPC). Também, explica a significação, o sentido, o valor, de escritos redigidos em língua estrangeira, possibilitando dos documentos redigidos em um idioma estrangeiro. No Direito Processual do Trabalho, o depoimento das partes ou testemunhas que não souberem falar a língua nacional será realizado por meio de intérprete nomeado pelo juiz, inclusive quando se tratar de surdo-mudo, ou de mudo, que não saiba escrever (art. 819, CLT). Não poderá desempenhar a função de interprete ou tradutor aqueles que estiver inabilitado para o exercício da profissão por sentença penal condenatória, enquanto durarem seus efeitos; ou, for arrolado como testemunha ou atuar como perito no processo; não tiver a livre administração de seus bens, isto é, não seja incapaz, de forma relativa ou absoluta (art. 163, CPC)

BASE LEGAL:

CLT, Art. 819. O depoimento das partes e testemunhas que não souberem falar a língua nacional será feito por meio de intérprete nomeado pelo juiz ou presidente.

§ 1º Proceder-se-á da forma indicada neste artigo, quando se tratar de surdo-mudo, ou de mudo, que não saiba escrever.

§ 2º As despesas decorrentes do disposto neste artigo correrão por conta da parte sucumbente, salvo se beneficiária de justiça gratuita.

CPC, Art. 149. São auxiliares da Justiça, além de outros cujas atribuições sejam determinadas pelas normas de organização judiciária, o escrivão, o chefe de secretaria, o oficial de justiça, o perito, o depositário, o administrador, o intérprete, o tradutor, o mediador, o conciliador judicial, o partidor, o distribuidor, o contabilista e o regulador de avarias.

CPC, Art. 162. O juiz nomeará intérprete ou tradutor quando necessário para:

I – traduzir documento redigido em língua estrangeira;

II – verter para o português as declarações das partes e das testemunhas que não conhecerem o idioma nacional;

III – realizar a interpretação simultânea dos depoimentos das partes e testemunhas com deficiência auditiva que se comuniquem por meio da Língua Brasileira de Sinais, ou equivalente, quando assim for solicitado.

Art. 163. Não pode ser intérprete ou tradutor quem:

I – não tiver a livre administração de seus bens;

II – for arrolado como testemunha ou atuar como perito no processo;

III – estiver inabilitado para o exercício da profissão por sentença penal condenatória, enquanto durarem seus efeitos.

INTERRUPÇÃO DA PRESCRIÇÃO. *Dir.Trab.*

As causas impeditivas e suspensivas da prescrição estão disciplinadas no art. 197 e 198 do Código Civil, as quais são aplicáveis subsidiariamente ao Direito do Trabalho por força do art. 8º da CLT. A relação matrimonial impede o curso do prazo prescricional, já que inexiste qualquer restrição legal para a existência de relação de emprego entre os cônjuges, embora o tema seja controverso na doutrina e na jurisprudência. Segundo o art. 440 da CLT dispõe que o a prescrição não corre contra o trabalhador menor, assim considerado o menor de 18 (dezoito) anos. Segundo o art. 625-G da CLT, a submissão do litígio trabalhista à Comissão de Conciliação Prévia é causa de suspensão do prazo prescricional pelo período que durar a tentativa conciliatória. Se o fato estiver sendo apurado no juízo criminal a prescrição somente se iniciará com a decisão definitiva (art. 200, do CC), consubstanciando faculdade da parte aguardar o pronunciamento do juízo criminal para ajuizar a ação trabalhista. Caso o trabalhador tenha ajuizado a demanda trabalhista antes do término da ação penal e esta depender do desfecho da ação pena, a ação trabalhista será suspensa, na forma do art. 313, VI, do CPC. Dentre as causas suspensivas da prescrição aplicáveis ao direito do trabalho podemos citar a pendência de condição suspensiva; ausência de vencimento do prazo, na forma do art. 199, I e II, do CC.

BASE LEGAL:

CLT, Art. 11. A pretensão quanto a créditos resultantes das relações de trabalho prescreve em cinco anos para os trabalhadores urbanos e rurais, até o limite de dois anos após a extinção do contrato de trabalho.
[...] § 2º Tratando-se de pretensão que envolva pedido de prestações sucessivas decorrente de alteração ou descumprimento do pactuado, a prescrição é total, exceto quando o direito à parcela esteja também assegurado por preceito de lei.
§ 3o A interrupção da prescrição somente ocorrerá pelo ajuizamento de reclamação trabalhista, mesmo que em juízo incompetente, ainda que venha a ser extinta sem resolução do mérito, produzindo efeitos apenas em relação aos pedidos idênticos.
Código Civil:
Art. 197. Não corre a prescrição:
I – entre os cônjuges, na constância da sociedade conjugal;
II – entre ascendentes e descendentes, durante o poder familiar;
III – entre tutelados ou curatelados e seus tutores ou curadores, durante a tutela ou curatela.
Art. 198. Também não corre a prescrição:
I – contra os incapazes de que trata o art. 3º;
II – contra os ausentes do País em serviço público da União, dos Estados ou dos Municípios;
III – contra os que se acharem servindo nas Forças Armadas, em tempo de guerra.
Art. 199. Não corre igualmente a prescrição:
I – pendendo condição suspensiva;
II – não estando vencido o prazo;
III – pendendo ação de evicção.
Art. 200. Quando a ação se originar de fato que deva ser apurado no juízo criminal, não correrá a prescrição antes da respectiva sentença definitiva.
Art. 201. Suspensa a prescrição em favor de um dos credores solidários, só aproveitam os outros se a obrigação for indivisível.
Art. 203. A prescrição pode ser interrompida por qualquer interessado.
Art. 204. A interrupção da prescrição por um credor não aproveita aos outros; semelhantemente, a interrupção operada contra o co-devedor, ou seu herdeiro, não prejudica aos demais coobrigados.

§ 1º A interrupção por um dos credores solidários aproveita aos outros; assim como a interrupção efetuada contra o devedor solidário envolve os demais e seus herdeiros.
§ 2º A interrupção operada contra um dos herdeiros do devedor solidário não prejudica os outros herdeiros ou devedores, senão quando se trate de obrigações e direitos indivisíveis.
§ 3º A interrupção produzida contra o principal devedor prejudica o fiador.

INTERRUPÇÃO DO CONTRATO DE TRABALHO. *Dir. Trab.*

Se configura quando o empregado está dispensado de prestar serviço, mas continua a receber salários. O período de interrupção é computado no tempo de serviço para todos os efeitos contratuais e legais. Também é chamada de suspensão parcial. Difere-se da suspensão do contrato de trabalho que caracterizada pela ausência de obrigatoriedade da prestação de serviço, pagamento de salário e de contagem do período de suspensão no contrato de trabalho. Citamos como exemplo de interrupção do trabalho a ausência justificada ao serviço por: até 2 (dois) dias consecutivos, em caso de falecimento do cônjuge, ascendente, descendente, irmão ou pessoa sob a dependência econômica do trabalhador; até 3 (três) dias consecutivos, em virtude de casamento; até 5 (cinco) dias, em caso de nascimento de filho; 1 (um) dia, em cada 12 (doze) meses de trabalho, em caso de doação de sangue; descanso semanal remunerado; férias; licença-maternidade; doença ou acidente do trabalho, nos primeiros 15 (quinze) dias; dentre outras hipóteses.

BASE LEGAL:

CLT, Art. 473 – O empregado poderá deixar de comparecer ao serviço sem prejuízo do salário:
I – até 2 (dois) dias consecutivos, em caso de falecimento do cônjuge, ascendente, descendente, irmão ou pessoa que, declarada em sua carteira de trabalho e previdência social, viva sob sua dependência econômica;
II – até 3 (três) dias consecutivos, em virtude de casamento;
III – por um dia, em caso de nascimento de filho no decorrer da primeira semana;
IV – por um dia, em cada 12 (doze) meses de trabalho, em caso de doação voluntária de sangue devidamente comprovada;
V – até 2 (dois) dias consecutivos ou não, para o fim de se alistar eleitor, nos termos da lei respectiva;
VI – no período de tempo em que tiver de cumprir as exigências do Serviço Militar referidas na letra "c" do art. 65 da Lei nº 4.375, de 17 de agosto de 1964 (Lei do Serviço Militar);

VII – nos dias em que estiver comprovadamente realizando provas de exame vestibular para ingresso em estabelecimento de ensino superior;
VIII – pelo tempo que se fizer necessário, quando tiver que comparecer a juízo;
IX – pelo tempo que se fizer necessário, quando, na qualidade de representante de entidade sindical, estiver participando de reunião oficial de organismo internacional do qual o Brasil seja membro;
X – até 2 (dois) dias para acompanhar consultas médicas e exames complementares durante o período de gravidez de sua esposa ou companheira;
XI – por 1 (um) dia por ano para acompanhar filho de até 6 (seis) anos em consulta médica;
XII – até 3 (três) dias, em cada 12 (doze) meses de trabalho, em caso de realização de exames preventivos de câncer devidamente comprovada.

INTERVALO INTRAJORNADA. *Dir. Trab.*

É o período destinado ao descanso e refeição concedido pelo empregador ao trabalhador dentro da jornada de trabalho. O empregado submetido a jornada de trabalho de até 4 horas não terá direito ao intervalo, pois não há previsão legal assegurando tal direito. Já o empregado que cumprir jornada superior a 4 (quatro) horas até 6 (seis) horas de trabalho terá direito a um intervalo obrigatório de (quinze) 15 minutos. Ainda, aqueles empregados com jornada superior a 6 (seis) horas e até o limite de 8 (oito) horas terá direito a um período obrigatório para descanso e refeição de, no mínimo, no mínimo 1(uma) hora e no máximo 2 (duas) horas (art. 71 da CLT). Esse período não é computado na jornada de trabalho. A não concessão ou a concessão parcial do intervalo, implicará o pagamento do período suprimido, de natureza indenizatória, com acréscimo de 50% (§4º, do art. 71 da CLT). É possível a redução do intervalo intrajornada:

a) aos empregados com jornada de trabalho superior a 6 (seis) horas, pode ser reduzida para 30 (trinta) minutos, mediante negociação coletiva;

b) motorista de transporte coletivo de passageiros (art.71, §5º, CLT);

c) mediante autorização do Ministério da Economia (que absorveu as atribuições do extinto Ministério do Trabalho), sendo necessário, para tanto, a existência de refeitório organizado, os empregados não realizem horas extraordinárias e exista autorização do Ministérios da Economia (art. 71, §3º, CLT); d) empregados domésticos – de 1 (uma) hora para 30 (trinta) minutos, por acordo escrito entre empregado e empregador (LC 150/2015). Há algumas profissões que possuem intervalo intrajornada remunerado, devido as características peculiares de exercício de determinadas atividades, como o serviço de mecanografia e digitação (a cada 90 (noventa) minutos de trabalho é assegurado 10 (dez) minutos de descanso), serviço de frigorífico e câmaras frias (a cada 1h (uma hora) e 40 (quarenta) min de trabalho, o empregado terá direito ao intervalo de 20 minutos), trabalho em minas de subsolo (a cada 3 (três) horas de trabalho, o trabalhador descansa 15 (quinze) minutos), sempre visando a proteção do trabalhador. A empregada terá direito a um intervalo para amamentar o seu filho, inclusive se advindo de adoção (durante 2 (dois) períodos de 30 (trinta) minutos).

BASE LEGAL:

CLT, Art. 71 – Em qualquer trabalho contínuo, cuja duração exceda de 6 (seis) horas, é obrigatória a concessão de um intervalo para repouso ou alimentação, o qual será, no mínimo, de 1 (uma) hora e, salvo acordo escrito ou contrato coletivo em contrário, não poderá exceder de 2 (duas) horas.

§ 1º – Não excedendo de 6 (seis) horas o trabalho, será, entretanto, obrigatório um intervalo de 15 (quinze) minutos quando a duração ultrapassar 4 (quatro) horas.

§ 2º – Os intervalos de descanso não serão computados na duração do trabalho.

§ 3º O limite mínimo de uma hora para repouso ou refeição poderá ser reduzido por ato do Ministro do Trabalho, Indústria e Comércio, quando ouvido o Serviço de Alimentação de Previdência Social, se verificar que o estabelecimento atende integralmente às exigências concernentes à organização dos refeitórios, e quando os respectivos empregados não estiverem sob regime de trabalho prorrogado a horas suplementares.

§ 4º A não concessão ou a concessão parcial do intervalo intrajornada mínimo, para repouso e alimentação, a empregados urbanos e rurais, implica o pagamento, de natureza indenizatória, apenas do período suprimido, com acréscimo de 50% (cinquenta por cento) sobre o valor da remuneração da hora normal de trabalho.

§ 5º O intervalo expresso no caput poderá ser reduzido e/ou fracionado, e aquele estabelecido no § 1º poderá ser fracionado, quando compreendidos entre o término da primeira hora trabalhada e o início da última hora trabalhada, desde que previsto em convenção ou acordo coletivo de trabalho, ante a natureza do serviço e em virtude das condições especiais de trabalho a que são submetidos estritamente os motoristas, cobradores, fiscalização de campo e afins nos serviços de operação de veículos rodoviários, empregados no setor de transporte coletivo de passageiros, mantida a remuneração e concedidos intervalos para descanso menores ao final de cada viagem.

Súmula 118/TST: jornada de trabalho. Horas extras. Os intervalos concedidos pelo empregador na jornada de trabalho, não previstos em lei, representam tempo à disposição da empresa, remunerados como serviço extraordinário, se acrescidos ao final da jornada.

Súmula 360/TST: Turnos ininterruptos de revezamento. Intervalos intrajornada e semanal. A interrupção do trabalho destinada a repouso e alimentação, dentro de cada turno, ou o intervalo para repouso semanal, não descaracteriza o turno de revezamento com jornada de 6 (seis) horas previsto no art. 70, XIV, da CF/1988.
Súmula 446/TST: Maquinista ferroviário. Intervalo intrajornada. Supressão parcial ou total. Horas extras devidas. Compatibilidade entre os arts. 71, § 4., e 238, § 5°, da CLT. A garantia ao intervalo intrajornada, prevista no art. 71 da CLT, por constituir-se em medida de higiene, saúde e segurança do empregado. é aplicável também ao ferroviário maquinista integrante da categoria "c" (equipagem de trem em geral), não havendo incompatibilidade entre as regras inscritas nos arts. 71, § 4.°, e 238, § 5.°, da CLT.
***Vide arts. 72, 253, 298, 383. 396 e 611-A, III, da CLT.*
***Vide arts. 5.0 e 6.° da Lei n. 5.889, de 8-6-1973.*
***Vide art. 5.° do Decreto n. 73.626, de 12-2-1974.*
***Vide art. 13 da Lei Complementar n. 150, de 1.°-6-2015.*

INTERVALO INTERJORNADA. *Dir. Trab.*

É o período de descanso entre duas jornadas de trabalho. O empregador deve conceder um intervalo contínuo de 11 (onze) horas entre duas jornadas de trabalho, para que o trabalhador possa recuperar a energia vital, mantendo o corpo e a mente em bom estado de funcionamento. Esse período de 11(onze) horas, também assegurado ao empregado doméstico (art. 15 da LC 150/2015), não é remunerado. Entretanto, nao sendo usufruído pelo trabalhador, o empregador arcará com o pagamento das horas suprimidas como extraordinárias (OJ 355 da SDI-1, TST).

BASE LEGAL:
CLT, Art. 66. Entre 2 (duas) jornadas de trabalho haverá um período mínimo de 11 (onze) horas consecutivas para descanso.
Art. 235, caput e § 2°, da CLT: Nos estabelecimentos cujo funcionamento normal seja noturno, será facultado aos operadores cinematográficos e seus ajudantes, mediante acordo ou contrato coletivo de trabalho e com um acréscimo de 25% (vinte e cinco por cento) sobre o salário da hora normal, executar o trabalho em sessões diurnas extraordinárias e, cumulativamente, nas noturnas, desde que isso se verifique até 3 (três) vezes por semana e entre as sessões diurnas e as noturnas haja o intervalo de 1 (uma) hora, no mínimo, de descanso. [...] § 2° Em seguida a cada período de trabalho haverá um intervalo de repouso no mínimo de 12 (doze) horas.
Art. 245, da CLT: O horário normal de trabalho dos cabineiros nas estações de tráfego intenso não excederá de 8 (oito) horas e deverá ser dividido em

2 (dois) turnos com intervalo não inferior a 1 (uma) hora de repouso, não podendo nenhum turno ter duração superior a 5 (cinco) horas, com um período de descanso entre 2 (duas) jornadas de trabalho de 14 (quatorze) horas consecutivas.
Art. 308, da CLT: Em seguida a cada período diário de trabalho haverá um intervalo mínimo de 10 (dez) horas, destinado ao repouso.
Art. 382, da CLT: Entre 2 (duas) jornadas de trabalho, haverá um intervalo de 11 (onze) horas consecutivas, no mínimo, destinado ao repouso.
Art. 412, da CLT: Após cada período de trabalho efetivo, quer contínuo, quer dividido em 2 (dois) turnos, haverá um intervalo de repouso, não inferior a 11 (onze) horas.
Súmula 96/TST: Marítimo. A permanência do tripulante a bordo do navio, no período de repouso, além da jornada, não importa presunção de que esteja à disposição do empregador ou em regime de prorrogação de horário, circunstâncias que devem resultar provadas, dada a natureza do serviço.
Súmula 110/TST: jornada de trabalho. Intervalo. No regime de revezamento, as horas trabalhadas em seguida ao repouso semanal de 24 (vinte e quatro) horas, com prejuízo do intervalo mínimo de 11 (onze) horas consecutivas para descanso entre jornadas, devem ser remuneradas como extraordinárias, inclusive com o respectivo adicional.

INTERVENÇÃO DE TERCEIROS. *Dir. Proc. Civ.*

É o ingresso de terceiro juridicamente interessado em processo alheio. Na assistência o terceiro ingressa nos autos do processo, pendente de julgamento entre duas ou mais pessoas, com a finalidade de que uma das partes vença a ação, considerando que o terceiro pode ser reflexamente atingido pela sentença que vier a ser proferida entre o assistido e a parte contrária.[136] A denunciação da lide, espécie de intervenção de terceiro, é o exercício do direito de regresso, de natureza condenatória, no curso de uma demanda. Nelson Nery Jr., define a denunciação da lide como a "[...] ação secundária, de natureza condenatória, ajuizada no curso de outra ação condenatória principal [...]. Haverá, na verdade, duas lides, que serão processadas em *simultaneus processus* e julgadas na mesma sentença (CPC 129); duas relações processuais, mas um só processo. Tem por finalidade o ajuizamento, pelo denunciante, de pretensão indenizatória que tem contra terceiro, nas hipóteses do CPC 125, caso venha ele, denunciante, a perder a demanda principal."[137] O chamamento ao processo, por seu turno, representa a modalidade

---

136 NERY JUNIOR, NERY, 2015.

137 NERY JUNIOR, NERY, 2015.

de demanda de natureza condenatória, na qual o devedor solidário pretende a inclusão e responsabilização do devedor principal ou dos demais codevedores solidários, na proporção da suas cotas (art. 130, CPC). Já o incidente de desconsideração da personalidade jurídica visa a extensão das obrigações da pessoa jurídica aos sócios, titulares ou administradores, tendo em vista o abuso da personalidade jurídica, caracterizado pelo desvio de finalidade ou pela confusão patrimonial (art. 50 do Código Civil; art. 133 e seguintes do CPC). Também, é possível o ingresso do *Amicus Curie*, isto é, do "Amigo da Corte", possibilitando a uma determinada personalidade ou órgão, o ingresso, manifestação e opiniões em processo que não seja parte, com a finalidade de esclarecer ao juiz ou tribunal as questões de fato ou direito debatida nos autos (art. 138, CPC). Por fim, temos a oposição, modalidade em que um terceiro ajuíza demanda em face do autor e do réu, formando outra relação jurídica processual no mesmo processo, pretendendo, no todo ou em parte, a coisa ou o direito objeto de controvérsia entre o autor e o réu (art. 682 do CPC). No CPC/1973 a aposição era tida como forma de intervenção de terceiro, com natureza jurídica de ação de conhecimento. No CPC/15 foi inserida como procedimento especial e não como intervenção de terceiros.

BASE LEGAL:
**Vide art. 119 a 138 do CPC*

INTIMAÇÃO/NOTIFICAÇÃO. *Dir. Proc. Trab.*

Ato pelo qual é dada ciência aos procuradores das partes, a elas próprias ou a terceiros, para que seja feita ou deixe de ser feita alguma coisa dentro ou fora do processo (art. 269, CPC). A citação, de outro lado, é a comunicação do réu sobre o ajuizamento da demanda em face dele (art. 238 do CPC). Já a notificação diz respeito à ciência para uma pessoa de que há uma determinação do juízo impondo o cumprimento de uma providência, uma conduta a ser exercida ou sobrestada. A diferença crucial reside no fato de que a notificação é algo futuro, deverá ser feito pela pessoa, enquanto que na intimação já ocorreu o ato, estando apenas a lhe cientificar do acontecido. O processo do trabalho utiliza a expressão notificação de forma genérica. Assim podemos conceituar a notificação no processo do trabalho, como a comunicação a alguém, da existência de uma ação em curso para querendo, venha se defender ou para integrar um processo, bem como da existência de um ato ou termo processual, para querendo possa praticar uma conduta processual. De acordo com a CLT, recebida e protocolada a reclamação trabalhista, será aberto um prazo de 48 (quarenta e oito) horas para que o servidor da secretaria da vara remeta ao reclamado a notificação e a contra fé para que ele querendo compareça em audiência e apresente sua defesa. Em regra essa citação do reclamado é realizada de forma postal (correios). Nesse sentido, cabe destacar que presume-se recebida a notificação pelo reclamado no prazo de 48 (quarenta e oito) horas, todavia, essa presunção é relativa, cabendo ao empregador o ônus de provar o não recebimento. A notificação poderá excepcionalmente ser realizada por edital na hipótese de o reclamado não ser encontrado ou quando o reclamado cria embaraços para o recebimento da notificação. É importante dizer que o reclamante será notificado no ato da distribuição da reclamação trabalhista ou nas formas processuais anteriores ditas (postal ou edital).

BASE LEGAL:
**Vide art. 269 a 275 do Código de Processo Civil:*

336 **ISONOMIA SALARIAL.** *Dir. do Trab.*

É a igualdade salarial para trabalhos de igual valor, sem que haja discriminação por motivo de sexo, com o escopo de conferir efetiva igualdade de oportunidade e tratamento entre duas pessoas, sejam homens ou mulheres. A nossa Constituição Federal no art. 5º, *caput* e inciso I, impõe a igualdade de direitos e obrigações aos homens e mulheres. A Lei Maior, em seu art. 7º, incisos XXX, XXXI, também proíbe a discriminação salarial, de exercício de funções e de critério de admissão por motivo de sexo, com o escopo de conferir efetiva igualdade de oportunidade e tratamento entre homens e mulheres. Essa proibição pauta-se no princípio da igualdade (e da não-discriminação), com o fito de conferir às mulheres o mesmo tratamento, salário e condições de trabalho proporcionado aos homens perante a lei (igualdade formal), respeitadas as suas desigualdades (igualdade material). O empregador deve tratar de forma isonômica as mulheres e os homens independentemente das características biológicas que os distinguem. Não pode usar essas distorções para admitir, promover, conceder benefícios, dispensar os empregados ou pagar salários.

BASE LEGAL:
Art. 7.º, XXXI, da CF: São direitos dos trabalhadores urbanos e rurais, além de outros que visem à melhoria de sua condição social: [...] XXXI – proibi-

ção de qualquer discriminação no tocante a salário e critérios de admissão do trabalhador portador de deficiência.

CLT, Art. 461. Sendo idêntica a função, a todo trabalho de igual valor, prestado ao mesmo empregador, no mesmo estabelecimento empresarial, corresponderá igual salário, sem distinção de sexo, etnia, nacionalidade ou idade.

§ 1 Trabalho de igual valor, para os fins deste Capítulo, será o que for feito com igual produtividade e com a mesma perfeição técnica, entre pessoas cuja diferença de tempo de serviço para o mesmo empregador não seja superior a quatro anos e a diferença de tempo na função não seja superior a dois anos.

§ 2º Os dispositivos deste artigo não prevalecerão quando o empregador tiver pessoal organizado em quadro de carreira ou adotar, por meio de norma interna da empresa ou de negociação coletiva, plano de cargos e salários, dispensada qualquer forma de homologação ou registro em órgão público.

§ 3º No caso do § 2º deste artigo, as promoções poderão ser feitas por merecimento e por antiguidade, ou por apenas um destes critérios, dentro de cada categoria profissional.

§ 4º – O trabalhador readaptado em nova função por motivo de deficiência física ou mental atestada pelo órgão competente da Previdência Social não servirá de paradigma para fins de equiparação salarial.

§ 5º A equiparação salarial só será possível entre empregados contemporâneos no cargo ou na função, ficando vedada a indicação de paradigmas remotos, ainda que o paradigma contemporâneo tenha obtido a vantagem em ação judicial própria.

§ 6º No caso de comprovada discriminação por motivo de sexo ou etnia, o juízo determinará, além do pagamento das diferenças salariais devidas, multa, em favor do empregado discriminado, no valor de 50% (cinquenta por cento) do limite máximo dos benefícios do Regime Geral de Previdência Social.

J

JOGO DO BICHO. *Dir. Trab.*

É uma loteria ilegal de apostas na qual os números são representados por um animal. Essa prática é considera uma contravenção penal, portanto, ilegal, conforme art. 58 da Lei de Contravenções Penais (Decreto-lei nº. 3.688/41). O contrato de trabalho entabulado entre o trabalhador inserido em atividade de prática de jogo do bicho e o respectivo tomador de serviços é considerado ilícito, pois o seu objeto – a prestação ou atividade desenvolvida – contraria o ordenamento jurídico. Essa situação é denominada pela doutrina como "trabalho ilícito" ou "atividade ilícita". Sobre o tema, o Tribunal Superior do Trabalho fixou o entendimento no sentido de que é nulo o contrato de trabalho celebrado para o desempenho de atividade inerente à prática do jogo do bicho, ante a ilicitude de seu objeto, o que subtrai o requisito de validade para a formação do ato jurídico (OJ 199 da SDI-1 do TST).

BASE LEGAL:

CLT, Art. 9ª. Serão nulos de pleno direito os atos praticados com o objetivo de desvirtuar, impedir ou fraudar a aplicação dos preceitos contidos na presente Consolidação.

CLT, Art. 442. Contrato individual de trabalho é o acordo tácito ou expresso, correspondente à relação de emprego.

Parágrafo único: Qualquer que seja o ramo de atividade da sociedade cooperativa, não existe vínculo empregatício entre ela e seus associados, nem entre estes e os tomadores de serviços daquela.

JORNADA DE TRABALHO. *Dir. Trab.*

É o tempo diário em que o empregado se coloca à disposição do empregador em razão do pacto laboral entabulado entre eles.[138] A jornada de trabalho tem estreita relação com o salário na medida em que este representa o montante pago pelo empregador, em virtude da força de trabalho dispensada pelo empregado na relação empregatícia. Também,

138 Delgado, 2019.

está associada às normas de proteção à saúde, segurança e higiene dos trabalhadores no ambiente de prestação de serviços. Por essa razão o artigo 7º, inciso XIII, da Constituição Federal estabelece que a duração normal do trabalho não pode ser superior a 8 (oito) horas diárias e 44 (quarenta e quatro) horas semanais, facultada a compensação de horários é a redução de jornada, mediante acordo ou convenção coletiva de trabalho. A doutrina diferencia as terminologias duração de trabalho, jornada de trabalho e horário de trabalho. A duração do trabalho compreende-se no período em que o empregado está à disposição do empregador em razão do contrato de trabalho, podendo ser por ano, meses, semanas ou dias. Já jornada de trabalho é o tempo diário que o empregado se coloca à disposição do empregador, menos abrangente, portanto, do que a duração do trabalho. O horário de trabalho, por sua vez, é o tempo entre o início e fim da jornada de trabalho.

BASE LEGAL:

Art. 7.°, XIII e XVI, da CF: São direitos dos trabalhadores urbanos e rurais, além de outros que visem à melhoria de sua condição social: [...]
XIII – duração do trabalho normal não superior a oito horas diárias e quarenta e quatro semanais, facultada a compensação de horários e a redução da jornada, mediante acordo ou convenção coletiva de trabalho; [...]
XVI – remuneração do serviço extraordinário superior, no mínimo, em cinquenta por cento à do normal.

CLT,

Art. 59. A duração diária do trabalho poderá ser acrescida de horas extras, em número não excedente de duas, por acordo individual, convenção coletiva ou acordo coletivo de trabalho.

§ *1º* A remuneração da hora extra será, pelo menos, 50% (cinquenta por cento) superior à da hora normal.

§ *2º* Poderá ser dispensado o acréscimo de salário se, por força de acordo ou convenção coletiva de trabalho, o excesso de horas em um dia for compensado pela correspondente diminuição em outro dia, de maneira que não exceda, no período máximo de um ano, à soma das jornadas semanais de trabalho previstas, nem seja ultrapassado o limite máximo de dez horas diárias.

§ *3º* Na hipótese de rescisão do contrato de trabalho sem que tenha havido a compensação integral da jornada extraordinária, na forma dos §§ 2o e 5o deste artigo, o trabalhador terá direito ao pagamento das horas extras não compensadas, calculadas sobre o valor da remuneração na data da rescisão.

[...]

§ *5º* O banco de horas de que trata o § *2º* deste artigo poderá ser pactuado por acordo individual escrito, desde que a compensação ocorra no período máximo de seis meses.

§ 6º É lícito o regime de compensação de jornada estabelecido por acordo individual, tácito ou escrito, para a compensação no mesmo mês.
Art. 59-A. Em exceção ao disposto no art. 59 desta Consolidação, é facultado às partes, mediante acordo individual escrito, convenção coletiva ou acordo coletivo de trabalho, estabelecer horário de trabalho de doze horas seguidas por trinta e seis horas ininterruptas de descanso, observados ou indenizados os intervalos para repouso e alimentação.
Parágrafo único. A remuneração mensal pactuada pelo horário previsto no caput deste artigo abrange os pagamentos devidos pelo descanso semanal remunerado e pelo descanso em feriados, e serão considerados compensados os feriados e as prorrogações de trabalho noturno, quando houver, de que tratam o art. 70 e o § 5º do art. 73 desta Consolidação.
Art. 59-B. O não atendimento das exigências legais para compensação de jornada, inclusive quando estabelecida mediante acordo tácito, não implica a repetição do pagamento das horas excedentes à jornada normal diária se não ultrapassada a duração máxima semanal, sendo devido apenas o respectivo adicional.
Parágrafo único: A prestação de horas extras habituais não descaracteriza o acordo de compensação de jornada e o banco de horas.

340 **JUIZ DO TRABALHO.** *Dir. Proc. Trab.*

É o órgão integrante da Justiça do Trabalho responsável por processar e julgar os dissídios em primeiro grau de jurisdição. O ingresso na carreira, cujo cargo inicial será o de juiz substituto, mediante concurso público de provas e títulos, com a participação da Ordem dos Advogados do Brasil em todas as fases, exigindo-se do bacharel em Direito, no mínimo, três anos de atividade jurídica e obedecendo-se, nas nomeações, à ordem de classificação (art. 93, I, CF). Para assegurar o livre exercício da função, a Constituição Federal assegura as seguintes garantias: vitaliciedade, que, no primeiro grau, só será adquirida após dois anos de exercício, dependendo a perda do cargo, nesse período, de deliberação do tribunal a que o juiz estiver vinculado, e, nos demais casos, de sentença judicial transitada em julgado; inamovibilidade, salvo por motivo de interesse público; irredutibilidade de subsídio, ressalvado algumas situações previstas na CF (arts. 37, X e XI, 39, § 4º, 150, II, 153, III, e 153, § 2º, I). Os juízes são impedidos, por expressa vedação legal, de: exercer, ainda que em disponibilidade, outro cargo ou função, salvo uma de magistério; receber, a qualquer título ou pretexto, custas ou participação em processo; dedicar-se à atividade político-partidária; receber, a qualquer título ou pretexto, auxílios ou contribuições de pessoas físicas, entidades públicas ou privadas, ressalvadas as exceções previstas em lei, exercer a advocacia no juízo ou tribunal do qual se afastou, antes de decorridos três anos do afastamento do cargo por aposentadoria ou exoneração.

JUIZ DE DIREITO INVESTIDO DA JURISDIÇÃO TRABALHISTA. *Dir. Trab.*

O juiz de direito integra a Justiça Comum Estadual, os Estados membros são responsáveis pela organização da sua Justiça, baseando-se nos princípios previstos na constituição. A competência da Justiça Comum Estadual é residual, abarcando as matérias que não são de competência da Justiça Comum Federal (art. 109 da CF). As matérias afetas à Justiça Especial, a rigor, estão excluídas da competência da Justiça Comum Estadual e Federal. Excepcionalmente, a jurisdição das varas da Justiça do Trabalho pode ser atribuída aos juízes de direito, nas comarcas não alcançadas por sua jurisdição, com recurso para o respectivo Tribunal Regional do Trabalho (art. 112, CF). Essa delegação de jurisdição se deu no período de organização e implementação da Justiça do Trabalho, após a Reforma do Judiciário, promovida pela EC 45/2004.

BASE LEGAL:

CF, Art. 112. A lei criará varas da Justiça do Trabalho, podendo, nas comarcas não abrangidas por sua jurisdição, atribuí-la aos juízes de direito, com recurso para o respectivo Tribunal Regional do Trabalho.

CLT, Art. 668. Nas localidades não compreendidas na jurisdição das Juntas de Conciliação e Julgamento, os Juízos de Direito são os órgãos de administração da Justiça do Trabalho, com a jurisdição que lhes for determinada pela lei de organização judiciária local.

CLT, Art. 669. A competência dos Juízos de Direito, quando investidos na administração da Justiça do Trabalho, é a mesma das Juntas de Conciliação e Julgamento, na forma da Seção II do Capítulo II.

§ 1º Nas localidades onde houver mais de um Juízo de Direito a competência é determinada, entre os juízes do cível, por distribuição ou pela divisão judiciária local, na conformidade da lei de organização respectiva.

§ 2º Quando o critério de competência da lei de organização judiciária for diverso do previsto no parágrafo anterior, será competente o juiz do cível mais antigo.

JUIZ CLASSISTA. *Dir. Proc. Trab.*

Era o juiz leigo escolhido pelo sindicato da categoria profissional ou econômica para integrar o colegiado das extintas Juntas de Conciliação e Julgamento, ou perante os Tribunais Regionais do Trabalho ou no âmbito do TST. A figura do juiz classista foi extinta com a edição da Emenda Constitucional de primeira instância das Justas da Justiça do Trabalho. A representação classista foi extinta da Justiça do Trabalho com a edição da Emenda Constitucional 24 de 9 de dezembro de 1999. A Justiça do Trabalho em primeira instancia deixou de ter composição colegiada, de modo que o julgamento passou a ser de forma monocrática, pelo juiz do trabalho. As Juntas de Conciliação e Julgamento foram extintas, dando lugar às Varas do Trabalho. Aos ministros classistas temporários do Tribunal Superior do Trabalho, dos juízes classistas temporários dos Tribunais Regionais do Trabalho e das Juntas de Conciliação e Julgamento, com mandato em curso ao tempo da publicação da Emenda Constitucional 24, foi assegurado o cumprimento integral do tempo restante para o término do mandato.

JULGAMENTO CONFORME O ESTADO DO PROCESSO. *Dir. Proc. Civ./Dir. Trab.*

É a possibilidade de o juiz proceder o julgamento dos autos por estar em termos para a prolação da sentença processual (art. 485, CPC) ou de mérito (Art. 487, incisos II e III, do CPC).

BASE LEGAL:

CPC, Art. 354. Ocorrendo qualquer das hipóteses previstas nos arts. 485 e 487, incisos II e III, o juiz proferirá sentença. Parágrafo único. A decisão a que se refere o caput pode dizer respeito a apenas parcela do processo, caso em que será impugnável por agravo de instrumento.

JULGAMENTO ANTECIPADO DO MÉRITO. *Dir. Proc. Civ./Dir. Trab.*

É o julgamento imediato do mérito, ou seja, a possibilidade de o juiz proferir a sentença de mérito imediatamente quando não houver necessidade de produção de outras provas – os fatos relevantes à solução do conflito estão suficientemente comprovados nos autos, dispensando-se a produção de outras provas – ou o réu for revel e não houver requerimento de produção probatória para refutar os fatos impeditivos, modificativos ou extintivos do direito do autor (art. 355, CPC). Difere-se da tutela de urgência ou antecipada (art. 300 e seguintes do CPC), pois esta, como regra, tem caráter provisório. O julgamento antecipado do mérito, de outro lado, tem caráter definitivo.

BASE LEGAL:

CPC, Art. 355. O juiz julgará antecipadamente o pedido, proferindo sentença com resolução de mérito, quando:

I – não houver necessidade de produção de outras provas;

II – o réu for revel, ocorrer o efeito previsto no art. 344 e não houver requerimento de prova, na forma do art. 349.

JULGAMENTO ANTECIPADO PARCIAL DO MÉRITO. *Dir. Proc. Civ./Dir. Trab.*

Consiste na possibilidade de o juiz decidir parcialmente o mérito da demanda quando um ou mais pedidos ou parcela deles mostrarem-se incontroversos ou estiver em condições de julgamento imediato na forma do art. 355 do CPC – ou seja, quando não houver necessidade de produção de outras provas (os fatos relevantes à solução do conflito estão suficientemente comprovados nos autos) ou o réu for revel e não houver requerimento de produção probatória para refutar os fatos impeditivos, modificativos ou extintivos do direito do autor. O Ato Conjunto nº 3 de 2020 do Presidente do Tribunal Superior do Trabalho, do Conselho Superior da Justiça do Trabalho e do Corregedor-Geral da Justiça do Trabalho, dispõe sobre processamento o processamento dos feitos, no primeiro grau de jurisdição, nos casos de decisão parcial de mérito, reforçando a tese de compatibilidade de princípios e regras do art. 356 do CPC ao processo do trabalho. A da decisão que julgar parcialmente o mérito comportará o Recurso Ordinário, no prazo de 8 dias, na forma do art. 895, I, da CLT, aplicando-se as regras relativas ao depósito recursal e ao pagamento das custas processuais (art. 789 e 899 da CLT). O recurso ordinário e as contrarrazões serão recebidos nos autos principais. Após o recebimento, será autuado um processo específico para o processamento desse recurso (processo suplementar), remetendo-se o recurso à instancia superior. Se denegado seguimento ao recurso ordinário e a parte interpor agravo de instrumento contra a decisão denegatória de seguimento, o processo será autuado após o despacho nos autos principais determinando o encaminhamento do agravo de instrumento à instância superior. Em caso de reforma ou anulação da decisão parcial, com a determinação de novo julgamento, a nova decisão será proferida nos próprios autos suplementar, no prazo de 10 (dez) dias (art. 226, II, CPC). No caso de anulação ou reforma da decisão parcial de mérito cujo processo principal já se encontre apto a julgamento, o juiz deverá extinguir o processo suplementar e determinar o traslado das peças inéditas para os autos do processo principal, para julgamento único.

BASE LEGAL:

Art. 356. O juiz decidirá parcialmente o mérito quando um ou mais dos pedidos formulados ou parcela deles:

I – mostrar-se incontroverso;

II – estiver em condições de imediato julgamento, nos termos do art. 355.

§ 1º A decisão que julgar parcialmente o mérito poderá reconhecer a existência de obrigação líquida ou ilíquida.
§ 2º A parte poderá liquidar ou executar, desde logo, a obrigação reconhecida na decisão que julgar parcialmente o mérito, independentemente de caução, ainda que haja recurso contra essa interposto.
§ 3º Na hipótese do § 2º, se houver trânsito em julgado da decisão, a execução será definitiva.
§ 4º A liquidação e o cumprimento da decisão que julgar parcialmente o mérito poderão ser processados em autos suplementares, a requerimento da parte ou a critério do juiz.
§ 5º A decisão proferida com base neste artigo é impugnável por agravo de instrumento.

JURISDIÇÃO. *Dir. Proc. Trab.*

A jurisdição é a função do Estado de resolver os conflitos de interesse entre pessoas. A função jurisdicional é exercida pelo Poder Judiciário, a quem compete dizer o direito aplicável ao caso concreto.[139] É a medida, o limite, o fracionamento da jurisdição; é a divisão dos trabalhos perante os órgãos encarregados do exercício da função jurisdicional, cujo objetivo é a composição da lide e a pacificação social.[140] Para Antônio Carlos de Araújo Cintra a jurisdição "[...] uma das funções do Estado, mediante a qual este se substitui aos titulares dos interesses em conflito para, imparcialmente, buscar a pacificação do conflito que os envolve, com justiça."[141] Mauro Schiavi conceitua a jurisdição como "[...] a função estatal exercida pelos juízes e tribunais, encarregada de dirimir, de forma imperativa e definitiva, os conflitos de interesses, aplicando o direito a um caso concreto, pacificando o conflito." [142] A doutrina tradicional afirma que a competência é uma parcela da jurisdição, ou seja, representa a distribuição das atribuições da atividade jurisdicional entre os órgãos do Poder Público.[143] As regras de distribuição da competência é realizada de diversas formas: Constituição Federal, leis de direito processual (processo civil, processo criminal ou processo do trabalho), leis esparsas e normas de organização judiciária

139 Alvim; Granado; Aranha Ferreira, 2019.

140 Alvim; Granado; Aranha Ferreira, 2019; LEONE PEREIRA, 2018.

141 CINTRA *apud* Theodoro Júnior, 2015.

142 Schiavi, 2018.

143 Schiavi, 2018; ALVIM, 2019.

(regimentos internos dos tribunais). Dentre as várias classificações da jurisdição citamos as seguintes:

a) competência da Justiça Comum;

b) Competência da Justiça Especial;

c) Competência em razão da matéria (ratione materiae): competência em razão da natureza da relação jurídica ou objetiva, e tem por parâmetro a natureza da relação jurídica controvertida;

d) Competência em razão da pessoa (ratione personae): competência em razão da qualidade das partes envolvidas na relação jurídica controvertida, é aquela que tem por parâmetro certas qualidades das pessoas litigantes;

e) Competência funcional: tem por parâmetro a natureza das funções exercidas pelo magistrado no processo, bem como das respectivas exigências especiais dessas funções. A competência funcional também é denominada de competência a interna, normalmente prevista na CLT e nos regimentos internos dos Tribunais Regionais e do Tribunal Superior do Trabalho;

f) competência originária: define a qual o órgão compete a causa dentro de um mesmo tribunal, isto é, se a competência é de órgão superior ou ao inferior;

g) competência interna: quando existem vários juízes numa mesma Vara ou Tribunal, define qual ou quais órgão é/serão competentes;

h) competência recursal/hierárquica: é a definição do órgão competente para apreciar o recurso apresentado pelas partes, ou seja, o próprio órgão que decidiu originariamente ou de órgão hierarquicamente superior.

A Emenda Constitucional 45/2004, conhecida como Reforma do Judiciário, alterou as regras de competência material na Justiça do Trabalho, ampliando significativamente essas competências.

JURISDIÇÃO VOLUNTÁRIA. *Dir. Proc. Civ.*

Forte corrente doutrinária nega à jurisdição voluntária a qualidade de jurisdição, atribuindo-lhe a condição de administração pública de interesses privados, cometida ao Poder Judiciário. Apesar disso, mais modernamente, a tendência tem sido por considerá-la como verdadeira jurisdição, pois em regra, há uma situação conflituosa, capaz de gerar insatisfação, que será solucionada pelo Judiciário. Entre os casos de jurisdição voluntária, há aqueles em que o conflito é mais evidente, como no de alienação judicial da coisa comum, quando um dos condôminos quer extinguir o condomínio e outro não. Há casos em que não há propriamente litígio, como na separação consensual. Mas, mesmo nessa hipótese, há insatisfação com uma situação, ou estado, que só pode ser resolvida com a intervenção do Judiciário.[144] Na jurisdição voluntária não é apropriado falar em partes mas em interessados, as sentenças definitivas não se revestem da autoridade da coisa julgada material, como nos processos de jurisdição contenciosa, e podem ser modificadas se ocorrerem circunstâncias supervenientes que o justifiquem. No ordenamento trabalhista o processo de jurisdição voluntária para homologação de acordo extrajudicial foi incluído pela Lei nº 13.467, de 2017. O processo de homologação de acordo extrajudicial terá início por petição conjunta, sendo obrigatória a representação das partes por advogado (art. 855-B da CLT). As partes não poderão ser representadas por advogado comum. Não se admite, portanto, o *jus postulandi* no processo de jurisdição voluntária para homologação do acordo extrajudicial, nem a representação das partes pelo mesmo advogado. O juiz analisará o acordo no prazo de quinze dias a contar da distribuição da petição, podendo designar audiência, se entender necessário, proferindo a sentença. A decisão que não homologar o acordo extrajudicial, por se tratar de uma sentença, comportará o cabimento de Recurso Ordinário, no prazo de 8 (oito) dias (Art. 895, I, do CPC). Esse processo não exime o empregador de cumprir as obrigações rescisórias ou pagar as parcelas daí decorrentes, no prazo de 10 (dez) dias a contar do término do contrato. Também, suspende o prazo prescricional da ação quanto aos direitos nela especificados, voltando a fluir no dia útil seguinte ao do trânsito em julgado da decisão que negar a homologação do acordo.

BASE LEGAL:

CLT, Art. 855-B. O processo de homologação de acordo extrajudicial terá início por petição conjunta, sendo obrigatória a representação das partes por advogado.
§1º As partes não poderão ser representadas por advogado comum.
§2º Faculta-se ao trabalhador ser assistido pelo advogado do sindicato de sua categoria.
CLT, Art. 855-C. O disposto neste Capítulo não prejudica o prazo estabelecido no § 6º do art. 477 desta Consolidação e não afasta a aplicação da multa prevista no § 8º art. 477 desta Consolidação.

144 BUENO, 2018.

CLT, Art. 855-D. No prazo de quinze dias a contar da distribuição da petição, o juiz analisará o acordo, designará audiência se entender necessário e proferirá sentença.

CLT, Art. 855-E. A petição de homologação de acordo extrajudicial suspende o prazo prescricional da ação quanto aos direitos nela especificados.

Parágrafo único. O prazo prescricional voltará a fluir no dia útil seguinte ao do trânsito em julgado da decisão que negar a homologação do acordo.

JURISPRUDÊNCIA. *Dir. Proc.*

É o conjunto de decisões uniformes e constantes dos tribunais, resultante da aplicação de normas a casos semelhantes, constituindo uma norma geral aplicável a todas as hipóteses similares e idênticas. É o conjunto de normas emanadas dos juízes em sua atividade jurisdicional.[145] Os Tribunais têm o dever de uniformizar sua jurisprudência e mantê-la estável, integra e coerente, como forma de realização da segurança jurídica. A jurisprudência é reconhecidamente fonte formal do direito do trabalho e do direito processual do trabalho.

BASE LEGAL:

CLT, Art. 8. As autoridades administrativas e a Justiça do Trabalho, na falta de disposições legais ou contratuais, decidirão, conforme o caso, pela jurisprudência, por analogia, por equidade e outros princípios e normas gerais de direito, principalmente do direito do trabalho, e, ainda, de acordo com os usos e costumes, o direito comparado, mas sempre de maneira que nenhum interesse de classe ou particular prevaleça sobre o interesse público.

Parágrafo único. O direito comum será fonte subsidiária do direito do trabalho, naquilo em que não for incompatível com os princípios fundamentais deste.

[...] § 2° Súmulas e outros enunciados de jurisprudência editados pelo Tribunal Superior do Trabalho e pelos Tribunais Regionais do Trabalho não poderão restringir direitos legalmente previstos nem criar obrigações que não estejam previstas em lei. (Incluído pela Lei n° 13.467, de 2017) (Vigência)

CPC, Art. 926. Os tribunais devem uniformizar sua jurisprudência e mantê-la estável, íntegra e coerente.

§ 1° Na forma estabelecida e segundo os pressupostos fixados no regimento interno, os tribunais editarão enunciados de súmula correspondentes a sua jurisprudência dominante.

§ 2° Ao editar enunciados de súmula, os tribunais devem ater-se às circunstâncias fáticas dos precedentes que motivaram sua criação.

---

145 DINIZ, 1993.

JUROS.

Quantia que remunera um credor pelo uso de seu dinheiro por parte de um devedor durante um período determinado; uma percentagem sobre o que foi emprestado; soma cobrada de outrem, pelo uso, por quem empresta o dinheiro; renda ou rendimento de capital investido.[146] Os juros de mora aparecem quando existe atraso no pagamento de algum valor. No Direito do Trabalho os juros de mora são devidos desde a data do ajuizamento da ação trabalhista, incidindo sobre a importância da condenação já corrigida monetariamente. Os juros são calculados na base de 1% (um por cento) ao mês.

> **BASE LEGAL:**
>
> CLT, Art. 883. Não pagando o executado, nem garantindo a execução, seguir-se-á penhora dos bens, tantos quantos bastem ao pagamento da importância da condenação, acrescida de custas e juros de mora, sendo estes, em qualquer caso, devidos a partir da data em que for ajuizada a reclamação inicial. (Redação dada pela Lei nº 2.244, de 23.6.1954)
>
> Súmula nº 211 do TST – JUROS DE MORA E CORREÇÃO MONETÁRIA. INDEPENDÊNCIA DO PEDIDO INICIAL E DO TÍTULO EXECUTIVO JUDICIAL (mantida) – Res. 121/2003, DJ 19, 20 e 21.11.2003
>
> Os juros de mora e a correção monetária incluem-se na liquidação, ainda que omisso o pedido inicial ou a condenação.

JUSTA CAUSA PARA DESPEDIMENTO. *Dir. Trab.*

É a conduta tipificada em lei praticada pelo empregado que justifica a resolução do contrato de trabalho. A doutrina e a jurisprudência majoritária exigem a demonstração de três requisitos para a configuração da justa causa obreira:

a) requisitos objetivos, que concernem à caracterização da conduta obreira que se pretende censurar;

b) requisitos subjetivos, que concernem ao envolvimento do trabalhador na conduta típica; e c) requisitos circunstanciais, que dizem respeito à atuação disciplinar do empregador em face da falta e do obreiro envolvido.[147]

146 HOUAISS, 2002.

147 DELGADO, 2019.

O conjunto taxativo de infrações trabalhistas aplicáveis a todos os trabalhadores celetistas encontram-se no art. 482, da Consolidação, bem como em um número disperso de artigos do ordenamento trabalhista.

BASE LEGAL:

CLT, Art. 482. Constituem justa causa para rescisão do contrato de trabalho pelo empregador:

a) ato de improbidade;

b) incontinência de conduta ou mau procedimento;

c) negociação habitual por conta própria ou alheia sem permissão do empregador, e quando constituir ato de concorrência à empresa para a qual trabalha o empregado, ou for prejudicial ao serviço;

d) condenação criminal do empregado, passada em julgado, caso não tenha havido suspensão da execução da pena;

e) desídia no desempenho das respectivas funções;

f) embriaguez habitual ou em serviço;

g) violação de segredo da empresa;

h) ato de indisciplina ou de insubordinação;

i) abandono de emprego;

j) ato lesivo da honra ou da boa fama praticado no serviço contra qualquer pessoa, ou ofensas físicas, nas mesmas condições, salvo em caso de legítima defesa, própria ou de outrem;

k) ato lesivo da honra ou da boa fama ou ofensas físicas praticadas contra o empregador e superiores hierárquicos, salvo em caso de legítima defesa, própria ou de outrem;

l) prática constante de jogos de azar.

m) perda da habilitação ou dos requisitos estabelecidos em lei para o exercício da profissão, em decorrência de conduta dolosa do empregado. (Incluído pela Lei nº 13.467, de 2017)

Parágrafo único – Constitui igualmente justa causa para dispensa de empregado a prática, devidamente comprovada em inquérito administrativo, de atos atentatórios à segurança nacional. (Incluído pelo Decreto-lei nº 3, de 27.1.1966)

CLT, Art. 158. Cabe aos empregados: [...]

Parágrafo único – Constitui ato faltoso do empregado a recusa injustificada:

b) ao uso dos equipamentos de proteção individual fornecidos pela empresa.

CLT, Art. 235-B. São deveres do motorista profissional empregado: (Redação dada pela Lei nº 13.103, de 2015) (Vigência)

[...]

Parágrafo único: A recusa do empregado em submeter-se ao teste ou ao programa de controle de uso de droga e de bebida alcoólica previstos no inciso VII será considerada infração disciplinar, passível de penalização nos termos da lei. (Redação dada pela Lei nº 13.103, de 2015) (Vigência)

CLT, Art. 240. Nos casos de urgência ou de acidente, capazes de afetar a segurança ou regularidade do serviço, poderá a duração do trabalho ser excepcionalmente elevada a qualquer número de horas, incumbindo à Estrada zelar pela incolumidade dos seus empregados e pela possibilidade de revezamento de turmas, assegurando ao pessoal um repouso correspondente e comunicando a ocorrência ao Ministério do Trabalho, Industria e Comercio, dentro de 10 (dez) dias da sua verificação.

Parágrafo único: Nos casos previstos neste artigo, a recusa, sem causa justificada, por parte de qualquer empregado, à execução de serviço extraordinário será considerada falta grave.

CLT, Art. 433. O contrato de aprendizagem extinguir-se-á no seu termo ou quando o aprendiz completar 24 (vinte e quatro) anos, ressalvada a hipótese prevista no § 5o do art. 428 desta Consolidação, ou ainda antecipadamente nas seguintes hipóteses:

I – desempenho insuficiente ou inadaptação do aprendiz;

I – desempenho insuficiente ou inadaptação do aprendiz, salvo para o aprendiz com deficiência quando desprovido de recursos de acessibilidade, de tecnologias assistivas e de apoio necessário ao desempenho de suas atividades; (Redação dada pela Lei nº 13.146, de 2015)

II – falta disciplinar grave;

III – ausência injustificada à escola que implique perda do ano letivo;

LC 150/15 – Art. 27. Considera-se justa causa para os efeitos desta Lei:

I – submissão a maus tratos de idoso, de enfermo, de pessoa com deficiência ou de criança sob cuidado direto ou indireto do empregado;

II – prática de ato de improbidade;

III – incontinência de conduta ou mau procedimento;

IV – condenação criminal do empregado transitada em julgado, caso não tenha havido suspensão da execução da pena;

V – desídia no desempenho das respectivas funções;

VI – embriaguez habitual ou em serviço;

VII – (VETADO);

VIII – ato de indisciplina ou de insubordinação;

IX – abandono de emprego, assim considerada a ausência injustificada ao serviço por, pelo menos, 30 (trinta) dias corridos;

X – ato lesivo à honra ou à boa fama ou ofensas físicas praticadas em serviço contra qualquer pessoa, salvo em caso de legítima defesa, própria ou de outrem;

XI – ato lesivo à honra ou à boa fama ou ofensas físicas praticadas contra o empregador doméstico ou sua família, salvo em caso de legítima defesa, própria ou de outrem;

XII – prática constante de jogos de azar.

Súmula nº 273 do TST – DESPEDIDA. JUSTA CAUSA (nova redação) – Res. 121/2003, DJ 19, 20 e 21.11.2003

A ocorrência de justa causa, salvo a de abandono de emprego, no decurso do prazo do aviso prévio dado pelo empregador, retira do empregado qualquer direito às verbas rescisórias de natureza indenizatória.

JUSTIÇA DO TRABALHO. *Dir. Proc. Trab.*

É o órgão integrante da estrutura do Poder Judiciário integrada pelo Tribunal Superior do Trabalho (TST), 24 (vinte e quatro) Tribunais Regionais do Trabalho e pelos Juízes do Trabalho. No vértice da estrutura da Justiça do Trabalho está o Tribunal Superior do Trabalho, composto por 27 (vinte e sete) Ministros escolhidos dentre brasileiros com mais de 35 (trinta e cinco) e menos de 65 (sessenta e cinco anos), de notável saber jurídico e reputação ilibada, nomeados pelo Presidente da República após aprovação pela maioria absoluta do Senado Federal. Junto ao Tribunal Superior do Trabalho funcionam: a Escola Nacional de Formação e Aperfeiçoamento de Magistrados do Trabalho (ENAMAT); o Conselho Superior da Justiça do Trabalho (CSJT), cabendo-lhe exercer, na forma da lei, a supervisão administrativa, orçamentária, financeira e patrimonial da Justiça do Trabalho de primeiro e segundo graus, como órgão central do sistema, cujas decisões terão efeito vinculante. O art. 112 da CF, em sua redação original, previa "pelo menos um Tribunal Regional do Trabalho em cada Estado e no Distrito Federal". Contudo, nos termos do art. 674 da CLT, o território nacional é dividido em Regiões. Atualmente, existem 24 (vinte e quatro) TRTs, sendo dois no Estado de São Paulo (um na Capital, outro em Campinas). Os juízes dos TRTs, atualmente denominados "Desembargadores do Trabalho", são nomeados pelo Presidente da República. Os TRTs compõem-se de, no mínimo, sete juízes, recrutados, quando possível, na respectiva região, e nomeados pelo Presidente da República dentre brasileiros com mais de trinta e menos de sessenta e cinco anos. O Juiz do Trabalho são órgãos da primeira instância da Justiça do Trabalho, normalmente lotados nas denominadas "Varas do Trabalho". A jurisdição da Vara do Trabalho é local, pois abrange, geralmente, um ou alguns municípios. Cabe à lei fixar a competência territorial das Varas do Trabalho. Compete às Varas do Trabalho, em linhas gerais, processar e julgar as ações oriundas das relações de trabalho (CF, art. 114, I a IX) e aquelas que, por exclusão, não sejam da competência originária dos tribunais trabalhistas. Nas comarcas onde não existir Vara do Trabalho, a lei pode atribuir a função jurisdicional trabalhista aos juízes de direito (CLT, art. 668).

JUSTIÇA GRATUITA. *Dir. Proc.*

Conceito limitado à isenção das custas e despesas processuais. A concessão dos benefícios da gratuidade da justiça depende da insuficiência de recursos pela parte para o pagamento de custas e despesas processuais no caso concreto. Doutrina e jurisprudência definem insuficiência de recursos como o sacrifício para a manutenção da própria parte ou de sua família. Na seara trabalhista a concessão do benefício da justiça gratuita é faculdade do magistrado, em qualquer grau de jurisdição trabalhista. Não obstante, o ordenamento traz como limitação para a concessão àqueles que perceberem salário igual ou inferior a 40% (quarenta por cento) do limite máximo dos benefícios do Regime Geral de Previdência Social.

BASE LEGAL:

CPC, Art. 98. a 102.

CLT, Art. 790. Nas Varas do Trabalho, nos Juízos de Direito, nos Tribunais e no Tribunal Superior do Trabalho, a forma de pagamento das custas e emolumentos obedecerá às instruções que serão expedidas pelo Tribunal Superior do Trabalho. (Redação dada pela Lei nº 10.537, de 27.8.2002)

§ *1º* Tratando-se de empregado que não tenha obtido o benefício da justiça gratuita, ou isenção de custas, o sindicato que houver intervindo no processo responderá solidariamente pelo pagamento das custas devidas. (Redação dada pela Lei nº 10.537, de 27.8.2002)

[...]

§ 3º É facultado aos juízes, órgãos julgadores e presidentes dos tribunais do trabalho de qualquer instância conceder, a requerimento ou de ofício, o benefício da justiça gratuita, inclusive quanto a traslados e instrumentos, àqueles que perceberem salário igual ou inferior a 40% (quarenta por cento) do limite máximo dos benefícios do Regime Geral de Previdência Social. (Redação dada pela Lei nº 13.467, de 2017)

§ 4º O benefício da justiça gratuita será concedido à parte que comprovar insuficiência de recursos para o pagamento das custas do processo. (Incluído pela Lei nº 13.467, de 2017)

L

LACTANTE. *Adj.*

Que lacta, que dá ou produz leite. *S.f.* mulher que amamenta.[148] A sociedade brasileira de pediatria recomenda que nos primeiros seis meses de vida, as mães amamentem seus filhos de modo exclusivo, sem oferecer água, ou qualquer outro alimento, e a partir dos seis meses introduzir alimentos complementares mantendo o aleitamento por dois anos ou mais. O leite materno proporciona nutrientes para o crescimento e desenvolvimento saudável. Toda empresa em que trabalharem pelo menos 30 (trinta) mulheres com mais de 16 (dezesseis) anos de idade terão local apropriado onde seja permitido às empregadas guardar sob vigilância e assistência os seus filhos no período da amamentação.

BASE LEGAL:
CLT, Art. 389. Toda empresa é obrigada: [...] § 1° – Os estabelecimentos em que trabalharem pelo menos 30 (trinta) mulheres com mais de 16 (dezesseis) anos de idade terão local apropriado onde seja permitido às empregadas guardar sob vigilância e assistência os seus filhos no período da amamentação.
§ 2º – A exigência do § 1° poderá ser suprida por meio de creches distritais mantidas, diretamente ou mediante convênios, com outras entidades públicas ou privadas, pelas próprias empresas, em regime comunitário, ou a cargo do SESI, do SESC, da LBA ou de entidades sindicais.
CLT, Art. 394-A. Sem prejuízo de sua remuneração, nesta incluído o valor do adicional de insalubridade, a empregada deverá ser afastada de:
[...] § 2° Cabe à empresa pagar o adicional de insalubridade à gestante ou à lactante, efetivando-se a compensação, observado o disposto no art. 248 da Constituição Federal, por ocasião do recolhimento das contribuições incidentes sobre a folha de salários e demais rendimentos pagos ou creditados, a qualquer título, à pessoa física que lhe preste serviço.
§ 3° Quando não for possível que a gestante ou a lactante afastada nos termos do caput deste artigo exerça suas atividades em local salubre na empresa, a hipótese será considerada como gravidez de risco e ensejará a percepção de salário-maternidade, nos termos da Lei no 8.213, de 24 de

148 HOUAISS, 2002.

julho de 1991, durante todo o período de afastamento. (Incluído pela Lei nº 13.467, de 2017)
CLT, Art. 396. Para amamentar seu filho, inclusive se advindo de adoção, até que este complete 6 (seis) meses de idade, a mulher terá direito, durante a jornada de trabalho, a 2 (dois) descansos especiais de meia hora cada um. (Redação dada pela Lei nº 13.509, de 2017) [...] § 2º Os horários dos descansos previstos no caput deste artigo deverão ser definidos em acordo individual entre a mulher e o empregador. (Incluído pela Lei nº 13.467, de 2017)
CLT, Art. 400. Os locais destinados à guarda dos filhos das operárias durante o período da amamentação deverão possuir, no mínimo, um berçário, uma saleta de amamentação, uma cozinha dietética e uma instalação sanitária.

LAZER. *s.m.*

Tempo que sobra do horário de trabalho e/ou cumprimento das obrigações, aproveitável para o exercício de atividades prazerosas; atividade que se pratica nesse tempo; cessação de uma atividade; descanso, repouso.[149] O lazer é um direito social, garantido pela Constituição Federal de 1988, essencial para a manutenção da saúde, integridade física e mental do ser humano e em consequência do trabalhador. Dessa forma, é obrigatório ao Estado proporcionar ao trabalhador o direito ao lazer, sendo este um direito fundamental, imprescindível, irrenunciável e indelegável.

BASE LEGAL:

CF, Art. 6º São direitos sociais a educação, a saúde, a alimentação, o trabalho, a moradia, o transporte, o lazer, a segurança, a previdência social, a proteção à maternidade e à infância, a assistência aos desamparados, na forma desta Constituição.
CF, Art. 7º São direitos dos trabalhadores urbanos e rurais, além de outros que visem à melhoria de sua condição social: [...]
IV – salário mínimo , fixado em lei, nacionalmente unificado, capaz de atender às suas necessidades vitais básicas e às de sua família com moradia, alimentação, educação, saúde, lazer, vestuário, higiene, transporte e previdência social, com reajustes periódicos que lhe preservem o poder aquisitivo, sendo vedada sua vinculação para qualquer fim;
CF, Art. 217. § 3º O Poder Público incentivará o lazer, como forma de promoção social. [...] § 3º O Poder Público incentivará o lazer, como forma de promoção social.

149 HOUAISS, 2002.

CF, Art. 227. É dever da família, da sociedade e do Estado assegurar à criança, ao adolescente e ao jovem, com absoluta prioridade, o direito à vida, à saúde, à alimentação, à educação, ao lazer, à profissionalização, à cultura, à dignidade, ao respeito, à liberdade e à convivência familiar e comunitária, além de colocá-los a salvo de toda forma de negligência, discriminação, exploração, violência, crueldade e opressão.

CLT, Art. 4º. Considera-se como de serviço efetivo o período em que o empregado esteja à disposição do empregador, aguardando ou executando ordens, salvo disposição especial expressamente consignada. (...) § 2º Por não se considerar tempo à disposição do empregador, não será computado como período extraordinário o que exceder a jornada normal, ainda que ultrapasse o limite de cinco minutos previsto no § 1º do art. 58 desta Consolidação, quando o empregado, por escolha própria, buscar proteção pessoal, em caso de insegurança nas vias públicas ou más condições climáticas, bem como adentrar ou permanecer nas dependências da empresa para exercer atividades particulares, entre outras [...] III – lazer;

CLT, Art. 223-C. A honra, a imagem, a intimidade, a liberdade de ação, a autoestima, a sexualidade, a saúde, o lazer e a integridade física são os bens juridicamente tutelados inerentes à pessoa física.

LEGÍTIMA DEFESA. *Dir. Penal.*

O Código Penal em seu artigo 25, assim define legítima defesa: "Entende-se em legítima defesa quem, usando moderadamente dos meios necessários, repele injusta agressão, atual ou iminente, a direito seu ou de outrem." A doutrina e a jurisprudência majoritária exigem a demonstração de alguns requisitos para a configuração da legítima defesa:

a) existência de uma agressão;

b) atualidade ou iminência da agressão;

c) injustiça dessa agressão;

d) agressão contra direito próprio ou alheio;

e) conhecimento da situação justificante (*animus defendendi*);

f) uso dos meios necessários para repeli-la;

g) uso moderado desses meios.

A legítima defesa pode ser classificada em: *legítima defesa recíproca*, que ocorrerá quando a legítima defesa ocorre contra legítima defesa; *legítima defesa sucessiva*, cuida-se da reação contra o excesso; *legítima defesa real*, que exclui a ilicitude; *legítima defesa putativa*, em que a pessoa acredita estar agindo em legítima defesa, constituindo, portanto uma modalidade de erro; *legítima defesa própria,* quando o agente salva direito próprio; *legítima defesa de terceiro*, quando o agente defende direito alheio; *legítima defesa subjetiva*; e por fim, a *legítima defesa com aberratio ictus*, em que o agente ao repelir a injusta agressão, atinge bem de terceiro.[150] No Direito Trabalhista, constitui justa causa para rescisão do contrato de trabalho pelo empregador, ato lesivo da honra ou da boa fama praticado no serviço contra qualquer pessoa, ou ofensas físicas, nas mesmas condições, salvo em caso de legítima defesa, própria ou de outrem; bem como, ato lesivo da honra ou da boa fama ou ofensas físicas praticadas contra o empregador e superiores hierárquicos, salvo em caso de legítima defesa, própria ou de outrem. Por sua vez, o empregado poderá considerar rescindido o contrato e pleitear a devida indenização quando o empregador ou seus prepostos ofenderem-no fisicamente, salvo em caso de legítima defesa, própria ou de outrem. De tal forma que a agressão em legítima defesa não gera justa causa. Ainda na seara trabalhista podemos apontar tanto na doutrina quanto na jurisprudência a *greve de legítima defesa*, movimento paredista deflagrado em reação contra a supressão de conquistas obtidas pela categoria profissional, ou seja, greve deflagrada pela injusta agressão aos direitos dos trabalhadores.

BASE LEGAL:

CP, Art. 25. Entende-se em legítima defesa quem, usando moderadamente dos meios necessários, repele injusta agressão, atual ou iminente, a direito seu ou de outrem. (Redação dada pela Lei nº 7.209, de 11.7.1984)

Parágrafo único. Observados os requisitos previstos no *caput* deste artigo, considera-se também em legítima defesa o agente de segurança pública que repele agressão ou risco de agressão a vítima mantida refém durante a prática de crimes. (Incluído pela Lei nº 13.964, de 2019)

CLT, Art. 482. Constituem justa causa para rescisão do contrato de trabalho pelo empregador: [...]

j) ato lesivo da honra ou da boa fama praticado no serviço contra qualquer pessoa, ou ofensas físicas, nas mesmas condições, salvo em caso de legítima defesa, própria ou de outrem;

k) ato lesivo da honra ou da boa fama ou ofensas físicas praticadas contra o empregador e superiores hierárquicos, salvo em caso de legítima defesa, própria ou de outrem; [...].

CLT, Art. 483. O empregado poderá considerar rescindido o contrato e pleitear a devida indenização quando: [...]

f) o empregador ou seus prepostos ofenderem-no fisicamente, salvo em caso de legítima defesa, própria ou de outrem;

---

150 JUNQUEIRA, 2018.

LEGITIMIDADE. *Dir. Jur.*

Conformidade à lei, ao Direito; legalidade; direito de sucessão nos regimes monárquicos segundo a ordem de primogenitura; caráter ou estado do que é conforme à equidade, à razão, à moral divina ou dos homens; pensamento, partido dos legitimistas portugueses. ***Dir. Proc.*** A legitimidade para agir, *legitimatio ad causam*, é a pertinência subjetiva da demanda, *i.e.* situação prevista em lei que permite a um determinado sujeito propor a demanda judicial e a um determinado sujeito em formar o polo passivo desta demanda.[151] Em termos de legitimidade o Código de Processo Civil prevê que, os titulares de alegado direito, podem pleitear direito próprio em nome próprio e em interesse próprio (legitimação ordinária); e excepcionalmente admite-se que alguém em nome próprio litigue em defesa de interesse alheio (legitimação extraordinária).

BASE LEGAL:

CPC, Art. 17. Para postular em juízo é necessário ter interesse e legitimidade.

CPC, Art. 18. Ninguém poderá pleitear direito alheio em nome próprio, salvo quando autorizado pelo ordenamento jurídico.

Parágrafo único. Havendo substituição processual, o substituído poderá intervir como assistente litisconsorcial.

LEI DE INTRODUÇÃO ÀS NORMAS DO DIREITO BRASILEIRO (LINDB). *Dir. Jur.*

Antiga Lei de Introdução ao Código Civil, e que, acertadamente, pela Lei n. 12.376/2010, passou a ter denominação de Lei de Introdução às Normas do Direito Brasileiro. A Lei de Introdução abrange princípios determinativos da aplicabilidade das normas, questões hermenêuticas jurídicas relativas ao direito privado e ao direito público e contêm normas de direito internacional. A doutrina é unânime em definir a Lei de Introdução às Normas do Direito Brasileiro como uma *lex legum*, ou seja, um conjunto de normas sobre normas, constituindo um direito sobre direito, um superdireito, um coordenador de direito.[152] Seus primeiros artigos contêm normas atinentes à publicação e a obrigatoriedade das leis (artigos 1º ao 6º), seguidos de diretrizes para a solução dos conflitos das leis no espaço e direito internacional (artigos 7º ao 19).

BASE LEGAL: Decreto-Lei nº. 4.657/1942

151 NEVES, 2018.

152 DINIZ, 2013.

LIBERDADE. *s.f.*

Grau de independência legítimo que um cidadão, um povo ou uma nação elege como valor supremo, como ideal; conjunto de direitos reconhecidos ao indivíduo considerado isoladamente ou em grupo, em face da autoridade política e perante o Estado; poder que tem o cidadão de exercer sua vontade dentro dos limites que lhe faculta a lei.[153] Trata-se de faculdade, que toda pessoa capaz tem de escolher, agindo por determinação própria e dentro dos limites da lei, e de fazer tudo aquilo que não seja vedado pela lei ou pela moral, ou pelos bons costumes. A Constituição Federal consagra em seus direitos fundamentais liberdades variadas e procura garanti-las por meio de diversas normas. De acordo com o que se verifica a partir da dicção do art. 5º, *caput*, da Constituição de 1988, a liberdade constitui, juntamente com a vida, a igualdade, a propriedade e a segurança, um conjunto de direitos fundamentais que assume particular relevância no sistema constitucional brasileiro.

BASE LEGAL:

CF, Art. 5º. Todos são iguais perante a lei, sem distinção de qualquer natureza, garantindo-se aos brasileiros e aos estrangeiros residentes no País a inviolabilidade do direito à vida, à liberdade, à igualdade, à segurança e à propriedade, nos termos seguintes: [...]

VI – é inviolável a liberdade de consciência e de crença, sendo assegurado o livre exercício dos cultos religiosos e garantida, na forma da lei, a proteção aos locais de culto e a suas liturgias;

[...]

XVII – é plena a liberdade de associação para fins lícitos, vedada a de caráter paramilitar;

[...]

XLI – a lei punirá qualquer discriminação atentatória dos direitos e liberdades fundamentais;

[...]

LIV – ninguém será privado da liberdade ou de seus bens sem o devido processo legal;

[...]

LXVIII – conceder-se-á *habeas corpus* sempre que alguém sofrer ou se achar ameaçado de sofrer violência ou coação em sua liberdade de locomoção, por ilegalidade ou abuso de poder;

[...]

---

153 HOUAISS, 2002.

LXXI – conceder-se-á mandado de injunção sempre que a falta de norma regulamentadora torne inviável o exercício dos direitos e liberdades constitucionais e das prerrogativas inerentes à nacionalidade, à soberania e à cidadania;
CLT, Art. 223-C. A honra, a imagem, a intimidade, a liberdade de ação, a autoestima, a sexualidade, a saúde, o lazer e a integridade física são os bens juridicamente tutelados inerentes à pessoa física.
CLT, 611-B. Constituem objeto ilícito de convenção coletiva ou de acordo coletivo de trabalho, exclusivamente, a supressão ou a redução dos seguintes direitos: (Incluído pela Lei nº 13.467, de 2017) [...]
XXVI – liberdade de associação profissional ou sindical do trabalhador, inclusive o direito de não sofrer, sem sua expressa e prévia anuência, qualquer cobrança ou desconto salarial estabelecidos em convenção coletiva ou acordo coletivo de trabalho;
CLT, Art. 779. As partes, ou seus procuradores, poderão consultar, com ampla liberdade, os processos nos cartórios ou secretarias.
CLT, Art. 852-D. O juiz dirigirá o processo com liberdade para determinar as provas a serem produzidas, considerado o ônus probatório de cada litigante, podendo limitar ou excluir as que considerar excessivas, impertinentes ou protelatórias, bem como para apreciá-las e dar especial valor às regras de experiência comum ou técnica.

LICENÇA-MATERNIDADE. *Dir. Trab.*

Modalidade de licença remunerada em que, por força de lei, a empregada está dispensada de comparecer ao serviço apesar de lhe serem devidos os valores equivalentes a seu salário. A empregada tem direito à licença à gestante, de no mínimo 120 (cento e vinte) dias, em decorrência do nascimento do seu filho, sem prejuízo do emprego e do salário. A empregada deve, mediante atestado médico, notificar o seu empregador da data do início do afastamento do emprego, que poderá ocorrer entre o 28º (vigésimo oitavo) dia antes do parto e ocorrência deste. Os períodos de repouso, antes e depois do parto, poderão ser aumentados de 2 (duas) semanas cada um, mediante atestado médico. À empregada que adotar ou obtiver guarda judicial para fins de adoção de criança ou adolescente será concedida licença-maternidade. A Lei 11.770/08 possibilitou a prorrogação de 60 (sessenta) dias na licença-maternidade em caso de o empregador aderir ao Programa Empresa Cidadã. Seu enquadramento jurídico é um tanto controvertido, uma das vertentes interpretativas sustenta que o afastamento por licença-maternidade se trata de espécie de suspensão de contrato de trabalho, uma vez que a principal prestação contratual devida pelo empregador, é sustentada pela Previdência Social. No entanto, a maior parte da doutrina sustenta que o correto enquadramento é de interrupção contratual, pois mantem-se a plena contagem do tempo de serviço, mantem-se a obrigação empresarial de realizar depósitos do FGTS na conta vinculada da empregada, bem como o direito às parcelas que não sejam salário-condição.

BASE LEGAL:

CF, Art.7º. São direitos dos trabalhadores urbanos e rurais, além de outros que visem à melhoria de sua condição social:

[...] XVIII – licença à gestante, sem prejuízo do emprego e do salário, com a duração de cento e vinte dias; [...].

CLT, Art. 131. Não será considerada falta ao serviço, para os efeitos do artigo anterior, a ausência do empregado:

[...] II – durante o licenciamento compulsório da empregada por motivo de maternidade ou aborto, observados os requisitos para percepção do salário-maternidade custeado pela Previdência Social; [...].

CLT, Art. 392. A empregada gestante tem direito à licença-maternidade de 120 (cento e vinte) dias, sem prejuízo do emprego e do salário. (Vide Lei nº 13.985, de 2020)

§1º A empregada deve, mediante atestado médico, notificar o seu empregador da data do início do afastamento do emprego, que poderá ocorrer entre o 28º (vigésimo oitavo) dia antes do parto e ocorrência deste.

§ 2º Os períodos de repouso, antes e depois do parto, poderão ser aumentados de 2 (duas) semanas cada um, mediante atestado médico.

§ 3º Em caso de parto antecipado, a mulher terá direito aos 120 (cento e vinte) dias previstos neste artigo.

§ 4º É garantido à empregada, durante a gravidez, sem prejuízo do salário e demais direitos:

I – transferência de função, quando as condições de saúde o exigirem, assegurada a retomada da função anteriormente exercida, logo após o retorno ao trabalho;

II – dispensa do horário de trabalho pelo tempo necessário para a realização de, no mínimo, seis consultas médicas e demais exames complementares.

CLT, Art. 392-A. À empregada que adotar ou obtiver guarda judicial para fins de adoção de criança ou adolescente será concedida licença-maternidade nos termos do art. 392 desta Lei. (Redação dada pela Lei nº 13.509, de 2017) [...]

§ 4º A licença-maternidade só será concedida mediante apresentação do termo judicial de guarda à adotante ou guardiã.

§ 5º A adoção ou guarda judicial conjunta ensejará a concessão de licença-maternidade a apenas um dos adotantes ou guardiães empregado ou empregada.

CLT, Art. 392-B. Em caso de morte da genitora, é assegurado ao cônjuge ou companheiro empregado o gozo de licença por todo o período da licença-maternidade ou pelo tempo restante a que teria direito a mãe, exceto no caso de falecimento do filho ou de seu abandono.
CLT, Art. 392-C. Aplica-se, no que couber, o disposto no art. 392-A e 392-B ao empregado que adotar ou obtiver guarda judicial para fins de adoção.
CLT, Art. 393. Durante o período a que se refere o art. 392, a mulher terá direito ao salário integral e, quando variável, calculado de acordo com a média dos 6 (seis) últimos meses de trabalho, bem como os direitos e vantagens adquiridos, sendo-lhe ainda facultado reverter à função que anteriormente ocupava.
CLT, Art. 611-B. Constituem objeto ilícito de convenção coletiva ou de acordo coletivo de trabalho, exclusivamente, a supressão ou a redução dos seguintes direitos: (Incluído pela Lei nº 13.467, de 2017). [...] XIII – licença-maternidade com a duração mínima de cento e vinte dias;

LIMINAR. *Dir. Jur.*

Medida ou providência que precede o objeto principal da ação.[154] Diz-se do que acontece no princípio de um processo; qualidade ou medida tomada com a finalidade de resguardar direitos da parte de um processo logo no início. O pedido liminar é um pedido que uma das partes do processo faz ao magistrado com o objetivo de adquirir um direito ou mesmo realizar uma ação antes que o processo termine. A decisão liminar é uma medida judicial que acontece antes da discussão do feito.

BASE LEGAL:

***Art.* 300 e seguintes do CPC**

Art. 659, IX, da CLT: Competem privativamente aos Presidentes das Juntas, além das que lhes forem conferidas neste Título e das decorrentes de seu cargo, as seguintes atribuições: [...] IX – conceder medida liminar, até decisão final do processo em reclamações trabalhistas que visem a tornar sem efeito transferência disciplinada pelos parágrafos do art. 469 desta Consolidação.

Súmula 221/STF: A transferência de estabelecimento, ou a sua extinção parcial, por motivo que não seja de força maior, não justifica a transferência de empregado estável.

Súmula 29/TST: Transferência. Empregado transferido, por ato unilateral do empregador, para local mais distante de sua residência, tem direito a suplemento salarial correspondente ao acréscimo da despesa de transporte.

---

154 HOUAISS, 2002.

Súmula 43/TST: Transferência. Presume-se abusiva a transferência de que trata o § 1° do art. 469 da CLT, sem comprovação da necessidade do serviço.

LIMPEZA DOS LOCAIS DE TRABALHO. *Dir. Trab.*

Cabe ao Ministério do Trabalho estabelecer disposições complementares às normas de que tratam as condições de limpeza dos locais de trabalho e o modo de sua execução. A limpeza e higiene do local de trabalho exercem influência direta sobre a saúde e produtividade dos colaboradores.

BASE LEGAL:

CF, Art. 200. Cabe ao Ministério do Trabalho estabelecer disposições complementares às normas de que trata este Capítulo, tendo em vista as peculiaridades de cada atividade ou setor de trabalho, especialmente sobre:
[...] VII – higiene nos locais de trabalho, com discriminação das exigências, instalações sanitárias, com separação de sexos, chuveiros, lavatórios, vestiários e armários individuais, refeitórios ou condições de conforto por ocasião das refeições, fornecimento de água potável, condições de limpeza dos locais de trabalho e modo de sua execução, tratamento de resíduos industriais; [...].

LICENÇA-PATERNIDADE. *Dir. Trab.*

Modalidade de licença remunerada em que, por força de lei, o empregado está dispensado de comparecer ao serviço apesar de lhe serem devidos os valores equivalentes a seu salário. Prevista no art. 7°, XIX, da Constituição Federal de 1988, o prazo da licença-paternidade, em decorrência do nascimento de seu filho, é de 5 (cinco) dias. A Lei 11.770/08 possibilitou a prorrogação por 15 (quinze) dias na licença-paternidade em caso de o empregador aderir ao Programa Empresa Cidadã. Ao empregado que adotar ou obtiver guarda judicial para fins de adoção de criança ou adolescente será concedida licença-paternidade, nos mesmos moldes.

BASE LEGAL:

CF, Art.7°. São direitos dos trabalhadores urbanos e rurais, além de outros que visem à melhoria de sua condição social:
[...] XIX – licença-paternidade, nos termos fixados em lei;;
CLT, Art. 10. Até que seja promulgada a lei complementar a que se refere o art. 7°, I, da Constituição:

[...] § 1º Até que a lei venha a disciplinar o disposto no art. 7º, XIX, da Constituição, o prazo da licença-paternidade a que se refere o inciso é de 5 (cinco) dias.

LIQUIDAÇÃO DE SENTENÇA EXEQUENDA ILÍQUIDA. *Dir. Proc.*

A liquidação tem lugar quando a sentença ou acórdão não fixam o valor da condenação ou não individualizam o objeto da execução. Em geral, as sentenças condenatórias, tornam certo o débito (*an debeatur*), bem como as partes, credora e devedora, cabendo à liquidação a fixação do quanto devido (*quantum debeatur*). Com a liquidação, a sentença ou título executivo judicial, se torna apto a ser executado. A doutrina ainda não chegou a um consenso sobre a natureza jurídica da sentença de liquidação. Para alguns doutrinadores sua natureza é declaratória, uma vez que traz declara o que se encontra implícito na sentença condenatória anterior. No entanto, para outros doutrinadores sua natureza é constitutiva-declaratória, dando certeza àquilo que até então era incerto[155]. A Consolidação das Leis do Trabalho disciplina três espécies de liquidação: por cálculo, arbitramento ou por artigos. A liquidação será feita por cálculos quando a apuração do montante devido depender de simples operações aritméticas. Será por arbitramento quando for necessária a realização de exame pericial de pessoas ou coisas, com a finalidade de apurar o *quantum* relativo à obrigação pecuniária que deverá ser adimplida pelo devedor. Por fim, será realizada por artigos, ou pelo procedimento comum, quando for necessária a alegação e análise de provas, de um fato novo.

BASE LEGAL:

CLT, Art. 879. Sendo ilíquida a sentença exequenda, ordenar-se-á, previamente, a sua liquidação, que poderá ser feita por cálculo, por arbitramento ou por artigos.

§ *1º* – Na liquidação, não se poderá modificar, ou inovar, a sentença liquidanda nem discutir matéria pertinente à causa principal.

§ *1º*-A. A liquidação abrangerá, também, o cálculo das contribuições previdenciárias devidas.

§ *1º*-B. As partes deverão ser previamente intimadas para a apresentação do cálculo de liquidação, inclusive da contribuição previdenciária incidente.

§ 2º Elaborada a conta e tornada líquida, o juízo deverá abrir às partes prazo comum de oito dias para impugnação fundamentada com a indi-

155 SCHIAVI, 2020, p, 241.

cação dos itens e valores objeto da discordância, sob pena de preclusão. (Redação dada pela Lei nº 13.467, de 2017)

§ 3º Elaborada a conta pela parte ou pelos *órgãos* auxiliares da Justiça do Trabalho, o juiz procederá *à* intimação da União para manifestação, no prazo de 10 (dez) dias, sob pena de preclusão.

§ 4º *A atualização do crédito devido à Previdência Social observará os critérios estabelecidos na legislação previdenciária.*

§ 5º O Ministro de Estado da Fazenda poderá, mediante ato fundamentado, dispensar a manifestação da União quando o valor total das verbas que integram o salário-de-contribuição, na forma do art. 28 da Lei no 8.212, de 24 de julho de 1991, ocasionar perda de escala decorrente da atuação do *órgão* jurídico.

§ 6º Tratando-se de cálculos de liquidação complexos, o juiz poderá nomear perito para a elaboração e fixará, depois da conclusão do trabalho, o valor dos respectivos honorários com observância, entre outros, dos critérios de razoabilidade e proporcionalidade.

§ 7º A atualização dos créditos decorrentes de condenação judicial será feita pela Taxa Referencial (TR), divulgada pelo Banco Central do Brasil, conforme a Lei no 8.177, de 1o de março de 1991. (Incluído pela Lei nº 13.467, de 2017)

LIQUIDAÇÃO EXTRAJUDICIAL *Dir. Proc. Civ.*

Não existe previsão específica no Código do Processo Civil, ou mesmo na Consolidação das Leis do Trabalho, sobre a liquidação de título extrajudicial. Certo é que muitos doutrinadores negam sua possibilidade, uma vez que, um dos requisitos essenciais para que o título extrajudicial tenha força executiva é sua liquidez. Não obstante, outros doutrinadores defendem que à luz dos princípios da instrumentalidade das formas, da economia processual, celeridade e efetividade, é possível instaurar um incidente prévio de liquidação em títulos extrajudiciais. Dessa forma, aplica-se analogicamente, as modalidades de liquidação por título executivo judicial para a liquidação de títulos executivos extrajudiciais. [156]

BASE LEGAL:

CLT, Art. 625-E. Aceita a conciliação, será lavrado termo assinado pelo empregado, pelo empregador ou seu proposto e pelos membros da Comissão, fornecendo-se cópia às partes.

156 SCHIAVI, 2020, p, 261.

Parágrafo único. O termo de conciliação é título executivo extrajudicial e terá eficácia liberatória geral, exceto quanto às parcelas expressamente ressalvadas.
CLT, Art. 877-A. É competente para a execução de título executivo extrajudicial o juiz que teria competência para o processo de conhecimento relativo à matéria.

LITIGÂNCIA DE MÁ-FÉ. *Dir. Proc. Civ.*

Considera-se litigante de má-fé, os termos do art. 80, do Código de Processo Civil, e 793-B, da Consolidação das Leis do Trabalho, aquele que: *deduzir pretensão ou defesa contra texto expresso de lei ou fato incontroverso; alterar a verdade dos fatos; usar do processo para conseguir objetivo ilegal; opuser resistência injustificada ao andamento do processo; proceder de modo temerário em qualquer incidente ou ato do processo; provocar incidente manifestamente infundado; interpuser recurso com intuito manifestamente protelatório*. O juiz condenará, de ofício ou a requerimento, o litigante de má-fé a pagar multa, que deverá ser superior a um por cento e inferior a dez por cento do valor corrigido da causa, a indenizar a parte contrária pelos prejuízos que esta sofreu e a arcar com os honorários advocatícios e com todas as despesas que efetuou. De tal modo, no mesmo ordenamento, art. 142, convencendo-se, pelas circunstâncias, de que autor e réu se serviram do processo para praticar ato simulado ou conseguir fim vedado por lei, o juiz proferirá decisão que impeça os objetivos das partes, aplicando, de ofício, as penalidades da litigância de má-fé. No ordenamento trabalhista a responsabilização por dano processual, do litigante de má-fé foi incluído pela Lei nº 13.467, de 2017.

BASE LEGAL:

CPC, Art. 80. Considera-se litigante de má-fé aquele que:
I – deduzir pretensão ou defesa contra texto expresso de lei ou fato incontroverso;
II – alterar a verdade dos fatos;
III – usar do processo para conseguir objetivo ilegal;
IV – opuser resistência injustificada ao andamento do processo;
V – proceder de modo temerário em qualquer incidente ou ato do processo;
VI – provocar incidente manifestamente infundado;
VII – interpuser recurso com intuito manifestamente protelatório.
CPC, Art. 81. De ofício ou a requerimento, o juiz condenará o litigante de má-fé a pagar multa, que deverá ser superior a um por cento e inferior a

dez por cento do valor corrigido da causa, a indenizar a parte contrária pelos prejuízos que esta sofreu e a arcar com os honorários advocatícios e com todas as despesas que efetuou.

§ 1º Quando forem 2 (dois) ou mais os litigantes de má-fé, o juiz condenará cada um na proporção de seu respectivo interesse na causa ou solidariamente aqueles que se coligaram para lesar a parte contrária.

§ 2º Quando o valor da causa for irrisório ou inestimável, a multa poderá ser fixada em até 10 (dez) vezes o valor do salário-mínimo.

§ 3º O valor da indenização será fixado pelo juiz ou, caso não seja possível mensurá-lo, liquidado por arbitramento ou pelo procedimento comum, nos próprios autos.

CPC, Art. 96. O valor das sanções impostas ao litigante de má-fé reverterá em benefício da parte contrária, e o valor das sanções impostas aos serventuários pertencerá ao Estado ou à União.

CPC, Art. 142. Convencendo-se, pelas circunstâncias, de que autor e réu se serviram do processo para praticar ato simulado ou conseguir fim vedado por lei, o juiz proferirá decisão que impeça os objetivos das partes, aplicando, de ofício, as penalidades da litigância de má-fé.

CLT, Art. 793-A. Responde por perdas e danos aquele que litigar de má-fé como reclamante, reclamado ou interveniente. (Incluído pela Lei nº 13.467, de 2017)

CLT, Art. 793-B. Considera-se litigante de má-fé aquele que: (Incluído pela Lei nº 13.467, de 2017)

I – deduzir pretensão ou defesa contra texto expresso de lei ou fato incontroverso;

II – alterar a verdade dos fatos;

III – usar do processo para conseguir objetivo ilegal;

IV – opuser resistência injustificada ao andamento do processo;

V – proceder de modo temerário em qualquer incidente ou ato do processo;

VI – provocar incidente manifestamente infundado;

VII – interpuser recurso com intuito manifestamente protelatório.

CLT, Art. 793-C. De ofício ou a requerimento, o juízo condenará o litigante de má-fé a pagar multa, que deverá ser superior a 1% (um por cento) e inferior a 10% (dez por cento) do valor corrigido da causa, a indenizar a parte contrária pelos prejuízos que esta sofreu e a arcar com os honorários advocatícios e com todas as despesas que efetuou.

§ 1º Quando forem dois ou mais os litigantes de má-fé, o juízo condenará cada um na proporção de seu respectivo interesse na causa ou solidariamente aqueles que se coligaram para lesar a parte contrária.

§ 2º Quando o valor da causa for irrisório ou inestimável, a multa poderá ser fixada em até duas vezes o limite máximo dos benefícios do Regime Geral de Previdência Social.

§ 3º O valor da indenização será fixado pelo juízo ou, caso não seja possível mensurá-lo, liquidado por arbitramento ou pelo procedimento comum, nos próprios autos.
CLT, Art. 793-D. Aplica-se a multa prevista no art. 793-C desta Consolidação *à testemunha que intencionalmente alterar a verdade dos fatos ou omitir fatos essenciais ao julgamento da causa.*
Parágrafo único. A execução da multa prevista neste artigo dar-se-á nos mesmos autos.

LITISCONSÓRCIO. *Dir. Proc.*

Litisconsórcio é a pluralidade de sujeitos em um ou nos dois polos da relação jurídica processual que se reúnem para litigar em conjunto. O litisconsórcio pode ser classificado quanto à posição dos litisconsortes, ocorrendo o litisconsórcio ativo quando duas ou mais pessoas se reúnem para ajuizar uma ação em face de uma única pessoa. Por outro lado, se uma só pessoa ajuíza ação em face de duas ou mais pessoas, estaremos diante do litisconsórcio passivo. Se duas ou mais pessoas ajuízam ação em face de duas ou mais pessoas, teremos o litisconsórcio misto. Outra classificação se dá quanto ao momento da sua formação, podendo ser inicial, quando indicado na petição inicial, ou ulterior, que se forma no decorrer do prosseguimento do processo. Poderá ser classificado ainda segundo a obrigatoriedade ou não da sua formação. O litisconsórcio será necessário por disposição de lei ou quando, pela natureza da relação jurídica controvertida, a eficácia da sentença depender da citação de todos que devam ser litisconsortes. Finalmente, o litisconsórcio pode ser classificado quanto à exigência ou não da uniformidade da decisão a ser proferida. Assim, se a sentença tiver que ser uniforme para todos os litisconsortes, haverá o litisconsórcio unitário; não havendo tal uniformidade, estar-se-á diante de litisconsórcio simples[157].

BASE LEGAL:

CPC, Art. 113. Duas ou mais pessoas podem litigar, no mesmo processo, em conjunto, ativa ou passivamente, quando:
I – entre elas houver comunhão de direitos ou de obrigações relativamente à lide;
II – entre as causas houver conexão pelo pedido ou pela causa de pedir;
III – ocorrer afinidade de questões por ponto comum de fato ou de direito.

157 LEITE, 2020.

§ 1º O juiz poderá limitar o litisconsórcio facultativo quanto ao número de litigantes na fase de conhecimento, na liquidação de sentença ou na execução, quando este comprometer a rápida solução do litígio ou dificultar a defesa ou o cumprimento da sentença.

§ 2º O requerimento de limitação interrompe o prazo para manifestação ou resposta, que recomeçará da intimação da decisão que o solucionar.

CPC, Art. 114. O litisconsórcio será necessário por disposição de lei ou quando, pela natureza da relação jurídica controvertida, a eficácia da sentença depender da citação de todos que devam ser litisconsortes.

CPC, Art. 115. A sentença de mérito, quando proferida sem a integração do contraditório, será:

I – nula, se a decisão deveria ser uniforme em relação a todos que deveriam ter integrado o processo;

II – ineficaz, nos outros casos, apenas para os que não foram citados.

Parágrafo único. Nos casos de litisconsórcio passivo necessário, o juiz determinará ao autor que requeira a citação de todos que devam ser litisconsortes, dentro do prazo que assinar, sob pena de extinção do processo.

CPC, Art. 116. O litisconsórcio será unitário quando, pela natureza da relação jurídica, o juiz tiver de decidir o mérito de modo uniforme para todos os litisconsortes.

CPC, Art. 117. Os litisconsortes serão considerados, em suas relações com a parte adversa, como litigantes distintos, exceto no litisconsórcio unitário, caso em que os atos e as omissões de um não prejudicarão os outros, mas os poderão beneficiar.

CPC, Art. 118. Cada litisconsorte tem o direito de promover o andamento do processo, e todos devem ser intimados dos respectivos atos.

CLT, Art. 611-A. A convenção coletiva e o acordo coletivo de trabalho têm prevalência sobre a lei quando, entre outros, dispuserem sobre: (Incluído pela Lei nº 13.467, de 2017) [...] § 5º Os sindicatos subscritores de convenção coletiva ou de acordo coletivo de trabalho deverão participar, como litisconsortes necessários, em ação individual ou coletiva, que tenha como objeto a anulação de cláusulas desses instrumentos. (Incluído pela Lei nº 13.467, de 2017)

LITISPENDÊNCIA. *Dir. Proc.*

Há litispendência quando se repete a ação que está em curso. Considera-se idêntica uma ação a outra quando possui as mesmas partes, a mesma causa de pedir e o mesmo pedido. Grande parte da doutrina sustenta que há litispendência desde a propositura da ação, mas seus efeitos são gerados para o autor a partir desse momento e para o réu somente depois de sua citação. Havendo litispendência, o processo ajuizado posteriormente, deve ser extinto sem resolução de mérito. Não há litispendência entre ações coletivas e ações individuais.

BASE LEGAL:

CPC, Art. 337. Incumbe ao réu, antes de discutir o mérito, alegar:
[...] VI – litispendência;
[...] § 1º Verifica-se a litispendência ou a coisa julgada quando se reproduz ação anteriormente ajuizada.
§ 2º Uma ação é idêntica a outra quando possui as mesmas partes, a mesma causa de pedir e o mesmo pedido.
§ 3º Há litispendência quando se repete ação que está em curso.
CPC, Art. 485. O juiz não resolverá o mérito quando:
[...] V – reconhecer a existência de perempção, de litispendência ou de coisa julgada;
CPC, Art. 486. O pronunciamento judicial que não resolve o mérito não obsta a que a parte proponha de novo a ação.
§ 1º No caso de extinção em razão de litispendência e nos casos dos incisos I, IV, VI e VII do art. 485 , a propositura da nova ação depende da correção do vício que levou à sentença sem resolução do mérito.

LIVRE INICIATIVA. *Dir. Const.*

Doutrina que defende a liberdade do indivíduo em suas iniciativas econômicas, sem qualquer interferência do Estado, direito do empresário em investir no ramo que considerar mais lucrativo, na total garantia da propriedade privada.[158] A livre iniciativa constitui um dos princípios fundamentais a República Federativa do Brasil, bem como um dos princípios gerais da atividade econômica. Em termos gerais, podemos dizer que a livre iniciativa, princípio constitucional, envolve diversas facetas, como a liberdade econômica, da empresa e do indivíduo, incluindo, todos tipos de associativismo, bem como a liberdade contratual, que permite aos indivíduos estabelecer relações negociais e contratar.

BASE LEGAL:

CF, Art. 1º A República Federativa do Brasil, formada pela união indissolúvel dos Estados e Municípios e do Distrito Federal, constitui-se em Estado Democrático de Direito e tem como fundamentos: [...] IV – os valores sociais do trabalho e da livre iniciativa; (Vide Lei nº 13.874, de 2019)
CF, Art. 170. A ordem econômica, fundada na valorização do trabalho humano e na livre iniciativa, tem por fim assegurar a todos existência digna, conforme os ditames da justiça social, observados os seguintes princípios: [...].

---

158 HOUAISS, 2002.

LIVRO INSPEÇÃO DO TRABALHO. *Dir. Trab.*

Documento obrigatório para a maioria das empresas, encontra previsão no artigo 628, § 1º, da Consolidação das Leis do Trabalho, e regulamentação na Portaria 3.158/71 do Ministério do Trabalho. Nesse livro, os *Auditores fiscais do trabalho*, fazem o registro dos resultados de suas fiscalizações. Nesse livro, registrará o agente da inspeção sua visita ao estabelecimento, declarando a data e a hora do início e término, bem como o resultado da inspeção, nele consignando, se for o caso, todas as irregularidades verificadas e as exigências feitas, com os respectivos prazos para seu atendimento, e, ainda, de modo legível, os elementos de sua identificação funcional.

BASE LEGAL:

CF, Art. 628. Salvo o disposto nos arts. 627 e 627-A, a toda verificação em que o Auditor-Fiscal do Trabalho concluir pela existência de violação de preceito legal deve corresponder, sob pena de responsabilidade administrativa, a lavratura de auto de infração. (Redação dada pela Medida Provisória nº 2.164-41, de 2001)

§ 1º *Ficam as empresas obrigadas a possuir o livro intitulado «Inspeção do Trabalho», cujo modelo será aprovado por portaria Ministerial.* (Incluído pelo Decreto-lei nº 229, de 28.2.1967)

§ 2º *Nesse livro, registrará o agente da inspeção sua visita ao estabelecimento, declarando a data e a hora do início e término da mesma, bem como o resultado da inspeção, nele consignando, se for o caso, todas as irregularidades verificadas e as exigências feitas, com os respectivos prazos para seu atendimento, e, ainda, de modo legível, os elementos de sua identificação funcional.* (Incluído pelo Decreto-lei nº 229, de 28.2.1967)

§ 3º *Comprovada má fé do agente da inspeção, quanto à omissão ou lançamento de qualquer elemento no livro, responderá ele por falta grave no cumprimento do dever, ficando passível, desde logo, da pena de suspensão até 30 (trinta) dias, instaurando-se, obrigatoriamente, em caso de reincidência, inquérito administrativo.* (Incluído pelo Decreto-lei nº 229, de 28.2.1967)

§ 4º *A lavratura de autos contra empresas fictícias e de endereços inexistentes, assim como a apresentação de falsos relatórios, constituem falta grave, punível na forma do § 3º.* (Incluído pelo Decreto-lei nº 229, de 28.2.1967)

LOCAL DE TRABALHO. *Dir. Trab.*

Por local de trabalho entende-se todo o lugar em que o trabalhador se encontra ou deva dirigir-se em virtude do seu trabalho, estando à disposição do empregador, aguardando ou executando ordens.

BASE LEGAL:

CLT, Art. 4º – Considera-se como de serviço efetivo o período em que o empregado esteja à disposição do empregador, aguardando ou executando ordens, salvo disposição especial expressamente consignada.
[...] § 2º Por não se considerar tempo à disposição do empregador, não será computado como período extraordinário o que exceder a jornada normal, ainda que ultrapasse o limite de cinco minutos previsto no *§ 1º do art. 58 desta Consolidação, quando o empregado, por escolha própria, buscar proteção pessoal, em caso de insegurança nas vias públicas ou más condições climáticas, bem como adentrar ou permanecer nas dependências da empresa para exercer atividades particulares, entre outras.*
Súmula nº 429 do TST
TEMPO À DISPOSIÇÃO DO EMPREGADOR. ART. 4º DA CLT. PERÍODO DE DESLOCAMENTO ENTRE A PORTARIA E O LOCAL DE TRABALHO – Res. 174/2011, DEJT divulgado em 27, 30 e 31.05.2011.
Considera-se à disposição do empregador, na forma do art. 4º da CLT, o tempo necessário ao deslocamento do trabalhador entre a portaria da empresa e o local de trabalho, desde que supere o limite de 10 (dez) minutos diários.

LOCK-OUT. *Dir. Trab.*

Lock-out ou locaute é uma forma de autotutela em que ocorre a paralisação provisória das atividades da empresa, estabelecimento ou setor, realizada por determinação empresarial, com o objetivo de exercer pressão sobre os trabalhadores, frustrando, dessa forma, a negociação coletiva ou mesmo dificultando o atendimento a reivindicações coletivas dos trabalhadores. A doutrina e jurisprudência defendem de forma unânime que o locaute envolve quatro elementos combinados: a paralisação por conta do empregador; o tempo de paralisação; e o objetivo de pressionar os trabalhadores frustrando ou enfraquecendo suas reivindicações. A lei de greve do Brasil, proíbe expressamente o locaute.

BASE LEGAL:

Lei n. 7.783, de 28 de junho de 1989 – Art. 17. Fica vedada a paralisação das atividades, por iniciativa do empregador, com o objetivo de frustrar negociação ou dificultar o atendimento de reivindicações dos respectivos empregados (lockout).
Parágrafo único. A prática referida no caput assegura aos trabalhadores o direito à percepção dos salários durante o período de paralisação.

M

MÃE SOCIAL. *Dir. Trab.*

Segundo a Lei 7644/87, a atividade de mãe social é aquela desenvolvida em caráter intermitente e que consiste na assistência a menores abandonados no sistema de casas-lares, como expresso na lei, e principalmente em orfanatos. A mãe social exerce atividade remunerada, mantendo vínculo de emprego com a instituição que oferece assistência aos menores, devendo receber remuneração não inferior ao salário mínimo,, bem como possuindo todos os demais direitos trabalhistas, como repouso semanal remunerado de 24 (vinte e quatro) horas consecutivas; apoio técnico, administrativo e financeiro no desempenho de suas funções; férias anuais de 30 (trinta) dias, remuneradas com pelo menos 1/3 (um terço) a mais do que a remuneração normal; benefícios e serviços previdenciários, inclusive em caso de acidente do trabalho, na qualidade de segurada obrigatória; 13º salário; FGTS; e indenização de 40% (quarenta por cento) do FGTS em caso de dispensa imotivada.

BASE LEGAL:

Lei 7644/87, Art. 1º. As instituições sem finalidade lucrativa, ou de utilidade pública de assistência ao menor abandonado, e que funcionem pelo sistema de casas-lares, utilizarão mães sociais visando a propiciar ao menor as condições familiares ideais ao seu desenvolvimento e reintegração social.
Lei 7644/87, Art. 2º. Considera-se mãe social, para efeito desta Lei, aquela que, dedicando-se à assistência ao menor abandonado, exerça o encargo em nível social, dentro do sistema de casas-lares.

MAGISTRATURA TRABALHISTA. *Dir. Trab.*

É a atividade jurisdicional desempenhada pelos Juízes do Trabalho. O ingresso na magistratura do trabalho, para exercício da função de Juiz do Trabalho, se dará através de concurso público de provas e títulos, ou ainda por concurso nacional unificado, organizado pelo Conselho Superior da Magistratura do Trabalho, de modo que os aprovados ingressarão na carreira no cargo de Juízes do Trabalho substitutos. As promoções dentro da carreira da Magistratura Trabalhista se darão por merecimento e antiguidade, bem como levarão em conta o período probatório de 2 (dois) anos, para que o magistrado passe a gozar de vitaliciedade no cargo. No que tange ao acesso a carreira da magistratura do trabalho nos Tribunais Regionais do Trabalho, além das promoções por merecimento e antiguidade, temos 1/5 (um quinto) das vagas de membros da 2ª Instância Trabalhista reservadas à membros da classe da Advocacia e do Ministério Público do Trabalho, com mais de 10 (dez) anos de efetiva atividade, na forma da lei (art. 115, I da CF).

BASE LEGAL:

CF, Art. 93. Lei complementar, de iniciativa do Supremo Tribunal Federal, disporá sobre o Estatuto da Magistratura, observados os seguintes princípios:

I – ingresso na carreira, cujo cargo inicial será o de juiz substituto, mediante concurso público de provas e títulos, com a participação da Ordem dos Advogados do Brasil em todas as fases, exigindo-se do bacharel em direito, no mínimo, três anos de atividade jurídica e obedecendo-se, nas nomeações, à ordem de classificação; (Redação dada pela Emenda Constitucional nº 45, de 2004).

MANDADO DE CITAÇÃO. *Dir. Proc. Trab.*

O mandado de citação é um meio pelo qual os oficiais de justiça convocam o arguido, ou seja, o réu para que este, querendo, apresente sua defesa. A citação deverá contemplar requisitos intrínsecos e extrínsecos, bem como deverá ser redigida pelo órgão judicial ou administrativo competente, de modo que o arguido ou o interessado deverá comparecer em juízo por intermédio do oficial de justiça ou de pessoa designada pelo órgão. O mandado de citação deverá conter o prazo para impugnação nos termos do inciso VI do artigo 225 CPC, sob pena de nulidade.

BASE LEGAL:

CPC, Art. 225 – O mandado, que o oficial de justiça tiver de cumprir, deverá conter: (Redação dada pela Lei nº 5.925, de 1º.10.1973)

I – os nomes do autor e do réu, bem como os respectivos domicílios ou residências;(Redação dada pela Lei nº 5.925, de 1º.10.1973)

II – o fim da citação, com todas as especificações constantes da petição inicial, bem como a advertência a que se refere o art. 285, segunda parte, se o litígio versar sobre direitos disponíveis;(Redação dada pela Lei nº 5.925, de 1º.10.1973)

III – a cominação, se houver; (Redação dada pela Lei nº 5.925, de 1º.10.1973)
IV – o dia, hora e lugar do comparecimento; (Redação dada pela Lei nº 5.925, de 1º.10.1973)
V – a cópia do despacho; (Redação dada pela Lei nº 5.925, de 1º.10.1973)
VI – o prazo para defesa; (Redação dada pela Lei nº 5.925, de 1º.10.1973)
VII – a assinatura do escrivão e a declaração de que o subscreve por ordem do juiz. (Redação dada pela Lei nº 5.925, de 1º.10.1973)
Parágrafo único. O mandado poderá ser em breve relatório, quando o autor entregar em cartório, com a petição inicial, tantas cópias desta quantos forem os réus; caso em que as cópias, depois de conferidas com o original, farão parte integrante do mandado. (Redação dada pela Lei nº 5.925, de 1º.10.1973)

MANDADO DE INJUNÇÃO. *Dir. Const.*

É o recurso constitucional cabível que visa a efetivação de direitos fundamentais subjetivos que estão proibidos de serem exercidos por falta de normas regulamentares. Portanto, este último é determinado a partir da legalidade dos meios processuais (ou seja, recursos constitucionais) para garantir a proteção judicial contra leis inviáveis. A utilização do mandado de injunção é disciplinada de acordo com as disposições constitucionais contidas no art. 5º 5º, LXXI da CF. O Art. 2º da Lei nº 13.300/2016, regulamenta os procedimentos e julgamentos dos mandados de injunção individuais e coletivos.

BASE LEGAL:

CF, Art. 5º L LXXI – conceder-se-á mandado de injunção sempre que a falta de norma regulamentadora torne inviável o exercício dos direitos e liberdades constitucionais e das prerrogativas inerentes à nacionalidade, à soberania e à cidadania; [...].

MANDADO DE SEGURANÇA. *Dir. Const.*

É um dos cinco remédios constitucionais previstos na Constituição Federal de 1988. Seu objetivo é proteger a liquidez e certeza de direitos ameaçados por instituições ou agências públicas que desempenham funções públicas. Este é o remédio constitucional mais comum no cotidiano dos advogados. Esta é uma medida processual acessória que se aplica quando outros recursos constitucionais (*habeas corpus*, *habeas data*, liminares e ação popular) não se aplicam. Na prática, o objetivo deste remédio constitucional é combater atos ilegais ou abusivos por parte de autoridades e instituições públicas, e tem por objetivo proteger os direitos constitucionais de indivíduos ou grupos visados por atos ilícitos. É uma forma de garantir e proteger os direitos constitucionais da sociedade. Quanto as suas modalidades, o mandado de segurança poderá ser individual, coletivo, preventivo ou repressivo.

BASE LEGAL:

Lei 12016/2009, Art. 1°. Conceder-se-á mandado de segurança para proteger direito líquido e certo, não amparado por habeas corpus ou habeas data, sempre que, ilegalmente ou com abuso de poder, qualquer pessoa física ou jurídica sofrer violação ou houver justo receio de sofrê-la por parte de autoridade, seja de que categoria for e sejam quais forem as funções que exerça.

MANDATO. *Dir. Proc. Civil.*

É uma atribuição por meio da qual uma pessoa é autorizada por outra pessoa a realizar ações ou administrar interesses em nome desta. Este conceito é extraído da regulamentação do artigo 653 de CC-02 (Artigo 1.288 de CC-16).

BASE LEGAL:

CLT, Art. Art. 653 – Opera-se o mandato quando alguém recebe de outrem poderes para, em seu nome, praticar atos ou administrar interesses. A procuração é o instrumento do mandato.

MÃO DE OBRA. *Dir. Trab.*

O trabalho é o elemento básico da produção, definido como o custo do tempo investido pelos trabalhadores na produção dos produtos. O conceito direto refere-se aos trabalhadores envolvidos na produção e no contato com o produto. Pode também ser entendida como o esforço ou ação pessoal empregada pelo trabalhador, sem que se leve em conta o material empregado, ou seja, mão de obra é o capital humano da empresa.

BASE LEGAL:

Lei 6019/74, Art7°. A empresa de trabalho temporário que estiver funcionando na data da vigência desta Lei terá o prazo de noventa dias para o atendimento das exigências contidas no artigo anterior.

Parágrafo único. A empresa infratora do presente artigo poderá ter o seu funcionamento suspenso, por ato do Diretor Geral do Departamento

Nacional de Mão-de-Obra, cabendo recurso ao Ministro de Estado, no prazo de dez dias, a contar da publicação do ato no Diário Oficial da União.
Art. 8º. A empresa de trabalho temporário é obrigada a fornecer ao Departamento Nacional de Mão-de-Obra, quando solicitada, os elementos de informação julgados necessários ao estudo do mercado de trabalho.

MÁQUINAS E EQUIPAMENTOS. *Dir. Trab.*

O tópico em questão diz respeito às normas de saúde e segurança no trabalho. Nesse sentido, a Norma Regulamentadora 12 (NR-12), estabelece condições que visam assegurar a saúde e a manutenção da integridade física dos trabalhadores.

BASE LEGAL:
CLT, Art.184. As máquinas e os equipamentos deverão ser dotados de dispositivos de partida e parada e outros que se fizerem necessários para a prevenção de acidentes do trabalho, especialmente quanto ao risco de acionamento acidental. (Redação dada pela Lei nº 6.514, de 22.12.1977)
Parágrafo único: *É proibida a fabricação, a importação, a venda, a locação e o uso de máquinas e equipamentos que não atendam ao disposto neste artigo. (Incluído pela Lei nº 6.514, de 22.12.1977)*

MARITIMOS. *Dir. Trab.*

De acordo com as leis nacionais, todas as pessoas que trabalham na navegação em alto mar (águas desabrigadas – mudanças no tempo de exposição ao alto mar), apoio marítimo, apoio portuário e navegação interior (águas protegidas – total ou parcial) são considerados trabalhadores marítimos. Esta definição abrange tanto o pessoal da tripulação que opera o navio quanto o pessoal que não é da tripulação engajado em atividades que não envolvem operações do navio (por exemplo: garçons, enfermeiras, cozinheiros, etc.). Os trabalhadores *offshore* podem exercer atividades de transporte marítimo, como navios de turismo, como a navegação marítima, bem como pesquisa mineral e de hidrocarbonetos e atividades de mineração, e essas atividades são realizadas em navios ou plataformas de petróleo, a menos que haja regulamentação legal específica.

BASE LEGAL:
OIT, Convenção 22, artigo 2º: [...]
b) o termo "marinheiro" compreende toda pessoa empregada ou engajada a bordo a qualquer título, e figurando no rol de equipagem, exceção

feita dos comandantes, dos pilotos, dos alunos dos navios-escola e dos aprendizes quando estes estiverem vinculados por um contrato especial de aprendizado: ficam excluídas as equipagens da frota de guerra e as outras pessoas a serviço permanente do Estado; OIT, Convenção 185, art. 1º: 1. Para os efeitos da presente Convenção, o termo marítimo e a locução gente do mar designam toda e qualquer pessoa empregada, contratada ou que trabalhe em qualquer função a bordo de uma embarcação, que não seja de guerra e que esteja dedicada habitualmente à navegação marítima.

Decreto nº 2.596/1998: Art. 1º Os aquaviários constituem os seguintes grupos:

I – 1º Grupo – Marítimos: tripulantes que operam embarcações classificadas para a navegação em mar aberto, apoio marítimo, apoio portuário e para a navegação interior nos canais, lagoas, baías, angras, enseadas e áreas marítimas consideradas abrigadas; [...].

MASSA FALIDA. *Dir. Trab.*

A falência de uma empresa é formada no momento do decreto de falência. Deste modo, a massa falida é constituída pelos ativos e passivos dos ativos e interesses da falida, que são então geridos e representados pelo liquidatário.

Assim, esse conjunto de ativos e passivos, após decretada a falência, compõe a massa falida. Nesse sentido, vale destacar que A insolvência será caracterizada:

a) pela impontualidade injustificada no pagamento de obrigação líquida, superior a 40 (quarenta) salários mínimos (Lei 11.101/2005, art.94, inc. I);

b) execução frustrada (Lei 11.101/2005, art.94, inc. II);

c) ou pela prática de atos de falência (Lei 11.101/2005, art.94, inc. III).

Ativos do falido coletados pelo liquidante falido. Por ser privado de personalidade jurídica, representa apenas um bem especial, de notar que o falido não perderá a titularidade dos bens pertencentes ao património falido, mas apenas perderá o poder de gestão repassado ao síndico sob a tutela do juiz. Uma vez iniciado o processo de falência e constituído o bem falido, deve-se observar que, de acordo com a tecnologia atual, os créditos tributários gozam de preferência absoluta sobre quaisquer outros créditos tributários.

BASE LEGAL:

Lei 11101/2005, Art. 32. O administrador judicial e os membros do Comitê responderão pelos prejuízos causados à massa falida, ao devedor ou aos credores por dolo ou culpa, devendo o dissidente em deliberação do Comitê consignar sua discordância em ata para eximir-se da responsabilidade.

MATERIAIS NOCIVOS À SAÚDE. *Dir. Trab.*

Conforme previsto na Norma Regulamentadora nº 15 – NR 15, são considerados agentes nocivos à saúde do trabalhador, por exemplo, entre outros:

a) físicos – calor, frio, pressão, radiações ionizantes;

b) químicos – poeira, gases;

c) biológicos – bactérias, fungos, vírus, bacilos.

Nesse sentido, os trabalhadores expostos a condições de trabalho nocivas à saúde, farão jus ao pagamento de adicional de insalubridade.

BASE LEGAL:

CLT, Art. 189. Serão consideradas atividades ou operações insalubres aquelas que, por sua natureza, condições ou métodos de trabalho, exponham os empregados a agentes nocivos à saúde, acima dos limites de tolerância fixados em razão da natureza e da intensidade do agente e do tempo de exposição aos seus efeitos.

CLT, Art.192. O exercício de trabalho em condições insalubres, acima dos limites de tolerância estabelecidos pelo Ministério do Trabalho, assegura a percepção de adicional respectivamente de 40% (quarenta por cento), 20% (vinte por cento) e 10% (dez por cento) do salário-mínimo da região, segundo se classifiquem nos graus máximo, médio e mínimo.

MAU PROCEDIMENTO. *Dir. Trab.*

É uma das causas legais que podem ensejar a dispensa do trabalhador por justa causa. Maus procedimentos são comportamentos inadequados dos colaboradores dos grupos sociais da empresa, como o uso de «palavrões», conspiração, fofoca, discussão e outros comportamentos incompatíveis com o bom desenvolvimento do serviço. É importante notar que maus procedimentos são considerados um modelo de justificativa amplo, por isso é normalmente aplicado quando é impossível enquadrar qualquer outro tipo de justificativa.

BASE LEGAL:

CLT, Art. 482. Constituem justa causa para rescisão do contrato de trabalho pelo empregador:

a) ato de improbidade;
b) incontinência de conduta ou mau procedimento; [...].

MEDIAÇÃO E CONCILIAÇÃO. *Dir. Proc. Civil.*

Mediação é atividade que visa propiciar um diálogo mais fácil e produtivo entre as partes envolvidas, com base nas propostas e soluções apresentadas por elas. Em regra, tal atividade é feita por um mediador. Já na conciliação, o conciliador também visa obter um consenso entre as partes envolvidas no conflito, porém este atua de uma maneira mais ativa, não só buscando contemporizar as soluções propostas pelas partes, mas também propondo soluções que entenda adequadas para a solução da demanda.

BASE LEGAL:
CPC, Art. 165. Os tribunais criarão centros judiciários de solução consensual de conflitos, responsáveis pela realização de sessões e audiências de conciliação e mediação e pelo desenvolvimento de programas destinados a auxiliar, orientar e estimular a autocomposição.
§1° A composição e a organização dos centros serão definidas pelo respectivo tribunal, observadas as normas do Conselho Nacional de Justiça.
§2° O conciliador, que atuará preferencialmente nos casos em que não houver vínculo anterior entre as partes, poderá sugerir soluções para o litígio, sendo vedada a utilização de qualquer tipo de constrangimento ou intimidação para que as partes conciliem.
§3° O mediador, que atuará preferencialmente nos casos em que houver vínculo anterior entre as partes, auxiliará aos interessados a compreender as questões e os interesses em conflito, de modo que eles possam, pelo restabelecimento da comunicação, identificar, por si próprios, soluções consensuais que gerem benefícios mútuos.
Art. 166. A conciliação e a mediação são informadas pelos princípios da independência, da imparcialidade, da autonomia da vontade, da confidencialidade, da oralidade, da informalidade e da decisão informada.

MEDICINA DO TRABALHO. *Dir. Trab.*

A medicina do trabalho é a vertente da medicina que trata da relação entre os trabalhadores e as trabalhadoras e os seus empregos, e tem por objetivo não só prevenir acidentes e doenças no trabalho, mas também promover a saúde e a qualidade de vida. Visa assegurar ou promover a melhoria contínua da saúde física e mental das pessoas e trabalhadores coletivamente, bem como a interação saudável entre as pessoas e seu meio social e de trabalho. A medicina do trabalho assenta em dois pilares: clínica e saúde pública. O foco de suas ações é prevenir e atender vítimas de acidentes, doenças ou incapacidades relacionadas ao trabalho e promover a saúde, o bem-estar e a produtividade dos trabalhadores, de suas famílias e da comunidade

BASE LEGAL:

Lei 6514/77, Art. 154. A observância, em todos os locais de trabalho, do disposto neste Capitulo, não desobriga as empresas do cumprimento de outras disposições que, com relação à matéria, sejam incluídas em códigos de obras ou regulamentos sanitários dos Estados ou Municípios em que se situem os respectivos estabelecimentos, bem como daquelas oriundas de convenções coletivas de trabalho

Lei 6514/77, Art. 155. Incumbe ao órgão de âmbito nacional competente em matéria de segurança e medicina do trabalho:

I – estabelecer, nos limites de sua competência, normas sobre a aplicação dos preceitos deste Capítulo, especialmente os referidos no art. 200;

II – coordenar, orientar, controlar e supervisionar a fiscalização e as demais atividades relacionadas com a segurança e a medicina do trabalho em todo o território nacional, inclusive a Campanha Nacional de Prevenção de Acidentes do Trabalho;

III – conhecer, em última instância, dos recursos, voluntários ou de ofício, das decisões proferidas pelos Delegados Regionais do Trabalho, em matéria de segurança e medicina do trabalho.

MEIO AMBIENTE DO TRABALHO. *Dir. Trab.*

É definido como o local onde os funcionários realizam atividades relacionadas ao trabalho. Nas atividades de trabalho para o bem-estar dos outros, ele está diretamente conectado com os trabalhadores humanos todos os dias, então esse é um conceito amplo. Diante dessa amplitude conceitual, o seu propósito é proporcionar um âmbito normativo mais alargado e evitar a exclusão de muitas situações do âmbito da proteção jurídica. Portanto, o objetivo da proteção do ambiente de trabalho é proteger os trabalhadores e sua saúde, apoiando-se no valor social do trabalho, protegendo o crescimento dos trabalhadores e proporcionando meios dignos para o seu trabalho.

BASE LEGAL:

CF, Art. 7º. São direitos dos trabalhadores urbanos e rurais, além de outros que visem à melhoria de sua condição social:

[...]

XXII – redução dos riscos inerentes ao trabalho, por meio de normas de saúde, higiene e segurança;
XXIII – adicional de remuneração para as atividades penosas, insalubres ou perigosas, na forma da lei;
[...]
CF, Art. 200. Ao sistema único de saúde compete, além de outras atribuições, nos termos da lei:
[...]
VIII – colaborar na proteção do meio ambiente, nele compreendido o do trabalho.

MEIOS ALTERNATIVOS DE RESOUÇÃO DE CONFLITO. *Dir. Proc. Civil.*

Os meios alternativos de resolução de conflitos pressupõe um novo tipo de cultura de resolução de conflitos. Em certo sentido, no geral, esta é na verdade uma tentativa de resolver os conflitos sociais de forma pacífica. Em certo sentido, esta cultura visa a resolução pacífica dos conflitos sociais. Estes métodos incluem, em primeiro lugar, negociações diretas entre as partes, que é obviamente a forma mais eficaz e natural de resolver qualquer problema. Por seu caráter muito pessoal, a negociação direta pode preservar a autoria e a autenticidade dos negociadores para a resolução de seus próprios conflitos, nada é mais adequado e duradouro do que uma solução por meio de uma negociação independente. Existem outros métodos, embora sejam baseados na negociação, mas podem utilizar a participação de um terceiro como facilitador, este último pode ajudar as partes a chegar à fase de produção da negociação e chegar a um acordo, como vemos na mediação e na conciliação.. Nesse rol, também temos a arbitragem, a qual, não obstante, costume ser financeiramente mais custosa, Tem as características de procedimentos relativamente informais e é muito improvável que juízes com formação técnica ou jurídica e decisões vinculativas possam recorrer.

BASE LEGAL:

Resolução Nº 125 de 29/11/2010 do CNJ, Art. Art. 1º Fica instituída a Política Judiciária Nacional de Tratamento Adequado dos Conflitos de Interesses, tendente a assegurar a todos o direito à solução dos conflitos por meios adequados à sua natureza e peculiaridade. (Redação dada pela Resolução nº 326, de 26.6.2020)
Parágrafo único. Aos órgãos judiciários incumbe, nos termos do art. 334 do Código de Processo Civil de 2015, combinado com o art. 27 da Lei 13.140, de 26 de junho de 2015 (Lei de Mediação), antes da solução adju-

dicada mediante sentença, oferecer outros mecanismos de soluções de controvérsias, em especial os chamados meios consensuais, como a mediação e a conciliação, bem assim prestar atendimento e orientação ao cidadão. (Redação dada pela Resolução nº 326, de 26.6.2020).
Art. 3º O Conselho Nacional de Justiça auxiliará os Tribunais na organização dos serviços mencionados no art. 1º, podendo ser firmadas parcerias com entidades públicas e privadas, em especial quanto à capacitação e credenciamento de mediadores e conciliadores e à realização de mediações e conciliações, nos termos dos arts. 167, § 3º, e 334 do Código de Processo Civil de 2015. (Redação dada pela Resolução nº 326, de 26.6.2020)
Art. 485. O juiz não resolverá o mérito quando:
[...]
VII – acolher a alegação de existência de convenção de arbitragem ou quando o juízo arbitral reconhecer sua competência; [...].

MENSALISTA. *Dir. Trab.*

O conceito de mensalista diz respeito ao trabalhador que recebe seus salários mensalmente, sendo estes calculados conforme regra do artigo 64 da CLT, qual seja, dividindo-se o salário mensal correspondente à duração do trabalho, por 30 (trinta) vezes o número de horas dessa duração.

BASE LEGAL:
CLT, Art. 64. O salário-hora normal, no caso de empregado mensalista, será obtido dividindo-se o salário mensal correspondente à duração do trabalho, a que se refere o art. 58, por 30 (trinta) vezes o número de horas dessa duração.
Parágrafo único: Sendo o número de dias inferior a 30 (trinta), adotar-se-á para o cálculo, em lugar desse número, o de dias de trabalho por mês.

MÉDICO. *Dir. Trab.*

Médico é um profissional de saúde autorizado pelo Estado a exercer atividades médicas; envolve saúde humana, prevenção, diagnóstico, tratamento e cura de doenças, o que requer um conhecimento aprofundado das disciplinas acadêmicas (como anatomia e fisiologia) subjacentes a doença e o tratamento – ciência da medicina – e sua capacidade de aplicar a medicina prática.

BASE LEGAL:
Lei 3999/61, Art. 1º. O salário-mínimo dos médicos passa a vigorar nos níveis e da forma estabelecida na presente lei.

Art. 2º A classificação de atividades ou tarefas, desdobrando-se por funções, será a seguinte:
a) médicos (seja qual for a especialidade);
b) auxiliares (auxiliar de laboratorista e radiologista e internos).
Súmula nº 358 do TST – RADIOLOGISTA. SALÁRIO PROFISSIONAL. LEI Nº 7.394, DE 29.10.1985 (mantida) – Res. 121/2003, DJ 19, 20 e 21.11.2003
O salário profissional dos técnicos em radiologia é igual a 2 (dois) salários mínimos e não a 4 (quatro).

MENOR. *Dir. Trab.*

De acordo com a CLT, será considerado menor o trabalhador de 14 (quatorze) até 18 (dezoito) anos. Vale destacar que tal determinação legal, assegura a vedação ao trabalho do menor, exceto na condição de aprendiz a partir dos 14 (quatorze) anos de idade, bem como a vedação a qualquer tipo de trabalho perigoso ou insalubre a trabalhadores nessa condição. Por fim, vale destacar que o trabalho de menores de 14 (quatorze) anos é vedado pela legislação trabalhista vigente.

BASE LEGAL:

CLT, Art. 402. Considera-se menor para os efeitos desta Consolidação o trabalhador de quatorze até dezoito anos. (Redação dada pela Lei nº 10.097, de 19.12.2000)
Parágrafo único: O trabalho do menor reger-se-á pelas disposições do presente Capítulo, exceto no serviço em oficinas em que trabalhem exclusivamente pessoas da família do menor e esteja este sob a direção do pai, mãe ou tutor, observado, entretanto, o disposto nos arts. 404, 405 e na Seção II. (Redação dada pelo Decreto-lei nº 229, de 28.2.1967)
Art. 403. É proibido qualquer trabalho a menores de dezesseis anos de idade, salvo na condição de aprendiz, a partir dos quatorze anos. (Redação dada pela Lei nº 10.097, de 19.12.2000)
Parágrafo único: O trabalho do menor não poderá ser realizado em locais prejudiciais à sua formação, ao seu desenvolvimento físico, psíquico, moral e social e em horários e locais que não permitam a frequência à escola. (Redação dada pela Lei nº 10.097, de 19.12.2000)

MERCADO DE TRABALHO. *Dir. Trab.*

O conceito de mercado de trabalho relaciona as empresas que oferecem vagas e as pessoas que as procuram. Isso inclui vagas em empresas públicas e privadas de todos os tamanhos e áreas de atuação. Portanto, o mercado de trabalho envolve a interação que existe entre trabalho e empregadores. Inclui profissionais de diferentes origens e habilidades que competem ferozmente por vagas para atingir seus objetivos. Em outras palavras, o mercado de trabalho é utilizado para definir todas as formas de trabalho que podem existir hoje, seja ele trabalho manual ou trabalho intelectual remunerado de determinada forma.

BASE LEGAL:

CLT, Art. 2º. Considera-se empregador a empresa, individual ou coletiva, que, assumindo os riscos da atividade econômica, admite, assalaria e dirige a prestação pessoal de serviço.

§ 1º – Equiparam-se ao empregador, para os efeitos exclusivos da relação de emprego, os profissionais liberais, as instituições de beneficência, as associações recreativas ou outras instituições sem fins lucrativos, que admitirem trabalhadores como empregados.

§ 2º Sempre que uma ou mais empresas, tendo, embora, cada uma delas, personalidade jurídica própria, estiverem sob a direção, controle ou administração de outra, ou ainda quando, mesmo guardando cada uma sua autonomia, integrem grupo econômico, serão responsáveis solidariamente pelas obrigações decorrentes da relação de emprego. (Redação dada pela Lei nº 13.467, de 2017) (Vigência)

§ 3º Não caracteriza grupo econômico a mera identidade de sócios, sendo necessárias, para a configuração do grupo, a demonstração do interesse integrado, a efetiva comunhão de interesses e a atuação conjunta das empresas dele integrantes. (Incluído pela Lei nº 13.467, de 2017) (Vigência)

Art. 3º. Considera-se empregado toda pessoa física que prestar serviços de natureza não eventual a empregador, sob a dependência deste e mediante salário.

Parágrafo único: Não haverá distinções relativas à espécie de emprego e à condição de trabalhador, nem entre o trabalho intelectual, técnico e manual.

Art. 4º. Considera-se como de serviço efetivo o período em que o empregado esteja à disposição do empregador, aguardando ou executando ordens, salvo disposição especial expressamente consignada.

MERECIMENTO. *Dir. Trab.*

Etimologicamente, merecimento consiste no atributo em razão do qual alguém faz jus a recompensas, apreço, respeito, etc. É o conceito amplo e, em regra, de avaliação subjetiva, por levar em conta qualificações, aptidões e habilidades de cada pessoa, principalmente em suas atividades profissionais.

BASE LEGAL:

CLT, Art. 461. Sendo idêntica a função, a todo trabalho de igual valor prestado ao mesmo empregador, na mesma localidade, corresponderá igual salário, sem distinção de sexo, nacionalidade ou idade.
§ 1º Trabalho de igual valor, para os fins deste capítulo, será o que for feito com igual produtividade e com a mesma perfeição técnica entre pessoas cuja diferença de tempo de serviço não for superior a dois anos.
§ 2º Os dispositivos deste artigo não prevalecerão quando o empregador tiver pessoal organizado em quadro de carreira, hipótese em que as promoções deverão obedecer aos critérios de antiguidade e merecimento.
§ 3º No caso do parágrafo anterior, as promoções deverão ser feitas alternadamente por merecimento e por antiguidade, dentro de cada categoria profissional.

MIGRAÇÃO. *Dir. Trab.*

Etimologicamente, migração é equivalente ao deslocamento de uma pessoa ou parte da população geograficamente. Pode ser temporária ou permanente, internacional ou no mesmo país/região. Nas relações de trabalho, a migração possui forte aspecto social, haja vista a precarização da qual tal condição de trabalho pode ser revestida.

BASE LEGAL:
CLT, Art. 1º Esta Lei dispõe sobre os direitos e os deveres do migrante e do visitante, regula a sua entrada e estada no País e estabelece princípios e diretrizes para as políticas públicas para o emigrante.
§ 1º Para os fins desta Lei, considera-se:
[...]
II – imigrante: pessoa nacional de outro país ou apátrida que trabalha ou reside e se estabelece temporária ou definitivamente no Brasil;
III – emigrante: brasileiro que se estabelece temporária ou definitivamente no exterior;
IV – residente fronteiriço: pessoa nacional de país limítrofe ou apátrida que conserva a sua residência habitual em município fronteiriço de país vizinho;
V – visitante: pessoa nacional de outro país ou apátrida que vem ao Brasil para estadas de curta duração, sem pretensão de se estabelecer temporária ou definitivamente no território nacional;
VI – apátrida: pessoa que não seja considerada como nacional por nenhum Estado, segundo a sua legislação, nos termos da Convenção sobre o Estatuto dos Apátridas, de 1954, promulgada pelo Decreto nº 4.246, de 22 de maio de 2002, ou assim reconhecida pelo Estado brasileiro.

MINISTÉRIO PÚBLICO DO TRABALHO. *Dir. Trab.*

O Ministério do Trabalho Público (MPT) é um órgão do Ministério Público União (MPU), que tem como função a defesa dos direitos coletivos e individuais do setor trabalhista. A atuação judicial do MPT se refere à execução de procedimentos legais como parte, autor ou réu, ou como fiscal da lei. Por outro lado, a atuação extrajudicial se refere à sua atuação fora do campo judicial e administrativo, além de sua atuação destacada como principal órgão de expressão social, que estimula e orienta as secretarias não governamentais e governamentais na implementação de políticas. Detém elevado interesse social, principalmente na erradicação do trabalho infantil, trabalho forçado e escravo, e questões relacionadas a qualquer forma de discriminação no mercado de trabalho.

BASE LEGAL:

Decreto nº 40359/56 Art. 1º O Ministério Público da União junto a Justiça do Trabalho por finalidade zelar pela exata observância da Constituição Federal das Leis e atos emanados dos poderes públicos, na esfera de suas atribuições.

§ 1º Para o exercício de suas funções o Ministério Público do Trabalho (MPT) reger-se-á pelo que estatuem a Consolidação das leis do Trabalho (Decreto-lei nº 5.452, de 1º de maio de 1943) e a lei Orgânica do Ministério Público da União (lei nº 1.341, de 30 de janeiro de 1951).

§ 2º Os membros do Ministério Público do Trabalho são fiscais da lei e de sua execução. Sua função consiste em promover e fiscalizar o cumprimento e a guarda da Constituição, das Leis, regulamentos e atos dos Poderes Públicos.

MINAS DE SUBSOLO. *Dir. Trab.*

O trabalho em minas de subsolo é aquele somente permitido aos homens entre 21 anos (vinte e um) e 50 anos (cinquenta anos) podem trabalhar no subsolo e certificar-se de removê-los para o solo. Por se tratar de um trabalho realizado em local insalubre, a mineradora fornecerá aos empregados do subsolo alimentos adequados à natureza da obra de acordo com as instruções formuladas pelo Ministro da Segurança e Medicina do Trabalho e aprovadas pelo Secretário de Segurança e saúde. Ministério do Trabalho e Emprego. As horas normais de trabalho efetivo dos funcionários da mina subterrânea não excederão 6 (seis) horas por dia ou 36 (trinta e seis) horas por semana. Tendo em conta as condições insalubres locais e os métodos e procedimentos de trabalho adoptados, o Ministério do Trabalho pode determinar, através do órgão competente, uma jornada de trabalho inferior a seis horas diárias.

BASE LEGAL:

CLT, Art. Art. 293. A duração normal do trabalho efetivo para os empregados em minas no subsolo não excederá de 6 (seis) horas diárias ou de 36 (trinta e seis) semanais.

CLT, Art. 297. Ao empregado no subsolo será fornecida, pelas empresas exploradoras de minas, alimentação adequada à natureza do trabalho, de acordo com as instruções estabelecidas pelo Serviço de Alimentação da Previdência Social e aprovadas pelo Ministério do Trabalho, Indústria e Comércio.

CLT, Art. 298. Em cada período de 3 (três) horas consecutivas de trabalho, será obrigatória uma pausa de 15 (quinze) minutos para repouso, a qual será computada na duração normal de trabalho efetivo.

MINORIAS E DISCRIMINAÇÃO NAS RELAÇÕES DE TRABALHO. *Dir. Trab.*

Sociologicamente, o termo "minoria" diz respeito a um grupo de pessoas distintas da maioria na sociedade, ou seja, aquelas que gozam de importante *status* social na sociedade, pode ser definido por lei. A distinção pode ser baseada em uma ou mais características humanas observáveis, incluindo raça, raça, religião, deficiência, gênero, riqueza, saúde ou orientação sexual. O conceito de discriminação indireta está na Convenção da Organização Internacional do Trabalho, Convenção N°. 111 e a Convenção das Nações Unidas. Segundo a ONU discriminação é "[...] qualquer distinção, exclusão, restrição ou preferência baseada em raça, cor, descendência ou origem nacional ou étnica, que tenha o propósito de anular ou prejudicar o reconhecimento, gozo ou exercício em pé de igualdade dos direitos humanos e liberdades fundamentais." Já para a OIT, o conceito é um pouco mais restrito, "[...] toda a distinção, exclusão ou preferência fundada na raça, cor, sexo, religião, opinião política, ascendência nacional ou origem social, que tenha por efeito destruir ou alterar a igualdade de oportunidades ou de tratamento em matéria de emprego ou profissão."

BASE LEGAL:

CLT, Art. 5°. A todo trabalho de igual valor corresponderá salário igual, sem distinção de sexo.

CLT, Art. 373-A da CLT proíbe certas práticas discriminatórias como: I. publicar uma oferta de emprego em que haja referência ao sexo, à idade, à cor

ou situação familiar, salvo se a natureza da atividade a ser desempenhada exigir; II. recusar emprego, promoção ou demitir trabalhadores em razão de sexo, idade, cor, situação familiar ou gravidez;
III. considerar sexo, idade, cor ou situação familiar como variável determinante para remuneração (ou aumento de salário), formação profissional e oportunidades de carreira;
IV. exigência, para a trabalhadora, de atestado que comprove esterilidade ou gravidez como uma condições para contratação ou manutenção do emprego; V. rejeitar a inscrição para concorrer a vaga de emprego em empresas privadas em razão de sexo, idade, cor, situação familiar ou estado de gravidez; VI. submeter trabalhadoras e funcionárias a inspeções íntimas.
CLT, Art. 461. Sendo idêntica a função, a todo trabalho de igual valor, prestado ao mesmo empregador, no mesmo estabelecimento empresarial, corresponderá igual salário, sem distinção de sexo, etnia, nacionalidade ou idade. (Redação dada pela Lei nº 13.467, de 2017)

MORA SALARIAL. *Dir. Trab.*

Em linhas gerais, é o atraso salarial, sendo uma das causas legais para rescisão indireta do contrato de trabalho. Atualmente, há correntes doutrinárias que defendem que a mora salarial pode também ensejar o pagamento de indenização por danos morais em favor do trabalhador, além das verbas devidas em virtude de eventual rescisão indireta e demais acréscimos legalmente previstos.

BASE LEGAL:
CLT, Art. 459. O pagamento do salário, qualquer que seja a modalidade do trabalho, não deve ser estipulado por período superior a 1 (um) mês, salvo no que concerne a comissões, percentagens e gratificações.
Parágrafo único: Quando o pagamento houver sido estipulado por mês, deverá ser efetuado o mais tardar, até o décimo dia útil do mês subsequente ao vencido. Quando houver sido estipulado por quinzena ou semana, deve ser efetuado até o quinto dia útil.
§ 1º Quando o pagamento houver sido estipulado por mês, deverá ser efetuado, o mais tardar, até o quinto dia útil do mês subsequente ao vencido. (Redação dada pela Lei nº 7.855, de 24.10.1989)
CLT, Art. 483. O empregado poderá considerar rescindido o contrato e pleitear a devida indenização quando:
[...]
d) não cumprir o empregador as obrigações do contrato;
Decreto Lei nº 368/1968, Art. 2º. A empresa em mora contumaz relativamente a salários não poderá, além do disposto no Art. 1, ser favorecida com qualquer benefício de natureza fiscal, tributária, ou financeira, por

parte de órgãos da União, dos Estados ou dos Municípios, ou de que estes participem.
§ 1° – Considera-se mora contumaz o atraso ou sonegação de salários devidos aos empregados, por período igual ou superior a 3 (três) meses, sem motivo grave e relevante, excluídas as causas pertinentes ao risco do empreendimento.

MORADIA. *Dir. Trab.*

Etimologicamente, moradia é local de habitação; possuindo como sinônimos: casa, local de residência; domicilio, habitação, etc. De acordo com o artigo 6° da Constituição Federal, bem como com as disposições da Declaração Universal dos Direitos Humanos das Nações Unidas, a moradia é um direito de todo cidadão brasileiro.

BASE LEGAL:

CLT, Art. 6° São direitos sociais a educação, a saúde, a alimentação, o trabalho, a moradia, o transporte, o lazer, a segurança, a previdência social, a proteção à maternidade e à infância, a assistência aos desamparados, na forma desta Constituição.

Ver também HABITAÇÃO.

MORTE. *Dir. Trab.*

Etimologicamente, morte consiste em falecimento; extinção completa da vida ou da existência de alguma coisa ou pessoa de maneira definitiva. No que tange aos reflexos trabalhistas da morte, podemos destacar o direito dos trabalhadores a licença-nojo ou licença falecimento, segundo a qual serão concedidos 2 (dois) dias de folga ao obreiro, de acordo com os requisitos legais. Já que no tange ao falecimento do trabalhador, tal evento consistirá em uma das formas de rescisão do contrato de trabalho, gerando sua imediata rescisão. Para efeitos de determinação do cálculo das verbas rescisórias, a resolução deste contrato de trabalho é considerada um pedido de demissão sem aviso prévio. Os pagamentos que os empregados não tenham recebido ao longo da vida serão atribuídos de acordo com cotas. As cotas devem ser iguais às elegíveis para a previdência social. Caso contrário, serão pagos aos sucessores previstos na lei civil de acordo com as instruções do tribunal pedido, independentemente do estoque ou número de pessoas cadastradas.

BASE LEGAL:
CLT, Art. 473. O empregado poderá deixar de comparecer ao serviço sem prejuízo do salário: (Redação dada pelo Decreto-lei nº 229, de 28.2.1967)
I – até 2 (dois) dias consecutivos, em caso de falecimento do cônjuge, ascendente, descendente, irmão ou pessoa que, declarada em sua carteira de trabalho e previdência social, viva sob sua dependência econômica; (Inciso incluído pelo Decreto-lei nº 229, de 28.2.1967).
Lei 6858/80, Art. 1º. Os valores devidos pelos empregadores aos empregados e os montantes das contas individuais do Fundo de Garantia do Tempo de Serviço e do Fundo de Participação PIS-PASEP, não recebidos em vida pelos respectivos titulares, serão pagos, em quotas iguais, aos dependentes habilitados perante a Previdência Social ou na forma da legislação específica dos servidores civis e militares, e, na sua falta, aos sucessores previstos na lei civil, indicados em alvará judicial, independentemente de inventário ou arrolamento.

MOTOBOY E MOTOTAXISTA. *Dir. Trab.*

O serviço de mototáxi é um tipo de transporte público pessoal no qual os passageiros têm maior liberdade para escolher onde embarcar e desembarcar. Já os *motoboys* são trabalhadores responsáveis pelo transporte de entregas de pequeno e médio porte, para empresas e/ou pessoas físicas. A fim de disciplinar o exercício destas atividades e conferir maior segurança jurídica a estes profissionais, foi sancionada a Lei 12009/2009.

BASE LEGAL:
Lei 12009/2009, Art. 1º Esta Lei regulamenta o exercício das atividades dos profissionais em transportes de passageiros, "mototaxista", em entrega de mercadorias e em serviço comunitário de rua, e "motoboy", com o uso de motocicleta, dispõe sobre regras de segurança dos serviços de transporte remunerado de mercadorias em motocicletas e motonetas – moto-frete –, estabelece regras gerais para a regulação deste serviço e dá outras providências. (Vide ADIN 4530)
Lei 12009/2009, Art. 2º – Para o exercício das atividades previstas no art. 1º, é necessário:
I – ter completado 21 (vinte e um) anos;
II – possuir habilitação, por pelo menos 2 (dois) anos, na categoria;
III – ser aprovado em curso especializado, nos termos da regulamentação do Contran;
IV – estar vestido com colete de segurança dotado de dispositivos retrorrefletivos, nos termos da regulamentação do Contran.
Parágrafo único: Do profissional de serviço comunitário de rua serão exigidos ainda os seguintes documentos:

I – carteira de identidade;
II – título de eleitor;
III – cédula de identificação do contribuinte (CIC);
IV – atestado de residência;
V – certidões negativas das varas criminais;
VI – identificação da motocicleta utilizada em serviço.
Lei 12009/2009, Art. 3º São atividades específicas dos profissionais de que trata o art. 1o:
I – transporte de mercadorias de volume compatível com a capacidade do veículo;
II – transporte de passageiros. (Vide ADIN 4530)

MOTORISTA PROFISSIONAL. *Dir. Trab.*

Conceitualmente, são os condutores de veículos motorizados que realizam transporte rodoviário de passageiros e/ou mercadorias, receberam formação profissional e desempenham essa função através do emprego.

BASE LEGAL:
Lei 13.103/2015, Art. 1º. É livre o exercício da profissão de motorista profissional, atendidas as condições e qualificações profissionais estabelecidas nesta Lei.
Parágrafo único. Integram a categoria profissional de que trata esta Lei os motoristas de veículos automotores cuja condução exija formação profissional e que exerçam a profissão nas seguintes atividades ou categorias econômicas:
I – de transporte rodoviário de passageiros;
II – de transporte rodoviário de cargas.

MOVIMENTAÇÃO, ARMAZENAGEM E MANUSEIO DE MATERIAIS. *Dir. Trab.*

É seção prevista na CLT, a fim de disciplinar as normas para tais atividades. As especificidades dessa regulamentação são estipuladas pelo extinto Ministério do Trabalho, hoje, órgão integrado aos ministérios da Economia, da Justiça e da Cidadania.

BASE LEGAL:
CLT, Art. 182 – O Ministério do Trabalho estabelecerá normas sobre: (Redação dada pela Lei nº 6.514, de 22.12.1977)
I – as precauções de segurança na movimentação de materiais nos locais de trabalho, os equipamentos a serem obrigatoriamente utilizados e as condições especiais a que estão sujeitas a operação e a manutenção desses

equipamentos, inclusive exigências de pessoal habilitado; (Incluído pela Lei nº 6.514, de 22.12.1977)

II – as exigências similares relativas ao manuseio e à armazenagem de materiais, inclusive quanto às condições de segurança e higiene relativas aos recipientes e locais de armazenagem e os equipamentos de proteção individual; (Incluído pela Lei nº 6.514, de 22.12.1977)

III – a obrigatoriedade de indicação de carga máxima permitida nos equipamentos de transporte, dos avisos de proibição de fumar e de advertência quanto à natureza perigosa ou nociva à saúde das substâncias em movimentação ou em depósito, bem como das recomendações de primeiros socorros e de atendimento médico e símbolo de perigo, segundo padronização internacional, nos rótulos dos materiais ou substâncias armazenados ou transportados. (Incluído pela Lei nº 6.514, de 22.12.1977)

Parágrafo único: As disposições relativas ao transporte de materiais aplicam-se, também, no que couber, ao transporte de pessoas nos locais de trabalho. (Incluído pela Lei nº 6.514, de 22.12.1977)

MULHER. *Dir. Trab.*

Etimologicamente a palavra "mulher" refere-se a um ser humano do sexo feminino, dotado de inteligência e características próprias. O Direito do Trabalho confere proteção especial ao trabalho da mulher. As normas constitucionais, infraconstitucionais e internacionais incorporadas ao ordenamento jurídico interno foram instituídas com vistas a assegurar paridade de tratamento entre homem e mulher, inclusive nas relações de trabalho, bem como coibir a prática de condutas discriminatórias motivadas baseadas no sexo da trabalhadora, proteger o mercado de trabalho da mulher, salvaguardar a maternidade, propiciando a recuperação física e psíquica da mulher, além dos cuidados à sua prole nos primeiros meses de vida. A Constituição Federal de 1988, em seu art. 5º, caput e inciso I, impõe a igualdade de direitos e obrigações aos homens e mulheres. Reconhece o trabalho, a proteção à maternidade e à infância como um direito social (art. 6º, CF) – doutrinariamente interpretado como um direito individual fundamental –, assim como veda a dispensa arbitrária ou sem justa causa, nos termos da lei complementar (art. 7º, I, CF); estabilidade à empregada gestante (Art. 10, II, b, do ADCT); licença à gestante, sem prejuízo do emprego e do salário, com a duração de cento e vinte dias (art. 7º, XVIII, CF); proteção do mercado de trabalho da mulher, mediante incentivos específicos, nos termos da lei (art. 7º, XX, CF); assistência gratuita aos filhos e dependentes desde o nascimento até 5 (cinco) anos de idade em creches e pré-escolas (art. 7º, XXV, CF); proibição de diferença de salários, de exercício de funções e de critério de admissão por motivo de sexo, idade, cor ou estado civil (art. 7º, XXX, CF); proibição de qualquer discriminação no tocante a salário (art. 7º, XXXI, CF); proibição de distinção entre trabalho manual, técnico e intelectual ou entre os profissionais respectivos (art. 7º, XXXII, CF). O legislador reservou seis seções, do art. 372 ao 401-B da CLT, para tratar da temática: a) Seção I – da duração, condições do trabalho e da discriminação contra a mulher; b) Seção II, do trabalho noturno; c) Seção III, dos períodos de descanso; d) Seção IV, dos métodos e locais de trabalho; e) Seção V, da proteção à maternidade; f) Seção VI, das penalidades. As regras de proteção ao trabalho das mulheres são consideradas de ordem pública, ou seja, a sua aplicação independe da vontade do empregador ou da própria trabalhadora.

BASE LEGAL:

CLT, Art. 372. Os preceitos que regulam o trabalho masculino são aplicáveis ao trabalho feminino, naquilo em que não colidirem com a proteção especial instituída por este Capítulo.

Parágrafo único – Não é regido pelos dispositivos a que se refere este artigo o trabalho nas oficinas em que sirvam exclusivamente pessoas da família da mulher e esteja esta sob a direção do esposo, do pai, da mãe, do tutor ou do filho. (Revogado pela Lei nº 13.467, de 2017)

Art. 373. A duração normal de trabalho da mulher será de 8 (oito) horas diárias, exceto nos casos para os quais for fixada duração inferior.

Art. 373-A. Ressalvadas as disposições legais destinadas a corrigir as distorções que afetam o acesso da mulher ao mercado de trabalho e certas especificidades estabelecidas nos acordos trabalhistas, é vedado:

I – publicar ou fazer publicar anúncio de emprego no qual haja referência ao sexo, à idade, à cor ou situação familiar, salvo quando a natureza da atividade a ser exercida, pública e notoriamente, assim o exigir;

II – recusar emprego, promoção ou motivar a dispensa do trabalho em razão de sexo, idade, cor, situação familiar ou estado de gravidez, salvo quando a natureza da atividade seja notória e publicamente incompatível;

III – considerar o sexo, a idade, a cor ou situação familiar como variável determinante para fins de remuneração, formação profissional e oportunidades de ascensão profissional;

IV – exigir atestado ou exame, de qualquer natureza, para comprovação de esterilidade ou gravidez, na admissão ou permanência no emprego;

V – impedir o acesso ou adotar critérios subjetivos para deferimento de inscrição ou aprovação em concursos, em empresas privadas, em razão de sexo, idade, cor, situação familiar ou estado de gravidez;

VI – proceder o empregador ou preposto a revistas íntimas nas empregadas ou funcionárias.

Parágrafo único. O disposto neste artigo não obsta a adoção de medidas temporárias que visem ao estabelecimento das políticas de igualdade entre homens e mulheres, em particular as que se destinam a corrigir as distorções que afetam a formação profissional, o acesso ao emprego e as condições gerais de trabalho da mulher.

MULTA. *Dir. Civ.*

Em regra, a multa, juridicamente também chamada de cláusula penal, pressupõe uma penalidade de cunho pecuniário, uma sanção. Em outras palavras, se trata de uma modalidade de pena imposta àqueles que violam leis ou regulamentos visando reparar ações consideradas inadequadas, ilegais, repreensíveis perante a sociedade.

BASE LEGAL:
CC, Art. 412. O valor da cominação imposta na cláusula penal não pode exceder o da obrigação principal.

MULTA DO ART. 467 DA CLT. *Dir. Trab.*

É a multa aplicada sobre o valor das verbas rescisórias incontroversas devidas ao trabalhador, caso seu empregador não as pague na data da primeira audiência a ser realizada na Justiça do Trabalho, sob pena de acréscimo de 50% sobre tais verbas.

BASE LEGAL:
CLT, Art. 467. Em caso de rescisão de contrato de trabalho, havendo controvérsia sobre o montante das verbas rescisórias, o empregador é obrigado a pagar ao trabalhador, à data do comparecimento à Justiça do Trabalho, a parte incontroversa dessas verbas, sob pena de pagá-las acrescidas de cinquenta por cento.

MULTA DO ART. 477 DA CLT. *Dir. Trab.*

É multa devida ao trabalhador, caso suas verbas rescisórias não lhe sejam pagas no prazo e condições legalmente estabelecidos, bem como caso não seja procedida a regular anotação em sua CTPS e a comunicação da dispensa aos órgãos competentes. hipótese de justa causa: a desídia.

BASE LEGAL:

CLT, Art. 477. Na extinção do contrato de trabalho, o empregador deverá proceder à anotação na Carteira de Trabalho e Previdência Social, comunicar a dispensa aos órgãos competentes e realizar o pagamento das verbas rescisórias no prazo e na forma estabelecidos neste artigo. (Redação dada pela Lei nº 13.467, de 2017)

CLT, Art. 477. [...]

§ 6º – A entrega ao empregado de documentos que comprovem a comunicação da extinção contratual aos órgãos competentes bem como o pagamento dos valores constantes do instrumento de rescisão ou recibo de quitação deverão ser efetuados até dez dias contados a partir do término do contrato. (Redação dada pela Lei nº 13.467, de 2017)

MULTA DO ART. 523, §1º, DO CPC. *Dir. Proc. Civil.*

É a multa quando não houver pagamento espontâneo do crédito exequendo dentro do prazo legalmente concedido, qual seja, 15 (quinze) dias. Transcorrido tal prazo, sem que haja o pagamento do débito, o valor deste será acrescido de multa de 10% (dez por cento) e também de honorários advocatícios em mesmo percentual.

BASE LEGAL:

CPC, Art. 523. No caso de condenação em quantia certa, ou já fixada em liquidação, e no caso de decisão sobre parcela incontroversa, o cumprimento definitivo da sentença far-se-á a requerimento do exequente, sendo o executado intimado para pagar o débito, no prazo de 15 (quinze) dias, acrescido de custas, se houver.

§1º Não ocorrendo pagamento voluntário no prazo do *caput*, o débito será acrescido de multa de dez por cento e, também, de honorários de advogado de 10% (dez por cento).

MULTAS PROCESSUAIS. *Dir. Proc. Trab.*

São penalidades impostas às partes da ação, quando houver a prática de atos que prejudiquem ou que criem embaraços para o natural andamento do processo. O direito processual do trabalho possui como um de seus princípios o da cooperação, que prevê que as partes devem cooperar entre si para que se obtenha em tempo razoável uma decisão de mérito justa e efetiva. Assim, foram criados diversos mecanismos com a finalidade de coibir eventuais abusos dentro do processo. A reforma trabalhista importou do Código de Processo Civil o capítulo correspondente a responsabilidade por dano processual, e por essa razão é possível que as partes possam ser penalizadas, por meio da aplicação de multas quando litigarem de má-fé. Nesse sentido ainda, os novos dispositivos previstos na CLT sobre o dano processual deixam certo que também poderá ser aplicada a multa por litigância de má-fé a testemunha que intencionalmente alterar a verdade dos fatos ou omitir fatos essenciais ao julgamento da causa. Por fim, outras duas novidades permitem a aplicação de multa processual na hipótese da interposição de agravo de instrumento protelatório e na oposição de Embargos de Declaração protelatórios.

BASE LEGAL:

CLT, Art. 793-A. Responde por perdas e danos aquele que litigar de má-fé como reclamante, reclamado ou interveniente.

CLT, Art. 793-D, *caput* – Aplica-se a multa prevista no art. 793-C desta Consolidação à testemunha que intencionalmente alterar a verdade dos fatos ou omitir fatos essenciais ao julgamento da causa.

CPC, Artigo 1026, §§2° e 3°. Os embargos de declaração não possuem efeito suspensivo e interrompem o prazo para a interposição de recurso.

[...]

§2° – Quando manifestamente protelatórios os embargos de declaração, o juiz ou o tribunal, em decisão fundamentada, condenará o embargante a pagar ao embargado multa não excedente a dois por cento sobre o valor atualizado da causa.

§3° – Na reiteração de embargos de declaração manifestamente protelatórios, a multa será elevada a até dez por cento sobre o valor atualizado da causa, e a interposição de qualquer recurso ficará condicionada ao depósito prévio do valor da multa, à exceção da Fazenda Pública e do beneficiário de gratuidade da justiça, que a recolherão ao final.

MUNICÍPIOS. *Dir. Trab./Dir. Proc. Trab.*

O Município é um ente federativo que consiste em uma divisão de um território. São as várias partes que compõem um mesmo estado. No âmbito trabalhista, há entendimento da doutrina e da jurisprudência no tocante ao desmembramento do Município. Na hipótese de criação de um novo município, por desmembramento, cada uma das novas entidades responsabiliza-se pelos direitos trabalhistas do empregado no período em que figurarem como real empregador. No âmbito do Direito Processual Trabalhista, vale dizer que os Municípios são isentos do pagamento de custas processuais. Os Municípios tem competência para cuidar de interesse local, como por exemplo, dos serviços públicos de transporte coletivo que é um serviço essencial. É importante informar que em regra compete privativamente a União legislar sobre normas de direito do trabalho, podendo a União por meio de Lei Complementar delegar aos Estados e ao Distrito Federal parte de suas competências legislativas. Ocorre que essa delegação não abrange os Municípios e por essa razão não poderá o Município legislar sobre normas de direito do trabalho.

BASE LEGAL:

CLT, Art. 790-A, I. São isentos do pagamento de custas, além dos beneficiários de justiça gratuita:
I – a União, os Estados, o Distrito Federal, os Municípios e respectivas autarquias e fundações públicas federais, estaduais ou municipais que não explorem atividade econômica.
Orientação Jurisprudencial 92 da SDI-I do TST – Servidor público. Município. Desmembramento. Responsabilidade trabalhista. Em caso de criação de novo município, por desmembramento, cada uma das novas entidades responsabiliza-se pelos direitos trabalhistas do empregado no período em que figurarem como real empregador.
CF, Art. 22, I e parágrafo único: Compete privativamente à União legislar sobre:
I – direito civil, comercial, penal, processual, eleitoral, agrário, marítimo, aeronáutico, espacial e do trabalho;
[...]
Parágrafo único: Lei complementar poderá autorizar os Estados a legislar sobre questões específicas das matérias relacionadas neste artigo.

MÚSICOS. *Dir. Trab.*

São profissionais que possuem ligação direta com a música, seja de caráter profissional ou amador. A Lei nº 3.857/60 criou a Ordem dos Músicos do Brasil, com a finalidade de exercer, em todo o país, a seleção, a disciplina, a defesa da classe e a fiscalização do exercício da profissão do músico, mantidas as atribuições específicas do Sindicato respectivo. Nesse sentido, deixa certo a Lei acima citada que o mandato dos membros do Conselho Federal dos Músicos será honorífico e durará 3 (três) anos, renovando-se o terço anualmente, a partir do 4º ano da primeira gestão. Caso o profissional não esteja registrado no órgão e praticar anúncios, cartazes, placas, cartões comerciais ou quaisquer outros meios de propaganda com o intuído de se promover poderá sofrer penalidades em razão do exercício ilegal da profissão, penalidades essas que podem ir de uma advertência até uma censura, multa, suspensão do exercício profissional até 30 (trinta) dias ou até mesmo a cassação do exercício profissional. Por fim, no que se diz respeito ao músico integrante de orquestra, caso haja atuação permanente e vinculo de subordinação com a empresa, estará sujeito à legislação geral do trabalho (CLT) e não à especial dos artistas.

BASE LEGAL:
Lei nº 3.857/90 – Artigo 1º – Fica criada a Ordem dos Músicos do Brasil com a finalidade de exercer, em todo o país, a seleção, a disciplina, a defesa da classe e a fiscalização do exercício da profissão do músico, mantidas as atribuições específicas do Sindicato respectivo.
Súmula 312 do STF – Músico integrante de orquestra da empresa, com atuação permanente e vínculo de subordinação, está sujeito a legislação geral do trabalho, e não à especial dos artistas.

MÚTUO CONSENTIMENTO. *Dir. Trab./Dir. Proc. Trab.*

Ocorre quando duas ou mais pessoas exteriorizam a mesma manifestação de vontade em relação a um determinado assunto. O direito material e processual do trabalho possuem normas onde há exigência do mútuo consentimento para que certos atos sejam considerados válidos. Nesse sentido, a reforma trabalhista passou a prever na CLT a possibilidade do processo para homologação de acordo extrajudicial, onde as partes em comum acordo estabelecem valores e condições para a realização de acordo que será protocolado e homologado na Justiça do Trabalho. Outra novidade trazida pela reforma trabalhista é a possibilidade de a rescisão contratual ser realizada por comum acordo, onde o empregado possui interesse em se desligar da empresa e o empregador possui interesse na saída do trabalhador. Vale destacar que na rescisão contratual por comum acordo, algumas verbas rescisórias serão pagas pela metade, como o aviso prévio, se indenizado e a multa do FGTS que será de 20% (vinte por cento). Nesse sentido, o trabalhador só poderá movimentar 80% (oitenta por cento) da conta do FGTS e não será devido o seguro desemprego.

BASE LEGAL:
CLT, Art. 855-B, *Caput*. O processo de homologação de acordo extrajudicial terá início por petição conjunta, sendo obrigatória a representação das partes por advogado.
CLT, Artigo 484-A. O contrato de trabalho poderá ser extinto por acordo entre empregado e empregador, caso em que serão devidas as seguintes verbas trabalhistas:
I – por metade:
a) o aviso prévio, se indenizado; e

b) a indenização sobre o saldo do Fundo de Garantia do Tempo de Serviço, prevista no § 1o do art. 18 da Lei no 8.036, de 11 de maio de 1990;

II – na integralidade, as demais verbas trabalhistas.

§ 1º A extinção do contrato prevista no *caput* deste artigo permite a movimentação da conta vinculada do trabalhador no Fundo de Garantia do Tempo de Serviço na forma do inciso I-A do art. 20 da Lei no 8.036, de 11 de maio de 1990, limitada até 80% (oitenta por cento) do valor dos depósitos.

§ 2º A extinção do contrato por acordo prevista no *caput* deste artigo não autoriza o ingresso no Programa de Seguro-Desemprego.

N

NACIONALIZAÇÃO DO TRABALHO. *Dir. Trab.*

A Constituição Federal de 1988 prevê que os brasileiros e estrangeiros residentes no país são iguais perante a lei e livres para exercer qualquer atividade profissional. A nacionalização do trabalho é a tutela do nacional (cidadão que é brasileiro ou que se naturaliza brasileiro). Nesse sentido, a legislação trabalhista traz uma regra de proporcionalidade onde as empresas devem possuir ao menos 2/3 (dois terços) de empregados brasileiros. Uma empresa só poderá admitir um empregado estrangeiro, desde que exiba a carteira de identidade de estrangeiro devidamente anotada, sendo obrigado o empregador a inserir no registro de empregado as informações referentes à nacionalidade do empregado estrangeiro e o número de sua carteira de identidade. Para evitar qualquer tipo de fraude, as empresas deverão apresentar anualmente a relação anual de seus empregados. Por fim, vale dizer que caso a empresa não cumpra com o número de nacionais, acima mencionado, poderá sofrer sanções administrativas, como o pagamento de multa administrativa.

BASE LEGAL:

CLT, Art. 354, *Caput*. A proporcionalidade será de 2/3 (dois terços) de empregados brasileiros, podendo, entretanto, ser fixada proporcionalidade inferior, em atenção às circunstâncias especiais de cada atividade, mediante ato do Poder Executivo, e depois de devidamente apurada pelo Departamento Nacional do Trabalho e pelo Serviço de Estatística de Previdência e Trabalho a insuficiência do número de brasileiros na atividade de que se tratar.

CLT, Artigo 360 – Toda empresa compreendida na enumeração do art. 352, § 1°, deste Capítulo, qualquer que seja o número de seus empregados, deve apresentar anualmente às repartições competentes do Ministério do Trabalho, de 2 de maio a 30 de junho, uma relação, em três vias, de todos os seus empregados, segundo o modelo que for expedido.

NATUREZA JURÍDICA. *Dir. Trab.*

A natureza jurídica busca definir qual a origem, a raiz, de um instituto do direito. Segundo o Ministro Maurício Godinho, para encontrar a natureza jurídica de um instituto, é necessário se balizar no binômio: definição + classificação. A definição é a busca da essência da norma. Já a classificação é a busca do posicionamento comparativo.[159] Nesse sentido, existem muitas correntes que buscam definir qual a natureza jurídica do direito do trabalho. Alguns juristas e doutrinadores defendem que a natureza é de ramo do direito público, mas essa corrente não prevaleceu. Já para outros seria um ramo do direito social, todavia, esse entendimento também não se consolidou. Outros estudiosos do direito afirmam ser um ramo do direito misto, ou seja, público e privado, porém tal posicionamento não foi adotado. Por fim, existem ainda os que entendem que se trata de um ramo do direito unitário, todavia, esta percepção também não foi adotada pela maioria da doutrina e jurisprudência. Atualmente prevalece o entendimento de que a natureza jurídica do direito do trabalho é de ramo do direito privado, pois cuida da relação entre particulares (empregado e empregador). Podemos citar como exemplo de natureza jurídica, o instituto dos prêmios que possui natureza indenizatória e as gratificações legais que possuem natureza salarial.

BASE LEGAL:

CLT, Art. 457, §§1° e 2°. Art. 457. Compreendem-se na remuneração do empregado, para todos os efeitos legais, além do salário devido e pago diretamente pelo empregador, como contraprestação do serviço, as gorjetas que receber.

§1° – Integram o salário a importância fixa estipulada, as gratificações legais e as comissões pagas pelo empregador.

§2° – As importâncias, ainda que habituais, pagas a título de ajuda de custo, auxílio-alimentação, vedado seu pagamento em dinheiro, diárias para viagem, prêmios e abonos não integram a remuneração do empregado, não se incorporam ao contrato de trabalho e não constituem base de incidência de qualquer encargo trabalhista e previdenciário.

NASCIMENTO DE FILHO. *Dir. Trab.*

O nascimento do filho consiste no ato da mulher em dar *à* luz ao nascituro. Dentre os direitos de proteção à mulher está inserida a preservação a maternidade. Nesse sentido, há normas que tutelam a mulher

---

159 Delgado, 2019.

quando ocorre o nascimento do filho. O ordenamento jurídico garante a empregada uma licença maternidade de 120 (cento e vinte) dias, que consiste no período de afastamento das atividades profissionais. A licença maternidade também será devida a empregada que adotar ou obtiver guarda judicial para fins de adoção de criança ou adolescente. Por fim, a legislação prevê ainda o direito a licença paternidade que será em regra de 5 (cinco) dias, podendo ser estendida por mais 15 (quinze) dias, totalizando 20 (vinte) dias, caso a empresa esteja cadastrada no programa Empresa Cidadã. Também é garantida a mulher uma estabilidade no emprego, contada da confirmação da gravidez até 5 (cinco) meses após o parto. Assim, neste período não é possível dispensar a empregada sem justa causa do emprego. Todavia, na hipótese de a empregada pedir demissão ou cometer alguma falta grave, a dispensa será válida. Por fim, vale salientar que a garantia de emprego acima mencionada também se aplica aos contratos por prazo determinado, exceto para o trabalhador temporário, pois o Tribunal Superior do Trabalho já se posicionou contra a estabilidade e para o estagiário, que para maioria da doutrina e jurisprudência possui relação de trabalho e não relação de emprego.

BASE LEGAL:

CLT, Art. 392, *Caput*. A empregada gestante tem direito à licença-maternidade de 120 (cento e vinte) dias, sem prejuízo do emprego e do salário.

ADCT, Art. 10, II, "b" – Até que seja promulgada a Lei Complementar a que se refere o artigo 7°, I da Constituição:

[...]

II – fica vedada a dispensa arbitrária ou sem justa causa:

[...]

b) da empregada gestante, desde a confirmação da gravidez até cinco meses após o parto

[...]

Súmula, 244, III, TST – GESTANTE. ESTABILIDADE PROVISÓRIA (redação do item III alterada na sessão do Tribunal Pleno realizada em 14.09.2012) – Res. 185/2012, DEJT divulgado em 25, 26 e 27.09.2012.

[...]

III – A empregada gestante tem direito à estabilidade provisória prevista no art. 10, inciso II, alínea "b", do Ato das Disposições Constitucionais Transitórias, mesmo na hipótese de admissão mediante contrato por tempo determinado.

NEGOCIAÇÃO COLETIVA. *Dir. Trab.*

A negociação coletiva é um direito fundamental dos trabalhadores, e por tal razão o artigo 7º, XXVI da Constituição Federal exige o seu reconhecimento. Existem duas espécies de negociação coletiva no direito sindical brasileiro: o Acordo Coletivo de Trabalho e a Convenção Coletiva de Trabalho. O Acordo Coletivo de Trabalho é o acordo de caráter normativo firmado por uma ou mais empresas com o sindicato da categoria profissional (trabalhadores) aplicável no âmbito da respectiva empresa. Já a Convenção Coletiva de Trabalho é o acordo de caráter normativo firmado entre o sindicato da categoria econômica (empregadores) e o sindicato da categoria profissional (empregados), dentro da respectiva base territorial. A reforma trabalhista instituiu um importante princípio no tocante a negociação coletiva, o princípio do negociado sobre o legislado. Este princípio deixa certo que irá prevalecer o contido da norma coletiva em relação ao disposto na Lei, nos assuntos contidos nos incisos do artigo 611-A da CLT. Todavia, o artigo 611-B da CLT elenca os temas que não poderão sofrer supressão ou redução por meio da negociação coletiva de trabalho, limitando assim o princípio acima mencionado. Vale dizer ainda que o Acordo Coletivo de Trabalho sempre prevalecerá sobre a Convenção Coletiva de Trabalho.

BASE LEGAL:

CLT, Art. 611, *Caput* e §1º da CLT – Convenção Coletiva de Trabalho é o acordo de caráter normativo, pelo qual dois ou mais Sindicatos representativos de categorias econômicas e profissionais estipulam condições de trabalho aplicáveis, no âmbito das respectivas representações, às relações individuais de trabalho.

§1º É facultado aos Sindicatos representativos de categorias profissionais celebrar Acordos Coletivos com uma ou mais empresas da correspondente categoria econômica, que estipulem condições de trabalho, aplicáveis no âmbito da empresa ou das acordantes respectivas relações de trabalho.

CLT, Art. 620. As condições estabelecidas em acordo coletivo de trabalho sempre prevalecerão sobre as estipuladas em convenção coletiva de trabalho.

NEGOCIAÇÃO HABITUAL. *Dir. Trab.*

É o ato de compra e venda sem autorização do empregador durante o horário de trabalho. Por exemplo: empregado que vende cosméticos no ambiente de trabalho, empregado que vende comida no ambiente de trabalho, entre outros. A negociação habitual constitui uma das hipóteses de dispensa por justa causa do empregado, vez que o ato é considerado falta grave do trabalhador. Porém, para que seja caracterizada e considerada como falta grave, a negociação habitual deve ocorrer por conta própria ou alheia do empregado e também deve ser praticada sem a permissão do empregador. Caso haja a permissão do empregador, não há que se falar em falta grave praticada pelo empregado. Nesse sentido ainda para que dispensa por justa causa em virtude da negociação habitual seja lícita, é necessário que a mesma seja prejudicial ao serviço ou que constitua um ato de concorrência para a qual trabalha o empregado. É importante salientar que todos os requisitos acima devem ser observados para que o empregador dispense por justa causa o empregado em virtude da negociação habitual, sob pena, de em eventual reclamação trabalhista, o juiz reverter a justa causa.

BASE LEGAL:

CLT, Art. 482, "c" – Art. 482 – Constituem justa causa para rescisão do contrato de trabalho pelo empregador:

[...]

c) negociação habitual por conta própria ou alheia sem permissão do empregador, e quando constituir ato de concorrência à empresa para a qual trabalha o empregado, ou for prejudicial ao serviço.

NEGOCIADO SOBRE O LEGISLADO. *Dir. Trab.*

A reforma trabalhista trouxe diversas novidades no campo do direito material, processual e coletivo do trabalho. Uma de suas principais inovações está inserida no campo do direito coletivo do trabalho, onde foi instituído o princípio do negociado sobre o legislado. Segundo este princípio, a convenção coletiva de trabalho e o acordo coletivo de trabalho terão prevalência sobre a Lei quando, dispuserem sobre os assuntos previstos no inciso do artigo 611-A da CLT. Temos como exemplo de temas que prevalecerão sobre o previsto na Lei se negociados por norma coletiva, a adoção de banco de horas anual, teletrabalho, PLR, entre outros assuntos. Ocorre que tal princípio não é absoluto e por essa razão o artigo 611-B traz um rol de institutos que se forem suprimidos ou reduzidos por meio da negociação coletiva, constituirão objeto ilícito de convenção coletiva ou de acordo coletivo de trabalho. Podemos citar como exemplo de institutos que não podem ser reduzidos ou suprimidos por meio da negociação coletiva, o salário mínimo, repouso semanal remunerado, entre outros. Crítica ao artigo 611-B da CLT diz respeito às regras sobre duração do trabalho e intervalos que segundo o dispositivo, não são consideradas como normas de saúde, higiene e segurança do trabalho, podendo, portanto ser suprimidas ou reduzidas por meio da negociação coletiva de trabalho. Caberá o ajuizamento de ação anulatória de convenção coletiva ou acordo coletivo de trabalho, caso haja negociação coletiva prejudicial dos temas relacionados no artigo 611-B da CLT.

BASE LEGAL:

CLT, Art. 611-A, incisos I a XV – A convenção coletiva e o acordo coletivo de trabalho têm prevalência sobre a lei quando, entre outros, dispuserem sobre:

I – pacto quanto à jornada de trabalho, observados os limites constitucionais;

II – banco de horas anual;

III – intervalo intrajornada, respeitado o limite mínimo de trinta minutos para jornadas superior a seis horas;

IV – adesão ao Programa Seguro-Emprego (PSE), de que trata a Lei no 13.189, de 19 de novembro de 2015;

V – plano de cargos, salários e funções compatíveis com a condição pessoal do empregado, bem como identificação dos cargos que se enquadram como funções de confiança; 405

VI – regulamento empresarial;

VII – representante dos trabalhadores no local de trabalho;

VIII – teletrabalho, regime de sobreaviso, e trabalho intermitente;

IX – remuneração por produtividade, incluídas as gorjetas percebidas pelo empregado, e remuneração por desempenho individual;

X – modalidade de registro de jornada de trabalho;

XI – troca do dia de feriado;

XII – enquadramento do grau de insalubridade;

XIII – prorrogação de jornada em ambientes insalubres, sem licença prévia das autoridades competentes do Ministério do Trabalho;

XIV – prêmios de incentivo em bens ou serviços, eventualmente concedidos em programas de incentivo;

XV – participação nos lucros ou resultados da empresa

CLT, Artigo 611-B. Constituem objeto ilícito de convenção coletiva ou de acordo coletivo de trabalho, exclusivamente, a supressão ou a redução dos seguintes direitos:

I – normas de identificação profissional, inclusive as anotações na Carteira de Trabalho e Previdência Social;

II – seguro-desemprego, em caso de desemprego involuntário;

III – valor dos depósitos mensais e da indenização rescisória do Fundo de Garantia do Tempo de Serviço (FGTS);

IV – salário mínimo;

V – valor nominal do décimo terceiro salário;

VI – remuneração do trabalho noturno superior à do diurno;
VII – proteção do salário na forma da lei, constituindo crime sua retenção dolosa;
VIII – salário-família;
IX – repouso semanal remunerado;
X – remuneração do serviço extraordinário superior, no mínimo, em 50% (cinquenta por cento) à do normal;
XI – número de dias de férias devidas ao empregado;
XII – gozo de férias anuais remuneradas com, pelo menos, um terço a mais do que o salário normal;
XIII – licença-maternidade com a duração mínima de cento e vinte dias;
XIV – licença-paternidade nos termos fixados em lei;
XV – proteção do mercado de trabalho da mulher, mediante incentivos específicos, nos termos da lei;
XVI – aviso prévio proporcional ao tempo de serviço, sendo no mínimo de trinta dias, nos termos da lei;
XVII – normas de saúde, higiene e segurança do trabalho previstas em lei ou em normas regulamentadoras do Ministério do Trabalho;
XVIII – adicional de remuneração para as atividades penosas, insalubres ou perigosas;
XIX – aposentadoria;
XX – seguro contra acidentes de trabalho, a cargo do empregador;
XXI – ação, quanto aos créditos resultantes das relações de trabalho, com prazo prescricional de cinco anos para os trabalhadores urbanos e rurais, até o limite de dois anos após a extinção do contrato de trabalho;
XXII – proibição de qualquer discriminação no tocante a salário e critérios de admissão do trabalhador com deficiência;
XXIII – proibição de trabalho noturno, perigoso ou insalubre a menores de dezoito anos e de qualquer trabalho a menores de dezesseis anos, salvo na condição de aprendiz, a partir de quatorze anos;
XXIV – medidas de proteção legal de crianças e adolescentes;
XXV – igualdade de direitos entre o trabalhador com vínculo empregatício permanente e o trabalhador avulso;
XXVI – liberdade de associação profissional ou sindical do trabalhador, inclusive o direito de não sofrer, sem sua expressa e prévia anuência, qualquer cobrança ou desconto salarial estabelecidos em convenção coletiva ou acordo coletivo de trabalho;
XXVII – direito de greve, competindo aos trabalhadores decidir sobre a oportunidade de exercê-lo e sobre os interesses que devam por meio dele defender;
XXVIII – definição legal sobre os serviços ou atividades essenciais e disposições legais sobre o atendimento das necessidades inadiáveis da comunidade em caso de greve;
XXIX – tributos e outros créditos de terceiros;

XXX – as disposições previstas nos arts. 373-A, 390, 392, 392-A, 394, 394-A, 395, 396 e 400 desta Consolidação.
Parágrafo único. Regras sobre duração do trabalho e intervalos não são consideradas como normas de saúde, higiene e segurança do trabalho para os fins do disposto neste artigo.

NEGÓCIO PROCESSUAL NO PROCESSO DO TRABALHO. *Dir. Proc. Civ./Dir. Proc. Trab.*

O novo Código de Processo Civil (CPC/15) trouxe a possibilidade de as partes convencionarem entre si, por meio de negócios processuais atípicos. Assim, sendo o direito passível de autocomposição, poderão as partes convencionar sobre ônus, deveres, faculdades processuais, etc. O fundamento que possibilita a autocomposição pelas partes esta principalmente no princípio da cooperação. Nesse sentido, discute-se se o negócio processual é aplicado no processo do trabalho, ou seja, se os particulares poderiam negociar direitos trabalhistas. O TST através da Instrução Normativa nº 39/16 já se posicionou contra a aplicação do dispositivo do CPC/15 no processo do trabalho, mesmo com a omissão na CLT sobre o tema, haja vista, que as normas processuais trabalhistas também possuem caráter protetivo ao trabalhador. Portanto prevalece o entendimento da inaplicabilidade. Por fim, questão que poderá gerar dúvidas na doutrina e jurisprudência diz respeito à aplicabilidade do negócio processual para o trabalhador "hiperssuficiente", que segundo a CLT é aquele que recebe salário mensal igual ou superior ao o limite máximo dos benefícios do Regime Geral de Previdência Social e que seja portador de diploma de nível superior.

BASE LEGAL:

CPC, Art. 190. Versando o processo sobre direitos que admitam autocomposição, é lícito às partes plenamente capazes estipular mudanças no procedimento para ajustá-lo às especificidades da causa e convencionar sobre os seus ônus, poderes, faculdades e deveres processuais, antes ou durante o processo.
Parágrafo único. De ofício ou a requerimento, o juiz controlará a validade das convenções previstas neste artigo, recusando-lhes aplicação somente nos casos de nulidade ou de inserção abusiva em contrato de adesão ou em que alguma parte se encontre em manifesta situação de vulnerabilidade.
CPC, Art. 200. Os atos das partes consistentes em declarações unilaterais ou bilaterais de vontade produzem imediatamente a constituição, modificação ou extinção de direitos processuais.
Parágrafo único: A desistência da ação só produzirá efeitos após homologação judicial.

NEXO CAUSAL. *Dir. Civ./Dir. Trab.*

É um dos requisitos caracterizadores da responsabilidade civil, que consiste no vinculo, na ligação entre um fato ocorrido e um dano sofrido. No âmbito do Direito do Trabalho, o nexo causal é importante para determinar a responsabilidade do empregador quando há um acidente de trabalho ou uma doença do trabalho. Nesse sentido, a existência ou não de nexo de causalidade nos acidentes de trabalho ou nas doenças do trabalho é realizada através de uma perícia, onde o juiz nomeia um *expert* de sua confiança para realizar uma análise no trabalhador e verificar se a doença ou o acidente ocorrido possuem ou não nexo com a atividade desenvolvida na empresa. Na perícia também é analisado pelo perito se a empresa agiu com culpa, possuindo negligencia, imprudência ou imperícia. Caso o nexo seja evidenciado, poderá o empregador ser responsabilizado pela lesão adquirida pelo empregado e assim ter que pagar uma indenização a título de indenização por danos materiais, morais ou estéticos. Já na hipótese da doença ou acidente de trabalho não ter relação (nexo) com o trabalho desenvolvido, o em-

pregador será isento de culpa, como ocorre, por exemplo, no caso do empregado ser portador de uma doença degenerativa ou se o acidente ocorreu por sua culpa.

BASE LEGAL:

CC, Art. 186. Aquele que, por ação ou omissão voluntária, negligência ou imprudência, violar direito e causar dano a outrem, ainda que exclusivamente moral, comete ato ilícito.

Lei nº 8.213/91 – Artigo 21-A, *Caput* e §1º – A perícia médica do Instituto Nacional do Seguro Social (INSS) considerará caracterizada a natureza acidentária da incapacidade quando constatar ocorrência de nexo técnico epidemiológico entre o trabalho e o agravo, decorrente da relação entre a atividade da empresa ou do empregado doméstico e a entidade mórbida motivadora da incapacidade elencada na Classificação Internacional de Doenças (CID), em conformidade com o que dispuser o regulamento.

§ 1º A perícia médica do INSS deixará de aplicar o disposto neste artigo quando demonstrada a inexistência do nexo de que trata o *caput* deste artigo.

NEXO TÉCNICO EPIDEMIOLÓGICO. *Dir. Prev./Dir. Trab.*

É um instrumento de proteção social do trabalhador. Consiste no procedimento utilizado para apontar e identificar quais as doenças e acidentes estão relacionados com o exercício de uma atividade profissional, ou seja, se uma doença adquirida pelo empregado ou e algum acidente sofrido pelo empregado possui ou não nexo com o trabalho exercido. Na prática quanto o trabalhador sofre um acidente no ambiente de trabalho, no seu trajeto, e até mesmo de doença ocupacional, há obrigação, por parte do empregador, de comunicar à Previdência Social o ocorrido, para a ulterior concessão de benefício previdenciário. Essa comunicação se dá pela emissão da Comunicação de Acidente de Trabalho (CAT). O órgão responsável pela análise do Nexo Técnico Epidemiológico (NTEP) é o INSS. Para que o INSS possa chegar a uma conclusão sobre a existência ou não do nexo técnico epidemiológico é necessária à realização de uma perícia médica feita por um médico especialista. Por fim, é importante salientar que a ausência de CAT pelo empregador não constitui óbice para o segurado obter benefício decorrente de acidente no trabalho.

BASE LEGAL:

Lei nº 8.213/91. Artigo 21-A. A perícia médica do Instituto Nacional do Seguro Social (INSS) considerará caracterizada a natureza acidentária da incapacidade quando constatar ocorrência de nexo técnico epidemiológico entre o trabalho e o agravo, decorrente da relação entre a atividade da empresa ou do empregado doméstico e a entidade mórbida motivadora da incapacidade elencada na Classificação Internacional de Doenças (CID), em conformidade com o que dispuser o regulamento. (Redação dada pela Lei Complementar nº 150, de 2015).

§ 1º A perícia médica do INSS deixará de aplicar o disposto neste artigo quando demonstrada a inexistência do nexo de que trata o *caput* deste artigo.

§ 2º A empresa ou o empregador doméstico poderão requerer a não aplicação do nexo técnico epidemiológico, de cuja decisão caberá recurso, com efeito suspensivo, da empresa, do empregador doméstico ou do segurado ao Conselho de Recursos da Previdência Social.

NORMAS. *Dir. Trab.*

Normas jurídicas são preceitos gerais, abstratos, impessoais, composto por regras e princípios que serão aplicadas nas relações jurídicas.[160] As normas trabalhistas podem surgir de diversos centros. A maioria dessas normas é oriunda do Estado e tem caráter imperativo, sendo consideradas normas de ordem pública, ou seja, se impõe a vontade das partes, até mesmo do próprio trabalhador. Exemplo: norma que

160 Delgado, 2019.

trata de salário mínimo; anotação e registro na CTPS. A norma estatal trabalhista garante aos trabalhadores direitos indisponíveis e irrenunciáveis. Todavia, existem normas trabalhistas que são elaboradas pelos particulares, como por exemplo: a convenção coletiva de trabalho e o acordo coletivo de trabalho que são elaboradas pelos sindicatos da categoria e no caso do acordo coletivo também pelo empregador. Embora as normas jurídicas trabalhistas tenham proteção estatal é importante mencionar os institutos da flexibilização e desregulamentação. A flexibilização é a possibilidade jurídica estipulada por norma estatal ou coletiva negociada de atenuação da força imperativa das normas componentes do direito do trabalho de modo a mitigar sua amplitude e incidência. Exemplo: Princípio da irredutibilidade salarial, onde em regra o salário não pode ser reduzido, exceto por meio de negociação coletiva; Duração de trabalho não superior a 8 (oito) horas diárias e 44 (quarenta e quatro) horas semanais, sendo facultada a compensação de horário ou a redução da jornada mediante acordo ou CCT. Já a desregulamentação é a retirada por Lei de um determinado instituto jurídico. Exemplo: A reforma trabalhista extinguiu as horas *in itinere*.

BASE LEGAL:

CF, Art. 7º, VI – São direitos dos trabalhadores urbanos e rurais, além de outros que visem à melhoria de sua condição social:

[...]

VI – irredutibilidade do salário, salvo o disposto em convenção ou acordo coletivo;

CF, Art. 7º, XIII – São direitos dos trabalhadores urbanos e rurais, além de outros que visem à melhoria de sua condição social:

[...]

XIII – duração do trabalho normal não superior a oito horas diárias e quarenta e quatro semanais, facultada a compensação de horários e a redução da jornada, mediante acordo ou convenção coletiva de trabalho.

NORMAS DA ORGANIZAÇÃO INTERNACIONAL DO TRABALHO. *Dir. Inter.*

A Organização Internacional do Trabalho (OIT) tem como objetivo, a preocupação de estabelecer regras mínimas de proteção ao trabalhador como medida hábil a evitar litígios comerciais. Desta forma para que possam ser estabelecidas as regras de proteção ao trabalhador, a OIT utiliza-se de tratados internacionais, convenções internacionais, declarações e recomendações. Os tratados internacionais são documentos obrigacionais, normativos e programáticos firmados entre dois ou mais Estados ou Entes Internacionais. Já as convenções internacionais são espécie de tratados, e são documentos obrigacionais, normativos e programáticos aprovados por entidade internacional, que adere voluntariamente seus membros. Podemos como citar como exemplo no ordenamento jurídico brasileiro, a Convenção 182 da OIT que foi ratificada pelo Brasil. As declarações consistem no documento de caráter programático expedidos por Estados soberanos em face de determinado congresso ou evento, todavia não geram direitos e obrigações aos indivíduos. Já as recomendações são documentos programáticos expedidos por ente internacional enunciando aperfeiçoamentos relevantes a serem incorporados pelo Estado. Ocorre que assim como as declarações, as recomendações também não geram direitos e obrigações aos indivíduos.[161] Podemos citar como exemplo da ratificação pelo Brasil as Convenções nº 182 e 189 da OIT que tratam da proibição do trabalho infantil e da recomendação do trabalho dos empregados domésticos.

BASE LEGAL:
Convenção 182 da OIT. Art. 1º – Todo Estado-membro que ratificar a presente Convenção deverá adotar medidas imediatas e eficazes que garantam a proibição e a eliminação das piores formas de trabalho infantil em caráter de urgência.

NORMA REGULAMENTADORA. *Dir. Trab.*

A norma regulamentadora faz parte do poder empregatício do empregador, na esfera do regulamentar, ou seja, de elaborar normas internas de aplicação no âmbito da empresa. As normas previstas no regulamento empresarial se incorporam no contrato individual de trabalho. Nesse sentido, caso a empresa venha a editar novas cláusulas regulamentares, que revoguem ou alterem vantagens deferidas anteriormente, essas só atingirão os trabalhadores admitidos após a revogação ou alteração do regulamento. Vale ressaltar ainda que na coexistência de dois regulamentos da empresa, a opção do empregado por um deles tem efeito jurídico de renúncia às regras do sistema do outro. A reforma trabalhista inseriu como uma das matérias onde o contido na norma coletiva prevalece sobre o texto da Lei (princípio do negociado sobre o legislado), o regulamento empresarial. Por fim, é importante dizer que existem no direito do trabalho as Normas Regulamentadoras (NR´s) que são o conjunto de disposições e procedimentos técnicos

161 Delgado, 2019.

relacionados à segurança e saúde do trabalhador em determinada atividade ou função, elaboradas pelo Ministério do Trabalho e Emprego. Podemos citar como exemplos de normas regulamentadoras, a NR-15 que trata de operações e atividades insalubres e a NR-16 que trata de operações e atividades perigosas.

BASE LEGAL:

CLT, Art. 611-A, VI – A convenção coletiva e o acordo coletivo de trabalho têm prevalência sobre a lei quando, entre outros, dispuserem sobre:

[...]

VI – regulamento empresarial.

Súmula nº 51 do TST –NORMA REGULAMENTAR. VANTAGENS E OPÇÃO PELO NOVO REGULAMENTO. ART. 468 DA CLT (incorporada a Orientação Jurisprudencial nº 163 da SBDI-1) – Res. 129/2005, DJ 20, 22 e 25.04.2005.

I – As cláusulas regulamentares, que revoguem ou alterem vantagens deferidas anteriormente, só atingirão os trabalhadores admitidos após a revogação ou alteração do regulamento. (ex-Súmula nº 51 – RA 41/1973, DJ 14.06.1973)

II – Havendo a coexistência de dois regulamentos da empresa, a opção do empregado por um deles tem efeito jurídico de renúncia às regras do sistema do outro.

NOTIFICAÇÃO. *Proc. Trab.*

O direito processual do trabalho utiliza a expressão notificação de forma genérica. Assim podemos conceituar a notificação no processo do trabalho, como a comunicação a alguém, da existência de uma ação em curso para querendo, venha se defender ou para integrar um processo, bem como da existência de um ato ou termo processual, para querendo possa praticar uma conduta processual. De acordo com a CLT, recebida e protocolada a reclamação trabalhista, será aberto um prazo de 48 (quarenta e oito) horas para que o servidor da secretaria da vara remeta ao reclamado a notificação e a contra fé para que ele querendo compareça em audiência e apresente sua defesa. Em regra essa citação do reclamado é realizada de forma postal (correios). Nesse sentido, cabe destacar que presume-se recebida a notificação pelo reclamado no prazo de 48 (quarenta e oito) horas, todavia, essa presunção é relativa, cabendo ao empregador o ônus de provar o não recebimento. A notificação poderá excepcionalmente ser realizada por edital na hipótese de o reclamado não ser encontrado ou quando o reclamado cria embaraços para o recebimento da notificação. *É importante dizer que o reclamante será notificado no ato da distribuição da reclamação trabalhista ou nas formas processuais anteriores ditas (postal ou edital).*

BASE LEGAL:

CLT, Art. 841, *Caput*, §§1º e 2º – Recebida e protocolada a reclamação, o escrivão ou secretário, dentro de 48 (quarenta e oito) horas, remeterá a segunda via da petição, ou do termo, ao reclamado, notificando-o ao mesmo tempo, para comparecer à audiência do julgamento, que será a primeira desimpedida, depois de 5 (cinco) dias.

§ 1º – A notificação será feita em registro postal com franquia. Se o reclamado criar embaraços ao seu recebimento ou não for encontrado, far-se-á a notificação por edital, inserto no jornal oficial ou no que publicar o expediente forense, ou, na falta, afixado na sede da Junta ou Juízo.

§ 2º – O reclamante será notificado no ato da apresentação da reclamação ou na forma do parágrafo anterior.

Súmula 16 do TST – Presume-se recebida a notificação 48 (quarenta e oito) horas depois de sua postagem. O seu não recebimento ou a entrega após o decurso desse prazo constitui ônus de prova do destinatário.

NOVAS RELAÇÕES DE TRABALHO. *Dir. Trab.*

A modernização global ocasionada principalmente pelo advento da tecnologia, impactou o mundo do direito, inclusive o do direito do trabalho. Dessa forma surgiram novas relações de trabalho, relações essas que foram criadas para acompanhar a evolução da tecnologia. Nesse sentido, a reforma trabalhista regulamentou na CLT a figura do tele trabalho, que é aquele onde a prestação de serviços ocorre preponderantemente fora das dependências do empregador. É verdade que a figura do tele trabalhador já era prevista de forma sutil na CLT, todavia, a alteração trazida pela reforma trabalhista consagrou essa modalidade de trabalho. Outra importante inovação tecnológica que impactou nas relações de trabalho, foi a criação de aplicativos. Temos por exemplo aplicativos de comida (iFood, Rappi, etc.) e aplicativos de transporte (Uber, 99taxi, etc.). Nesse sentido uma indagação surgiu no mundo jurídico. A chamada "uberização", ou seja, teriam os motoristas de aplicativo vinculo de emprego com as empresas? Ainda não há uma posição definitiva do TST quanto a este tema, embora prevaleça hoje o entendimento de que não há vínculo empregatício, uma vez que o trabalhador possui autonomia na prestação de serviços, como por exemplo, ter controle sobre as suas horas de trabalho, pois podem iniciar e terminar a sua jornada no momento que decidir, bem como, por possuir caráter eventual e receberem por prestação de serviço feita, o que desnatura a obrigação salarial. Por fim, corrente que defende a existência do vínculo de emprego sustenta que o empregador assume o risco da atividade econômica desempenha e assim se responsabilizam pelos entregadores e motoristas.

BASE LEGAL:

CLT, Art. 75-A a 75-E – Art. 75-A. A prestação de serviços pelo empregado em regime de teletrabalho observará o disposto neste Capítulo.

Art. 75-B. Considera-se teletrabalho a prestação de serviços preponderantemente fora das dependências do empregador, com a utilização de tecnologias de informação e de comunicação que, por sua natureza, não se constituam como trabalho externo.

Parágrafo único. O comparecimento às dependências do empregador para a realização de atividades específicas que exijam a presença do empregado no estabelecimento não descaracteriza o regime de teletrabalho.

Art. 75-C. A prestação de serviços na modalidade de teletrabalho deverá constar expressamente do contrato individual de trabalho, que especificará as atividades que serão realizadas pelo empregado.

§ 1º Poderá ser realizada a alteração entre regime presencial e de teletrabalho desde que haja mútuo acordo entre as partes, registrado em aditivo contratual.

§ 2º Poderá ser realizada a alteração do regime de teletrabalho para o presencial por determinação do empregador, garantido prazo de transição mínimo de quinze dias, com correspondente registro em aditivo contratual.

Art. 75-D. As disposições relativas à responsabilidade pela aquisição, manutenção ou fornecimento dos equipamentos tecnológicos e da infraestrutura necessária e adequada à prestação do trabalho remoto, bem como ao reembolso de despesas arcadas pelo empregado, serão previstas em contrato escrito.

Parágrafo único. As utilidades mencionadas no *caput* deste artigo não integram a remuneração do empregado.

Art. 75-E. O empregador deverá instruir os empregados, de maneira expressa e ostensiva, quanto às precauções a tomar a fim de evitar doenças e acidentes de trabalho.

Parágrafo único. O empregado deverá assinar termo de responsabilidade comprometendo-se a seguir as instruções fornecidas pelo empregador.

NOVO CPC. *Dir. Proc. Civil./Dir. Proc. Trab.*

É o novo Código de Processo Civil de 16 de março de 2015. O CPC/15 modernizou os dispositivos que regulam o Direito Processual Civil, trazendo inovação e a criação de novos institutos as relações de Direito Processual. A CLT e outras leis esparsas possuem normas que regulam disposições de direito processual do trabalho, todavia, mesmo assim, ainda existem no campo do Direito Processual do trabalho diversas lacunas e omissões sobre determinados temas. Nesse sentido, a CLT autoriza a aplicação subsidiária do Direito Processual comum (CPC), desde que presentes dois requisitos: omissão na CLT e a compatibilidade de princípios e regras. Nessa linha, o Tribunal Superior do Trabalho (TST) se posicionou sobre a aplicação do novo CPC no direito processual do trabalho e editou a Instrução Normativa nº 39/2016, elencando os dispositivos do novo CPC/15 aplicáveis e inaplicáveis ao processo do trabalho. Temos como exemplo, o parcelamento do artigo 916 do CPC que pode ser aplicado na execução trabalhista e as tutelas provisórias que são aplicadas ao processo do trabalho.

BASE LEGAL:

CPC, Art.15. Na ausência de normas que regulem processos eleitorais, trabalhistas ou administrativos, as disposições deste Código lhes serão aplicadas supletiva e subsidiariamente.

CLT, Art. 769. Nos casos omissos, o direito processual comum será fonte subsidiária do direito processual do trabalho, exceto naquilo em que for incompatível com as normas deste Título.

NULIDADE. *Dir. Proc. Civil./ Dir. Proc. Trab.*

É a privação dos efeitos de um ato jurídico, ou seja, o ato praticado possui um vício que o impede de existir legalmente e de produzir efeitos. No âmbito processual as nulidades podem ser classificadas em absoluta, quando houver violação de normas processuais de ordem pública, como, por exemplo, a incompetência absoluta, ou relativa quando houver violação de normas processuais de interesse privado, como, por exemplo, a incompetência relativa. No âmbito do direito material a legislação trabalhista possui diversos dispositivos que são passiveis de nulidade. É o caso da alteração nos contratos individuais de trabalho, que só será licita quando presente o mútuo consentimento, e ainda assim que a alteração não acarrete, direta ou indiretamente, prejuízos ao empregado, sob pena de nulidade da cláusula. Podemos citar também como exemplo, o jogo do bicho, em que a jurisprudência entende ser nulo o contrato de trabalho celebrado para a prática do jogo do bicho. A reforma trabalhista trouxe como novidade a exigência no polo passivo dos sindicatos subscritores da norma coletiva, quando houver o ajuizamento de ação anulatória.

BASE LEGAL:

CLT, Art. 468, *Caput*. Nos contratos individuais de trabalho só é lícita à alteração das respectivas condições por mútuo consentimento, e ainda assim desde que não resultem, direta ou indiretamente, prejuízos ao empregado, sob pena de nulidade da cláusula infringente desta garantia.

Orientação Jurisprudencial 199 da SDI-I do TST – JOGO DO BICHO. CONTRATO DE TRABALHO. NULIDADE. OBJETO ILÍCITO. É nulo o contrato de trabalho celebrado para o desempenho de atividade inerente à prática do jogo do bicho, ante a ilicitude de seu objeto, o que subtrai o requisito de validade para a formação do ato jurídico.

CLT, Art. 611-A, §5º. Convenção Coletiva de Trabalho é o acordo de caráter normativo, pelo qual dois ou mais Sindicatos representativos de categorias econômicas e profissionais estipulam condições de trabalho aplicáveis, no âmbito das respectivas representações, às relações individuais de trabalho.

[...]

§ 5º Os sindicatos subscritores de convenção coletiva ou de acordo coletivo de trabalho deverão participar, como litisconsortes necessários, em ação individual ou coletiva, que tenha como objeto a anulação de cláusulas desses instrumentos.

O

OBRA CERTA. *Dir. Trab.*

É o contrato individual de trabalho, onde o empregado é contratado para realizar determinada obra ou serviço. Executado o serviço ou finalizada a obra, o contrato se extingue. Esta modalidade de contrato é regulamentada pela Lei nº 2.959/56. O contrato de trabalho por obra certa é exceção à regra no direito do trabalho, vez que este possui como um de seus princípios, a continuidade na relação de emprego. A Lei deixa certo que caso ocorra à rescisão do contrato em virtude do termino da obra ou do serviço, tendo o empregado mais de 12 (doze) meses de serviço, fica a ele assegurada a indenização por tempo de trabalho na forma do artigo 478 da Consolidação das Leis do Trabalho, com 30% (trinta por cento) de redução. Vale salientar também que neste contrato, as anotações na CTPS do empregado serão realizadas pelo construtor, desse modo constituído em empregador, desde que exerça a atividade em caráter permanente. Por fim, o empregador que deixar de atender *à* exigência acima mencionada ficará sujeito à multa, além da suspensão de suas atividades até que satisfaça a obrigação legal.

BASE LEGAL:

Lei nº 2.959/56 – Art. 1º. No contrato individual de trabalho por obra certa, as inscrições na carteira profissional do empregado serão feitas pelo construtor, desse modo constituído em empregador, desde que exerça a atividade em caráter permanente.

Lei nº 2.959/56 – Art. 2º. Rescindido o contrato de trabalho em face do término da obra ou serviço, tendo o empregado mais de 12 (doze) meses de serviço, ficar-lhe-á assegurada a indenização por tempo de trabalho na forma do artigo 478 da Consolidação das Leis do Trabalho, com 30% (trinta por cento) de redução.

OBRIGAÇÃO DE FAZER, NÃO FAZER E ENTREGA DE COISA. *Dir. Civ./Dir. Trab.*

Obrigação de fazer é aquela em que o devedor se compromete a realizar um serviço ou uma tarefa. Já a obrigação de não fazer é uma obrigação negativa, pois consiste no dever de abstenção, ou seja, o devedor deve se abster de praticar certa e determinada conduta. Por fim, a obrigação de dar consiste na entrega de uma coisa que pode ser individualizada ou não. Nesse sentido, temos a obrigação de dar coisa certa, onde o objeto esta individualizado e a obrigação de dar coisa incerta, que é aquela que vem indicada pela quantidade e pelo gênero, faltando lhe indicação da espécie. Nessas espécies de ações caso o pedido seja julgado procedente, o juiz concederá tutela específica ou determinará providências que assegurem a obtenção de tutela pelo resultado prático equivalente. Caso a determinação judicial não seja atendida pela parte, poderá o juiz determinar a imposição de multa, busca e apreensão, remoção de pessoas e coisas, desfazimento de obras e o impedimento de atividade nociva, podendo, caso necessário, requisitar o auxílio de força policial. Por fim, no Direito do Trabalho podemos citar como exemplo dessas obrigações, a determinação do juiz para reintegrar o empregado (obrigação de fazer), determinação para que a reclamada não transfira o empregado para outra localidade (obrigação de não fazer) e a determinação para que a empresa devolva a CTPS do empregado (obrigação de entrega de coisa).

BASE LEGAL:

CPC, Art. 497, *Caput*. Na ação que tenha por objeto a prestação de fazer ou de não fazer, o juiz, se procedente o pedido, concederá a tutela específica ou determinará providências que assegurem a obtenção de tutela pelo resultado prático equivalente.

CPC, Art. 536, §1º. No cumprimento de sentença que reconheça a exigibilidade de obrigação de fazer ou de não fazer, o juiz poderá, de ofício ou a requerimento, para a efetivação da tutela específica ou a obtenção de tutela pelo resultado prático equivalente, determinar as medidas necessárias à satisfação do exequente.

§ 1º Para atender ao disposto no *caput*, o juiz poderá determinar, entre outras medidas, a imposição de multa, a busca e apreensão, a remoção de pessoas e coisas, o desfazimento de obras e o impedimento de atividade nociva, podendo, caso necessário, requisitar o auxílio de força policial.

OCEANÓGRAFO. *Dir. Trab.*

É o trabalhador que estuda os processos físicos, químicos, biológicos e geológicos que ocorrem nos oceanos e mares. Temos como exemplo, o estudo sobre o maremoto. A Lei nº 11.760/08 regulamenta a profissão do oceanógrafo. A Lei acima mencionada autoriza o exercício da profissão desde que o oceanógrafo possua registro de bacharel em curso de oceanografia, expedido por instituição brasileira de ensino superior oficialmente reconhecida ou expedido por instituição estrangeira de ensino superior, revalidado na forma da lei, desde que equivalente ao existente no território brasileiro. Nesse sentido ainda, também é livre o exercício da profissão de oceanógrafo aos portadores de diploma de bacharel, devidamente registrado, em curso de Oceanologia expedido pela Fundação Universidade do Rio Grande. Por fim, a Lei possibilita ainda o livre exercício da profissão de Oceanógrafo aos que, sejam possuidores de diplomas registrados em curso superior de graduação em outras áreas de conhecimento ligadas às geociências, ciências exatas, naturais ou do mar, inclusive os diplomados pela escola naval, com aperfeiçoamento em hidrografia e que tenham exercido ou estejam exercendo atividades oceanográficas por um período de 5 (cinco) anos, em entidade pública ou privada, devidamente comprovadas perante o órgão competente do Ministério do Trabalho e Emprego. Neste caso, o registro deve ser requerido no prazo máximo de 5 (cinco) anos, a contar da data de vigência da Lei.

BASE LEGAL:

Lei nº 11.760/08 – Artigo 1º,. É livre o exercício da profissão de Oceanógrafo aos portadores de diploma:

I – devidamente registrado de bacharel em curso de Oceanografia, expedido por instituição brasileira de ensino superior oficialmente reconhecida;

II – expedido por instituição estrangeira de ensino superior, revalidado na forma da lei, cujos cursos foram considerados equivalentes aos mencionados no inciso I do *caput* deste artigo.

Parágrafo único. É livre também o exercício da profissão de Oceanógrafo aos portadores de diploma de bacharel, devidamente registrado, em curso de Oceanologia expedido pela Fundação Universidade do Rio Grande.

Lei nº 11.760/08 – Artigo 2º. É igualmente assegurado o livre exercício da profissão de Oceanógrafo aos que, embora não habilitados na forma do art. 1o desta Lei, sejam possuidores de diplomas registrados em curso superior de graduação em outras áreas de conhecimento ligadas às geociências, ciências exatas, naturais ou do mar, inclusive os diplomados pela Escola Naval, com aperfeiçoamento em hidrografia e que tenham exercido ou estejam exercendo atividades oceanográficas por um período de 5 (cinco) anos, em entidade pública ou privada, devidamente comprovadas perante o órgão competente do Ministério do Trabalho e Emprego.

Parágrafo único. Nas condições estabelecidas no *caput* deste artigo, o registro deve ser requerido no prazo máximo de 5 (cinco) anos, a contar da data de vigência desta Lei.

OFENSA FÍSICA. *Dir. Trab.*

É a agressão praticada por uma pessoa que ofende o corpo ou a saúde de outra. A ofensa física na esfera do Direito Penal é considerada crime. Já no âmbito do Direito do Trabalho, a ofensa física pode ensejar a dispensa do empregado por justa causa, vez que é considerada uma falta grave. Nesse sentido, caso o trabalhador pratique ofensa física contra o empregador, superiores hierárquicos ou qualquer outra pessoa do ambiente de trabalho, poderá ser dispensado por justa causa, exceto em caso de legítima defesa, própria ou de outrem. Nessa linha, a recíproca é verdadeira, ou seja, caso o empregador ou seus prepostos cometam ofensa física contra o empregado, poderá o trabalhador pleitear a rescisão indireta do contrato de trabalho. Vale destacar ainda que a legislação trabalhista não tutela apenas as ofensas físicas ocorridas dentro do ambiente de trabalho. É o caso da empregada mulher que é agredida pelo seu cônjuge/ companheiro. Nestes casos, a Lei Maria da Penha garante a empregada, a manutenção do vínculo trabalhista, quando necessário o afastamento do local de trabalho, por até 6 (seis) meses.

BASE LEGAL:

Lei nº 11.340/06 – Artigo 9º, §2º.

[...]

II – A assistência à mulher em situação de violência doméstica e familiar será prestada de forma articulada e conforme os princípios e as diretrizes previstos na Lei Orgânica da Assistência Social, no Sistema Único de Saúde, no Sistema Único de Segurança Pública, entre outras normas e políticas públicas de proteção, e emergencialmente quando for o caso.

[...]

§ 2º O juiz assegurará à mulher em situação de violência doméstica e familiar, para preservar sua integridade física e psicológica.

[...]

II – manutenção do vínculo trabalhista, quando necessário o afastamento do local de trabalho, por até seis meses.

CLT, Artigo 482, "j e k" – Constituem justa causa para rescisão do contrato de trabalho pelo empregador:

[...]

j) ato lesivo da honra ou da boa fama praticado no serviço contra qualquer pessoa, ou ofensas físicas, nas mesmas condições, salvo em caso de legítima defesa, própria ou de outrem;

k) ato lesivo da honra ou da boa fama ou ofensas físicas praticadas contra o empregador e superiores hierárquicos, salvo em caso de legítima defesa, própria ou de outrem;

CLT, Artigo 483, "f" – O empregado poderá considerar rescindido o contrato e pleitear a devida indenização quando:
[...]
f) o empregador ou seus prepostos ofenderem-no fisicamente, salvo em caso de legítima defesa, própria ou de outrem; [...].

OFICIAIS DE JUSTIÇA. *Dir. Trab.*

São servidores públicos dos Tribunais munidos da função de dar cumprimento às ordens judiciais exaradas pelos juízes. Podemos citar como exemplo, a execução trabalhista. O juiz do trabalho após proferir a sentença de liquidação, expedirá o mandado de citação penhora e avaliação (MCPA), podendo determinar que o oficial de justiça compareça à sede da reclamada para comunicar pessoalmente a existência do mandado. Ou então, o juiz concede medida liminar para reintegrar o empregado e determina que a reintegração seja realizada com o comparecimento do oficial de justiça na sede na empresa. Todavia, existe também a figura dos oficiais de justiça avaliadores que são os servidores públicos dos Tribunais que tem a função de avaliar um bem na fase de execução, informando qual o seu valor. O oficial de justiça avaliador terá o prazo de 10 (dez) dias para concluir a avaliação, contados a partir da sua nomeação. Por fim, vale dizer que se houver impedimento ou falta do oficial de justiça ou do oficial de justiça avaliador, poderá o Juiz do Trabalho determinar que o ato seja praticado por outro serventuário.

BASE LEGAL:
CLT, Art. 888, *Caput*. Concluída a avaliação, dentro de dez dias, contados da data da nomeação do avaliador, seguir-se-á a arrematação, que será anunciada por edital afixado na sede do juízo ou tribunal e publicado no jornal local, se houver, com a antecedência de vinte (20) dias.
CLT, Artigo 721.
Incumbe aos Oficiais de Justiça e Oficiais de Justiça Avaliadores da Justiça do Trabalho a realização dos atos decorrentes da execução dos julgados das Juntas de Conciliação e Julgamento e dos Tribunais Regionais do Trabalho, que lhes forem cometidos pelos respectivos Presidentes.
[...]
§ 5º Na falta ou impedimento do Oficial de Justiça ou Oficial de Justiça Avaliador, o Presidente da Junta poderá atribuir a realização do ato a qualquer serventuário.

ÓLEO MINERAL. *Dir. Trab.*

É um produto químico utilizado por diversas empresas. Ocorre que este produto não for utilizado da maneira adequada, pode ser prejudicial à saúde do trabalhador. Nessa linha, a Norma Regulamentadora nº 15 que trata sobre as atividades insalubres, prevê em seu anexo XIII que a manipulação de óleos minerais enseja ao trabalhador o recebimento de adicional de insalubridade em grau máximo (40%). Nesse sentido, a jurisprudência já tem posicionamento no sentido de que para efeito de concessão de adicional de insalubridade em virtude da exposição a óleos minerais, não há distinção entre a fabricação e o manuseio deste produto. Por fim, vale dizer que o Decreto nº 3.048/99 estabelece que a exposição ao óleo mineral é considerada para o cálculo do pedido de aposentadoria especial, tendo em vista a nocividade deste produto, no que diz respeito a saúde do trabalhador.

BASE LEGAL:

Orientação Jurisprudencial, 171 da SDI-I do TST – ADICIONAL DE INSALUBRIDADE. ÓLEOS MINERAIS. SENTIDO DO TERMO "MANIPULAÇÃO" (inserida em 08.11.2000) Para efeito de concessão de adicional de insalubridade não há distinção entre fabricação e manuseio de óleos minerais – Portaria nº 3214 do Ministério do Trabalho, NR 15, Anexo XIII.

Decreto nº 3.048/99 – Art.68, §4º – A relação dos agentes químicos, físicos, biológicos, e da associação desses agentes, considerados para fins de concessão de aposentadoria especial, é aquela constante do Anexo IV.

[...]

4º Os agentes reconhecidamente cancerígenos para humanos, listados pela Secretaria Especial de Previdência e Trabalho do Ministério da Economia, serão avaliados em conformidade com o disposto nos § 2º e § 3º deste artigo e no *caput* do art. 64 e, caso sejam adotadas as medidas de controle previstas na legislação trabalhista que eliminem a nocividade, será descaracterizada a efetiva exposição.

OMISSÃO NA CLT. *Dir. Proc. Trab.*

Omissão ocorre quando a norma jurídica deixa de mencionar dispositivo sobre determinado tema, ocorrendo à existência de lacunas jurídicas. Nesse sentido, a lacuna é configurada quando há inexistência de uma norma jurídica para se aplicar no caso concreto. A CLT em que pese possua um enorme número de artigos, não contempla todas as situações jurídicas e por tal razão há necessidade de se buscar em outro sistema jurídico, norma compatível para aplicar no caso concreto. Por tal razão quando a omissão da CLT for proveniente de uma norma de direito material do trabalho, será aplicado o direito comum de forma subsidiária, bem como poderá o juiz decidir pela aplicação da jurisprudência, analogia, equidade e outros princípios e normas gerais de direito, principalmente do direito do trabalho, e, ainda, de acordo com os usos e costumes, o direito comparado, mas sempre de maneira que nenhum interesse de classe ou particular prevaleça sobre o interesse público. Se a omissão na CLT for decorrente de uma norma de direito processual, será aplicado de forma subsidiária o direito processual comum, desde que presentes dois requisitos: lacuna na CLT e a compatibilidade de princípios e regras. Por fim, no tocante as omissões da CLT, referentes às normas de execução trabalhista, serão aplicados de forma subsidiária os dispositivos da Lei de Execução Fiscal (LEF) desde que presente também, a lacuna na CLT e a compatibilidade de princípios e regras.

BASE LEGAL:

CLT, Art.8, *Caput* e §1°. As autoridades administrativas e a Justiça do Trabalho, na falta de disposições legais ou contratuais, decidirão, conforme o caso, pela jurisprudência, por analogia, por equidade e outros princípios e normas gerais de direito, principalmente do direito do trabalho, e, ainda, de acordo com os usos e costumes, o direito comparado, mas sempre de maneira que nenhum interesse de classe ou particular prevaleça sobre o interesse público.

§ 1° O direito comum será fonte subsidiária do direito do trabalho.

CLT, Art. 769. Nos casos omissos, o direito processual comum será fonte subsidiária do direito processual do trabalho, exceto naquilo em que for incompatível com as normas deste Título.

CLT, Art. 889. Aos tramites e incidentes do processo de execução, são aplicáveis, naquilo que não contravierem ao presente Título, os preceitos que regem o processo dos executivos fiscais para a cobrança judicial da dívida ativa da Fazenda Pública Federal.

ÔNUS DA PROVA. *Dir. Proc. Trab./Dir. Proc. Civil.*

A prova tem como objetivo formar a convicção do juiz na busca da verdade real. O ônus da prova é o encargo atribuído às partes, de trazer aos autos elementos que comprovem a veracidade de suas alegações. Nesse sentido cabe informar que não se pode confundir o ônus com a obrigação. O ônus é unilateral e o seu cumprimento não pode ser exigido pela parte contraria. Já a obrigação pode ser exigida, imposta pelo juiz. A reforma trabalhista importou do CPC/15 as disposições referentes ao ônus da prova. Nesse sentido, caberá ao reclamante o ônus de prova de fato constitutivo de seu direito e caberá à reclamada o ônus de prova de fato impeditivo, extinto ou modificativo do direito do reclamante. Ocorre que dependendo do caso concreto será possível a inversão do ônus da prova, na hipótese de existir previsão legal para tanto, ou quando existir impossibilidade ou excessiva dificuldade para parte produzir a prova ou ainda quando existir maior facilidade para a parte produzir a prova. Podemos citar como exemplo, o vale transporte, onde o ônus de comprovar que o empregado não satisfaz os requisitos indispensáveis para a concessão do vale-transporte ou não pretenda fazer uso do benefício é do empregador. Por fim, vale dizer que o momento da inversão do ônus de prova é na audiência.

BASE LEGAL:

CLT, Art. 818. O ônus da prova incumbe:

I – ao reclamante, quanto ao fato constitutivo de seu direito;

II – ao reclamado, quanto à existência de fato impeditivo, modificativo ou extintivo do direito do reclamante.

§ 1º Nos casos previstos em lei ou diante de peculiaridades da causa relacionadas à impossibilidade ou à excessiva dificuldade de cumprir o encargo nos termos deste artigo ou à maior facilidade de obtenção da prova do fato contrário, poderá o juízo atribuir o ônus da prova de modo diverso, desde que o faça por decisão fundamentada, caso em que deverá dar à parte a oportunidade de se desincumbir do ônus que lhe foi atribuído.

§ 2º A decisão referida no § 1º deste artigo deverá ser proferida antes da abertura da instrução e, a requerimento da parte, implicará o adiamento da audiência e possibilitará provar os fatos por qualquer meio em direito admitido.

§ 3º A decisão referida no § 1º deste artigo não pode gerar situação em que a desincumbência do encargo pela parte seja impossível ou excessivamente difícil.

Súmula nº 460 do TST – VALE-TRANSPORTE. ÔNUS DA PROVA – Res. 209/2016, DEJT divulgado em 01, 02 e 03.06.2016. É do empregador o ônus de comprovar que o empregado não satisfaz os requisitos indispensáveis para a concessão do vale-transporte ou não pretenda fazer uso do benefício.

ORDEM DE PREFERÊNCIA. *Dir. Proc. Trab./Dir. Proc. Civil.*

É a ordem de responsabilidade dos sócios atuais e ex-sócios de uma sociedade, quando ocorre a desconsideração da pessoa jurídica. Havia muita discussão na doutrina e na jurisprudência sobre a ordem de preferência dos sócios e ex-sócios na execução trabalhista, onde ocorria a desconsideração da pessoa jurídica. A reforma trabalhista pacificou essa questão passando a regulamentar o tema, prevendo que o sócio retirante responderá de forma subsidiária pelas obrigações trabalhistas relativas ao período em que figurou como sócio somente em ações ajuizadas até 2 (dois) anos depois de averbada a modificação do contrato, observada a seguinte ordem: primeiro a empresa devedora, depois os sócios atuais e por último o sócio retirante. Por fim, vale dizer que haverá responsabilidade solidária do ex-sócio, na hipótese de fraude na alteração societária.

BASE LEGAL:

CLT, Art. 10 – A. O sócio retirante responde subsidiariamente pelas obrigações trabalhistas da sociedade relativas ao período em que figurou como sócio, somente em ações ajuizadas até dois anos depois de averbada a modificação do contrato, observada a seguinte ordem de preferência:

I – a empresa devedora;

II – os sócios atuais; e

III – os sócios retirantes.

Parágrafo único: O sócio retirante responderá solidariamente com os demais quando ficar comprovada fraude na alteração societária decorrente da modificação do contrato.

ORGANIZAÇÃO DA JUSTIÇA DO TRABALHO. *Dir. Trab./ Dir. Proc. Trab.*

A Justiça do Trabalho é uma Justiça Federal e da União especializada pela sua competência material. A organização da Justiça do Trabalho se dá pela existência de varas do trabalho, dos Tribunais Regionais do Trabalho e do Tribunal Superior do Trabalho. A vara do trabalho é o primeiro grau da instancia ordinária da Justiça do Trabalho. Trata-se de um juízo monocrático, singular, composto por um único juízo, possuindo competência para julgar os dissídios individuais originalmente. O Tribunal Regional do Trabalho é o segundo grau da instancia ordinária da Justiça do Trabalho, composto por no mínimo 7 (sete) juízes. Os Tribunais Regionais do Trabalho (TRT) se organizam em turmas ou grupo de turmas, denominado seções. Nesse sentido, o Tribunal que se organiza em turmas e seções está obrigado a ter uma seção especializada em dissidio coletivo. Na hipótese do Tribunal Regional não se organizar em turmas, todas as matérias vão para o Pleno. Por fim, o Tribunal Superior do Trabalho (TST) é a instancia extraordinária da Justiça do Trabalho, sendo composto por 27 (vinte e sete) ministros. O TST também é organizado pelas turmas, pelas seções especializadas em dissídios individuais e coletivos e pelo Pleno, sendo suas competências previstas no regimento interno do TST.

BASE LEGAL:
CF, Art. 111. São órgãos da Justiça do Trabalho:
I – o Tribunal Superior do Trabalho;
II – os Tribunais Regionais do Trabalho;
III – Juízes do Trabalho.
CF, Art. 116. Nas Varas do Trabalho, a jurisdição será exercida por um juiz singular.
CF, Art. 112. A lei criará varas da Justiça do Trabalho, podendo, nas comarcas não abrangidas por sua jurisdição, atribuí-la aos juízes de direito, com recurso para o respectivo Tribunal Regional do Trabalho.
CF, Art. 111-A, *Caput*. O Tribunal Superior do Trabalho compor-se-á de vinte e sete Ministros, escolhidos dentre brasileiros com mais de 35 (trinta e cinco) anos e menos de sessenta e cinco anos, de notável saber jurídico e reputação ilibada, nomeados pelo Presidente da República após aprovação pela maioria absoluta do Senado Federal, sendo: [...].

ORGANIZAÇÃO INTERNACIONAL DO TRABALHO (OIT). *Dir. Inter.*

A Organização Internacional do Trabalho (OIT) foi criada em 1919 pelo Tratado de Versalhes. Sua finalidade era ser uma organização internacional voltada a discutir temas que poderiam deflagrar outro conflito internacional, como por exemplo, a preocupação de estabelecer regras mínimas de proteção ao trabalhador como medida hábil a evitar litígios comerciais. Embora criada em 1919, apenas em 1946 a OIT passou a possuir personalidade jurídica, pois foi transformada em uma agência especializada das nações unidas (ONU). Assim, atualmente a OIT é considerada uma Organização Internacional de proteção internacional ao trabalhador. Vale destacar que entre a OIT e a ONU não há subordinação, e sim uma relação de colaboração entre elas. A OIT em sua estrutura possui composição tripartite, ou seja, possuem 3 (três) órgãos principais, a Conferência Internacional do Trabalho, o Conselho de Administração da OIT e o "Bureau" ou Repartição Internacional do Trabalho. O Brasil ratificou algumas convenções da OIT, mas não todas. Podemos citar como exemplo, de não ratificação pelo Brasil a Convenção 87 da OIT que trata da plena liberdade sindical. Já podemos citar como exemplo de ratificação pelo Brasil a Convenção nº 182 da OIT que trata da proibição do trabalho infantil.

BASE LEGAL:
Convenção 87 da OIT – Art. 2º. Os trabalhadores e as entidades patronais, sem distinção de qualquer espécie, têm o direito, sem autorização prévia, de constituírem organizações da sua escolha, assim como o de se filiarem

nessas organizações, com a única condição de se conformarem com os estatutos destas últimas.
Convenção 182 da OIT – Art. 1º. Todo Estado-membro que ratificar a presente Convenção deverá adotar medidas imediatas e eficazes que garantam a proibição e a eliminação das piores formas de trabalho infantil em caráter de urgência.

ORGANIZAÇÃO SINDICAL. *Dir. Trab.*

A estrutura sindical brasileira é composta pelos Sindicatos, pelas Federações e pelas Confederações. Os Sindicatos ficam na base da pirâmide, respeitando a unicidade sindical. As federações em âmbito estadual, sendo que composta de no mínimo 5 (cinco) sindicatos. As confederações em âmbito nacional sede em Brasília, sendo composta pela união de no mínimo 3 (três) federações. Vale ressaltar ainda no tocante a estrutura sindical que as centrais sindicais não pertencem a estrutura, pois não tem legitimidade para representar a categoria administrativamente fazendo negociação coletiva ou judicialmente. A organização sindical é dividida em 3 (três) categorias. A categoria econômica, que é formada por empregadores em razão da solidariedade de interesses econômicos dos que empreendem atividades idênticas, similares ou conexas. Existe também a categoria profissional, que é formada por empregados em razão de situação de emprego na mesma atividade econômica, similar ou conexa. E há ainda as categorias profissionais diferenciadas, que são formadas por trabalhadores que exercem profissões ou funções diferenciadas por força de estatuto profissional especial ou em consequência de condições de vidas singulares, como por exemplo, a profissão de bombeiro civil que possui legislação especifica (Lei nº 11.901/09).

BASE LEGAL:
CLT, Art. 534, *Caput*. É facultado aos Sindicatos, quando em número não inferior a 5 (cinco), desde que representem a maioria absoluta de um grupo de atividades ou profissões idênticas, similares ou conexas, organizarem-se em federação.
CLT, Art. 535, *Caput*. As Confederações organizar-se-ão com o mínimo de 3 (três) federações e terão sede na Capital da República.

ÓRGÃOS DE PROTEÇÃO AO CRÉDITO. *Dir. Proc. Trab.*

Os órgãos de proteção ao crédito tem a finalidade de agrupar informações referentes à inadimplência ou a adimplência de pessoas físicas ou jurídicas. No processo do trabalho, por diversas vezes o devedor (executado) não quita o seu débito e a legislação possibilita que o credor (exequente) solicite ao juiz a inclusão do nome do executado em cadastros de inadimplentes, como por exemplo: a inscrição do devedor no Serasa. A reforma trabalhista criou na CLT dispositivo que prevê que a decisão judicial transitada em julgada somente poderá ser objeto de protesto, ou de cadastro nos órgãos de proteção ao crédito ou ainda de inclusão no Banco Nacional de Devedores Trabalhistas (BNDT), depois de 45 (quarenta e cinco) dias a contar da citação do executado, e se não houver a garantia do Juízo. Por fim, caso o executado efetue o pagamento da execução ou garanta a execução, a sua inscrição nos órgãos de proteção ao crédito, será cancelada imediatamente.

BASE LEGAL:

CLT, 883-A. A decisão judicial transitada em julgado somente poderá ser levada a protesto, gerar inscrição do nome do executado em órgãos de proteção ao crédito ou no Banco Nacional de Devedores Trabalhistas (BNDT), nos termos da lei, depois de transcorrido o prazo de quarenta e cinco dias a contar da citação do executado, se não houver garantia do juízo.

CPC, Art. 782, §§ 3º, 4º e 5º – Não dispondo a lei de modo diverso, o juiz determinará os atos executivos, e o oficial de justiça os cumprirá.

[...]

§ 3º A requerimento da parte, o juiz pode determinar a inclusão do nome do executado em cadastros de inadimplentes.

§ 4º A inscrição será cancelada imediatamente se for efetuado o pagamento, se for garantida a execução ou se a execução for extinta por qualquer outro motivo.

§ 5º O disposto nos §§ 3º e 4º aplica-se à execução definitiva de título judicial.

ÓRGÃOS DE SEGURANÇA E DE MEDICINA DO TRABALHO NAS EMPRESAS. *Dir. Trab.*

A Constituição Federal prevê que é direito dos trabalhadores a redução dos riscos inerentes ao trabalho, por meio de normas de saúde, higiene e segurança. Ocorre que somente a instituição de normas de saúde, higiene e segurança, não são por si só suficientes, devendo existir no âmbito interno da empresa um órgão que possa fiscalizar se as normas protetivas que foram instituídas na empresa são cumpridas pelo empregado e pelo empregador, evitando-se assim eventos que possam colocar em risco a integridade física e psíquica dos trabalhadores. Nesse sentido, foi instituída a Comissão Interna de Prevenção de Acidentes (CIPA) que possui essa finalidade preventiva e fiscalizatória no que se refere à existência e ao cumprimento das normas de saúde e segurança do trabalhador. A CIPA é composta de representantes da empresa e dos empregados. Os representantes da empresa são indicados pelo empregador e por tal razão não possuem estabilidade. Vale destacar que o Presidente da CIPA será indicado pelo empregador. Já os representantes dos empregados são eleitos pelos demais, e assim possuem estabilidade no emprego que será iniciada a partir do registro da candidatura, até 1 (um) ano após o término do seu mandato. Nessa linha, o neste período de garantia de emprego o trabalhador não poderá sofrer dispensa arbitrária, todavia, poderá ser dispensado por justa causa e também poderá pedir demissão, tendo em vista o princípio da liberdade de trabalho. Por fim, vale destacar que o suplente também gozará da garantia de emprego.

BASE LEGAL:

CLT, Artigo 162, *Caput*. As empresas, de acordo com normas a serem expedidas pelo Ministério do Trabalho, estarão obrigadas a manter serviços especializados em segurança e em medicina do trabalho.

CLT, Artigo 164, §§1°, 2° e 5°. Cada CIPA será composta de representantes da empresa e dos empregados, de acordo com os critérios que vierem a ser adotados na regulamentação de que trata o parágrafo único do artigo anterior.

§ 1° – Os representantes dos empregadores, titulares e suplentes, serão por eles designados.

§ 2° – Os representantes dos empregados, titulares e suplentes, serão eleitos em escrutínio secreto, do qual participem, independentemente de filiação sindical, exclusivamente os empregados interessados.

§ 5° – O empregador designará, anualmente, dentre os seus representantes, o Presidente da CIPA e os empregados elegerão, dentre eles, o Vice-Presidente.

Súmula, 339, I, TST – CIPA. SUPLENTE. GARANTIA DE EMPREGO. CF/1988 (incorporadas as Orientações Jurisprudenciais n°s 25 e 329 da SBDI-1) – Res. 129/2005, DJ 20, 22 e 25.04.2005.

I – O suplente da CIPA goza da garantia de emprego prevista no art. 10, II, "a", do ADCT a partir da promulgação da Constituição Federal de 1988.

P

PARCELAMENTO. *Dir. Proc. Trab./Dir. Proc. Civil.*

É modalidade de pagamento do crédito em um determinado número de parcelas ou prestações. A finalidade da existência do parcelamento é aliviar e fazer com que o devedor tenha condições de arcar com o pagamento da dívida. O novo CPC introduziu a possibilidade do parcelamento da execução. Neste parcelamento o executado pagará o valor de 30% (trinta por cento) da execução, acrescido de custas e de honorários de advogado, e poderá realizar o parcelamento do valor restante em até 6 (seis) prestações mensais, acrescidas de correção monetária e de juros de 1% (um por cento) ao mês. O parcelamento acima mencionado é aplicável ao processo do trabalho, sendo que poderá ser requerido no prazo dos Embargos à Execução. A Lei não prevê a necessidade de aceite do exequente, cabendo ao juiz deferir ou não o parcelamento. Vale dizer que a opção pelo parcelamento importa no reconhecimento do crédito pelo executado e, portanto há renúncia ao direito de opor Embargos à Execução. Critica a este entendimento defende que na hipótese de o juiz indeferir o parcelamento, o executado fica prejudicado com a perda dos Embargos à Execução. Por fim, a Instrução Normativa 39/16 do TST, em seu artigo 3º, XX, autoriza o pagamento parcelado de bem adquirido em hasta pública, devendo o arrematante pagar sinal de 25%, parcelando o restante em 30 (trinta) meses.

BASE LEGAL:

CPC, Artigo 916. No prazo para embargos, reconhecendo o crédito do exequente e comprovando o depósito de trinta por cento do valor em execução, acrescido de custas e de honorários de advogado, o executado poderá requerer que lhe seja permitido pagar o restante em até 6 (seis) parcelas mensais, acrescidas de correção monetária e de juros de um por cento ao mês.

§ 1º O exequente será intimado para manifestar-se sobre o preenchimento dos pressupostos do *caput*, e o juiz decidirá o requerimento em 5 (cinco) dias.

§ 2º Enquanto não apreciado o requerimento, o executado terá de depositar as parcelas vincendas, facultado ao exequente seu levantamento.

§ 3º Deferida a proposta, o exequente levantará a quantia depositada, e serão suspensos os atos executivos.

§ 4º Indeferida a proposta, seguir-se-ão os atos executivos, mantido o depósito, que será convertido em penhora.

§ 5º O não pagamento de qualquer das prestações acarretará cumulativamente:

I – o vencimento das prestações subsequentes e o prosseguimento do processo, com o imediato reinício dos atos executivos;

II – a imposição ao executado de multa de dez por cento sobre o valor das prestações não pagas.

§ 6º A opção pelo parcelamento de que trata este artigo importa renúncia ao direito de opor embargos

§ 7º O disposto neste artigo não se aplica ao cumprimento da sentença.

CPC, Artigo 895.

§1º – O interessado em adquirir o bem penhorado em prestações poderá apresentar, por escrito:

[...]

§ 1º A proposta conterá, em qualquer hipótese, oferta de pagamento de pelo menos vinte e cinco por cento do valor do lance à vista e o restante parcelado em até 30 (trinta) meses, garantido por caução idônea, quando se tratar de móveis, e por hipoteca do próprio bem, quando se tratar de imóveis.

PARTICIPAÇÃO NOS LUCROS E RESULTADOS. *Dir. Trab.*

Como o próprio nome do instituto já anuncia, trata-se da participação do empregado nos lucros e resultados obtidos pela empresa durante o ano. A PLR não é obrigatória, desta forma, caso a empresa não obtenha lucro durante o ano, não haverá o pagamento da PLR. Há no ordenamento jurídico, legislação própria que regulamenta a PLR, a Lei nº 10.101/2000. Nesse sentido, a PLR será instituída por meio de negociação coletiva, ou seja, por meio de acordo coletivo de trabalho ou de convenção coletiva de trabalho. A Lei permite ainda que seja criada uma comissão paritária, ou seja, com representantes dos empregados e do empregador para negociar os valores e condições da PLR. Nesse sentido, vale dizer que as metas do acordo de PLR podem ser implantadas por área ou departamento ou de forma individual. Vale dizer que os empregados contratados pelo regime da CLT, ainda que contratados por meio de contrato de trabalho temporário ou por contrato de experiência, tem direito a receber a PLR. A PLR possui natureza jurídica indenizatória, ou seja, não há reflexos. Por fim, caso o empregado seja dispensado durante o ano, antes do pagamento da PLR, fará jus ao pagamento da mesma de forma proporcional ao tempo trabalhado na empresa.

BASE LEGAL:

Lei nº 10.101/00. Art.2º, I e II. A participação nos lucros ou resultados será objeto de negociação entre a empresa e seus empregados, mediante um dos procedimentos a seguir descritos, escolhidos pelas partes de comum acordo:

I – comissão paritária escolhida pelas partes, integrada, também, por um representante indicado pelo sindicato da respectiva categoria;

II – convenção ou acordo coletivo.§ 2º Enquanto não apreciado o requerimento, o executado terá de depositar as parcelas vincendas, facultado ao exequente seu levantamento.

[...]

Súmula nº 451 do TST – PARTICIPAÇÃO NOS LUCROS E RESULTADOS. RESCISÃO CONTRATUAL ANTERIOR À DATA DA DISTRIBUIÇÃO DOS LUCROS. PAGAMENTO PROPORCIONAL AOS MESES TRABALHADOS. PRINCÍPIO DA ISONOMIA. (conversão da Orientação Jurisprudencial nº 390 da SBDI-1) – Res. 194/2014, DEJT divulgado em 21, 22 e 23.05.2014. Fere o princípio da isonomia instituir vantagem mediante acordo coletivo ou norma regulamentar que condiciona a percepção da parcela participação nos lucros e resultados ao fato de estar o contrato de trabalho em vigor na data prevista para a distribuição dos lucros. Assim, inclusive na rescisão contratual antecipada, é devido o pagamento da parcela de forma proporcional aos meses trabalhados, pois o ex-empregado concorreu para os resultados positivos da empresa.

PEÃO DE RODEIO. *Dir. Trab.*

É o atleta profissional cuja atividade consiste na participação, mediante remuneração pactuada em contrato próprio, em provas de destreza no dorso de animais equinos ou bovinos, em torneios patrocinados por entidades públicas ou privadas. A regulamentação desta modalidade de trabalho está prevista na Lei nº 10.220/01. O contrato do peão de rodeio é celebrado entre a entidade promotora das provas de rodeios e o peão, devendo ser obrigatoriamente elaborado por escrito, devendo conter a qualificação das partes contratantes, o prazo de vigência, que será, no mínimo, de 4 (quatro) dias e, no máximo, de 2 (dois) anos, o modo e a forma de remuneração, especificados o valor básico, os prêmios, as gratificações, e, quando houver, as bonificações, bem como o valor das luvas, se previamente convencionadas, e cláusula penal para as hipóteses de descumprimento ou rompimento unilateral do contrato. Nesse sentido, é obrigatória a contratação, pelas entidades promotoras, de seguro de vida e de acidentes em favor do peão de rodeio, compreendendo indenizações por morte ou invalidez permanente. Por fim, na hipótese de trabalhadores maiores de 16 (dezesseis) anos e menores de 21 (vinte e um anos) o contrato só terá validade se precedido de expresso assentimento de seu responsável legal.

BASE LEGAL:

Lei nº 10.220/2001 – Artigo 1º, *Caput*. Considera-se atleta profissional o peão de rodeio cuja atividade consiste na participação, mediante remuneração pactuada em contrato próprio, em provas de destreza no dorso de animais equinos ou bovinos, em torneios patrocinados por entidades públicas ou privadas.

Lei nº 10.220/2001 – Artigo 4º, *Caput*. A celebração de contrato com maiores de dezesseis anos e menores de vinte e um anos deve ser precedida de expresso assentimento de seu responsável legal.

PAUTA REINVINDICATÓRIA. *Jur.*

Ordem do dia a ser observada num colegiado, público ou privado; do que se está falando; do que se trata; em questão; aquilo que se tem por direito ou que se acredita ter; aquilo que se pleiteia; que se entende como própria; pretensão ou ação de direito à coisa.

BASE LEGAL:

OJ SDC, 8. 08. DISSÍDIO COLETIVO. PAUTA REIVINDICATÓRIA NÃO REGISTRADA EM ATA. CAUSA DE EXTINÇÃO. (inserida em 27.03.1998) A ata da assembleia de trabalhadores que legitima a atuação da entidade sindical respectiva em favor de seus interesses deve registrar, obrigatoriamente, a pauta reivindicatória, produto da vontade expressa da categoria.

PATERNIDADE. *s.f.*

Qualidade ou condição de pai; vínculo sanguíneo que liga pai e filho.[162] Distingue-se a *paternidade legítima*, em que os filhos procedem de uma união entre pai e mãe; *paternidade espúria*, espécie de paternidade ilegítima quando entre o pai e a mãe há um impedimento para o matrimônio; *paternidade adotiva*, em que os filhos são adotados; e por fim, mas não esgotando o assunto, *paternidade socioafetiva*, conceito decorrente dos novos conceitos relacionados à família, em que em situação de multiparentalidade, os filhos terão mais de dois pais reconhecidos em seu registro de nascimento.

162 HOUAISS, 2002.

BASE LEGAL:
CF, Art. 7º São direitos dos trabalhadores urbanos e rurais, além de outros que visem à melhoria de sua condição social:
[...] XIX – licença-paternidade, nos termos fixados em lei;
CLT, Art. 611-B. Constituem objeto ilícito de convenção coletiva ou de acordo coletivo de trabalho, exclusivamente, a supressão ou a redução dos seguintes direitos: [...]
XIV – licença-paternidade nos termos fixados em lei; (Incluído pela Lei nº 13.467, de 2017)

Ver também LICENÇA.

PEDIDOS. *Jur.*

Manifestação do interesse que o autor, por via do processo, pretende ver declarado ou legitimado. Parte da petição que menciona o que se pede. O Direito Processual Trabalhista aprimorou, dentre os requisitos essenciais ou indispensáveis da Reclamação Trabalhista, os pedidos, que passam a ter como exigência a necessidade de serem certos, determinados e com indicação de seu valor. Como novidade, passamos assim a exigência da liquidez dos pedidos, não apenas no procedimento sumaríssimo, mas também no procedimento ordinário. *Pedido certo* é aquele que identifica o seu objeto, permitindo que seja perfeitamente individualizado, ou seja, pedido expresso, preciso e de forma explícita; *determinado* é o pedido líquido, em que o autor indica a quantidade, o *quantum*, que pretende receber. No entanto, a própria legislação estabelece hipóteses excepcionais, em que se admitem pedidos ilíquidos ou genéricos. Em regra, são situações em que não seria razoável exigir do autor, na inicial, que indicasse com precisão o que pretende. Mas, ainda que o pedido não possa ser identificado de início, deverá ser identificável. Pedidos que não atendam aos requisitos legais, ferindo a celeridade processual, serão extintos sem julgamento do mérito.

BASE LEGAL:
CPC, Art. 322. O pedido deve ser certo.
§ 1º Compreendem-se no principal os juros legais, a correção monetária e as verbas de sucumbência, inclusive os honorários advocatícios.
§ 2º A interpretação do pedido considerará o conjunto da postulação e observará o princípio da boa-fé.
CPC, Art. 329. O autor poderá:
I – até a citação, aditar ou alterar o pedido ou a causa de pedir, independentemente de consentimento do réu;

II – até o saneamento do processo, aditar ou alterar o pedido e a causa de pedir, com consentimento do réu, assegurado o contraditório mediante a possibilidade de manifestação deste no prazo mínimo de 15 (quinze) dias, facultado o requerimento de prova suplementar.
Parágrafo único. Aplica-se o disposto neste artigo à reconvenção e à respectiva causa de pedir.
CLT, Art. 840 – A reclamação poderá ser escrita ou verbal.
§ 1º Sendo escrita, a reclamação deverá conter a designação do juízo, a qualificação das partes, a breve exposição dos fatos de que resulte o dissídio, o pedido, que deverá ser certo, determinado e com indicação de seu valor, a data e a assinatura do reclamante ou de seu representante. (Redação dada pela Lei nº 13.467, de 2017)
§ 2º Se verbal, a reclamação será reduzida a termo, em duas vias datadas e assinadas pelo escrivão ou secretário, observado, no que couber, o disposto no § 1º deste artigo. (Redação dada pela Lei nº 13.467, de 2017)
§ 3º Os pedidos que não atendam ao disposto no § 1º deste artigo serão julgados extintos sem resolução do mérito. (Incluído pela Lei nº 13.467, de 2017)

PEDIDO DE DEMISSÃO. *Dir. Trab.*

Resolução do contrato de trabalho por iniciativa do empregado. O pedido de demissão pelo obreiro, em *contratos por tempo determinado*, *sem cláusula assecuratória do direito recíproco de rescisão antecipada*, **dá direito ao recebimento do 13º proporcional e férias proporcionais com acréscimo do terço constitucional. A antecipação da ruptura do contrato de trabalho a prazo, sem justa causa, obrigará o empregado a indenizar o empregador dos prejuízos que desse fato lhe resultarem. Caso o empregado antecipe o fim do pacto, por seu pedido de demissão, em** *contratos a prazo que tenham cláusula assecuratória do direito recíproco de rescisão antecipada*, os efeitos rescisórios passam a se reger pelas regras dos contratos de duração indeterminada. Por sua vez, o pedido de demissão pelo obreiro, em *contratos por tempo indeterminado*, implica o direito ao recebimento do 13º proporcional e férias proporcionais com acréscimo do terço constitucional. Não terá liberado FGTS, nem receberá os 40% (quarenta por cento) de acréscimo sobre o FGTS; perde a proteção das garantias de emprego, se existentes, e não terá direito às guias para saque de seguro-desemprego. Relembrando que, em caso de pedido de demissão, o empregado é quem deverá conceder o aviso-prévio ao empregador. Por fim, o pedido de demissão do empregado estável só será válido quando feito com a assistência do respectivo Sindicato, e quando ausente, perante autoridade local competente do Ministério do Trabalho e Previdência Social ou da Justiça do Trabalho.

BASE LEGAL:
CLT, Art. 480. Havendo termo estipulado, o empregado não se poderá desligar do contrato, sem justa causa, sob pena de ser obrigado a indenizar o empregador dos prejuízos que desse fato lhe resultarem.
§ 1º – A indenização, porém, não poderá exceder àquela a que teria direito o empregado em idênticas condições.
CLT, Art. 481. Aos contratos por prazo determinado, que contiverem cláusula asseguratória do direito recíproco de rescisão antes de expirado o termo ajustado, aplicam-se, caso seja exercido tal direito por qualquer das partes, os princípios que regem a rescisão dos contratos por prazo indeterminado.
CLT, Art. 487. Não havendo prazo estipulado, a parte que, sem justo motivo, quiser rescindir o contrato deverá avisar a outra da sua resolução com a antecedência mínima de:
I – oito dias, se o pagamento for efetuado por semana ou tempo inferior;
II – trinta dias aos que perceberem por quinzena ou mês, ou que tenham mais de 12 (doze) meses de serviço na empresa.

§ 1º – A falta do aviso prévio por parte do empregador dá ao empregado o direito aos salários correspondentes ao prazo do aviso, garantida sempre a integração desse período no seu tempo de serviço.
§ 2º – A falta de aviso prévio por parte do empregado dá ao empregador o direito de descontar os salários correspondentes ao prazo respectivo.
§ 3º – Em se tratando de salário pago na base de tarefa, o cálculo, para os efeitos dos parágrafos anteriores, será feito de acordo com a média dos últimos 12 (doze) meses de serviço.
§ 4º – É devido o aviso prévio na despedida indireta. (Parágrafo incluído pela Lei nº 7.108, de 5.7.1983)
§ 5º O valor das horas extraordinárias habituais integra o aviso prévio indenizado.
§ 6º O reajustamento salarial coletivo, determinado no curso do aviso prévio, beneficia o empregado pré-avisado da despedida, mesmo que tenha recebido antecipadamente os salários correspondentes ao período do aviso, que integra seu tempo de serviço para todos os efeitos legais.

PEJOTIZAÇÃO. *Dir. Trab.*

Também conhecida como *sociedade como simulação*, trata-se da utilização de um contrato de sociedade como forma de simular uma situação fático-jurídica de natureza civil/comercial, de forma a ocultar uma relação empregatícia.[163] Em outras palavras, o trabalhador constitui uma pessoa jurídica e celebra com o seu empregador um contrato simulado de prestação de serviços, recebendo seu salário mediante a emissão de notas fiscais, desse modo, mascarando a verdadeira relação de emprego existente entre as partes. De acordo com o princípio da *Primazia da Realidade*, deverá prevalecer o contrato que efetivamente rege a relação jurídica entre as partes, desconsiderando-se a simulação evidenciada.

BASE LEGAL:
CLT, Art. 9º. Serão nulos de pleno direito os atos praticados com o objetivo de desvirtuar, impedir ou fraudar a aplicação dos preceitos contidos na presente Consolidação.

PENOSIDADE. *Dir. Trab.*

Muito embora o adicional de penosidade possua fundamentação constitucional no art. 7º, inciso XXIII, não há na legislação infraconstitucional nenhuma conceituação e/ou norma legal que regulamente seu recebimento. Vale trazer que, a única definição que encontramos sobre o tema, encontra-se no artigo 71, da Lei n. 8.112, de 1990, que dispõe sobre o regime jurídico dos servidores públicos, e em nada pode ser aproveitada para os empregados. Nesse sentido merece destaque a conceituação sugerida pelo doutrinador Jorge Souto Maior, considerando-se como *penoso um trabalho que não apresenta risco à saúde física, mas que, pelas condições adversas ao psíquico, acaba minando as forças e a autoestima do trabalhador, mais ou menos na linha do assédio moral, determinado pela própria estrutura empresarial e não por ato pessoal de um superior hierárquico.*[164]

BASE LEGAL:
CF, Art. 7º São direitos dos trabalhadores urbanos e rurais, além de outros que visem à melhoria de sua condição social:
[...] – XXIII – adicional de remuneração para as atividades penosas, insalubres ou perigosas, na forma da lei; [...].
Lei 8.112/91, Art. 69. Haverá permanente controle da atividade de servidores em operações ou locais considerados penosos, insalubres ou perigosos.
Parágrafo único. A servidora gestante ou lactante será afastada, enquanto durar a gestação e a lactação, das operações e locais previstos neste artigo,

163 DELGADO, 2019, p. 437.

164 SOUTO MAIOR, 2004.

exercendo suas atividades em local salubre e em serviço não penoso e não perigoso.
Art. 70. Na concessão dos adicionais de atividades penosas, de insalubridade e de periculosidade, serão observadas as situações estabelecidas em legislação específica.
Art. 71. O adicional de atividade penosa será devido aos servidores em exercício em zonas de fronteira ou em localidades cujas condições de vida o justifiquem, nos termos, condições e limites fixados em regulamento.

PENHORA. *Dir. Proc. Civ.*

Apreensão dos bens do devedor para pagamento de dívida ou da obrigação executada; garantia judicial. Requerida a execução trabalhista, o juiz mandará expedir mandado de citação do executado, a fim de que cumpra a decisão ou acordo em 48 (quarenta e oito) horas ou garanta a execução, sob pena de penhora. O executado poderá garantir a execução nomeando bens à penhora. Não pagando o executado, nem garantindo a execução, seguir-se-á penhora dos bens, tantos quantos bastem ao pagamento da importância da condenação, acrescida de custas e juros de mora, sendo estes, em qualquer caso, devidos a partir da data em que for ajuizada a reclamação inicial.

BASE LEGAL:
CLT, Art. 880. Requerida a execução, o juiz ou presidente do tribunal mandará expedir mandado de citação do executado, a fim de que cumpra a decisão ou o acordo no prazo, pelo modo e sob as cominações estabelecidas ou, quando se tratar de pagamento em dinheiro, inclusive de contribuições sociais devidas à União, para que o faça em 48 (quarenta e oito) horas ou garanta a execução, sob pena de penhora.
§ 1º – O mandado de citação deverá conter a decisão exequenda ou o termo de acordo não cumprido.
§ 2º – A citação será feita pelos oficiais de diligência.
§ 3º – Se o executado, procurado por 2 (duas) vezes no espaço de 48 (quarenta e oito) horas, não for encontrado, far-se-á citação por edital, publicado no jornal oficial ou, na falta deste, afixado na sede da Junta ou Juízo, durante 5 (cinco) dias.
CLT, Art. 882. O executado que não pagar a importância reclamada poderá garantir a execução mediante depósito da quantia correspondente, atualizada e acrescida das despesas processuais, apresentação de seguro-garantia judicial ou nomeação de bens à penhora, observada a ordem preferencial estabelecida no art. 835 da Lei no 13.105, de 16 de março de 2015 – Código de Processo Civil.

CLT, Art. 770. Os atos processuais serão públicos salvo quando o contrário determinar o interesse social, e realizar-se-ão nos dias úteis das 6 (seis) às 20 (vinte) horas.
Parágrafo único: A penhora poderá realizar-se em domingo ou dia feriado, mediante autorização expressa do juiz ou presidente.
CPC, Art. 835. A penhora observará, preferencialmente, a seguinte ordem:
I – dinheiro, em espécie ou em depósito ou aplicação em instituição financeira;
II – títulos da dívida pública da União, dos Estados e do Distrito Federal com cotação em mercado;
III – títulos e valores mobiliários com cotação em mercado;
IV – veículos de via terrestre;
V – bens imóveis;
VI – bens móveis em geral;
VII – semoventes;
VIII – navios e aeronaves;
IX – ações e quotas de sociedades simples e empresárias;
X – percentual do faturamento de empresa devedora;
XI – pedras e metais preciosos;
XII – direitos aquisitivos derivados de promessa de compra e venda e de alienação fiduciária em garantia;
XIII – outros direitos.
§ 1º É prioritária a penhora em dinheiro, podendo o juiz, nas demais hipóteses, alterar a ordem prevista no *caput* de acordo com as circunstâncias do caso concreto.
§ 2º Para fins de substituição da penhora, equiparam-se a dinheiro a fiança bancária e o seguro garantia judicial, desde que em valor não inferior ao do débito constante da inicial, acrescido de trinta por cento.
§ 3º Na execução de crédito com garantia real, a penhora recairá sobre a coisa dada em garantia, e, se a coisa pertencer a terceiro garantidor, este também será intimado da penhora.

PENSIONAMENTO. *Dir. Civ./Dir. Prev.*

Prestação pecuniária continuada de natureza civil ou previdenciária, paga a título de auxílio, compensação ou indenização; ato ou efeito de pensionar, de conceder pensão. Do italiano, pensionamento pode ser entendido como *aposentadoria:* benefício pecuniário mensal e vitalício a que tem direito o aposentado; afastamento de um trabalhador do serviço ativo após completar os requisitos estipulados em lei; ato que concede o benefício. No Direito Trabalhista a aposentadoria por invalidez suspende o contrato de trabalho, por outro lado, as aposentadorias voluntárias, como as aposentadorias por idade, por tempo de contribuição e especial, constatamos a coexistência de duas posições totalmente opostas, defendidas pela doutrina e jurisprudência. A primeira posição, defendida por grande parte da doutrina trabalhista, defende que a aposentadoria extingue o vínculo empregatício com fulcro no art. 453 da CLT. A segunda posição, defendida pela doutrina previdenciarista, principalmente, sustenta a continuidade da relação de emprego em função do disposto na legislação previdenciária, que permite o requerimento e concessão de aposentadoria sem o desligamento do empregado.

BASE LEGAL:

CF, Art. 7º São direitos dos trabalhadores urbanos e rurais, além de outros que visem à melhoria de sua condição social: [...] XXIV – aposentadoria;

CLT, Art. 453. No tempo de serviço do empregado, quando readmitido, serão computados os períodos, ainda que não contínuos, em que tiver trabalhado anteriormente na empresa, salvo se houver sido despedido por falta grave, recebido indenização legal ou se aposentado espontaneamente.

[...]

§ 2º O ato de concessão de benefício de aposentadoria a empregado que não tiver completado 35 (trinta e cinco) anos de serviço, se homem, ou trinta, se mulher, importa em extinção do vínculo empregatício. (Incluído pela Lei nº 9.528, de 10.12.1997) (Vide ADIN 1.721-3).

Lei n. 8.213/91 – Art. 49. A aposentadoria por idade será devida:

I – ao segurado empregado, inclusive o doméstico, a partir:

a) da data do desligamento do emprego, quando requerida até essa data ou até 90 (noventa) dias depois dela; ou

b) da data do requerimento, quando não houver desligamento do emprego ou quando for requerida após o prazo previsto na alínea "a";

II – para os demais segurados, da data da entrada do requerimento.

PEREMPÇÃO. *Dir. Proc.*

Ato ou efeito de extinguir; extinção de um direito devido ao decurso de tempo; perda por inércia; perda do direito de ação. ***Dir. Proc. Civ.*** ocorre quando o autor formula o mesmo pedido, com base na mesma causa de pedir em face do réu, por três vezes e ter dado ensejo à extinção do processo sem resolução de mérito por abandono de causa em cada uma delas. ***Dir. Proc. Trab.*** temos duas espécies de perempção trabalhista, que não podem ser confundidas com a perempção do processo civil. A primeira ocorre quando o autor ajuíza a reclamação trabalhista verbalmente, e não comparece à Secretaria da Vara do Trabalho para reduzi-la a termo, no prazo de 5 (cinco) dias; a segunda, ocorre, quando o autor dá causa a dois arquivamentos seguidos pelo não comparecimento à audiência. A consequência processual é a perda do direito de mover reclamação trabalhista pelo prazo de 6 (seis) meses. Vale ressaltar que há controvérsia doutrinária e jurisprudencial se essa limitação somente é válida para o mesmo reclamado ou não, e se envolve o mesmo objeto (pedido) ou não. Por fim, importante trazermos que parte da doutrina processualista entende que o instituto da perempção é inconstitucional, pois vedaria o acesso à justiça, em contradição ao art. 5º, XXXV.

BASE LEGAL:

CLT, Art. 731. Aquele que, tendo apresentado ao distribuidor reclamação verbal, não se apresentar, no prazo estabelecido no parágrafo único do art. 786, à Junta ou Juízo para fazê-lo tomar por termo, incorrerá na pena de perda, pelo prazo de 6 (seis) meses, do direito de reclamar perante a Justiça do Trabalho.

CLT, Art. 732. Na mesma pena do artigo anterior incorrerá o reclamante que, por 2 (duas) vezes seguidas, der causa ao arquivamento de que trata o art. 844.

CPC, Art. 486. O pronunciamento judicial que não resolve o mérito não obsta a que a parte proponha de novo a ação.

[...]

§ 3º Se o autor der causa, por 3 (três) vezes, a sentença fundada em abandono da causa, não poderá propor nova ação contra o réu com o mesmo objeto, ficando-lhe ressalvada, entretanto, a possibilidade de alegar em defesa o seu direito.

PERÍCIA. *Dir. Proc.*

Prova técnica confiada a um ou mais especialistas de forma a fornecer os elementos necessários que permitam o juiz tomar decisões; prova técnica consistente em exames, vistorias, avaliações, realizadas por quem tenha conhecimentos científicos ou técnicos pertinentes. São espécies de provas periciais, o *exame*, que é espécie de prova pericial que objetiva o exame de pessoas, semoventes ou bens móveis; a *vistoria*, que objetiva o exame de lugares ou bens imóveis; e a *avaliação* que se propõe a estimar o valor de bens ou obrigações.

BASE LEGAL:

CLT, Art. 195. A caracterização e a classificação da insalubridade e da periculosidade, segundo as normas do Ministério do Trabalho, far-se-ão através de perícia a cargo de Médico do Trabalho ou Engenheiro do Trabalho, registrados no Ministério do Trabalho.

§ 1º – É facultado às empresas e aos sindicatos das categorias profissionais interessadas requererem ao Ministério do Trabalho a realização de perícia em estabelecimento ou setor deste, com o objetivo de caracterizar e classificar ou delimitar as atividades insalubres ou perigosas.
§ 2º – Arguida em juízo insalubridade ou periculosidade, seja por empregado, seja por Sindicato em favor de grupo de associado, o juiz designará perito habilitado na forma deste artigo, e, onde não houver, requisitará perícia ao órgão competente do Ministério do Trabalho.
§ 3º – O disposto nos parágrafos anteriores não prejudica a ação fiscalizadora do Ministério do Trabalho, nem a realização ex officio da perícia.
CLT, Art. 790-B. A responsabilidade pelo pagamento dos honorários periciais é da parte sucumbente na pretensão objeto da perícia, ainda que beneficiária da justiça gratuita.
§ 1º Ao fixar o valor dos honorários periciais, o juízo deverá respeitar o limite máximo estabelecido pelo Conselho Superior da Justiça do Trabalho.
§ 2º O juízo poderá deferir parcelamento dos honorários periciais.
§ 3º O juízo não poderá exigir adiantamento de valores para realização de perícias.
§ 4º Somente no caso em que o beneficiário da justiça gratuita não tenha obtido em juízo créditos capazes de suportar a despesa referida no *caput*, ainda que em outro processo, a União responderá pelo encargo.

PERIODOS DE DESCANSO. *Dir. Trab.*

O doutrinador Godinho Delgado define os períodos de descanso como "lapsos temporais regulares, remunerados ou não, situados intra ou intermódulos diários, semanais ou anuais do período de labor, em que o empregado pode sustar a prestação de serviços e sua disponibilidade perante o empregador, com o objetivo de recuperação e implementação de suas energias ou de sua inserção familiar, comunitária e política."[165] Os períodos de descanso abrangem os *descansos intrajornadas ou intervalos intrajornadas*, fixados em norma trabalhista como lapso temporal de 1 (uma) a 2 (duas) horas para jornadas superiores a 6 (seis) horas, e de 15 (quinze) minutos para jornadas contínuas entre 4 (quatro) e 6 (seis) horas; os *descansos interjornadas* ou *intervalos interjornadas*, fixados em normas trabalhistas como lapso temporal de 11 (onze) horas, entre duas jornadas de trabalho; o *descanso semanal remunerado* ou *repouso semanal remunerado* ou *descanso hebdomadário*, de 24 (vinte e quatro) horas consecutivas, o qual, salvo motivo de conveniência pública ou necessidade imperiosa do serviço, deverá coincidir com o domingo, no todo ou em parte; *os feriados nacionais*

---

165 DELGADO, 2019, p. 1020.

e feriados religiosos; por fim, *o descanso anual* ou *férias*, com duração legalmente fixada em 30 (trinta) dias.

BASE LEGAL:

CLT, Art. 66. Entre 2 (duas) jornadas de trabalho haverá um período mínimo de 11 (onze) horas consecutivas para descanso.

CLT, Art. 67. Será assegurado a todo empregado um descanso semanal de 24 (vinte e quatro) horas consecutivas, o qual, salvo motivo de conveniência pública ou necessidade imperiosa do serviço, deverá coincidir com o domingo, no todo ou em parte.

Parágrafo único: Nos serviços que exijam trabalho aos domingos, com exceção quanto aos elencos teatrais, será estabelecida escala de revezamento, mensalmente organizada e constando de quadro sujeito à fiscalização.

CLT, Art. 70. Salvo o disposto nos artigos 68 e 69, é vedado o trabalho em dias feriados nacionais e feriados religiosos, nos têrmos da legislação própria.

CLT, Art. 71. Em qualquer trabalho contínuo, cuja duração exceda de 6 (seis) horas, é obrigatória a concessão de um intervalo para repouso ou alimentação, o qual será, no mínimo, de 1 (uma) hora e, salvo acordo escrito ou contrato coletivo em contrário, não poderá exceder de 2 (duas) horas.

§ 1º – Não excedendo de 6 (seis) horas o trabalho, será, entretanto, obrigatório um intervalo de 15 (quinze) minutos quando a duração ultrapassar 4 (quatro) horas.

§ 2º – Os intervalos de descanso não serão computados na duração do trabalho.

§ 3º – O limite mínimo de uma hora para repouso ou refeição poderá ser reduzido por ato do Ministro do Trabalho, Indústria e Comércio, quando ouvido o Serviço de Alimentação de Previdência Social, se verificar que o estabelecimento atende integralmente às exigências concernentes à organização dos refeitórios, e quando os respectivos empregados não estiverem sob regime de trabalho prorrogado a horas suplementares.

§ 4º A não concessão ou a concessão parcial do intervalo intrajornada mínimo, para repouso e alimentação, a empregados urbanos e rurais, implica o pagamento, de natureza indenizatória, apenas do período suprimido, com acréscimo de 50% (cinquenta por cento) sobre o valor da remuneração da hora normal de trabalho. (Redação dada pela Lei nº 13.467, de 2017)

§ 5º O intervalo expresso no *caput* poderá ser reduzido e/ou fracionado, e aquele estabelecido no § 1º poderá ser fracionado, quando compreendidos entre o término da primeira hora trabalhada e o início da última hora trabalhada, desde que previsto em convenção ou acordo coletivo de trabalho, ante a natureza do serviço e em virtude das condições especiais de trabalho a que são submetidos estritamente os motoristas, cobradores, fiscalização de campo e afins nos serviços de operação de veículos rodoviários, empregados no setor de transporte coletivo de passageiros, mantida a remuneração e concedidos intervalos para descanso menores ao final de cada viagem.

CLT, Art. 129. Todo empregado terá direito anualmente ao gozo de um período de férias, sem prejuízo da remuneração.

PETIÇÃO INICIAL. *Dir. Proc.*

Instrumento, normalmente escrito, formulado pelo autor, no qual se comunica um fato ou se formula um requerimento, exteriorizando o exercício do direito de ação e rompendo a inércia da jurisdição. Através da petição inicial o autor pleiteia a tutela jurisdicional do seu direito, expondo os motivos fáticos e jurídicos que embasam sua pretensão e indicam em face de quem a atuação estatal é pretendida. A *exordial* é uma peça formal, caracterizada por requisitos que deverão ser preenchidos pelo autor; normalmente escrita, apesar da Consolidação das Leis do Trabalho admitir a reclamação verbal, ainda haverá a necessidade de sua redução a termo; deve apresentar os fundamentos de fato e de direito embasando a pretensão do autor, delimitando assim os limites objetivos da lide; e os sujeitos da lide, delimitando os limites subjetivos da lide. A petição inicial trabalhista recebe o nome de *reclamação trabalhista,* o autor é denominado *reclamante* e o réu, *reclamado.*

BASE LEGAL:

CLT, Art. 840. A reclamação poderá ser escrita ou verbal.

§ 1º Sendo escrita, a reclamação deverá conter a designação do juízo, a qualificação das partes, a breve exposição dos fatos de que resulte o dissídio, o pedido, que deverá ser certo, determinado e com indicação de seu valor, a data e a assinatura do reclamante ou de seu representante. (Redação dada pela Lei nº 13.467, de 2017)

§ 2º Se verbal, a reclamação será reduzida a termo, em duas vias datadas e assinadas pelo escrivão ou secretário, observado, no que couber, o disposto no § 1º deste artigo. (Redação dada pela Lei nº 13.467, de 2017)

§ 3º Os pedidos que não atendam ao disposto no § 1º deste artigo serão julgados extintos sem resolução do mérito. (Incluído pela Lei nº 13.467, de 2017)

CPC, Art. 319. A petição inicial indicará:

I – o juízo a que é dirigida;

II – os nomes, os prenomes, o estado civil, a existência de união estável, a profissão, o número de inscrição no Cadastro de Pessoas Físicas ou no Cadastro Nacional da Pessoa Jurídica, o endereço eletrônico, o domicílio e a residência do autor e do réu;

III – o fato e os fundamentos jurídicos do pedido;

IV – o pedido com as suas especificações;

V – o valor da causa;
VI – as provas com que o autor pretende demonstrar a verdade dos fatos alegados;
VII – a opção do autor pela realização ou não de audiência de conciliação ou de mediação.
§ 1º Caso não disponha das informações previstas no inciso II, poderá o autor, na petição inicial, requerer ao juiz diligências necessárias a sua obtenção.
§ 2º A petição inicial não será indeferida se, a despeito da falta de informações a que se refere o inciso II, for possível a citação do réu.
§ 3º A petição inicial não será indeferida pelo não atendimento ao disposto no inciso II deste artigo se a obtenção de tais informações tornar impossível ou excessivamente oneroso o acesso à justiça.
CPC, Art. 320. A petição inicial será instruída com os documentos indispensáveis à propositura da ação.
CPC, Art. 321. O juiz, ao verificar que a petição inicial não preenche os requisitos dos arts. 319 e 320 ou que apresenta defeitos e irregularidades capazes de dificultar o julgamento de mérito, determinará que o autor, no prazo de 15 (quinze) dias, a emende ou a complete, indicando com precisão o que deve ser corrigido ou completado.
Parágrafo único. Se o autor não cumprir a diligência, o juiz indeferirá a petição inicial.

PIS-PASEP. *Dir. Trab.*

Programas de Integração Social (PIS) e de Formação do Patrimônio do Servidor Público (PASEP), são parcelas de seguridade social, pagas pelo Estado diretamente ao trabalhador e instituídos pela Constituição Federal. A arrecadação decorrente das contribuições para o PIS, criado pela Lei Complementar nº 7, de 7 de setembro de 1970, e para o PASEP, criado pela Lei Complementar nº 8, de 3 de dezembro de 1970, financia, o programa do seguro-desemprego, outras ações da previdência social e o abono (salário-mínimo anual). Os patrimônios acumulados do PIS e do PASEP são preservados, mantendo-se os critérios de saque nas situações previstas nas leis específicas, com exceção da retirada por motivo de casamento. O crédito obreiro no PIS/PASEP trata-se de uma prestação anual pecuniária no importe de um salário mínimo, devida a trabalhadores inscritos no programa que percebam até dois salários mínimos de remuneração mensal.

BASE LEGAL:

CF, Art. 239. A arrecadação decorrente das contribuições para o Programa de Integração Social, criado pela Lei Complementar nº 7, de 7 de setembro de 1970, e para o Programa de Formação do Patrimônio do Servidor Público, criado pela Lei Complementar nº 8, de 3 de dezembro de 1970, passa, a partir da promulgação desta Constituição, a financiar, nos termos que a lei dispuser, o programa do seguro-desemprego, outras ações da previdência social e o abono de que trata o § 3º deste artigo.(Redação dada pela Emenda Constitucional nº 103, de 2019)

§ 1º Dos recursos mencionados no *caput*, no mínimo 28% (vinte e oito por cento) serão destinados para o financiamento de programas de desenvolvimento econômico, por meio do Banco Nacional de Desenvolvimento Econômico e Social, com critérios de remuneração que preservem o seu valor. (Redação dada pela Emenda Constitucional nº 103, de 2019)

§ 2º Os patrimônios acumulados do Programa de Integração Social e do Programa de Formação do Patrimônio do Servidor Público são preservados, mantendo-se os critérios de saque nas situações previstas nas leis específicas, com exceção da retirada por motivo de casamento, ficando vedada a distribuição da arrecadação de que trata o *caput* deste artigo, para depósito nas contas individuais dos participantes.

§ 3º Aos empregados que percebam de empregadores que contribuem para o Programa de Integração Social ou para o Programa de Formação do Patrimônio do Servidor Público, até dois salários mínimos de remuneração mensal, é assegurado o pagamento de um salário mínimo anual, computado neste valor o rendimento das contas individuais, no caso daqueles que já participavam dos referidos programas, até a data da promulgação desta Constituição.

§ 4º O financiamento do seguro-desemprego receberá uma contribuição adicional da empresa cujo índice de rotatividade da força de trabalho superar o índice médio da rotatividade do setor, na forma estabelecida por lei.

§ 5º Os programas de desenvolvimento econômico financiados na forma do § 1º e seus resultados serão anualmente avaliados e divulgados em meio de comunicação social eletrônico e apresentados em reunião da comissão mista permanente de que trata o § 1º do art. 166. (Incluído pela Emenda Constitucional nº 103, de 2019) o fato e os fundamentos jurídicos do pedido;

IV – o pedido com as suas especificações;

PISO SALARIAL. *Dir. Trab.*

Traduz o patamar mínimo de contratação em certa categoria, proporcional à extensão e à complexidade do trabalho. A Lei Complementar n. 103, de 2000, autorizou na forma do parágrafo único do art. 22 da Constituição, Estados e Distrito Federal a instituírem, "mediante iniciativa do Poder Executivo, o piso salarial de que trata o inciso V do art. 7º da Constituição Federal para os empregados que não tenham piso salarial definido em lei federal, convenção ou acordo coletivo de trabalho". Esse piso salarial estadual ou distrital, se houver lei regional própria, pode abranger inclusive os empregados domésticos.

BASE LEGAL:

CF, Art. 7º São direitos dos trabalhadores urbanos e rurais, além de outros que visem à melhoria de sua condição social: [...]

V – piso salarial proporcional à extensão e à complexidade do trabalho;

Súmula nº 281 do TST, PISO SALARIAL. PROFESSORES (cancelada) – Res. 121/2003, DJ 19, 20 e 21.11.2003 A instituição do Fundo de Participação dos Estados e Municípios não fez surgir, para os professores, direito a piso salarial.

PLANO DE CLASSIFICAÇÃO DE CARGOS E SALÁRIOS (PCCS). *Dir. Trab.*

Descritivo detalhado de todos os cargos, de suas atribuições e responsabilidades e de seu respectivo salário, dentro de uma organização, bem como uma a identificação dos cargos que se enquadram como funções de confiança. A elaboração de um detalhado plano de classificação de cargos e salários garante a igualdade de oportunidades para todos os colaboradores.

BASE LEGAL:

CLT, Art. 461. Sendo idêntica a função, a todo trabalho de igual valor, prestado ao mesmo empregador, no mesmo estabelecimento empresarial, corresponderá igual salário, sem distinção de sexo, etnia, nacionalidade ou idade. (Redação dada pela Lei nº 13.467, de 2017)

[...] § 2º Os dispositivos deste artigo não prevalecerão quando o empregador tiver pessoal organizado em quadro de carreira ou adotar, por meio de norma interna da empresa ou de negociação coletiva, plano de cargos e salários, dispensada qualquer forma de homologação ou registro em órgão público. (Redação dada pela Lei nº 13.467, de 2017)

CLT, Art. 611-A. A convenção coletiva e o acordo coletivo de trabalho têm prevalência sobre a lei quando, entre outros, dispuserem sobre: (Incluído pela Lei nº 13.467, de 2017) (

[...] V – plano de cargos, salários e funções compatíveis com a condição pessoal do empregado, bem como identificação dos cargos que se enquadram como funções de confiança;

Súmula nº 452 do TST, DIFERENÇAS SALARIAIS. PLANO DE CARGOS E SALÁRIOS. DESCUMPRIMENTO. CRITÉRIOS DE PROMOÇÃO NÃO OBSERVADOS. PRESCRIÇÃO PARCIAL. (conversão da Orientação Jurisprudencial nº 404 da SBDI-1) – Res. 194/2014, DEJT divulgado em 21, 22 e 23.05.2014 Tratando-se de pedido de pagamento de diferenças salariais decorrentes da inobservância dos critérios de promoção estabelecidos em Plano de Cargos e Salários criado pela empresa, a prescrição aplicável é a parcial, pois a lesão é sucessiva e se renova mês a mês.

PLANO DE SAÚDE. *Dir. Trab.*

Prestação continuada de serviços ou cobertura de custos assistenciais a preço pré ou pós estabelecido, por prazo indeterminado, com a finalidade de garantir, sem limite financeiro, a assistência à saúde, pela faculdade de acesso e atendimento por profissionais ou serviços de saúde, livremente escolhidos, integrantes ou não de rede credenciada, contratada ou referenciada, visando a assistência médica, hospitalar e odontológica, a ser paga integral ou parcialmente às expensas da operadora contratada, mediante reembolso ou pagamento direto ao prestador, por conta e ordem do consumidor.[166] A concessão de plano de saúde, prestada diretamente ou mediante seguro-saúde, não é considerado como salário.

BASE LEGAL:

CLT, Art. 458 Além do pagamento em dinheiro, compreende-se no salário, para todos os efeitos legais, a alimentação, habitação, vestuário ou outras prestações "in natura" que a empresa, por força do contrato ou do costume, fornecer habitualmente ao empregado. Em caso algum será permitido o pagamento com bebidas alcoólicas ou drogas nocivas.

[...] § 2º Para os efeitos previstos neste artigo, não serão consideradas como salário as seguintes utilidades concedidas pelo empregador: (Redação dada pela Lei nº 10.243, de 19.6.2001)

[...] IV – assistência médica, hospitalar e odontológica, prestada diretamente ou mediante seguro-saúde; (Incluído pela Lei nº 10.243, de 19.6.2001)

[...] § 5º O valor relativo à assistência prestada por serviço médico ou odontológico, próprio ou não, inclusive o reembolso de despesas com medicamentos, óculos, aparelhos ortopédicos, próteses, órteses, despesas médico-hospitalares e outras similares, mesmo quando concedido em diferentes modalidades de planos e coberturas, não integram o salário do empregado para qualquer efeito nem o salário de contribuição, para efeitos do previsto na alínea q do § 9o do art. 28 da Lei no 8.212, de 24 de julho de 1991. (Incluído pela Lei nº 13.467, de 2017)

Súmula nº 440 do TST, AUXÍLIO-DOENÇA ACIDENTÁRIO. APOSENTADORIA POR INVALIDEZ. SUSPENSÃO DO CONTRATO DE TRABALHO. RECONHECIMENTO DO DIREITO À MANUTENÇÃO DE PLANO DE SAÚDE OU DE ASSISTÊNCIA MÉDICA – Res. 185/2012, DEJT divulgado em 25, 26

---

166 BRASIL. Lei nº 9.656, de 3 de junho de 1998. Dispõe sobre os planos e seguros privados de assistência à saúde. Diário Oficial da União, Brasília (3 jun. 1998) e 27.09.2012 Assegura-se o direito à manutenção de plano de saúde ou de assistência médica oferecido pela empresa ao empregado, não obstante suspenso o contrato de trabalho em virtude de auxílio-doença acidentário ou de aposentadoria por invalidez.

PLANO DE DEMSSÃO VOLUNTÁRIO. *Dir. Trab.*

Para alguns doutrinadores, trata-se de modalidade de distrato trabalhista, embora se convole, formalmente, em dispensa por ato do empregador.[167] Também conhecido como *plano de demissão voluntário, plano de incentivo ao desligamento voluntário, plano de desligamento incentivado, programa de demissão incentivada e programa de demissão voluntária,* em todos os casos, com a sua adesão, o trabalhador recebe as parcelas inerentes à dispensa sem justa causa, acrescidas de uma parcela indenizatória, que visa à reparação do prejuízo pela perda do emprego. O ato do empregado é voluntário, e em se tratando de PDI ou PDV previsto em instrumento negocial coletivo, com participação do respectivo sindicato profissional, é possível a previsão de cláusula com previsão de quitação ampla e irrestrita de todas as parcelas decorrentes do contrato de trabalho.

BASE LEGAL:

CLT, Art. 477-B. Plano de Demissão Voluntária ou Incentivada, para dispensa individual, plúrima ou coletiva, previsto em convenção coletiva ou acordo coletivo de trabalho, enseja quitação plena e irrevogável dos direitos decorrentes da relação empregatícia, salvo disposição em contrário estipulada entre as partes. (Incluído pela Lei nº 13.467, de 2017)

OJ SBDI-I, 207. PROGRAMA DE INCENTIVO À DEMISSÃO VOLUNTÁRIA. INDENIZAÇÃO. IMPOSTO DE RENDA. NÃO INCIDÊNCIA (inserido dispositivo) – Res. 129/2005, DJ 20, 22 e 25.04.2005 A indenização paga em virtude de adesão ao programa de incentivo à demissão voluntária não está sujeita à incidência do imposto de renda.

OJ SBDI-I, 270. PROGRAMA DE INCENTIVO À DEMISSÃO VOLUNTÁRIA. TRANSAÇÃO EXTRAJUDICIAL. PARCELAS ORIUNDAS DO EXTINTO CONTRATO DE TRABALHO. EFEITOS (inserida em 27.09.2002) A transação extrajudicial que importa rescisão do contrato de trabalho ante a adesão do empregado a plano de demissão voluntária implica quitação exclusivamente das parcelas e valores constantes do recibo.

167 DELGADO, 2019, p. 1354.

PODER DE CONTROLE. *Dir. Trab.*

Poder de controle ou poder fiscalizatório é o conjunto de prerrogativas do empregador que garante o acompanhamento contínuo da prestação de trabalho por todos os trabalhadores; é o conjunto de prerrogativas que garante ao empregador a vigilância e cumprimento do contrato de trabalho e de todo espaço empresarial. Assim como as demais prerrogativas do empregador também é sujeita a limitações, rejeitando-se condutas fiscalizatórias e de controle que insultem à liberdade e dignidade dos trabalhadores. Uma das dimensões do poder empregatício que se divide em *poder diretivo (ou organizativo), poder regulamentar, poder fiscalizatório (poder de controle) e poder disciplinar.*

BASE LEGAL:

CLT, Art. 2º. Considera-se empregador a empresa, individual ou coletiva, que, assumindo os riscos da atividade econômica, admite, assalaria e dirige a prestação pessoal de serviço.

§ 1º – Equiparam-se ao empregador, para os efeitos exclusivos da relação de emprego, os profissionais liberais, as instituições de beneficência, as associações recreativas ou outras instituições sem fins lucrativos, que admitirem trabalhadores como empregados. [...]

PODER DE DIREÇÃO. *Dir. Trab.*

Poder organizativo ou poder de comando é o conjunto de prerrogativas do empregador que garante à organização da estrutura e espaço empresarial interno; é o conjunto de prerrogativas que garante ao empregador à organização e determinação de como e quais tarefas deverão ser exercidas por cada colaborador. Uma das dimensões do poder empregatício que se divide em *poder diretivo (ou organizativo), poder regulamentar, poder fiscalizatório (poder de controle) e poder disciplinar.*

BASE LEGAL:

CLT, Art. 2º. Considera-se empregador a empresa, individual ou coletiva, que, assumindo os riscos da atividade econômica, admite, assalaria e dirige a prestação pessoal de serviço.

§ 1º – Equiparam-se ao empregador, para os efeitos exclusivos da relação de emprego, os profissionais liberais, as instituições de beneficência, as associações recreativas ou outras instituições sem fins lucrativos, que admitirem trabalhadores como empregados. [...]

PODER DO EMPREGADOR. *Dir. Trab.*

O *poder empregatício* conferido ao empregador na relação jurídica empregatícia encontra fundamento no princípio da assunção dos riscos do empreendimento pelo empregador ou da alteridade. O poder empregatício consiste no conjunto de prerrogativas que são deferidas ao empregador, atribuindo-lhe direitos e obrigações oriundas do contrato de trabalho. O poder empregatício se divide em *poder diretivo (ou organizativo), poder regulamentar, poder fiscalizatório (poder de controle) e poder disciplinar.*

BASE LEGAL:

CLT, Art. 2º. Considera-se empregador a empresa, individual ou coletiva, que, assumindo os riscos da atividade econômica, admite, assalaria e dirige a prestação pessoal de serviço.

§ 1º – Equiparam-se ao empregador, para os efeitos exclusivos da relação de emprego, os profissionais liberais, as instituições de beneficência, as associações recreativas ou outras instituições sem fins lucrativos, que admitirem trabalhadores como empregados. [...]

PODER JUDICIÁRIO. *Dir. Const.*

Um dos poderes da União reconhecidos expressamente pela Constituição Federal; ramo do Poder Público cuja função é prestar jurisdição. O poder judiciário tem seus órgãos previstos na Constituição Federal, sendo: Supremo Tribunal Federal; o Conselho Nacional de Justiça; o Superior Tribunal de Justiça; o Tribunal Superior do Trabalho; os Tribunais Regionais Federais e Juízes Eleitorais; os Tribunais e Juízes Militares; os Tribunais e Juízes dos Estados e do Distrito Federal e Territórios. O poder judiciário é o órgão responsável pela aplicação da lei a um caso concreto que lhe é apresentado pelos jurisdicionados; órgão responsável pela função jurisdicional. A função típica do poder judiciário é a jurisdicional, por sua vez a função atípica do judiciário é legislar e administrar;

BASE LEGAL:

CF, Art. 2º São Poderes da União, independentes e harmônicos entre si, o Legislativo, o Executivo e o Judiciário.

CF, Art. 92. São órgãos do Poder Judiciário:

I – o Supremo Tribunal Federal;

I-A o Conselho Nacional de Justiça;

II – o Superior Tribunal de Justiça;

II-A – o Tribunal Superior do Trabalho;
III – os Tribunais Regionais Federais e Juízes Federais;
IV – os Tribunais e Juízes do Trabalho;
V – os Tribunais e Juízes Eleitorais;
VI – os Tribunais e Juízes Militares;
VII – os Tribunais e Juízes dos Estados e do Distrito Federal e Territórios.
§ 1º O Supremo Tribunal Federal, o Conselho Nacional de Justiça e os Tribunais Superiores têm sede na Capital Federal.
§ 2º O Supremo Tribunal Federal e os Tribunais Superiores têm jurisdição em todo o território nacional.
CF, Art. 114. Compete à Justiça do Trabalho processar e julgar
I as ações oriundas da relação de trabalho, abrangidos os entes de direito público externo e da administração pública direta e indireta da União, dos Estados, do Distrito Federal e dos Municípios;
II as ações que envolvam exercício do direito de greve;
III as ações sobre representação sindical, entre sindicatos, entre sindicatos e trabalhadores, e entre sindicatos e empregadores;
IV os mandados de segurança, habeas corpus e habeas data , quando o ato questionado envolver matéria sujeita à sua jurisdição;
V os conflitos de competência entre órgãos com jurisdição trabalhista, ressalvado o disposto no art. 102, I, o;
VI as ações de indenização por dano moral ou patrimonial, decorrentes da relação de trabalho;
VII as ações relativas às penalidades administrativas impostas aos empregadores pelos órgãos de fiscalização das relações de trabalho;
VIII a execução, de ofício, das contribuições sociais previstas no art. 195, I, a , e II, e seus acréscimos legais, decorrentes das sentenças que proferir;
IX outras controvérsias decorrentes da relação de trabalho, na forma da lei.
§ 1º Frustrada a negociação coletiva, as partes poderão eleger árbitros.
§ 2º Recusando-se qualquer das partes à negociação coletiva ou à arbitragem, é facultado às mesmas, de comum acordo, ajuizar dissídio coletivo de natureza econômica, podendo a Justiça do Trabalho decidir o conflito, respeitadas as disposições mínimas legais de proteção ao trabalho, bem como as convencionadas anteriormente.
§ 3º Em caso de greve em atividade essencial, com possibilidade de lesão do interesse público, o Ministério Público do Trabalho poderá ajuizar dissídio coletivo, competindo à Justiça do Trabalho decidir o conflito.

PODER NORMATIVO. *Jur.*

Poder de editar normas jurídicas. O poder normativo da Justiça do Trabalho a acompanha desde sua *fase administrativa*. Na Constituição Federal de 1946, o poder normativo da Justiça do Trabalho atingiu status constitucional, que assim dispunha: "a lei especificará os casos em que as decisões nos dissídios coletivos poderão estabelecer normas e condições de trabalho", redação que foi reproduzida nas Constituições posteriores, aumentando-se este poder na Constituição de 1988. A despeito da disposição constitucional a maior parte da doutrina oferecia críticas a esse poder. Antes mesmo da Emenda Constitucional n. 45 de 2004, o Supremo Tribunal Federal passou a limitar o poder normativo trabalhista, distinguindo entre matéria de lei e matéria de dissídio coletivo, concluindo que, em havendo lei, não poderia a Justiça Trabalhista fixar, pelos dissídios coletivos, normas e condições de trabalho em desacordo com seus normativos. O poder normativo trabalhista foi definitivamente reduzido, com a edição da Emenda Constitucional n. 45, de 2004, que trouxe uma nova redação ao dispositivo constitucional, prevendo não apenas o respeito as disposições convencionais e legais mínimas de proteção ao trabalho, como o respeito às disposições convencionadas anteriormente, e ainda fixando novo pressuposto processual para a instauração de dissídios coletivos de natureza econômica: o prévio comum acordo entre as partes coletivas.

BASE LEGAL:

CF, Art. Art. 114. Compete à Justiça do Trabalho processar e julgar:
[...] § 2° Recusando-se qualquer das partes à negociação coletiva ou à arbitragem, é facultado às mesmas, de comum acordo, ajuizar dissídio coletivo de natureza econômica, podendo a Justiça do Trabalho decidir o conflito, respeitadas as disposições mínimas legais de proteção ao trabalho, bem como as convencionadas anteriormente.
§ 3º Em caso de greve em atividade essencial, com possibilidade de lesão do interesse público, o Ministério Público do Trabalho poderá ajuizar dissídio coletivo, competindo à Justiça do Trabalho decidir o conflito.

PORTADORES DE NECESSIDADES ESPECIAIS. *Dir.*

Termo pejorativo e ultrapassado pela Convenção das Nações Unidas sobre o Direito das Pessoas com Deficiência que recomenda como correto o termo Pessoa Com Deficiência (PcD). O Decreto n. 6.949, de 25 de agosto de 2009, que promulgou a Convenção Internacional sobre os Direitos das Pessoas com Deficiência e seu Protocolo Facultativo, assinados em Nova York, em 30 de março de 2007, conceitua: "Pessoas com deficiência são aquelas que têm impedimentos de longo prazo de natureza física, mental, intelectual ou sensorial, os quais, em interação com diversas barreiras, podem obstruir sua participação plena e efetiva na sociedade em igualdades de condições com as demais pessoas."

Podemos ainda considerar, feitas as devidas considerações, Pessoa com Necessidades Especiais (PNE), um termo mais abrangente que inclui idosos, pessoas com distúrbios psicológicos, e qualquer outra patologia ou condição mesmo que temporária, que a deixe fora de sua plena capacidade de independência, ou que necessidade de algum tratamento ou adaptação para manter tal independência.

BASE LEGAL:

Decreto n. 6.949, Art. 1. Pessoas com deficiência são aquelas que têm impedimentos de longo prazo de natureza física, mental, intelectual ou sensorial, os quais, em interação com diversas barreiras, podem obstruir sua participação plena e efetiva na sociedade em igualdades de condições com as demais pessoas.

Lei n. 8.213/1991, Art. 93. A empresa com 100 (cem) ou mais empregados está obrigada a preencher de 2% (dois por cento) a 5% (cinco por cento) dos seus cargos com beneficiários reabilitados ou pessoas portadoras de deficiência, habilitadas, na seguinte proporção:

I – até 200 empregados... 2% (dois por cento);

II – de 201 a 500... 3% (três por cento);

III – de 501 a 1.000....4% (quatro por cento);

IV – de 1.001 em diante. ... 5% (cinco por cento).

V – (VETADO).(Incluído pela Lei nº 13.146, de 2015)

§ 1º A dispensa de pessoa com deficiência ou de beneficiário reabilitado da Previdência Social ao final de contrato por prazo determinado de mais de 90 (noventa) dias e a dispensa imotivada em contrato por prazo indeterminado somente poderão ocorrer após a contratação de outro trabalhador com deficiência ou beneficiário reabilitado da Previdência Social. (Redação dada pela Lei nº 13.146, de 2015)

§ 2º Ao Ministério do Trabalho e Emprego incumbe estabelecer a sistemática de fiscalização, bem como gerar dados e estatísticas sobre o total de empregados e as vagas preenchidas por pessoas com deficiência e por beneficiários reabilitados da Previdência Social, fornecendo-os, quando solicitados, aos sindicatos, às entidades representativas dos empregados ou aos cidadãos interessados. (Redação dada pela Lei nº 13.146, de 2015)

§ 3º Para a reserva de cargos será considerada somente a contratação direta de pessoa com deficiência, excluído o aprendiz com deficiência de que trata a Consolidação das Leis do Trabalho (CLT), aprovada pelo Decreto-Lei no 5.452, de 1o de maio de 1943. (Incluído pela Lei nº 13.146, de 2015)

§ 4º (VETADO). (Incluído pela Lei nº 13.146, de 2015) (Vigência)

CLT, Art. 611-B. Constituem objeto ilícito de convenção coletiva ou de acordo coletivo de trabalho, exclusivamente, a supressão ou a redução dos seguintes direitos: (Incluído pela Lei nº 13.467, de 2017) (...) XXII – proibição de qualquer discriminação no tocante a salário e critérios de admissão do trabalhador com deficiência; (Incluído pela Lei nº 13.467, de 2017)

PORTEIRO. *S.m.*

Indivíduo encarregado de abrir e fechar a porta; que toma conta da portaria de edifício ou instituição, que permite ou não a entrada de pessoas, recebe a correspondência e as distribui aos destinatários;[168] serventuário da justiça que atende à porta, afixa portarias, apregoa, e pode eventualmente exercer a função de leiloeiro; que anuncia a abertura e encerramento de audiências. A Lei n. 2.757, de 23 de abril de 1956, dispõe sobre a situação dos empregados porteiros, zeladores, faxineiros e serventes de prédios de apartamentos residenciais.

BASE LEGAL:

CLT, Art. 226. O regime especial de 6 (seis) horas de trabalho também se aplica aos empregados de portaria e de limpeza, tais como porteiros, telefonistas de mesa, contínuos e serventes, empregados em bancos e casas bancárias. (Redação dada pela Lei nº 3.488, de 12.12.1958)

Parágrafo único – A direção de cada banco organizará a escala de serviço do estabelecimento de maneira a haver empregados do quadro da portaria em função, meia hora antes e até meia hora após o encerramento dos trabalhos, respeitado o limite de 6 (seis) horas diárias. (Incluído pela Lei nº 3.488, de 12.12.1958)

PORTUÁRIOS. *Adj.*

Relativo ou pertencente ao porto; indivíduo que trabalha no porto; funcionário da administração de um porto.[169] A Lei n. 12.815, de 5 de junho de 2013, dispõe sobre a exploração direta e indireta pela União de portos e instalações portuárias e sobre as atividades desempenhadas pelos operadores portuários. A Lei assim define: "[...] operador portuário: pessoa jurídica pré-qualificada para exercer as atividades de movimentação de passageiros ou movimentação e armazenagem de mercadorias, destinadas ou provenientes de transporte aquaviário, dentro da área do porto organizado."[170]

BASE LEGAL: Lei n. 12.815/2013

168 HOUAISS, 2002.

169 HOUAISS, 2002.

170 BRASIL. Lei nº 12.815, de 5 de junho de 2013. Dispõe sobre a exploração direta e indireta pela União de portos e instalações portuárias e sobre as atividades desempenhadas pelos operadores portuários; Diário Oficial da União, Brasília (5 jun. 2013).

CLT, Art. 226. O regime especial de 6 (seis) horas de trabalho também se aplica aos empregados de portaria e de limpeza, tais como porteiros, telefonistas de mesa, contínuos e serventes, empregados em bancos e casas bancárias.
Parágrafo único: A direção de cada banco organizará a escala de serviço do estabelecimento de maneira a haver empregados do quadro da portaria em função, meia hora antes e até meia hora após o encerramento dos trabalhos, respeitado o limite de 6 (seis) horas diárias.
Súmula nº 309 do TST, VIGIA PORTUÁRIO. TERMINAL PRIVATIVO. NÃO OBRIGATORIEDADE DE REQUISIÇÃO. Tratando-se de terminais privativos destinados à navegação de cabotagem ou de longo curso, não é obrigatória a requisição de vigia portuário indicado por sindicato.

POSSE DE MÁ-FÉ. *Dir. Civ.*

Considera-se possuidor todo aquele que tem de fato o exercício, pleno ou não, de algum dos poderes inerentes à propriedade. Será considerado possuidor de boa-fé, aquele que ignora o vício ou obstáculo que impede a aquisição da coisa; posse de cuja licitude o possuidor está convencido. Em sentido contrário, considera-se de má-fé o possuidor que não se caracteriza como sendo de boa-fé.

BASE LEGAL:

CC, Art. 1.201. É de boa-fé a posse, se o possuidor ignora o vício, ou o obstáculo que impede a aquisição da coisa.
Parágrafo único. O possuidor com justo título tem por si a presunção de boa-fé, salvo prova em contrário, ou quando a lei expressamente não admite esta presunção.
Súmula nº 445 do TST, INADIMPLEMENTO DE VERBAS TRABALHISTAS. FRUTOS. POSSE DE MÁ-FÉ. ART. 1.216 DO CÓDIGO CIVIL. INAPLICABILIDADE AO DIREITO DO TRABALHO – A indenização por frutos percebidos pela posse de má-fé, prevista no art. 1.216 do Código Civil, por tratar-se de regra afeta a direitos reais, mostra-se incompatível com o Direito do Trabalho, não sendo devida no caso de inadimplemento de verbas trabalhistas.

PRAZO(S). *Dir. Proc.*

Prazos processuais: período de tempo legalmente concedido para a prática de um ato jurídico; intervalos de tempo que deverão ser observados pelas partes, pelos juízes e pelos auxiliares da justiça. Os prazos processuais são classificados em: *prazos legais*, aqueles fixados pelo ordenamento jurídico; *prazos judiciais*, fixados pelos juízes; *prazos con-*

vencionais, aqueles fixados pelas próprias partes; *prazos dilatórios*, que são os prazos que podem ser prorrogados ou reduzidos pelos juízes, atendendo solicitação das partes; *prazos peremptórios ou fatais*, aqueles que não podem ser prorrogados por convenção das partes, devendo ser observados obrigatoriamente; *prazos próprios*, destinados às partes; e por fim *prazos impróprios*, que são destinados aos juízes e auxiliares. A Consolidação das Leis do Trabalho reconhece a contagem de prazos em dias úteis.

BASE LEGAL:

CLT, Art. 774. Salvo disposição em contrário, os prazos previstos neste Título contam-se, conforme o caso, a partir da data em que for feita pessoalmente, ou recebida a notificação, daquela em que for publicado o edital no jornal oficial ou no que publicar o expediente da Justiça do Trabalho, ou, ainda, daquela em que for afixado o edital na sede da Junta, Juízo ou Tribunal.

Parágrafo único: Tratando-se de notificação postal, no caso de não ser encontrado o destinatário ou no de recusa de recebimento, o Correio ficará obrigado, sob pena de responsabilidade do servidor, a devolvê-la, no prazo de 48 (quarenta e oito) horas, ao Tribunal de origem.

CLT, Art. 775. Os prazos estabelecidos neste Título serão contados em dias úteis, com exclusão do dia do começo e inclusão do dia do vencimento.

§ 1° Os prazos podem ser prorrogados, pelo tempo estritamente necessário, nas seguintes hipóteses:

I – quando o juízo entender necessário;

II – em virtude de força maior, devidamente comprovada.

§ 2° Ao juízo incumbe dilatar os prazos processuais e alterar a ordem de produção dos meios de prova, adequando-os às necessidades do conflito de modo a conferir maior efetividade à tutela do direito.

CLT, Art. 775-A. Suspende-se o curso do prazo processual nos dias compreendidos entre 20 de dezembro e 20 de janeiro, inclusive.

§ 1° Ressalvadas as férias individuais e os feriados instituídos por lei, os juízes, os membros do Ministério Público, da Defensoria Pública e da Advocacia Pública e os auxiliares da Justiça exercerão suas atribuições durante o período previsto no *caput* deste artigo.

§ 2° Durante a suspensão do prazo, não se realizarão audiências nem sessões de julgamento.

PREFIXAÇÃO DAS HORAS EXTRAS. *Dir. Trab.*

Horas extras são horas em que o trabalhador se encontra à disposição do empregador, que excedem a jornada normal; prorrogação de jornada contratada de trabalho. A prefixação ou *pré-contratação de horas extras*, é nula, determinando-se que se pague, em separado, a efetiva sobrejornada. Normalmente a prefixação ou pré-contratação do serviço suplementar ocorre no momento da admissão do trabalhador.

BASE LEGAL:

CF, Art. 7º São direitos dos trabalhadores urbanos e rurais, além de outros que visem à melhoria de sua condição social: [...] XVI – remuneração do serviço extraordinário superior, no mínimo, em cinquenta por cento à do normal; [...] (Vide Del 5.452, art. 59 § 1º).

CLT, Art. 59. A duração diária do trabalho poderá ser acrescida de horas extras, em número não excedente de duas, por acordo individual, convenção coletiva ou acordo coletivo de trabalho.

§ 1º A remuneração da hora extra será, pelo menos, 50% (cinquenta por cento) superior à da hora normal.

§ 2º Poderá ser dispensado o acréscimo de salário se, por força de acordo ou convenção coletiva de trabalho, o excesso de horas em um dia for compensado pela correspondente diminuição em outro dia, de maneira que não exceda, no período máximo de um ano, à soma das jornadas semanais de trabalho previstas, nem seja ultrapassado o limite máximo de dez horas diárias.

§ 3º Na hipótese de rescisão do contrato de trabalho sem que tenha havido a compensação integral da jornada extraordinária, na forma dos §§ 2º e 5º deste artigo, o trabalhador terá direito ao pagamento das horas extras não compensadas, calculadas sobre o valor da remuneração na data da rescisão.

§ 5º O banco de horas de que trata o § 2º deste artigo poderá ser pactuado por acordo individual escrito, desde que a compensação ocorra no período máximo de seis meses.

§ 6º É lícito o regime de compensação de jornada estabelecido por acordo individual, tácito ou escrito, para a compensação no mesmo mês.

Súmula nº 199 do TST, BANCÁRIO. PRÉ-CONTRATAÇÃO DE HORAS EXTRAS (incorporadas as Orientações Jurisprudenciais nºs 48 e 63 da SBDI-1) – Res. 129/2005, DJ 20, 22 e 25.04.2005

I – A contratação do serviço suplementar, quando da admissão do trabalhador bancário, é nula. Os valores assim ajustados apenas remuneram a jornada normal, sendo devidas as horas extras com o adicional de, no mínimo, 50% (cinquenta por cento), as quais não configuram pré-contratação, se pactuadas após a admissão do bancário.

II – Em se tratando de horas extras pré-contratadas, opera-se a prescrição total se a ação não for ajuizada no prazo de cinco anos, a partir da data em que foram suprimidas.

PRELIMINAR. *Dir. Proc.*

Matérias ou questões processuais que não integram o mérito da lide, e que devem ser decididas antes dele; matérias ou questões que antecedem a causa; questionamento preliminar. São defesas de cunho processual, que devem ser arguidas antes das defesas relativas ao mérito, que se acolhidas podem conduzir o processo à extinção sem resolução do mérito, *preliminares peremptórias,* ou sua dilação, *preliminares dilatórias.* Por fim, é importante ressaltar que, com exceção da convenção de arbitragem e da incompetência relativa, todas as demais preliminares de contestação são matérias de ordem pública e devem ser conhecidas de ofício pelo juiz, podendo ser alegadas em qualquer tempo e grau de jurisdição.

BASE LEGAL:

CPC, Art. 337. Incumbe ao réu, antes de discutir o mérito, alegar:

I – inexistência ou nulidade da citação;

II – incompetência absoluta e relativa;

III – incorreção do valor da causa;

IV – inépcia da petição inicial;

V – perempção;

VI – litispendência;

VII – coisa julgada;

VIII – conexão;

IX – incapacidade da parte, defeito de representação ou falta de autorização;

X – convenção de arbitragem;

XI – ausência de legitimidade ou de interesse processual;

XII – falta de caução ou de outra prestação que a lei exige como preliminar;

XIII – indevida concessão do benefício de gratuidade de justiça.

§ 1º Verifica-se a litispendência ou a coisa julgada quando se reproduz ação anteriormente ajuizada.

§ 2º Uma ação é idêntica a outra quando possui as mesmas partes, a mesma causa de pedir e o mesmo pedido.

§ 3º Há litispendência quando se repete ação que está em curso.

§ 4º Há coisa julgada quando se repete ação que já foi decidida por decisão transitada em julgado.

§ 5º Excetuadas a convenção de arbitragem e a incompetência relativa, o juiz conhecerá de ofício das matérias enumeradas neste artigo.

§ 6º A ausência de alegação da existência de convenção de arbitragem, na forma prevista neste Capítulo, implica aceitação da jurisdição estatal e renúncia ao juízo arbitral.

PRECATÓRIO. *Adj.*

Instrumento através do qual se cobra um débito do Poder Público; que ou aquilo que se solicita algo; procedimento especial para as execuções por quantia certa contra a Fazenda Pública, realizado por meio de simples requisição de pagamento, entre o Poder Judiciário e o Poder Executivo.

BASE LEGAL:

CF, Art. 100. Os pagamentos devidos pelas Fazendas Públicas Federal, Estaduais, Distrital e Municipais, em virtude de sentença judiciária, far-se-ão exclusivamente na ordem cronológica de apresentação dos precatórios e à conta dos créditos respectivos, proibida a designação de casos ou de pessoas nas dotações orçamentárias e nos créditos adicionais abertos para este fim.

§ 1º Os débitos de natureza alimentícia compreendem aqueles decorrentes de salários, vencimentos, proventos, pensões e suas complementações, benefícios previdenciários e indenizações por morte ou por invalidez, fundadas em responsabilidade civil, em virtude de sentença judicial transitada em julgado, e serão pagos com preferência sobre todos os demais débitos, exceto sobre aqueles referidos no § 2º deste artigo.

§ 2º Os débitos de natureza alimentícia cujos titulares, originários ou por sucessão hereditária, tenham 60 (sessenta) anos de idade, ou sejam portadores de doença grave, ou pessoas com deficiência, assim definidos na forma da lei, serão pagos com preferência sobre todos os demais débitos, até o valor equivalente ao triplo fixado em lei para os fins do disposto no § 3º deste artigo, admitido o fracionamento para essa finalidade, sendo que o restante será pago na ordem cronológica de apresentação do precatório.

§ 3º O disposto no *caput* deste artigo relativamente à expedição de precatórios não se aplica aos pagamentos de obrigações definidas em leis como de pequeno valor que as Fazendas referidas devam fazer em virtude de sentença judicial transitada em julgado.

§ 4º Para os fins do disposto no § 3º, poderão ser fixados, por leis próprias, valores distintos às entidades de direito público, segundo as diferentes capacidades econômicas, sendo o mínimo igual ao valor do maior benefício do regime geral de previdência social.

§ 5º É obrigatória a inclusão, no orçamento das entidades de direito público, de verba necessária ao pagamento de seus débitos, oriundos de sentenças transitadas em julgado, constantes de precatórios judiciários apresentados até 1º de julho, fazendo-se o pagamento até o final do exercício seguinte, quando terão seus valores atualizados monetariamente.

§ 6º As dotações orçamentárias e os créditos abertos serão consignados diretamente ao Poder Judiciário, cabendo ao Presidente do Tribunal que proferir a decisão exequenda determinar o pagamento integral e autorizar, a requerimento do credor e exclusivamente para os casos de preterimento de seu direito de precedência ou de não alocação orçamentária do valor necessário à satisfação do seu débito, o sequestro da quantia respectiva.

§ 7º O Presidente do Tribunal competente que, por ato comissivo ou omissivo, retardar ou tentar frustrar a liquidação regular de precatórios incorrerá em crime de responsabilidade e responderá, também, perante o Conselho Nacional de Justiça.

§ 8º É vedada a expedição de precatórios complementares ou suplementares de valor pago, bem como o fracionamento, repartição ou quebra do valor da execução para fins de enquadramento de parcela do total ao que dispõe o § 3º deste artigo.

§ 9º No momento da expedição dos precatórios, independentemente de regulamentação, deles deverá ser abatido, a título de compensação, valor correspondente aos débitos líquidos e certos, inscritos ou não em dívida ativa e constituídos contra o credor original pela Fazenda Pública devedora, incluídas parcelas vincendas de parcelamentos, ressalvados aqueles cuja execução esteja suspensa em virtude de contestação administrativa ou judicial.

§ 10º Antes da expedição dos precatórios, o Tribunal solicitará à Fazenda Pública devedora, para resposta em até 30 (trinta) dias, sob pena de perda do direito de abatimento, informação sobre os débitos que preencham as condições estabelecidas no § 9º, para os fins nele previstos. 461

§ 11º É facultada ao credor, conforme estabelecido em lei da entidade federativa devedora, a entrega de créditos em precatórios para compra de imóveis públicos do respectivo ente federado.

§ 12º A partir da promulgação desta Emenda Constitucional, a atualização de valores de requisitórios, após sua expedição, até o efetivo pagamento, independentemente de sua natureza, será feita pelo índice oficial de remuneração básica da caderneta de poupança, e, para fins de compensação da mora, incidirão juros simples no mesmo percentual de juros incidentes sobre a caderneta de poupança, ficando excluída a incidência de juros compensatórios.

§ 13º O credor poderá ceder, total ou parcialmente, seus créditos em precatórios a terceiros, independentemente da concordância do devedor, não se aplicando ao cessionário o disposto nos §§ 2º e 3º.

§ 14º A cessão de precatórios somente produzirá efeitos após comunicação, por meio de petição protocolizada, ao tribunal de origem e à entidade devedora.

§ 15º Sem prejuízo do disposto neste artigo, lei complementar a esta Constituição Federal poderá estabelecer regime especial para pagamento de crédito de precatórios de Estados, Distrito Federal e Municípios, dispondo sobre vinculações à receita corrente líquida e forma e prazo de liquidação.

§ 16º A seu critério exclusivo e na forma de lei, a União poderá assumir débitos, oriundos de precatórios, de Estados, Distrito Federal e Municípios, refinanciando-os diretamente.

§ 17º A União, os Estados, o Distrito Federal e os Municípios aferirão mensalmente, em base anual, o comprometimento de suas respectivas receitas correntes líquidas com o pagamento de precatórios e obrigações de pequeno valor.

§ 18º Entende-se como receita corrente líquida, para os fins de que trata o § 17º, o somatório das receitas tributárias, patrimoniais, industriais, agropecuárias, de contribuições e de serviços, de transferências correntes e outras receitas correntes, incluindo as oriundas do § 1º do art. 20 da Constituição Federal, verificado no período compreendido pelo segundo mês imediatamente anterior ao de referência e os 11 (onze) meses precedentes, excluídas as duplicidades, e deduzidas:

I – na União, as parcelas entregues aos Estados, ao Distrito Federal e aos Municípios por determinação constitucional;

II – nos Estados, as parcelas entregues aos Municípios por determinação constitucional;

III – na União, nos Estados, no Distrito Federal e nos Municípios, a contribuição dos servidores para custeio de seu sistema de previdência e assistência social e as receitas provenientes da compensação financeira referida no § 9º do art. 201 da Constituição Federal.

§ 19º Caso o montante total de débitos decorrentes de condenações judiciais em precatórios e obrigações de pequeno valor, em período de 12 (doze) meses, ultrapasse a média do comprometimento percentual da receita corrente líquida nos 5 (cinco) anos imediatamente anteriores, a parcela que exceder esse percentual poderá ser financiada, excetuada dos limites de endividamento de que tratam os incisos VI e VII do art. 52 da Constituição Federal e de quaisquer outros limites de endividamento previstos, não se aplicando a esse financiamento a vedação de vinculação de receita prevista no inciso IV do art. 167 da Constituição Federal.

§ 20º Caso haja precatório com valor superior a 15% (quinze por cento) do montante dos precatórios apresentados nos termos do § 5º deste artigo, 15% (quinze por cento) do valor deste precatório serão pagos até o final do exercício seguinte e o restante em parcelas iguais nos cinco exercícios subsequentes, acrescidas de juros de mora e correção monetária, ou mediante acordos diretos, perante Juízos Auxiliares de Conciliação de Precatórios, com redução máxima de 40% (quarenta por cento) do valor do crédito atualizado, desde que em relação ao crédito não penda recurso ou defesa judicial e que sejam observados os requisitos definidos na regulamentação editada pelo ente federado.

PRECLUSÃO. *Dir. Proc.*

Ato ou efeito de precluir, cumprir seu curso, exaurir-se; extinção do direito que ficou inexercitado durante determinado prazo; perda da possibilidade da prática de algum ato processual pelo transcurso de um prazo, *preclusão temporal*, pela sua prática incompleta ou equivocada, *preclusão consumativa*, ou pela prática de algum ato incompatível com o que deveria ter sido praticado, *preclusão lógica*.

BASE LEGAL:

CLT, Art. 879. Sendo ilíquida a sentença exequenda, ordenar-se-á, previamente, a sua liquidação, que poderá ser feita por cálculo, por arbitramento ou por artigos.

[...] § 2º Elaborada a conta e tornada líquida, o juízo deverá abrir às partes prazo comum de oito dias para impugnação fundamentada com a indicação dos itens e valores objeto da discordância, sob pena de preclusão.

§ 3º Elaborada a conta pela parte ou pelos órgãos auxiliares da Justiça do Trabalho, o juiz procederá à intimação da União para manifestação, no prazo de 10 (dez) dias, sob pena de preclusão.

Súmula nº 184 do TST, EMBARGOS DECLARATÓRIOS. OMISSÃO EM RECURSO DE REVISTA. PRECLUSÃO. Ocorre preclusão se não forem opostos embargos declaratórios para suprir omissão apontada em recurso de revista ou de embargos.

PRÊMIOS. *Dir. Trab.*

Consideram-se prêmios as liberalidades concedidas pelo empregador em forma de bens, serviços ou valor em dinheiro a empregado ou a grupo de empregados, em razão de desempenho superior ao ordinariamente esperado no exercício de suas atividades. Trata-se de retribuição voluntária pela prestação de um serviço.

BASE LEGAL:

CLT, Art. 457. Compreendem-se na remuneração do empregado, para todos os efeitos legais, além do salário devido e pago diretamente pelo empregador, como contraprestação do serviço, as gorjetas que receber. (Redação dada pela Lei nº 1.999, de 1.10.1953) [...]

§ 2º As importâncias, ainda que habituais, pagas a título de ajuda de custo, auxílio-alimentação, vedado seu pagamento em dinheiro, diárias para viagem, prêmios e abonos não integram a remuneração do empregado, não se incorporam ao contrato de trabalho e não constituem base de incidência de qualquer encargo trabalhista e previdenciário. [...]

§ 4° Consideram-se prêmios as liberalidades concedidas pelo empregador em forma de bens, serviços ou valor em dinheiro a empregado ou a grupo de empregados, em razão de desempenho superior ao ordinariamente esperado no exercício de suas atividades.

PREPARO. *Dir. Proc.*

Recolhimento de valores exigíveis para interposição de recurso; as despesas processuais que devem ser recolhidas para o processamento do recurso. Cabe à legislação pertinente estabelecer quais os recursos que exigem o recolhimento do preparo, da mesma forma, caberá à legislação pertinente definir quais recorrentes, dada a sua condição, estão isentos do recolhimento do preparo. No Direito Processual do Trabalho, o preparo é composto das custas e do depósito recursal. A ausência do preparo resulta em não conhecimento do recurso por deserção. As custas possuem natureza jurídica de taxas, devendo ser pagas pelas partes. Segundo a Professora Maria Helena Diniz, custas são as taxas remuneratórias autorizadas em lei e cobradas pelo poder

público em decorrência dos serviços prestados pelos serventuários da justiça para a realização dos atos processuais e emolumentos devidos ao juiz. Tais custas são, em regra, pagas pela parte vencida, ante o princípio da sucumbência. O depósito recursal possui natureza híbrida, ou mista, pois é ao mesmo tempo pressuposto recursal objetivo ou extrínseco e garantia do juízo em favor do empregado, servindo para garantir o juízo para futura execução por quantia a ser promovida pelo empregado. Somente o empregador fará o depósito recursal, em havendo condenação em pecúnia.

BASE LEGAL:

CLT, Art. Art. 789. Nos dissídios individuais e nos dissídios coletivos do trabalho, nas ações e procedimentos de competência da Justiça do Trabalho, bem como nas demandas propostas perante a Justiça Estadual, no exercício da jurisdição trabalhista, as custas relativas ao processo de conhecimento incidirão à base de 2% (dois por cento), observado o mínimo de R$ 10,64 (dez reais e sessenta e quatro centavos) e o máximo de quatro vezes o limite máximo dos benefícios do Regime Geral de Previdência Social, e serão calculadas:

I – quando houver acordo ou condenação, sobre o respectivo valor;

II – quando houver extinção do processo, sem julgamento do mérito, ou julgado totalmente improcedente o pedido, sobre o valor da causa;

III – no caso de procedência do pedido formulado em ação declaratória e em ação constitutiva, sobre o valor da causa;

IV – quando o valor for indeterminado, sobre o que o juiz fixar.

§ 1º As custas serão pagas pelo vencido, após o trânsito em julgado da decisão. No caso de recurso, as custas serão pagas e comprovado o recolhimento dentro do prazo recursal.

§ 2º Não sendo líquida a condenação, o juízo arbitrar-lhe-á o valor e fixará o montante das custas processuais.

§ 3º Sempre que houver acordo, se de outra forma não for convencionado, o pagamento das custas caberá em partes iguais aos litigantes.

§ 4º Nos dissídios coletivos, as partes vencidas responderão solidariamente pelo pagamento das custas, calculadas sobre o valor arbitrado na decisão, ou pelo Presidente do Tribunal.

CLT, Art. 789-A. No processo de execução são devidas custas, sempre de responsabilidade do executado e pagas ao final, de conformidade com a seguinte tabela:

I – autos de arrematação, de adjudicação e de remição: 5% (cinco por cento) sobre o respectivo valor, até o máximo de R$ 1.915,38 (um mil, novecentos e quinze reais e trinta e oito centavos);

II – atos dos oficiais de justiça, por diligência certificada:

a. em zona urbana: R$ 11,06 (onze reais e seis centavos);

b. em zona rural: R$ 22,13 (vinte e dois reais e treze centavos);

III – agravo de instrumento: R$ 44,26 (quarenta e quatro reais e vinte e seis centavos);

IV – agravo de petição: R$ 44,26 (quarenta e quatro reais e vinte e seis centavos);

V – embargos à execução, embargos de terceiro e embargos à arrematação: R$ 44,26 (quarenta e quatro reais e vinte e seis centavos);

VI – recurso de revista: R$ 55,35 (cinquenta e cinco reais e trinta e cinco centavos);

VII – impugnação à sentença de liquidação: R$ 55,35 (cinquenta e cinco reais e trinta e cinco centavos);

VIII – despesa de armazenagem em depósito judicial – por dia: 0,1% (um décimo por cento) do valor da avaliação;

IX – cálculos de liquidação realizados pelo contador do juízo – sobre o valor liquidado: 0,5% (cinco décimos por cento) até o limite de R$ 638,46 (seiscentos e trinta e oito reais e quarenta e seis centavos).

CLT, Art. 789-B. Os emolumentos serão suportados pelo Requerente, nos valores fixados na seguinte tabela:

I. autenticação de traslado de peças mediante cópia reprográfica apresentada pelas partes – por folha: R$ 0,55 (cinquenta e cinco centavos de real);

II. fotocópia de peças – por folha: R$ 0,28 (vinte e oito centavos de real);

III. autenticação de peças – por folha: R$ 0,55 (cinquenta e cinco centavos de real);

IV. cartas de sentença, de adjudicação, de remição e de arrematação – por folha: R$ 0,55 (cinquenta e cinco centavos de real);

V. certidões – por folha: R$ 5,53 (cinco reais e cinquenta e três centavos).

CLT, Art. 790. Nas Varas do Trabalho, nos Juízos de Direito, nos Tribunais e no Tribunal Superior do Trabalho, a forma de pagamento das custas e emolumentos obedecerá às instruções que serão expedidas pelo Tribunal Superior do Trabalho.
§ 1º Tratando-se de empregado que não tenha obtido o benefício da justiça gratuita, ou isenção de custas, o sindicato que houver intervindo no processo responderá solidariamente pelo pagamento das custas devidas.
§ 2º No caso de não-pagamento das custas, far-se-á execução da respectiva importância, segundo o procedimento estabelecido no Capítulo V deste Título.
§ 3º É facultado aos juízes, órgãos julgadores e presidentes dos tribunais do trabalho de qualquer instância conceder, a requerimento ou de ofício, o benefício da justiça gratuita, inclusive quanto a traslados e instrumentos, àqueles que perceberem salário igual ou inferior a 40% (quarenta por cento) do limite máximo dos benefícios do Regime Geral de Previdência Social. (Redação dada pela Lei nº 13.467, de 2017)
§ 4º O benefício da justiça gratuita será concedido à parte que comprovar insuficiência de recursos para o pagamento das custas do processo. (Incluído pela Lei nº 13.467, de 2017)
CLT, Art. 790-A. São isentos do pagamento de custas, além dos beneficiários de justiça gratuita: (Incluído pela Lei nº 10.537, de 27.8.2002)
I. a União, os Estados, o Distrito Federal, os Municípios e respectivas autarquias e fundações públicas federais, estaduais ou municipais que não explorem atividade econômica; (Incluído pela Lei nº 10.537, de 27.8.2002)
II. o Ministério Público do Trabalho. (Incluído pela Lei nº 10.537, de 27.8.2002)
Parágrafo único. A isenção prevista neste artigo não alcança as entidades fiscalizadoras do exercício profissional, nem exime as pessoas jurídicas referidas no inciso I da obrigação de reembolsar as despesas judiciais realizadas pela parte vencedora. (Incluído pela Lei nº 10.537, de 27.8.2002)

PREPOSTO. *Dir. Trab.*

Aquele que, sendo ou não empregado, age a serviço, ou no interesse, e com autorização ou sob as ordens de outro; são pessoas que agem em nome de uma empresa, organização ou empregador. Àquele que constitui o preposto é conhecido como preponente. É facultado ao empregador fazer-se substituir por preposto que tenha conhecimento do fato, e cujas declarações obrigarão o preponente.

BASE LEGAL:

CLT, Art. 843. Na audiência de julgamento deverão estar presentes o reclamante e o reclamado, independentemente do comparecimento de seus representantes salvo, nos casos de Reclamatórias Plúrimas ou Ações de

Cumprimento, quando os empregados poderão fazer-se representar pelo Sindicato de sua categoria.
§ 1º É facultado ao empregador fazer-se substituir pelo gerente, ou qualquer outro preposto que tenha conhecimento do fato, e cujas declarações obrigarão o proponente.
§ 2º Se por doença ou qualquer outro motivo poderoso, devidamente comprovado, não for possível ao empregado comparecer pessoalmente, poderá fazer-se representar por outro empregado que pertença à mesma profissão, ou pelo seu sindicato.
§ 3º O preposto a que se refere o § 1o deste artigo não precisa ser empregado da parte reclamada. (Incluído pela Lei nº 13.467, de 2017)
CLT, Art. 861 – É facultado ao empregador fazer-se representar na audiência pelo gerente, ou por qualquer outro preposto que tenha conhecimento do dissídio, e por cujas declarações será sempre responsável.
Súmula nº 377 do TST, PREPOSTO. EXIGÊNCIA DA CONDIÇÃO DE EMPREGADO (nova redação) – Res. 146/2008, DJ 28.04.2008, 02 e 05.05.2008
Exceto quanto à reclamação de empregado doméstico, ou contra micro ou pequeno empresário, o preposto deve ser necessariamente empregado do reclamado. Inteligência do art. 843, § 1º, da CLT e do art. 54 da Lei Complementar nº 123, de 14 de dezembro de 2006.

PREQUESTIONAMENTO. *Dir. Proc.*

Ato ou efeito de pré-questionar; requisito de admissibilidade de alguns recursos que consiste na manifestação explícita do tribunal *a quo*, sobre a tese discutida. O prequestionamento é a alegação prévia e análise pelo órgão julgador *a quo* da matéria de interesse do recorrente. Trata-se de juízo de admissibilidade especial para os recursos excepcionais, como o Recurso Extraordinário o Recurso Especial e o Recurso de Revista, a fim de ser autorizado o debate a respeito da uniformização de aplicação do direito.

BASE LEGAL:
CLT, Art. 896 – Cabe Recurso de Revista para Turma do Tribunal Superior do Trabalho das decisões proferidas em grau de recurso ordinário, em dissídio individual, pelos Tribunais Regionais do Trabalho, quando: (Redação dada pela Lei nº 9.756, de 17.12.1998) [...)]
§ 1º A. Sob pena de não conhecimento, é ônus da parte:
I – indicar o trecho da decisão recorrida que consubstancia o prequestionamento da controvérsia objeto do recurso de revista;
CPC, Art. 1.025. Consideram-se incluídos no acórdão os elementos que o embargante suscitou, para fins de pré-questionamento, ainda que os

embargos de declaração sejam inadmitidos ou rejeitados, caso o tribunal superior considere existentes erro, omissão, contradição ou obscuridade.
Súmula nº 297 do TST, PREQUESTIONAMENTO. OPORTUNIDADE. CONFIGURAÇÃO (nova redação) – Res. 121/2003, DJ 19, 20 e 21.11.2003
I. Diz-se prequestionada a matéria ou questão quando na decisão impugnada haja sido adotada, explicitamente, tese a respeito.
II. Incumbe à parte interessada, desde que a matéria haja sido invocada no recurso principal, opor embargos declaratórios objetivando o pronunciamento sobre o tema, sob pena de preclusão.
III. Considera-se prequestionada a questão jurídica invocada no recurso principal sobre a qual se omite o Tribunal de pronunciar tese, não obstante opostos embargos de declaração.

PRESCRIÇÃO. *Dir. Civ.*

Extinção da pretensão quando não exercida no prazo definido na lei; perda da ação por falta do exercício respectivo, durante o prazo prescrito em lei. Como nos ensina Humberto Theodoro Júnior, o direito subjetivo descumprido pelo sujeito passivo não desaparece, mas o direito de exigir em juízo a prestação inadimplida que fica comprometido pela prescrição.[171]

BASE LEGAL:
CC, Art. 189. Violado o direito, nasce para o titular a pretensão, a qual se extingue, pela prescrição, nos prazos a que aludem os arts. 205 e 206.
CLT, Art. 11. A pretensão quanto a créditos resultantes das relações de trabalho prescreve em cinco anos para os trabalhadores urbanos e rurais, até o limite de dois anos após a extinção do contrato de trabalho.
I – (revogado); (Redação dada pela Lei nº 13.467, de 2017)
II – (revogado). (Redação dada pela Lei nº 13.467, de 2017)
§ 1º O disposto neste artigo não se aplica às ações que tenham por objeto anotações para fins de prova junto à Previdência Social.
§ 2º Tratando-se de pretensão que envolva pedido de prestações sucessivas decorrente de alteração ou descumprimento do pactuado, a prescrição é total, exceto quando o direito à parcela esteja também assegurado por preceito de lei.
§ 3º A interrupção da prescrição somente ocorrerá pelo ajuizamento de reclamação trabalhista, mesmo que em juízo incompetente, ainda que venha a ser extinta sem resolução do mérito, produzindo efeitos apenas em relação aos pedidos idênticos.
CLT, Art. 440 – Contra os menores de 18 (dezoito) anos não corre nenhum prazo de prescrição.

171 THEODORO Júnior, 2018.

PRESCRIÇÃO INTERCORRENTE. *Dir. Proc. Trab.*

É a prescrição que ocorre no curso do processo, no decorrer da fase executória, a qual se dará quando o exequente abandonar o processo pelo prazo superior a 2 (dois) ocorrendo consequentemente a extinção do processo pelo decurso do prazo. A prescrição intercorrente poderá ser declarada pela parte requerida ou de ofício em qualquer grau de jurisdição. Cabe ressaltar que, o artigo 11-A da CLT que trata sobre o tema foi introduzido pela Lei 13.467/2017 (Reforma Trabalhista), restando prejudicada a Súmula 114 do TST a qual prevê que a prescrição intercorrente não seria aplicável a Justiça do Trabalho.

BASE LEGAL:

CLT, Art. 11-A. Ocorre a prescrição intercorrente no processo do trabalho no prazo de dois anos.

§ 1º A fluência do prazo prescricional intercorrente inicia-se quando o exequente deixa de cumprir determinação judicial no curso da execução.

§ 2º A declaração da prescrição intercorrente pode ser requerida ou declarada de ofício em qualquer grau de jurisdição.

Súmula nº 327 do STF. O Direito Trabalhista admite a prescrição intercorrente.

PRESCRIÇÃO DE OFÍCIO. *Dir. Proc. Trab.*

É quando o juiz reconhece a prescrição e a pronúncia. Entretanto, há posições divergentes na doutrina e jurisprudência quanto a aplicação de tal prescrição na Justiça do Trabalho, sendo admitida sua aplicabilidade na seara trabalhista porém, antes de decreta-la *ex ofício* é apropriado o magistrado conceder as partes a oportunidade para se manifestarem em respeito aos princípios constitucionais do contraditório e da ampla defesa.

BASE LEGAL:

CC, Art. 9º. Não se proferirá decisão contra uma das partes sem que ela seja previamente ouvida.

CC, Art. 10. O juiz não pode decidir, em grau algum de jurisdição, com base em fundamento a respeito do qual não se tenha dado às partes oportunidade de se manifestar, ainda que se trate de matéria sobre a qual deva decidir de ofício.

CPC, Art. 487. Haverá resolução de mérito quando o juiz:

[...] II – decidir, de ofício ou a requerimento, sobre a ocorrência de decadência ou prescrição;

PRESCRIÇÃO DO FUNDO DE GARANTIA DO TEMPO DE SERVIÇO. *Dir. Proc. Trab.*

É o prazo que o empregado terá para exigir o pagamento dos depósitos do FGTS. O Supremo Tribunal Federal entendia que o prazo para pleitear os recolhimentos dos valores referentes ao FGTS era os últimos 30 (trinta) anos, chamado de "prescrição trintenária", expressamente prevista no art.23, §5° da Lei n° 8.036/90. Contudo, o pleno do STF declarou o artigo mencionado inconstitucional sob argumento de afronta a Constituição Federal, reduzindo o prazo de prescrição dos depósitos do FGTS para 5 (cinco) anos. Importante destacar que, a prescrição trintenária estendia apenas aos depósitos do FGTS enquanto os valores das verbas trabalhistas abrangiam os últimos 5 (cinco) anos.

BASE LEGAL:

CF/88, Art. 7º São direitos dos trabalhadores urbanos e rurais, além de outros que visem à melhoria de sua condição social:

[...] XXIX – ação, quanto aos créditos resultantes das relações de trabalho, com prazo prescricional de cinco anos para os trabalhadores urbanos e rurais, até o limite de dois anos após a extinção do contrato de trabalho;

Súmula nº 206 do TST. FGTS. INCIDÊNCIA SOBRE PARCELAS PRESCRITAS. A prescrição da pretensão relativa às parcelas remuneratórias alcança o respectivo recolhimento da contribuição para o FGTS.

Súmula nº 362 do TST. FGTS.

I – Para os casos em que a ciência da lesão ocorreu a partir de 13.11.2014, é quinquenal a prescrição do direito de reclamar contra o não-recolhimento de contribuição para o FGTS, observado o prazo de dois anos após o término do contrato;

II – Para os casos em que o prazo prescricional já estava em curso em 13.11.2014, aplica-se o prazo prescricional que se consumar primeiro: trinta anos, contados do termo inicial, ou cinco anos, a partir de 13.11.2014 (STF-ARE-709212/DF).

PRESCRIÇÃO DOS DIREITOS DO TRABALHADOR DOMÉSTICO. *Dir. Trab.*

É a perda da pretensão de requerer um direito pelo decurso do tempo. Antes da Lei Complementar n° 150/2015, a Legislação era omissa em relação ao prazo de prescrição quinquenal e bienal ao empregado doméstico. Com o advento da Lei Complementar n° 150/2015 passou a prever que o direito de ação quanto aos créditos resultantes das relações dos trabalhadores domésticos, prescrevem em 5 (cinco) anos até o limite de 2 (dois) após a extinção do contrato de trabalho. Sendo assim, o empregado doméstico terá 2 (dois) anos (prescrição bienal) para ingressar com reclamação trabalhista, a contar da extinção do contrato de trabalho e reclamar os últimos 5 (cinco) anos trabalhados (prescrição quinquenal), contados da propositura da reclamatória trabalhista. Vale destacar que, aos empregadores domésticos era facultativo o recolhimento do Fundo de Garantia do Tempo de Serviço (FGTS), entretanto, com o advento da Lei, o pagamento passou a ser obrigatório.

BASE LEGAL:

CF/88, Art. 7º São direitos dos trabalhadores urbanos e rurais, além de outros que visem à melhoria de sua condição social: [...]
Parágrafo único: São assegurados à categoria dos trabalhadores domésticos os direitos previstos nos incisos IV, VI, VII, VIII, X, XIII, XV, XVI, XVII, XVIII, XIX, XXI, XXII, XXIV, XXVI, XXX, XXXI e XXXIII e, atendidas as condições estabelecidas em lei e observada a simplificação do cumprimento das obrigações tributárias, principais e acessórias, decorrentes da relação de trabalho e suas peculiaridades, os previstos nos incisos I, II, III, IX, XII, XXV e XXVIII, bem como a sua integração à previdência social.
LC nº 150/2015, Art. 21. É devida a inclusão do empregado doméstico no Fundo de Garantia do Tempo de Serviço (FGTS), na forma do regulamento a ser editado pelo Conselho Curador e pelo agente operador do FGTS, no âmbito de suas competências, conforme disposto nos arts. 5o e 7o da Lei no 8.036, de 11 de maio de 1990, inclusive no que tange aos aspectos técnicos de depósitos, saques, devolução de valores e emissão de extratos, entre outros determinados na forma da lei.
LC nº 150/2015, Art. 43. O direito de ação quanto a créditos resultantes das relações de trabalho prescreve em 5 (cinco) anos até o limite de 2 (dois) anos após a extinção do contrato de trabalho.

PRESCRIÇÃO DOS DIREITOS DO TRABALHADOR RURAL. *Dir. Trab.*

O prazo prescricional dos trabalhadores rurais é de 5 (cinco) anos, até o limite de 2 (dois) anos após a extinção do contrato de trabalho. Importante destacar que, não há prescrição total ou parcial quanto a pretensão do trabalhador rural que reclama de direitos relativos ao contrato de trabalho que se encontrava em curso à época da promulgação da Emenda Constitucional nº 28/2000, desde que ajuizada a demanda no prazo de 5 (cinco) anos de sua publicação, observada a prescrição bienal. Ainda, ao trabalhador rural menor de 18 (dezoito) anos não corre prescrição.

BASE LEGAL:

CLT, Art. 11. A pretensão quanto a créditos resultantes das relações de trabalho prescreve em cinco anos para os trabalhadores urbanos e rurais, até o limite de dois anos após a extinção do contrato de trabalho.

Lei nº 5.889/73, Art. 10. A prescrição dos direitos assegurados por esta Lei aos trabalhadores rurais só ocorrerá após dois anos de cessação do contrato de trabalho.
Parágrafo único: Contra o menor de dezoito anos não corre qualquer prescrição.
OJ.417. PRESCRIÇÃO. RURÍCOLA. EMENDA CONSTITUCIONAL Nº 28, DE 26.05.2000. CONTRATO DE TRABALHO EM CURSO. Não há prescrição total ou parcial da pretensão do trabalhador rural que reclama direitos relativos a contrato de trabalho que se encontrava em curso à época da promulgação da Emenda Constitucional nº 28, de 26.05.2000, desde que ajuizada a demanda no prazo de cinco anos de sua publicação, observada a prescrição bienal.

PRESCRIÇÃO NAS AÇÕES ACIDENTÁRIAS. *Dir. Proc. Trab.*

Acidente de trabalho ocorre pelo exercício do trabalho a serviço do empregador, provocante lesão corporal ou perturbação funcional que cause morte, perda ou redução, permanente ou temporária, da capacidade para o trabalho. No que tange a prescrição, houve muitas posições divergentes sobre o assunto. Após a Emenda Constitucional nº 45/2004 que reconheceu a competência da justiça do trabalho para processar e julgar as ações indenizatórias decorrentes de dano moral ou material, quando delas decorrerem das relações de trabalho, foi quando a jurisprudência firmou entendimento que, à prescrição de ações relativas a danos acidentários nas relações de trabalho devem ser aplicadas a regra de transição ou seja, quando tratar de fato ocorrido antes da EC nº 45/2004 deve-se, aplicar o prazo do Direito Civil afastando assim, o prazo previsto no art. 7º, XXIX da CF/88, devendo ser aplicado o princípio da norma mais favorável. Mas se o fato ocorrer após a vigência da EC nº 45/2004 a prescrição será da incidência da prescrição trabalhista. Vale ressaltar que, o termo *a quo* da prescrição em tais situações, somente se inicia quando o empregado tomar ciência do dano sofrido e não no momento da data do evento.

BASE LEGAL:

CF/88, Art. 7º São direitos dos trabalhadores urbanos e rurais, além de outros que visem à melhoria de sua condição social: [...]
XXIX – ação, quanto aos créditos resultantes das relações de trabalho, com prazo prescricional de cinco anos para os trabalhadores urbanos e rurais, até o limite de dois anos após a extinção do contrato de trabalho;
CF/88, Art. 114. Compete à Justiça do Trabalho processar e julgar:
[...]

VI as ações de indenização por dano moral ou patrimonial, decorrentes da relação de trabalho; [...].
SÚMULA 278 -STJ. O termo inicial do prazo prescricional, na ação de indenização, é a data em que o segurado teve ciência inequívoca da incapacidade laboral.

PRESCRIÇÃO PARCIAL. *Dir. Proc. Trab.*

Também chamado de prescrição quinquenal. É **quando o empregado tem 2 (dois) anos para ajuizar a reclamação trabalhista, contados da extinção do contrato de trabalho. Isto posto, o empregado poderá pleitear as parcelas referentes aos últimos 5 (cinco) anos do contrato de trabalho.** Trata-se de manifestação da ideia de que o direito não socorre quem dorme. Ademais, a posição doutrinária e jurisprudencial, entende pela aplicação subsidiária ao Processo do Trabalho o art. 132 do Código Civil quanto a contagem dos prazos prescricionais prevendo que, computa-se os prazos, excluindo o dia do começo, e incluindo o do vencimento.

BASE LEGAL:
CF/88, Art. 7º São direitos dos trabalhadores urbanos e rurais, além de outros que visem à melhoria de sua condição social: [...]
XXIX – ação, quanto aos créditos resultantes das relações de trabalho, com prazo prescricional de cinco anos para os trabalhadores urbanos e rurais, até o limite de dois anos após a extinção do contrato de trabalho;
Art. 11. A pretensão quanto a créditos resultantes das relações de trabalho prescreve em cinco anos para os trabalhadores urbanos e rurais, até o limite de dois anos após a extinção do contrato de trabalho.
CC, Art. 132. Salvo disposição legal ou convencional em contrário, computam-se os prazos, excluído o dia do começo, e incluído o do vencimento.

PRESCRIÇÃO TOTAL. *Dir. Proc. Trab.*

Também chamada de prescrição bienal. Após a extinção do contrato de trabalho, o empregado tem 2 (dois) anos para ajuizar reclamação trabalhista, contados da extinção do contrato. Entretanto, após a extinção do contrato de trabalho, o empregado conseguirá a reparação das lesões ocorridos nos últimos 5 (cincos) anos anteriores ao ajuizamento da reclamação trabalhista.

BASE LEGAL:
Súmula nº 308 do TST. PRESCRIÇÃO QÜINQÜENAL.

I. Respeitado o biênio subsequente à cessação contratual, a prescrição da ação trabalhista concerne às pretensões imediatamente anteriores a cinco anos, contados da data do ajuizamento da reclamação e, não, às anteriores ao quinquênio da data da extinção do contrato.

PRESCRIÇÃO. *Dir. Proc. Trab.*

É a perda da pretensão de reparação do direito violado, pela inércia do titular, no decurso do tempo. É a perda da exigibilidade judicial de reparação da lesão a um direito. Importante destacar que, a propositura de demanda interrompe a prescrição salvo, em face de menores pois contra menores não corre nenhum prazo prescricional.

BASE LEGAL:

CF/88, Art. 7º São direitos dos trabalhadores urbanos e rurais, além de outros que visem à melhoria de sua condição social: [...]

XXIX – ação, quanto aos créditos resultantes das relações de trabalho, com prazo prescricional de cinco anos para os trabalhadores urbanos e rurais, até o limite de dois anos após a extinção do contrato de trabalho;

CLT, Art. 440 – Contra os menores de 18 (dezoito) anos não corre nenhum prazo de prescrição.

Súmula nº 268 do TST.PRESCRIÇÃO. INTERRUPÇÃO. AÇÃO TRABALHISTA ARQUIVADA.A ação trabalhista, ainda que arquivada, interrompe a prescrição somente em relação aos pedidos idênticos.

PRESIDENTE DO TRIBUNAL SUPERIOR DO TRABALHO. *Dir. Proc. Trab.*

É o chefe máximo do Tribunal Superior do Trabalho, é o responsável por algumas atribuições a ele conferidas bem como, as atividades administrativas. As demandas que cabe ao Presidente do Tribunal dirigir estão previstas na Constituição Federal, Consolidação das Leis Trabalho e no Regimento Interno do Tribunal Superior do Trabalho. Dentre muitas atribuições de competência do Presidente do TST incumbi dirigir os trabalhos do Tribunal e presidir as sessões do Tribunal Pleno, do Órgão Especial e das Seções Especializadas. Por fim , o presidente tem colaboradores em seu gabinete e, dentre eles, um secretário designado por ele.

BASE LEGAL:

CF/88, Art. 96. Compete privativamente: [...]

I – aos tribunais:

a) eleger seus órgãos diretivos e elaborar seus regimentos internos, com observância das normas de processo e das garantias processuais das partes, dispondo sobre a competência e o funcionamento dos respectivos órgãos jurisdicionais e administrativos;
CLT, Art. 707 – Compete ao Presidente do Tribunal:
a) presidir às sessões do Tribunal, fixando os dias para a realização das sessões ordinárias e convocando as extraordinárias;
b) superintender todos os serviços do Tribunal;
c) expedir instruções e adotar as providências necessárias para o bom funcionamento do Tribunal e dos demais órgãos da Justiça do Trabalho;
d) fazer cumprir as decisões originárias do Tribunal, determinando aos Tribunais Regionais e aos demais órgãos da Justiça do Trabalho a realização dos atos processuais e das diligências necessárias;
e) submeter ao Tribunal os processos em que tenha de deliberar e designar, na forma do Regimento Interno, os respectivos relatores;
f) despachar os recursos interpostos pelas partes e os demais papéis em que deva deliberar;
g) determinar as alterações que se fizerem necessárias na lotação do pessoal da Justiça do Trabalho, fazendo remoções *ex officio* de servidores entre os Tribunais Regionais, Juntas de Conciliação e Julgamento e outros órgãos; bem como conceder as requeridas que julgar convenientes ao serviço, respeitada a lotação de cada órgão;
h) conceder licenças e férias aos servidores do Tribunal, bem como impor-lhes as penas disciplinares que excederem da alçada das demais autoridades;
i) dar posse e conceder licença aos membros do Tribunal, bem como conceder licenças e férias aos Presidentes dos Tribunais Regionais;
j) apresentar ao Ministro do Trabalho, Industria e Comercio, até 31 de março de cada ano, o relatório das atividades do Tribunal e dos demais órgãos da Justiça do Trabalho.
Parágrafo único: O Presidente terá 1 (um) secretário por ele designado dentre os funcionários lotados no Tribunal, e será auxiliado por servidores designados nas mesmas condições.

PRESIDENTE DOS TRIBUNAIS REGIONAIS DO TRABALHO. *Dir. Proc. Trab.*

É o responsável por algumas atribuições a ele conferidas, dentro do próprio tribunal de origem. Ressalta-se que, cada presidente tomará posse perante os respectivo Tribunal. Dentre muitas competências previstas na legislação, também há previsão das atribuições do presidente no Regimento Interno do Tribunal (da sua respectiva Região) uma vez que cada TRT tem o seu próprio regimento interno. O presidente do TRT tem como uma das atribuições exercer correição parciais do seu tribunal a qual está vinculado. Ainda, é competência do presidente do

TRT dar posse aos juízes do trabalho substitutos após ingresso na carreira, mediante aprovação em concurso público, bem como aos juízes titulares de Vara do Trabalho.

BASE LEGAL:
CLT, Art. 681. Os presidentes e vice-presidentes dos Tribunais Regionais do Trabalho tomarão posse perante os respectivos Tribunais.
CLT, Art. 682. Competem privativamente aos Presidentes dos Tribunais Regionais, além das que forem conferidas neste e no título e das decorrentes do seu cargo, as seguintes atribuições: [...]
II – designar os vogais das Juntas e seus suplentes;
III – dar posse aos Presidentes de Juntas e Presidentes Substitutos, aos vogais e suplentes e funcionários do próprio Tribunal e conceder férias e licenças aos mesmos e aos vogais e suplentes das Juntas;
IV – presidir às sessões do Tribunal;
V – presidir às audiências de conciliação nos dissídios coletivos;
VI – executar suas próprias decisões e as proferidas pelo Tribunal;
VII – convocar suplentes dos vogais do Tribunal, nos impedimentos destes;
VIII – representar ao Presidente do Tribunal Superior do Trabalho contra os Presidentes e os vogais, nos casos previstos no art. 727 e seu parágrafo único; IX – despachar os recursos interpostos pelas partes;
X – requisitar às autoridades competentes, nos casos de dissídio coletivo, a força necessária, sempre que houver ame e perturbação da ordem;
Xl – exercer correição, pelo menos uma vez por ano, sobre as Juntas, ou parcialmente sempre que se fizer necessário, e solicitá-la, quando julgar conveniente, ao Presidente do Tribunal de Apelação relativamente aos Juízes de Direito investidos na administração da Justiça do Trabalho;
XII – distribuir os feitos, designando os vogais que os devem relatar;
XIII – designar, dentre os funcionários do Tribunal e das Juntas existentes em uma mesma localidade, o que deve exercer a função de distribuidor;
XIV – assinar as folhas de pagamento dos vogais e servidores do Tribunal.

PRESTAÇÃO DE SERVIÇO. *Dir. Trab.*

É um trabalho prestado por uma pessoa física denominada como "prestador de serviços". A prestação de serviços consiste em uma relação de trabalho sem a presença dos requisitos da relação de emprego previsto no art. 3° da CLT. Vale destacar que, a Justiça do trabalho é competente para dirimir conflitos de prestadores de serviços quando se tratar de relação de trabalho. Por fim, quando ocorrer prestação de serviço por mais de uma empresa do mesmo grupo econômico, desde que seja cumprida dentro da sua jornada de trabalho será considerado como único contrato.

BASE LEGAL:

CF/88, Art. 114. Compete à Justiça do Trabalho processar e julgar: I as ações oriundas da relação de trabalho, abrangidos os entes de direito público externo e da administração pública direta e indireta da União, dos Estados, do Distrito Federal e dos Municípios;

Súmula nº 129 do TST. CONTRATO DE TRABALHO. GRUPO ECONÔMICO – A prestação de serviços a mais de uma empresa do mesmo grupo econômico, durante a mesma jornada de trabalho, não caracteriza a coexistência de mais de um contrato de trabalho, salvo ajuste em contrário

PRESTAÇÃO SUCESSIVAS. *Dir. Trab.*

Trata-se de pedidos decorrentes de prestações sucessivas, ou seja, se trata de pedido de prestação sucessiva. Importante destacar que, as prestações sucessivas podem ser por prazo determinado ou indeterminado. No processo do trabalho, as prestações sucessivas por prazo determinado, a execução pelo não pagamento de uma prestação compreenderá as que lhe sucederem, já se tratando de prestações sucessivas por prazo indeterminado, a execução compreenderá as prestações devidas até a data do ajuizamento.

BASE LEGAL:

CLT, Art. 891. Nas prestações sucessivas por tempo determinado, a execução pelo não-pagamento de uma prestação compreenderá as que lhe sucederem.

CLT, Art. 892. Tratando-se de prestações sucessivas por tempo indeterminado, a execução compreenderá inicialmente as prestações devidas até a data do ingresso na execução.

PRESTAÇÃO IN NATURA. *Dir.Trab.*

É o salário *in natura* ou salário utilidade. É espécie de remuneração paga pelo empregador podendo ser em dinheiro ou em coisa. O salário *in natura* quando fornecida como vantagem "pelo" trabalho, terá natureza salarial, caso contrário, ou seja, se o salário in natura for fornecido "para" o trabalho, não terá caráter de natureza salarial uma vez que decorrerá de obrigações legais do empregador de natureza contratual.

BASE LEGAL:

CLT, Art. 458. Além do pagamento em dinheiro, compreende-se no salário, para todos os efeitos legais, a alimentação, habitação, vestuário ou outras prestações *in natura* que a empresa, por força do contrato ou do costume,

fornecer habitualmente ao empregado. Em caso algum será permitido o pagamento com bebidas alcoólicas ou drogas nocivas.
§ 1° Os valores atribuídos às prestações *in natura* deverão ser justos e razoáveis, não podendo exceder, em cada caso, os dos percentuais das parcelas componentes do salário-mínimo (arts. 81 e 82).
Súmula nº 241 do TST. SALÁRIO-UTILIDADE. ALIMENTAÇÃO. O vale para refeição, fornecido por força do contrato de trabalho, tem caráter salarial, integrando a remuneração do empregado, para todos os efeitos legais.
OJ n° 413 da SDI-I do TST.AUXÍLIO-ALIMENTAÇÃO. ALTERAÇÃO DA NATUREZA JURÍDICA. NORMA COLETIVA OU ADESÃO AO PAT. A pactuação em norma coletiva conferindo caráter indenizatório à verba "auxílio-alimentação" ou a adesão posterior do empregador ao Programa de Alimentação do Trabalhador – PAT – não altera a natureza salarial da parcela, instituída anteriormente, para aqueles empregados que, habitualmente, já percebiam o benefício, a teor das Súmulas n.os 51, I, e 241 do TST

PREVENÇÃO DA FADIGA. *Dir. Trab.*

Se trata de prevenção a saúde na qual o empregador deverá proceder para com seus empregados conforme previsão legal, devendo propiciar condições de trabalho com conforto e segurança. No que tange aos esforços físicos, aos homens, o peso limite será de 60kg (sessenta quilogramas) para remoções e transportes individuais e para as mulheres, quando empreender força muscular o limite será de 20kg (vinte quilogramas) para trabalho contínuo e 25kg (vinte e cinco quilogramas) em trabalho ocasionais, sendo aplicado essas mesmas regras aos menores. Ainda, no trabalho em que o empregado realize sentado, será obrigatória a adoção de cadeiras ou bancos que possibilitem o conforto dos envolvidos naquela atividade, e quando o trabalho for realizado em pé, os empregados devem ter à disposição assentos para serem utilizados nas pausas que o serviço permitir. Nos ambos os casos o objetivo é resguardar as condições ergonômicas que estão previstas na Normas Regulamentadora n°17.

BASE LEGAL:

CLT, Art.198. É de 60 kg (sessenta quilogramas) o peso máximo que um empregado pode remover individualmente, ressalvadas as disposições especiais relativas ao trabalho do menor e da mulher.
CLT, Art.199. Será obrigatória a colocação de assentos que assegurem postura correta ao trabalhador, capazes de evitar posições incômodas ou forçadas, sempre que a execução da tarefa exija que trabalhe sentado.

Parágrafo único: Quando o trabalho deva ser executado de pé, os empregados terão à sua disposição assentos para serem utilizados nas pausas que o serviço permitir.
CLT, Art. 390: Ao empregador é vedado empregar a mulher em serviço que demande o emprego de força muscular superior a 20 (vinte) quilos para o trabalho contínuo, ou 25 (vinte e cinco) quilos para o trabalho ocasional.

PREVIDÊNCIA SOCIAL. *Dir. Trab.*

É um seguro com regime jurídico especial, e regida de normas de Direito Público, sendo necessariamente contributiva, que disponibiliza benefícios e serviços aos segurados e seus dependentes, que dependerá do plano de abertura. Na esfera trabalhista, podemos destacar quando o empregado não retorna ao emprego após cessado o benefício previdenciário. Estando presente os requisitos quais seriam a intenção de abandonar o emprego e o não comparecimento ao emprego por mais de 30 (trinta) dias podendo ensejar a demissão por justa causa.

BASE LEGAL:
Súmula nº 32 do TST. Presume-se o abandono de emprego se o trabalhador não retornar ao serviço no prazo de 30 (trinta) dias após a cessação do benefício previdenciário nem justificar o motivo de não o fazer.
CF/88, Art. 194. A seguridade social compreende um conjunto integrado de ações de iniciativa dos Poderes Públicos e da sociedade, destinadas a assegurar os direitos relativos à saúde, à previdência e à assistência social.

PRIMEIROS SOCORROS. *Dir. do Trab.*

Os empregadores independentes do número de empregados, estão obrigados a manter material necessário para prestar atendimento de primeiros socorros aos seus empregados uma vez que, se trata de norma de proteção à saúde dos trabalhadores. Vale ressaltar que, essa obrigatoriedade também deve ser observada pelos empregadores rurais. Ressalta-se que, por questões de prevenção de medicina e segurança do trabalho, na admissão, demissão, de forma periódica ou quando necessário, o empregador deverá realizar exames médicos e/ou complementares seja para análise de aptidão do empregado ou em decorrência de trabalhos em que o empregado esteja exposto a riscos ou situações de trabalho que possa desencadear ou agravar doenças ocupacionais conforme definição pelo Ministério do Trabalho (atual Ministério da Economia).

BASE LEGAL:
CLT, Art. 168. Será obrigatório exame médico, por conta do empregador, nas condições estabelecidas neste artigo e nas instruções complementares a serem expedidas pelo Ministério do Trabalho: [...]
§ 4º – O empregador manterá, no estabelecimento, o material necessário à prestação de primeiros socorros médicos, de acordo com o risco da atividade.
Precedente Normativo nº107. EMPREGADO RURAL. CAIXA DE MEDICAMENTOS. Nos locais de trabalho no campo serão mantidos pelo empregador medicamentos e materiais de primeiros socorros.

PRINCÍPIO. *Dir. Trab.*

Os princípios são mandamentos de otimização, alicerces, vigas mestras ou regulamentos básicos que informam todo o ordenamento jurídico, em determinado ramo do direito ou um certo instituto jurídico.

BASE LEGAL:
CLT, Art. 8º. As autoridades administrativas e a Justiça do Trabalho, na falta de disposições legais ou contratuais, decidirão, conforme o caso, pela jurisprudência, por analogia, por equidade e outros princípios e normas gerais de direito, principalmente do direito do trabalho, e, ainda, de acordo com os usos e costumes, o direito comparado, mas sempre de maneira que nenhum interesse de classe ou particular prevaleça sobre o interesse público.
CF, Art. 5º. Todos são iguais perante a lei, sem distinção de qualquer natureza, garantindo-se aos brasileiros e aos estrangeiros residentes no País a inviolabilidade do direito à vida, à liberdade, à igualdade, à segurança e à propriedade, nos termos seguintes: [...]
§ 2º Os direitos e garantias expressos nesta Constituição não excluem outros decorrentes do regime e dos princípios por ela adotados, ou dos tratados internacionais em que a República Federativa do Brasil seja parte.

PRINCÍPIO CONSTITUCIONAL DA DIGNIDADE DA PESSOA HUMANA. *Dir. Trab.*

O princípio da dignidade humana rege como fundamento da República Federativa do Brasil que consagra desde logo, nosso Estado como uma organização centrada no ser humano. São vários valores que decorrem da noção da dignidade da pessoa humana como, direito à vida, à imagem, à honra e a intimidade.

BASE LEGAL:
CF/88, Art. 1º A República Federativa do Brasil, formada pela união indissolúvel dos Estados e Municípios e do Distrito Federal, constitui-se em Estado Democrático de Direito e tem como fundamentos: [...]

III – a dignidade da pessoa humana;
CF/88, Art. 170. A ordem econômica, fundada na valorização do trabalho humano e na livre iniciativa, tem por fim assegurar a todos existência digna, conforme os ditames da justiça social, observados os seguintes princípios: [...]
VIII – busca do pleno emprego; [...].

PRINCÍPIO CONSTITUCIONAL DA IGUALDADE. *Dir. Trab.*

Todos são iguais perante a lei sem qualquer distinção. Esse princípio também é chamado de princípio da paridade das armas probatória ou princípio da isonomia. Haverá desigualdade quando uma norma ou uma conduta distingue de forma arbitrária um tratamento específico a pessoas diversas. O princípio visa inclusive a proteger a não discriminação uma vez que, a Constituição Federal assegura como direito e garantias fundamentais de todos. Tal princípio é muito abrangente pois dele decorre outros importantes princípios inclusive na seara trabalhista, o qual podemos citar a proibição de diferenças salariais por motivo de sexo, cor, idade, raça ou estado civil, proibição de qualquer discriminação no tocante a salários e critérios de admissão do trabalhador portador de deficiência, entre muitos outros. O princípio da igualdade determina que tanto o legislador como o aplicador da lei devam dar tratamento igual aos que se encontram em situação equivalente e que sejam tratados de maneira desigual os desiguais, na medida de suas desigualdades.

BASE LEGAL:

CF/88, Art. 5º Todos são iguais perante a lei, sem distinção de qualquer natureza, garantindo-se aos brasileiros e aos estrangeiros residentes no País a inviolabilidade do direito à vida, à liberdade, à igualdade, à segurança e à propriedade, nos termos seguintes:
I – homens e mulheres são iguais em direitos e obrigações, nos termos desta Constituição;
CF/88, Art. 7º São direitos dos trabalhadores urbanos e rurais, além de outros que visem à melhoria de sua condição social: [...]
XXX – proibição de diferença de salários, de exercício de funções e de critério de admissão por motivo de sexo, idade, cor ou estado civil;
XXXI – proibição de qualquer discriminação no tocante a salário e critérios de admissão do trabalhador portador de deficiência;

PRINCÍPIO CONSTITUCIONAL DA PROPORCIONALIDADE. *Dir. Proc. Trab.*

Também chamado de princípio da razoabilidade. É o princípio geral do direito e implícito na Constituição Federal. A doutrina reconhece que o princípio da proporcionalidade é constituído com três elementos quais seriam a adequação, necessidade e proporcionalidade em sentido estrito pois, ao analisar a lei a ser aplicada deve-se ter em vista o fim a que se destina , os meios adequados e necessários para atingi-lo. No sistema processual este princípio está vinculado a tramitação do processo, uma vez que no art. 5°, LXXVIII da Constituição Federal prevê que a todos, seja no âmbito judicial ou administrativo, são assegurados a razoável duração do processo e os meios que garantam a celeridade de sua tramitação.

BASE LEGAL:
CF/88, Art. 5º Todos são iguais perante a lei, sem distinção de qualquer natureza, garantindo-se aos brasileiros e aos estrangeiros residentes no País a inviolabilidade do direito à vida, à liberdade, à igualdade, à segurança e à propriedade, nos termos seguintes: [...]
LXXVIII – a todos, no âmbito judicial e administrativo, são assegurados a razoável duração do processo e os meios que garantam a celeridade de sua tramitação.

PRINCÍPIO CONSTITUCIONAL DA UNICIDADE DE JURISDIÇÃO. *Dir. Proc. Trab.*

São inerentes à jurisdição e os princípios do juiz natural, da improrrogabilidade e da indelegabilidade. A unicidade significa que a jurisdição é una, portanto, as decisões proferidas por um órgão judiciário valem para todos.

BASE LEGAL:
CF/88, Art. 5º Todos são iguais perante a lei, sem distinção de qualquer natureza, garantindo-se aos brasileiros e aos estrangeiros residentes no País a inviolabilidade do direito à vida, à liberdade, à igualdade, à segurança e à propriedade, nos termos seguintes: [...]
XXXV – a lei não excluirá da apreciação do Poder Judiciário lesão ou ameaça a direito;

PRINCÍPIO DA APTIDÃO DA PROVA. *Dir. Proc. Trab.*

Quer dizer que a prova deverá ser apresentada pela parte que apresenta melhores condições de produzi-la, mesmo que os fatos tenham sido alegados pela parte contrária. Isto é, ocorre quando a prova é muito difícil em ser produzida, podemos mencionar como exemplo o assédio sexual, práticas discriminatórias no ambiente laboral etc.

BASE LEGAL:

CLT, Art. 818. O ônus da prova incumbe: [...]

§ 1° Nos casos previstos em lei ou diante de peculiaridades da causa relacionadas à impossibilidade ou à excessiva dificuldade de cumprir o encargo nos termos deste artigo ou à maior facilidade de obtenção da prova do fato contrário, poderá o juízo atribuir o ônus da prova de modo diverso, desde que o faça por decisão fundamentada, caso em que deverá dar à parte a oportunidade de se desincumbir do ônus que lhe foi atribuído.

PRINCÍPIO DA BOA-FÉ OBJETIVA (NO CONTRATO DE TRABALHO). *Dir. Trab.*

Esse princípio da boa-fé se estampa pelo dever das partes de agir de forma correta, antes, durante e depois de contrato, isto porque, mesmo após o cumprimento de um contrato, podem sobrar-lhes efeitos residuais. Vale ressaltar que a boa-fé objetiva se traduz de forma mais perceptível, como regra de conduta de agir de acordo com determinados padrões sociais estabelecidos e reconhecidos. Diferente da boa-fé subjetiva que que ocorre quando o manifestante de vontade crê que sua conduta é correta, tendo em vista o grau de conhecimento que possui de um negócio. Cabe destacar que, o princípio da boa-fé é aplicável na relação empregatícia.

BASE LEGAL:

CC, Art. 113. Os negócios jurídicos devem ser interpretados conforme a boa-fé e os usos do lugar de sua celebração. [...]

III – corresponder à boa-fé;

CC, Art. 187. Também comete ato ilícito o titular de um direito que, ao exercê-lo, excede manifestamente os limites impostos pelo seu fim econômico ou social, pela boa-fé ou pelos bons costumes.

CC, Art. 422. Os contratantes são obrigados a guardar, assim na conclusão do contrato, como em sua execução, os princípios de probidade e boa-fé.

PRINCÍPIO DA IDENTIDADE FÍSICA DO JUÍZ. *Dir. Proc. Trab.*

Consiste na vinculação do órgão julgador àquele que conclui a audiência de instrução. Este princípio estava previsto no antigo Código de Processo Civil de 1973 que previa que, o mesmo juiz que conduzisse a audiência julgaria a lide pois teria melhores condições de apreciar o mérito em decorrência do contato direto com as partes e testemunhas bem como, na colheita das provas, salvo se estivesse afastado por motivo de licença, aposentado ou promovido, nessas hipóteses os autos passariam ao seu sucessor. Ocorre que, em decorrência do entendimento do Tribunal Superior do Trabalho, conforme súmula n° 136 (hoje cancelada) previa a não aplicabilidade no Processo do Trabalho em razão da existência, na época, dos juízes classistas. No entanto, tal entendimento não se perdurou, foi quando em 2012 o TST editou a Resolução n° 185 cancelando a súmula n°136 a qual vem prevalecendo o entendimento na doutrina e na jurisprudência a aplicabilidade do princípio da identidade física do juiz na Justiça do Trabalho.

BASE LEGAL:

Art. 5° Todos são iguais perante a lei, sem distinção de qualquer natureza, garantindo-se aos brasileiros e aos estrangeiros residentes no País a inviolabilidade do direito à vida, à liberdade, à igualdade, à segurança e à propriedade, nos termos seguintes: [...]

LIII – ninguém será processado nem sentenciado senão pela autoridade competente; [...]

XXXVII – não haverá juízo ou tribunal de exceção; [...].

CPC, Art. 366. Encerrado o debate ou oferecidas as razões finais, o juiz proferirá sentença em audiência ou no prazo de 30 (trinta) dias.

PRINCÍPIO DA INTERVENÇÃO MÍNIMA NA AUTONOMIA DA VONTADE COLETIVA. *Dir. Trab.*

Este princípio tem como objetivo buscar o pressuposto de validade dos instrumentos normativos que decorrem da negociação coletiva de trabalho (Acordo Coletivo de Trabalho e Convenção Coletiva de Trabalho), cabendo a Justiça do Trabalho verificar se nos instrumentos normativos estão presentes os elementos essenciais do negócio jurídico conforme preceitua o art. 104 do Código Civil, para obtenção de sua validade e aplicabilidade.

BASE LEGAL:

CF/88, Art. 7° São direitos dos trabalhadores urbanos e rurais, além de outros que visem à melhoria de sua condição social: [...]

XVI – reconhecimento das convenções e acordos coletivos de trabalho; [...].

CLT, Art. 8° – As autoridades administrativas e a Justiça do Trabalho, na falta de disposições legais ou contratuais, decidirão, conforme o caso, pela jurisprudência, por analogia, por equidade e outros princípios e normas gerais de direito, principalmente do direito do trabalho, e, ainda, de acor-

do com os usos e costumes, o direito comparado, mas sempre de maneira que nenhum interesse de classe ou particular prevaleça sobre o interesse público. [...]
§ 3º No exame de convenção coletiva ou acordo coletivo de trabalho, a Justiça do Trabalho analisará exclusivamente a conformidade dos elementos essenciais do negócio jurídico, respeitado o disposto no art. 104 da Lei no 10.406, de 10 de janeiro de 2002 (Código Civil), e balizará sua atuação pelo princípio da intervenção mínima na autonomia da vontade coletiva.
CC, Art. 104. A validade do negócio jurídico requer:
I – agente capaz;
II – objeto lícito, possível, determinado ou determinável;
III – forma prescrita ou não defesa em lei.

PRINCÍPIO DA LEGALIDADE. *Dir. Proc. Trab.*

Também chamado de *devido processo legal*. Este princípio traz a premissa que todos os litigantes devem ter direito a um processo e uma sentença justa. No sentido genérico caracteriza-se pelo trinômio "vida-liberdade-propriedade" pois busca respeitar à tutela da vida, liberdade ou propriedade estando sob a proteção devido processo legal. São muitos os direitos e garantias que abrangem este princípio, do qual tem desdobramentos em outros princípios como o princípio do duplo grau de jurisdição, princípio do contraditório e da ampla defesa, princípio do juiz natural entre outros, visando um devido processo justo. Cabe ressaltar que, o devido processo legal deve ser respeitado no processo judicial e administrativo, uma vez que é uma garantia individual em que a lei não excluirá da apreciação do Poder Judiciário lesão ou grave ameaça a direito.

BASE LEGAL:
CF/88, Art. 5º Todos são iguais perante a lei, sem distinção de qualquer natureza, garantindo-se aos brasileiros e aos estrangeiros residentes no País a inviolabilidade do direito à vida, à liberdade, à igualdade, à segurança e à propriedade, nos termos seguintes: [...]
II – ninguém será obrigado a fazer ou deixar de fazer alguma coisa senão em virtude de lei; [...]
LIV – ninguém será privado da liberdade ou de seus bens sem o devido processo legal;[...]
LV – aos litigantes, em processo judicial ou administrativo, e aos acusados em geral são assegurados o contraditório e ampla defesa, com os meios e recursos a ela inerentes;

OJ – 97 da SDI-II. AÇÃO RESCISÓRIA. VIOLAÇÃO DO ART. 5º, II, LIV E LV, DA CONSTITUIÇÃO FEDERAL. PRINCÍPIOS DA LEGALIDADE, DO DEVIDO PROCESSO LEGAL, DO CONTRADITÓRIO E DA AMPLA DEFESA.
Os princípios da legalidade, do devido processo legal, do contraditório e da ampla defesa não servem de fundamento para a desconstituição de decisão judicial transitada em julgado, quando se apresentam sob a forma de pedido genérico e desfundamentado, acompanhando dispositivos legais que tratam especificamente da matéria debatida, estes sim, passíveis de fundamentarem a análise do pleito rescisório.

PRINCÍPIO DO CONTRADITÓRIO. *Dir. Proc. Trab.*

É uma garantia fundamental prevista expressamente na Constituição Federal. Este princípio busca dar a oportunidade de ouvir os litigantes sobre fato imputado a ele. Tal princípio embasa no princípio da ampla defesa que compreende a manifestação do direito a reação e assim apresentar argumentos para sua defesa como produzir provas e contraprovas, direito de recorrer das decisões etc.

BASE LEGAL:
CF, Art. 5º Todos são iguais perante a lei, sem distinção de qualquer natureza, garantindo-se aos brasileiros e aos estrangeiros residentes no País a inviolabilidade do direito à vida, à liberdade, à igualdade, à segurança e à propriedade, nos termos seguintes: [...]
LV – aos litigantes, em processo judicial ou administrativo, e aos acusados em geral são assegurados o contraditório e ampla defesa, com os meios e recursos a ela inerentes;
CPC, Art. 10. O juiz não pode decidir, em grau algum de jurisdição, com base em fundamento a respeito do qual não se tenha dado às partes oportunidade de se manifestar, ainda que se trate de matéria sobre a qual deva decidir de ofício.

PRINCÍPIO DO DUPLO GRAU DE JURISDIÇÃO. *Dir. Proc. Trab.*

Trata-se de um princípio que tem como objetivo recorrer de uma decisão judicial de um processo e ser submetido através de um recurso a um novo julgamento. Entretanto, esse direito de recorrer somente poderá ser exercido quando houver previsão legal bem como, quando estiver presente os pressupostos. Tal princípio não está previsto expressamente na Constituição Federal, mas, de forma implícita em vários artigos. Ademais, o duplo grau de jurisdição está previsto na Convenção Americana de Direitos Humanos (Pacto de São José da

Costa Rica de 22.11.1969) que foi ratificada pelo Brasil (Decreto n° 678, de 06.11.1992) como garantias judiciais.

BASE LEGAL:

CF/88, Art. 5º Todos são iguais perante a lei, sem distinção de qualquer natureza, garantindo-se aos brasileiros e aos estrangeiros residentes no País a inviolabilidade do direito à vida, à liberdade, à igualdade, à segurança e à propriedade, nos termos seguintes: [...]

LIV – ninguém será privado da liberdade ou de seus bens sem o devido processo legal;

LV – aos litigantes, em processo judicial ou administrativo, e aos acusados em geral são assegurados o contraditório e ampla defesa, com os meios e recursos a ela inerentes;

Convenção Americana de Direitos Humanos, Art.8°. Garantias Judiciais.

2. Toda pessoa acusada de delito tem direito a que se presuma sua inocência enquanto não se comprove legalmente sua culpa. Durante o processo, toda pessoa tem direito, em plena igualdade, às seguintes garantias mínimas:

PRINCÍPIO DO LIVRE CONVENCIMENTO MOTIVADO. *Dir. Proc. Trab.*

Também chamado de princípio da persuasão racional que é a forma de valoração em que o magistrado, embora tenha ampla liberdade na avaliação das provas produzidas, bem como na condução do processo para a formação do seu convencimento, o magistrado tem o dever legal de motivar e fundamentar todas as suas decisões. Importante destacar que, será nula a decisão que não tenha a fundamentação.

BASE LEGAL:

CF/88, Art. 93. Lei complementar, de iniciativa do Supremo Tribunal Federal, disporá sobre o Estatuto da Magistratura, observados os seguintes princípios: [...]

IX todos os julgamentos dos órgãos do Poder Judiciário serão públicos, e fundamentadas todas as decisões, sob pena de nulidade, podendo a lei limitar a presença, em determinados atos, às próprias partes e a seus advogados, ou somente a estes, em casos nos quais a preservação do direito à intimidade do interessado no sigilo não prejudique o interesse público à informação; [...].

CLT, Art. 765 – Os Juízos e Tribunais do Trabalho terão ampla liberdade na direção do processo e velarão pelo andamento rápido das causas, podendo determinar qualquer diligência necessária ao esclarecimento delas.

CLT, Art. 832 – Da decisão deverão constar o nome das partes, o resumo do pedido e da defesa, a apreciação das provas, os fundamentos da decisão e a respectiva conclusão.

PRINCÍPIO DA NÃO-DISCRIMINAÇÃO. *Dir. Trab.*

É um dos princípios constitucionais do direito do trabalho que estão previstos expressamente na Constituição Federal. Tal princípio se estende em mais 3 (três) princípios que são, o princípio da proibição da diferença de salários, de exercício de funções e de critérios de admissão por motivo de sexo, idade, cor ou estado civil; princípio da proibição de qualquer discriminação no tocante a salário e critérios de admissão do trabalhador com deficiência e princípio da proibição de distinção entre trabalho manual e intelectual ou entre os profissionais respectivos. A discriminação no âmbito laboral é definida pela Organização Internacional do Trabalho (OIT) com qualquer distinção, exclusão ou preferência fundada na raça, cor, sexo, religião, opinião política, ascendência nacional ou origem social, que tenha por efeito destruir ou alterar a igualdade de oportunidade ou de tratamento em matéria de empregou profissão.

BASE LEGAL:
CF/88, Art. 3° Constituem objetivos fundamentais da República Federativa do Brasil: [...]
IV – promover o bem de todos, sem preconceitos de origem, raça, sexo, cor, idade e quaisquer outras formas de discriminação.
CF/88, Art. 7° São direitos dos trabalhadores urbanos e rurais, além de outros que visem à melhoria de sua condição social: [...]
XXX – proibição de diferença de salários, de exercício de funções e de critério de admissão por motivo de sexo, idade, cor ou estado civil;
XXXI – proibição de qualquer discriminação no tocante a salário e critérios de admissão do trabalhador portador de deficiência;
XXXII – proibição de distinção entre trabalho manual, técnico e intelectual ou entre os profissionais respectivos; [...].

PRINCÍPIO DA PROTEÇÃO. *Dir. Trab.*

Este princípio visa a proteção da parte mais vulnerável da relação empregatícia, trata de um princípio tutelar pois visa assegurar uma superioridade jurídica ao trabalhador. A doutrina entende que este princípio se desdobra em 3 (três) outros princípios que seria o *princípio in dubio pro operário, princípio da norma mais favorável* e o *princípio da condição ou cláusula mais benéfica*. O *princípio pro operário* (ou *pro misero*) significa dizer que na hipótese de existir uma norma dúbia que comporta mais de uma interpretação, deverá adotar a interpretação mais favorável ao trabalhador. Já, o *princípio da norma mais favorável* ocorre quando existir mais de uma norma no ordenamento jurídico versando sobre direito trabalhista, deverá prevalecer mais favorável ao empregado. Por fim, o *princípio da condição* (ou *cláusula*) *mais benéfica* concerne à aplicação decorrentes do regulamento empresarial ou do próprio contrato individual de trabalho, as quais serão incorporadas definitivamente no patrimônio jurídico do trabalhador, não podendo ser suprimida ou reduzida ao longo do vínculo empregatício.

BASE LEGAL:

CF/88, Art. 5º Todos são iguais perante a lei, sem distinção de qualquer natureza, garantindo-se aos brasileiros e aos estrangeiros residentes no País a inviolabilidade do direito à vida, à liberdade, à igualdade, à segurança e à propriedade, nos termos seguintes: [...]

XL – a lei penal não retroagirá, salvo para beneficiar o réu; [...]

XXXVI – a lei não prejudicará o direito adquirido, o ato jurídico perfeito e a coisa julgada;

CF/88, Art. 7º São direitos dos trabalhadores urbanos e rurais, além de outros que visem à melhoria de sua condição social: [...].

PRINCÍPIOS DA NEGOCIAÇÃO COLETIVA. *Dir. Trab.*

A negociação coletiva para alguns doutrinadores é sinônimo de acordo ou convenção coletiva de trabalho sendo uma fonte, procedimento ou instrumento normativo que visa buscar soluções para os conflitos trabalhistas entre empregado e empregador. Dito isso, o princípio da negociação coletiva se refere a negociação entre empregado, empregador e sindicatos de cada categoria, que por tratar de uma relação com ideais próprios tem princípios próprios. Os princípios que norteiam a negociação coletiva a qual trata de direito coletivo do trabalho, princípio da compulsoriedade negocial, princípio do contraditório, princípio da boa-fé, *princípio da igualdade, princípio do direito de informação, princípio da razoabilidade, princípio da paz social* e *princípio da colaboração.*

BASE LEGAL:

CF/88, Art. 7º São direitos dos trabalhadores urbanos e rurais, além de outros que visem à melhoria de sua condição social: [...]

VI – irredutibilidade do salário, salvo o disposto em convenção ou acordo coletivo;

CF/88, Art. 8º É livre a associação profissional ou sindical, observado o seguinte: [...]
VI – é obrigatória a participação dos sindicatos nas negociações coletivas de trabalho; [...].

PRINCÍPIO DO DIREITO DO TRABALHO. *Dir. Trab.*

O direito do trabalho possui princípios peculiares além dos princípios constitucionais que regem o direito material. Os princípios mais importantes do direito do trabalho são: *princípio da proteção, princípio in dubio pro operário, princípio da aplicação da norma mais favorável, princípio da condição* (ou cláusula) *mais benéfica, princípio da irrenunciabilidade ou indisponibilidade, princípio da continuidade da relação de emprego, princípio da primazia da realidade, princípio da razoabilidade* e *princípio da inalterabilidade "in pejus"*. Diante desses princípios podemos citar a Súmula 51 do TST que reconhece a aplicação do princípio da condição mais benéfica ao empregado no direito do trabalho. Apesar de tratar de princípios que tem como objetivo assegurar, resguardar, proteger o trabalhador, importante destacar que, o princípio da norma mais favorável não é absoluto uma vez que o art. 620 da CLT prevê o conflito entre o acordo coletivo de trabalho e a convenção coletiva de trabalho a qual sempre irá prevalecer o acordo coletivo de trabalho. Ainda, no que diz respeito ao princípio da primazia da realidade trata-se do confronto entre a verdade real e a verdade formal, devendo prevalecer a verdade real. Por fim em relação ao princípio da continuidade de emprego, o ônus de provar o término do contrato de trabalho quando negados a prestação de serviços e o despendimento é do empregador.

BASE LEGAL:

CLT, Art. 620. As condições estabelecidas em acordo coletivo de trabalho sempre prevalecerão sobre as estipuladas em convenção coletiva de trabalho.
Súmula nº 51 do TST. NORMA REGULAMENTAR. VANTAGENS E OPÇÃO PELO NOVO REGULAMENTO.
I – As cláusulas regulamentares, que revoguem ou alterem vantagens deferidas anteriormente, só atingirão os trabalhadores admitidos após a revogação ou alteração do regulamento.
Súmula nº 212 do TST.DESPEDIMENTO. ÔNUS DA PROVA. O ônus de provar o término do contrato de trabalho, quando negados a prestação de serviço e o despedimento, é do empregador, pois o princípio da continuidade da relação de emprego constitui presunção favorável ao empregado.

PRINCÍPIOS DE DIREITO PROCESSUAL DO TRABALHO. *Dir. Proc. Trab.*

Muitos são os princípios que norteiam o Direito Processual do Trabalho, dentre eles princípios constitucionais, princípios gerais do Direito do Trabalho e os peculiares próprios do direito processual do trabalho que são os princípio da simplicidade, princípio da informalidade, princípio do *jus postulandi*, princípio da oralidade, princípio da subsidiariedade e princípio da celeridade. No que tange ao princípio da oralidade no Direito Processual do trabalho ressalta que, trata da informalidade na seara trabalhista uma vez que, o reclamante tem a faculdade de propor reclamação trabalhista verbal ou apresentar a sua defesa de forma oral, estando assim enquadrado a este princípio. Importante destacar o princípio da subsidiariedade, que diante da lacuna da legislação trabalhista o art. 769 da CLT autoriza a aplicação de forma subsidiária ao direito processual comum.

BASE LEGAL:
CF/88, Art. 5º Todos são iguais perante a lei, sem distinção de qualquer natureza, garantindo-se aos brasileiros e aos estrangeiros residentes no País a inviolabilidade do direito à vida, à liberdade, à igualdade, à segurança e à propriedade, nos termos seguintes: [...]
LXXVIII – a todos, no âmbito judicial e administrativo, são assegurados a razoável duração do processo e os meios que garantam a celeridade de sua tramitação.
CLT, Art. 769 – Nos casos omissos, o direito processual comum será fonte subsidiária do direito processual do trabalho, exceto naquilo em que for incompatível com as normas deste Título.
CLT, Art. 840 – A reclamação poderá ser escrita ou verbal.

PRINCÍPIOS DO DIREITO COLETIVO DO TRABALHO. *Dir. Trab.*

Se refere a negociação coletiva que por tratar de uma relação com ideais próprios determinados princípios próprios. Tais princípios que regem o direito coletivo são: o princípio da boa-fé, princípio do dever de informação, princípio da inescusabilidade da negociação, princípio da razoabilidade, princípio da participação obrigatória das entidades sindicais, princípio da supremacia das normas de ordem pública. As negociações coletivas devem visar os deveres morais da ética e lealdade entre as partes e por esta razão a boa-fé devem estar presente na confecção das normas coletivas e na fiel execução delas. Ainda, o princípio do dever de informação está intimamente ligado ao princípio da boa-fé uma vez que este princípio tem como objetivo dar transparência aos empregados quanto ao teor as negociações coletivas.

> **BASE LEGAL:**
> CC, Art. 113. Os negócios jurídicos devem ser interpretados conforme a boa-fé e os usos do lugar de sua celebração.
> CF/88, Art. 5º Todos são iguais perante a lei, sem distinção de qualquer natureza, garantindo-se aos brasileiros e aos estrangeiros residentes no País a inviolabilidade do direito à vida, à liberdade, à igualdade, à segurança e à propriedade, nos termos seguintes: [...]
> XIV – é assegurado a todos o acesso à informação e resguardado o sigilo da fonte, quando necessário ao exercício profissional;
> CLT, Art. 616 – Os Sindicatos representativos de categorias econômicas ou profissionais e as empresas, inclusive as que não tenham representação sindical, quando provocados, não podem recusar-se à negociação coletiva.

PROCEDIMENTO. *Dir. Proc. Trab.*

Também chamado de "Rito", esse procedimento é a forma pela qual o processo se desenvolve. É o modo mais complexo ou mais singelo do conjunto de atos processuais coordenados se sucederem no tempo. É a maneira do desenrolar do trâmite processual.[172] Segundo Mauro Schiavi, "[...] o procedimento é o aspecto extrínseco (exterior) do processo pelo qual se instaura, desenvolve-se e termina. É o caminho percorrido pelo processo (conjunto de atos sucessivos), a forma pela qual o processo se exterioriza."[173] No âmbito trabalhista há 4 (quatro) procedimentos, quais sejam:

1. procedimento comum (ordinário);
2. Procedimento sumário (de alçada);
3. Procedimento sumaríssimo;
4. Procedimentos especiais.

> **BASE LEGAL:**
> Lei nº 5.584/70, art. 2º, §§3º e 4º "Art. 2º Nos dissídios individuais, proposta a conciliação, e, não havendo acordo, o Presidente, da Junta ou o Juiz, antes de passar à instrução da causa, fixar-lhe-á o valor para a determinação da alçada, se este for indeterminado no pedido. [...]
> § 3º Quando o valor fixado para a causa, na forma deste artigo, não exceder de 2 (duas) vezes o salário mínimo vigente na sede do Juízo, será dis-

172 PEREIRA, 2019, p. 843.

173 SCHIAVI, 2017, p. 69.

pensável o resumo dos depoimentos, devendo constar da Ata a conclusão da Junta quanto à matéria de fato.
§ 4º Salvo se versarem sobre matéria constitucional, nenhum recurso caberá das sentenças proferidas nos dissídios da alçada a que se refere o parágrafo anterior, considerado, para esse fim, o valor do salário mínimo à data do ajuizamento da ação
CLT, Art. 852-A. Os dissídios individuais cujo valor não exceda a 40 (quarenta) vezes o salário mínimo vigente na data do ajuizamento da reclamação ficam submetidos ao procedimento sumaríssimo. Parágrafo único. Estão excluídas do procedimento sumaríssimo as demandas em que é parte a Administração Pública direta, autárquica e fundacional.

PROCEDIMENTO DE ALÇADA. *Dir. Proc. Trab.*

É o procedimento sumário, trata-se do primeiro procedimento trabalhista célere, previsto no art. 2º, §§3º e 4º da Lei 5.584/1970, o qual abrange as demandas trabalhistas cujo valor da causa não supere 2 (dois) salários mínimos. Este procedimento buscou a efetividade do processo e a solução da demora na entrega da prestação jurisdicional. Segundo a Doutrina,[174] à época da instituição do procedimento sumário foram firmados os seguintes objetivos: celeridade processual, efetividade do processo, simplificação do procedimento e diminuição de recursos. Nessa toada, no procedimento sumário será dispensável o resumo dos depoimentos devendo constar da ata a conclusão da Vara do Trabalho quanto á matéria de fato e em regra não é cabível a interposição de recursos para impugnar as sentenças proferidas neste rito, salvo se versarem sobre matéria constitucional.

BASE LEGAL:
Lei nº 5.584/70, art. 2º, §§3º e 4º "Art. 2º Nos dissídios individuais, proposta a conciliação, e, não havendo acordo, o Presidente, da Junta ou o Juiz, antes de passar à instrução da causa, fixar-lhe-á o valor para a determinação da alçada, se este for indeterminado no pedido.
[...] § 3º Quando o valor fixado para a causa, na forma deste artigo, não exceder de 2 (duas) vezes o salário mínimo vigente na sede do Juízo, será dispensável o resumo dos depoimentos, devendo constar da Ata a conclusão da Junta quanto à matéria de fato.
§ 4º Salvo se versarem sobre matéria constitucional, nenhum recurso caberá das sentenças proferidas nos dissídios da alçada a que se refere o parágrafo anterior, considerado, para esse fim, o valor do salário mínimo à data do ajuizamento da ação

174 PEREIRA, 2019, p. 843

PROCEDIMENTO ORDINÁRIO. *Dir. Proc. Trab.*

Procedimento ordinário, também conhecido como "procedimento comum", é o rito padrão da CLT, considerado o mais completo, que abrange as demandas trabalhistas cujo valor da causa supere 40 (quarenta) salários mínimos. O procedimento ordinário é aplicado de forma subsidiária aos demais procedimentos. No rito ordinário cada parte pode arrolar até 3 (três) testemunhas, enquanto no rito sumário são 2 (duas) testemunhas e procedimento especial do inquérito judicial para apuração de falta grave são 6 (seis) testemunhas.

BASE LEGAL:

CLT, Art. 821. Cada uma das partes não poderá indicar mais de 3 (três) testemunhas, salvo quando se tratar de inquérito, caso em que esse número poderá ser elevado a 6 (seis).

Art. 852-H. § 2° As testemunhas, até o máximo de duas para cada parte, comparecerão à audiência de instrução e julgamento independentemente de intimação.

494 PROCEDIMENTO SUMÁRIO. *Dir. Proc. Trab.*

É o procedimento de alçada, trata-se do primeiro procedimento trabalhista célere, previsto no art. 2°, §§3° e 4° da Lei 5.584/1970, o qual abrange as demandas trabalhistas cujo valor da causa não supere 2 (dois) salários mínimos. Este procedimento buscou a efetividade do processo e a solução da demora na entrega da prestação jurisdicional. Segundo a Doutrina,[175] à época da instituição do procedimento sumário foram firmados os seguintes objetivos: celeridade processual, efetividade do processo, simplificação do procedimento e diminuição de recursos. Nessa toada, no procedimento sumário será dispensável o resumo dos depoimentos devendo constar da ata a conclusão da Vara do Trabalho quanto á matéria de fato e em regra não é cabível a interposição de recursos para impugnar as sentenças proferidas neste rito, salvo se versarem sobre matéria constitucional.

BASE LEGAL:

Lei n° 5.584/70, art. 2°, §§3° e 4° "Art. 2° Nos dissídios individuais, proposta a conciliação, e, não havendo acordo, o Presidente, da Junta ou o Juiz, antes de passar à instrução da causa, fixar-lhe-á o valor para a determinação da alçada, se este for indeterminado no pedido. [...]

175 PEREIRA, 2019, p. 843

§ 3º Quando o valor fixado para a causa, na forma deste artigo, não exceder de 2 (duas) vezes o salário mínimo vigente na sede do Juízo, será dispensável o resumo dos depoimentos, devendo constar da Ata a conclusão da Junta quanto à matéria de fato.
§ 4º Salvo se versarem sobre matéria constitucional, nenhum recurso caberá das sentenças proferidas nos dissídios da alçada a que se refere o parágrafo anterior, considerado, para esse fim, o valor do salário mínimo à data do ajuizamento da ação

PROCEDIMENTO SUMARÍSSIMO. *Dir. Proc. Trab.*

É o segundo procedimento trabalhista célere, fruto do o advento da lei 9.957/2000, que incluiu os arts. 852-A a 852-I na CLT, abrangendo as demandas trabalhistas cujo valor da causa ano supere 40 (quarenta) salários mínimos.[176] Prevalece na doutrina e na jurisprudência o entendimento de que o advento do procedimento sumaríssimo não revogou o rito sumário, que continua em vigor. Logo, diante de causas que exceda 2 (dois) salários mínimos e não supere 40 (quarenta) salários mínimos se aplica o procedimento sumaríssimo.

BASE LEGAL:

SEÇÃO II-A Do Procedimento Sumaríssimo (Incluído pela Lei nº 9.957, de 2000)
Art. 852-A. Os dissídios individuais cujo valor não exceda a 40 (quarenta) vezes o salário mínimo vigente na data do ajuizamento da reclamação ficam submetidos ao procedimento sumaríssimo.
Parágrafo único: Estão excluídas do procedimento sumaríssimo as demandas em que é parte a Administração Pública direta, autárquica e fundacional.
Art. 852-B. Nas reclamações enquadradas no procedimento sumaríssimo:
I – o pedido deverá ser certo ou determinado e indicará o valor correspondente;
II – não se fará citação por edital, incumbindo ao autor a correta indicação do nome e endereço do reclamado;
III – a apreciação da reclamação deverá ocorrer no prazo máximo de quinze dias do seu ajuizamento, podendo constar de pauta especial, se necessário, de acordo com o movimento judiciário da Junta de Conciliação e Julgamento.
§ 1º O não atendimento, pelo reclamante, do disposto nos incisos I e II deste artigo importará no arquivamento da reclamação e condenação ao pagamento de custas sobre o valor da causa.

---

176 PEREIRA, 2019, p. 107.

§ 2º As partes e advogados comunicarão ao juízo as mudanças de endereço ocorridas no curso do processo, reputando-se eficazes as intimações enviadas ao local anteriormente indicado, na ausência de comunicação.
Art. 852-C. As demandas sujeitas a rito sumaríssimo serão instruídas e julgadas em audiência única, sob a direção de juiz presidente ou substituto, que poderá ser convocado para atuar simultaneamente com o titular.

PROCESSO. *Dir. Proc. Trab.*

Processo é o instrumento da jurisdição, processo é o conjunto de atos processuais coordenados, que se sucedem no tempo, objetivando a entrega da prestação jurisdicional (é a sequência lógica de atos processuais). Segundo Cândido Rangel Dinamarco, "[...] processo é uma série de atos interligados e coordenados ao objetivo de produzir a tutela jurisdicional justa, a serem realizados no exercício de poderes ou faculdade ou em cumprimento a deveres ou ônus. Os atos interligados, em seu conjunto, são o procedimento."[177] Não se confunde com procedimento, este é a forma pela qual o processo se desenvolve, de modo mais singelo ou mais complexo que se sucederem no tempo.[178]

PROCESSO ADMINISTRATIVO. *Dir. Adm.*

Segundo Diógenes Gasparini, Processo Administrativo, em sentido prático e amplo, é o conjunto de medidas jurídicas e materiais praticadas com certa ordem cronologia, necessárias ao registro dos atos da Administração Pública, ao controle do comportamento dos administrados e de seus servidores, a compatibilizar, no exercício do poder de polícia, os interesses públicos e privados, a punir seus servidores e terceiros, a resolver controvérsias administrativas e a outorgar direitos a terceiros.[179] A matéria está disciplinada na Lei n. 9.784/99, que regula o processo administrativo no âmbito da Administração Pública Federal. No processo administrativo são assegurados o contraditório e a ampla defesa, com os meios e recursos a ela inerentes, bem como a razoável duração e os meios que garantam a celeridade de sua tramitação (art. 5º, LV e LXXVIII, CF/88), sendo aplicável o CPC de forma supletiva e subsidiariamente (art. 15, CPC).

---

177 DINAMARCO, p. 25.

178 PEREIRA, 2019, p. 86.

179 GASPARINI, 2012, p. 863.

BASE LEGAL:
Lei n. 9.784/99, Art. 1º Esta lei estabelece normas básicas sobre o processo administrativo no âmbito da Administração Federal, direta e indireta, visando, em especial, à proteção dos direitos dos administrados e ao melhor cumprimento dos fins da Administração.
CF/88 Art. 5º LV, Aos litigantes, em processo judicial ou administrativo, e aos acusados em geral são assegurados o contraditório e ampla defesa, com os meios e recursos a ela inerentes;
CF/88 Art. 5º LXXVIII – a todos, no âmbito judicial e administrativo, são assegurados a razoável duração do processo e os meios que garantam a celeridade de sua tramitação.
CPC Art. 15. Na ausência de normas que regulem processos eleitorais, trabalhistas ou administrativos, as disposições deste Código lhes serão aplicadas supletiva e subsidiariamente.

PROCESSO DO TRABALHO. *Dir. Proc. Trab.*

Processo é o conjunto de atos processuais coordenados, que se sucedem no tempo, objetivando a entrega da prestação jurisdicional. Nessa linha, o processo do trabalho é conjunto de princípios, regras e instituições próprias que tem por escopo a aplicação do Direito Material do Trabalho. Além disso, o Direito Processual do Trabalho disciplina a atuação dos magistrados trabalhistas, dos auxiliares da Justiça do Trabalho e das partes nos conflitos individuais, coletivos e metaindividuais trabalhistas. Ao processo do trabalho aplica-se o CPC de forma supletiva e subsidiária, conforme art. 769 da CLT e 15 do CPC.

BASE LEGAL:
CF/88 Art. 5º LV, Aos litigantes, em processo judicial ou administrativo, e aos acusados em geral são assegurados o contraditório e ampla defesa, com os meios e recursos a ela inerentes;
CF/88 Art. 5º LXXVIII. a todos, no âmbito judicial e administrativo, são assegurados a razoável duração do processo e os meios que garantam a celeridade de sua tramitação.
CLT Art. 769. Nos casos omissos, o direito processual comum será fonte subsidiária do direito processual do trabalho, exceto naquilo em que for incompatível com as normas deste Título.
CPC Art. 15. Na ausência de normas que regulem processos eleitorais, trabalhistas ou administrativos, as disposições deste Código lhes serão aplicadas supletiva e subsidiariamente.

PROCESSO JUDICIAL. *Dir. Proc. Trab.*

Processo Judicial é o conjunto de atos processuais coordenados que se sucedem no tempo, objetivando a entrega do bem da vida ao jurisdicionado com a aplicação do direito objetivo ao caso concreto. Segundo Cândido Rangel Dinamarco, "[...] processo é uma série de atos interligados e coordenados ao objetivo de produzir a tutela jurisdicional justa, a serem realizados no exercício de poderes ou faculdade ou em cumprimento a deveres ou ônus."[180] Conforme prescreve a Constituição Federal no art. 5º, são assegurados aos litigantes em processo judicial e aos acusados em geral o contraditório e a ampla defesa, cm os meios e recursos a ela inerentes, além da razoável duração do processo e os meios que garantam a celeridade de sua tramitação (incisos LV e LXXVIII).

BASE LEGAL:

CF/88 Art. 5º LV. Aos litigantes, em processo judicial ou administrativo, e aos acusados em geral são assegurados o contraditório e ampla defesa, com os meios e recursos a ela inerentes;

CF/88 Art. 5º LXXVIII. a todos, no âmbito judicial e administrativo, são assegurados a razoável duração do processo e os meios que garantam a celeridade de sua tramitação.

CPC Art. 15. Na ausência de normas que regulem processos eleitorais, trabalhistas ou administrativos, as disposições deste Código lhes serão aplicadas supletiva e subsidiariamente.

PROCESSO JUDICIAL POR MEIO ELETRÔNICO. *Dir. Proc. Trab.*

Também conhecido pela sigla PJe, o processo judicial por meio eletrônico ou virtual pode conceituado como o processo cujo atos processuais são realizados pelo digital, através de programas próprios desenvolvidos nos sites dos tribunais, onde tudo é feito eletronicamente.[181] O Processo Judicial Eletrônico está regulamentado na Lei n.

---

180 DINAMARCO, 2001, p. 25.

181 ARNOUD, Analu Neves Dias. Do contexto histórico do processo judicial eletrônico. set. 2014. Disponível em: https://jus.com.br/artigos/31690/do-contexto-historico-do-processo-judicial-eletronico#:~:text=A%20fundamenta%C3%A7%C3%A3o%20do%20processo%20judicial,esfera%20c%C3%ADvel%2C%20penal%20e%20trabalhista.&text=Os%20novos%20processos%20s%C3%A3o%20todos,levaro%20PJE%20a%20Justi%C3%A7a%20Comum. Acesso em: 24 jan. 2022.

11.419/2006, devendo ser estimulado e impulsionado pelos Tribunais do Trabalho e também utilizado pelos advogados e partes, como medidas de celeridade, simplicidade, de desburocratização do procedimento. Entretanto, o processo eletrônico não pode inviabilizar o acesso à Justiça do Trabalho, principalmente do jurisdicionado de baixa renda e que não tenha acesso a equipamentos de informática. Referida lei conceitua MEIO ELETRÔNICO como qualquer forma de armazenamento ou tráfego de documentos e arquivos digitais (art. 1º, §2º) e prescreve que os atos processuais poderão ser praticados por meio de petição eletrônica, sendo considerados tempestivos os efetivados até as 24 horas do último dia (art. 10, §1º).

BASE LEGAL:
Lei n. 11.419/2006. Art. 1º O uso de meio eletrônico na tramitação de processos judiciais, comunicação de atos e transmissão de peças processuais será admitido nos termos desta Lei.
§ 1º Aplica-se o disposto nesta Lei, indistintamente, aos processos civil, penal e trabalhista, bem como aos juizados especiais, em qualquer grau de jurisdição.
§ 2º Para o disposto nesta Lei, considera-se:
I – meio eletrônico qualquer forma de armazenamento ou tráfego de documentos e arquivos digitais; [...].
Art. 10. A distribuição da petição inicial e a juntada da contestação, dos recursos e das petições em geral, todos em formato digital, nos autos de processo eletrônico, podem ser feitas diretamente pelos advogados públicos e privados, sem necessidade da intervenção do cartório ou secretaria judicial, situação em que a autuação deverá se dar de forma automática, fornecendo-se recibo eletrônico de protocolo.
§ 1º Quando o ato processual tiver que ser praticado em determinado prazo, por meio de petição eletrônica, serão considerados tempestivos os efetivados até as 24 (vinte e quatro) horas do último dia.

PROCURAÇÃO/PROCURADOR. *Dir. Proc. Trab.*

Procurador ou advogado, é aquele que postula em juízo representante uma das partes. O advogado somente pode postular em juízo se possuir procuração assinada pelo cliente (mandante). Logo, a procuração é o instrumento do mandato. Excepcionalmente, o advogado (procurador) pode postular em juízo sem procuração a fim de evitar perecimento do direito, comprometendo-se a juntar a procuração no prazo máximo de 15 dias. (art. 104, CPC).[182] Todavia, é possível a re-

182 SCHIAVI, 2017, p. 376.

presentação sem a procuração, como ocorre na hipótese do mandato tácito, em que o advogado, sem procuração (instrumento de mandato) nos autos, comparece pessoalmente em audiência trabalhista representando a parte, pratica atos processuais e seu nome consta na ata de audiência, estando apto a defender os interesses de seu cliente daquele momento em diante. Ressalta-se, por fim, que na Justiça do Trabalho a parte tem capacidade postulatória (*ius postulandi*), de maneira que o advogado não é indispensável (art. 791, CLT).

BASE LEGAL:

Art. 791. Os empregados e os empregadores poderão reclamar pessoalmente perante a Justiça do Trabalho e acompanhar as suas reclamações até o final.

§ 1º Nos dissídios individuais os empregados e empregadores poderão fazer-se representar por intermédio do sindicato, advogado, solicitador, ou provisionado, inscrito na Ordem dos Advogados do Brasil.

§ 2º Nos dissídios coletivos é facultada aos interessados a assistência por advogado.

§ 3º A constituição de procurador com poderes para o foro em geral poderá ser efetivada, mediante simples registro em ata de audiência, a requerimento verbal do advogado interessado, com anuência da parte representada. -se o documento físico, que deverá ser posteriormente destruído.

PROGRAMA DE DESLIGAMENTO INCENTIVADO. *Dir. Trab.*

Também denominado de Plano de Demissão Voluntária (PDV), é a transação extrajudicial em que o empregador oferece um incentivo para o empregado aderir à extinção do seu contrato. Trata-se, assim, de um acréscimo para incentivar a demissão pelo empregado, podendo ser oferecido nas dispensas individuais, plúrimas ou coletivas e, desde que previsto em convenção ou acordo coletivo de trabalho ensejará quitação plena e irrevogável dos direitos decorrentes da relação empregatícia, salvo disposição em contrário estipulada entre as partes (art. 477-B, CLT). Todavia, conforme OJ n.º 356 da SDI-1 do TST não cabe a compensação da indenização paga no PDV com as verbas trabalhistas reconhecidas em juízo.

BASE LEGAL:

CLT Art. 477-B. Plano de Demissão Voluntária ou Incentivada, para dispensa individual, plúrima ou coletiva, previsto em convenção coletiva ou acordo coletivo de trabalho, enseja quitação plena e irrevogável dos di-

reitos decorrentes da relação empregatícia, salvo disposição em contrário estipulada entre as partes."
OJ n.º 356. SDI1 TST: PROGRAMA DE INCENTIVO À DEMISSÃO VOLUNTÁRIA (PDV). CRÉDITOS TRABALHISTAS RECONHECIDOS EM JUÍZO. COMPENSAÇÃO. IMPOSSIBILIDADE Os créditos tipicamente trabalhistas reconhecidos em juízo não são suscetíveis de compensação com a indenização paga em decorrência de adesão do trabalhador a Programa de Incentivo à Demissão Voluntária (PDV).

PROGRAMA DE PROTEÇÃO AO EMRPEGO. *Dir. Trab.*

O Plano de Proteção ao Emprego (PPE) é um programa do governo federal que visa preservar os empregos dos trabalhadores de empresas que se encontram temporariamente em situação de dificuldade econômico-financeira. Foi criado pela Medida Provisória 680 de 2015 e regulamentado pelo decreto nº 8.479 de 6 de julho de 2015. Posteriormente referida Medida Provisória foi convertida em Lei (Lei 13.189/2015) a qual passou a denominar o Programa de Proteção ao Emprego como PROGRAMA SEGURO-EMPREGO (PSE), com a alteração pela Lei 13.456/17.[183] Ressalta-se que o art. 611-A, IV, da CLT estabelece a possibilidade do negociado (ACT ou CCT) prevalecer sobre a adesão ao Programa Seguro-Emprego, previsto na lei 13.189/15.

BASE LEGAL:
LEI Nº 13.189, DE 19 DE NOVEMBRO DE 2015. Art. 1º Fica instituído o Programa Seguro-Emprego (PSE), com os seguintes objetivos:
DECRETO Nº 8.479, DE 6 DE JULHO DE 2015 Art. 1º Este Decreto regulamenta o Programa de Proteção ao Emprego – PPE, de que trata a Medida Provisória nº 680, de 6 de julho de 2015 .
CLT Art. 611-A. A convenção coletiva e o acordo coletivo de trabalho têm prevalência sobre a lei quando, entre outros, dispuserem sobre: IV – adesão ao Programa Seguro-Emprego (PSE), de que trata a Lei no 13.189, de 19 de novembro de 2015; [...].

PROCEDIMENTO SUMARÍSSIMO. *Dir. Proc. Trab.*

É o rito aplicado para as causas que superem 2 (dois) salários mínimos e que não excedam 40 (quarenta) vezes o salário mínimo vigente na data do ajuizamento da reclamação. Está previsto nos arts. 852-A a 852-I da CLT e não se aplica às demandas em que é parte a

183 PORTAL EMPREGA BRASIL. Programa de Proteção ao Emprego (PSE). Disponível em: https://empregabrasil.mte.gov.br/88/ppe/. Acesso em: 12 jan. 2022.

Administração Pública direta, autárquica e fundacional. Nesse procedimento a petição inicial trabalhista deverá apresentar dois requisitos específicos, quais sejam, pedido líquido e correta indicação do nome e endereço do reclamado, não sendo possível a citação por edital.

BASE LEGAL:
Art. 852-A. Os dissídios individuais cujo valor não exceda a 40 (quarenta) vezes o salário mínimo vigente na data do ajuizamento da reclamação ficam submetidos ao procedimento sumaríssimo.
Parágrafo único. Estão excluídas do procedimento sumaríssimo as demandas em que é parte a Administração Pública direta, autárquica e fundacional.
Art. 852-B. Nas reclamações enquadradas no procedimento sumaríssimo:
I – o pedido deverá ser certo ou determinado e indicará o valor correspondente;
II – não se fará citação por edital, incumbindo ao autor a correta indicação do nome e endereço do reclamado;
III – a apreciação da reclamação deverá ocorrer no prazo máximo de 15 (quinze) dias do seu ajuizamento, podendo constar de pauta especial, se necessário, de acordo com o movimento judiciário da Vara do Trabalho.
§ 1º O não atendimento, pelo reclamante, do disposto nos incisos I e II deste artigo importará no arquivamento da reclamação e condenação ao pagamento de custas sobre o valor da causa.
§ 2º As partes e advogados comunicarão ao juízo as mudanças de endereço ocorridas no curso do processo, reputando-se eficazes as intimações enviadas ao local anteriormente indicado, na ausência de comunicação.
Art. 852-C. As demandas sujeitas a rito sumaríssimo serão instruídas e julgadas em audiência única, sob a direção de juiz presidente ou substituto, que poderá ser convocado para atuar simultaneamente com o titular.

PROCESSO DE MULTAS ADMINISTRATIVAS. *Dir. Proc. Trab.*

O processo de multas administrativas ocorre diante das investigações e penalidades aplicadas pelos Auditores Fiscais do Trabalho. Conforme art. 627-A da CLT poderá ser instaurado procedimento especial para a ação fiscal, objetivando a orientação sobre o cumprimento das leis de proteção ao trabalho, bem como a prevenção e o saneamento de infrações à legislação mediante Termo de Compromisso. Nesse processo caberá a interposição de recuso no prazo de 10 (dez) dias, contados do recebimento da notificação, na forma do art. 636 da CLT. Ressalta-se, por fim, que as ações relativas às penalidades administrativas impostas aos empregadores pelos órgãos de fiscalização das relações de trabalho são de competência da Justiça do Trabalho (art. 114, VII, CF/88).

BASE LEGAL:

CF/88 Art. 114. Compete à Justiça do Trabalho processar e julgar: [...]
VII As ações relativas às penalidades administrativas impostas aos empregadores pelos órgãos de fiscalização das relações de trabalho; [...].
CLT Art. 627-A. Poderá ser instaurado procedimento especial para a ação fiscal, objetivando a orientação sobre o cumprimento das leis de proteção ao trabalho, bem como a prevenção e o saneamento de infrações à legislação mediante Termo de Compromisso, na forma a ser disciplinada no Regulamento da Inspeção do Trabalho.
Art. 628. Salvo o disposto nos arts. 627 e 627-A, a toda verificação em que o Auditor-Fiscal do Trabalho concluir pela existência de violação de preceito legal deve corresponder, sob pena de responsabilidade administrativa, a lavratura de auto de infração.
Art. 636. Os recursos devem ser interpostos no prazo de 10 (dez) dias, contados do recebimento da notificação, perante autoridade que houver imposto a multa, a qual, depois de os informar encaminhá-los-á à autoridade de instância superior.

PROFESSORES. *Dir. Proc. Trab.*

São os profissionais que exercem o magistério, lecionando aulas e/ou atividades acadêmicas em prol do ensino de crianças, jovens e adultos. A profissão de professor recebe especial atenção pela CLT, tendo uma seção própria (Seção XII) no capítulo I do título III- Das normas especiais de tutela do trabalho. Para o exercício remunerado do magistério em estabelecimentos particulares de ensino é necessária a habilitação legal e registro no Ministério da Educação (art. 317), podendo ser lecionada aula em um mesmo estabelecimento por mais de um turno, desde que não ultrapasse a jornada de trabalho semanal estabelecida legalmente (art. 318). É vedada a regência de aulas e trabalho em exames aos domingos (art. 319) e sua remuneração será fixada pelo número de aulas semanais, na conformidade dos horários (art. 320). Ressalta-se, por fim, que os professores terão 9 (nove) dias de licença remunerada por motivo de seu casamento ou falecimento de seu cônjuge, pai, mãe ou filho (art. 320, §1º).

BASE LEGAL:

CLT Art. 317. O exercício remunerado do magistério, em estabelecimentos particulares de ensino, exigirá apenas habilitação legal e registro no Ministério da Educação.
Art. 318. O professor poderá lecionar em um mesmo estabelecimento por mais de um turno, desde que não ultrapasse a jornada de trabalho se-

manal estabelecida legalmente, assegurado e não computado o intervalo para refeição.
Art. 319. Aos professores é vedado, aos domingos, a regência de aulas e o trabalho em exames.
Art. 320. A remuneração dos professores será fixada pelo número de aulas semanais, na conformidade dos horários.
§ 1º – O pagamento far-se-á mensalmente, considerando-se para este efeito cada mês constituído de quatro semanas e meia.
§ 2º – Vencido cada mês, será descontada, na remuneração dos professores, a importância correspondente ao número de aulas a que tiverem faltado.
§ 3º – Não serão descontadas, no decurso de 9 (nove) dias, as faltas verificadas por motivo de gala ou de luto em conseq**uência de falecimento do cônjuge, do pai ou mãe, ou de filho.**

PROFISSIONAIS LIBERAIS. *Dir. Trab.*

É o profissional que possui formação técnica ou universitária executa sua atividade com liberdade, podendo ser empregado ou trabalhar por conta própria, podendo, inclusive, ser empregadores (art. 2º, §1º, CLT). A título de exemplo, são os médicos, advogados, arquitetos, dentistas, jornalistas, etc. Conforme art. 511 da CLT, é licita a associação sindical para salvaguardar os interesses dos profissionais liberais que exerçam atividades/profissões similares ou conexas. Conforme art. Súmula 363 STJ compete à Justiça estadual processar e julgar a ação de cobrança ajuizada por profissional liberal contra cliente.

BASE LEGAL:
CLT Art. 2º. Considera-se empregador a empresa, individual ou coletiva, que, assumindo os riscos da atividade econômica, admite, assalaria e dirige a prestação pessoal de serviço.
§ 1º – Equiparam-se ao empregador, para os efeitos exclusivos da relação de emprego, os profissionais liberais, as instituições de beneficência, as associações recreativas ou outras instituições sem fins lucrativos, que admitirem trabalhadores como empregados.
Art. 511. É lícita a associação para fins de estudo, defesa e coordenação dos seus interesses econômicos ou profissionais de todos os que, como empregadores, empregados, agentes ou trabalhadores autônomos ou profissionais liberais exerçam, respectivamente, a mesma atividade ou profissão ou atividades ou profissões similares ou conexas.

PROGRAMA DE DEMISSÃO VOLUNTÁRIA OU INCENTIVADA. *Dir. Trab.*

Também denominado de programa de desligamento incentivado, é a transação extrajudicial em que o empregador oferece um incentivo para o empregado aderir à extinção do seu contrato. Trata-se, assim, de um acréscimo para incentivar a demissão pelo empregado, podendo ser oferecido nas dispensas individuais, plúrimas ou coletivas e, desde que previsto em convenção ou acordo coletivo de trabalho ensejará quitação plena e irrevogável dos direitos decorrentes da relação empregatícia, salvo disposição em contrário estipulada entre as partes (art. 477-B, CLT). Todavia, conforme OJ n.º 356 da SDI-1 do TST não cabe a compensação da indenização paga no PDV com as verbas trabalhistas reconhecidas em juízo.

BASE LEGAL:

CLT Art. 477-B. Plano de Demissão Voluntária ou Incentivada, para dispensa individual, plúrima ou coletiva, previsto em convenção coletiva ou acordo coletivo de trabalho, enseja quitação plena e irrevogável dos direitos decorrentes da relação empregatícia, salvo disposição em contrário estipulada entre as partes."

OJ n.º 356. SDI1 TST: PROGRAMA DE INCENTIVO À DEMISSÃO VOLUNTÁRIA (PDV). CRÉDITOS TRABALHISTAS RECONHECIDOS EM JUÍZO. COMPENSAÇÃO. IMPOSSIBILIDADE Os créditos tipicamente trabalhistas reconhecidos em juízo não são suscetíveis de compensaçao com a indenização paga em decorrência de adesão do trabalhador a Programa de Incentivo à Demissão Voluntária (PDV).

PROGRAMA DE ALIMENTAÇÃO DO TRABALHADOR. *Dir. Trab.*

Amplamente conhecido pela sigla PAT, foi instituído pela Lei 6321/76 e regulamentado pelo Decreto nº 5 de 14 de Janeiro de 1991 e tem por escopo priorizar o atendimento aos trabalhadores de baixa renda. Considera-se trabalhador de baixa renda aqueles que ganham até cinco salários mínimos mensais. Ressalta-se que o PAT tem por compromisso a correta execução das atividades nutricionais, visando a promoção da alimentação saudável do trabalhador. O PAT confere benefícios para os empregados, como a prevista no art. 1º, *caput* da Lei: poderão deduzir, do lucro tributável para fins do imposto sobre a renda o dobro das despesas comprovadamente realizadas em programas de alimentação do trabalhador.

BASE LEGAL:

LEI Nº 6.321, DE 14 DE ABRIL DE 1976.
Art. 1º As pessoas jurídicas poderão deduzir, do lucro tributável para fins do imposto sobre a renda o dobro das despesas comprovadamente realizadas no período base, em programas de alimentação do trabalhador, previamente aprovados pelo Ministério do Trabalho na forma em que dispuser o Regulamento desta Lei.

PROGRAMA SEGURO EMPREGO. *Dir. Trab.*

O Programa Seguro Emprego é um programa do governo federal que visa preservar os empregos dos trabalhadores de empresas que se encontram temporariamente em situação de dificuldade econômico-financeira. Quando da sua criação pela Medida Provisória 680 de 2015 (convertida na Lei 13.189/15) e regulamentado pelo decreto nº 8.479 de 6 de julho de 2015 recebia o nome de Plano de Proteção ao Emprego – PPE. Com a alteração pela Lei 13.456/17 passou a se chamar *PROGRAMA SEGURO EMPREGO.*[184] Ressalta-se, por fim, que o art. 611-A, IV, da CLT estabelece a possibilidade do negociado (ACT ou CCT) prevalecer sobre a adesão ao Programa Seguro-Emprego, previsto na lei 13.189/15.

BASE LEGAL:
LEI Nº 13.189, DE 19 DE NOVEMBRO DE 2015. Art. 1º Fica instituído o Programa Seguro-Emprego (PSE), com os seguintes objetivos:
DECRETO Nº 8.479, DE 6 DE JULHO DE 2015 Art. 1º Este Decreto regulamenta o Programa de Proteção ao Emprego – PPE, de que trata a Medida Provisória nº 680, de 6 de julho de 2015 .
CLT Art. 611-A. A convenção coletiva e o acordo coletivo de trabalho têm prevalência sobre a lei quando, entre outros, dispuserem sobre: IV – adesão ao Programa Seguro-Emprego (PSE), de que trata a Lei no 13.189, de 19 de novembro de 2015; [...].

PROGRAMA EMPRESA CIDADÃ. *Dir. Trab.*

O programa empresa cidadã é um plano adotado pelo governo federal destinado a prorrogar as licenças maternidade e paternidade. A licença maternidade pode ser prorrogada em mais 60 (sessenta) dias, perfazendo o total de 180 dias (120 + 60). Já a licença paternidade é aumentada 15 (quinze) dias, perfazendo um total de 20 (vinte) dias (5 + 15).

184 PORTAL EMPREGA BRASIL. Programa de Proteção ao Emprego (PSE). Disponível em: https://empregabrasil.mte.gov.br/88/ppe/. Acesso em: 12 jan. 2022.

Em contrapartida, a pessoa jurídica tributada com base no lucro real poderá deduzir do imposto devido, em cada período de apuração, o total da remuneração integral da empregada e do empregado pago nos dias de prorrogação de sua licença-maternidade e de sua licença-paternidade, vedada a dedução como despesa operacional.

BASE LEGAL:

LEI Nº 11.770, DE 9 DE SETEMBRO DE 2008. Art. 1º É instituído o Programa Empresa Cidadã, destinado a prorrogar:

I – por 60 (sessenta) dias a duração da licença-maternidade prevista no inciso XVIII do *caput* do art. 7º da Constituição Federal;

II – por 15 (quinze) dias a duração da licença-paternidade, nos termos desta Lei, além dos 5 (cinco) dias estabelecidos no § 1o do art. 10 do Ato das Disposições Constitucionais Transitórias.

§ 1º A prorrogação de que trata este artigo:

I – será garantida à empregada da pessoa jurídica que aderir ao Programa, desde que a empregada a requeira até o final do primeiro mês após o parto, e será concedida imediatamente após a fruição da licença-maternidade de que trata o inciso XVIII do *caput* do art. 7º da Constituição Federal

II – será garantida ao empregado da pessoa jurídica que aderir ao Programa, desde que o empregado a requeira no prazo de 2 (dois) dias úteis após o parto e comprove participação em programa ou atividade de orientação sobre paternidade responsável.

§ 2º A prorrogação será garantida, na mesma proporção, à empregada e ao empregado que adotar ou obtiver guarda judicial para fins de adoção de criança.

PROTESTO. *Dir. Proc. Trab.*

1) *PROTESTO NOS AUTOS:* também chamado de protesto em audiência, é a irresignação do patrono em audiência (comumente representadas através da expressão "Pela Ordem"). Os protestos devem ser consignados em ata de audiência.

2) *PROTESTO POR PROVAS:* trata-se do requerimento ventilado na reclamação trabalhista e na contestação. Não obstante seja muito comum na praxe forense, não há a necessidade de seu preenchimento na petição inicial trabalhista, diante do que prevê a redação do art. 845 da CLT, que autoriza a produção de todas as provas em audiência, com a ressalva das provas produzidas em outro momento processual, como a documental, apresentada com a inicial e defesa, e a prova pericial, normalmente realizada no local de prestação dos serviços.

> **BASE LEGAL:**
> Art. 845 – O reclamante e o reclamado comparecerão à audiência acompanhados das suas testemunhas, apresentando, nessa ocasião, as demais provas.

PROTESTO ANTIPRECLUSIVO. *Dir. Proc. Trab.*

O protesto antipreclusivo é a provocação/insurgência da parte ou de seu advogado utilizada para evitar a preclusão das nulidades processuais. Segundo a doutrina, "[...] havendo uma decisão proferida no curso do processo que cause prejuízo à parte, mas não possa ser recorrível de imediato, a parte lesada deverá registrar os protestos a fim de evitar a preclusão da questão e eventual convalidação da nulidade."[185] Em arremate, Schiavi aduz que o "[...] protesto, em verdade, não existe nem na Legislação Processual Trabalhista, tampouco na Processual Civil, entretanto, a praxe e a jurisprudência o admitem por força de interpretação sistemática dos arts. 794 e 795 da CLT, a fim de evitar eventual preclusão em face das nulidades, pois exige o art. 795 consolidado que as nulidades sejam invocadas no primeiro momento em que a parte tiver de falar nos autos. De outro lado, o reconhecimento do protesto na Justiça do Trabalho também se dá em razão do costume, e este é fonte do direito processual do trabalho à luz do art. 8º da CLT e também do art. 140 do CPC."

> **BASE LEGAL:**
> Art. 795 – As nulidades não serão declaradas senão mediante provocação das partes, as quais deverão argui-las à primeira vez em que tiverem de falar em audiência ou nos autos.
> § 1º – Deverá, entretanto, ser declarada *ex officio* a nulidade fundada em incompetência de foro. Nesse caso, serão considerados nulos os atos decisórios.
> § 2º – O juiz ou Tribunal que se julgar incompetente determinará, na mesma ocasião, que se faça remessa do processo, com urgência, à autoridade competente, fundamentando sua decisão.

PROTESTO EXTRAJUDICIAL DE DECISÃO JUDICIAL TRABALHISTA. *Dir. Trab.*

É o ato formal e solene pelo qual se prova a inadimplência e o descumprimento de obrigação originada em títulos e outros documentos de dívida (Lei n. 9.492/97, art. 1). Trata-se, assim, de mecanismo de

185 SCHIAVI, 2017, p. 495.

coerção indireta do devedor que publicita a dívida em órgãos de consulta de proteção ao credito. Segundo o art. 883-A da CLT, a decisão judicial transitada em julgado pode ser levada a protesto, gerando inscrição do nome do executado em órgão de proteção ao crédito ou no BNDT (banco nacional de devedores trabalhistas) depois de transcorridos o prazo de 45 dias a contar da citação do executado, se não houver garantia do juízo.

BASE LEGAL:
Art. 883-A. A decisão judicial transitada em julgado somente poderá ser levada a protesto, gerar inscrição do nome do executado em órgãos de proteção ao crédito ou no Banco Nacional de Devedores Trabalhistas (BNDT), nos termos da lei, depois de transcorrido o prazo de quarenta e cinco dias a contar da citação do executado, se não houver garantia do juízo.

PROVAS. *Dir. Proc. Trab.*

Provas são os instrumentos processuais considerados pelo ordenamento jurídico como aptos para a demonstração da veracidade dos fatos alegados em juízo. Representam o coração do processo, pois definirão o destino da relação jurídica processual. Ensina Nelson Nery Junior: "As provas são os meios processuais ou materiais considerados idóneos pelo ordenamento jurídico para demonstrar a verdade, ou não, da existência e verificação de um fato jurídico."[186] Trata-se de garantia fundamental processual. Consolidação das Leis do Trabalho, as provas encontram amparo legal nos arts. 818 a 830.

BASE LEGAL:
Art. 818. O ônus da prova incumbe:
I – ao reclamante, quanto ao fato constitutivo de seu direito;
II – ao reclamado, quanto à existência de fato impeditivo, modificativo ou extintivo do direito do reclamante.
§ 1º Nos casos previstos em lei ou diante de peculiaridades da causa relacionadas à impossibilidade ou à excessiva dificuldade de cumprir o encargo nos termos deste artigo ou à maior facilidade de obtenção da prova do fato contrário, poderá o juízo atribuir o ônus da prova de modo diverso, desde que o faça por decisão fundamentada, caso em que deverá dar à parte a oportunidade de se desincumbir do ônus que lhe foi atribuído.
Art. 819 – O depoimento das partes e testemunhas que não souberem falar a língua nacional será feito por meio de intérprete nomeado pelo juiz ou presidente.

186 NERY JUNIOR, 1997, p. 611.

Art. 820 – As partes e testemunhas serão inquiridas pelo juiz ou presidente, podendo ser reinquiridas, por seu intermédio, a requerimento dos vogais, das partes, seus representantes ou advogados.

PROVA EMPRESTADA. *Dir. Proc. Trab.*

É o aproveitamento de um fato produzido em outro processo. De acordo com Moacyr Amaral Santos é a prova de um fato, produzida num processo que pode ser trasladada para outro, por meio de certidão extraída daquele.[187] Em que pese a CLT nada dispor sobre a prova emprestada, prevalece na doutrina que ela é compatível com o processo do trabalho uma vez que propicia o acesso real do trabalhador à justiça, efetividade processual e busca da verdade real, bem como art. 765 da CLT. A doutrina fixa alguns requisitos para a prova emprestada, tais quais:

a) que tenha sido colhida em processo judicial entre as mesmas partes, ou uma das partes e terceiro;

b) que tenham sido, na produção da prova, no processo anterior, observadas as formalidades estabelecidas em lei, mormente o princípio do contraditório;

c) que o fato probando seja idêntico.[188]

BASE LEGAL:

Art. 765 – Os Juízos e Tribunais do Trabalho terão ampla liberdade na direção do processo e velarão pelo andamento rápido das causas, podendo determinar qualquer diligência necessária ao esclarecimento delas.

Súmula 591 STJ: É permitida a "prova emprestada" no processo administrativo disciplinar, desde que devidamente autorizada pelo juízo competente e respeitados o contraditório e a ampla defesa.

PROVA PERICIAL. *Dir. Proc. Trab.*

Trata-se da prova técnica, sendo utilizada quando necessário conhecimento técnico. Pode decorrer da lei ou quando a prova do fato exigir. Em outras palavras, prova pericial é o meio probatório utilizado sempre que houver a necessidade de conhecimentos técnicos especializados para a comprovação dos fatos alegados em juízo. Conforme Art. 464, a prova pericial consiste em exame, vistoria ou avaliação. Ensina

---

187 SANTOS, 1995, p. 365.

188 SCHIAVI, 2017, p. 696.

Leone Pereira no Direito Processual do Trabalho exemplo de exame é a perícia médica, que se destina à verificação ou não de doença ocupacional para fins de estabilidade provisória ou de redução da capacidade laborativa para obtenção de valor indenizatório. Exemplo de vistoria é a perícia de insalubridade ou de periculosidade no ambiente de trabalho e exemplo de avaliação as perícias contábeis para a verificação da correção do pagamento de determinada parcela trabalhista ou a correção dos cálculos de liquidação.[189]

BASE LEGAL:
CLT Art. 826. É facultado a cada uma das partes apresentar um perito ou técnico.
CLT Art. 827. O juiz ou presidente poderá arguir os peritos compromissados ou os técnicos, e rubricará, para ser junto ao processo, o laudo que os primeiros tiverem apresentado.
CPC Art. 464. A prova pericial consiste em exame, vistoria ou avaliação.

PROVA TESTEMUNHAL. *Dir. Proc. Trab.*

É a mais importante do processo do trabalho, considerando-se o princípio da primazia da realidade sobre a forma, pois, no confronto entre a verdade real (realidade dos fatos) e a verdade formal, prevalecerá a primeira; por isso, o contrato de trabalho é conhecido como contrato-realidade. Segundo a doutrina, "A prova testemunhal é sempre admissível, salvo se a lei dispuser de modo contrário. Portanto, a admissibilidade é a regra e a vedação, a exceção. Considerando ser o homem falho na captação de suas percepções, o legislador, na esfera processual civil, tratou a prova testemunhal com reservas, sendo esse o campo de maior incidência do sistema da prova legal do Código."[190] No processo do trabalho as testemunhas comparecerão independente de intimação e no rito ordinário serão 3 (três) testemunhas para cada parte, ao passo que procedimento especial do inquérito judicial para apuração de falta grave serão 6 (seis) e no rito sumaríssimo serão 2 (duas).

BASE LEGAL:
CPC Art. 442. A prova testemunhal é sempre admissível, não dispondo a lei de modo diverso.

189 PEREIRA, LEONE, 2018, p. 810.

190 SCHIAVI, 2017, p. 769

CLT Art. 821. Cada uma das partes não poderá indicar mais de 3 (três) testemunhas, salvo quando se tratar de inquérito, caso em que esse número poderá ser elevado a 6 (seis).
CLT Art. 852-H. [...]
§ 2º As testemunhas, até o máximo de duas para cada parte, comparecerão à audiência de instrução e julgamento independentemente de intimação.

Q

QUADRO DE CARREIRA, HORÁRIO E DE PROFISSÕES. *Dir. Trab.*

O *quadro de carreira* é definido como o conjunto de cargos, os quais disciplinam a hierarquia e as atribuições dos empregados na organização da empresa. Já o *quadro de horários* diz respeito ao registro da jornada ou escala dos funcionários, enquanto que o *quadro de atividades e profissões* diz respeito ao fato da legislação autorizar a autoridade pública a elaborar e atualizar quadro de atividades e profissões (desde que observem a unicidade sindical).

BASE LEGAL:
CLT, Art. 577.
SÚMULA Nº-6, I DO TST: EQUIPARAÇÃO SALARIAL. ART. 461 DA CLT. I – Para os fins previstos no § 2º do art. 461 da CLT, só é válido o quadro de pessoal organizado em carreira quando homologado pelo Ministério do Trabalho, excluindo-se, apenas, dessa exigência o quadro de carreira das entidades de direito público da administração direta, autárquica e fundacional aprovado por ato administrativo da autoridade competente.(...)"
SÚMULA Nº 19 DO TST: QUADRO DE CARREIRA.A Justiça do Trabalho é competente para apreciar reclamação de empregado que tenha por objeto direito fundado em quadro de carreira.
SÚMULA Nº 127 DO TST: QUADRO DE CARREIRA. Quadro de pessoal organizado em carreira, aprovado pelo órgão competente, excluída a hipótese de equiparação salarial, não obsta reclamação fundada em preterição, enquadramento ou reclassificação.
OJ-SDI1-125 DO TST: DESVIO DE FUNÇÃO. QUADRO DE CARREIRA. O simples desvio funcional do empregado não gera direito a novo enquadramento, mas apenas às diferenças salariais respectivas, mesmo que o desvio de função haja iniciado antes da vigência da CF/1988.

QUEBRA DE CAIXA. *Dir. Trab.*

Ela também é denominada "gratificação de caixa" e é uma verba que corresponde a um valor adicional ao salário do funcionário, que atua numa função ou cargo, que está diretamente relacionada ao manuseio de dinheiro na empresa (como por exemplo um caixa de banco, supermercado, comércio, restaurantes, agências lotéricas, cobradores de ônibus). Ela é instituída por ACT ou CCT, regulamento empresarial, ato unilateral do empregador ou no contrato de trabalho. A finalidade de seu pagamento é para cobrir os riscos de referida atividade, eis que por ser desgastante e arriscada, o funcionário poderá ter descontos de seu salário, caso falte numerário por sua culpa.[191]

BASE LEGAL:

CLT, Art. 462. Ao empregador é vedado efetuar qualquer desconto nos salários do empregado, salvo quando este resultar de adiantamentos, de dispositivos de lei ou de contrato coletivo.

Súmula nº 247 do TST – QUEBRA DE CAIXA. NATUREZA JURÍDICA. A parcela paga aos bancários sob a denominação "quebra de caixa" possui natureza salarial, integrando o salário do prestador de serviços, para todos os efeitos legais.

Súmula nº 372 do TST – GRATIFICAÇÃO DE FUNÇÃO. SUPRESSÃO OU REDUÇÃO. LIMITES.

I – Percebida a gratificação de função por dez ou mais anos pelo empregado, se o empregador, sem justo motivo, revertê-lo a seu cargo efetivo, não poderá retirar-lhe a gratificação tendo em vista o princípio da estabilidade financeira.

II – Mantido o empregado no exercício da função comissionada, não pode o empregador reduzir o valor da gratificação.

Precedente Normativo nº 103 do TST – GRATIFICAÇÃO DE CAIXA (positivo) – Concede-se ao empregado que exercer permanentemente a função de caixa a gratificação de 10% sobre seu salário, excluídos do cálculo adicionais, acréscimos e vantagens pessoais.

QUÍMICOS. *Dir. Trab.*

É o profissional responsável por analisar as propriedades e composição da matéria (como substâncias e compostos, as características físico-químicas e suas reações às variações de pressão e temperatura, dentre outros), que pode atuar em indústrias, como pesquisador científico e no ambiente acadêmico. A doutrina destaca que embora a profissão de químico esteja disciplina nos arts. 325 a 350 da CLT, existem diversos direitos trabalhistas que constam de forma complementar na Lei 4.950-A/1966, com destaque para o salário profissional equivalente a seis salários mínimos nacionais e o adicional noturno a 25%. As normas de 1966 que regem a profissão do químico compreendem simultaneamente engenheiros, arquitetos, agrônomos e veterinários[192].

---

191 Delgado, 2019, p. 909.

192 Silva, 2019.

BASE LEGAL:
CLT, Arts. 325 a 350 da CLT.
Lei 4.950-A/1966.
Lei n. 5.530/68.

QUITAÇÃO. *Dir. Civ./Dir. Proc. Civ.*

É o meio de prova do pagamento. Ela é definida como um ato/documento escrito, por meio do qual o credor declara ter recebido o pagamento que lhe era devido ou de uma dívida, desobrigando o devedor de referido compromisso assumido

BASE LEGAL:
CLT, Art. 477. Na extinção do contrato de trabalho, o empregador deverá proceder à anotação na Carteira de Trabalho e Previdência Social, comunicar a dispensa aos órgãos competentes e realizar o pagamento das verbas rescisórias no prazo e na forma estabelecidos neste artigo. [...]
§2° O instrumento de rescisão ou recibo de quitação, qualquer que seja a causa ou forma de dissolução do contrato, deve ter especificada a natureza de cada parcela paga ao empregado e discriminado o seu valor, sendo válida a quitação, apenas, relativamente às mesmas parcelas.
CLT, Art. 507-B. É facultado a empregados e empregadores, na vigência ou não do contrato de emprego, firmar o termo de quitação anual de obrigações trabalhistas, perante o sindicato dos empregados da categoria.
Parágrafo único: O termo discriminará as obrigações de dar e fazer cumpridas mensalmente e dele constará a quitação anual dada pelo empregado, com eficácia liberatória das parcelas nele especificadas.
Art. 625-E da CLT: Aceita a conciliação, será lavrado termo assinado pelo empregado, pelo empregador ou seu proposto e pelos membros da Comissão, fornecendo-se cópia às partes. Parágrafo único: O termo de conciliação é título executivo extrajudicial e terá eficácia liberatória geral, exceto quanto às parcelas expressamente ressalvadas.
Súmula 300/TST: Competência da Justiça do Trabalho. Cadastramento no PIS. Compete à Justiça do Trabalho processar e julgar ações ajuizadas por empregados em face de empregadores relativas ao cadastramento no Programa de Integração Social (PIS).
OJ 270 da SDI-1: Programa de Incentivo à Demissão Voluntária. Transação extrajudicial. Parcelas oriundas do extinto contrato de trabalho. Efeitos. A transação extrajudicial que importa rescisão do contrato de trabalho ante a adesão do empregado a plano de demissão voluntária implica quitação exclusivamente das parcelas e valores constantes do recibo.
OJ 132 daSDI-2: Ação rescisória. Acordo homologado. Alcance. Ofensa à coisa julgada. Acordo celebrado – homologado judicialmente – em que o empregado dá plena e ampla quitação, sem qualquer ressalva, alcança não

só o objeto da inicial, como também todas as demais parcelas referentes ao extinto contrato de trabalho, violando a coisa julgada, a propositura de nova reclamação trabalhista.
Vide art. 319 do CC.
Vide Decreto-lei n. 779, de 21-8-1969.

R

RACISMO. *Dir. Const./Dir. Pen.*

É definido como o crime que ofende a raça, cor, etnia, religião ou procedência nacional, mas que a vítima não é uma pessoa determinada, ou seja, não tem como objetivo a proteção da honra subjetiva, eis que o número de vítimas é indeterminado, porque há exclusão dos indivíduos (eis que visa-se proteger a dignidade da pessoa humana), como por exemplo, uma determinada empresa negar emprego a chineses, judeus ou negros. No âmbito trabalhista, a proteção se caracteriza principalmente para evitar que referida prática discriminatória criminosa vise impedir o acesso de emprego, promoção ou qualquer vantagem salarial.[193]

> ***BASE LEGAL:***
> CF, Arts. 3°, IV, , 4°, 5°, XLI e XLII, 7°, inciso XXX.
> Convenção 111 da OIT, ratificada pelo Brasil.
> Lei 7716/1989, alterada pela Lei n° 9.459/97.
> Lei 9.029/95;
> Lei 12.288/2010; [...].

RADIAÇÃO SOLAR. *Dir. Trab.*

É definida como a energia a energia enviada pelo Sol na forma de radiação (a qual possui três tipos principais, sendo: Infravermelhos, fornecedores de calor: 49%;Visíveis, fornecem luz: 43% e Ultravioleta: 7%), a qual é emitida por ondas eletromagnéticas. Na esfera trabalhista referido tema adquire importância, porque a relação entre o adicional de insalubridade e a radiação solar, em alguns casos poderá ser considerado agente insalubre e com isso, o funcionário teria direito ao recebimento de EPIs e ao percebimento do pagamento do adicional de insalubridade. Inclusive, a modificação trazida pela a reforma trabalhista (Lei n. 13.467/2017), foi a possibilidade de uma negociação coletiva (ACT ou CCT) uma convenção coletiva ou um acordo coletivo

193 Delgado, 2019, p. 960.

podem determinar o grau de insalubridade do agente nocivo à saúde de maneira diferente da prevista na lei, porém, aguarda decisão do STF a respeito, diante do Tema 1406 de repercussão geral (referente ao julgamento de Validade de norma coletiva de trabalho que limita ou restringe direito trabalhista não assegurado constitucionalmente.), no julgamento Recurso Extraordinário com Agravo (ARE) 1121633, ou seja, o mérito desse recurso ainda não está definido e será submetido a julgamento no Plenário do STF).

BASE LEGAL:

CLT, 611-A. A convenção coletiva e o acordo coletivo de trabalho têm prevalência sobre a lei quando, entre outros, dispuserem sobre:

[...]

XII – enquadramento do grau de insalubridade.

CLT, Art. 192. O exercício de trabalho em condições insalubres, acima dos limites de tolerância estabelecidos pelo Ministério do Trabalho, assegura a percepção de adicional respectivamente de 40% (quarenta por cento), 20% (vinte por cento) e 10% (dez por cento) do salário-mínimo da região, segundo se classifiquem nos graus máximo, médio e mínimo.

CLT, Art. 195. A caracterização e a classificação da insalubridade e da periculosidade, segundo as normas do Ministério do Trabalho, far-se-ão através de perícia a cargo de Médico do Trabalho ou Engenheiro do Trabalho, registrados no Ministério do Trabalho.

OJ SDI1-173 ADICIONAL DE INSALUBRIDADE. ATIVIDADE A CÉU ABERTO. EXPOSIÇÃO AO SOL E AO CALOR. I – Ausente previsão legal, indevido o adicional de insalubridade ao trabalhador em atividade a céu aberto, por sujeição à radiação solar (art. 195 da CLT e Anexo 7 da NR 15 da Portaria Nº 3214/78 do MTE).

II – Tem direito ao adicional de insalubridade o trabalhador que exerce atividade exposto ao calor acima dos limites de tolerância, inclusive em ambiente externo com carga solar, nas condições previstas no Anexo 3 da NR 15 da Portaria nº 3214/78 do MTE. Anexo 7 da NR 15 da Portaria Nº 3214/78 do MTE.

Anexo nº 3, da NR-15, Portaria 3.214/78.

RADIAÇÕES IONIZANTES. *Dir. Trab.*

São as ondas eletromagnéticas, que têm energia para suficiente para alterar a estrutura da matéria viva através da retirada de elétrons dos seus átomos, cujo processo pode levar à morte da célula devido às alterações em seu interior. Vale destacar que essas radiações são invisíveis, indolores e, dependendo da sua energia, atingem uma determinada profundidade do corpo. Na esfera trabalhista, ganha importância refe ridas radiações, porque sejam as decorrentes de fontes naturais (como as do radônio que é um gás natural e pode ser encontrado em ambientes fechados, como nas minas subterrâneas) ou as não naturais (como s produzidas pelo homem, como *v.g.* em, de radiações ionizantes, que são muito encontradas na área da saúde, nos raios-x, tomografia computadorizada e radioterapia) e na geração de energia (usinas nucleares), razão pela qual, conforme o grau de exposição que a atividade laboral realizada esteja submetida, poderia trazer risco de câncer.

BASE LEGAL:

CLT, Art. 195. A caracterização e a classificação da insalubridade e da periculosidade, segundo as normas do Ministério do Trabalho, far-se-ão através de perícia a cargo de Médico do Trabalho ou Engenheiro do Trabalho, registrados no Ministério do Trabalho.

CLT, art. 200, VI e parágrafo único.

CLT, 611-A. A convenção coletiva e o acordo coletivo de trabalho têm prevalência sobre a lei quando, entre outros, dispuserem sobre:

[...] XII. enquadramento do grau de insalubridade.

OJ 345 da SDI-1 do TST: Adicional de periculosidade. Radiação ionizante ou substância radioativa. Devido. A exposição do empregado à radiação ionizante ou à substância radioativa enseja a percepção do adicional de periculosidade, pois a regulamentação ministerial (Portarias do Ministério do Trabalho n. 3.393, de 17-12-1987, e 518, de 7-4-2003), ao reputar perigosa a atividade, reveste-se de plena eficácia, porquanto expedida por força de delegação legislativa contida no art. 200, caput, e inciso VI, da CLT. No período de 12-12-2002 a 6-4-2003, enquanto vigeu a Portaria n. 496 do Ministério do Trabalho, o empregado faz jus ao adicional de insalubridade.

RADIALISTA. *Dir. Trab.*

Por definição, trata-se de um profissional que trabalha em uma empresa de radiodifusão (rádio ou televisão) em atividades de cunho administrativo, técnico ou de produção,[194] inclusive em *podcast* (que vem a ser um programa de rádio gravado e que o ouvinte pode escutar quando quiser, pela internet, por *download* do arquivo digital ou *streaming*, que é uma plataforma de transmissão de conteúdo *on-line*). Na esfera trabalhista, salienta-se que é uma das jornadas exercidas inferior ao mínimo legal previsto na CF, como destacado pela doutrina, temos radialistas do setor de cenografia e caracterização (todos com jornada de 7 (sete) horas e consequente duração semanal) e radialistas – estes

194 MICHAELIS. Radialista. Disponível em: http://michaelis.uol.com.br/busca?id=dNj9k. Acesso em: 12 jan. 2022.

do setor de autoria e locução (todos com jornada de 5 (cinco) horas e parâmetro semanal equivalente).[195]

BASE LEGAL:
- Decreto nº 9.329/18
- Lei 6.615/79.
CLT, arts. 57 e 456, parágrafo único.

RADIOLOGIA/RADIOLOGISTA. *Dir. Trab.*

Radiologia é a utilização de equipamentos com algum tipo de radiação, que produz imagens para a realização de diagnósticos, interpretações se análises na área da saúde/médica ou em algumas funções (como por exemplo, na segurança de aeroportos). Por sua vez, o radiologista é o profissional habilitado (tecnólogo) que visualiza o corpo humano por dentro, identificar alguma doença ou problema no corpo, dando suporte ao diagnóstico e tratamento, ou seja, em síntese, usa as radiações para que o paciente receba orientação para o tratamento.[196] Vale destacar que, como utilizam aparelhos como tomografia computadorizada, mamografia, ultrassonografia e a ressonância magnética nuclear, para gerar e analisar uma imagem, embora existam o avanço dos equipamentos, eles possuem risco de radiação em mencionada atividade. Salienta-se que também em referida área de radiação médica, também existe o médico radiologista, o qual é um especialista em referida área de radiologia (o qual cursa a faculdade de Medicina e realiza residência médica em radiologia e diagnóstico por imagem).

BASE LEGAL:
- Lei n.º 7.394/85.
- Decreto 92.790/86 (regulamenta a Lei n.º 7.394/85).
- Lei n.º 1.234/50.
- OJ-SDI1-208 do TST.
- Súmula 358 do TST.
- OJ-SDI1-67 do TST.

195 Delgado, 2019, p. 1078-1079.

196 http://www.blog.saude.gov.br/index.php/54018-radiologia-conheca-o-trabalho-e-os-riscos-da-profissao [acessado em 17/02/2021]

RADIOTELEFONIA/RADIOTELEGRAFIA. *Dir. Trab.*

São definidas como sistema de comunicação, sendo que a primeira é caracterizada pela transmissão de sons por meio de ondas radioelétricas, radiofonia,[197] enquanto que a segunda é definida como a telegrafia sem fio pela qual são transmitidas mensagens através do espaço por meio de ondas eletromagnéticas. Esses sistemas são utilizados pelos operadores telefônicos.

BASE LEGAL:

CLT, Art. 227. Nas empresas que explorem o serviço de telefonia, telegrafia submarina ou subfluvial, de radiotelegrafia ou de radiotelefonia, fica estabelecida para os respectivos operadores a duração máxima de 6 (seis) horas contínuas de trabalho por dia ou 36 (trinta e seis) horas semanais.
§ *1º* Quando, em caso de indeclinável necessidade, forem os operadores obrigados a permanecer em serviço além do período normal fixado neste artigo, a empresa pagar-lhes-á extraordinariamente o tempo excedente com acréscimo de 50% (cinquenta por cento) sobre o seu salário-hora normal.
§ *2º* O trabalho aos domingos, feriados e dias santos de guarda será considerado extraordinário e obedecerá, quanto à sua execução e remuneração, ao que dispuserem empregadores e empregados em acordo, ou os respectivos sindicatos em contrato coletivo de trabalho.
CLT, Art. 229. Para os empregados sujeitos a horários variáveis, fica estabelecida a duração máxima de 7 (sete) horas diárias de trabalho e 17 (dezessete) horas de folga, deduzindo-se desse tempo 20 (vinte) minutos para descanso, de cada um dos empregados, sempre que se verificar um esforço contínuo de mais de 3 (três) horas.
§ *1º São considerados empregados sujeitos a horários variáveis, além dos operadores, cujas funções exijam classificação distinta, os que pertençam a seções de técnica, telefones, revisão, expe*dição, entrega e balcão.
§ 2.º *Quanto à execução e remuneração aos domingos, feriados e dias santos de guarda e às prorrogações de expediente, o tra*balho dos empregados a que se refere o parágrafo anterior será regido pelo que se contém no § 1º. do art. 227 desta Seção.
Súmula 146/TST: Trabalho em domingos e feriados, não compensado. O trabalho prestado em domingos e feriados, não compensado, deve ser pago em dobro, sem prejuízo da remuneração relativa ao repouso semanal.

197 MICHAELIS. Radiotelefonia. Disponível em: http://michaelis.uol.com.br/busca?id=5B2Qn#:~:text=Dicion%C3%A1rio%20Brasileiro%20da%20L%C3%ADngua%20Portuguesa&text=Telecom%20Transmiss%C3%A3o%20dos%20sons%20por,ia1%2C%20como%20fr%20radiot%C3%A9l%C3%A9phonie. Acesso em: 12 jan. 2022.

Súmula 178/TST: Telefonista. Art. 227, e parágrafos, da CLT. Aplicabilidade. É aplicável à telefonista de mesa de empresa que não explora o serviço de telefonia o disposto no art. 227, e seus parágrafos, da CLT.
OJ 213 da SDI-1 do TST: Telex. Operadores. Art. 227 da CLT. Inaplicável. O operador de telex de empresa, cuja atividade econômica não se identifica com qualquer uma das previstas no art. 227 da CLT, não se beneficia de jornada reduzida.

RAZÕES FINAIS. *Dir. Proc. Trab.*

É o ato jurídico em que a parte é autorizada pela legislação a falar nos autos e tem um momento importante no processo do trabalho, para poder arguir alguma nulidade de qualquer procedimento ocorrido em audiência. Inclusive, o seu silêncio costuma ser interpretado como preclusão do pedido de declaração de nulidade.[198]

BASE LEGAL:

CLT, Art. 850. Terminada a instrução, poderão as partes aduzir razões finais, em prazo não excedente de 10 (dez) minutos para cada uma. Em seguida, o juiz ou presidente renovará a proposta de conciliação, e não se realizando esta, será proferida a decisão.
Parágrafo único: O Presidente da Junta, após propor a solução do dissídio, tomará os votos dos vogais e, havendo divergência entre estes, poderá desempatar ou proferir decisão que melhor atenda ao cumprimento da lei e ao justo equilíbrio entre os votos divergentes e ao interesse social.

READMISSÃO DE EMPREGADO. *Dir. Trab.*

Trata-se do ato de readmitir um funcionário, porém conforme as determinações da legislação brasileira a respeito da situação, precisam ser observadas os requisitos que determinam condições diferentes para referida possibilidade, como por exemplo, se o funcionário no qual a empresa tem interesse em readmitir teve seu contrato rescindido sem justa causa (eis que no momento, precisa-se de um intervalo de 90 (noventa) dias para a recontratação), se foi decorrente de decisão judicial, aposentadoria de funcionário, dentre outras situações, inclusive, nos casos recentes decorrentes da situação de pandemia, pela Covid-19. Vale destacar que, no caso de dispensa discriminatória, embora o texto original do inciso I do art. 4º da Lei n. 9.029/95 mencionasse o verbete "readmissão", ele se refere, tecnicamente, na

198 Silva, 2019, p. 376.

verdade, ao instituto da reintegração, cujo deslize vocabular foi sanado finalmente pela Lei n. 13.146/2015.[199]

BASE LEGAL:

CLT, Art. 453. No tempo de serviço do empregado, quando readmitido, serão computados os períodos, ainda que não contínuos, em que tiver trabalhado anteriormente na empresa, salvo se houver sido despedido por falta grave, recebido indenização legal ou se aposentado espontaneamente.

§ 1° Na aposentadoria espontânea de empregados das empresas públicas e sociedades de economia mista é permitida sua readmissão desde que atendidos aos requisitos constantes do art. 37, XVI, da Constituição, e condicionada à prestação de concurso público.

§ 2° *O ato de concessão de benefício de aposentadoria a em*pregado que não tiver completado 35 (trinta e cinco) anos de serviço, se homem, ou 30 (trinta), se mulher, importa em extinção do vínculo empregatício. (O STF, na ADI n. 1.770-4, de 11-10-2006 (DOU de 20-10-2006), declarou a inconstitucionalidade deste § 1° e 2°).

Súmula 215/STF: Conta-se a favor do empregado readmitido o tempo de serviço anterior, salvo se houver sido despedido por falta grave ou tiver recebido a indenização legal.

Súmula 219/STF: Para a indenização devida a empregado que tinha direito a ser readmitido e não foi, levam-se em conta as vantagens advindas à sua categoria no período do afastamento.

Súmula 138/TST: Readmissão. Em caso de readmissão, conta-se a favor do empregado o período de serviço anterior, encerrado com a saída espontânea.

Súmula 156/TST: Prescrição. Prazo. Da extinção do último contrato começa a fluir o prazo prescricional do direito de ação em que se objetiva a soma de períodos descontínuos de trabalho.

REAJUSTE SALARIAL. *Dir. Trab.*

É um direito do empregado, previsto na lei e que permite um aumento salarial uma vez por ano, decidido por negociação coletiva.

BASE LEGAL:

CLT, Arts. 611 e 624.

Súmula n° 375 do TST: REAJUSTES SALARIAIS PREVISTOS EM NORMA CO-LETIVA. PREVALÊNCIA DA LEGISLAÇÃO DE POLÍTICA SALARIAL. Os reajustes salariais previstos em norma coletiva de trabalho não prevalecem frente à legislação superveniente de política salarial.

199 Delgado, 2019, p. 767.

RECEITA SINDICAL. *Dir. Trab.*

Caracteriza-se por ser a fonte de custeio dos sindicatos, ou seja, caracterizam-se por ser a maneira pela qual os sindicatos conseguem obter receitas para sua manutenção. As receitas definidas em lei são as seguintes: contribuição confederativa, contribuição sindical, contribuição assistencial e mensalidade sindical. Cumpre salientar, que a doutrina tem entendido que a Constituição Federal de 1988, em seu art. 8º, IV, prevê duas modalidades de contribuição: a primeira consta na 1ª parte do dispositivo, chamada de contribuição confederativa. Esta tem suas peculiaridades fixadas em assembleia geral, pela categoria profissional, e a importância cobrada destina-se ao custeio do sistema confederativo. A segunda, prevista na parte final do inciso IV, é denominada de contribuição sindical, a qual diz respeito à contribuição prevista em lei, no caso, a CLT:[200] Inclusive, a contribuição sindical deixou de ser obrigatória, com o advento da reforma trabalhista (Lei nº 13.467/17).

BASE LEGAL:

CF, art. 8º, IV.

CLT, Art. 579. O desconto da contribuição sindical está condicionado à autorização prévia e expressa dos que participarem de uma determinada categoria econômica ou profissional, ou de uma profissão liberal, em favor do sindicato representativo da mesma categoria ou profissão ou, inexistindo este, na conformidade do disposto no art. 591 desta Consolidação.

CLT, Art. 583. O recolhimento da contribuição sindical referente aos empregados e trabalhadores avulsos será efetuado no mês de abril de cada ano, e o relativo aos agentes ou trabalhadores autônomos e profissionais liberais realizar-se-á no mês de fevereiro, observada a exigência de autorização prévia e expressa prevista no art. 579 desta Consolidação.

Súmula Vinculante 40 do STF: A contribuição confederativa de que trata o art. 8, IV, da Constituição Federal, só é exigível dos filiados ao sindicato respectivo.

RECIBO DE PAGAMENTO DE PAGAMENTO DE SALÁRIO; QUITAÇÃO ANUAL. *Dir. Trab.*

É o meio de prova do pagamento de salário, realizada por meio de um ato/documento escrito, por meio do qual o credor declara ter recebido o pagamento que lhe era devido ou de uma dívida, deso-

---

200 NASCIMENTO, 2019

brigando o devedor de referido compromisso assumido. Na esfera trabalhista, referido termo tem sido utilizado como prova de pagamento de verbas trabalhistas, mas a novidade traída pela edição da reforma trabalhista (Lei n. 13.467/2017), foi ter sido inserido na CLT a figura do "termo de quitação anual de obrigações trabalhistas" – at. 507-B, o qual consiste em um documento, pela qual as partes (empregados e empregadores) têm a faculdade de declarar de forma espontânea, na vigência ou não do contrato de trabalho, firmarem mencionado termo de quitação anual de obrigações trabalhistas, perante a entidade sindical dos empregados e assim declararem que estão corretas e cumpridas as obrigações trabalhistas originadas de um contrato de trabalho do ano ali indicado. Contudo, vale destacar que essas obrigações são as que constam desse termo assinado e que o sindicato tenha anuído com esse documento.[201]

BASE LEGAL:

CC, Arts. 319 e 320

Art. 477 da CLT: Na extinção do contrato de trabalho, o empregador deverá proceder à anotação na Carteira de Trabalho e Previdência Social, comunicar a dispensa aos órgãos competentes e realizar o pagamento das verbas rescisórias no prazo e na forma estabelecidos neste artigo. § 1.0 (Revogado pela Lei n. 13.467, de 13-7-2017.)

2.° O instrumento de rescisão ou recibo de quitação, qualquer que seja a causa ou forma de dissolução do contrato, deve ter especificada a natureza de cada parcela paga ao empregado e discriminado o seu valor, sendo válida a quitação, apenas, relativamente às mesmas parcelas.

Art. 625-E da CLT: Aceita a conciliação, será lavrado termo assinado pelo empregado, pelo empregador ou seu proposto e pelos membros da Comissão, fornecendo-se cópia às partes. Parágrafo único. O termo de conciliação é título executivo extrajudicial e terá eficácia liberatória geral, exceto quanto às parcelas expressamente ressalvadas.

Súmula 300/TST: Competência da Justiça do Trabalho. Cadastramento no PIS. Compete à Justiça do Trabalho processar e julgar ações ajuizadas por empregados em face de empregadores relativas ao cadastramento no Programa de Integração Social (PIS).

OJ 270 da SDI-1: Programa de Incentivo à Demissão Voluntária. Transação extrajudicial. Parcelas oriundas do extinto contrato de trabalho. Efeitos. A transação extrajudicial que importa rescisão do contrato de trabalho ante a adesão do empregado a plano de demissão voluntária implica quitação exclusivamente das parcelas e valores constantes do recibo.

201 Delgado, 2019, p. 78, 124.

OJ 132 daSDI-2: Ação rescisória. Acordo homologado. Alcance. Ofensa à coisa julgada. Acordo celebrado – homologado judicialmente – em que o empregado dá plena e ampla quitação, sem qualquer ressalva, alcança não só o objeto da inicial, como também todas as demais parcelas referentes ao extinto contrato de trabalho, violando a coisa julgada, a propositura de nova reclamação trabalhista.
Vide art. 319 do CC.
Vide Decreto-lei n. 779, de 21-8-1969.

RECESSO FORENSE. *Dir. Proc. Civ.*

Trata-se da suspensão, no Poder Judiciário de prazos judiciais, audiências e sessões de julgamentos, compreendidos entre os dias 20 de dezembro até 20 de janeiro, inclusive. Quanto à prescrição, tem entendido a doutrina que o recesso forense, que não tem a aptidão de suspender o curso extrajudicial da prescrição, uma vez que o trabalhador pode, sim, em princípio, propor a sua ação trabalhista no período.[202]

BASE LEGAL:
CPC, Art. 220.
CLT, Art. 775-A. Suspende-se o curso do prazo processual nos dias compreendidos entre 20 de dezembro e 20 de janeiro, inclusive.
Orientação Jurisprudencial da SDI -1:
262 – PRAZO JUDICIAL NOTIFICAÇÃO OU INTIMAÇÃO EM SÁBADO. RECESSO FORENSE.
I – Intimada ou notificada a parte no sábado, o início do prazo se dará no primeiro dia útil imediato e a contagem, no subsequente.
II – O recesso forense e as férias coletivas dos Ministros do Tribunal Superior do Trabalho suspendem os prazos recursais.
385 – FERIADO LOCAL OU FORENSE. AUSÊNCIA DE EXPEDIENTE. PRAZO RECURSAL. PRORROGAÇÃO. COMPROVAÇÃO. NECESSIDADE. (alterada em decorrência do CPC de 2015) – Res. 220/2017, DEJT divulgado em 21, 22 e 25.09.2017.
I – Incumbe à parte o ônus de provar, quando da interposição do recurso, a existência de feriado local que autorize a prorrogação do prazo recursal (art. 1.003, § 6', do CPC de 2015). No caso de o recorrente alegar a existência de feriado local e não o comprovar no momento da interposição do recurso, cumpre ao relator conceder o prazo de 5 (cinco) dias para que seja sanado o vício (art. 932, parágrafo único, do CPC de 2015), sob pena de não conhecimento se da comprovação depender a tempestividade recursal;

202 Delgado, 2019, p. 302.

II – Na hipótese de feriado forense, incumbirá à autoridade que proferir a decisão de admissibilidade certificar o expediente nos autos;
III – Admite-se a reconsideração da análise da tempestividade do recurso, mediante prova documental superveniente, em agravo de instrumento, agravo interno, agravo regimental, ou embargos de declaração, desde que, em momento anterior, não tenha havido a concessão de prazo para a comprovação da ausência de expediente forense.
Código de Processo Civil
Art. 220. Suspende-se o curso do prazo processual nos dias compreendidos entre 20 de dezembro e 20 de janeiro, inclusive. *§ 1º Ressalvadas as férias individuais e os feriados instituídos por lei, os juízes, os membros do Ministério Público, da Defensoria Pública e da Advocacia Pública e os auxiliares da Justiça exercerão suas atribuições durante o período previsto no caput.*
[...]
§ 2º Durante a suspensão do prazo, não se realizarão audiências nem sessões de julgamento.

RECLAMAÇÃO TRABALHISTA. *Dir. Proc. Trab.*

É a petição inicial da ação trabalhista.[203] Vale destacar que ela poderá ser verbal ou escrita.

BASE LEGAL:
Art. 840. A reclamação poderá ser escrita ou verbal.
§ 1° Sendo escrita, a reclamação deverá conter a designação do juízo, a qualificação das partes, a breve exposição dos fatos de que resulte o dissídio, o pedido, que deverá ser certo, determinado e com indicação de seu valor, a data e a assinatura do reclamante ou de seu representante.
§ 2° Se verbal, a reclamação será reduzida a termo, em duas vias datadas e assinadas pelo escrivão ou secretário, observado, no que couber, o disposto no § 1.0 deste artigo.
§ 3º Os pedidos que não atendam ao disposto no § 1.0 deste artigo serão julgados extintos sem resolução do mérito.
Código de Processo Civil, Art. 319 e seguintes
Súmula do TST
71 – ALÇADA. A alçada é fixada pelo valor dado à causa na data de seu ajuizamento, desde que não impugnado, sendo inalterável no curso do processo.
211- JUROS DE MORA E CORREÇÃO MONETÁRIA. INDEPENDÊNCIA DO PEDIDO INICIAL E DO TÍTULO EXECUTIVO JUDICIAL.
Os juros de mora e a correção monetária incluem-se na liquidação, ainda que omisso o pedido inicial ou a condenação.

203 PEREIRA, LEONE, 2020.

263 – PETIÇÃO INICIAL. INDEFERIMENTO. INSTRUÇÃO OBRIGATÓRIA DEFICIENTE. Salvo nas hipóteses do art. 330 do CPC de 2015 (art. 295 do CPC de 1973), o indeferimento da petição *inicial, por encontrar-se desacompanhada de documento indispensável à propositura da ação ou não preencher outro requisito legal, somente é cabível se, após intimada para suprir a irregularidade em 15 (quinze) dias, mediante indicação precisa do que deve ser corrigido ou completado, a parte não o fizer (art. 321 do CPC de 2015).*

293 – ADICIONAL DE INSALUBRIDADE. CAUSA DE PEDIR. AGENTE NOCIVO DIVERSO DO APONTADO NA INICIAL. A verificação mediante perícia de prestação de serviços em condições nocivas, considerado agente insalubre diverso do apontado na inicial, não prejudica o pedido de adicional de insalubridade.

356- ALÇADA RECURSAL. VINCULAÇÃO AO SALÁRIO MÍNIMO. O art. 2°, § 4°, da Lei n. 5.584, de 26.06.1970, foi recepcionado pela CF/1988, sendo lícita a fixação do valor da alçada com base no salário mínimo.

425 – JUS POSTULANDI NA JUSTIÇA DO TRABALHO. ALCANCE. O jus postulandi das partes, estabelecido no art. 791 da CLT, limita-se às Varas do Trabalho e aos Tribunais Regionais do Trabalho, não alcançando a ação rescisória, a ação cautelar, o mandado de segurança e os recursos de competência do Tribunal Superior do Trabalho.

RECONVENÇÃO. *Dir. Proc. Civ.*

Trata-se de uma modalidade de resposta do réu, em que ele demanda contra o autor, no mesmo processo em que ele é demandado (como um "contra-ataque"), razão pela qual há o processamento simultâneo da ação originária e da reconvenção, para que o magistrado decida as duas lides, na mesma sentença.[204] Possui dentre os requisitos legais, para seu cabimento, que o juiz deve ser competente para o processamento, o procedimento deve ser o mesmo para ação originária e a reconvenção (ou seja, não é cabível a reconvenção nos procedimentos sumário e sumaríssimo), que haja uma causa pendente e que a reconvenção seja conexa com a ação principal.[205] Cumpre salientar que são devidos honorários de sucumbência na reconvenção.

BASE LEGAL:

Código de Processo Civil.

204 PEREIRA, LEONE, 2020.

205 PEREIRA, LEONE, 2020.

Art. 343. Na contestação, é lícito ao réu propor reconvenção para manifestar pretensão própria, conexa com a ação principal ou com o fundamento da defesa.
§ 1º Proposta a reconvenção, o autor será intimado, na pessoa de seu advogado, para apresentar resposta no prazo de 15 (quinze) dias.
§ 2º A desistência da ação ou a ocorrência de causa extintiva que impeça o exame de seu mérito não obsta ao prosseguimento do processo quanto à reconvenção.
§ 3º A reconvenção pode ser proposta contra o autor e terceiro.
§ 4º A reconvenção pode ser proposta pelo réu em litisconsórcio com terceiro.
§ 5º Se o autor for substituto processual, o reconvinte deverá afirmar ser titular de direito em face do substituído, e a reconvenção deverá ser proposta em face do autor, também na qualidade de substituto processual.
§ 6º O réu pode propor reconvenção independentemente de oferecer contestação.

RECUPERAÇÃO JUDICIAL E EXTRAJUDICIAL. *Dir. Proc. Trab.*

Ambos são mecanismos existentes na legislação, que visam que as empresas devedoras e em dificuldades financeiras superem mencionada crise econômica e com isso, consigam a permissão para manter sua atuação (fonte produtora), o emprego dos trabalhadores e dos interesses dos credores. A principalmente diferença entre elas é que na recuperação judicial, referido processamento ocorre mediante uma ação judicial (sendo que na área trabalhista ainda é isenta do pagamento do depósito recursal), enquanto que na extrajudicial, as partes (credores e devedores) negociam os termos do acordo a ser submetido à homologação judicial, mas as semelhanças é que ambas precisam da existência de determinados requisitos previstos na legislação vigente.

BASE LEGAL:
- CLT, Art., 899, § 10.
- Lei 11.101/ 2005.
- Lei 14.112/20.

RECURSO(S). *Dir. Proc. Civ./Dir. Adm.*

O recurso é o instrumento que a parte vencida ou o terceiro possui para submeter a matéria contida na decisão recorrida a reexame, pelo mesmo órgão prolator, ou por órgão distinto e hierarquicamente superior, com o objetivo de anulá-la, ou de reformá-la, total ou parcialmente. Os princípios norteadores do sistema recursal são:

a) duplo grau de jurisdição – possibilidade de submissão das decisões judiciais de um processo, por meio de recurso voluntário ou de ofício, a um novo julgamento por um órgão judicial hierarquicamente superior (art. 5º, LIV, LV, LVI, da CF);

b) irrecorribilidade imediata das decisões interlocutórias;

c) instrumentalidade das formas;

d) taxatividade – é cabível apenas dos recursos previstos em lei;

e) fungibilidade;

f) unirrecorribilidade;

g) vedação da *reformatio in pejus*.

A rigor, o prazo dos recursos e contrarrazões é de 8(oito) dias (art. 6º da Lei 5.584/70), exceto, os embargos de declaração (5 dias), recurso extraordinário (15 dias), recurso ordinário constitucional (15 dias), dentre outros. Os recursos, no processo do trabalho, são dotados, em regra, de efeito devolutivo, (art. 899, *caput* da CLT). Essa característica possibilita a extração da carta de sentença e o início da execução provisória, que vai até a penhora. Porém, poderá ser requerido efeito suspensivo, visando obstaculizar a execução provisória da sentença, mediante requerimento dirigido ao tribunal, ao relator ou ao presidente ou ao vice-presidente do tribunal recorrido (art. 1.029, § 5º, do CPC e Súmula 414, I, do TST). Para a admissão dos recursos é necessário o preenchimento de pressupostos objetivos/extrínsecos (cabimento, adequação, tempestividade, preparo e regularidade de Representação), e subjetivos/intrínseco (legitimidade, capacidade e interesse). O preparo é composto das custas e do deposito recursal, a depender da situação. Como regra, as custas serão pagas sempre ao final, exceto se houver interposição de recursos, quando deverão ser antecipadas (art. 789, CLT). O depósito recursal, por sua vez, deverá ser depositado em juízo, havendo situações que deverá será reduzido pela metade (entidades sem fins lucrativos, empregadores domésticos, MEI, microempresas e EPP) e que o recolhimento é dispensado (beneficiários da justiça gratuita, as entidades filantrópicas e as empresas em recuperação judicial), na forma do art. 899 da CLT.

BASE LEGAL:

CLT, Art. 893. Das decisões são admissíveis os seguintes recursos:

I – embargos;

II – recurso ordinário;

III – recurso de revista;

IV – agravo.

§ 1° Os incidentes do processo são resolvidos pelo próprio Juízo ou Tribunal, admitindo-se a apreciação do merecimento das decisões interlocutórias somente em recursos da decisão definitiva.

§ 2° A interposição de recurso para o Supremo Tribunal Federal não prejudicará a execução do julgado.

Decreto-Lei 779/1969

Art. 1° Nos processos perante a Justiça do Trabalho, constituem privilégio da União, dos Estados, do Distrito Federal, dos Municípios e das autarquias ou fundações de direito público federais, estaduais ou municipais que não explorem atividade econômica:

I – a presunção relativa de validade dos recibos de quitação ou pedidos de demissão de seus empregados ainda que não homologados nem submetidos à assistência mencionada nos parágrafos 1°, 2° e 3° do artigo 477 da Consolidação das Leis do Trabalho;

II – o quádruplo do prazo fixado no artigo 841, in fine, da Consolidação das Leis do Trabalho;

III – o prazo em dobro para recurso;

IV – a dispensa de depósito para interposição de recurso;

V – o recurso ordinário ex officio das decisões que lhe sejam total ou parcialmente contrárias;

VI – o pagamento de custas a final salva quanto à União Federal, que não as pagará.

Lei 5584/1970

Art 2° *Nos dissídios individuais, proposta a conciliação, e não havendo acordo, o Presidente, da Junta ou o Juiz, antes de passar à instrução da causa, fixar-lhe á o valor para a determinação da alçada, se este for indeterminado no pedido.*

[...]

§ 2° O pedido de revisão, que não terá efeito suspensivo deverá ser instruído com a petição inicial e a Ata da Audiência, em cópia autenticada pela Secretaria da Junta, e será julgado em 48 (quarenta e oito) horas, a partir do seu recebimento pelo Presidente do Tribunal Regional.

[...]

§ 4° – Salvo se versarem sobre matéria constitucional, nenhum recurso caberá das sentenças proferidas nos dissídios da alçada a que se refere o parágrafo anterior, considerado, para esse fim, o valor do salário mínimo à data do ajuizamento da ação.

Art 6° *Será de 8 (oito) dias o prazo para interpor e contra-arrazoar qualquer recurso* (CLT, art. 893).

RECURSO ADESIVO. *Dir. Proc. Civ.*

Alguns doutrinadores definem como uma forma de interposição e não espécie de recurso,[206] porque ele é condicionado ao recurso da parte contrária, ou seja, de que ele é cabível quando ocorre a sucumbência recíproca e ocorre, quando uma das partes conformada com a sentença, diante da interposição do recurso da parte, resolve também impugnar referida decisão judicial. É definido pela doutrina como "recurso subordinado" ou "recurso dependente", eis que ele é interposto no mesmo prazo das contrarrazões e fica subordinado ao recurso principal e se este não for reconhecido, ele também não o será. Cumpre salientar, que a CLT não prevê o recurso adesivo, o que exige o diálogo das fontes por meio da aplicação subsidiária do CPC.[207]

BASE LEGAL:

CPC, Art. 997. Cada parte interporá o recurso independentemente, no prazo e com observância das exigências legais.

§ 1º Sendo vencidos autor e réu, ao recurso interposto por qualquer deles poderá aderir o outro.

§ 2º O recurso adesivo fica subordinado ao recurso independente, sendo-lhe aplicáveis as mesmas regras deste quanto aos requisitos de admissibilidade e julgamento no tribunal, salvo disposição legal diversa, observado, ainda, o seguinte:

I – será dirigido ao órgão perante o qual o recurso independente fora interposto, no prazo de que a parte dispõe para responder;

II – será admissível na apelação, no recurso extraordinário e no recurso especial;

III – não será conhecido, se houver desistência do recurso principal ou se for ele considerado inadmissível.

SÚMULA Nº 283 DO TST: RECURSO ADESIVO. PERTINÊNCIA NO PROCESSO DO TRABALHO. CORRELAÇÃO DE MATÉRIAS.

O recurso adesivo é compatível com o processo do trabalho e cabe, no prazo de 8 (oito) dias, nas hipóteses de interposição de recurso ordinário, de agravo de petição, de revista e de embargos, sendo desnecessário que a matéria nele veiculada esteja relacionada com a do recurso interposto pela parte contrária.

206 NERY JUNIOR *et al.*, 1999. p. 978.

207 Leite, 2019, p. 1140.

RECURSO DE EMBARGOS. *Dir. Proc. Civ./Dir. Proc. Trab.*

É o recurso destinado à mesma autoridade prolatora da decisão impugnada, sem qualquer preparo e que visa três hipóteses de cabimento: Sanar a omissão, contradição ou obscuridade no julgado; também podem ter efeito modificativo ou infringente para modificar o julgado nos casos de omissão, contradição ou manifesto equívoco no exame dos pressupostos extrínsecos do recurso (caso em que haverá intimação da parte contrária para manifestar-se a respeito) ; prequestionar matéria, visando a futura interposição de recurso de natureza extraordinária (como por exemplo, recurso de revista, embargos no TST ou recurso extraordinário).[208]

BASE LEGAL:

Art. 897-A. Caberão embargos de declaração da sentença ou acórdão, no prazo de 5 (cinco) dias, devendo seu julgamento ocorrer na primeira audiência ou sessão subsequente a sua apresentação, registrado na certidão, admitido efeito modificativo da decisão nos casos de omissão e contradição no julgado e manifesto equívoco no exame dos pressupostos extrínsecos do recurso.

§ 1. Os erros materiais poderão ser corrigidos de ofício ou a requerimento de qualquer das partes.

§ 2. Eventual efeito modificativo dos embargos de declaração somente poderá ocorrer em virtude da correção de vício na decisão embargada e desde que ouvida a parte contrária, no prazo de 5 (cinco) dias

§ 3. Os embargos de declaração interrompem o prazo para interposição de outros recursos, por qualquer das partes, salvo quando intempestivos, irregular a representação da parte ou ausente a sua assinatura.

Art. 1.025 do CPC: Consideram-se incluídos no acórdão os elementos que o embargante suscitou, para fins de prequestionamento, ainda que os embargos de declaração sejam inadmitidos ou rejeitados, caso o tribunal superior considere existentes erro, omissão, contradição ou obscuridade.

Art. 833 da CLT: Existindo na decisão evidentes erros ou enganos de escrita, de datilografia ou de cálculo, poderão os mesmos, antes da execu*ção, ser corrigidos*, ex officio, ou a requerimento dos interessados ou da Procuradoria da Justiça do Trabalho.

Art. 9 da Instrução Normativa n. 39, de 15-3-2016: O cabimento dos embargos de declaração no Processo do Trabalho, para impugnar qualquer decisão judicial, rege-se pelo art. 897-A da CLT e, supletivamente, pelo Código de Processo Civil (arts. 1.022 a 1.025; § § 2.°, 3.° e 4° do art. 1.026), excetuada a garantia de prazo em dobro para litisconsortes (§ 1.° do art. 1.023). Parágrafo único. A omissão para fins do prequestionamento ficto a que alude o art. 1.025 do CPC dá-se no caso de o Tribunal Regional

208 Pereira, 2020, p. 145.

do Trabalho, mesmo instado mediante embargos de declaração, recusar-se a emitir tese sobre questão jurídica pertinente, na forma da Súmula 297, item III, do Tribunal Superior do Trabalho.
Súmula 184/TST: Embargos declaratórios. Omissão em recurso de revista. Preclusão. Ocorre preclusão se não forem opostos embargos declaratórios para suprir omissão apontada em recurso de revista ou de embargos.
Súmula 297/TST: Prequestionamento. Oportunidade. Configuração.
1. Diz-se prequestionada a matéria ou questão quando na decisão impugnada haja sido adotada, explicitamente, tese a respeito.
2. Incumbe à parte interessada, desde que a matéria haja sido invocada no recurso principal, opor embargos declaratórios objetivando o pronunciamento sobre o tema, sob pena de preclusão.
3. Considera-se prequestionada a questão jurídica invocada no recurso principal sobre a qual se omite o Tribunal de pronunciar tese, não obstante opostos embargos de declaração.
OJ 192 da SDI-1: Embargos declaratórios. Prazo em dobro. Pessoa jurídica de direito público. Decreto-lei n. 779/69. É em dobro o prazo para a interposição de embargos declaratórios por Pessoa jurídica de Direito Público.
Súmulas do STF
317 – EMBARGOS DECLARATÓRIOS. São improcedentes os embargos declaratórios, quando não pedida a declaração do julgado anterior, em que se verificou a omissão.
356 – O ponto omisso da decisão, sobre o qual não foram opostos embargos declaratórios, não pode ser objeto de recurso extraordinário, por faltar o requisito do prequestionamento.

RECURSO DE REVISTA. *Dir. Proc. Trab.*

Recurso de Revista é um eminentemente técnico, objetivando a uniformização da jurisprudência nos tribunais trabalhistas, não sendo possível, por essa razão, o reexame de fatos e provas (Súmula 126 TST). Obedece ao prazo uniforme de 8 (oito) dias (para razões e contrarrazões) e tem cabimento, para Turma do Tribunal Superior do Trabalho, para impugnar decisões proferidas em grau de recurso ordinário, em dissídio individual, pelos Tribunais Regionais do Trabalho, nas hipóteses prevista no art. 896 da CLT. A admissão dessa espécie recursal depende do preenchimento de dois pressupostos de admissibilidade específicos: o prequestionamento e a transcendência.

BASE LEGAL:
CLT, Arts.,896, 896-A, 896-B, 896-C.

SÚMULA Nº333 DO TST: RECURSOS DE REVISTA. CONHECIMENTO. Não ensejam recurso de revista decisões superadas por iterativa, notória e atual jurisprudência do Tribunal Superior do Trabalho.
SÚMULA Nº 413 DO TST: AÇÃO RESCISÓRIA. SENTENÇA DE MÉRITO. VIOLAÇÃO DO ART. 896, "A", DA CLT.É incabível ação rescisória, por violação do art. 896, "a", da CLT, contra decisão transitada em julgado sob a égide do CPC de 1973 que não conhece de recurso de revista, com base em divergência jurisprudencial, pois não se cuidava de sentença de mérito (art. 485 do CPC de 1973).
SÚMULA Nº 459 DO TST: RECURSO DE REVISTA. NULIDADE POR NEGATIVA DE PRESTAÇÃO JURISDICIONAL. O conhecimento do recurso de revista, quanto à preliminar de nulidade, por negativa de prestação jurisdicional, supõe indicação de violação do art. 832 da CLT, do art. 489 do CPC de 2015 (art. 458 do CPC de 1973) ou do art. 93, IX, da CF/1988.
OJ-SDI1-111 DO TST: RECURSO DE REVISTA. DIVERGÊNCIA JURIS-PRUDENCIAL. ARESTO ORIUNDO DO MESMO TRIBU-NAL REGIONAL. LEI Nº 9.756/1998. INSERVÍVEL AO CONHECIMENTO. Não é servível ao conhecimento de recurso de revista aresto oriundo de mesmo Tribunal Regional do Trabalho, salvo se o recurso houver sido interposto anteriormente à vigência da Lei nº 9.756/1998.
OJ-SDI1-147 DO TST: LEI ESTADUAL, NORMA COLETIVA OU NOR-MA REGULAMENTAR. CONHECIMENTO INDEVIDO DO RECURSO DE REVISTA POR DIVERGÊNCIA JURISPRU-DENCIAL.
I – É inadmissível o recurso de revista fundado tão-somente em divergência jurisprudencial, se a parte não comprovar que a lei estadual, a norma coletiva ou o regulamento da empresa extrapolam o âmbito do TRT prolator da decisão recorrida.
II – É imprescindível a arguição de afronta ao art. 896 da CLT para o conhecimento de embargos interpostos em face de acórdão de Turma que conhece indevidamente de recurso de revista, por divergência jurisprudencial, quanto a tema regulado por lei estadual, norma coletiva ou norma regulamentar de âmbito restrito ao Regional prolator da decisão.
OJ-SDI1-219 DO TST: RECURSO DE REVISTA OU DE EMBARGOS FUNDAMENTADO EM ORIENTAÇÃO JURISPRUDENCIAL DO TST. É válida, para efeito de conhecimento do recurso de revista ou de embargos, a invocação de Orientação Jurisprudencial do Tribunal Superior do Trabalho, desde que, das razões recursais, conste o seu número ou conteúdo.

RECURSO EX-OFFICIO. *Dir. Proc. Civ.*

Também conhecido como *recurso oficial* ou *recurso necessário* consiste no recurso em que a lei determina que o juiz envie ao tribunal, independente da contestação da parte vencida, nos casos em que a lei imponha duplo grau de competência, como por exemplo, as sentenças proferidas contra a União, o Estado e o Município e suas respectivas autarquias e fundações públicas ou que julgar improcedente a dívida ativa da Fazenda Pública.

BASE LEGAL:

CPC, Art. 496. Está sujeita ao duplo grau de jurisdição, não produzindo efeito senão depois de confirmada pelo tribunal, a sentença:

I – proferida contra a União, os Estados, o Distrito Federal, os Municípios e suas respectivas autarquias e fundações de direito público;

II – que julgar procedentes, no todo ou em parte, os embargos à execução fiscal.

§ 1º Nos casos previstos neste artigo, não interposta a apelação no prazo legal, o juiz ordenará a remessa dos autos ao tribunal, e, se não o fizer, o presidente do respectivo tribunal avocá-los-á.

§ 2º Em qualquer dos casos referidos no § 1º, o tribunal julgará a remessa necessária.

§ 3º Não se aplica o disposto neste artigo quando a condenação ou o proveito econômico obtido na causa for de valor certo e líquido inferior a:

I – 1.000 (mil) salários-mínimos para a União e as respectivas autarquias e fundações de direito público;

II – 500 (quinhentos) salários-mínimos para os Estados, o Distrito Federal, as respectivas autarquias e fundações de direito público e os Municípios que constituam capitais dos Estados;

III – 100 (cem) salários-mínimos para todos os demais Municípios e respectivas autarquias e fundações de direito público.

§ 4º Também não se aplica o disposto neste artigo quando a sentença estiver fundada em:

I – súmula de tribunal superior;

II – acórdão proferido pelo Supremo Tribunal Federal ou pelo Superior Tribunal de Justiça em julgamento de recursos repetitivos;

III – entendimento firmado em incidente de resolução de demandas repetitivas ou de assunção de competência;

IV – entendimento coincidente com orientação vinculante firmada no âmbito administrativo do próprio ente público, consolidada em manifestação, parecer ou súmula administrativa.

RECURSO EXTRAORDINÁRIO (RE). *Dir. Proc. Civ.*

Conhecido como "RE", refere-se ao recurso interposto perante o Supremo Tribunal Federal (STF), que versa sobre violações constitucionais e no qual não se discutem não discutem fatos e provas (duplo grau de jurisdição) e sim a adequação da decisão judicial à norma. É preciso advertir, todavia, que a competência originária do STF (CF, art. 102, I) revela que há julgamentos sem duplo grau de jurisdição.

O art. 102, III, da CF, por sua vez, diz que compete ao STF julgar, mediante recurso extraordinário, as causas decididas "em única" ou última instância.[209]

BASE LEGAL:

Art. 102, III, da CF: Compete ao Supremo Tribunal Federal, precipuamente, a guarda da Constituição, cabendo-lhe: [...]
III – julgar, mediante recurso extraordinário, as causas decididas em única ou última instância, quando a decisão recorrida:
a) contrariar dispositivo desta Constituição;
b) declarar a inconstitucionalidade de tratado ou lei federal;
c) julgar válida lei ou ato de governo local contestado em face desta Constituição;
d) julgar válida lei local contestada em face de lei federal.

CPC, Art. 1.029. O recurso extraordinário e o recurso especial, nos casos previstos na Constituição Federal , serão interpostos perante o presidente ou o vice-presidente do tribunal recorrido, em petições distintas que conterão:
I – a exposição do fato e do direito;
II – a demonstração do cabimento do recurso interposto;
III – as razões do pedido de reforma ou de invalidação da decisão recorrida.

§ 1º Quando o recurso fundar-se em dissídio jurisprudencial, o recorrente fará a prova da divergência com a certidão, cópia ou citação do repositório de jurisprudência, oficial ou credenciado, inclusive em mídia eletrônica, em que houver sido publicado o acórdão divergente, ou ainda com a reprodução de julgado disponível na rede mundial de computadores, com indicação da respectiva fonte, devendo-se, em qualquer caso, mencionar as circunstâncias que identifiquem ou assemelhem os casos confrontados.

§ 2º (Revogado).

§ 3º O Supremo Tribunal Federal ou o Superior Tribunal de Justiça poderá desconsiderar vício formal de recurso tempestivo ou determinar sua correção, desde que não o repute grave.

§ 4º Quando, por ocasião do processamento do incidente de resolução de demandas repetitivas, o presidente do Supremo Tribunal Federal ou do Superior Tribunal de Justiça receber requerimento de suspensão de processos em que se discuta questão federal constitucional ou infraconstitucional, poderá, considerando razões de segurança jurídica ou de excepcional interesse social, estender a suspensão a todo o território nacional, até ulterior decisão do recurso extraordinário ou do recurso especial a ser interposto.

§ 5º O pedido de concessão de efeito suspensivo a recurso extraordinário ou a recurso especial poderá ser formulado por requerimento dirigido:

209 Leite, 2019, p. 887.

I – ao tribunal superior respectivo, no período compreendido entre a publicação da decisão de admissão do recurso e sua distribuição, ficando o relator designado para seu exame prevento para julgá-lo;
II – ao relator, se já distribuído o recurso;
III – ao presidente ou ao vice-presidente do tribunal recorrido, no período compreendido entre a interposição do recurso e a publicação da decisão de admissão do recurso, assim como no caso de o recurso ter sido sobrestado, nos termos do art. 1.037 .
SÚMULA Nº 640 DO STF.

RECURSO ORDINÁRIO. *Dir. Proc. Trab.*

Na esfera trabalhista, o Recurso Ordinário é interposto contra impugnação de sentença (decisões de primeiro grau de jurisdição), como também para impugnar os acórdãos proferidos pelos Tribunais Regionais do Trabalho nos processos de sua competência originária, tanto nas ações individuais (mandado de segurança, ação rescisória, etc.) como nos dissídios coletivos e nas ações anulatórias de cláusulas de acordos e convenções coletivas de trabalho.[210] Vale destacar, que

ele não tem qualquer relação com o Recurso Ordinário previsto da Constituição Federal (nos arts. 102, II, e 105, II, da CF).

BASE LEGAL:

CLT, Art. 895. Cabe recurso ordinário para a instância superior:
I – das decisões definitivas ou terminativas das Varas e Juízos, no prazo de 8 (oito) dias; e
II – das decisões definitivas ou terminativas dos Tribunais Regionais, em processos de sua competência originária, no prazo de 8 (oito) dias, quer nos dissídios individuais, quer nos dissídios coletivos.
Súmulas do TST:
393 – RECURSO ORDINÁRIO. EFEITO DEVOLUTIVO EM PROFUNDIDADE. ART. 1.013, § 12, DO CPC DE 2015. ART. 515, § 1, DO CPC DE 1973. I.- O efeito devolutivo em profundidade do recurso ordinário, que se extrai do § 1° do art. 1.013 do CPC de 2015 (art. 515, § 1, do CPC de 1973), transfere ao Tribunal a apreciação dos fundamentos da inicial ou da defesa, não examinados pela sentença, ainda que não renovados em contrarrazões, desde que relativos ao capítulo impugnado. II --- Se o processo estiver em condições, o tribunal, ao julgar o recurso ordinário, deverá decidir desde logo o mérito da causa, nos termos do § 35 do art. 1.013 do CPC de 2015, inclusive quando constatar a omissão da sentença no exame de um dos pedidos.
201 – RECURSO ORDINÁRIO EM MANDADO DE SEGURANÇA. REVISÃO DA SÚMULA N. 154. RA 102/1982, DJ 11.10.1982 E DJ 15.10.1982. Da de-

210 Leite, 2019. 984.

cisão de Tribunal Regional do Trabalho em mandado de segurança cabe recurso ordinário, no prazo de 8 (oito) dias, para o Tribunal Superior do Trabalho, e igual dilação para o recorrido e interessados apresentarem razões de contrariedade.
Orientação Jurisprudencial do Tribunal Pleno
5 – RECURSO ORDINÁRIO. CABIMENTO. Não cabe recurso ordinário contra decisão em agravo regimental interposto em reclamação correcional ou em pedido do providência.

REDUÇÃO GERAL DOS SALÁRIOS. *Dir. Trab.*

Corresponde à diminuição do salário. Salienta-se que o salário merece proteção constitucional, pelo princípio da irredutibilidade salarial, o qual visa garantir que o empregado não tenha o seu salário reduzido pelo empregador, durante todo o período que perdurar o contrato de trabalho, mas referida proteção comporta exceção, que é a redução salarial por meio do disposto em convenção ou acordo coletivo de trabalho, bem como aquela decorrente de período de instabilidade (esta última prevista em lei especial) e que em 2020 foi afetada pela pandemia do Covid-19 (Coronavírus) que permitiu

BASE LEGAL:
Art. 7°, VI e XXVII, da CF: São direitos dos trabalhadores urbanos e rurais, além de outros que visem à melhoria de sua condição social:
[...] VI. irredutibilidade do salário, salvo o disposto em convenção ou acordo coletivo;
[...] XXVII – proteção em face da automação, na forma da lei.
CLT, Art. 468. Nos contratos individuais de trabalho só é lícita a alteração das respectivas condições por mútuo consentimento, e ainda assim desde que não resultem, direta ou indiretamente, prejuízos ao empregado, sob pena de nulidade da cláusula infringente desta garantia.
Art. 9.° da CLT: Serão nulos de pleno direito os atos praticados com o objetivo de desvirtuar, impedir ou fraudar a aplicação dos preceitos contidos na presente Consolidação.
Art. 444 da CLT: As relações contratuais de trabalho podem ser objeto de livre estipulação das partes interessadas em tudo quanto não contravenha às disposições de proteção ao trabalho, aos contratos coletivos que lhes sejam aplicáveis e às decisões das autoridades competentes. Parágrafo único. A livre estipulação a que se refere o caput deste artigo aplica-se às hipóteses previstas no art. 611-A desta Consolidação, com a mesma eficácia legal e preponderância sobre os instrumentos coletivos, no caso de empregado portador de diploma de nível superior e que perceba salário mensal igual

ou superior a duas vezes o limite máximo dos benefícios do Regime Geral de Previdência Social.
PN-78 DO TST: PROFESSOR. REDUÇÃO SALARIAL NÃO CONFIGURADA. Não configura redução salarial ilegal a diminuição de carga horária motivada por inevitável supressão de aulas eventuais ou de turmas.
Vide Lei 14.020/2020.

REEXAME DE FATOS E PROVAS. *Dir. Proc. Trab.*

Significa a revaloração da prova ou de dados delineados numa Decisão, como ocorre, por exemplo, no Recurso Ordinário interposto. Contudo, na esfera trabalhista, nem todos os recursos admitem essa possibilidade, como vem a ser o caso da ação rescisória (caso esta seja fundamentação em violação de lei) e também do Recurso de Revista (eis que mencionado recurso faz, no processo do trabalho, o papel desempenhado pelo recurso especial no processo civil, destinando-se não ao reexame de fatos e provas, mas à uniformização de jurisprudência em âmbito nacional, inclusive em casos de violação à Constituição Federal.[211]

BASE LEGAL:
SÚMULA Nº 7 DO STJ.
SÚMULA Nº 126 DO TST: RECURSO. CABIMENTO. Incabível o recurso de revista ou de embargos (arts. 896 e 894, "b", da CLT) para reexame de fatos e provas.
SÚMULA Nº 410 do TST- AÇÃO RESCISÓRIA – REEXAME DE FATOS E PROVAS – INVIABILIDADE. A ação rescisória calcada em violação de lei não admite reexame de fatos e provas do processo que originou a decisão rescindenda.

REEXAME NECESSÁRIO. *Dir. Proc. Civ.*

Também denominado "reexame de ofício" ou "duplo grau de jurisdição obrigatório", consiste na exigência legal, que algumas sentenças possuem de serem confirmadas pelo Tribunal, ainda que inexista qualquer recurso interposto pelas partes, eis que enquanto não for procedida a mencionada reanálise da sentença, ela não transita em julgado e assim, ela não poderá ser executada. Como exemplo desse reexame necessário, temos as sentenças proferidas contra a Fazenda Pública e sempre que os embargos à execução sejam julgados procedentes (ain-

211 Silva, 2019, p. 416.

da que parcialmente). Vale destacar que ocorrerá o não cabimento do reexame necessário, por exemplo, nos casos em que a condenação tiver um valor ou proveito econômico de 1000 salários-mínimos para a Fazenda Pública Federal, 500 para a Estadual e 100 para a Municipal, bem como quando a sentença (contrária aos interesses da Fazenda estiver em consonância com súmula de tribunal superior, acórdão de STJ ou STF em recurso repetitivo, entendimento de IRDR ou assunção de competência, parecer vinculante ou súmula administrativa da fazenda Pública.

BASE LEGAL:

CPC, Art. 496. Está sujeita ao duplo grau de jurisdição, não produzindo efeito senão depois de confirmada pelo tribunal, a sentença:

I – proferida contra a União, os Estados, o Distrito Federal, os Municípios e suas respectivas autarquias e fundações de direito público;

II – que julgar procedentes, no todo ou em parte, os embargos à execução fiscal.

§ 1º Nos casos previstos neste artigo, não interposta a apelação no prazo legal, o juiz ordenará a remessa dos autos ao tribunal, e, se não o fizer, o presidente do respectivo tribunal avocá-los-á.

§ 2º Em qualquer dos casos referidos no § 1º, o tribunal julgará a remessa necessária.

§ 3º Não se aplica o disposto neste artigo quando a condenação ou o proveito econômico obtido na causa for de valor certo e líquido inferior a:

I – 1.000 (mil) salários-mínimos para a União e as respectivas autarquias e fundaçoes de direito público;

II – 500 (quinhentos) salários-mínimos para os Estados, o Distrito Federal, as respectivas autarquias e fundações de direito público e os Municípios que constituam capitais dos Estados;

III – 100 (cem) salários-mínimos para todos os demais Municípios e respectivas autarquias e fundações de direito público.

[...]

§ 4º Também não se aplica o disposto neste artigo quando a sentença estiver fundada em:

I – súmula de tribunal superior;

II – acórdão proferido pelo Supremo Tribunal Federal ou pelo Superior Tribunal de Justiça em julgamento de recursos repetitivos;

III – entendimento firmado em incidente de resolução de demandas repetitivas ou de assunção de competência;

IV – entendimento coincidente com orientação vinculante firmada no âmbito administrativo do próprio ente público, consolidada em manifestação, parecer ou súmula administrativa.

*Vide Recurso Ex ofício.

REFEITÓRIOS. *Dir. Trab.*

É o espaço ou local destinado aos funcionários, colaboradores e terceirizados, para que realizem suas refeições. Salienta-se que nas empresas que possuem mais de 300 (trezentos) funcionários é obrigatória a existência e refeitórios.

BASE LEGAL:

Art. 71. Em qualquer trabalho contínuo, cuja duração exceda de 6 (seis) horas, é obrigatória a concessão de um intervalo para repouso ou alimentação, o qual será, no mínimo, de 1 (uma) hora e, salvo acordo escrito ou contrato coletivo em contrário, não poderá exceder de 2 (duas) horas. [...]

§ 3.0 O limite mínimo de 1 (uma) hora para repouso ou refeição poderá ser reduzido por ato do Ministro do Trabalho e Previdência Social quando, ouvida a Secretaria de Segurança e Higiene do Trabalho, se verificar que o estabelecimento atende integralmente às exigências concernentes à organização dos refeitórios e quando os respectivos empregados não estiverem sob regime de trabalho prorrogado a horas suplementares.

Art. 383 da CLT: Durante a jornada de trabalho, será concedido à empregada um período para refeição e repouso não inferior a 1 (uma) hora nem superior a 2 (duas) horas salvo a hipótese prevista no art. 71, §3°.

Art. 611-A, III, da CLT: A convenção coletiva e o acordo coletivo de trabalho têm prevalência sobre a lei quando, entre outros, dispuserem sobre: [...]

III – intervalo intrajornada, respeitado o limite mínimo de trinta minutos para jornadas superiores a seis horas.

Súmula 118/TST: jornada de trabalho. Horas extras. Os intervalos concedidos pelo empregador na jornada de trabalho, não previstos em lei, representam tempo à disposição da empresa, remunerados como serviço extraordinário, se acrescidos ao final da jornada.

Lei n. 5.889/73, arts. 5.° e 6.°:

Art. 5°. Em qualquer trabalho contínuo de duração superior a 6 (seis) horas, será obrigatória a concessão de um intervalo para repouso ou alimentação, observados os usos e costumes da região, não se computando este intervalo na duração do trabalho. Entre 2 (duas) jornadas de trabalho haverá um período mínimo de 11 (onze) horas consecutivas para descanso.

Art. 6.° Nos serviços caracteristicamente intermitentes, não serão computados, como de efetivo exercício, os intervalos entre uma e outra parte da execução da tarefa diária, desde que tal hipótese seja expressamente ressalvada na Carteira de Trabalho e Previdência Social.

*Vide Portaria n. 1.095, de 19-5-2010, do MTE,

REFORMA TRABALHISTA. *Dir. Trab.*

Foi a alteração significativa da Consolidação das Leis do Trabalho (CLT), advinda com a edição da Lei nº 13.467/2017, cujo objeto principal era uma flexibilização maior dos direitos trabalhistas e das relações de trabalho, em que foram alterados (com a inclusão também) de mais de 117 (cento e dezessete) artigos da CLT, além de outras leis. Inclusive, alguns artigos ainda encontram-se pendentes de apreciação pelo STF, quanto à legalidade.

BASE LEGAL:
*Vide Lei 13. 467/17.

REGIME DE TEMPO PARCIAL. *Dir. Trab.*

É a jornada de trabalho realizada com número de horas menor do que a jornada considerada tradicional (que é a previsão na Constituição Federal, de 44 (quarenta e quatro) semanais e 220 (duzentos e vinte) mensais). A novidade trazida pela reforma trabalhista (Lei 13. 467/17), foi de dispor expressamente que considera-se trabalho em regime de tempo parcial aquele cuja duração não exceda a 30 (trinta) horas semanais, sem a possibilidade de horas extras semanais, ou, ainda, aquele cuja duração não exceda a 26 (vinte e seis) horas semanais, com a possibilidade de acréscimo de até 6 (seis) horas suplementares semanais.

BASE LEGAL:
CLT, Art. 58-A. Considera-se trabalho em regime de tempo parcial aquele cuja duração não exceda a trinta horas semanais, sem a possibilidade de horas suplementares semanais, ou, ainda, aquele cuja duração não exceda a vinte e seis horas semanais, com a possibilidade de acréscimo de até seis horas suplementares semanais.
§ 1° *O salário a ser pago aos empregados sob o regime de tem*po parcial será proporcional à sua jornada, em relação aos empregados que cumprem, nas mesmas funções, tempo integral.
§ 2° *Para os atuais empregados, a adoção do regime de tempo parcial será feita mediante opção manifestada perante a empre*sa, na forma prevista em instrumento decorrente de negociação coletiva.
§ 3° *As horas suplementares à duração do trabalho semanal normal serão pagas com o acréscimo de 50% (cinquenta por cento) sobre o salário-hora normal.*
§ 4° Na hipótese de o contrato de trabalho em regime de tempo parcial ser estabelecido em número inferior a vinte e seis horas semanais, as horas suplementares a este quantitativo serão consideradas horas extras para fins

do pagamento estipulado no § 3.°, estando também limitadas a seis horas suplementares semanais.
§ 5º As horas suplementares da jornada de trabalho normal poderão ser compensadas diretamente até a semana imediatamente posterior à da sua execução, devendo ser feita a sua quitação na folha de pagamento do mês subsequente, caso não sejam compensadas.
§ 6º *É facultado ao empregado contratado sob regime de tempo parcial converter um terço do período de férias a que tiver direito em abono pecuniário.*
§ 7º As férias do regime de tempo parcial são regidas pelo disposto no art. 130 desta Consolidação.

REGIMENTO INTERNO DO TST. *Dir. Trab.*

É um documento que representa as normas internas do Tribunal Superior do Trabalho (TST) e que versam sobre a organização e o funcionamento de referido tribunal.

BASE LEGAL:
RESOLUÇÃO ADMINISTRATIVA Nº 1937/2017 DO TST.

REGISTRO DE EMPREGADOS. *Dir. Trab.*

É o meio pelo qual é realizado o cadastro de informações pessoais e profissionais de um funcionário numa empresa ou empregador, por meio de livros, fichas ou sistema eletrônico, que é obrigatório por lei.

BASE LEGAL:
CLT, Art. 41. Em todas as atividades será obrigatório para o empregador o registro dos respectivos trabalhadores, podendo ser adotados livros, fichas ou sistema eletrônico, conforme instruções a serem expedidas pelo Ministério do Trabalho.
Parágrafo único: Além da qualificação civil ou profissional de cada trabalhador, deverão ser anotados todos os dados relativos à sua admissão no emprego, duração e efetividade do trabalho, a férias, acidentes e demais circunstâncias que interessem à proteção do trabalhador.
Súmula 225/STF: Não é absoluto o valor probatório das anotações da Carteira Profissional.
Súmula 12/TST: Carteira profissional. As anotações apostas pelo empregador na carteira profissional do empregado não geram presunção juris et de jure, mas apenas juris tantum.
Portaria nº 3.626/91 do MTE

REGIME DE REVEZAMENTO. *Dir. Proc. Trab.*

A jornada considerada tradicional (é a prevista na Constituição Federal, de 44 (quarenta e quatro) semanais e 220 (duzentos e vinte) mensais), porém, existem algumas empresas que funcionam aos sábados e domingos, o que fazem que a jornada delas sejam organizadas de forma que possa realizar um revezamento (ou folgas) de seus funcionários e com isso, poder obter uma maior produtividade, mas cumprindo as negociações coletivas a respeito. Referidas escalas podem ser diárias, semanais ou mensais.

BASE LEGAL:

SÚMULA Nº 360 DO TST: TURNOS ININTERRUPTOS DE REVEZAMENTO. IN-TERVALOS INTRAJORNADA E SEMANAL. A interrupção do trabalho destinada a repouso e alimentação, dentro de cada turno, ou o intervalo para repouso semanal, não descaracteriza o turno de revezamento com jornada de 6 (seis) horas previsto no art. 7º, XIV, da CF/1988.

SÚMULA Nº 423 DO TST: TURNO ININTERRUPTO DE REVEZAMENTO. FIXAÇÃO DE JORNADA DE TRABALHO MEDIANTE NEGOCIAÇÃO COLETIVA. VALIDADE. Estabelecida jornada superior a seis horas e limitada a oito horas por meio de regular negociação coletiva, os empregados submetidos a turnos ininterruptos de revezamento não tem direito ao pagamento da 7ª e 8ª horas como extras.

OJ SDI1-274 DO TST: TURNO ININTERRUPTO DE REVEZAMENTO. FERROVIÁRIO. HORAS EXTRAS. DEVIDAS. O ferroviário submetido a escalas variadas, com alternância de turnos, faz jus à jornada especial prevista no art. 7º, XIV, da CF/1988.

OJ-SDI1-275 DO TST: TURNO ININTERRUPTO DE REVEZAMENTO. HORISTA. HORAS EXTRAS E ADICIONAL. DEVIDOS. Inexistindo instrumento coletivo fixando jornada diversa, o empregado horista submetido a turno ininterrupto de revezamento faz jus ao pagamento das horas extraordinárias laboradas além da 6ª, bem como ao respectivo adicional.

Ver também TURNOS ININTERRUPTOS DE REVEZAMENTO.

REGISTRO SINDICAL. *Dir. Trab.*

Registro sindical é o procedimento pelo qual uma entidade sindical representativa de uma categoria econômica ou profissional deposita o seu estatuto constitutivo no órgão competente para fins essencialmente cadastrais e de verificação da unicidade sindical, atendendo ao que dispõe o artigo 8º, I e II da Constituição Federal. A Súmula 677 do STF estabelece que o órgão competente para esse registro e responsável por zelar pela observância do princípio da unicidade sindical é o extinto Ministério do Trabalho. Atualmente, tal atribuição é da Secretaria Especial de Previdência e Trabalho do Ministério da Economia. O registro deve ser feito no Cadastro Nacional de Entidades Sindicais (CNES) e deve observar as disposições estabelecidas na Portaria ME n.º 17.593, de 24 de julho de 2020 (DOU 27/07/2020), que dispõe sobre os procedimentos administrativos para o registro de entidades sindicais pelo Ministério da Economia. Importante destacar que, desde o advento da Constituição de 1988, é vedado ao poder público a interferência e intervenção na organização sindical, cabendo-lhe tão somente o registro da entidade e a verificação da observância da unicidade sindical.

BASE LEGAL:

CLT, Art. 8º É livre a associação profissional ou sindical, observado o seguinte:

I – a lei não poderá exigir autorização do Estado para a fundação de sindicato, ressalvado o registro no órgão competente, vedadas ao Poder Público a interferência e a intervenção na organização sindical;

II – é vedada a criação de mais de uma organização sindical, em qualquer grau, representativa de categoria profissional ou econômica, na mesma base territorial, que será definida pelos trabalhadores ou empregadores interessados, não podendo ser inferior à área de um Município; [...]

Súmula 677 STF

Até que lei venha a dispor a respeito, incumbe ao Ministério do Trabalho proceder ao registro das entidades sindicais e zelar pela observância do princípio da unicidade.

Portaria ME n.º 17.593/2020, Art. 2º Para os fins desta Portaria considera-se:

I – solicitação de registro sindical: procedimento de registro de fundação de uma nova entidade sindical;

[...].

REGULAMENTO DA EMPRESA. *Dir. Trab.*

Regulamento da empresa é um documento interno, produzido unilateralmente pelo empregador, que estipula um conjunto de regras, procedimentos, direitos e obrigações que devem ser observados por todos os integrantes de uma organização empresarial, independentemente de seu nível hierárquico. A principal finalidade do regulamento da empresa é disciplinar situações que fazem parte da rotina do estabelecimento e que não estão previstas na legislação trabalhista. Ele também serve para esclarecer situações, que embora previstas em lei, são ambíguas ou de difícil compreensão. Deve ser redigido observando a legislação, os acordos e convenções coletivas de trabalho. De acordo com a doutrina e jurisprudência é considerado fonte formal do Direito do Trabalho, pois embora seus dispositivos tenham aparente qualidade de regra jurídica, uma vez que são gerais, abstratos e impessoais, não se enquadra como fonte material, pois é produzido, de maneira geral, só pela vontade privada do empregador. Como esclarece o doutrinador Maurício Godinho Delgado, isso significa que "[...] os dispositivos do regulamento empresário ingressam nos contratos individuais empregatícios como se fossem cláusulas desses contratos – que não podem, desse modo, ser suprimidas ainda que alterado o regulamento. Noutras palavras, aplica-se a tais diplomas o mesmo tipo de regra incidente sobre qualquer cláusula contratual (art. 468, CLT). Esse é o entendimento sedimentado, ilustrativamente, na Súmula n. 51, I, TST." [212]

BASE LEGAL:

Súmula nº 51 do TST
NORMA REGULAMENTAR. VANTAGENS E OPÇÃO PELO NOVO REGULAMENTO. ART. 468 DA CLT (incorporada a Orientação Jurisprudencial nº 163 da SBDI-1) – Res. 129/2005, DJ 20, 22 e 25.04.2005
I – As cláusulas regulamentares, que revoguem ou alterem vantagens deferidas anteriormente, só atingirão os trabalhadores admitidos após a revogação ou alteração do regulamento. (ex-Súmula **nº 51** – RA 41/1973, DJ 14.06.1973)
II – Havendo a coexistência de dois regulamentos da empresa, a opção do empregado por um deles tem efeito jurídico de renúncia às regras do sistema do outro. (ex-OJ **nº 163 da SBDI-1** – inserida em 26.03.1999)
CLT, Art. 144. O abono de férias de que trata o artigo anterior, bem como o concedido em virtude de cláusula do contrato de trabalho, do regulamento da empresa, de convenção ou acordo coletivo, desde que não excedente de vinte dias do salário, não integrarão a remuneração do empregado para os efeitos da legislação do trabalho."
CLT, Art. 611-A. A convenção coletiva e o acordo coletivo de trabalho têm prevalência sobre a lei quando, entre outros, dispuserem sobre: [...]
VI – regulamento empresarial; (Incluído pela Lei nº 13.467, de 2017)"

REITEGRAÇÃO. *Dir. Trab.*

Reintegração é o ato pelo qual é devolvido ao empregado o vínculo empregatício com todas as garantias contratuais existentes antes da demissão. Ela pode ser feita por iniciativa do próprio empregador, ao

212 Delgado, 2019, p. 200-201.

constatar que, por algum motivo, a demissão foi indevida ou pode ocorrer por determinação judicial, quando restar demonstrado que o empregador excedeu seu poder diretivo, demitindo de maneira injustificada o empregado. Normalmente, a reintegração é determinada no caso de demissão de empregado que goze de estabilidade provisória, como é o caso de dirigente sindical, titular da representação dos empregados na CIPA, gestante e segurado da Previdência Social que sofreu acidente do trabalho ou doença ocupacional e gozou de auxílio-doença acidentário, independentemente da percepção de auxílio-acidente. Contudo, também pode ser determinada em caso de rompimento da relação de trabalho por ato discriminatório. Em qualquer uma dessas situações, quando for desaconselhável a reintegração, ela poderá ser convertida em indenização. Sendo que, no caso de rompimento do vínculo empregatício por ato discriminatório, caberá ao empregado escolher entre a reintegração com ressarcimento integral de todo o período de afastamento ou a percepção, em dobro, da remuneração deste período.

BASE LEGAL:

CLT, Art. 165. Os titulares da representação dos empregados nas CIPA(s) não poderão sofrer despedida arbitrária, entendendo-se como tal a que não se fundar em motivo disciplinar, técnico, econômico ou financeiro.

Parágrafo único: Ocorrendo a despedida, caberá ao empregador, em caso de reclamação à Justiça do Trabalho, comprovar a existência de qualquer dos motivos mencionados neste artigo, sob pena de ser condenado a reintegrar o empregado.

CLT, Art. 496. Quando a reintegração do empregado estável for desaconselhável, dado o grau de incompatibilidade resultante do dissídio, especialmente quando for o empregador pessoa física, o tribunal do trabalho poderá converter aquela obrigação em indenização devida nos termos do artigo seguinte.

CLT, Art. 504. Comprovada a falsa alegação do motivo de força maior, é garantida a reintegração aos empregados estáveis, e aos não-estáveis o complemento da indenização já percebida, assegurado a ambos o pagamento da remuneração atrasada.

CLT, Art. 659 – Competem privativamente aos Presidentes das Juntas, além das que lhes forem conferidas neste Título e das decorrentes de seu cargo, as seguintes atribuições: (Vide Constituição Federal de 1988) [...]

X – conceder medida liminar, até decisão final do processo, em reclamações trabalhistas que visem reintegrar no emprego dirigente sindical afastado, suspenso ou dispensado pelo empregador.

Lei 9.029/95, Art. 4º. O rompimento da relação de trabalho por ato discriminatório, nos moldes desta Lei, além do direito à reparação pelo dano moral, faculta ao empregado optar entre:
I – a reintegração com ressarcimento integral de todo o período de afastamento, mediante pagamento das remunerações devidas, corrigidas monetariamente e acrescidas de juros legais;
II – a percepção, em dobro, da remuneração do período de afastamento, corrigida monetariamente e acrescida dos juros legais.
Lei 8.213/91, Art. 118. O segurado que sofreu acidente do trabalho tem garantida, pelo prazo mínimo de doze meses, a manutenção do seu contrato de trabalho na empresa, após a cessação do auxílio-doença acidentário, independentemente de percepção de auxílio-acidente.

RELACIONAMENTO SOCIAL. *Dir. Trab.*

Relacionamento social é a interação que ocorre entre indivíduos de um grupo de maneira natural, quando há afinidade, ou por meio de interesses individuais comuns. No contexto do Direito do Trabalho, a CLT, com o advento da Reforma Trabalhista (Lei 13.467/2017), passou a prever expressamente que o tempo que o empregado, por escolha própria, adentrar ou permanecer nas dependências da empresa, fora do horário correspondente a jornada de trabalho, para exercer atividades particulares, incluindo àquelas de relacionamento social, não será considerado como tempo à disposição do empregador. Como bem ponderou o professor Homero Batista Mateus da Silva, o legislador se preocupou em "[...] coibir excessos que devem ter acontecido em alguns julgados trabalhistas ou autos de infração, que consideravam como tempo à disposição do empregador todo e qualquer período de permanência do empregado dentro das dependências do empregador – ainda que ele estivesse jogando baralho enquanto esperava a carona do colega que sai em horário diferente." [213] A inclusão de tal previsão tem o condão de abarcar a enorme variedade de situações, sem qualquer relação com as atividades desempenhadas para o empregador, que levam o empregado a permanecer na empresa antes ou depois da duração normal do trabalho.

BASE LEGAL:

CLT, Art. 4º. Considera-se como de serviço efetivo o período em que o empregado esteja à disposição do empregador, aguardando ou executando ordens, salvo disposição especial expressamente consignada.
[...]

213 Silva, 2019, p. 18.

§ 2º Por não se considerar tempo à disposição do empregador, não será computado como período extraordinário o que exceder a jornada normal, ainda que ultrapasse o limite de cinco minutos previsto no **§ 1º do art. 58 desta Consolidação, quando o empregado, por escolha própria, buscar proteção pessoal, em caso de insegurança nas vias públicas ou más condições climáticas, bem como adentrar ou permanecer nas dependências da empresa para exercer atividades particulares, entre outras: (Incluído pela Lei nº 13.467, de 2017) (Vigência)**

[...]

VI – atividades de relacionamento social; (Incluído pela Lei nº 13.467, de 2017) (Vigência)"

RELAÇÃO DE EMPREGO. *Dir. Trab.*

Relação de emprego é uma espécie de relação de trabalho, que por sua vez é relação jurídica que engloba os sujeitos, objeto e o negócio jurídico que os vincula, ou seja, uma obrigação de fazer consubstanciada no trabalho humano. A relação de trabalho, além da relação de emprego, engloba também o trabalho autônomo, eventual, avulso, entre

outros. Segundo a doutrina, a relação de emprego é um "tipo legal próprio e específico, inconfundível com as demais modalidades de relação de trabalho ora vigorantes." [214] Do ponto de vista econômico-social, é a modalidade de pactuação de trabalho mais relevante desde a instauração do capitalismo e em torno da qual se estruturou o Direito do Trabalho. Ela conjuga certos elementos fático-jurídicos indispensáveis para a sua configuração, que são:

i) a prestação de trabalho por pessoa física a um tomador de serviços;

ii) a pessoalidade do trabalhador;

iii) o caráter não eventual da prestação de serviços;

iv) a subordinação do trabalhador ao tomador dos serviços;

v) onerosidade na prestação.

Esses elementos são extraídos da conjugação dos artigos 2º e 3º da CLT. Portanto, a relação de emprego pode ser conceituada como a espécie de relação de trabalho caracterizada pela prestação pessoal, não eventual e subordinada de serviços por um trabalhador a um tomador que o remunera mediante salário.

---

214 Delgado, 2019, p. 333-335, 337-338.

BASE LEGAL:

CLT, Art. 2º. Considera-se empregador a empresa, individual ou coletiva, que, assumindo os riscos da atividade econômica, admite, assalaria e dirige a prestação pessoal de serviço.

§ 1º Equiparam-se ao empregador, para os efeitos exclusivos da relação de emprego, os profissionais liberais, as instituições de beneficência, as associações recreativas ou outras instituições sem fins lucrativos, que admitirem trabalhadores como empregados.

§ 2º Sempre que uma ou mais empresas, tendo, embora, cada uma delas, personalidade jurídica própria, estiverem sob a direção, controle ou administração de outra, ou ainda quando, mesmo guardando cada uma sua autonomia, integrem grupo econômico, serão responsáveis solidariamente pelas obrigações decorrentes da relação de emprego. (Redação dada pela Lei nº 13.467, de 2017) (Vigência)

§ 3º Não caracteriza grupo econômico a mera identidade de sócios, sendo necessárias, para a configuração do grupo, a demonstração do interesse integrado, a efetiva comunhão de interesses e a atuação conjunta das empresas dele integrantes. (Incluído pela Lei nº 13.467, de 2017) (Vigência)

CLT, Art. 3º. Considera-se empregado toda pessoa física que prestar serviços de natureza não eventual a empregador, sob a dependência deste e mediante salário.

Parágrafo único: Não haverá distinções relativas à espécie de emprego e à condição de trabalhador, nem entre o trabalho intelectual, técnico e manual.

CLT, Art. 6º Não se distingue entre o trabalho realizado no estabelecimento do empregador, o executado no domicílio do empregado e o realizado a distância, desde que estejam caracterizados os pressupostos da relação de emprego. (Redação dada pela Lei nº 12.551, de 2011)

Parágrafo único. Os meios telemáticos e informatizados de comando, controle e supervisão se equiparam, para fins de subordinação jurídica, aos meios pessoais e diretos de comando, controle e supervisão do trabalho alheio. (Incluído pela Lei nº 12.551, de 2011)

CLT, Art. 39. Verificando-se que as alegações feitas pelo reclamado versam sobre a não existência de relação de emprego ou sendo impossível verificar essa condição pelos meios administrativos, será o processo encaminhado a Justiça do Trabalho ficando, nesse caso, sobrestado o julgamento do auto de infração que houver sido lavrado. (Redação dada pelo Decreto-lei nº 229, de 28.2.1967)

CLT, Art. 442. Contrato individual de trabalho é o acordo tácito ou expresso, correspondente à relação de emprego.

Parágrafo único: Qualquer que seja o ramo de atividade da sociedade cooperativa, não existe vínculo empregatício entre ela e seus associados, nem entre estes e os tomadores de serviços daquela. (Incluído pela Lei nº 8.949, de 9.12.1994)

RELAÇÕES INDIVIDUAIS DE TRABALHO. *Dir. Trab.*

Relações individuais de trabalho são relações jurídicas trabalhistas estabelecidas através de contratos individuais de trabalho firmados entre um empregado e um empregador ou diversos entes integrantes de um grupo econômico (conforme dispõe a Súmula 129 do TST), nos quais as partes envolvidas tratam de questões relativas a seus interesses individuais, através de cláusulas que estipulam normas e condições de trabalho. Conforme nos explica a doutrina,[215] a noção de individualidade ou pluralidade se constrói em função do sujeito operário da relação e não do empregador. As relações individuais de trabalho são reguladas pela CLT. Não obstante, as convenções e os acordos coletivos poderão estipular condições de trabalho aplicáveis a estas relações.

BASE LEGAL:

CLT, Art. 1º. Esta Consolidação estatui as normas que regulam as relações individuais e coletivas de trabalho, nela previstas.

CLT, 611. Convenção Coletiva de Trabalho é o acordo de caráter normativo, pelo qual dois ou mais Sindicatos representativos de categorias econômicas e profissionais estipulam condições de trabalho aplicáveis, no âmbito das respectivas representações, às relações individuais de trabalho.

§ 1º É facultado aos Sindicatos representativos de categorias profissionais celebrar Acordos Coletivos com uma ou mais empresas da correspondente categoria econômica, que estipulem condições de trabalho, aplicáveis no âmbito da empresa ou das acordantes respectivas relações de trabalho. [...]

CLT, Art. 613. As Convenções e os Acordos deverão conter obrigatoriamente:

[...]

IV – Condições ajustadas para reger as relações individuais de trabalho durante sua vigência;

Súmula nº 129 do TST

CONTRATO DE TRABALHO. GRUPO ECONÔMICO (mantida) – Res. 121/2003, DJ 19, 20 e 21.11.2003

A prestação de serviços a mais de uma empresa do mesmo grupo econômico, durante a mesma jornada de trabalho, não caracteriza a coexistência de mais de um contrato de trabalho, salvo ajuste em contrário.

215 Delgado, 2019, p. 645.

RELAÇÕES COLETIVAS DE TRABALHO. *Dir. Trab.*

Relações coletivas de trabalho são relações jurídicas trabalhistas estabelecidas entre grupos de trabalhadores e de empregadores ou entre grupo de trabalhadores e um empregador, que são representados, em regra, pelos respectivos sindicatos profissionais e patronais. A relação estabelecida entre um sindicato de trabalhadores e uma empresa, sem intermediação do sindicato patronal, também é considerada coletiva, pois o sindicato representa o grupo de trabalhadores de uma empresa e, conforme esclarece a doutrina,[216] *a noção de individualidade ou pluralidade se constrói em função do sujeito operário da relação e não do empregador. As relações coletivas de trabalho são reguladas pelo Direito Coletivo do Trabalho, que de acordo com Maurício Godinho Delgado,*[217] é ramo do Direito do Trabalho "[...] que regula as relações inerentes à chamada autonomia privada coletiva, isto é, relações entre organizações coletivas de empregados e empregadores e/ou entre as organizações obreiras e empregadores diretamente, a par das demais relações surgidas na dinâmica da representação e atuação coletiva dos trabalhadores." [218] As relações coletivas de trabalho tem a função estabelecer condições que atendam os interesses coletivos, de forma abstrata e geral, inerentes a um grupo e comuns a todos os membros.

BASE LEGAL:

CLT, Art. 1°. Esta Consolidação estatui as normas que regulam as relações individuais e coletivas de trabalho, nela previstas.

CF/1988, Art. 8.° **É livre a associação profissional ou sindical, observado o seguinte:**

I – a lei não poderá exigir autorização do Estado para a fundação de sindicato, ressalvado o registro no órgão competente, vedadas ao Poder Público a interferência e a intervenção na organização sindical;

II – **é vedada a criação de mais de uma organização sindical, em qualquer grau, representativa de categoria profissional ou econômica, na mesma base territorial, que será definida pelos trabalhadores ou empregadores interessados, não podendo ser inferior à área de um Município;**

III – ao sindicato cabe a defesa dos direitos e interesses coletivos ou individuais da categoria, inclusive em questões judiciais ou administrativas;

---

216 Delgado, 2019, p. 645.

217 Delgado, 2019, p. 1529.

218 Delgado, 2019, p. 1529.

IV – a assembleia geral fixará a contribuição que, em se tratando de categoria profissional, será descontada em folha, para custeio do sistema confederativo da representação sindical respectiva, independentemente da contribuição prevista em lei;
V – ninguém será obrigado a filiar-se ou a manter-se filiado a sindicato;
VI – **é obrigatória a participação dos sindicatos nas negociações coletivas de trabalho;**
VII – o aposentado filiado tem direito a votar e ser votado nas organizações sindicais;
VIII – **é vedada a dispensa do empregado sindicalizado a partir do registro da candidatura a cargo de direção ou representação sindical e, se eleito, ainda que suplente, até um ano após o final do mandato, salvo se cometer falta grave nos termos da lei.**
Parágrafo único. As disposições deste artigo aplicam-se à organização de sindicatos rurais e de colônias de pescadores, atendidas as condições que a lei estabelecer.
CF/1988, Art. 9º É assegurado o direito de greve, competindo aos trabalhadores decidir sobre a oportunidade de exercê-lo e sobre os interesses que devam por meio dele defender.

554 REMIÇÃO. *Dir. Proc. Civ./Dir. Proc. do Trab.*

Remição é o ato pelo qual o devedor se livra de algum ônus mediante o pagamento. É uma modalidade de extinção de obrigação no Processo Civil e no Processo do Trabalho, por meio da qual se quita a dívida, pagando-a ou consignando o seu importe, dando voluntário cumprimento à obrigação para pôr fim à execução. A remição da execução no processo do trabalho é o pagamento da execução pelo executado, que só será deferível, em qualquer hipótese, se o executado oferecer preço igual ao valor da condenação. Conforme explica o ilustre doutrinador Mauro Schiavi, "[...] para remir a execução, deverá o executado pagar não só o valor do crédito do exequente, mas também todas as despesas processuais, como custas, editais, eventual parcela previdenciária, eventuais honorários periciais e do depositário, etc." [219] Portanto, a liberação de qualquer bem penhorado encontra-se vinculada à remição total da execução. O Processo do Trabalho não disciplina o prazo para a remição, aplicando-se de forma supletiva e subsidiária o disposto no Código de Processo Civil. Desse modo, segundo a doutrina, o prazo é extraído da conjugação dos artigos 888 da CLT e 826 do CPC e possibilita duas hipóteses:

219 Schiavi, 2020, p. 1447-1448.

i) até o momento imediatamente anterior ao requerimento de adjudicação; até 24 (vinte e quatro) horas que sucedem a arrematação (prazo que o arrematante tem para completar o valor do lance).

BASE LEGAL:

Lei 5.584/70, Art. 13. Em qualquer hipótese, a remição só será deferível ao executado se este oferecer preço igual ao valor da condenação.

CLT, Art. 789-A. No processo de execução são devidas custas, sempre de responsabilidade do executado e pagas ao final, de conformidade com a seguinte tabela:

I – autos de arrematação, de adjudicação e de remição: 5% (cinco por cento) sobre o respectivo valor, até o máximo de R$ 1.915,38 (um mil, novecentos e quinze reais e trinta e oito centavos); [...].

CLT, Art. 789-B. Os emolumentos serão suportados pelo Requerente, nos valores fixados na seguinte tabela: [...]

IV – cartas de sentença, de adjudicação, de remição e de arrematação – por folha: R$ 0,55 (cinquenta e cinco centavos de real); [...].

CLT, Art. 888 – Concluída a avaliação, dentro de dez dias, contados da data da nomeação do avaliador, seguir-se-á a arrematação, que será anunciada por edital afixado na sede do juízo ou tribunal e publicado no jornal local, se houver, com a antecedência de 20 (vinte) dias.

§ 1º A arrematação far-se-á em dia, hora e lugar anunciados e os bens serão vendidos pelo maior lance, tendo o exequente preferência para a adjudicação.

§ 2º O arrematante deverá garantir o lance com o sinal correspondente a 20% (vinte por cento) do seu valor.

§ 3º Não havendo licitante, e não requerendo o exequente a adjudicação dos bens penhorados, poderão os mesmos ser vendidos por leiloeiro nomeado pelo Juiz ou Presidente.

§ 4º Se o arrematante, ou seu fiador, não pagar dentro de 24 (vinte e quatro) horas o preço da arrematação, perderá, em benefício da execução, o sinal de que trata o § 2º deste artigo, voltando à praça os bens executados.

CPC, Art. 826. Antes de adjudicados ou alienados os bens, o executado pode, a todo tempo, remir a execução, pagando ou consignando a importância atualizada da dívida, acrescida de juros, custas e honorários advocatícios.

CPC, Art. 902. No caso de leilão de bem hipotecado, o executado poderá remi-lo até a assinatura do auto de arrematação, oferecendo preço igual ao do maior lance oferecido.

Parágrafo único. No caso de falência ou insolvência do devedor hipotecário, o direito de remição previsto no *caput* **defere-se à massa ou aos credores em concurso, não podendo o exequente recusar o preço da avaliação do imóvel.**

REMUNERAÇÃO. *Dir. Trab.*

Remuneração pode ser definida como a totalidade dos ganhos de um trabalhador que decorrem da prestação de serviços e que podem ser pagos diretamente pelo empregador ou não. Embora o termo seja costumeiramente utilizado como sinônimo de salário, na verdade é gênero do qual o salário é espécie. De acordo com a doutrina, "[...] remuneração seria o gênero de parcelas contraprestativas devidas e pagas ao empregado em função da prestação de serviços ou da simples existência da relação de emprego, ao passo que salário seria a parcela contraprestativa principal paga a esse empregado no contexto do contrato." [220] Portanto, remuneração é a soma do salário estipulado em contrato (importância fixa, gratificações legais e as comissões pagas pelo empregador, além de alimentação, habitação, vestuário ou outras prestações *in natura* que a empresa, por força do contrato ou do costume, fornecer habitualmente ao empregado) a outros direitos recebidos pelo trabalhador decorrentes desse mesmo contrato, como adicional noturno, horas extras, adicionais de periculosidade ou insalubrida-

de, etc. Importante destacar que, o artigo 457 da CLT dispõe que está compreendida na remuneração do empregado, para todos os efeitos legais, além do salário devido e pago diretamente pelo empregador, como contraprestação do serviço, as gorjetas que receber (que, como se sabe, são pagas por terceiros).

BASE LEGAL:

CLT, Art. 29. O empregador terá o prazo de 5 (cinco) dias úteis para anotar na CTPS, em relação aos trabalhadores que admitir, a data de admissão, a remuneração e as condições especiais, se houver, facultada a adoção de sistema manual, mecânico ou eletrônico, conforme instruções a serem expedidas pelo Ministério da Economia. (Redação dada pela Lei nº 13.874, de 2019)

§ 1º As anotações concernentes à remuneração devem especificar o salário, qualquer que seja sua forma de pagamento, seja ele em dinheiro ou em utilidades, bem como a estimativa da gorjeta. [...]

CLT, Art. 59. A duração diária do trabalho poderá ser acrescida de horas extras, em número não excedente de duas, por acordo individual, convenção coletiva ou acordo coletivo de trabalho. (Redação dada pela Lei nº 13.467, de 2017) (Vigência)

§ 1º A remuneração da hora extra será, pelo menos, 50% (cinquenta por cento) superior à da hora normal. (Redação dada pela Lei nº 13.467, de 2017) (Vigência)

---

220 Delgado, 2019, p. 842.

[...]

§ 3º Na hipótese de rescisão do contrato de trabalho sem que tenha havido a compensação integral da jornada extraordinária, na forma dos §§ 2o e 5o deste artigo, o trabalhador terá direito ao pagamento das horas extras não compensadas, calculadas sobre o valor da remuneração na data da rescisão. (Redação dada pela Lei nº 13.467, de 2017) (Vigência) [...]

CLT, Art. 59-A. Em exceção ao disposto no art. 59 desta Consolidação, é facultado às partes, mediante acordo individual escrito, convenção coletiva ou acordo coletivo de trabalho, estabelecer horário de trabalho de doze horas seguidas por trinta e seis horas ininterruptas de descanso, observados ou indenizados os intervalos para repouso e alimentação. (Incluído pela Lei nº 13.467, de 2017) (Vigência)

Parágrafo único: A remuneração mensal pactuada pelo horário previsto no caput deste artigo abrange os pagamentos devidos pelo descanso semanal remunerado e pelo descanso em feriados, e serão considerados compensados os feriados e as prorrogações de trabalho noturno, quando houver, de que tratam o art. 70 e **o** § 5º do art. 73 desta Consolidação. (Incluído pela Lei nº 13.467, de 2017) (Vigência)

CLT, Art. 73. Salvo nos casos de revezamento semanal ou quinzenal, o trabalho noturno terá remuneração superior a do diurno e, para esse efeito, sua remuneração terá um acréscimo de 20 % (vinte por cento), pelo menos, sobre a hora diurna. (Redação dada pelo Decreto lei nº 9.666, de 1946) [...]

CLT, Art. 457 – Compreendem-se na remuneração do empregado, para todos os efeitos legais, além do salário devido e pago diretamente pelo empregador, como contraprestação do serviço, as gorjetas que receber. (Redação dada pela Lei nº 1.999, de 1.10.1953)

§ 1º Integram o salário a importância fixa estipulada, as gratificações legais e as comissões pagas pelo empregador. (Redação dada pela Lei nº 13.467, de 2017)

§ 2º As importâncias, ainda que habituais, pagas a título de ajuda de custo, auxílio-alimentação, vedado seu pagamento em dinheiro, diárias para viagem, prêmios e abonos não integram a remuneração do empregado, não se incorporam ao contrato de trabalho e não constituem base de incidência de qualquer encargo trabalhista e previdenciário. (Redação dada pela Lei nº 13.467, de 2017)

§ 3º Considera-se gorjeta não só a importância espontaneamente dada pelo cliente ao empregado, como também o valor cobrado pela empresa, como serviço ou adicional, a qualquer título, e destinado à distribuição aos empregados. (Redação dada pela Lei nº 13.419, de 2017)

§ 4º Consideram-se prêmios as liberalidades concedidas pelo empregador em forma de bens, serviços ou valor em dinheiro a empregado ou a grupo de empregados, em razão de desempenho superior ao ordinariamente esperado no exercício de suas atividades. (Redação dada pela Lei nº 13.467, de 2017)

RENÚNCIA. *Dir. Trab.*

Renúncia é uma declaração unilateral de vontade, através da qual uma parte da relação jurídica abre mão de um direito de que é titular, sem correspondente concessão da outra parte beneficiada pelo ato. A renúncia recai sobre direito certo e atual e tem por efeito extingui-lo. Como regra geral, o empregado não pode renunciar aos direitos decorrentes do contrato de trabalho. Esse impedimento decorre da natureza das normas trabalhistas, que são de ordem pública, cogentes e imperativas. Desse modo, tais direitos são indisponíveis e irrenunciáveis e também não são passíveis de transação pelo empregado, como indicam os artigos 9º, 444 e 468 da CLT. De acordo com a doutrina,[221] a renúncia é sumariamente repelida pela normatividade justrabalhista imperativa e pelo princípio da indisponibilidade. Sendo assim, ela só será válida em raríssimas situações inquestionavelmente autorizadas pela ordem jurídica heterônoma estatal, como ocorre com a renúncia à velha estabilidade celetista decorrente da opção retroativa pelo regime do FGTS (períodos contratuais anteriores à Constituição de 1988) ou

a renúncia tácita à garantia de emprego pelo dirigente sindical que solicitar ou livremente acolher transferência para fora da base territorial (art. 543, *caput*, e § 1º, CLT). Nessas raras situações devem ser analisados ainda os requisitos jurídico-formais do ato de renúncia:

i) capacidade do sujeito renunciante;

ii) higidez em sua manifestação de vontade;

iii) objeto (somente aquelas parcelas expressamente ressalvadas pela ordem jurídica);

iv) forma (ou procedimento) legalmente especificado.

BASE LEGAL:

CLT, Art. 9º. Serão nulos de pleno direito os atos praticados com o objetivo de desvirtuar, impedir ou fraudar a aplicação dos preceitos contidos na presente Consolidação.

CLT, Art. 444. As relações contratuais de trabalho podem ser objeto de livre estipulação das partes interessadas em tudo quanto não contravenha às disposições de proteção ao trabalho, aos contratos coletivos que lhes sejam aplicáveis e às decisões das autoridades competentes.

Parágrafo único. A livre estipulação a que se refere o *caput* **deste artigo aplica-se às hipóteses previstas no** art. 611-A desta Consolidação, com a mesma eficácia legal e preponderância sobre os instrumentos coletivos, no

221 Delgado, 2019, p. 252-255.

caso de empregado portador de diploma de nível superior e que perceba salário mensal igual ou superior a duas vezes o limite máximo dos benefícios do Regime Geral de Previdência Social.

CLT, Art. 468. Nos contratos individuais de trabalho só é lícita a alteração das respectivas condições por mútuo consentimento, e ainda assim desde que não resultem, direta ou indiretamente, prejuízos ao empregado, sob pena de nulidade da cláusula infringente desta garantia.

§ 1° Não se considera alteração unilateral a determinação do empregador para que o respectivo empregado reverta ao cargo efetivo, anteriormente ocupado, deixando o exercício de função de confiança.

§ 2° A alteração de que trata o § 1o deste artigo, com ou sem justo motivo, não assegura ao empregado o direito à manutenção do pagamento da gratificação correspondente, que não será incorporada, independentemente do tempo de exercício da respectiva função.

Súmula n° 276 do TST

AVISO PRÉVIO. RENÚNCIA PELO EMPREGADO (mantida) – Res. 121/2003, DJ 19, 20 e 21.11.2003

O direito ao aviso prévio é irrenunciável pelo empregado. O pedido de dispensa de cumprimento não exime o empregador de pagar o respectivo valor, salvo comprovação de haver o prestador dos serviços obtido novo emprego.

REPENTISTA. *Dir. Trab.*

Repentista é o profissional que exerce profissão artística através da qual utiliza o improviso rimado como meio de expressão de arte cantada, falada ou escrita, em que a composição é feita de imediato, no improviso, ou, através da colheita de composições anônimas ou da tradição popular. Os repentistas cantam, declamam ou escrevem textos que normalmente observam regras de rima, métrica e coerência temática. São considerados repentistas os cantadores e violeiros improvisadores, os emboladores e cantadores de Coco, os poetas repentistas e os contadores e declamadores de causos da cultura popular, os escritores da literatura de cordel, entre outros que as entidades de classe possam reconhecer. A profissão é regulamentada pela Lei 12.198/2010 e a ela são aplicadas, conforme as especificidades da atividade, as disposições previstas nos artigos 41 a 48 da Lei no 3.857/1960, que dispõem sobre a duração do trabalho dos músicos. De modo que a duração normal do trabalho não poderá exceder 5 (cinco) horas, podendo ser elevada a 6 (seis) horas, nos estabelecimentos de diversões públicas nos quais atuem 2 (dois) ou mais conjuntos, ou, excepcionalmente, a 7 (sete) horas, nos casos de força maior, ou festejos populares e serviço reclamado pelo interesse nacional. O repentista também tem direito a um dia de descanso remunerado a cada seis dias consecutivos de trabalho e a intervalo mínimo de 11 (onze) horas, destinado ao repouso, a cada período diário de trabalho.

BASE LEGAL:

Lei 12.198/2010, Art. 1º Fica reconhecida a atividade de Repentista como profissão artística.

Lei 12.198/2010, Art. 2º Repentista é o profissional que utiliza o improviso rimado como meio de expressão artística cantada, falada ou escrita, compondo de imediato ou recolhendo composições de origem anônima ou da tradição popular.

Lei 12.198/2010, Art. 3º Consideram-se repentistas, além de outros que as entidades de classe possam reconhecer, os seguintes profissionais:

I – cantadores e violeiros improvisadores;

II – os emboladores e cantadores de Coco;

III – poetas repentistas e os contadores e declamadores de causos da cultura popular;

IV – escritores da literatura de cordel.

Lei 12.198/2010, Art. 4º Aos repentistas são aplicadas, conforme as especifidades da atividade, as disposições previstas nos arts. 41 **a** 48 da Lei no 3.857, de 22 de dezembro de 1960, que dispõem sobre a duração do trabalho dos músicos.

Lei 12.198/2010, Art. 5º A profissão de Repentista passa a integrar o quadro de atividades a que se refere o art. 577 da Consolidação das Leis do Trabalho – CLT, aprovada pelo Decreto-Lei no 5.452, de 1o de maio de 1943.

REPOUSO SEMANAL. *Dir. Trab.*

Repouso semanal ou descanso semanal, normalmente chamado de DSR, é o direito que tem todo empregado a um descanso semanal remunerado de 24 (vinte e quatro) horas consecutivas, situado entre os módulos semanais de duração do trabalho, que deverá coincidir com o domingo, no todo ou em parte, salvo motivo de conveniência pública ou necessidade imperiosa do serviço. Conforme esclarece a doutrina,[222] o descanso semanal e descanso em feriados são figuras muito próximas na ordem jurídica trabalhista, contendo estrutura jurídica similar e, portanto, são submetidas a regras idênticas ou afins, enquadrando-se naquilo que se denomina dias de repouso. O objetivo do direito é a recuperação das energias do empregado e aperfeiçoa-

222 Delgado, 2019, p. 1142.

mento em sua inserção familiar, comunitária e política. Como se trata de lapso temporal remunerado, o descanso ou repouso semanal (DSR ou RSR) é período de interrupção da prestação de serviços. Vale dizer que, a coincidência com o domingo é preferencial, mas não absoluta, pois há empresas autorizadas a funcionar em domingos. Nesses casos, o repouso semanal remunerado deverá coincidir com o domingo, pelo menos uma vez no período máximo de três semanas.

BASE LEGAL:

Constituição/1988, Art. 7º São direitos dos trabalhadores urbanos e rurais, além de outros que visem à melhoria de sua condição social:

[...]

XV – repouso semanal remunerado, preferencialmente aos domingos;

Lei 605/1949, Art. 1º Todo empregado tem direito ao repouso semanal remunerado de vinte e quatro horas consecutivas, preferentemente aos domingos e, nos limites das exigências técnicas das empresas, nos feriados civis e religiosos, de acordo com a tradição local.

CLT, Art. 59-A. Em exceção ao disposto no art. 59 desta Consolidação, **é facultado às partes, mediante acordo individual escrito, convenção coletiva ou acordo coletivo de trabalho, estabelecer horário de trabalho de doze horas seguidas por trinta e seis horas ininterruptas de descanso, observados ou indenizados os intervalos para repouso e alimentação. (Incluído pela Lei nº 13.467, de 2017) (Vigência)**

Parágrafo único. A remuneração mensal pactuada pelo horário previsto no *caput* **deste artigo abrange os pagamentos devidos pelo descanso semanal remunerado e pelo descanso em feriados, e serão considerados compensados os feriados e as prorrogações de trabalho noturno, quando houver, de que tratam o** art. 70 e o § 5º do art. 73 desta Consolidação. (Incluído pela Lei nº 13.467, de 2017) (Vigência)

CLT, Art. 67. Será assegurado a todo empregado um descanso semanal de 24 (vinte e quatro) horas consecutivas, o qual, salvo motivo de conveniência pública ou necessidade imperiosa do serviço, deverá coincidir com o domingo, no todo ou em parte.

Parágrafo único – Nos serviços que exijam trabalho aos domingos, com exceção quanto aos elencos teatrais, será estabelecida escala de revezamento, mensalmente organizada e constando de quadro sujeito à fiscalização.

CLT, Art. 134. As férias serão concedidas por ato do empregador, em um só período, nos 12 (doze) meses subsequentes à data em que o empregado tiver adquirido o direito. (Redação dada pelo Decreto-lei nº 1.535, de 13.4.1977)

[...]

§ 3º É vedado o início das férias no período de dois dias que antecede feriado ou dia de repouso semanal remunerado. (Incluído pela Lei nº 13.467, de 2017)

CLT, Art. 611-B. Constituem objeto ilícito de convenção coletiva ou de acordo coletivo de trabalho, exclusivamente, a supressão ou a redução dos seguintes direitos: (Incluído pela Lei nº 13.467, de 2017)
[...]
IX – repouso semanal remunerado; (Incluído pela Lei nº 13.467, de 2017)
Lei 10.101/2000, Art. 6º Fica autorizado o trabalho aos domingos nas atividades do comércio em geral, observada a legislação municipal, nos termos do art. 30, inciso I, da Constituição. (Redação dada pela Lei nº 11.603, de 2007)
Parágrafo único. O repouso semanal remunerado deverá coincidir, pelo menos uma vez no período máximo de três semanas, com o domingo, respeitadas as demais normas de proteção ao trabalho e outras a serem estipuladas em negociação coletiva. (Redação dada pela Lei nº 11.603, de 2007)

REPRESENTAÇÃO. *Dir. Proc. Trab.*

Representação é a relação jurídica por meio da qual se atribui a alguém a qualidade para agir em nome de outrem, de modo a manifestar a vontade do representado, substituindo-o. A representação processual é aquela em que alguém vai a juízo, autorizado por lei ou pela manifestação de vontade (voluntária ou convencional), postular judicialmente em nome de outra pessoa, defendendo interesse alheio em nome alheio. Portanto, o representante é um terceiro que age em nome do titular do direito, e não é parte processual. Quanto a representação legal, a doutrina[223] esclarece que a CLT adotou o gênero representação, cujas espécies são a *stricto sensu*, dos incapazes, e a assistência, para os relativamente incapazes. Os absolutamente incapazes, que são os menores de 16 (dezesseis) anos nos termos da lei civil, serão representados em juízo, pois não possuem aptidão para praticar, sozinhos, os atos do processo. Já, os relativamente incapazes, poderão manifestar a sua vontade, mas deverão ser assistidos. Poderão figurar na condição de representantes ou assistentes, os representantes legais (pais, tutores ou curadores) e, na falta destes, a Procuradoria da Justiça do Trabalho, o Ministério Público Estadual ou o curador nomeado pelo juízo. Já na representação voluntária ou convencional, como é o caso do mandato, uma parte (mandante) deve outorgar, por ato de vontade, através de procuração (mandato), poderes gerais ou específicos para que a outra (mandatário) pratique atos jurídicos em seu nome e no seu interesse. Por fim, em audiência, o empregador pode ser representado pelo gerente, ou qualquer preposto que tenha conhecimento do fato e o em-

223 Schiavi, 2020, p. 354-357.

pregado, nas reclamatórias plúrimas ou ações de cumprimento, poderá ser representado pelo sindicato de sua categoria ou, em caso de doença ou qualquer outro motivo poderoso comprovado, por outro empregado que pertença à mesma profissão ou também pelo seu sindicato.

BASE LEGAL:

CLT, Art. 791. Os empregados e os empregadores poderão reclamar pessoalmente perante a Justiça do Trabalho e acompanhar as suas reclamações até o final.

§ 1º Nos dissídios individuais os empregados e empregadores poderão fazer-se representar por intermédio do sindicato, advogado, solicitador, ou provisionado, inscrito na Ordem dos Advogados do Brasil.

§ 2º Nos dissídios coletivos é facultada aos interessados a assistência por advogado.

§ 3º A constituição de procurador com poderes para o foro em geral poderá ser efetivada, mediante simples registro em ata de audiência, a requerimento verbal do advogado interessado, com anuência da parte representada. (Incluído pela Lei nº 12.437, de 2011)

CLT, Art. 793. A reclamação trabalhista do menor de 18 anos será feita por seus representantes legais e, na falta destes, pela Procuradoria da Justiça do Trabalho, pelo sindicato, pelo Ministério Público estadual ou curador nomeado em juízo. (Redação dada pela Lei nº 10.288, de 2001)

CLT, Art. 843. Na audiência de julgamento deverão estar presentes o reclamante e o reclamado, independentemente do comparecimento de seus representantes salvo, nos casos de Reclamatórias Plúrimas ou Ações de Cumprimento, quando os empregados poderão fazer-se representar pelo Sindicato de sua categoria.

§ 1º É facultado ao empregador fazer-se substituir pelo gerente, ou qualquer outro preposto que tenha conhecimento do fato, e cujas declarações obrigarão o proponente.

§ 2º Se por doença ou qualquer outro motivo poderoso, devidamente comprovado, não for possível ao empregado comparecer pessoalmente, poderá fazer-se representar por outro empregado que pertença à mesma profissão, ou pelo seu sindicato.

§ 3º O preposto a que se refere o § 1o deste artigo não precisa ser empregado da parte reclamada. (Incluído pela Lei nº 13.467, de 2017)

CC, Art. 3º São absolutamente incapazes de exercer pessoalmente os atos da vida civil os menores de 16 (dezesseis) anos. (Redação dada pela Lei nº 13.146, de 2015) (Vigência)

CPC, Art. 71. O incapaz será representado ou assistido por seus pais, por tutor ou por curador, na forma da lei.

CPC, Art. 75. Serão representados em juízo, ativa e passivamente:

I – a União, pela Advocacia-Geral da União, diretamente ou mediante órgão vinculado;

II – o Estado e o Distrito Federal, por seus procuradores;
III – o Município, por seu prefeito ou procurador;
IV – a autarquia e a fundação de direito público, por quem a lei do ente federado designar;
V – a massa falida, pelo administrador judicial;
VI – a herança jacente ou vacante, por seu curador;
VII – o espólio, pelo inventariante;
VIII – a pessoa jurídica, por quem os respectivos atos constitutivos designarem ou, não havendo essa designação, por seus diretores;
IX – a sociedade e a associação irregulares e outros entes organizados sem personalidade jurídica, pela pessoa a quem couber a administração de seus bens;
X – a pessoa jurídica estrangeira, pelo gerente, representante ou administrador de sua filial, agência ou sucursal aberta ou instalada no Brasil;
XI – o condomínio, pelo administrador ou síndico.
§ 1º Quando o inventariante for dativo, os sucessores do falecido serão intimados no processo no qual o espólio seja parte.
§ 2º A sociedade ou associação sem personalidade jurídica não poderá opor a irregularidade de sua constituição quando demandada.
§ 3º O gerente de filial ou agência presume-se autorizado pela pessoa jurídica estrangeira a receber citação para qualquer processo.

§ 4º Os Estados e o Distrito Federal poderão ajustar compromisso recíproco para prática de ato processual por seus procuradores em favor de outro ente federado, mediante convênio firmado pelas respectivas procuradorias.

REPRESENTAÇÃO SINDICAL. *Dir. Trab.*

Representação sindical é a prerrogativa que tem os sindicatos para representar, judicial e administrativamente, os interesses gerais dos membros de uma categoria profissional ou econômica, ou, ainda, os interesses individuais de seus associados referentes à atividade ou profissão exercida. Conforme conceitua a doutrina,[224] os sindicatos são entidades associativas permanentes, que representam trabalhadores (empregados, agentes, autônomos, profissionais liberais, etc.) vinculados por laços profissionais e laborativos comuns ou os empregadores ligados por uma atividade econômica, visando tratar de problemas coletivos das respectivas bases representadas, visando a defesa de seus correspondentes interesses trabalhistas e conexos. Importante destacar, que no Brasil, vigora o sistema da unicidade sindical, que proíbe o estabelecimento de mais de um sindicato representativo de uma categoria, profissional ou econômica, na mesma base territorial, que não

224 Delgado, 2019, p. 1590-1591, 1596-1597.

pode ser inferior a um município. Portanto, os sindicatos patronais e laborais são igualmente responsáveis pela negociação de condições coletivas de trabalho que beneficiem o todo.

BASE LEGAL:

CF, Art. 8º. É livre a associação profissional ou sindical, observado o seguinte:

I – a lei não poderá exigir autorização do Estado para a fundação de sindicato, ressalvado o registro no órgão competente, vedadas ao Poder Público a interferência e a intervenção na organização sindical;

II – é vedada a criação de mais de uma organização sindical, em qualquer grau, representativa de categoria profissional ou econômica, na mesma base territorial, que será definida pelos trabalhadores ou empregadores interessados, não podendo ser inferior à área de um Município;

III – ao sindicato cabe a defesa dos direitos e interesses coletivos ou individuais da categoria, inclusive em questões judiciais ou administrativas;

[...]

VI – **é obrigatória a participação dos sindicatos nas negociações coletivas de trabalho;** [...].

CLT, Art. 513. São prerrogativas dos sindicatos: (Redação restabelecida pelo Decreto-lei nº 8.987-A, de 1946)

a) representar, perante as autoridades administrativas e judiciárias os interesses gerais da respectiva categoria ou profissão liberal ou interesses individuais dos associados relativos à atividade ou profissão exercida; (Redação restabelecida pelo Decreto-lei nº 8.987-A, de 1946) [...].

REPRESENTANTES COMERCIAIS AUTÔNOMOS. *Dir. Civ.*

Representantes comerciais autônomos são pessoas jurídicas ou pessoas físicas, sem relação de emprego, que se obrigam a desempenhar, em caráter oneroso, não eventual e autônomo, em nome de uma ou mais pessoas, a mediação para a realização de negócios mercantis, agenciando propostas ou pedidos, para, transmiti-los aos representados, praticando ou não atos relacionados com a execução dos negócios. De acordo com a doutrina, "[...] o representante comercial (ou o agente e distribuidor) não é tido como simples mandatário, uma vez que sua função não se restringe à prática de atos jurídicos conclusivos que comprometam o representado. Na verdade, ele próprio provoca a ocorrência dos atos jurídicos, dos quais pode em seguida participar." [225] Desse modo, desempenha atos materiais concretos, como a divulgação, o convencimento em favor do negócio e outras condutas próprias

225 Delgado, 2019, p. 719 e 720.

à atividade mercantil. Cumpre esclarecer, que a prestação de serviços desse profissional não se dá através de contrato de prestação de serviços, mas através de contrato de representação mercantil ou de agência e distribuição, que é regulado pela Lei n. 4.886, de 1965 e pelo Código Civil, entre os artigos 720 a 721.

BASE LEGAL:

Lei 4.886/65, Art. 1º Exerce a representação comercial autônoma a pessoa jurídica ou a pessoa física, sem relação de emprego, que desempenha, em caráter não eventual por conta de uma ou mais pessoas, a mediação para a realização de negócios mercantis, agenciando propostas ou pedidos, para, transmiti-los aos representados, praticando ou não atos relacionados com a execução dos negócios.

Parágrafo único: Quando a representação comercial incluir poderes atinentes ao mandato mercantil, serão aplicáveis, quanto ao exercício deste, os preceitos próprios da legislação comercial.

CC, Art. 710. Pelo contrato de agência, uma pessoa assume, em caráter não eventual e sem vínculos de dependência, a obrigação de promover, à conta de outra, mediante retribuição, a realização de certos negócios, em zona determinada, caracterizando-se a distribuição quando o agente tiver à sua disposição a coisa a ser negociada.

Parágrafo único: O proponente pode conferir poderes ao agente para que este o represente na conclusão dos contratos.

CC, Art. 711. Salvo ajuste, o proponente não pode constituir, ao mesmo tempo, mais de um agente, na mesma zona, com idêntica incumbência; nem pode o agente assumir o encargo de nela tratar de negócios do mesmo gênero, à conta de outros proponentes.

RESCISÃO DO CONTRATO DE TRABALHO. *Dir. Trab.*

Rescisão do contrato de trabalho é modalidade de extinção do pacto laboral. Embora a CLT e a cultura cotidiana trabalhista utilizem a o termo *rescisão* para tratar, indistintamente, de todas as modalidades de extinção do contrato de trabalho (rescisão por justa causa, rescisão indireta, verbas rescisórias, etc.), a doutrina,[226] trazendo ao ramo trabalhista as formulações de jurista do Direito Civil, Henri de Page, classifica a rescisão do contrato de trabalho como modalidade de ruptura do pacto laborativo, que se distingue da resilição (extinção do contrato por vontade das partes), resolução (extinção do contrato em razão da falta grave de uma das partes) e de um quarto grupo inominado (extinção do contrato por aposentadoria compulsória, por ex-

226 Delgado, 2019, p. 1337, 1343-1344.

tinção da empresa ou estabelecimento, por força maior, falecimento do empregado, falência, etc.). De acordo com esta tipologia, a rescisão do contrato de trabalho é a ruptura do contrato em face da nulidade, como é o caso das seguintes situações: incapacidade do sujeito (contratação de menor de catorze anos), ilicitude do objeto (contratação para realização de atividade ilícita), violação à forma (contratos efetivados pelas entidades estatais, sem a observância de prévio concurso público). Conforme detalha o doutrinador Luciano Martinez, "[...] a rescisão é, sob o ponto de vista técnico, um modo de dissolução dos contratos que se caracteriza pela evidência de um defeito produtor de nulidade absoluta, que se opera ipso iure, sem qualquer possibilidade de convalidação ou de aproveitamento dos atos contratuais eivados pelo vício." [227] A rescisão do contrato por nulidade pode ser declarada de ofício pelo magistrado ou arguida a qualquer tempo pelas partes e, a depender do tipo de nulidade, podem advir soluções diferentes para cada caso.

BASE LEGAL:

Lei 8.036/90, Art . 19-A É devido o depósito do FGTS na conta vinculada do trabalhador cujo contrato de trabalho seja declarado nulo nas hipóteses previstas no art. 37, § 2°, da Constituição Federal, quando mantido o direito ao salário. (Incluído pela Medida Provisória n° 2.164-41, de 2001) [...]

Súmula n° 363 do TST

CONTRATO NULO. EFEITOS (nova redação) – Res. 121/2003, DJ 19, 20 e 21.11.2003

A contratação de servidor público, após a CF/1988, sem prévia aprovação em concurso público, encontra óbice no respectivo art. 37, II e § 2°, somente lhe conferindo direito ao pagamento da contraprestação pactuada, em relação ao número de horas trabalhadas, respeitado o valor da hora do salário mínimo, e dos valores referentes aos depósitos do FGTS.

OJ 199. SDI-1

JOGO DO BICHO. CONTRATO DE TRABALHO. NULIDADE. OBJETO ILÍCITO (título alterado e inserido dispositivo) – DEJT divulgado em 16, 17 e 18.11.2010

É nulo o contrato de trabalho celebrado para o desempenho de atividade inerente à prática do jogo do bicho, ante a ilicitude de seu objeto, o que subtrai o requisito de validade para a formação do ato jurídico.

OJ 362. SDI-1

CONTRATO NULO. EFEITOS. FGTS. MEDIDA PROVISÓRIA 2.164-41, DE 24.08.2001, E ART. 19-A DA LEI N° 8.036, DE 11.05.1990.

227 Martinez, 2020, p. 209.

IRRETROATIVIDADE (DJ 20, 21 e 23.05.2008) Não afronta o princípio da irretroatividade da lei a aplicação do art. 19-A da Lei nº 8.036, de 11.05.1990, aos contratos declarados nulos celebrados antes da vigência da Medida Provisória nº 2.164-41, de 24.08.2001.

RESCISÃO INDIRETA DO CONTRATO DE TRABALHO. *Dir. Trab.*

Rescisão indireta do contrato de trabalho, também chamada de justa causa do empregador, é a modalidade de resolução do contrato em razão de falta grave cometida pelo empregador, que inviabilize a manutenção do vínculo empregatício. A extinção do contrato é feita por iniciativa do empregado, que tem o ônus de provar em juízo a justa causa perpetrada pelo empregador. Caso o empregado logre comprová-la, terá os mesmos direitos como se a extinção fosse realizada por iniciativa do empregador e sem justa causa, inclusive fazendo jus ao aviso prévio.[228] As hipóteses de rescisão indireta estão no artigo 483 da CLT, segundo o qual o empregado poderá considerar rescindido o contrato e pleitear a devida indenização quando:

a) forem exigidos serviços superiores às suas forças, defesos por lei, contrários aos bons costumes, ou alheios ao contrato;

b) for tratado pelo empregador ou por seus superiores hierárquicos com rigor excessivo;

c) correr perigo manifesto de mal considerável;

d) não cumprir o empregador as obrigações do contrato;

e) praticar o empregador ou seus prepostos, contra ele ou pessoas de sua família, ato lesivo da honra e boa fama;

f) o empregador ou seus prepostos o ofenderem fisicamente, salvo em caso de legítima defesa, própria ou de outrem;

g) o empregador reduzir o seu trabalho, sendo este por peça ou tarefa, de forma a afetar sensivelmente a importância dos salários;

h) desempenho de obrigação legal; e

i) morte do empregador, constituído em empresa individual.

Ocorrendo a rescisão indireta, o empregado também poderá, em algumas hipóteses, pleitear, além dos direitos trabalhistas devidos como se fosse dispensado sem justa causa pelo empregador, danos morais por ofensa aos seus direitos da personalidade ou por ato de discriminação. Vale destacar que, o empregado pode permanecer ou não no serviço até a decisão final do processo.

---

228 Leite, 2019, p. 930-944.

BASE LEGAL:

CLT, Art. 483. O empregado poderá considerar rescindido o contrato e pleitear a devida indenização quando:

a) forem exigidos serviços superiores às suas forças, defesos por lei, contrários aos bons costumes, ou alheios ao contrato;

b) for tratado pelo empregador ou por seus superiores hierárquicos com rigor excessivo;

c) correr perigo manifesto de mal considerável;

d) não cumprir o empregador as obrigações do contrato;

e) praticar o empregador ou seus prepostos, contra ele ou pessoas de sua família, ato lesivo da honra e boa fama;

f) o empregador ou seus prepostos ofenderem-no fisicamente, salvo em caso de legítima defesa, própria ou de outrem;

g) o empregador reduzir o seu trabalho, sendo este por peça ou tarefa, de forma a afetar sensivelmente a importância dos salários.

§ 1º – O empregado poderá suspender a prestação dos serviços ou rescindir o contrato, quando tiver de desempenhar obrigações legais, incompatíveis com a continuação do serviço.

§ 2º – No caso de morte do empregador constituído em empresa individual, é facultado ao empregado rescindir o contrato de trabalho.

§ 3º – Nas hipóteses das letras "d" e "g", poderá o empregado pleitear a rescisão de seu contrato de trabalho e o pagamento das respectivas indenizações, permanecendo ou não no serviço até final decisão do processo. (Incluído pela Lei nº 4.825, de 5.11.1965)

REPRESENTANTE DOS EMPREGADOS. *Dir. Trab.*

Representante dos empregados é o empregado eleito, nas empresas com mais de 200 (duzentos) trabalhadores, para compor uma comissão que tem a finalidade de representá-los, com o intuito de promover o entendimento direto com os empregadores. As atribuições desta comissão são: fazer reivindicações, buscar solução para os conflitos, promover o diálogo e o entendimento no ambiente de trabalho, aprimorar a relação laboral, repelir qualquer tipo de discriminação e acompanhar o cumprimento das leis trabalhistas, previdenciárias e das convenções e acordos coletivos de trabalho. Deverá ser composta por três a sete membros, a depender da quantidade de empregados. Embora esse direito fundamental social de eleger representantes dos empregados já fosse assegurado pelo artigo 11 da Constituição Federal, a regulamentação só veio através da Lei 13.467/2017, que introduziu na CLT os artigos. 510-A a 510-D. O legislador também cuidou de assegurar ao representante dos empregados uma garantia provisória no emprego desde o registro de sua candidatura até um ano após o fim do mandato. Sobre o tema, pondera o doutrinador Carlos Henrique Bezerra Leite, que o papel do representante dos empregados "[...] *é o de promover entendimento direto acerca de matérias ou questões propositivas de interesses coletivos (parte da categoria profissional na empresa) ou individuais homogêneos, e não de direitos individuais já incorporados ao patrimônio dos trabalhadores.*"[229]

BASE LEGAL:

CF, Art. 11. Nas empresas de mais de duzentos empregados, é assegurada a eleição de um representante destes com a finalidade exclusiva de promover-lhes o entendimento direto com os empregadores.

CLT, Art. 510-A. Nas empresas com mais de duzentos empregados, é assegurada a eleição de uma comissão para representá-los, com a finalidade de promover-lhes o entendimento direto com os empregadores. (Incluído pela Lei nº 13.467, de 2017)

§ 1º A comissão será composta: (Incluído pela Lei nº 13.467, de 2017)

I – nas empresas com mais de 200 (duzentos) **e até** 3 (três) mil empregados, por 3 (três) membros; (Incluído pela Lei nº 13.467, de 2017)

II – nas empresas com mais de 3 (três) mil e até 5 (cinco) mil empregados, por 5 (cinco) membros; (Incluído pela Lei nº 13.467, de 2017)

III – nas empresas com mais de 5 (cinco) mil empregados, por 7 (sete) membros. (Incluído pela Lei nº 13.467, de 2017)

§ 2º No caso de a empresa possuir empregados em vários Estados da Federação e no Distrito Federal, será assegurada a eleição de uma comissão de representantes dos empregados por Estado ou no Distrito Federal, na mesma forma estabelecida no § 1º deste artigo. (Incluído pela Lei nº 13.467, de 2017)

CLT, Art. 510-B. A comissão de representantes dos empregados terá as seguintes atribuições: (Incluído pela Lei nº 13.467, de 2017)

I – representar os empregados perante a administração da empresa; (Incluído pela Lei nº 13.467, de 2017)

II – aprimorar o relacionamento entre a empresa e seus empregados com base nos princípios da boa-fé e do respeito mútuo; (Incluído pela Lei nº 13.467, de 2017)

III – promover o diálogo e o entendimento no ambiente de trabalho com o fim de prevenir conflitos; (Incluído pela Lei nº 13.467, de 2017)

IV – buscar soluções para os conflitos decorrentes da relação de trabalho, de forma rápida e eficaz, visando à efetiva aplicação das normas legais e contratuais; (Incluído pela Lei nº 13.467, de 2017)

229 Leite, 2019, p. 368-369.

V – assegurar tratamento justo e imparcial aos empregados, impedindo qualquer forma de discriminação por motivo de sexo, idade, religião, opinião política ou atuação sindical; (Incluído pela Lei nº 13.467, de 2017)
VI – encaminhar reivindicações específicas dos empregados de seu âmbito de representação; (Incluído pela Lei nº 13.467, de 2017)
VII – acompanhar o cumprimento das leis trabalhistas, previdenciárias e das convenções coletivas e acordos coletivos de trabalho. (Incluído pela Lei nº 13.467, de 2017)
§ 1º As decisões da comissão de representantes dos empregados serão sempre colegiadas, observada a maioria simples. (Incluído pela Lei nº 13.467, de 2017)
§ 2º A comissão organizará sua atuação de forma independente. (Incluído pela Lei nº 13.467, de 2017)

REPRESENTANTE LEGAL. *Dir. Civ.*

Representante legal é o terceiro a quem a lei confere o poder de agir em nome de outrem (titular do direito), de modo a manifestar a vontade do representado, substituindo-o. Esse poder decorre diretamente da lei, que estabelece a extensão e abrangência da representação. No Brasil, o representante legal, tanto da pessoa física quanto da pessoa jurídica e até mesmo dos entes despersonalizados, é estabelecido pelo Código Civil e tem os seus requisitos e efeitos regidos pelo mesmo diploma legal, que também se aplica à esfera trabalhista. A CLT faz menção expressa a esta figura quando prevê que a reclamação trabalhista do menor de 18 (dezoito) anos será feita por seus representantes legais e, na falta, pela Procuradoria da Justiça do Trabalho, pelo sindicato, pelo Ministério Público estadual ou curador nomeado em juízo, distinguindo, desse modo, a representação legal de outros tipos de representação. Portanto, os representantes legais são aqueles definidos pela lei civil.

BASE LEGAL:

CC, Art. 115. Os poderes de representação conferem-se por lei ou pelo interessado.
CC, Art. 120. Os requisitos e os efeitos da representação legal são os estabelecidos nas normas respectivas; os da representação voluntária são os da Parte Especial deste Código.
CC, Art. 46. O registro declarará:
I – a denominação, os fins, a sede, o tempo de duração e o fundo social, quando houver;
II – o nome e a individualização dos fundadores ou instituidores, e dos diretores;

III – o modo por que se administra e representa, ativa e passivamente, judicial e extrajudicialmente;
IV – se o ato constitutivo é reformável no tocante à administração, e de que modo;
V – se os membros respondem, ou não, subsidiariamente, pelas obrigações sociais;
VI – as condições de extinção da pessoa jurídica e o destino do seu patrimônio, nesse caso.
CC, Art. 47. Obrigam a pessoa jurídica os atos dos administradores, exercidos nos limites de seus poderes definidos no ato constitutivo.
CC, Art. 1.634. Compete a ambos os pais, qualquer que seja a sua situação conjugal, o pleno exercício do poder familiar, que consiste em, quanto aos filhos: (Redação dada pela Lei nº 13.058, de 2014) [...]
VII – representá-los judicial e extrajudicialmente até os 16 (dezesseis) anos, nos atos da vida civil, e assisti-los, após essa idade, nos atos em que forem partes, suprindo-lhes o consentimento; (Redação dada pela Lei nº 13.058, de 2014) [...].
CC, Art. 1.690. Compete aos pais, e na falta de um deles ao outro, com exclusividade, representar os filhos menores de dezesseis anos, bem como assisti-los até completarem a maioridade ou serem emancipados.

Parágrafo único. Os pais devem decidir em comum as questões relativas aos filhos e a seus bens; havendo divergência, poderá qualquer deles recorrer ao juiz para a solução necessária.
CC, Art. 1.747. Compete mais ao tutor:
I – representar o menor, até os dezesseis anos, nos atos da vida civil, e assisti-lo, após essa idade, nos atos em que for parte; [...].
CPC, Art. 71. O incapaz será representado ou assistido por seus pais, por tutor ou por curador, na forma da lei.
CPC, Art. 75. Serão representados em juízo, ativa e passivamente:
I – a União, pela Advocacia-Geral da União, diretamente ou mediante órgão vinculado;
II – o Estado e o Distrito Federal, por seus procuradores;
III – o Município, por seu prefeito ou procurador;
IV – a autarquia e a fundação de direito público, por quem a lei do ente federado designar;
V – a massa falida, pelo administrador judicial;
VI – a herança jacente ou vacante, por seu curador;
VII – o espólio, pelo inventariante;
VIII – a pessoa jurídica, por quem os respectivos atos constitutivos designarem ou, não havendo essa designação, por seus diretores;
IX – a sociedade e a associação irregulares e outros entes organizados sem personalidade jurídica, pela pessoa a quem couber a administração de seus bens;
X – a pessoa jurídica estrangeira, pelo gerente, representante ou administrador de sua filial, agência ou sucursal aberta ou instalada no Brasil;

XI – o condomínio, pelo administrador ou síndico.

CLT, Art. 793. A reclamação trabalhista do menor de 18 anos será feita por seus representantes legais e, na falta destes, pela Procuradoria da Justiça do Trabalho, pelo sindicato, pelo Ministério Público estadual ou curador nomeado em juízo. (Redação dada pela Lei nº 10.288, de 2001)

RESILIÇÃO DO CONTRATO DE TRABALHO. *Dir. Trab.*

Resilição do contrato de trabalho é uma modalidade de extinção do pacto laboral. Embora a CLT utilize a o termo *rescisão* para tratar, indistintamente, de todas as modalidades de extinção do contrato de trabalho, a doutrina,[230] trazendo ao ramo trabalhista as formulações de jurista do Direito Civil, Henri de Page, classifica a resilição do contrato de trabalho como modalidade de ruptura do pacto laborativo, que se distingue da rescisão (extinção do contrato por nulidade), da resolução (extinção do contrato em razão da falta grave de uma das partes) e de um quarto grupo inominado (extinção do contrato por aposentadoria compulsória, por extinção da empresa ou estabelecimento, por força maior, falecimento do empregado, falência, etc.). De acordo com esta classificação, a resilição corresponde a todas as modalidades de ruptura do contrato de trabalho por exercício lícito da vontade das partes, o que engloba três tipos de extinção contratual:

i) a resilição unilateral por ato obreiro (pedido de demissão);

ii) a resilição unilateral por ato empresarial (dispensa ou despedida sem justa causa ou, ainda, dispensa desmotivada);

iii) a figura da resilição bilateral do contrato, isto é, o distrato, no seio do qual se integra a nova hipótese extintiva prevista no art. 484-A da CLT (extinção por acordo entre empregador e empregado). Nesta última também podem ser inseridas as rupturas por adesão do empregado a PDVs ou PDIs (novo art. 477-B da CLT).

BASE LEGAL:

CLT, Art. 477-A. As dispensas imotivadas individuais, plúrimas ou coletivas equiparam-se para todos os fins, não havendo necessidade de autorização prévia de entidade sindical ou de celebração de convenção coletiva ou acordo coletivo de trabalho para sua efetivação. (Incluído pela Lei nº 13.467, de 2017)

CLT, Art. 477-B. Plano de Demissão Voluntária ou Incentivada, para dispensa individual, plúrima ou coletiva, previsto em convenção coletiva ou

230 Delgado, 2019, p. 1337, 1343-1344.

acordo coletivo de trabalho, enseja quitação plena e irrevogável dos direitos decorrentes da relação empregatícia, salvo disposição em contrário estipulada entre as partes. (Incluído pela Lei nº 13.467, de 2017)

CLT, Art. 479. Nos contratos que tenham termo estipulado, o empregador que, sem justa causa, despedir o empregado será obrigado a pagar-lhe, a título de indenização, e por metade, a remuneração a que teria direito até o termo do contrato. (Vide Lei nº 9.601, de 1998)

Parágrafo único: Para a execução do que dispõe o presente artigo, o cálculo da parte variável ou incerta dos salários será feito de acordo com o prescrito para o cálculo da indenização referente à rescisão dos contratos por prazo indeterminado.

CLT, Art. 484-A. O contrato de trabalho poderá ser extinto por acordo entre empregado e empregador, caso em que serão devidas as seguintes verbas trabalhistas: (Incluído pela Lei nº 13.467, de 2017)

I – por metade: (Incluído pela Lei nº 13.467, de 2017)

a) o aviso prévio, se indenizado; e (Incluído pela Lei nº 13.467, de 2017)

b) a indenização sobre o saldo do Fundo de Garantia do Tempo de Serviço, prevista no § 1º do art. 18 da Lei no 8.036, de 11 de maio de 1990; (Incluído pela Lei nº 13.467, de 2017)

II – na integralidade, as demais verbas trabalhistas. (Incluído pela Lei nº 13.467, de 2017)

§ 1º A extinção do contrato prevista no *caput* deste artigo permite a movimentação da conta vinculada do trabalhador no Fundo de Garantia do Tempo de Serviço na forma do inciso I-A do art. 20 da Lei no 8.036, de 11 de maio de 1990, limitada até 80% (oitenta por cento) do valor dos depósitos. (Incluído pela Lei nº 13.467, de 2017)

§ 2º A extinção do contrato por acordo prevista no caput deste artigo não autoriza o ingresso no Programa de Seguro-Desemprego. (Incluído pela Lei nº 13.467, de 2017)

RESÍDUOS INDUSTRIAIS. *Dir. Trab.*

Resíduos industriais são aqueles provenientes de processos industriais e podem ter forma sólida, líquida ou gasosa ou mesmo a combinação dessas formas. Em razão das suas características físicas, químicas ou microbiológicas não se assemelham aos resíduos domésticos, como cinzas, lodos, óleos, materiais alcalinos ou ácidos, escórias, poeiras, borras, substâncias lixiviadas e aqueles gerados em equipamentos e instalações de controle de poluição, bem como demais efluentes líquidos e emissões gasosas contaminantes atmosféricos. Por representarem risco à saúde e à segurança do trabalhador e alguns possuírem alta toxicidade e periculosidade, devem ter uma destinação adequada sendo proibido o lançamento ou a liberação no ambiente de trabalho.

A empresa deve buscar também a redução da geração desses resíduos por meio da adoção de práticas tecnológicas e organizacionais. A CLT dispõe que cabe ao extinto Ministério do Trabalho estabelecer disposições complementares sobre o tratamento de resíduos industriais, o que foi feito através da edição da norma regulamentadora 25. A NR 25 traz instruções para a preservação da saúde e da integridade física dos trabalhadores, através da obrigatoriedade de as empresas geradoras de resíduos industriais estabelecerem medidas preventivas desde a geração desses resíduos até a sua destinação final. Atualmente a elaboração e a revisão das normas regulamentadoras são realizadas pela Secretaria Especial de Previdência e Trabalho do Ministério da Economia.

BASE LEGAL:

CLT, Art. 200. Cabe ao Ministério do Trabalho estabelecer disposições complementares às normas de que trata este Capítulo, tendo em vista as peculiaridades de cada atividade ou setor de trabalho, especialmente sobre: (Redação dada pela Lei nº 6.514, de 22.12.1977)

[...]

VII – higiene nos locais de trabalho, com discriminação das exigências, instalações sanitárias, com separação de sexos, chuveiros, lavatórios, vestiários e armários individuais, refeitórios ou condições de conforto por ocasião das refeições, fornecimento de água potável, condições de limpeza dos locais de trabalho e modo de sua execução, tratamento de resíduos industriais; (Incluído pela Lei nº 6.514, de 22.12.1977).

NR 25, 25.1 Entende-se como resíduos industriais aqueles provenientes dos processos industriais, na forma sólida, líquida ou gasosa ou combinação dessas, e que por suas características físicas, químicas ou microbiológicas não se assemelham aos resíduos domésticos, como cinzas, lodos, óleos, materiais alcalinos ou ácidos, escórias, poeiras, borras, substâncias lixiviadas e aqueles gerados em equipamentos e instalações de controle de poluição, bem como demais efluentes líquidos e emissões gasosas contaminantes atmosféricos.

NR 25, 25.2 A empresa deve buscar a redução da geração de resíduos por meio da adoção das melhores práticas tecnológicas e organizacionais disponíveis.

NR 25, 25.3 Os resíduos industriais devem ter destino adequado sendo proibido o lançamento ou a liberação no ambiente de trabalho de quaisquer contaminantes que possam comprometer a segurança e saúde dos trabalhadores. (Alterado pela Portaria SIT n.º 253, de 04/08/11)

RESPONSABILIDADE. *Dir. Trab.*

Responsabilidade é a obrigação de reparação de um dano que surge para um sujeito em decorrência de ação ou omissão praticada por ele. Refere-se a um dever jurídico de restituir ou compensar algo que foi tirado de alguém. No ordenamento jurídico brasileiro a responsabilidade pode se dar de três formas: civil, penal ou administrativa. Para identificar qual a espécie de responsabilização deve ser atribuída ao agente, deve ser verificada a natureza da norma infringida. Se o indivíduo comete um crime devidamente tipificado na legislação penal, haverá responsabilidade penal, se pratica infração a norma administrativa haverá responsabilidade administrativa e finalmente, se causa ilícito civil, responde segundo as regras de responsabilidade civil. Essas espécies de responsabilidade podem ser aplicadas isoladamente ou cumulativamente. Vale destacar que, embora as condutas praticadas pelos sujeitos da relação laboral possam acarretar as três formas de responsabilidade, na esfera trabalhista a legislação cuidou de tratar de forma específica e com contornos próprios da responsabilidade civil, que é tratada de maneira geral pela doutrina e jurisprudência como responsabilidade trabalhista.

BASE LEGAL:

Lei 8.112/90, Art. 121 a 125.

CLT, Art. 223-A. Aplicam-se à reparação de danos de natureza extrapatrimonial decorrentes da relação de trabalho apenas os dispositivos deste Título. (Incluído pela Lei nº 13.467, de 2017)

CLT, Art. 223-B. Causa dano de natureza extrapatrimonial a ação ou omissão que ofenda a esfera moral ou existencial da pessoa física ou jurídica, as quais são as titulares exclusivas do direito à reparação. (Incluído pela Lei nº 13.467, de 2017)

CLT, Art. 223-E. São responsáveis pelo dano extrapatrimonial todos os que tenham colaborado para a ofensa ao bem jurídico tutelado, na proporção da ação ou da omissão. (Incluído pela Lei nº 13.467, de 2017)

RESPONSABILIDADE CONTRATUAL. *Dir. Civ.Dir. Trab.*

A responsabilidade contratual é aquela que se origina da inexecução do contrato. Ela resulta de um ilícito contratual, de inadimplemento ou mora no cumprimento de uma obrigação previamente estabelecida no contrato ou decorrente dele. Na responsabilidade contratual, não é necessário que se prove a culpa do inadimplente, para que exista a obrigação de reparação por perdas e danos, basta que seja provado o inadimplemento. A responsabilidade contratual está estabelecida nos artigos 389 e seguintes do Código Civil, dispositivos que tratam do inadimplemento obrigacional. No âmbito trabalhista, o contrato é de consenso bilateral, portanto, a responsabilidade pelo cumprimento das obrigações nele estipuladas ou pelos atos praticados durante a sua execução atinge as duas partes, empregado e empregador, valendo seu conteúdo como orientador na atribuição da obrigação de reparar danos. Isso porque além do que se convenciona entre as partes através do contrato, há normas impositivas estabelecidas pela legislação trabalhista, que se aplicam a este tipo de relação jurídica, independentemente de expressa previsão contratual.

BASE LEGAL:

CC, Art. 389. Não cumprida a obrigação, responde o devedor por perdas e danos, mais juros e atualização monetária segundo índices oficiais regularmente estabelecidos, e honorários de advogado.

CC, Art. 390. Nas obrigações negativas o devedor é havido por inadimplente desde o dia em que executou o ato de que se devia abster.

CC, Art. 391. Pelo inadimplemento das obrigações respondem todos os bens do devedor.

CC, Art. 392. Nos contratos benéficos, responde por simples culpa o contratante, a quem o contrato aproveite, e por dolo aquele a quem não favoreça. Nos contratos onerosos, responde cada uma das partes por culpa, salvo as exceções previstas em lei.

CC, Art. 393. O devedor não responde pelos prejuízos resultantes de caso fortuito ou força maior, se expressamente não se houver por eles responsabilizado.

Parágrafo único: O caso fortuito ou de força maior verifica-se no fato necessário, cujos efeitos não era possível evitar ou impedir.

CC, Art. 402. Salvo as exceções expressamente previstas em lei, as perdas e danos devidas ao credor abrangem, além do que ele efetivamente perdeu, o que razoavelmente deixou de lucrar.

CC, Art. 403. Ainda que a inexecução resulte de dolo do devedor, as perdas e danos só incluem os prejuízos efetivos e os lucros cessantes por efeito dela direto e imediato, sem prejuízo do disposto na lei processual.

RESPONSABILIDADE PRÉ-CONTRATUAL. *Dir. Civ./Dir. Trab.*

Responsabilidade pré-contratual é dever de ressarcir ou compensar alguém que surge na formação do contrato, no momento das negociações, fase que também deve observar o princípio da boa-fé objetiva. No âmbito trabalhista, a responsabilidade pré-contratual pode ocorrer caso exista forte expectativa injustamente frustrada e/ou despesas necessárias efetivadas em razão dessa expectativa (art. 186, CC/2002). Nesse sentido, esclarece a doutrina, que "[...] a regra geral civilista de que a proposta de contratação, uma vez formulada pelo policitante, estabelece sua vinculação (art. 427, CC/2002), embora contenha exceções importantes, pode incidir sobre a situação concreta."[231] Conquanto as duas situações mencionadas se refiram à hipótese de dano material, é possível que também ensejem dano moral, caso ocorra desproporcional lesão a algum direito da personalidade na esfera da dimensão do patrimônio moral da pessoa humana policitada. Cumpre acrescentar, que nessa fase ainda podem surgir danos em face da perda consistente de uma efetiva chance (art. 402 do CC/02) e também aqueles decorrentes da dinâmica da seleção e da contratação trabalhista, situação em que pode haver: discriminação, abuso de prerrogativas empresariais, ofensas morais e à imagem, exigência realização de exames físicos degradantes ou vexatórios, utilização de meios abusivos de seleção (como é o caso de alguns testes psicológicos) e, até mesmo, testes de polígrafos.

BASE LEGAL:

CC, Art. 186. Aquele que, por ação ou omissão voluntária, negligência ou imprudência, violar direito e causar dano a outrem, ainda que exclusivamente moral, comete ato ilícito.

CC, Art. 402. Salvo as exceções expressamente previstas em lei, as perdas e danos devidas ao credor abrangem, além do que ele efetivamente perdeu, o que razoavelmente deixou de lucrar.

CC, Art. 427. A proposta de contrato obriga o proponente, se o contrário não resultar dos termos dela, da natureza do negócio, ou das circunstâncias do caso.

CF, Art. 7º São direitos dos trabalhadores urbanos e rurais, além de outros que visem à melhoria de sua condição social:

[...]

XXX – proibição de diferença de salários, de exercício de funções e de critério de admissão por motivo de sexo, idade, cor ou estado civil;

RESPONSABILIDADE POR DANO PROCESSUAL. *Dir. Proc. Trab.*

Responsabilidade por dano processual é a obrigação de compensar ou indenizar que surge no processo do trabalho em decorrência da inobservância do dever de lealdade e da boa-fé processual por qualquer da-

231 Delgado, 2019, p. 765-766.

queles que dele participam (reclamante, reclamada, interveniente e até mesmo testemunhas). Aquele que atenta contra a dignidade e seriedade da relação jurídica processual litiga de má-fé e além de responder por perdas e danos, também fica sujeito à arcar com o pagamento de multa, honorários advocatícios e todas as despesas que a parte contrária efetuou. Embora a litigância de má-fé, prevista no Código de Processo Civil, já fosse aplicável ao processo do trabalho, a Reforma Trabalhista (Lei 13.467/2017) instituiu uma nova seção na CLT (Seção IV-A: artigos 793-A a 793-D) que trata especificamente da responsabilidade por dano processual.

BASE LEGAL:

CLT, Art. 793-A. Responde por perdas e danos aquele que litigar de má-fé como reclamante, reclamado ou interveniente. (Incluído pela Lei nº 13.467, de 2017)

CLT, Art. 793-B. Considera-se litigante de má-fé aquele que: (Incluído pela Lei nº 13.467, de 2017)

I – deduzir pretensão ou defesa contra texto expresso de lei ou fato incontroverso; (Incluído pela Lei nº 13.467, de 2017)

II – alterar a verdade dos fatos; (Incluído pela Lei nº 13.467, de 2017)

III – usar do processo para conseguir objetivo ilegal; (Incluído pela Lei nº 13.467, de 2017)

IV – opuser resistência injustificada ao andamento do processo; (Incluído pela Lei nº 13.467, de 2017)

V – proceder de modo temerário em qualquer incidente ou ato do processo; (Incluído pela Lei nº 13.467, de 2017)

VI – provocar incidente manifestamente infundado; (Incluído pela Lei nº 13.467, de 2017)

VII – interpuser recurso com intuito manifestamente protelatório. (Incluído pela Lei nº 13.467, de 2017)

CLT, Art. 793-C. De ofício ou a requerimento, o juízo condenará o litigante de má-fé a pagar multa, que deverá ser superior a 1% (um por cento) e inferior a 10% (dez por cento) do valor corrigido da causa, a indenizar a parte contrária pelos prejuízos que esta sofreu e a arcar com os honorários advocatícios e com todas as despesas que efetuou. (Incluído pela Lei nº 13.467, de 2017)

§ 1º Quando forem dois ou mais os litigantes de má-fé, o juízo condenará cada um na proporção de seu respectivo interesse na causa ou solidariamente aqueles que se coligaram para lesar a parte contrária. (Incluído pela Lei nº 13.467, de 2017)

§ 2º Quando o valor da causa for irrisório ou inestimável, a multa poderá ser fixada em até duas vezes o limite máximo dos benefícios do Regime Geral de Previdência Social. (Incluído pela Lei nº 13.467, de 2017)

§ 3º O valor da indenização será fixado pelo juízo ou, caso não seja possível mensurá-lo, liquidado por arbitramento ou pelo procedimento comum, nos próprios autos. (Incluído pela Lei nº 13.467, de 2017)

CLT, Art. 793-D. Aplica-se a multa prevista no art. 793-C desta Consolidação **à testemunha que intencionalmente alterar a verdade dos fatos ou omitir fatos essenciais ao julgamento da causa. (Incluído pela Lei nº 13.467, de 2017)**

Parágrafo único. A execução da multa prevista neste artigo dar-se-á nos mesmos autos. (Incluído pela Lei nº 13.467, de 2017)

RESPONSABILIDADE PÓS-CONTRATUAL. *Dir. Civ./Dir. Trab.*

Responsabilidade pós-contratual é o dever de ressarcir ou compensar alguém que surge após o encerramento do contrato. O dano nessa fase também é indenizável, pois a boa-fé objetiva deve estar presente em todas as fases da relação entre as partes, ou seja, no curso do contrato, antes dele ou depois da extinção contratual. Como explica a doutrina,[232] no âmbito trabalhista, ele ocorre quando há violação da honra, imagem, boa fama ou qualquer outro direito fundamental do trabalhador, em razão de atos praticados pelo ex-empregador, tais como: o fornecimento de informações desabonadoras e inverídicas do trabalhador à pessoa física ou jurídica que pretende contratá-lo, inclusão do nome do trabalhador em "listas sujas" de trabalhadores que ingressaram com ações na Justiça do Trabalho ou que tenham participado de movimentos paredistas, anotações desabonadoras na carteira de trabalho, dentre outras situações que possam prejudicar o trabalhador na busca por nova colocação no mercado de trabalho. Ocorrendo dano na fase pós-contratual, resta configurada a responsabilidade do agente e surge o dever de indenizar.

BASE LEGAL:

CC, Art. 186. Aquele que, por ação ou omissão voluntária, negligência ou imprudência, violar direito e causar dano a outrem, ainda que exclusivamente moral, comete ato ilícito.

CC, Art. 402. Salvo as exceções expressamente previstas em lei, as perdas e danos devidas ao credor abrangem, além do que ele efetivamente perdeu, o que razoavelmente deixou de lucrar.

CF, Art. 1º A República Federativa do Brasil, formada pela união indissolúvel dos Estados e Municípios e do Distrito Federal, constitui-se em Estado Democrático de Direito e tem como fundamentos: [...]

III – a dignidade da pessoa humana; [...].

232 Leite, 2019, p. 99.

CF, Art. 5º Todos são iguais perante a lei, sem distinção de qualquer natureza, garantindo-se aos brasileiros e aos estrangeiros residentes no País a inviolabilidade do direito à vida, à liberdade, à igualdade, à segurança e à propriedade, nos termos seguintes: [...]
X – são invioláveis a intimidade, a vida privada, a honra e a imagem das pessoas, assegurado o direito a indenização pelo dano material ou moral decorrente de sua violação; [...].

RESPONSABILIDADE PATRIMONIAL. *Dir. Proc. Civ./Dir. Proc. Trab.*

Responsabilidade patrimonial ou responsabilidade executiva é a obrigação imposta ao devedor de responder com todos os seus bens presentes e futuros para suportar os efeitos da sanção executiva. Como conceitua Mauro Schiavi, é "[...] um vínculo de direito processual, pelo qual os bens do devedor ficam sujeitos à execução e são destinados à satisfação do crédito exequente."[233] Na legislação brasileira a execução atinge os bens do devedor, o seu patrimônio, ela não é pessoal. Contudo, o Código de Processo Civil, no artigo 790, também atribui a responsabilidade patrimonial a certas pessoas que poderão ter seus bens sujeitos à execução, embora não constem do título executivo, o que a doutrina denomina de responsabilidade patrimonial secundaria. Como a CLT não regula a matéria, tal dispositivo também é aplicável à execução trabalhista. Não obstante, há contornos específicos sobre os responsáveis secundários nessa esfera, como é o caso:

i) da sucessão de empresas (o sucessor responde pela integralidade da dívida, salvo em caso de fraude, que a empresa sucedida responde solidariamente);

ii) da responsabilidade subsidiária do sócio retirante pelas obrigações trabalhistas relativas ao período que figurou como sócio em ações ajuizadas até dois anos após a saída da sociedade;

iii) da responsabilidade solidária de empresas do mesmo grupo econômico, mesmo que apenas uma delas tenha participado da fase de conhecimento.

BASE LEGAL:
CPC, Art. 789. O devedor responde com todos os seus bens presentes e futuros para o cumprimento de suas obrigações, salvo as restrições estabelecidas em lei.
CPC, Art. 790. São sujeitos à execução os bens:

233 Schiavi, 2020, p. 1199.

I – do sucessor a título singular, tratando-se de execução fundada em direito real ou obrigação reipersecutória;
II – do sócio, nos termos da lei;
III – do devedor, ainda que em poder de terceiros;
IV – do cônjuge ou companheiro, nos casos em que seus bens próprios ou de sua meação respondem pela dívida;
V – alienados ou gravados com ônus real em fraude à execução;
VI – cuja alienação ou gravação com ônus real tenha sido anulada em razão do reconhecimento, em ação autônoma, de fraude contra credores;
VII – do responsável, nos casos de desconsideração da personalidade jurídica.

CC, Art. 942. Os bens do responsável pela ofensa ou violação do direito de outrem ficam sujeitos à reparação do dano causado; e, se a ofensa tiver mais de um autor, todos responderão solidariamente pela reparação.
Parágrafo único. São solidariamente responsáveis com os autores os coautores e as pessoas designadas no art. 932.

CLT, Art. 2º. Considera-se empregador a empresa, individual ou coletiva, que, assumindo os riscos da atividade econômica, admite, assalaria e dirige a prestação pessoal de serviço.
§ 1º Equiparam-se ao empregador, para os efeitos exclusivos da relação de emprego, os profissionais liberais, as instituições de beneficência, as associações recreativas ou outras instituições sem fins lucrativos, que admitirem trabalhadores como empregados.
§ 2º Sempre que uma ou mais empresas, tendo, embora, cada uma delas, personalidade jurídica própria, estiverem sob a direção, controle ou administração de outra, ou ainda quando, mesmo guardando cada uma sua autonomia, integrem grupo econômico, serão responsáveis solidariamente pelas obrigações decorrentes da relação de emprego. (Redação dada pela Lei nº 13.467, de 2017) (Vigência)
§ 3º Não caracteriza grupo econômico a mera identidade de sócios, sendo necessárias, para a configuração do grupo, a demonstração do interesse integrado, a efetiva comunhão de interesses e a atuação conjunta das empresas dele integrantes. (Incluído pela Lei nº 13.467, de 2017) (Vigência)

CLT, Art. 10. Qualquer alteração na estrutura jurídica da empresa não afetará os direitos adquiridos por seus empregados.

CLT, Art. 448. A mudança na propriedade ou na estrutura jurídica da empresa não afetará os contratos de trabalho dos respectivos empregados.

CLT, Art. 448-A. Caracterizada a sucessão empresarial ou de empregadores prevista nos arts. 10 **e** 448 desta Consolidação, as obrigações trabalhistas, inclusive as contraídas à época em que os empregados trabalhavam para a empresa sucedida, são de responsabilidade do sucessor. (Incluído pela Lei nº 13.467, de 2017)

Parágrafo único. A empresa sucedida responderá solidariamente com a sucessora quando ficar comprovada fraude na transferência. (Incluído pela Lei nº 13.467, de 2017)
CLT, Art. 10-A. O sócio retirante responde subsidiariamente pelas obrigações trabalhistas da sociedade relativas ao período em que figurou como sócio, somente em ações ajuizadas até dois anos depois de averbada a modificação do contrato, observada a seguinte ordem de preferência: (Incluído pela Lei nº 13.467, de 2017) (Vigência)
I – a empresa devedora; (Incluído pela Lei nº 13.467, de 2017) (Vigência)
II – os sócios atuais; e (Incluído pela Lei nº 13.467, de 2017) (Vigência)
III – os sócios retirantes. (Incluído pela Lei nº 13.467, de 2017) (Vigência)
Parágrafo único. O sócio retirante responderá solidariamente com os demais quando ficar comprovada fraude na alteração societária decorrente da modificação do contrato. (Incluído pela Lei nº 13.467, de 2017) (Vigência)

RETORNO DE EMPREGADO. *Dir. Trab.*

O retorno de empregado é o procedimento que ocorre quando um empregado ausente, por período igual ou superior a 30 (trinta) dias, por motivo de doença ou acidente, de natureza ocupacional ou não, ou parto, retorna ao ambiente de trabalho. A NR 7, que estabelece princípios e procedimentos para o desenvolvimento do Programa de Controle Médico de Saúde Ocupacional (PCMSO) nas organizações, dispõe que é obrigatória a realização de exame médico de retorno ao trabalho no primeiro dia da volta do empregado ausente. Importante destacar que, o trabalhador que precisou permanecer afastado da atividade laboral em decorrência de acidente de trabalho, recebendo nesse período benefício por incapacidade, tem garantida de emprego após cessação do auxílio-doença acidentário pelo prazo mínimo de doze meses.

BASE LEGAL:

Lei nº 8.213/1991, Art. 118. O segurado que sofreu acidente do trabalho tem garantida, pelo prazo mínimo de doze meses, a manutenção do seu contrato de trabalho na empresa, após a cessação do auxílio-doença acidentário, independentemente de percepção de auxílio-acidente.
Súmula nº 378 do TST
ESTABILIDADE PROVISÓRIA. ACIDENTE DO TRABALHO. ART. 118 DA LEI Nº 8.213/1991. (inserido item III) – Res. 185/2012, DEJT divulgado em 25, 26 e 27.09.2012.
I – **É constitucional o artigo 118 da Lei nº 8.213/1991 que assegura o direito à estabilidade provisória por período de 12 meses após a ces-**

sação do auxílio-doença ao empregado acidentado. (ex-OJ **nº 105 da SBDI-1** – inserida em 01.10.1997)
II – São pressupostos para a concessão da estabilidade o afastamento superior a 15 (quinze) dias e a consequente percepção do auxílio-doença acidentário, salvo se constatada, após a despedida, doença profissional que guarde relação de causalidade com a execução do contrato de emprego. (primeira parte – ex-OJ **nº 230 da SBDI-1** – inserida em 20.06.2001)
III – O empregado submetido a contrato de trabalho por tempo determinado goza da garantia provisória de emprego decorrente de acidente de trabalho prevista no n no art. 118 da Lei nº 8.213/91.
NR 7 – 7.4.2 O PCMSO deve incluir, entre outros, a realização obrigatória dos exames médicos:
[...]
c) de retorno ao trabalho; [...].
NR 7 – 7.4.4.3 No exame de retorno ao trabalho, o exame clínico deverá ser realizado no primeiro dia da volta ao trabalho do empregado ausente por período igual ou superior a 30 (trinta) dias por motivo de doença ou acidente, de natureza ocupacional ou não, ou parto.

584 **REVELIA.** *Dir. Proc. Civ./ Dir. Trab.*

Como ensina Cândido Rangel Dinamarco,[234] a revelia, instituto próprio do processo de conhecimento e cautelar, é a inércia que consiste em não responder. Sob o prisma do Processo do Trabalho ela se diferencia do Processo Civil, pois neste, se caracteriza como ausência de contestação, enquanto que naquele configura-se com ausência da parte (reclamado) à audiência na qual deveria se defender, gerando uma presunção de verdade dos fatos narrados na inicial. Isso porque na esfera trabalhista a resposta é ato de audiência. Nesse sentido, o doutrinador Mauro Schiavi conceitua à revelia no Processo do Trabalho como "[...] a ausência do reclamado, imotivadamente, regularmente notificado, à audiência em que poderia apresentar resposta." [235] No Processo Judicial Eletrônico, em que há orientação de que a contestação seja apresentada antes da audiência, há discussão sobre a possibilidade de aplicação da revelia no caso de apresentação da defesa no sistema e ausência da parte em audiência. A doutrina e a jurisprudência têm entendido que se a contestação foi encaminhada com sigilo haverá revelia, pois a sua apresentação só se efetivará com a retirada do sigilo que ocorre com a presença do reclamado em audiência. Já se for encaminhada

234 Dinamarco, 2001, p. 457.

235 Schiavi, 2020, p. 661.

sem sigilo, mesmo que o reclamado não esteja presente em audiência não haverá revelia, pois a defesa já foi apresentada. Importante destacar, que em todos os casos, à revelia só surtirá seus efeitos se o autor comparecer em audiência, pois, caso contrário, ainda que o réu não compareça, o processo será arquivado, ou seja, extinto sem resolução do mérito, não acarretando consequências para o reclamado.

BASE LEGAL:

CPC, Art. 344. Se o réu não contestar a ação, será considerado revel e presumir-se-ão verdadeiras as alegações de fato formuladas pelo autor.

CLT, Art. 844. O não-comparecimento do reclamante à audiência importa o arquivamento da reclamação, e o não-comparecimento do reclamado importa revelia, além de confissão quanto à matéria de fato.

§ 1° Ocorrendo motivo relevante, poderá o juiz suspender o julgamento, designando nova audiência. (Redação dada pela Lei n° 13.467, de 2017)

§ 2° Na hipótese de ausência do reclamante, este será condenado ao pagamento das custas calculadas na forma do art. 789 desta Consolidação, ainda que beneficiário da justiça gratuita, salvo se comprovar, no prazo de quinze dias, que a ausência ocorreu por motivo legalmente justificável. (Incluído pela Lei n° 13.467, de 2017)

§ 3° O pagamento das custas a que se refere o § 2° é condição para a propositura de nova demanda. (Incluído pela Lei n° 13.467, de 2017)

§ 4° A revelia não produz o efeito mencionado no *caput* deste artigo se: (Incluído pela Lei n° 13.467, de 2017)

I – havendo pluralidade de reclamados, algum deles contestar a ação; (Incluído pela Lei n° 13.467, de 2017)

II – o litígio versar sobre direitos indisponíveis; (Incluído pela Lei n° 13.467, de 2017)

III – a petição inicial não estiver acompanhada de instrumento que a lei considere indispensável à prova do ato; (Incluído pela Lei n° 13.467, de 2017)

IV – as alegações de fato formuladas pelo reclamante forem inverossímeis ou estiverem em contradição com prova constante dos autos. (Incluído pela Lei n° 13.467, de 2017)

§ 5° Ainda que ausente o reclamado, presente o advogado na audiência, serão aceitos a contestação e os documentos eventualmente apresentados. (Incluído pela Lei n° 13.467, de 2017)

Resolução 185/17 CJST – Art. 22. A contestação ou a reconvenção e seus respectivos documentos deverão ser protocolados no PJe até a realização da proposta de conciliação infrutífera, com a utilização de equipamento próprio, sendo automaticamente juntados, facultada a apresentação de defesa oral, na forma do art. 847 da CLT. (Redação dada pela Resolução CSJT n. 241, de 31 de maio de 2019)

§ 1º No expediente de notificação inicial ou de citação constará recomendação para que a contestação ou a reconvenção e os documentos que as acompanham sejam protocolados no PJe com pelo menos 48h de antecedência da audiência. (Redação dada pela Resolução CSJT n. 241, de 31 de maio de 2019)
§ 2º O autor poderá atribuir segredo de justiça ao processo no momento da propositura da ação, cabendo ao magistrado, após a distribuição, decidir sobre a manutenção ou exclusão dessa situação, nos termos do art. 189 do CPC e art. 770, *caput*, da CLT. (Redação dada pela Resolução CSJT n. 241, de 31 de maio de 2019)
§ 3º Com exceção da petição inicial, as partes poderão atribuir sigilo às petições e documentos, nos termos do parágrafo único do art. 773 do CPC. (Redação dada pela Resolução CSJT n. 241, de 31 de maio de 2019)
§ 4º Com exceção da defesa, da reconvenção e dos documentos que os acompanham, o magistrado poderá determinar a exclusão de petições e documentos indevidamente protocolados sob sigilo, observado o art. 15 desta Resolução. (Redação dada pela Resolução CSJT n. 241, de 31 de maio de 2019)
§ 5º O réu poderá atribuir sigilo à contestação e à reconvenção, bem como aos documentos que as acompanham, devendo o magistrado retirar o sigilo caso frustrada a tentativa conciliatória. (Redação dada pela Resolução CSJT n. 241, de 31 de maio de 2019) [...]

REVISTA ÍNTIMA. *Dir. Trab.*

No âmbito das relações de trabalho, de maneira geral, revista é qualquer ato do empregador que exponha o empregado a situação de constrangimento, como abordagem através de contato físico, determinação que seja retirada as vestes ou mesmo a inspeção visual de bolsas, carteira ou outros objetos. A doutrina distingue a revista em algumas espécies, dentre as quais se destaca a revista íntima, que é expressamente vedada pela CLT e pela Lei 13.271/2016. Embora a legislação tenha cuidado de vedar a prática, além de ter feito a previsão apenas direcionada às mulheres, também perdeu a oportunidade de conceituá-la. Nesse sentido, explica a doutrina que "de maneira geral, revistas íntimas são consideradas ilícitas, independentemente do sexo da pessoa revistada, por força do princípio constitucional protetor da privacidade e da intimidade do ser humano (art. 5º, X, CF), além do princípio constitucional da dignidade da pessoa humana (art. 1º, III, c./c. art. 5º, X, CF)".[236] **Já no que tange ao conceito, a jurisprudência tem entendido que é considerada íntima a revista pessoal que tem prática**

236 Delgado, 2019, p. 768.

mais invasiva, na qual o trabalhador é obrigado a se despir, retirando total ou parcialmente as vestes, sendo exposto ou não a contato físico.

BASE LEGAL:

CLT, Art. 373-A. Ressalvadas as disposições legais destinadas a corrigir as distorções que afetam o acesso da mulher ao mercado de trabalho e certas especificidades estabelecidas nos acordos trabalhistas, é vedado: (Incluído pela Lei nº 9.799, de 26.5.1999) [...]

VI – proceder o empregador ou preposto a revistas íntimas nas empregadas ou funcionárias. (Incluído pela Lei nº 9.799, de 26.5.1999)

Lei 13.271/2016 – Art. 1º. As empresas privadas, os órgãos e entidades da administração pública, direta e indireta, ficam proibidos de adotar qualquer prática de revista íntima de suas funcionárias e de clientes do sexo feminino.

Lei 13.271/2016 – Art. 2º. Pelo não cumprimento do art. 1º, ficam os infratores sujeitos a:

I – multa de R$ 20.000,00 (vinte mil reais) ao empregador, revertidos aos órgãos de proteção dos direitos da mulher;

II – multa em dobro do valor estipulado no inciso I, em caso de reincidência, independentemente da indenização por danos morais e materiais e sanções de ordem penal.

CF, Art. 1º A República Federativa do Brasil, formada pela união indissolúvel dos Estados e Municípios e do Distrito Federal, constitui-se em Estado Democrático de Direito e tem como fundamentos: [...]

III – a dignidade da pessoa humana;

CF, Art. 5º Todos são iguais perante a lei, sem distinção de qualquer natureza, garantindo-se aos brasileiros e aos estrangeiros residentes no País a inviolabilidade do direito à vida, à liberdade, à igualdade, à segurança e à propriedade, nos termos seguintes: [...]

X – são invioláveis a intimidade, a vida privada, a honra e a imagem das pessoas, assegurado o direito a indenização pelo dano material ou moral decorrente de sua violação; [...].

RIGOR EXCESSIVO. *Dir. Trab.*

Rigor excessivo é o tratamento rígido e desproporcional que é dispensado pelo empregador ou por superior hierárquico a determinado empregado. Se configura quando um trabalhador é tratado de forma mais rigorosa do que os demais, através de punições sem razoabilidade e humilhações. Comenta o doutrinador Carlos Henrique Bezerra Leite[237] que, normalmente, a intenção do empregador é criar um "clima" que induza o pedido de demissão pelo trabalhador. O rigor excessivo é

237 Leite, 2019, p. 939.

considerado abuso do poder diretivo por descumprimento dos princípios da proporcionalidade e razoabilidade, se enquadrando na conduta tipificada no artigo 483 da CLT, que além de ser hipótese que justifica a rescisão indireta do contrato de trabalho, em razão de justa causa perpetrada pelo empregador, também pode ensejar reparação, caso a situação atinja o patrimônio moral do trabalhador (intimidade, vida privada, honra, imagem, etc.) ou configure assédio moral.[238]

BASE LEGAL:

CLT, Art. 483. O empregado poderá considerar rescindido o contrato e pleitear a devida indenização quando:

a) forem exigidos serviços superiores às suas forças, defesos por lei, contrários aos bons costumes, ou alheios ao contrato;

b) for tratado pelo empregador ou por seus superiores hierárquicos com rigor excessivo; [...].

RITO. *Dir. Proc. Trab.*

Rito é o modo como se desenvolve uma sequência de atos dentro de um processo, é o procedimento, a forma de encadear esses atos processuais e a maneira pela qual são praticados, é o caminho a ser percorrido com etapas a serem observadas do início ao desfecho final, conforme um modelo estabelecido em lei. Sobre o tema, explica a doutrina que: "A dinâmica dos procedimentos visa permitir às partes, com clareza, saber o caminho a seguir. Em relação aos procedimentos há uma regra geral, uma tendência natural de que todas as pretensões se submetam ao mesmo procedimento, o que enseja no procedimento comum." [239] Nesse sentido, no âmbito do Processo do Trabalho, o rito ou procedimento pode ser comum ou especial. O rito comum é definido pelo valor da causa e se divide em:

i) ordinário;

ii) sumário;

iii) sumaríssimo.

O rito ordinário e o sumaríssimo estão previstos na CLT, respectivamente nos artigo 837 e seguintes e 852-A e seguintes. Já o rito sumário tem previsão legal na Lei 5.584/70 (artigo 2º e seguintes). No que tange ao rito especial ou procedimentos especiais, há poucas hipóteses

238 Delgado, 2019, p. 1461.

239 Pamplona Filho, 2020, p. 568.

previstas na CLT que são: o inquérito judicial para apuração de falta grave, dissídio coletivo e a ação de cumprimento. Não obstante, como há omissão, havendo compatibilidade, faz-se uma aplicação subsidiária do Direito Processual Civil, seguindo a regra dos artigos 15 do CPC e 769 da CLT.

BASE LEGAL:

Instrução Normativa nº 126/2005 – Art. 1º As ações ajuizadas na Justiça do Trabalho tramitarão pelo rito ordinário ou sumaríssimo, conforme previsto na Consolidação das Leis do Trabalho, excepcionando-se, apenas, as que, por disciplina legal expressa, estejam sujeitas a rito especial, tais como o Mandado de Segurança, Habeas Corpus, Habeas Data, Ação Rescisória, Ação Cautelar e Ação de Consignação em Pagamento.

CLT, Art. 852-A. Os dissídios individuais cujo valor não exceda a quarenta vezes o salário mínimo vigente na data do ajuizamento da reclamação ficam submetidos ao procedimento sumaríssimo. (Incluído pela Lei nº 9.957, de 2000)

Parágrafo único. Estão excluídas do procedimento sumaríssimo as demandas em que é parte a Administração Pública direta, autárquica e fundacional. (Incluído pela Lei nº 9.957, de 2000)

Lei 5.584/70, Art. 2º Nos dissídios individuais, proposta a conciliação, e não havendo acordo, o Presidente, da Junta ou o Juiz, antes de passar à instrução da causa, fixar-lhe-á o valor para a determinação da alçada, se este for indeterminado no pedido.

§ 1º Em audiência, ao aduzir razões finais, poderá qualquer das partes, impugnar o valor fixado e, se o Juiz o mantiver, pedir revisão da decisão, no prazo de 48 (quarenta e oito) horas, ao Presidente do Tribunal Regional.

§ 2º O pedido de revisão, que não terá efeito suspensivo deverá ser instruído com a petição inicial e a Ata da Audiência, em cópia autenticada pela Secretaria da Junta, e será julgado em 48 (quarenta e oito) horas, a partir do seu recebimento pelo Presidente do Tribunal Regional.

§ 3º Quando o valor fixado para a causa, na forma deste artigo, não exceder de 2 (duas) vezes o salário-mínimo vigente na sede do Juízo, será dispensável o resumo dos depoimentos, devendo constar da Ata a conclusão da Junta quanto à matéria de fato.

§ 4º Salvo se versarem sobre matéria constitucional, nenhum recurso caberá das sentenças proferidas nos dissídios da alçada a que se refere o parágrafo anterior, considerado, para esse fim, o valor do salário mínimo à data do ajuizamento da ação. (Redação dada pela Lei nº 7.402, de 1985)

RITO ORDINÁRIO. *Dir. Proc. Trab.*

Rito ordinário é o procedimento comum mais completo e complexo e se aplica quando a demanda possuir valor da causa que ultrapasse 40 (quarenta) salários mínimos, na data de seu ajuizamento, e não couberem os demais procedimentos. Nesse sentido, explica a doutrina[240] que: "*Até o advento da Lei n. 13.467/2017, a primeira peculiaridade era a de que a inicial, na reclamatória sob tal rito, prescindiria da indicação do valor da causa (considerando o teor do art. 2º da Lei n. 5.584/70, que permite ao juiz suprir a omissão, se for indeterminado no pedido). Todavia, com a alteração do § 1º do art. 840 da CLT, passou a ser obrigatória a indicação do pedido, que deve ser certo, determinado e com indicação de seu valor, sob pena de serem extintos sem julgamento de mérito os pedidos que não atendam ao comando legal (art. 840, § 2º, da CLT).*" É um procedimento em que a instrução processual ocorre de maneira mais sólida e dilatada. Tem por marca principal a concentração dos atos em audiência (defesa, tentativa de conciliação, instrução e julgamento que, de acordo com a CLT, deve ser única. Entretanto, com o aumento do número de processos e complexidade dos novos conflitos, na prática, as audiências realizadas sob esse rito passaram a ser divididas em três partes: audiência inaugural de conciliação, audiência de instrução e audiência de julgamento. As principais características desse rito são: i) a oitiva de até três testemunhas de cada parte; ii) a possibilidade de produção de prova pericial sem vedação expressa; iii) a aplicação da citação por edital; e iv) a possibilidade de figurar como reclamadas as entidades públicas, o que é vedado nos demais ritos.

BASE LEGAL:

Instrução Normativa nº 126/2005, Art. 1º – As ações ajuizadas na Justiça do Trabalho tramitarão pelo rito ordinário ou sumaríssimo, conforme previsto na Consolidação das Leis do Trabalho, excepcionando-se, apenas, as que, por disciplina legal expressa, estejam sujeitas a rito especial, tais como o Mandado de Segurança, Habeas Corpus, Habeas Data, Ação Rescisória, Ação Cautelar e Ação de Consignação em Pagamento.

CLT, Art. 821 – Cada uma das partes não poderá indicar mais de 3 (três) testemunhas, salvo quando se tratar de inquérito, caso em que esse número poderá ser elevado a 6 (seis). (Redação dada pelo Decreto-lei nº 8.737, de 19.1.1946)

CLT, Art. 840 – A reclamação poderá ser escrita ou verbal.

---

240 Ibidem, p. 569

§ 1º Sendo escrita, a reclamação deverá conter a designação do juízo, a qualificação das partes, a breve exposição dos fatos de que resulte o dissídio, o pedido, que deverá ser certo, determinado e com indicação de seu valor, a data e a assinatura do reclamante ou de seu representante. (Redação dada pela Lei nº 13.467, de 2017)

§ 2º Se verbal, a reclamação será reduzida a termo, em duas vias datadas e assinadas pelo escrivão ou secretário, observado, no que couber, o disposto no § 1o deste artigo. (Redação dada pela Lei nº 13.467, de 2017)

§ 3º Os pedidos que não atendam ao disposto no § 1º deste artigo serão julgados extintos sem resolução do mérito. (Incluído pela Lei nº 13.467, de 2017)

CLT, Art. 849 – A audiência de julgamento será contínua; mas, se não for possível, por motivo de força maior, concluí-la no mesmo dia, o juiz ou presidente marcará a sua continuação para a primeira desimpedida, independentemente de nova notificação.

RITO SUMÁRIO. *Dir. Proc. do Trab.*

Rito sumário, também chamado rito de alçada, está disciplinado na Lei 5.584/70 e foi o primeiro rito célere trabalhista. Como explica a doutrina[241], é um procedimento que tem por finalidade dar maior celeridade processual e efetividade na jurisdição para causas cujo valor não exceda dois salários mínimos na data de seu ajuizamento, simplificando o procedimento e eliminando recursos As principais características desse rito são: i) abrange apenas dissídios individuais; ii) a ata da audiência é mais simplificada, sendo dispensado o resumo dos depoimentos, devendo constar apenas a conclusão da vara do trabalho sobre a matéria de fato; iii) não cabe recursos, salvo se versar sobre matéria constitucional (como a lei não esclarece qual é o recurso, prevalece o entendimento de que se trata de recurso extraordinário com base na interpretação gramatical ou literal do artigo 102, III, da CF/88); iv) a Lei 5.584/70 não dispôs acerca do número máximo de testemunhas, mas por analogia, entende-se que serão três. Na prática, está em desuso a proposição de reclamação trabalhista por este rito pelo fato de que dificilmente uma demanda atinja apenas esse valor.

BASE LEGAL:

Lei 5.584/1970, Art. 2º – "Nos dissídios individuais, proposta a conciliação, e não havendo acordo, o Presidente, da Junta ou o Juiz, antes de passar à instrução da causa, fixar-lhe-á o valor para a determinação da alçada, se este for indeterminado no pedido.

241 Schiavi, 2020., p. 914.

§ 1º Em audiência, ao aduzir razões finais, poderá qualquer das partes, impugnar o valor fixado e, se o Juiz o mantiver, pedir revisão da decisão, no prazo de 48 (quarenta e oito) horas, ao Presidente do Tribunal Regional.

§ 2º O pedido de revisão, que não terá efeito suspensivo deverá ser instruído com a petição inicial e a Ata da Audiência, em cópia autenticada pela Secretaria da Junta, e será julgado em 48 (quarenta e oito) horas, a partir do seu recebimento pelo Presidente do Tribunal Regional.

§ 3º Quando o valor fixado para a causa, na forma deste artigo, não exceder de 2 (duas) vezes o salário-mínimo vigente na sede do Juízo, será dispensável o resumo dos depoimentos, devendo constar da Ata a conclusão da Junta quanto à matéria de fato.

§ 4º – Salvo se versarem sobre matéria constitucional, nenhum recurso caberá das sentenças proferidas nos dissídios da alçada a que se refere o parágrafo anterior, considerado, para esse fim, o valor do salário mínimo à data do ajuizamento da ação. (Redação dada pela Lei nº 7.402, de 1985)"

CF, Art. 102. CF/88. Compete ao Supremo Tribunal Federal, precipuamente, a guarda da Constituição, cabendo-lhe:

[...]

III – julgar, mediante recurso extraordinário, as causas decididas em única ou última instância, quando a decisão recorrida:

a) contrariar dispositivo desta Constituição;

b) declarar a inconstitucionalidade de tratado ou lei federal;

c) julgar válida lei ou ato de governo local contestado em face desta Constituição.

d) julgar válida lei local contestada em face de lei federal. (Incluída pela Emenda Constitucional nº 45, de 2004)

RITO SUMARÍSSIMO. *Dir. Proc. Trab.*

O rito sumaríssimo, estabelecido pela Lei 9.957/2000 que incluiu os artigos 852-A a 852-I na CLT, foi o segundo rito célere trabalhista. É um procedimento mais simples que se propôs a oferecer ao jurisdicionado maior celeridade e efetividade na prestação jurisdicional para causas cujo valor não exceda quarenta salários mínimos na data do seu ajuizamento. Como a Lei 9.957/2000 não revogou o rito sumário, o rito sumaríssimo tem aplicação para demandas cujo valor seja acima de dois até quarenta salários mínimos. Prevalece o entendimento que o rito é compulsório para causas que não excedam esse valor. As principais características desse rito são:

i) abrange apenas dissídios individuais;

ii) estão excluídas as demandas em que é parte a Administração Pública direta, autárquica e fundacional (Fazenda Pública – pessoas jurídicas de direito público interno);

iii) o pedido deverá ser certo ou determinado, indicando o valor correspondente;

iv) não cabe citação por edital, devendo o autor indicar corretamente o nome e o endereço da reclamada;

v) a demanda deve ser apreciada no prazo de 15 (quinze) dias, contados da data do ajuizamento da reclamatória;

vi) audiência única, sendo que o fracionamento só poderá ocorrer em situações excepcionais;

vii) poderão ser ouvidas apenas duas testemunhas de cada parte. Por fim, prevalece o entendimento de que é cabível a observância do rito nas reclamatórias plúrimas desde que o valor global da causa não exceda 40 (quarenta) salários mínimos.

BASE LEGAL:

CLT, Art. 852-A. Os dissídios individuais cujo valor não exceda a quarenta vezes o salário mínimo vigente na data do ajuizamento da reclamação ficam submetidos ao procedimento sumaríssimo. Parágrafo único. Estão excluídas do procedimento sumaríssimo as demandas em que é parte a Administração Pública direta, autárquica e fundacional. (Incluído pela Lei nº 9.957, de 2000)

CLT, Art. 852-B. Nas reclamações enquadradas no procedimento sumaríssimo:

I – o pedido deverá ser certo ou determinado e indicará o valor correspondente;

II – não se fará citação por edital, incumbindo ao autor a correta indicação do nome e endereço do reclamado;

III – a apreciação da reclamação deverá ocorrer no prazo máximo de quinze dias do seu ajuizamento, podendo constar de pauta especial, se necessário, de acordo com o movimento judiciário da Junta de Conciliação e Julgamento.

§ 1º O não atendimento, pelo reclamante, do disposto nos incisos I e II deste artigo importará no arquivamento da reclamação e condenação ao pagamento de custas sobre o valor da causa.

§ 2º As partes e advogados comunicarão ao juízo as mudanças de endereço ocorridas no curso do processo, reputando-se eficazes as intimações enviadas ao local anteriormente indicado, na ausência de comunicação.

CLT, Art. 852-C. As demandas sujeitas a rito sumaríssimo serão instruídas e julgadas em audiência única, sob a direção de juiz presidente ou substituto, que poderá ser convocado para atuar simultaneamente com o titular.

CLT, Art. 852-D. O juiz dirigirá o processo com liberdade para determinar as provas a serem produzidas, considerado o ônus probatório de cada litigante, podendo limitar ou excluir as que considerar excessivas, impertinentes ou protelatórias, bem como para apreciá-las e dar especial valor às regras de experiência comum ou técnica.

CLT, Art. 852-E. Aberta a sessão, o juiz esclarecerá as partes presentes sobre as vantagens da conciliação e usará os meios adequados de persuasão para a solução conciliatória do litígio, em qualquer fase da audiência.

CLT, Art. 852-F. Na ata de audiência serão registrados resumidamente os atos essenciais, as afirmações fundamentais das partes e as informações úteis à solução da causa trazidas pela prova testemunhal.

CLT, Art. 852-G. Serão decididos, de plano, todos os incidentes e exceções que possam interferir no prosseguimento da audiência e do processo. As demais questões serão decididas na sentença.

CLT, Art. 852-H. Todas as provas serão produzidas na audiência de instrução e julgamento, ainda que não requeridas previamente.

§ 1º Sobre os documentos apresentados por uma das partes manifestar-se-á imediatamente a parte contrária, sem interrupção da audiência, salvo absoluta impossibilidade, a critério do juiz.

§ 2º As testemunhas, até o máximo de duas para cada parte, comparecerão à audiência de instrução e julgamento independentemente de intimação.

§ 3º Só será deferida intimação de testemunha que, comprovadamente convidada, deixar de comparecer. Não comparecendo a testemunha intimada, o juiz poderá determinar sua imediata condução coercitiva.

§ 4º Somente quando a prova do fato o exigir, ou for legalmente imposta, será deferida prova técnica, incumbindo ao juiz, desde logo, fixar o prazo, o objeto da perícia e nomear perito.

§ 5º (VETADO) (Incluído pela Lei nº 9.957, de 2000)

§ 6º As partes serão intimadas a manifestar-se sobre o laudo, no prazo comum de cinco dias.

§ 7º Interrompida a audiência, o seu prosseguimento e a solução do processo dar-se-ão no prazo máximo de trinta dias, salvo motivo relevante justificado nos autos pelo juiz da causa.

CLT, Art. 852-I. A sentença mencionará os elementos de convicção do juízo, com resumo dos fatos relevantes ocorridos em audiência, dispensado o relatório.

§ 1º O juízo adotará em cada caso a decisão que reputar mais justa e equânime, atendendo aos fins sociais da lei e as exigências do bem comum.

§ 2º (VETADO) (Incluído pela Lei nº 9.957, de 2000)

§ 3º As partes serão intimadas da sentença na própria audiência em que prolatada.

RUÍDO E VIBRAÇÃO. *Dir. Trab.*

Ruído e vibração são agentes físicos que, a depender da intensidade, são considerados nocivos à saúde do trabalhador, gerando direito ao recebimento de adicional de insalubridade. Nos termos do art. 189 da CLT, "[...] serão consideradas atividades ou operações insalubres aquelas que, por sua natureza, condições ou métodos de trabalho, exponham os empregados a agentes nocivos à saúde, acima dos limites de tolerância fixados em razão da natureza e da intensidade do agente e do tempo de exposição aos seus efeitos." Como explica a doutrina,[242] a identificação do agente nocivo, a indicação da natureza, das condições e dos métodos nocivos e o estabelecimento dos limites de tolerância cabem, por força de lei, ao extinto Ministério do Trabalho (atualmente à Secretaria Especial de Previdência e Trabalho do Ministério da Economia), que aprova, mediante atos administrativos, o quadro indicativo de atividades e de operações insalubres, sendo também o responsável pela adoção de normas sobre os critérios de caracterização da insalubridade, os limites de tolerância aos agentes agressivos, os meios de proteção e o tempo máximo de exposição do empregado a esses agentes. É a NR-15 que estabelece as atividades que devem ser consideradas insalubres, gerando direito ao adicional e que identifica quais são os agentes físicos (ruído, calor, pressões hiperbáricas, vibrações, frio e umidade), químicos (substâncias químicas e poeiras minerais identificadas em anexo da NR-15) ou biológicos (agentes biológicos identificados em anexo da NR-15) de caráter nocivo e os correspondentes limites de tolerância. Importante destacar que se entende por limite de tolerância a concentração ou a intensidade máxima ou mínima, relacionada com a natureza e o tempo de exposição ao agente, que não causará danos à saúde do trabalhador durante sua vida laboral. Superado o limite de tolerância, passa a ser devido, em graus diferenciados, o pagamento do adicional de insalubridade, independentemente de o serviço ser prestado de modo intermitente. A caracterização, classificação e delimitação da insalubridade é feita através de perícia.

BASE LEGAL:

CLT, Art. 200. Cabe ao Ministério do Trabalho estabelecer disposições complementares às normas de que trata este Capítulo, tendo em vista as peculiaridades de cada atividade ou setor de trabalho, especialmente sobre: (Redação dada pela Lei nº 6.514, de 22.12.1977)

242 Martinez, 2019, p. 108.

[...]

VI – proteção do trabalhador exposto a substâncias químicas nocivas, radiações ionizantes e não ionizantes, ruídos, vibrações e trepidações ou pressões anormais ao ambiente de trabalho, com especificação das medidas cabíveis para eliminação ou atenuação desses efeitos limites máximos quanto ao tempo de exposição, à intensidade da ação ou de seus efeitos sobre o organismo do trabalhador, exames médicos obrigatórios, limites de idade controle permanente dos locais de trabalho e das demais exigências que se façam necessárias; (Incluído pela Lei nº 6.514, de 22.12.1977)

CLT, Art. 189. Serão consideradas atividades ou operações insalubres aquelas que, por sua natureza, condições ou métodos de trabalho, exponham os empregados a agentes nocivos à saúde, acima dos limites de tolerância fixados em razão da natureza e da intensidade do agente e do tempo de exposição aos seus efeitos. (Redação dada pela Lei nº 6.514, de 22.12.1977)

CLT, Art. 190. O Ministério do Trabalho aprovará o quadro das atividades e operações insalubres e adotará normas sobre os critérios de caracterização da insalubridade, os limites de tolerância aos agentes agressivos, meios de proteção e o tempo máximo de exposição do empregado a esses agentes. (Redação dada pela Lei nº 6.514, de 22.12.1977)

Parágrafo único – As normas referidas neste artigo incluirão medidas de proteção do organismo do trabalhador nas operações que produzem aerodispersóides tóxicos, irritantes, alérgicos ou incômodos. (Redação dada pela Lei nº 6.514, de 22.12.1977)

CLT, Art.195. A caracterização e a classificação da insalubridade e da periculosidade, segundo as normas do Ministério do Trabalho, far-se-ão através de perícia a cargo de Médico do Trabalho ou Engenheiro do Trabalho, registrados no Ministério do Trabalho. (Redação dada pela Lei nº 6.514, de 22.12.1977)

§ 1º É facultado às empresas e aos sindicatos das categorias profissionais interessadas requererem ao Ministério do Trabalho a realização de perícia em estabelecimento ou setor deste, com o objetivo de caracterizar e classificar ou delimitar as atividades insalubres ou perigosas. (Redação dada pela Lei nº 6.514, de 22.12.1977)

§ 2º Arguida em juízo insalubridade ou periculosidade, seja por empregado, seja por Sindicato em favor de grupo de associado, o juiz designará perito habilitado na forma deste artigo, e, onde não houver, requisitará perícia ao órgão competente do Ministério do Trabalho. (Redação dada pela Lei nº 6.514, de 22.12.1977)

§ 3º O disposto nos parágrafos anteriores não prejudica a ação fiscalizadora do Ministério do Trabalho, nem a realização ex officio da perícia. (Redação dada pela Lei nº 6.514, de 22.12.1977)

SALÁRIO(S). *Dir. Trab.*

É o valor pago ao empregado oriundo da contraprestação dos serviços realizados a determinado empregador, em patamar suficiente que permita a sua subsistência e de sua família. Por salário se compreende ainda, o conjunto de prestações pagas diretamente ao empregado pelo empregador, fruto das determinações fixadas no contrato de trabalho, seja por contraprestação do serviço, da disponibilidade do empregado ou mesmo das interrupções contratuais.

BASE LEGAL:

CLT, Art. 76. Salário mínimo é a contraprestação mínima devida e paga diretamente pelo empregador a todo trabalhador, inclusive ao trabalhador rural, sem distinção de sexo, por dia normal de serviço, e capaz de satisfazer, em determinada época e região do País, as suas necessidades normais de alimentação, habitação, vestuário, higiene e transporte.

CLT, Art. 457. Compreendem-se na remuneração do empregado, para todos os efeitos legais, além do salário devido e pago diretamente pelo empregador, como contraprestação do serviço, as gorjetas que receber.

CLT, Art. 463. A prestação, em espécie, do salário será paga em moeda corrente do País.

SALÁRIO-FAMÍLIA. *Dir. Trab.*

É o valor pago sob a forma de percentual, com base no salário-mínimo local, a empregado que possua filho menor, em qualquer condição, até 14 (quatorze) anos. Identifica-se que o salário família, inicialmente, foi instituído a suprir a necessidade daqueles que em razão da atividade exercida percebiam baixa remuneração, como meio de fomentar e suprir as necessidades familiares do empregado. A previsão legal do salário-família, encontra arrimo na Constituição Federal e é regulamentado pela Lei n. 4.266/63. Com o advento da Lei n. 13.467/17, se convencionou constituir objeto lícito de convenção ou acordo coletivo do trabalho, a sua supressão e ou redução.

BASE LEGAL:
CF, Art. 7.º São direitos dos trabalhadores urbanos e rurais, além de outros que visem à melhoria de sua condição social: [...]
XII – salário-família pago em razão do dependente do trabalhador de baixa renda nos termos da lei;
Lei n. 4.266/63, Art. 2.º O salário-família será pago sob a forma de uma quota percentual, calculada sobre o valor do salário-mínimo local, arredondado esta para o múltiplo de mil seguinte, por filho menor de qualquer condição, até 14 anos de idade.
CLT, Art. 611-B – Constituem objeto ilícito de convenção coletiva ou de acordo coletivo de trabalho, exclusivamente, a supressão ou a redução dos seguintes direitos: [...]
VIII – salário-família; [...].

SALÁRIO-HORA. *Dir. Trab.*

É o também denominado salário por unidade de tempo que, em razão de suas especificidades não dependem do serviço a ser realizado, mas principalmente do tempo gasto na realização do serviço designado. A fixação do salário nesta modalidade, distingue se por hora, por semana, por quinzena ou por mês, todavia, o critério diferenciado de remuneração não importa reflexo aos períodos de seu pagamento, isto é, pode o empregado contratado por unidade de tempo receber seus proventos somente ao final do mês, da quinzena ou semana, por exemplo. Verifica-se que nesta modalidade de contratação existe estrita relação entre a jornada de trabalho e o salário.

SALÁRIO-MATERNIDADE. *Dir. Trab.*

É a remuneração devida a empregada gestante devidamente segurada da previdência social em razão da licença maternidade pelo período de 120 (cento e vinte) dias. Durante este período, não poderá a empregada gestante e em gozo da licença maternidade, sofrer prejuízo do emprego e/ou do salário. O salário-maternidade será devido durante 120 (cento e vinte) dias, com início 28 (vinte e oito) dias antes e término 90 (noventa) dias após o parto, podendo ser prorrogado. Ainda, o salário-maternidade será devido na proporção igual a sua remuneração integral. A empregada que adotar ou obtiver guarda judicial para os fins de adoção de criança ou adolescente, será garantido as mesmas benesses concedidas as empregadas gestantes, por equiparação.

BASE LEGAL:

CF, Art. 7. São direitos dos trabalhadores urbanos e rurais, além de outros que visem à melhoria de sua condição social: [...]
XVIII – licença à gestante, sem prejuízo do emprego e do salário, com a duração de cento e vinte dias;
CLT, Art. 392. A empregada gestante tem direito à licença-maternidade de 120 (cento e vinte) dias, sem prejuízo do emprego e do salário.
§ *1.º* – A empregada deve, mediante atestado médico, notificar o seu empregador da data do início do afastamento do emprego, que poderá ocorrer entre o 28º (vigésimo oitavo) dia antes do parto e ocorrência deste.
CLT, Art. 392-A. *À empregada que adotar ou obtiver guarda judicial para fins de adoção de criança ou adolescente será concedida licença-maternidade nos termos do art. 392 desta Lei.*

SALÁRIO MÍNIMO. *Dir. Trab.*

É o valor pago ao empregado oriundo da contraprestação dos serviços realizados a determinado empregador, observado o patamar mínimo fixado pelo Governo Federal, sem distinção de sexo, que satisfaça, sobretudo, as necessidades básicas do empregado, tais como, alimentação, habitação, vestuário, higiene e transporte. Com o advento da Lei n. 13.467/17, se convencionou constituir objeto lícito de convenção ou acordo coletivo do trabalho, a sua supressão e ou redução.

BASE LEGAL:

CF, Art. 7º São direitos dos trabalhadores urbanos e rurais, além de outros que visem à melhoria de sua condição social:
[...] IV – salário mínimo, fixado em lei, nacionalmente unificado, capaz de atender a suas necessidades vitais básicas e às de sua família com moradia, alimentação, educação, saúde, lazer, vestuário, higiene, transporte e previdência social, com reajustes periódicos que lhe preservem o poder aquisitivo, sendo vedada sua vinculação para qualquer fim; [...].
CLT, Art. 76. Salário mínimo é a contraprestação mínima devida e paga diretamente pelo empregador a todo trabalhador, inclusive ao trabalhador rural, sem distinção de sexo, por dia normal de serviço, e capaz de satisfazer, em determinada época e região do País, as suas necessidades normais de alimentação, habitação, vestuário, higiene e transporte.
CLT, Art. 611-B. Constituem objeto ilícito de convenção coletiva ou de acordo coletivo de trabalho, exclusivamente, a supressão ou a redução dos seguintes direitos: [...]
IV – salário mínimo;
MP n. 1.021/20 – Art. 1.º A partir de 1.º de janeiro de 2021, o salário mínimo será de R$ 1.100,00 (mil e cem reais). Parágrafo único Em decorrência do disposto no caput, o valor diário do salário mínimo corresponderá a R$

36,67 (trinta e seis reais e sessenta e sete centavos) e o valor horário, a R$ 5,00 (cinco reais).

SALÁRIO IN NATURA OU UTILIDADE. *Dir. Trab.*

É a remuneração paga pelo empregador ao empregado em *utilidades*, decorrentes do contrato de trabalho ou dos costumes regionais. Isto é, para além da remuneração em pecúnia, o empregador remunera o empregado com o fornecimento de utilidades, como alimentação, habitação, vestuário e outras prestações. Em hipótese alguma será considerado salário utilidade o fornecimento de bebidas alcoólicas ou drogas nocivas. Para fixação do salário utilidade, os valores atribuídos a prestação *in natura* deverão ser justos, razoáveis e compatíveis com os percentuais componentes das parcelas do salário-mínimo, não podendo excedê-lo. Considera-se utilidade o fornecimento do empregador ao empregado de benesses que este teria que despender valores em pecúnia a sua aquisição. Observa-se ainda que o salário utilidade deverá ser fornecido gratuitamente pelo empregador, pois caso contrário, se houver cobrança da utilidade não haverá configuração de natureza salarial. Da mesma forma, o salário do obreiro não pode ser pago integralmente em utilidade, devendo, portanto, observar o mínimo de 30% (trinta por cento) da remuneração a ser paga em pecúnia, ao que, os outros 70% (setenta por cento) poderão ser pagos em utilidades. Os equipamentos, vestuários e acessórios fornecidos pelo empregador ao empregado para utilização apenas no local de trabalho e ainda, para a realização da prestação de serviços, não serão considerados salário utilidade.

BASE LEGAL:

CLT, Art. 458. Além do pagamento em dinheiro, compreende-se no salário, para todos os efeitos legais, a alimentação, habitação, vestuário ou outras prestações "in natura" que a empresa, por força do contrato ou do costume, fornecer habitualmente ao empregado. Em caso algum será permitido o pagamento com bebidas alcoólicas ou drogas nocivas.

CLT, Art. 82 – Quando o empregador fornecer, in natura, uma ou mais das parcelas do salário mínimo, o salário em dinheiro será determinado pela fórmula **Sd = Sm – P**, em que **Sd** representa o salário em dinheiro, **Sm** o salário mínimo e **P** a soma dos valores daquelas parcelas na região, zona ou subzona. Parágrafo único – O salário mínimo pago em dinheiro não será inferior a 30% (trinta por cento) do salário mínimo fixado para a região, zona ou subzona.

Súmula n.º 367 do TST. UTILIDADES "IN NATURA". HABITAÇÃO. ENERGIA ELÉTRICA. VEÍCULO. CIGARRO. NÃO INTEGRAÇÃO AO SALÁRIO.
I – A habitação, a energia elétrica e veículo fornecidos pelo empregador ao empregado, quando indispensáveis para a realização do trabalho, não têm natureza salarial, ainda que, no caso de veículo, seja ele utilizado pelo empregado também em atividades particulares.
II – O cigarro não se considera salário utilidade em face de sua nocividade à saúde.

SALÁRIO NORMATIVO. *Dir. Trab.*

É a remuneração base de determinada categoria profissional resultante de processo de dissídio coletivo envolvendo Sindicato de Trabalhadores representantes de determinada categoria profissional e seus respectivos empregadores, fixado por meio de *Sentença Normativa* (vide SENTENÇA NORMATIVA). O salário normativo reflete a base salarial mínima aplicável a determinada categoria de profissional, a ser fixado em Acordo ou Convenção Coletiva do Trabalho ou ainda, resultante de fixação da Justiça do Trabalho, no julgamento do dissídio coletivo de determinada categoria profissional.

SALÁRIO PROFISSIONAL.

Ver PISO SALARIAL.

SALÕES DE BELEZA. *Dir. Trab.*

É o estabelecimento comercial, sob a direção de profissionais cabeleireiros, barbeiros, esteticistas, pedicures, depiladores e maquiadores, profissionais estes que exercem atividades de higiene e embelezamento capilar, estético, facial e corporal a outros indivíduos, reconhecidos e regulamentados nos termos da Lei n. 12.592/12.

BASE LEGAL:
Lei n. 12.592/12, Art. 1.º – *É reconhecido, em todo o território nacional, o exercício das atividades profissionais de Cabeleireiro, Barbeiro, Esteticista, Manicure, Pedicure, Depilador e Maquiador, nos termos desta Lei.*
Parágrafo único. Cabeleireiro, Barbeiro, Esteticista, Manicure, Pedicure, Depilador e Maquiador são profissionais que exercem atividades de higiene e embelezamento capilar, estético, facial e corporal dos indivíduos.

SALÃO PARCEIRO. *Dir. Trab.*

São aqueles que celebram contrato de parceria com profissionais da área de beleza e estética, a saber, Cabeleireiro, Barbeiro, Esteticista, Manicure, Pedicure, Depilador e Maquiador, regidos pela Lei n. 12.592/12. Considera-se salão-parceiro aquele que será responsável pela centralização dos pagamentos e recebimentos oriundo das atividades de prestação de serviços de beleza desenvolvidas pelo profissional-parceiro. Para tanto o salão-parceiro reterá cota-parte do percentual auferido pelo profissional-parceiro, a ser definido em forma *prescrita* pela legislação de regência, através da elaboração do contrato de parceria. Pode-se afirmar que o salão-parceiro disponibilizará ao profissional-parceiro os meios para o exercício da atividade de beleza e/ou estética, retendo para si, percentual dos ganhos daquele profissional a título de lucro e ainda, para custeio da manutenção do local. O profissional-parceiro, poderá ser qualificado perante as autoridades fazendárias, como pequenos empresários, microempresários ou microempreendedores individuais, ademais, ainda que o profissio-

nal-parceiro esteja inscrito como pessoa jurídica, será assistido pelo sindicato representante da categoria e, na sua ausência por órgão local competente. Por fim, o contrato de parceria, deverá ser escrito e formal, e ainda, homologado pelo sindicato da categoria profissional e, na ausência deste, por órgão local competente.

BASE LEGAL:

Lei n. 12.592/12, Art. 1º-A. Os salões de beleza poderão celebrar contratos de parceria, por escrito, nos termos definidos nesta Lei, com os profissionais que desempenham as atividades de Cabeleireiro, Barbeiro, Esteticista, Manicure, Pedicure, Depilador e Maquiador.

Lei n. 12.592/12, Art. 1º-A.

§ 1º. Os estabelecimentos e os profissionais de que trata o caput, ao atuarem nos termos desta Lei, serão denominados salão-parceiro e profissional-parceiro, respectivamente, para todos os efeitos jurídicos.

[...]

§ 7º Os profissionais-parceiros poderão ser qualificados, perante as autoridades fazendárias, como pequenos empresários, microempresários ou microempreendedores individuais.

§ 8º O contrato de parceria de que trata esta Lei será firmado entre as partes, mediante ato escrito, homologado pelo sindicato da categoria profissional e laboral e, na ausência desses, pelo órgão local competente do Ministério do Trabalho e Emprego, perante duas testemunhas.

SEGURO DE ACIDENTE DE TRABALHO (SAT). *Dir. Trab.*

Constitui-se em direito fundamental do trabalhador com previsão legal na Constituição Federal. Destaca-se que apesar da denominação *seguro*, trata-se de verba de natureza tributária a ser recolhida em favor do empregado, pelo empregador, junto ao Instituto Nacional da Previdência Social, destinado a custear benefícios previdenciários em decorrência de acidente de trabalho e/ou doença ocupacional. Assim sendo, em razão de seu encargo tributário, não deve ser confundido com seguros de vida ou contra acidentes pessoais contratados de forma privada pelo empregador em favor dos empregados. Este *seguro* deve ser recolhido mensalmente pelo empregador, junto com as demais verbas a serem recolhidas sobre a folha de pagamento do empregado.

BASE LEGAL:

CF, Art. 7.º São direitos dos trabalhadores urbanos e rurais, além de outros que visem à melhoria de sua condição social: [...]

XXVIII – seguro contra acidentes de trabalho, a cargo do empregador, sem excluir a indenização a que este está obrigado, quando incorrer em dolo ou culpa.

Lei n. 6.367/73, Art. 1º. O seguro obrigatório contra acidentes do trabalho dos empregados segurados do regime de previdência social da Lei número 3.807, de 26 de agosto de 1960 (Lei Orgânica da Previdência Social), e legislação posterior, é realizado pelo Instituto Nacional de Previdência Social (INPS).

§ 1º Consideram-se também empregados, para os fins desta lei, o trabalhador temporário, o trabalhador avulso, assim entendido o que presta serviços a diversas empresas, pertencendo ou nao a sindicato, inclusive o estivador, o conferente e assemelhados, bem como o presidiário que exerce trabalho remunerado.

Lei n. 8.213/91 – Art. 19. Acidente do trabalho é o que ocorre pelo exercício do trabalho a serviço de empresa ou de empregador doméstico ou pelo exercício do trabalho dos segurados referidos no inciso VII do art. 11 desta Lei, provocando lesão corporal ou perturbação funcional que cause a morte ou a perda ou redução, permanente ou temporária, da capacidade para o trabalho.

Súmula n. 351 do STJ. *A alíquota de contribuição para o Seguro de Acidente do Trabalho (SAT) é aferida pelo grau de risco desenvolvido em cada empresa, individualizada pelo seu CNPJ, ou pelo grau de risco da atividade preponderante quando houver apenas um registro.*

SEGURANÇA E MEDICINA DO TRABALHO. *Dir. Trab.*

É o segmento do Direito do Trabalho destinado a oferecer condições de proteção à saúde e segurança do trabalhador no local de trabalho e ainda, de sua eventual recuperação, quando estiver inapto de prestar serviços ao empregador. Os empregadores devem assegurar de forma efetiva a saúde e segurança do empregado, observando para tanto as obrigações que detém a empresa no exercício da atividade, em vias de fazer cumprir as normas de segurança e medicina do trabalho no ambiente laboral. Devem ainda os empregadores, instruírem seus empregados quanto às precauções a serem adotadas a evitar acidentes de trabalho e/ou doenças ocupacionais. Os empregadores se sujeitam ainda, ao cumprimento das medidas determinadas pelo órgão competente e ainda, devem facilitar o exercício da fiscalização pela autoridade competente. Por sua vez, se obrigam os empregados a colaborar e cumprir as normas de medicina e segurança do trabalho, sendo-nos certo que a inobservância por parte do empregado, poderá acarretar em falta grave. As empresas, objetivando o resguardo da saúde do empregado, de-

vem, dentro do seu âmbito de atuação, observadas as normas editadas pelas autoridades competentes, proceder ao fornecimento de equipamentos de proteção individual ao empregado.

BASE LEGAL:

CLT, Art. 157 – Cabe às empresas:

I – cumprir e fazer cumprir as normas de segurança e medicina do trabalho;

II – instruir os empregados, através de ordens de serviço, quanto às precauções a tomar no sentido de evitar acidentes do trabalho ou doenças ocupacionais;

III – adotar as medidas que lhes sejam determinadas pelo órgão regional competente;

IV – facilitar o exercício da fiscalização pela autoridade competente.

CLT, Art. 158 – Cabe aos empregados:

I – observar as normas de segurança e medicina do trabalho, inclusive as instruções de que trata o item II do artigo anterior;

II – colaborar com a empresa na aplicação dos dispositivos deste Capítulo.

CLT, Art. 158

Parágrafo único: Constitui ato faltoso do empregado a recusa injustificada:

a) à observância das instruções expedidas pelo empregador na forma do item II do artigo anterior;

b) ao uso dos equipamentos de proteção individual fornecidos pela empresa.

SEGURANÇA NACIONAL. *Dir. Trab./Dir. Civ.*

Consiste em assegurar, em âmbito nacional, a todo momento e em todos os lugares, a integridade do território nacional, a proteção a população e a preservação dos interesses nacionais contra todos os gêneros de ameaça e agressão, seja interna ou externa. A Lei n. 7.170/73, define ser crimes contra a segurança nacional, todos aqueles que lesem e/ou exponham a perigo de lesão a integridade territorial e soberania do país; o regime representativo e democrático de Federação e Estado de Direito e ainda, a pessoa dos chefes dos poderes da União. No âmbito do Direito do Trabalho, constitui elementos para dispensa por justa causa do empregado, se este pratica atos atentatórios à segurança nacional (terrorismo, por exemplo), devidamente comprovado através de apuração mediante inquérito administrativo.

BASE LEGAL:

CLT, Art. 482 – Constituem justa causa para rescisão do contrato de trabalho pelo empregador: [...]

Parágrafo único: Constitui igualmente justa causa para dispensa de empregado a prática, devidamente comprovada em inquérito administrativo, de atos atentatórios à segurança nacional.

Lei n. 7.170/83, Art. 1° Esta Lei prevê os crimes que lesam ou expõem a perigo de lesão:

I – a integridade territorial e a soberania nacional;

II – o regime representativo e democrático, a Federação e o Estado de Direito;

III – a pessoa dos chefes dos Poderes da União.

SEGURO-DESEMPREGO. *Dir. Trab.*

Consiste em garantia fundamental do trabalhador previsto em âmbito constitucional, destinado a assegurar o trabalhador em casos de desemprego involuntário, a permitir que este tenha meios de promover seu sustento por período pré-fixo de modo que possa ser reinserido no mercado de trabalho, inclusive em situação de dispensa indireta. Ainda, o programa de seguro-desemprego destina-se a prover assistência financeira temporária ao trabalhador em virtude de dispensa involuntária, inclusive indireta e, visa auxiliar os trabalhadores na realocação no mercado de trabalho.

BASE LEGAL:

CF, Art. 7° São direitos dos trabalhadores urbanos e rurais, além de outros que visem à melhoria de sua condição social: [...]

II – seguro-desemprego, em caso de desemprego involuntário;
Lei n. 7.998/90, Art. 2º – O programa do seguro-desemprego tem por finalidade:
I – prover assistência financeira temporária ao trabalhador desempregado em virtude de dispensa sem justa causa, inclusive a indireta, e ao trabalhador comprovadamente resgatado de regime de trabalho forçado ou da condição análoga à de escravo;
II – auxiliar os trabalhadores na busca ou preservação do emprego, promovendo, para tanto, ações integradas de orientação, recolocação e qualificação profissional.

SEGURO GARANTIA JUDICIAL. *Dir. Trab./Dir. Civ.*

É a nova modalidade utilizada pelo devedor à garantia de pagamento de débitos reconhecidos em decisões proferidas pelos órgãos da Justiça do Trabalho, podendo ser utilizado em substituição ao depósito recursal e ainda, a garantia de execução trabalhista. Com o advento da Lei n. 13.467/17, estabeleceu o legislador que as apólices de seguro e as cartas de fiança bancária poderiam ser utilizadas em substituição ao depósito recursal e para garantia de execução trabalhista. Ante as novas determinações, tanto para fins de garantia de execução trabalhista, de depósito recursal e substituição de penhora, considerar-se-á como dinheiro à fiança bancária e o seguro de garantia judicial, meios equiparados à satisfação do crédito exequendo e ou, ao cumprimento efetivo das decisões proferidas pelos órgãos que integram a Justiça do Trabalho.

BASE LEGAL:

CLT, Art. 882. O executado que não pagar a importância reclamada poderá garantir a execução mediante depósito da quantia correspondente, atualizada e acrescida das despesas processuais, apresentação de seguro-garantia judicial ou nomeação de bens à penhora, observada a ordem preferencial estabelecida no art. 835 da Lei no 13.105, de 16 de março de 2015 – Código de Processo Civil.
CLT, Art. 899. Os recursos serão interpostos por simples petição e terão efeito meramente devolutivo, salvo as exceções previstas neste Título, permitida a execução provisória até a penhora. [...]
§ *11*. O depósito recursal poderá ser substituído por fiança bancária ou seguro garantia judicial.
CPC, Art. 835. A penhora observará, preferencialmente, a seguinte ordem: [...]
§ 2º Para fins de substituição da penhora, equiparam-se a dinheiro a fiança bancária e o seguro garantia judicial, desde que em valor não inferior ao do débito constante da inicial, acrescido de 30% (trinta por cento).

SENTENÇA. *Dir. Proc. Trab.*

É o ato praticado pelo juiz, após encerrada a instrução processual, que acarreta em extinção do processo, com resolução de mérito (art. 487, CPC) ou sem resolução do mérito (art. 485, CPC). As sentenças podem ser classificadas como *definitivas*, *terminativas* ou *interlocutórias*. Por *sentença terminativa* compreende-se quando o juiz, após enfrentar o mérito da questão, rejeita ou acolhe o pedido do autor. A seu turno, as *sentenças terminativas* são aquelas em que se extingue o feito, todavia, sem resolução de mérito ou ainda, aquelas que o magistrado se declare incompetente a apreciação da demanda, remetendo-o ao juízo competente. Por fim, as sentenças interlocutórias, são aquelas que dirimem questões incidentais no procedimento. Quanto aos efeitos das sentenças, estes podem ser de natureza *declaratória, constitutiva* ou *condenatória*. Compreende-se como *sentença declaratória* aquelas que declaram a existência ou inexistência de relação jurídica a ser deduzida. As *sentenças constitutivas*, por sua vez, são as que criam, modificam ou extinguem direitos dentro de determinada relação jurídica e por fim, as *sentenças condenatórias*, são aquelas que compreenderão obrigações de dar, fazer ou não fazer.

BASE LEGAL:

CPC, Art. 203. Os pronunciamentos do juiz consistirão em sentenças, decisões interlocutórias e despachos.

§ 1º Ressalvadas as disposições expressas dos procedimentos especiais, sentença é o pronunciamento por meio do qual o juiz, com fundamento nos arts. 485 e 487 , põe fim à fase cognitiva do procedimento comum, bem como extingue a execução.

CPC, Art. 489 – São elementos essenciais da sentença:

I – o relatório, que conterá os nomes das partes, a identificação do caso, com a suma do pedido e da contestação, e o registro das principais ocorrências havidas no andamento do processo;

II – os fundamentos, em que o juiz analisará as questões de fato e de direito;

III – o dispositivo, em que o juiz resolverá as questões principais que as partes lhe submeterem.

SENTENÇA NORMATIVA. *Dir. Proc. Trab.*

Trata-se de forma de criação de regras gerais e abstratas, com a finalidade de estabelecer regras de condutas a nortear as relações de trabalho de determinada categoria. A sentença normativa põe fim ao dissídio coletivo e deverá ser fundamentada na forma da legislação, sob pena de nulidade. Deve a sentença normativa contemplar em seu conjunto de regramentos, a justa e adequada composição do conflito oriundo do interesse das partes, resguardando para tanto os interesses de determinada coletividade. Da inobservância das regras estabelecidas por meio de sentença normativa, caberá o ajuizamento de *Ação de Cumprimento* (vide AÇÃO DE CUMPRIMENTO).

BASE LEGAL:

CLT, Art. 868. Em caso de dissídio coletivo que tenha por motivo novas condições de trabalho e no qual figure como parte apenas uma fração de empregados de uma empresa, poderá o Tribunal competente, na própria decisão, estender tais condições de trabalho, se julgar justo e conveniente, aos demais empregados da empresa que forem da mesma profissão dos dissidentes.

Parágrafo único: O Tribunal fixará a data em que a decisão deve entrar em execução, bem como o prazo de sua vigência, o qual não poderá ser superior a 4 (quatro) anos.

CLT, Art. 872. Celebrado o acordo, ou transitada em julgado a decisão, seguir-se-á o seu cumprimento, sob as penas estabelecidas neste Título.

Parágrafo único: Quando os empregadores deixarem de satisfazer o pagamento de salários, na conformidade da decisão proferida, poderão os empregados ou seus sindicatos, independentes de outorga de poderes de seus associados, juntando certidão de tal decisão, apresentar reclamação à Junta ou Juízo competente, observado o processo previsto no Capítulo II deste Título, sendo vedado, porém, questionar sobre a matéria de fato e de direito já apreciada na decisão.

SEQUESTRO. *Dir. Proc. Trab.*

Trata-se de ato que objetiva resguardar o bem objeto de litígio, tendo por finalidade, evitar seu perecimento. Diversamente do que se identifica de outras medidas cautelares, que objetivam a satisfação do credor, o *sequestro* se revela a modalidade pelo qual incidirá sobre bem específico a garantia do futuro provimento jurisdicional a ser construído. Para tanto, o juiz poderá nomear depositário dos bens, podendo a escolha, ser realizada por pessoa a ser indicada de comum acordo entre as partes, ou até mesmo, por uma delas. Lavrado o compromisso de guarda do bem, ficará o depositário na posse do objeto. Em atenção ao princípio de concentração dos atos na audiência, a contestação será apresentada em audiência.

BASE LEGAL:
CPC, Art. 301. A tutela de urgência de natureza cautelar pode ser efetivada mediante arresto, sequestro, arrolamento de bens, registro de protesto contra alienação de bem e qualquer outra medida idônea para asseguração do direito.
CLT, Art. 847. Não havendo acordo, o reclamado terá vinte minutos para aduzir sua defesa, após a leitura da reclamação, quando esta não for dispensada por ambas as partes. Parágrafo único. A parte poderá apresentar defesa escrita pelo sistema de processo judicial eletrônico até a audiência.

SERVIÇO FERROVIÁRIO. *Dir. Trab.*

É o transporte realizado entre estradas de ferro abertas ao tráfego público, mantido por todos os profissionais que, direta ou indiretamente, contribuem para a administração, execução, manutenção, conservação e mantença do exercício desta atividade. A estes profissionais observa-se algumas especificidades determinadas por lei ou consolidadas em enunciado sumular, vejamos, aos profissionais ferroviários que exercem atividade em estação do interior, compreendida aquela denominada por autoridade competente, não é devido o pagamento de adicional de hora extra. Ainda, no que se refere a garantia de intervalo intrajornada, prevista no art. 71, da CLT, por tratar-se de norma de higiene, segurança e saúde do empregado, é aplicável ao ferroviário maquinista.

BASE LEGAL:
CLT, Art. 236. No serviço ferroviário – considerado este o de transporte em estradas de ferro abertas ao tráfego público, compreendendo a administração, construção, conservação e remoção das vias férreas e seus edifícios, obras de arte, material rodante, instalações complementares e acessórias, bem como o serviço de tráfego, de telegrafia, telefonia e funcionamento de todas as instalações ferroviárias – aplicam-se os preceitos especiais constantes desta Seção.
CLT, Art. 237. O pessoal a que se refere o artigo antecedente fica dividido nas seguintes categorias:
a) funcionários de alta administração, chefes e ajudantes de departamentos e seções, engenheiros residentes, chefes de depósitos, inspetores e demais empregados que exercem funções administrativas ou fiscalizadoras;
b) pessoal que trabalhe em lugares ou trechos determinados e cujas tarefas requeiram atenção constante; pessoal de escritório, turmas de conservação e construção da via permanente, oficinas e estações principais, inclusive os respectivos telegrafistas; pessoal de tração, lastro e revistadores;
c) das equipagens de trens em geral;
d) pessoal cujo serviço é de natureza intermitente ou de pouca intensidade, embora com permanência prolongada nos locais de trabalho; vigias e pessoal das estações do interior, inclusive os respectivos telegrafistas.

Súmula n.º 61 do TST. FERROVIÁRIO. Aos ferroviários que trabalham em estação do interior, assim classificada por autoridade competente, não são devidas horas extras (art. 243 da CLT).
Súmula n.º 67 do TST. GRATIFICAÇÃO. FERROVIÁRIO. Chefe de trem, regido pelo estatuto dos ferroviários (Decreto nº 35.530, de 19.09.1959), não tem direito à gratificação prevista no respectivo art. 110.
Súmula n.º 446 do TST. MAQUINISTA FERROVIÁRIO. INTERVALO INTRAJORNADA. SUPRESSÃO PARCIAL OU TOTAL. HORAS EXTRAS DEVIDAS. COMPATIBILIDADE ENTRE OS ARTS. 71, § 4.º, E 238, § 5.º, DA CLT.
A garantia ao intervalo intrajornada, prevista no art. 71 da CLT, por constituir-se em medida de higiene, saúde e segurança do empregado, é aplicável também ao ferroviário maquinista integrante da categoria "c" (equipagem de trem em geral), não havendo *incompatibilidade entre as regras inscritas nos arts. 71, § 4º, e 238, § 5º, da CLT.*

SERVIÇO MILITAR. *Dir. Trab.*

É o serviço desempenhado pelo cidadão no exercício de atividades específicas no âmbito das Forças Armadas – *Exército, Marinha e Aeronáutica* -, entidade destinada a promoção da segurança e defesa nacional. O empregado que se afastar do emprego em virtude de exigência do serviço militar, terá assegurado, por ocasião de seu retorno, todas as vantagens que tenham sido atribuídas à categoria em que pertencia. O afastamento para serviço militar, não constitui motivo para alteração ou rescisão do contrato de trabalho pelo empregador. Ainda, o empregado poderá deixar de comparecer ao serviço, sem qualquer prejuízo a seu salário, pelo período em que estiver à disposição do serviço militar.

BASE LEGAL:
CLT, Art. 471. Ao empregado afastado do emprego, são asseguradas, por ocasião de sua volta, todas as vantagens que, em sua ausência, tenham sido atribuídas à categoria a que pertencia na empresa.
CLT, Art. 472. O afastamento do empregado em virtude das exigências do serviço militar, ou de outro encargo público, não constituirá motivo para alteração ou rescisão do contrato de trabalho por parte do empregador.
§ *1º* Para que o empregado tenha direito a voltar a exercer o cargo do qual se afastou em virtude de exigências do serviço militar ou de encargo público, é indispensável que notifique o empregador dessa intenção, por telegrama ou carta registrada, dentro do prazo máximo de 30 (trinta) dias, contados da data em que se verificar a respectiva baixa ou a terminação do encargo a que estava obrigado.
§ *2º* Nos contratos por prazo determinado, o tempo de afastamento, se assim acordarem as partes interessadas, não será computado na contagem do prazo para a respectiva terminação.[...]

CLT, Art. 473. O empregado poderá deixar de comparecer ao serviço sem prejuízo do salário: [...]
VI – no período de tempo em que tiver de cumprir as exigências do Serviço Militar referidas na letra "c" do art. 65 da Lei nº 4.375, de 17 de agosto de 1964 (Lei do Serviço Militar).

SERVIÇOS FRIGORÍFICOS. *Dir. Trab.*

São considerados aqueles exercidos pelos profissionais que atuam no interior de câmaras frigoríficas e ainda, os que movimentam mercadorias do ambiente quente ou normal para os ambientes frios, ou vice-versa. A estes profissionais, em razão da exposição a temperaturas que refogem a normalidade, é assegurado após 1 (uma) hora e quarenta minutos de trabalho contínuo o período de 20 (vinte) minutos para repouso (*recuperação térmica*), período este que será tido como trabalho efetivo.

BASE LEGAL:
CLT, Art. 253. Para os empregados que trabalham no interior das câmaras frigoríficas e para os que movimentam mercadorias do ambiente quente ou normal para o frio e vice-versa, depois de 1 (uma) hora e 40 (quarenta) minutos de trabalho contínuo, será assegurado um período de 20 (vinte) minutos de repouso, computado esse intervalo como de trabalho efetivo.
CLT, Art. 253
Parágrafo único: Considera-se artificialmente frio, para os fins do presente artigo, o que for inferior, nas primeira, segunda e terceira zonas climáticas do mapa oficial do Ministério do Trabalho, Industria e Comercio, a 15° (quinze graus), na quarta zona a 12° (doze graus), e nas quinta, sexta e sétima zonas a 10° (dez graus).
Súmula n.° 438 do TST – INTERVALO PARA RECUPERAÇÃO TÉRMICA DO EMPREGADO. AMBIENTE ARTIFICIALMENTE FRIO. HORAS EXTRAS. ART. 253 DA CLT. APLICAÇÃO ANALÓGICA
O empregado submetido a trabalho contínuo em ambiente artificialmente frio, nos termos do parágrafo único do art. 253 da CLT, ainda que não labore em câmara frigorífica, tem direito ao intervalo intrajornada previsto no caput do art. 253 da CLT.

SERVIDOR PÚBLICO. *Dir. Trab.*

É todo aquele que mantém vínculo profissional com os órgãos e/ou entidades governamentais, integrados a cargos junto à União, Estados, Distrito Federal e municípios e ainda, de suas respectivas autarquias, fundações, empresas públicas e sociedades de economia mista. Aos servidores públicos do Estado e das instituições paraestatais, não é assistido o direito de sindicalizar-se.

BASE LEGAL:
CLT, Art. 566. Não podem sindicalizar-se os servidores do Estado e os das instituições paraestatais.

SINDICATO(S). *Dir. Trab.*

É a associação de pessoas físicas ou jurídicas que desempenham atividades econômicas ou profissionais e objetivam a defesa dos interesses, coletivos e individuais, de seus partícipes ou de determinada categoria profissional. Pode-se conceituar o sindicato como pessoa jurídica de direito privado, pois vedado a interferência do Poder Público, a assegurar maior efetividade dos interesses de determinado grupo ou categoria. Ninguém será obrigado a filiar-se ou manter-se filiado ao sindicato. Ainda, ao sindicato compete a defesa dos direitos e interesses, individuais e coletivos, de determinada categoria, inclusive em questões jurídicas ou administrativas. Os sindicatos possuem o dever precípuo de participar das negociações coletivas. Ressalvado o cometimento de falta grave, é vedada a dispensa do empregado sindicalizado a partir do registro de sua candidatura a cargo de gestão ou representação sindical e ainda, se eleito, mesmo que na qualidade de suplente, até um ano após o final do mandato.

BASE LEGAL:
CF, Art. 8º É livre a associação profissional ou sindical, observado o seguinte:
I – a lei não poderá exigir autorização do Estado para a fundação de sindicato, ressalvado o registro no órgão competente, vedadas ao Poder Público a interferência e a intervenção na organização sindical;
II – *é vedada a criação de mais de uma organização sindical, em qualquer grau, representativa de categoria profissional ou econômica, na mesma base territorial, que será definida pelos trabalhadores ou empregadores interessados, não podendo ser inferior à área de um Município;*
III – ao sindicato cabe a defesa dos direitos e interesses coletivos ou individuais da categoria, inclusive em questões judiciais ou administrativas; [...].
CF, Art. 8º
V – ninguém será obrigado a filiar-se ou a manter-se filiado a sindicato;
VI – *é obrigatória a participação dos sindicatos nas negociações coletivas de trabalho;* [...].

SOBREAVISO. *Dir. Trab.*

Considera-se regime de sobreaviso sempre que o empregado, ainda que à distância, seja submetido a controle diretivo por meios telemáticos ou informatizados, permanecer em regime de plantão ou equiparado, aguardando a qualquer instante o chamado para o serviço, durante o período de descanso. Por ausência de norma específica que se regule o regime de sobreaviso, mormente, aplica-se por analogia o disposto no art. 244, § 2º, da CLT, que prevê a remuneração em regime de sobreaviso ser contada à razão de 1/3 (um terço) sobre o salário normal. Ainda, é lícito dispor em convenção ou acordo coletivo do trabalho sobre o regime de sobreaviso.

BASE LEGAL:

CLT, Art. 244. As estradas de ferro poderão ter empregados extranumerários, de sobreaviso e de prontidão, para executarem serviços imprevistos ou para substituições de outros empregados que faltem à escala organizada. [...] § 2º *Considera-se de «sobreaviso» o empregado efetivo, que permanecer em sua própria casa, aguardando a qualquer momento o chamado para o serviço. Cada escala de «sobreaviso» será, no máximo, de vinte e quatro horas. As horas de «sobreaviso», para todos os efeitos, serão contadas à razão de 1/3 (um terço) do salário normal.*

Súmula n.º 229 do TST. SOBREAVISO. ELETRICITÁRIOS. Por aplicação analógica do art. 244, § 2º, da CLT, as horas de sobreaviso dos eletricitários são remuneradas à base de 1/3 (um terço) sobre a totalidade das parcelas de natureza salarial.

SÓCIO RETIRANTE. *Dir. Trab.*

É aquele que se retira dos quadros societários da empresa, todavia, permanece na responsabilidade solidária das obrigações contraídas pela empresa durante o período em que foi sócio. Ainda será responsável o sócio retirante pelo prazo de dois anos a contar da data da averbação da retirada, após o qual, não mais poderá ser responsabilizado por débitos trabalhistas da empresa.

BASE LEGAL:

CLT, Art. 10-A. O sócio retirante responde subsidiariamente pelas obrigações trabalhistas da sociedade relativas ao período em que figurou como sócio, somente em ações ajuizadas até dois anos depois de averbada a modificação do contrato, observada a seguinte ordem de preferência: [...] III – os sócios retirantes.

SUBEMPREITADA. *Dir. Trab.*

Consiste na faculdade que o empreiteiro tem de terceirizar a execução da obra para qual foi designado, podendo fazê-lo no todo ou em parte, ressalvado se o contrato de empreitada atender a qualidades personalíssimas do empreiteiro, uma vez que, o contrato de empreitada configura obrigação de resultado. A possibilidade de subempreitar a obra contratada, decorre dos termos dispostos e convencionados em contrato, observado a natureza do negócio ou das práticas regionais. Ainda que o empreiteiro terceirize total ou parcialmente a realização da obra, permanecerá na qualidade de responsável pela realização da obra perante o proprietário (*contratante*), podendo acionar o subempreiteiro em ação regressiva, no caso de inexecução ou execução inferior ao pactuado. Nos contratos de subempreitada, responde o subempreiteiro pelas obrigações oriundas do contrato de trabalho, todavia, assiste aos empregados, o direito de reclamação contra o empreiteiro principal pelo inadimplemento daquelas obrigações por parte do primeiro.

BASE LEGAL.

CLT, Art. 455. Nos contratos de subempreitada responderá o subempreiteiro pelas obrigações derivadas do contrato de trabalho que celebrar, cabendo, todavia, aos empregados, o direito de reclamação contra o empreiteiro principal pelo inadimplemento daquelas obrigações por parte do primeiro.
CLT, Art. 455
Parágrafo único: Ao empreiteiro principal fica ressalvada, nos termos da lei civil, ação regressiva contra o subempreiteiro e a retenção de importâncias a este devidas, para a garantia das obrigações previstas neste artigo.

SUBORDINAÇÃO. *Dir. Trab.*

Consiste no poder diretivo exercido pelo empregador sobre o empregado. A subordinação pode se apresentar em diferentes espécies: hierárquica ou jurídica – quando o empregado exerce atividade laboral sob a sujeição do empregador e dentro dos quadros de colaboradores da empresa; econômica, quando o empregado depende da remuneração oriunda da prestação de serviços, ou seja, está sob a dependência do empregador – ou ainda, estrutural – espécie controvertida, a definir quando a pessoa presta serviços que visem agregar valor à atividade empresarial, todavia, sem o recebimento de ordens diretas para tal fim, a título de exemplo, temos a condição dos corretores de seguros. O exercício do poder de subordinação, pode sofrer variações a depender da atividade a ser exercida, isto é, nem todas as relações serão definidas por critério de horários, assim sendo, a mera liberdade de jornada não é elemento suficiente a descaracterizar a subordinação. A exemplo disto, têm-se os empregados que exercem atividade externa ou de teletrabalho e ainda assim, mantém-se subordinado à dependência do empregador.

BASE LEGAL.

CLT, Art. 3º. Considera-se empregado toda pessoa física que prestar serviços de natureza não eventual a empregador, sob a dependência deste e mediante salário.

CLT, Art. 62. Não são abrangidos pelo regime previsto neste capítulo:

I – os empregados que exercem atividade externa incompatível com a fixação de horário de trabalho, devendo tal condição ser anotada na Carteira de Trabalho e Previdência Social e no registro de empregados;

II – os gerentes, assim considerados os exercentes de cargos de gestão, aos quais se equiparam, para efeito do disposto neste artigo, os diretores e chefes de departamento ou filial.

III – os empregados em regime de teletrabalho.

SUBSTITUIÇÃO PROCESSUAL. *Dir. Proc. Trab.*

Consiste na possibilidade de o indivíduo comparecer em juízo para postular em nome próprio direito alheio, em legítima transferência de titularidade do direito de ação. A doutrina afirma que a expressão *substituição processual* pode ser também denominada *legitimidade extraordinária*. Ressalvada posições contrárias, tem-se que ambos institutos legitimam a atuação de terceiro na defesa de direito alheio. A título de exemplo, têm-se as organizações sindicais que, possuem legitimidade para postular em Juízo ou fora deste, direitos subjetivos individuais e coletivos de integrantes de determinada categoria profissional, por ele representada.

BASE LEGAL.

CF, Art. 8.º – *É livre a associação profissional ou sindical, observado o seguinte: [...]*

III – ao sindicato cabe a defesa dos direitos e interesses coletivos ou individuais da categoria, inclusive em questões judiciais ou administrativas;

Súmula n.º 286 do TST. SINDICATO. SUBSTITUIÇÃO PROCESSUAL. CONVENÇÃO E ACORDO COLETIVOS. A legitimidade do sindicato para propor ação de cumprimento estende-se também à observância de acordo ou de convenção coletivos.

SUCESSÃO EMPRESARIAL. *Dir. Trab.*

Ocorre quando se há a transferência de titularidade da empresa sucedida – e também de suas obrigações –, para a empresa sucessora. Havendo a sucessão empresarial, a empresa sucessora assumirá também as obrigações sobre dívidas trabalhistas. A alteração na propriedade ou estrutura jurídica da empresa não afetará os contratos de trabalho dos respectivos empregados. Uma vez caracterizada a sucessão empresarial, as obrigações trabalhistas, inclusive as pretéritas à sucessão, serão de responsabilidade do sucessor. Já a empresa sucedida responderá solidariamente a sucessora, quando ficar comprovada fraude na transferência.

BASE LEGAL:

CLT, Art. 448. A mudança na propriedade ou na estrutura jurídica da empresa não afetará os contratos de trabalho dos respectivos empregados.

CLT, Art. 448-A. Caracterizada a sucessão empresarial ou de empregadores prevista nos arts. 10 e 448 desta Consolidação, as obrigações trabalhistas, inclusive as contraídas à época em que os empregados trabalhavam para a empresa sucedida, são de responsabilidade do sucessor. Parágrafo único. A empresa sucedida responderá solidariamente com a sucessora quando ficar comprovada fraude na transferência.

SÚMULA. *Dir. Trab.*

São decisões proferidas no âmbito dos Tribunais de nosso país, lastreados em decisões reiteradas, que delimitam e uniformizam o entendimento e interpretação das normas sobre determinada matéria. É a consolidação de diversas decisões de um mesmo Tribunal que promovem interpretação idêntica sobre determinado tema, a consolidados em enunciado de súmula.

BASE LEGAL:

CLT, Art. 702, I [...]

f) estabelecer ou alterar súmulas e outros enunciados de jurisprudência uniforme, pelo voto de pelo menos dois terços de seus membros, caso a mesma matéria já tenha sido decidida de forma idêntica por unanimidade em, no mínimo, dois terços das turmas em pelo menos dez sessões diferentes em cada uma delas, podendo, ainda, por maioria de dois terços de seus membros, restringir os efeitos daquela declaração ou decidir que ela só tenha eficácia a partir de sua publicação no Diário Oficial; [...].

SÚMULA VINCULANTE. *Dir. Const.*

É instrumento exclusivo do Supremo Tribunal Federal, sob o qual a partir de sua publicação em imprensa oficial, produzirá efeito vinculante em relação aos demais órgãos do Poder Judiciário, administração pública, direta e indireta, nos âmbitos do poder público federal, estadual ou municipal.

BASE LEGAL:

CF, Art. 103-A. O Supremo Tribunal Federal poderá, de ofício ou por provocação, mediante decisão de dois terços dos seus membros, após reiteradas decisões sobre matéria constitucional, aprovar súmula que, a partir de sua publicação na imprensa oficial, terá efeito vinculante em relação aos demais órgãos do Poder Judiciário e à administração pública direta e indireta, nas esferas federal, estadual e municipal, bem como proceder à sua revisão ou cancelamento, na forma estabelecida em lei.

§ 1º A súmula terá por objetivo a validade, a interpretação e a eficácia de normas determinadas, acerca das quais haja controvérsia atual entre órgãos judiciários ou entre esses e a administração pública que acarrete grave insegurança jurídica e relevante multiplicação de processos sobre questão idêntica.

§ 2º Sem prejuízo do que vier a ser estabelecido em lei, a aprovação, revisão ou cancelamento de súmula poderá ser provocada por aqueles que podem propor a ação direta de inconstitucionalidade.

§ 3º Do ato administrativo ou decisão judicial que contrariar a súmula aplicável ou que indevidamente a aplicar, caberá reclamação ao Supremo Tribunal Federal que, julgando-a procedente, anulará o ato administrativo ou cassará a decisão judicial reclamada, e determinará que outra seja proferida com ou sem a aplicação da súmula, conforme o caso.

SUSPEIÇÃO. *Dir. Proc. Civ.*

É a condição de rompimento a imparcialidade do juiz, quando este, por razões de ordem pessoal, moral, política, filosófica, entre outros, se declara suspeito na condução de determinado procedimento ou é alvo de alegação de suspeição provocado por uma das partes. Se o magistrado declarar-se suspeito por motivo de foro íntimo, a conduzir determinado procedimento, não tem a necessidade de declarar suas razões.

BASE LEGAL:

CPC, Art. 145. Há suspeição do juiz:

I – amigo íntimo ou inimigo de qualquer das partes ou de seus advogados;

II – que receber presentes de pessoas que tiverem interesse na causa antes ou depois de iniciado o processo, que aconselhar alguma das partes acerca do objeto da causa ou que subministrar meios para atender às despesas do litígio;
III – quando qualquer das partes for sua credora ou devedora, de seu cônjuge ou companheiro ou de parentes destes, em linha reta até o terceiro grau, inclusive;
IV – interessado no julgamento do processo em favor de qualquer das partes.
§ 1º Poderá o juiz declarar-se suspeito por motivo de foro íntimo, sem necessidade de declarar suas razões. [...]
CPC, Art. 148, § 1º A parte interessada deverá arguir o impedimento ou a suspeição, em petição fundamentada e devidamente instruída, na primeira oportunidade em que lhe couber falar nos autos.

SUCESSÃO. *Dir. Civ.*

É o ato que designa a transferência de direitos e obrigações de um determinado indivíduo a outro. Assim, ocorre a sucessão quando uma pessoa resta encargado de diretos e/ou obrigações, ou ainda, no conjunto de direitos e obrigações que pertenciam a outrem, seja esta operada por manifestação de última vontade ou mesmo em razão da morte de outrem, aqui considerados direitos hereditários, testamentários e de meação.

BASE LEGAL:
CC, Art. 6.º A existência da pessoa natural termina com a morte; presume-se esta, quanto aos ausentes, nos casos em que a lei autoriza a abertura de sucessão definitiva.

SUCUMBÊNCIA. *Dir. Trab.*

Rege-se pelo princípio do qual a parte vencida (*perdedora*) no processo é obrigada a arcar com os honorários advocatícios da parte vencedora. Os honorários advocatícios constituem-se direito do advogado e possuem natureza alimentar, sendo vedada a compensação em caso de sucumbência parcial. Desta forma, deve o juiz quando da elaboração da Sentença, estabelecer a fixação de honorários de sucumbência a serem pagos pelo vencido ao advogado do vencedor, observado o mínimo de 5% (cinco por cento) e o máximo de 15% (quinze por cento). Aos fins de fixação dos honorários de sucumbência, o Juízo observará, o grau de zelo do profissional; o local da prestação de serviços; a natureza e a importância da causa; o trabalho realizado e o tempo despendido para execução dos serviços.

BASE LEGAL:

CLT, Art. 791-A. Ao advogado, ainda que atue em causa própria, serão devidos honorários de sucumbência, fixados entre o mínimo de 5% (cinco por cento) e o máximo de 15% (quinze por cento) sobre o valor que resultar da liquidação da sentença, do proveito econômico obtido ou, não sendo possível mensurá-lo, sobre o valor atualizado da causa.

§ 1º Os honorários são devidos também nas ações contra a Fazenda Pública e nas ações em que a parte estiver assistida ou substituída pelo sindicato de sua categoria.

CLT, Art. 791-A, § 2.º Ao fixar os honorários, o juízo observará:

I – o grau de zelo do profissional;

II – o lugar de prestação do serviço;

III – a natureza e a importância da causa;

IV – o trabalho realizado pelo advogado e o tempo exigido para o seu serviço.

CLT. Art. 791-A

[...]

§ 3º Na hipótese de procedência parcial, o juízo arbitrará honorários de sucumbência recíproca, vedada a compensação entre os honorários.

§ 4º Vencido o beneficiário da justiça gratuita, desde que não tenha obtido em juízo, ainda que em outro processo, créditos capazes de suportar a despesa, as obrigações decorrentes de sua sucumbência ficarão sob condição suspensiva de exigibilidade e somente poderão ser executadas se, nos dois anos subsequentes ao trânsito em julgado da decisão que as certificou, o credor demonstrar que deixou de existir a situação de insuficiência de recursos que justificou a concessão de gratuidade, extinguindo-se, passado esse prazo, tais obrigações do beneficiário.

§ 5º São devidos honorários de sucumbência na reconvenção.

SUSPENSÃO. *Dir. Trab.*

Consiste na cessação temporária e total da execução dos efeitos do contrato de trabalho, isto é, por ocasião da suspensão do contrato de trabalho, a empresa não deve pagar salários e, tampouco contar o tempo de serviço do empregada afastado, pois se há a suspensão dos efeitos que advém do contrato de trabalho. O contrato de trabalho poderá ser suspenso, por período de dois a cinco meses, para participação do empregado em curso ou programa de qualificação profissional oferecido pelo empregador, com duração equivalente à suspensão contratual, mediante a aceitação do empregado e ainda, através de previsão em convenção ou acordo coletivo do trabalho. Eventualmente, se ao longo da suspensão do contrato de trabalho não for ministrado o curso ou ainda, se o empregado permanecer trabalhando para o empregador, ficará descaracterizada a suspensão, sujeitando o empregador ao pagamento imediato dos salários e dos encargos sociais referente ao período, sem prejuízo de aplicação das sanções cabíveis na lei ou definidas em acordo ou convenção coletiva do trabalho.

BASE LEGAL:

Art. 476-A. O contrato de trabalho poderá ser suspenso, por um período de dois a cinco meses, para participação do empregado em curso ou programa de qualificação profissional oferecido pelo empregador, com duração equivalente à suspensão contratual, mediante previsão em convenção ou acordo coletivo de trabalho e aquiescência formal do empregado, observado o disposto no art. 471 desta Consolidação.

§ 1º Após a autorização concedida por intermédio de convenção ou acordo coletivo, o empregador deverá notificar o respectivo sindicato, com antecedência mínima de quinze dias da suspensão contratual.

§ 2º O contrato de trabalho não poderá ser suspenso em conformidade com o disposto no caput deste artigo mais de uma vez no período de dezesseis meses.

§ 3º O empregador poderá conceder ao empregado ajuda compensatória mensal, sem natureza salarial, durante o período de suspensão contratual nos termos do caput deste artigo, com valor a ser definido em convenção ou acordo coletivo.

§ 4º Durante o período de suspensão contratual para participação em curso ou programa de qualificação profissional, o empregado fará jus aos benefícios voluntariamente concedidos pelo empregador.

CLT, Art. 476-A

[...]

§ 5º Se ocorrer a dispensa do empregado no transcurso do período de suspensão contratual ou nos três meses subsequentes ao seu retorno ao trabalho, o empregador pagará ao empregado, além das parcelas indenizatórias previstas na legislação em vigor, multa a ser estabelecida em convenção ou acordo coletivo, sendo de, no mínimo, cem por cento sobre o valor da última remuneração mensal anterior à suspensão do contrato.

§ 6º Se durante a suspensão do contrato não for ministrado o curso ou programa de qualificação profissional, ou o empregado permanecer trabalhando para o empregador, ficará descaracterizada a suspensão, sujeitando o empregador ao pagamento imediato dos salários e dos encargos sociais referentes ao período, às penalidades cabíveis previstas na legislação em vigor, bem como às sanções previstas em convenção ou acordo coletivo.

§ 7º O prazo limite fixado no caput poderá ser prorrogado mediante convenção ou acordo coletivo de trabalho e aquiescência formal do empregado, desde que o empregador arque com o ônus correspondente ao valor da bolsa de qualificação profissional, no respectivo período.

SUPLENTE. *Dir. Trab.*

É aquele que supre a falta ou representa o outro quando do período de ausência, assumindo temporariamente suas funções, enquanto perdurar a ausência. Para os fins do direito do trabalho, temos que a estabilidade provisória dos membros da Comissão Interna de Prevenção de Acidentes (CIPA), é garantida aos suplentes que, poderão ajuizar reclamação trabalhista a efetivação deste direito, mesmo após transcorrido o período de estabilidade, observado para tanto o prazo bienal a contar do término do contrato de trabalho.

BASE LEGAL:

ADCT, CF, Art. 10. Até que seja promulgada a lei complementar a que se refere o art. 7º I, da Constituição:

[...]

II – fica vedada a dispensa arbitrária ou sem justa causa:

a) do empregado eleito para cargo de direção de comissões internas de prevenção de acidentes, desde o registro de sua candidatura até um ano após o final de seu mandato; [...]

CF, Art. 7.º – São direitos dos trabalhadores urbanos e rurais, além de outros que visem à melhoria de sua condição social: I – relação de emprego protegida contra despedida arbitrária ou sem justa causa, nos termos de lei complementar, que preverá indenização compensatória, dentre outros direitos; [...]

Súmula 339 do TST. CIPA. SUPLENTE. GARANTIA DE EMPREGO. CF/1988. I – O suplente da CIPA goza da garantia de emprego prevista no art. 10, II, "a", do ADCT a partir da promulgaçao da Constituição Federal de 1988.

SUPERIOR TRIBUNAL MILITAR. *Dir. Const..*

É o órgão dotado de competência originária para julgamento de seus oficiais generais quando incidem na prática de crime, efetua também o julgamento da perda de posto e patentes de Oficial Militar, além da competência das atribuições concedidas para o julgamento de apelações e os recursos das decisões dos juízes de primeiro grau da Justiça Militar da União,[243] não detêm a competência para analisar os casos da Justiça Estadual e do Distrito Federal, atuando portanto, com os mesmos poderes de um Tribunal de Justiça Estadual ou seja, um Tribunal Recursal. É composto por 15 (quinze) ministros, cuja nomeação se dará por meio do Presidente da República com observância ao artigo

243 LENZA, 2015.

123 da Constituição Cidadã, devendo ser observado, ainda, os requisitos previstos na Constituição para nomeação de Ministros Civis, devendo cumprir o requisito da sabatina diante do Senado Federal.

BASE LEGAL:

Art. 123. O Superior Tribunal Militar compor-se-á de quinze Ministros vitalícios, nomeados pelo Presidente da República, depois de aprovada a indicação pelo Senado Federal, sendo três dentre oficiais-generais da Marinha, quatro dentre oficiais-generais do Exército, três dentre oficiais-generais da Aeronáutica, todos da ativa e do posto mais elevado da carreira, e cinco dentre civis.

Parágrafo único. Os Ministros civis serão escolhidos pelo Presidente da República dentre brasileiros maiores de trinta e cinco anos, sendo:

I – três dentre advogados de notório saber jurídico e conduta ilibada, com mais de dez anos de efetiva atividade profissional;

II – dois, por escolha paritária, dentre juízes auditores e membros do Ministério Público da Justiça Militar.

SUPREMO TRIBUNAL FEDERAL. *Dir. Const.*

É o órgão de cúpula do Poder Judiciário, responsável pelo julgamento em último grau. Sua composição é formada por 11 (onze) Ministros, cuja a indicação é realizada pelo Presidente da República, ficando a cargo do Senado Federal a aprovação ou não, para ter o nome aprovado é preciso alcançar a maioria absoluta no Senado, cumprindo o requisito da sabatina o Ministro é nomeado. Os requisitos para ocupar o almejado cargo é disposto no artigo 12, §3º, 101 da Constituição Cidadã, além de ser jurista. A competência do STF vem disposta no artigo 102 da Constituição Cidadã, inclusive tem por competência a fixação das teses de repercussão geral, evitando assim volumoso número de processos destituídos de repercussão geral.

BASE LEGAL:

Art. 101. O Supremo Tribunal Federal compõe-se de onze Ministros, escolhidos dentre cidadãos com mais de trinta e cinco e menos de sessenta e cinco anos de idade, de notável saber jurídico e reputação ilibada.

Parágrafo único: Os ministros do Supremo Tribunal Federal serão nomeados pelo presidente da república, depois de aprovada a escolha pela maioria absoluta do Senado Federal.

Art. 102. Compete ao Supremo Tribunal Federal, precipuamente, a guarda da Constituição, cabendo-lhe:

I – processar e julgar, originariamente:

a) a ação direta de inconstitucionalidade de lei ou ato normativo federal ou estadual e a ação declaratória de constitucionalidade de lei ou ato normativo federal;
b) nas infrações penais comuns, o presidente da república, o vice-presidente, os membros do Congresso Nacional, seus próprios ministros e o procurador-geral da república;
c) nas infrações penais comuns e nos crimes de responsabilidade, os ministros de Estado e os Comandantes da Marinha, do Exército e da Aeronáutica, ressalvado o disposto no art. 52, I, os membros dos Tribunais Superiores, os do Tribunal de Contas da União e os chefes de missão diplomática de caráter permanente;
d) o *habeas corpus*, sendo paciente qualquer das pessoas referidas nas alíneas anteriores; o mandado de segurança e o *habeas data contra atos do* presidente da República, das mesas da Câmara dos Deputados e do Senado Federal, do Tribunal de Contas da União, do procurador-geral da república e do próprio Supremo Tribunal Federal;
e) o litígio entre Estado estrangeiro ou organismo internacional e a União, o Estado, o Distrito Federal ou o Território;
f) as causas e os conflitos entre a União e os Estados, a União e o Distrito Federal, ou entre uns e outros, inclusive as respectivas entidades da administração indireta;
g) a extradição solicitada por Estado estrangeiro;
i) o *habeas corpus*, quando o coator for Tribunal Superior ou quando o coator ou o paciente for autoridade ou funcionário cujos atos estejam sujeitos diretamente à jurisdição do Supremo Tribunal Federal, ou se trate de crime sujeito à mesma jurisdição em uma única instância;
j) a revisão criminal e a ação rescisória de seus julgados;
l) a reclamação para a preservação de sua competência e garantia da autoridade de suas decisões;
m) a execução de sentença nas causas de sua competência originária, facultada a delegação de atribuições para a prática de atos processuais;
n) a ação em que todos os membros da magistratura sejam direta ou indiretamente interessados, e aquela em que mais da metade dos membros do tribunal de origem estejam impedidos ou sejam direta ou indiretamente interessados;
o) os conflitos de competência entre o Superior Tribunal de Justiça e quaisquer tribunais, entre Tribunais Superiores, ou entre estes e qualquer outro tribunal;
p) o pedido de medida cautelar das ações diretas de inconstitucionalidade;
q) o mandado de injunção, quando a elaboração da norma regulamentadora for atribuição do presidente da República, do Congresso Nacional, da Câmara dos Deputados, do Senado Federal, das Mesas de uma dessas Casas Legislativas, do Tribunal de Contas da União, de um dos Tribunais Superiores, ou do próprio Supremo Tribunal Federal;

r) as ações contra o Conselho Nacional de Justiça e contra o Conselho Nacional do Ministério Público;
II – julgar, em recurso ordinário:
a) o *habeas corpus*, o mandado de segurança, o *habeas data e o mandado de injunção decididos em única instância pelos Tribunais Superiores, se denegatória a decisão;*
b) o crime político;
III – julgar, mediante recurso extraordinário, as causas decididas em única ou última instância, quando a decisão recorrida:
a) contrariar dispositivo desta Constituição;
b) declarar a inconstitucionalidade de tratado ou lei federal;
c) julgar válida lei ou ato de governo local contestado em face desta Constituição.
d) julgar válida lei local contestada em face de lei federal.
§ 1º A arguição de descumprimento de preceito fundamental, decorrente desta Constituição, será apreciada pelo Supremo Tribunal Federal, na forma da lei.
§ 2º As decisões definitivas de mérito, proferidas pelo Supremo Tribunal Federal, nas ações diretas de inconstitucionalidade e nas ações declaratórias de constitucionalidade produzirão eficácia contra todos e efeito vinculante, relativamente aos demais órgãos do Poder Judiciário e à administração pública direta e indireta, nas esferas federal, estadual e municipal.
§ 3º No recurso extraordinário o recorrente deverá demonstrar a repercussão geral das questões constitucionais discutidas no caso, nos termos da lei, a fim de que o Tribunal examine a admissão do recurso, somente podendo recusá-lo pela manifestação de dois terços de seus membros.

SUSPEIÇÃO. *Dir. Proc. Civ.*

A legislação confere aos litigantes maior proteção e transparência na resolução dos conflitos, determinando que o juiz dirija o processo com total imparcialidade. A suspeição coloca a imparcialidade do juiz questionada, ou seja, não pode o magistrado ter vínculo com nenhuma das partes, seja ela parentesco, amizade, até mesmo inimizade. O artigo 145 do CPC, prevê as hipóteses de suspeição no processo que são aplicáveis ao Processo do Trabalho, cabe ressaltar que a suspeição é pressuposto processual de validade, se não arguida de ofício pelo Magistrado irá demanda conjunto probatório pelas partes, admitindo-se inclusive prova em sentido contrário, há momento específico para se levantar, caso não arguida no momento oportuno é acobertada pela coisa julgada.

BASE LEGAL:

CPC, Art. 145. Há suspeição do juiz:
I – amigo íntimo ou inimigo de qualquer das partes ou de seus advogados;
II – que receber presentes de pessoas que tiverem interesse na causa antes ou depois de iniciado o processo, que aconselhar alguma das partes acerca do objeto da causa ou que subministrar meios para atender às despesas do litígio;
III – quando qualquer das partes for sua credora ou devedora, de seu cônjuge ou companheiro ou de parentes destes, em linha reta até o terceiro grau, inclusive;
IV – interessado no julgamento do processo em favor de qualquer das partes.
§ 1º Poderá o juiz declarar-se suspeito por motivo de foro íntimo, sem necessidade de declarar suas razões.
§ 2º Será ilegítima a alegação de suspeição quando:
I – houver sido provocada por quem a alega;
II – a parte que a alega houver praticado ato que signifique manifesta aceitação do arguido.

SUSPENSÃO DO CONTRATO DE TRABALHO. *Dir. Ind. Trab.*

A suspensão do contrato de trabalho irá acarretar a não prestação dos serviços e por consequência não há pagamento do salário, e o tempo que perdurar a suspensão não será computado para fins previdenciários, no entanto o vínculo empregatício é mantido, devendo ambas as partes a observância dos artigos 482 e 483 da CLT. A título de exemplo, pode-se mencionar o afastamento do empregado por acidente do trabalho, motivo de doença ocupacional ou profissional, a partir do 16 dia de afastamento acarreta na suspensão do contrato, assim que cessado o motivo, o contrato volta a produzir todos os efeitos, artigo 471 CLT.

BASE LEGAL:

CLT, Art. 471. Ao empregado afastado do emprego, são asseguradas, por ocasião de sua volta, todas as vantagens que, em sua ausência, tenham sido atribuídas à categoria a que pertencia na empresa.
Art. 482 – Constituem justa causa para rescisão do contrato de trabalho pelo empregador:
a) ato de improbidade;
b) incontinência de conduta ou mau procedimento;
c) negociação habitual por conta própria ou alheia sem permissão do empregador, e quando constituir ato de concorrência à empresa para a qual trabalha o empregado, ou for prejudicial ao serviço;

d) condenação criminal do empregado, passada em julgado, caso não tenha havido suspensão da execução da pena;
e) desídia no desempenho das respectivas funções;
f) embriaguez habitual ou em serviço;
g) violação de segredo da empresa;
h) ato de indisciplina ou de insubordinação;
i) abandono de emprego;
j) ato lesivo da honra ou da boa fama praticado no serviço contra qualquer pessoa, ou ofensas físicas, nas mesmas condições, salvo em caso de legítima defesa, própria ou de outrem;
k) ato lesivo da honra ou da boa fama ou ofensas físicas praticadas contra o empregador e superiores hierárquicos, salvo em caso de legítima defesa, própria ou de outrem;
l) prática constante de jogos de azar.
m) perda da habilitação ou dos requisitos estabelecidos em lei para o exercício da profissão, em decorrência de conduta dolosa do empregado.
Parágrafo único: Constitui igualmente justa causa para dispensa de empregado a prática, devidamente comprovada em inquérito administrativo, de atos atentatórios à segurança nacional.
Art. 483. O empregado poderá considerar rescindido o contrato e pleitear a devida indenização quando:
a) forem exigidos serviços superiores às suas forças, defesos por lei, contrários aos bons costumes, ou alheios ao contrato;
b) for tratado pelo empregador ou por seus superiores hierárquicos com rigor excessivo;
c) correr perigo manifesto de mal considerável;
d) não cumprir o empregador as obrigações do contrato;
e) praticar o empregador ou seus prepostos, contra ele ou pessoas de sua família, ato lesivo da honra e boa fama;
f) o empregador ou seus prepostos ofenderem-no fisicamente, salvo em caso de legítima defesa, própria ou de outrem;
g) o empregador reduzir o seu trabalho, sendo este por peça ou tarefa, de forma a afetar sensivelmente a importância dos salários.
§ *1º* O empregado poderá suspender a prestação dos serviços ou rescindir o contrato, quando tiver de desempenhar obrigações legais, incompatíveis com a continuação do serviço.
§ *2º* No caso de morte do empregador constituído em empresa individual, é facultado ao empregado rescindir o contrato de trabalho.
§ *3º* Nas hipóteses das letras "d" e "g", poderá o empregado pleitear a rescisão de seu contrato de trabalho e o pagamento das respectivas indenizações, permanecendo ou não no serviço até final decisão do processo.

SUSPENSÃO DO EMPREGADO. *Dir. Trab.*

A suspensão do empregado é considerada uma sanção disciplinar de natureza leve, utilizada nos casos em que o obreiro praticou alguma das hipóteses previstas no artigo 482 da CLT, cujo o período de aplicação deve ser de 01 a no máximo 30 dias, devendo o empregador informar os motivos que levaram a aplicação da suspensão, se por ventura ultrapassar o período apontado resultará imediatamente na hipótese de rescisão injusta do contrato de trabalho, nos moldes do artigo 474 da CLT.

BASE LEGAL:

CLT, Art. 474. A suspensão do empregado por mais de 30 (trinta) dias consecutivos importa na rescisão injusta do contrato de trabalho.

SUSPENSÃO DOS PRAZOS, AUDIÊNCIAS E SESSÕES DE JULGAMENTO. *Proc. Trab.*

A suspensão do prazo causa a paralisação do processo, assim que retomado deverá continuar do tempo que faltou. Aplica-se o artigo 775 CLT, que determina a contagem dos prazos em dias úteis, como exemplo pode-se citar o recesso forense, súmula 262 do TST, cuja paralisação se dá de 20 de dezembro a 20 de janeiro, ocasião que os prazos, audiências e sessões de julgamento permanecem suspensas.

BASE LEGAL:

CLT, Art. 775. Os prazos estabelecidos neste Título serão contados em dias úteis, com exclusão do dia do começo e inclusão do dia do vencimento.
§ 1º Os prazos podem ser prorrogados, pelo tempo estritamente necessário, nas seguintes hipóteses:
I – quando o juízo entender necessário
II – em virtude de força maior, devidamente comprovada.
§ 2º Ao juízo incumbe dilatar os prazos processuais e alterar a ordem de produção dos meios de prova, adequando-os às necessidades do conflito de modo a conferir maior efetividade à tutela do direito.
Art. 775-A. Suspende-se o curso do prazo processual nos dias compreendidos entre 20 de dezembro e 20 de janeiro, inclusive.
§ 1º Ressalvadas as férias individuais e os feriados instituídos por lei, os juízes, os membros do Ministério Público, da Defensoria Pública e da Advocacia Pública e os auxiliares da Justiça exercerão suas atribuições durante o período previsto no caput deste artigo.
§ 2º Durante a suspensão do prazo, não se realizarão audiências nem sessões de julgamento.

Súmula nº 262 do TST
PRAZO JUDICIAL. NOTIFICAÇÃO OU INTIMAÇÃO EM SÁBADO. RECESSO FORENSE.
I – Intimada ou notificada a parte no sábado, o início do prazo se dará no primeiro dia útil imediato e a contagem, no subsequente.
II – O recesso forense e as férias coletivas dos Ministros do Tribunal Superior do Trabalho suspendem os prazos recursais.

T

TACÓGRAFO. *Dir. Trab.*

É um aparelho localizado no interior dos veículos de transporte, condução escolar e transporte de passageiros – ônibus, sendo sua utilização obrigatória conforme disciplinado no Código de Trânsito Brasileiro e Lei do Motorista Profissional. Através de um disco papel que funciona como se fosse um aparelho gráfico é medida a quilometragem e a velocidade desempenhada pelo condutor do veículo, além de anotar as horas de labor desempenhadas pelo motorista, por esse motivo é aliado das empresas como mais um instrumento para o controle de jornada, cabendo ressaltar que somente o tacógrafo não serve para controlar a jornada, há necessidade de outros elementos de prova. Á utilização do tacógrafo é obrigatória, em caso de descumprimento haverá sanções. Atualmente no Brasil, o aparelho mais utilizado depende de um disco de papel, para registrar o percurso, porém já existem modelos sofisticados nos formatos digitais.

BASE LEGAL:

Lei 13.103/2015 Art. 67-E. O motorista profissional é responsável por controlar e registrar o tempo de condução estipulado no art. 67 C, com vistas à sua estrita observância.

§ 1º A não observância dos períodos de descanso estabelecidos no art. 67-C sujeitará o motorista profissional às penalidades daí decorrentes, previstas neste Código.

§ 2º O tempo de direção será controlado mediante registrador instantâneo inalterável de velocidade e tempo e, ou por meio de anotação em diário de bordo, ou papeleta ou ficha de trabalho externo, ou por meios eletrônicos instalados no veículo, conforme norma do Contran.

§ 3º O equipamento eletrônico ou registrador deverá funcionar de forma independente de qualquer interferência do condutor, quanto aos dados registrados.

§ 4º A guarda, a preservação e a exatidão das informações contidas no equipamento registrador instantâneo inalterável de velocidade e de tempo são de responsabilidade do condutor.

Lei 9503/1997 – Art. 105. São equipamentos obrigatórios dos veículos, entre outros a serem estabelecidos pelo CONTRAN: [...]

II – para os veículos de transporte e de condução escolar, os de transporte de passageiros com mais de dez lugares e os de carga com peso bruto total superior a quatro mil, quinhentos e trinta e seis quilogramas, equipamento registrador instantâneo inalterável de velocidade e tempo;
OJ 332 SDI-1. MOTORISTA. HORAS EXTRAS. ATIVIDADE EXTERNA. CONTROLE DE JORNADA POR TACÓGRAFO. RESOLUÇÃO Nº 816/86 DO CONTRAN (DJ 09.12.2003) O tacógrafo, por si só, sem a existência de outros elementos, não serve para controlar a jornada de trabalho de empregado que exerce atividade externa.

TAREFA. *Dir. Trab.*

É aquele trabalho que obreiro receberá pelo acordo do número de tarefas desempenhadas em certo limite de tempo. Poderá acontecer do obreiro não conseguir realizar toda a tarefa no tempo determinado, neste caso terá uma ampliação do prazo, e essa ampliação é considero como sobrejornada. No mesmo caso ocorre se o trabalhador desempenhar toda a tarefa antes do prazo, neste caso, terá direito ao recebimento de um valor maior do qual acordado. Ressalta-se que deve ser estipulada um valor que não seja inferior ao salário mínimo, pois caso o trabalhador não consiga desempenhar toda a tarefa terá direito ao salário mínimo.

BASE LEGAL:
CF/88 – Art. 7º São direitos dos trabalhadores urbanos e rurais, além de outros que visem à melhoria de sua condição social: [...]
IV – salário mínimo , fixado em lei, nacionalmente unificado, capaz de atender a suas necessidades vitais básicas e às de sua família com moradia, alimentação, educação, saúde, lazer, vestuário, higiene, transporte e previdência social, com reajustes periódicos que lhe preservem o poder aquisitivo, sendo vedada sua vinculação para qualquer fim;
CLT – Art. 444. As relações contratuais de trabalho podem ser objeto de livre estipulação das partes interessadas em tudo quanto não contravenha às disposições de proteção ao trabalho, aos contratos coletivos que lhes sejam aplicáveis e às decisões das autoridades competentes.
Parágrafo único. A livre estipulação a que se refere o caput deste artigo aplica-se às hipóteses previstas no art. 611-A desta Consolidação, com a mesma eficácia legal e preponderância sobre os instrumentos coletivos, no caso de empregado portador de diploma de nível superior e que perceba salário mensal igual ou superior a duas vezes o limite máximo dos benefícios do Regime Geral de Previdência Social.

TARIFAÇÃO DO DANO EXTRAPATRIMONIAL. *Dir. Trab.*

Com a reforma trabalhista o legislador buscou tarifar o dano extrapatrimonial, ou seja, entende-se que o dano moral e o existencial são espécies do dano extrapatrimonial. Ocorre, todavia, que esta tarifação vai em desencontro com a Constituição Federal, pois acarretam ofensas aos princípios da igualdade e dignidade da pessoa humana. Observe que um dos critérios da tarifação é o salário do obreiro, isso faz com que danos iguais de trabalhadores com salários diversos se tornem desiguais na medida que o salário é diverso, o que de plano se torna ofensa a dignidade e ao princípio da proporcionalidade. A doutrina vem entendendo que o artigo 223-G da CLT, fruto da reforma trabalhista é inconstitucional e que os Magistrados devem julgar de acordo com a *equidade, sensatez, ponderação, imparcialidade,* [244] podendo os Magistrados considerarem a tabela como uma base.

BASE LEGAL:

Art. 223-G. Ao apreciar o pedido, o juízo considerará;
I – a natureza do bem jurídico tutelado;
II – a intensidade do sofrimento ou da humilhação;
III – a possibilidade de superação física ou psicológica;
V – os reflexos pessoais e sociais da ação ou da omissão;
V – a extensão e a duração dos efeitos da ofensa;
VI – as condições em que ocorreu a ofensa ou o prejuízo moral;
VII – o grau de dolo ou culpa;
VIII a ocorrência de retratação espontânea;
IX – o esforço efetivo para minimizar a ofensa;
X – o perdão, tácito ou expresso;
XI – a situação social e econômica das partes envolvidas;
XII – o grau de publicidade da ofensa.
§ 1º Se julgar procedente o pedido, o juízo fixará a indenização a ser paga, a cada um dos ofendidos, em um dos seguintes parâmetros, vedada a acumulação:
I – ofensa de natureza leve, até três vezes o último salário contratual do ofendido;
II – ofensa de natureza média, até cinco vezes o último salário contratual do ofendido;
III – ofensa de natureza grave, até vinte vezes o último salário contratual do ofendido;
IV – ofensa de natureza gravíssima, até cinquenta vezes o último salário contratual do ofendido.

244 Delgado, 2020.

§ 2º Se o ofendido for pessoa jurídica, a indenização será fixada com observância dos mesmos parâmetros estabelecidos no § 1o deste artigo, mas em relação ao salário contratual do ofensor.
§ 3º Na reincidência entre partes idênticas, o juízo poderá elevar ao dobro o valor da indenização.
Art. 1º A República Federativa do Brasil, formada pela união indissolúvel dos Estados e Municípios e do Distrito Federal, constitui-se em Estado Democrático de Direito e tem como fundamentos: [...]
III – a dignidade da pessoa humana;
Art. 5º Todos são iguais perante a lei, sem distinção de qualquer natureza, garantindo-se aos brasileiros e aos estrangeiros residentes no País a inviolabilidade do direito à vida, à liberdade, à igualdade, à segurança e à propriedade, nos termos seguintes:
[...]
V – *é assegurado o direito de resposta, proporcional ao agravo, além da indenização por dano material, moral ou à imagem;*
[...]
X – são invioláveis a intimidade, a vida privada, a honra e a imagem das pessoas, assegurado o direito a indenização pelo dano material ou moral decorrente de sua violação;

TELETRABALHO. *Dir. Trab.*

É o trabalho desenvolvido pelo obreiro através dos meios telemáticos, computadores, celulares conectados à internet, seja no ambiente de sua residência ou qualquer outro lugar que esteja, bastando estar conectado de forma preponderante, cuja a "subordinação é virtual", vem previsto nos artigos 62, inciso III, e artigo 6º, parágrafo único e 75 ss. da CLT.

BASE LEGAL:
Art. 6º *Não se distingue entre o trabalho realizado no estabelecimento do empregador, o executado no domicílio do empregado e o realizado a distância, desde que estejam caracterizados os pressupostos da relação de emprego.*
Parágrafo único: Os meios telemáticos e informatizados de comando, controle e supervisão se equiparam, para fins de subordinação jurídica, aos meios pessoais e diretos de comando, controle e supervisão do trabalho alheio.
Art. 62 – Não são abrangidos pelo regime previsto neste capítulo:
[...]
III – os empregados em regime de teletrabalho.
[...]
Art. 75-A. A prestação de serviços pelo empregado em regime de teletrabalho observará o disposto neste Capítulo.

Art. 75-B. Considera-se teletrabalho a prestação de serviços preponderantemente fora das dependências do empregador, com a utilização de tecnologias de informação e de comunicação que, por sua natureza, não se constituam como trabalho externo.
Parágrafo único: O comparecimento às dependências do empregador para a realização de atividades específicas que exijam a presença do empregado no estabelecimento não descaracteriza o regime de teletrabalho.
Art. 75-C. A prestação de serviços na modalidade de teletrabalho deverá constar expressamente do contrato individual de trabalho, que especificará as atividades que serão realizadas pelo empregado.
§ 1º Poderá ser realizada a alteração entre regime presencial e de teletrabalho desde que haja mútuo acordo entre as partes, registrado em aditivo contratual.
§ 2º Poderá ser realizada a alteração do regime de teletrabalho para o presencial por determinação do empregador, garantido prazo de transição mínimo de quinze dias, com correspondente registro em aditivo contratual.
Art. 75-D. As disposições relativas à responsabilidade pela aquisição, manutenção ou fornecimento dos equipamentos tecnológicos e da infraestrutura necessária e adequada à prestação do trabalho remoto, bem como ao reembolso de despesas arcadas pelo empregado, serão previstas em contrato escrito.
Parágrafo único. As utilidades mencionadas no caput deste artigo não integram a remuneração do empregado.
Art. 75-E. O empregador deverá instruir os empregados, de maneira expressa e ostensiva, quanto às precauções a tomar a fim de evitar doenças e acidentes de trabalho.
Parágrafo único: O empregado deverá assinar termo de responsabilidade comprometendo-se a seguir as instruções fornecidas pelo empregador.

TELETRABALHO EM TEMPOS DA COVID-19 (CORONAVÍRUS). *Dir. Trab.*

O estabelecimento da pandemia ganhou contornos de força maior e as medidas provisórias lançadas tiveram como prevalência o acordo individual entre empregado e empregador, visando proteção dos empregos e empresas. Ressalta-se que o teletrabalho foi inicialmente previsto no artigo 6º da CLT, e com a reforma trabalhista tivemos regulamentação através dos artigos 75 e ss. da CLT. Todavia, houve necessidade de flexibilização das normas visando proteção dos empregos sendo justificável as alterações diante das medidas de urgência para enfrentamento da pandemia. A MP 927 não foi convertida em lei, portanto encontra-se revogada, devendo ser aplicada o regramento durante o período de sua vigência. Ela não entrou no debate de conceito do tema, previu que teletrabalho, trabalho remoto ou outro tipo de trabalho a distância, estavam sendo abrangidos pela MP, estabeleceu que o regime de teletrabalho podia ser estipulado por ato unilateral do empregador através de aditivo contratual com a observância do prazo de 48h para o aviso que poderia se dar através de meio eletrônico ou por escrito. Inclusive, disciplinou que uso dos aparelhos telemáticos fora da jornada se não previstos no aditivo não seriam considerados tempo à disposição. Em referência a disponibilização dos equipamentos para desenvolvimento do trabalho previu que os mesmos poderiam ser emprestados aos funcionários por meio do comodato, e se o empregador não tivesse para fornecer o empregado teria direito ao recebimento da jornada de trabalho pelo período que permaneceu na residência sem prestar os serviços. Entende-se que os novos casos devem observar o regramento da CLT, tendo inclusive o empregador providenciar aditivo ao contrato se houver concordância entre ambas as partes. É oportuno esclarecer que empresas que determinaram o teletrabalho antes da vigência da MP e não observaram os dispositivos da CLT, irá ter problemas judiciais.

BASE LEGAL:

MP 927 (REVOGADA) – Art. 4º Durante o estado de calamidade pública a que se refere o art. 1º, o empregador poderá, a seu critério, alterar o regime de trabalho presencial para o teletrabalho, o trabalho remoto ou outro tipo de trabalho a distância e determinar o retorno ao regime de trabalho presencial, independentemente da existência de acordos individuais ou coletivos, dispensado o registro prévio da alteração no contrato individual de trabalho.

§ 1º Para fins do disposto nesta Medida Provisória, considera-se teletrabalho, trabalho remoto ou trabalho a distância a prestação de serviços preponderante ou totalmente fora das dependências do empregador, com a utilização de tecnologias da informação e comunicação que, por sua natureza, não configurem trabalho externo, aplicável o disposto no inciso III do caput do art. 62 da Consolidação das Leis do Trabalho, aprovada pelo Decreto-Lei nº 5.452, de 1943.

§ 2º A alteração de que trata o caput será notificada ao empregado com antecedência de, no mínimo, quarenta e oito horas, por escrito ou por meio eletrônico.

§ 3º As disposições relativas à responsabilidade pela aquisição, pela manutenção ou pelo fornecimento dos equipamentos tecnológicos e da infraestrutura necessária e adequada à prestação do teletrabalho, trabalho remoto ou trabalho a distância e ao reembolso de despesas arcadas pelo empregado serão previstas em contrato escrito, firmado previamente ou no prazo de trinta dias, contado da data da mudança do regime de trabalho.

§ 4º Na hipótese de o empregado não possuir os equipamentos tecnológicos e a infraestrutura necessária e adequada à prestação do teletrabalho, do trabalho remoto ou do trabalho a distância:
I – o empregador poderá fornecer os equipamentos em regime de comodato e pagar por serviços de infraestrutura, que não caracterizarão verba de natureza salarial; ou
II – na impossibilidade do oferecimento do regime de comodato de que trata o inciso I, o período da jornada normal de trabalho será computado como tempo de trabalho à disposição do empregador.
§ 5º O tempo de uso de aplicativos e programas de comunicação fora da jornada de trabalho normal do empregado não constitui tempo à disposição, regime de prontidão ou de sobreaviso, exceto se houver previsão em acordo individual ou coletivo..
Art. 5º Fica permitida a adoção do regime de teletrabalho, trabalho remoto ou trabalho a distância para estagiários e aprendizes, nos termos do disposto neste Capítulo. [...]
Art. 32. O disposto nesta Medida Provisória aplica-se:
I – *às relações de trabalho regidas:*
a) pela Lei nº 6.019, de 3 de janeiro de 1974, e
b) pela Lei nº 5.889, de 8 de junho de 1973; e
II – no que couber, às relações regidas pela Lei Complementar nº 150, de 1º de junho de 2015, tais como jornada, banco de horas e férias. [...]

TEMPO À DISPOSIÇÃO. *Dir. Ind. Trab.*

É o tempo que o trabalhador aguarda ou executa ordens recebidas do empregador, tempo este que emprega seu esforço físico em prol da empresa. Anteriormente a reforma trabalhista o conceito de tempo à disposição era mais amplo, entretanto, após a reforma houve uma mitigação do conceito que passou a prever situações especificas que não são consideradas como tempo à disposição. Porém é importante conhecer o conteúdo das Súmulas 118, 366 e 429 do TST, além da nova redação do artigo 4º da CLT.

BASE LEGAL:

Art. 4º. Considera-se como de serviço efetivo o período em que o empregado esteja à disposição do empregador, aguardando ou executando ordens, salvo disposição especial expressamente consignada.
§ 1º Computar-se-ão, na contagem de tempo de serviço, para efeito de indenização e estabilidade, os períodos em que o empregado estiver afastado do trabalho prestando serviço militar e por motivo de acidente do trabalho.
§ 2º Por não se considerar tempo à disposição do empregador, não será computado como período extraordinário o que exceder a jornada normal, ainda que ultrapasse o limite de cinco minutos previsto no § 1º do art.

58 desta Consolidação, quando o empregado, por escolha própria, buscar proteção pessoal, em caso de insegurança nas vias públicas ou más condições climáticas, bem como adentrar ou permanecer nas dependências da empresa para exercer atividades particulares, entre outras:
I – práticas religiosas;
II – descanso;
III – lazer;
IV – estudo;
V – alimentação;
VI – atividades de relacionamento social;
VII – higiene pessoal;
VIII – troca de roupa ou uniforme, quando não houver obrigatoriedade de realizar a troca na empresa.
Súmula nº 118 do TST
JORNADA DE TRABALHO. HORAS EXTRAS (mantida) – Res. 121/2003, DJ 19, 20 e 21.11.2003
Os intervalos concedidos pelo empregador na jornada de trabalho, não previstos em lei, representam tempo à disposição da empresa, remunerados como serviço extraordinário, se acrescidos ao final da jornada.
Súmula nº 366 do TST
CARTÃO DE PONTO. REGISTRO. HORAS EXTRAS. MINUTOS QUE ANTECEDEM E SUCEDEM A JORNADA DE TRABALHO (nova redação) – Res. 197/2015 – DEJT divulgado em 14, 15 e 18.05.2015
Não serão descontadas nem computadas como jornada extraordinária as variações de horário do registro de ponto não excedentes de cinco minutos, observado o limite máximo de dez minutos diários. Se ultrapassado esse limite, será considerada como extra a totalidade do tempo que exceder a jornada normal, pois configurado tempo à disposição do empregador, não importando as atividades desenvolvidas pelo empregado ao longo do tempo residual (troca de uniforme, lanche, higiene pessoal, etc.).
Súmula nº 429 do TST
TEMPO À DISPOSIÇÃO DO EMPREGADOR. ART. 4º DA CLT. PERÍODO DE DESLOCAMENTO ENTRE A PORTARIA E O LOCAL DE TRABALHO – Res. 174/2011, DEJT divulgado em 27, 30 e 31.05.2011 Considera-se à disposição do empregador, na forma do art. 4º da CLT, o tempo necessário ao deslocamento do trabalhador entre a portaria da empresa e o local de trabalho, desde que supere o limite de 10 (dez) minutos diários.

TEMPO DE SERVIÇO. *Dir. Trab.*

É o tempo que o trabalhador presta serviço a determinada empresa ou pessoa física, este tempo deve ser registrado na carteira de trabalho do empregado, pois é o parâmetro utilizado para contribuição junto a previdência social e servirá para cálculo junto ao INSS que refletirá no período para aposentadoria.

BASE LEGAL:

Art. 29. O empregador terá o prazo de 5 (cinco) dias úteis para anotar na CTPS, em relação aos trabalhadores que admitir, a data de admissão, a remuneração e as condições especiais, se houver, facultada a adoção de sistema manual, mecânico ou eletrônico, conforme instruções a serem expedidas pelo Ministério da Economia.

§ 1º As anotações concernentes à remuneração devem especificar o salário, qualquer que seja sua forma de pagamento, seja ele em dinheiro ou em utilidades, bem como a estimativa da gorjeta.

§ 2º As anotações na Carteira de Trabalho e Previdência Social serão feitas:

a) na data-base;

b) a qualquer tempo, por solicitação do trabalhador;

c) no caso de rescisão contratual; ou

d) necessidade de comprovação perante a Previdência Social.

§ 3º A falta de cumprimento pelo empregador do disposto neste artigo acarretará a lavratura do auto de infração, pelo Fiscal do Trabalho, que deverá, de ofício, comunicar a falta de anotação ao órgão competente, para o fim de instaurar o processo de anotação.

§ 4º É vedado ao empregador efetuar anotações desabonadoras à conduta do empregado em sua Carteira de Trabalho e Previdência Social.

§ 5º O descumprimento do disposto no §4º deste artigo submeterá o empregador ao pagamento de multa prevista no art. 52 deste Capítulo.

§ 6º A comunicação pelo trabalhador do número de inscrição no CPF ao empregador equivale à apresentação da CTPS em meio digital, dispensado o empregador da emissão de recibo.

§ 7º Os registros eletrônicos gerados pelo empregador nos sistemas informatizados da CTPS em meio digital equivalem às anotações a que se refere esta Lei.

§8º O trabalhador deverá ter acesso às informações da sua CTPS no prazo de até 48 (quarenta e oito) horas a partir de sua anotação.

TEMPO NA FUNÇÃO (EQUIPARAÇÃO). *Dir. Trab.*

É considerada um dos requisitos para equiparação salarial, e para ser caracterizada a diferença de tempo de serviço para o empregador não seja superior a quatro anos e a diferença de tempo na função não seja superior a dois ano vem prevista no artigo 461, parágrafo primeiro da CLT, ou seja, a reforma trabalhista passou a dispor de dois aspectos para serem comparados o tempo de serviço e tempo na função. Segundo o professor Godinho: "[...] apenas se tiver tempo de serviço na função superior a dois anos é que o fato impeditivo irá se configurar."[245]

> **BASE LEGAL:**
> Art. 461. Sendo idêntica a função, a todo trabalho de igual valor, prestado ao mesmo empregador, no mesmo estabelecimento empresarial, corresponderá igual salário, sem distinção de sexo, etnia, nacionalidade ou idade.
> § *1º* Trabalho de igual valor, para os fins deste Capítulo, será o que for feito com igual produtividade e com a mesma perfeição técnica, entre pessoas cuja diferença de tempo de serviço para o mesmo empregador não seja superior a quatro anos e a diferença de tempo na função não seja superior a dois anos.
> Súmula nº 6 do TST
> EQUIPARAÇÃO SALARIAL. ART. 461 DA CLT (redação do item VI alterada) – Res. 198/2015, republicada em razão de erro material – DEJT divulgado em 12, 15 e 16.06.2015
> I – Para os fins previstos no § 2º do art. 461 da CLT, só é válido o quadro de pessoal organizado em carreira quando homologado pelo Ministério do Trabalho, excluindo-se, apenas, dessa exigência o quadro de carreira das entidades de direito público da administração direta, autárquica e fundacional aprovado por ato administrativo da autoridade competente. (ex-Súmula *nº 06 – alterada pela Res. 104/2000, DJ 20.12.2000)*
> II – Para efeito de equiparação de salários em caso de trabalho igual, conta-se o tempo de serviço na função e não no emprego. (ex-Súmula *nº 135* – RA 102/1982, DJ 11.10.1982 e DJ 15.10.1982)

TEORIA DA CAUSA MADURA. *Dir. Proc. Civil.*

Pode ser chamado também por julgamento *per saltum*, que é quando ocorre do Tribunal verificar que a causa está em condições de julgamento imediato, ou seja, o Tribunal tem condições de enfrentar o mérito sem que a causa demande um conjunto probatório por exemplo, é o caso por exemplo de sentenças terminativas – artigo 485 CPC, quando a sentença foi omissa em relação aos pedidos, ou seja citra ou infra petita o Tribunal pode julgar de imediato. Vide também o artigo 1.013, parágrafo 3º, do Código de Processo Civil.

> **BASE LEGAL:**
> Art. 1013. A apelação devolverá ao tribunal o conhecimento da matéria impugnada.
> [...]

245 Delgado, 2020.

§ 3º Se o processo estiver em condições de imediato julgamento, o tribunal deve decidir desde logo o mérito quando:
I – reformar sentença fundada no art. 485;
II – decretar a nulidade da sentença por não ser ela congruente com os limites do pedido ou da causa de pedir;
III – constatar a omissão no exame de um dos pedidos, hipótese em que poderá julgá-lo;
IV – decretar a nulidade de sentença por falta de fundamentação.
[...]
Art. 485. O juiz não resolverá o mérito quando:
I – indeferir a petição inicial;
II – o processo ficar parado durante mais de 1 (um) ano por negligência das partes;
III – por não promover os atos e as diligências que lhe incumbir, o autor abandonar a causa por mais de 30 (trinta) dias;
IV – verificar a ausência de pressupostos de constituição e de desenvolvimento válido e regular do processo;
V – reconhecer a existência de perempção, de litispendência ou de coisa julgada;
VI – verificar ausência de legitimidade ou de interesse processual;
VII – acolher a alegação de existência de convenção de arbitragem ou quando o juízo arbitral reconhecer sua competência;
VIII – homologar a desistência da ação;
IX – em caso de morte da parte, a ação for considerada intransmissível por disposição legal; e
X – nos demais casos prescritos neste Código.
§ 1º Nas hipóteses descritas nos incisos II e III, a parte será intimada pessoalmente para suprir a falta no prazo de 5 (cinco) dias.
§ 2º No caso do § 1º, quanto ao inciso II, as partes pagarão proporcionalmente as custas, e, quanto ao inciso III, o autor será condenado ao pagamento das despesas e dos honorários de advogado.
§ 3º O juiz conhecerá de ofício da matéria constante dos incisos IV, V, VI e IX, em qualquer tempo e grau de jurisdição, enquanto não ocorrer o trânsito em julgado.
§ 4º Oferecida a contestação, o autor não poderá, sem o consentimento do réu, desistir da ação.
§ 5º A desistência da ação pode ser apresentada até a sentença.
§ 6º Oferecida a contestação, a extinção do processo por abandono da causa pelo autor depende de requerimento do réu.
§ 7º Interposta a apelação em qualquer dos casos de que tratam os incisos deste artigo, o juiz terá 5 (cinco) dias para retratar-se.

TEORIA GERAL DA PROVA. *Dir. Proc. Trabalho.*

A prova visa a demonstrar e comprovar com clareza os fatos alegados pelas partes, é a prova que traz essência ao processo, afim que se evite injustiça e julgamentos infundados, pois ela é responsável pela demonstração e comprovação dos fatos alegados e a consequente aplicação real do direito ao caso concreto pelo magistrado, pois diante da alegação o juiz precisa de fundamentos para formação de sua convicção a fim de garantir a todos o acesso à justiça. É pertinente a demonstração do entendimento sobre o tema pelo ilustre professor Leone Pereira: "[...] prova são os instrumentos processuais considerados pelo ordenamento jurídico como aptos para a demonstração da veracidade dos fatos alegados em juízo"[246]

BASE LEGAL:

CF/88 Art. 5º Todos são iguais perante a lei, sem distinção de qualquer natureza, garantindo-se aos brasileiros e aos estrangeiros residentes no País a inviolabilidade do direito à vida, à liberdade, à igualdade, à segurança e à propriedade, nos termos seguintes. [...]

LV – aos litigantes, em processo judicial ou administrativo, e aos acusados em geral são assegurados o contraditório e ampla defesa, com os meios e recursos a ela inerentes; [...]

CPC/ Art. 369. As partes têm o direito de empregar todos os meios legais, bem como os moralmente legítimos, ainda que não especificados neste Código, para provar a verdade dos fatos em que se funda o pedido ou a defesa e influir eficazmente na convicção do juiz.

TEORIA GERAL DOS RECURSOS. *Dir. Proc. Civil.*

A CLT não traz o conceito de recurso e nem o CPC indica-o, o que a lei traz é a previsão dos recursos cabíveis, artigos 893 da CLT e 994 do CPC. Segundo o professor Nelson Neri Júnior: Recurso é o meio processual que a lei coloca à disposição das partes, do Ministério Público e de um terceiro, a viabilizar, dentro da mesma relação jurídica processual, a anulação, a reforma, a integração ou o aclaramento da decisão judicial impugnada.[247] É norteado pelos princípios do Duplo grau de jurisdição; Irrecorribilidade imediata das decisões interlocutórias; instrumentalidade das formas; taxatividade; fungibilidade: unirrecorribilidade; vedação da *reformatio in pejus*. No processo do Trabalho são

246 PEREIRA, 2014, p. 503.

247 NERY JUNIOR, 2004, p. 212.

dotados de efeito devolutivo, todavia nada impede que seja requerido efeito suspensivo. Artigos 1.029, §5º CPC e Súmula 414, item I, do TST. Há necessidade de preparo, o qual é composto de custas e depósito recursal.

BASE LEGAL:

CLT- Art. 893 – Das decisões são admissíveis os seguintes recursos:
I – embargos;
II – recurso ordinário;
III – recurso de revista;
IV – agravo.
§ 1º Os incidentes do processo são resolvidos pelo próprio Juízo ou Tribunal, admitindo-se a apreciação do merecimento das decisões interlocutórias somente em recursos da decisão definitiva.
§ 2º A interposição de recurso para o Supremo Tribunal Federal não prejudicará a execução do julgado.
CPC- Art. 994. São cabíveis os seguintes recursos:
I – apelação;
II – agravo de instrumento;
III – agravo interno;
IV – embargos de declaração;
V – recurso ordinário;
VI – recurso especial;
VII – recurso extraordinário;
VIII – agravo em recurso especial ou extraordinário;
IX – embargos de divergência.
Art. 1.029. O recurso extraordinário e o recurso especial, nos casos previstos na Constituição Federal, serão interpostos perante o presidente ou o vice-presidente do tribunal recorrido, em petições distintas que conterão:
[...]
§ 5 O pedido de concessão de efeito suspensivo a recurso extraordinário ou a recurso especial poderá ser formulado por requerimento dirigido:
I – ao tribunal superior respectivo, no período compreendido entre a publicação da decisão de admissão do recurso e sua distribuição, ficando o relator designado para seu exame prevento para julgá-lo;
II – ao relator, se já distribuído o recurso;
III – ao presidente ou ao vice-presidente do tribunal recorrido, no período compreendido entre a interposição do recurso e a publicação da decisão de admissão do recurso, assim como no caso de o recurso ter sido sobrestado, nos termos do art. 1.037.
Súmula nº 414 do TST
MANDADO DE SEGURANÇA. TUTELA PROVISÓRIA CONCEDIDA ANTES OU NA SENTENÇA (nova redação em decorrência do CPC de 2015) – Res. 217/2017 – DEJT divulgado em 20, 24 e 25.04.2017

I – A tutela provisória concedida na sentença não comporta impugnação pela via do mandado de segurança, por ser impugnável mediante recurso ordinário. É admissível a obtenção de efeito suspensivo ao recurso ordinário mediante requerimento dirigido ao tribunal, ao relator ou ao presidente ou ao vice-presidente do tribunal recorrido, por aplicação subsidiária ao processo do trabalho do artigo 1.029, § 5º, do CPC de 2015. [...]

TERAPEUTA OCUPACIONAL. *Dir. Trab.*

O terapeuta ocupacional é um profissional de nível superior da área da saúde, sua atividade consiste em trazer bem estar à saúde humana, com prevenção, recuperação e bem-estar de todos. O exercício da profissão nos ambientes hospitalares, clinicas, consultórios se presentes os requisitos dos artigo 2º e 3º da CLT, tem direito ao reconhecimento do vínculo empregatício frente a essas instituições.

BASE LEGAL:

Art. 2º Considera-se empregador a empresa, individual ou coletiva, que, assumindo os riscos da atividade econômica, admite, assalaria e dirige a prestação pessoal de serviço.

642

§ *1º* Equiparam-se ao empregador, para os efeitos exclusivos da relação de emprego, os profissionais liberais, as instituições de beneficência, as associações recreativas ou outras instituições sem fins lucrativos, que admitirem trabalhadores como empregados.

§ *2º* Sempre que uma ou mais empresas, tendo, embora, cada uma delas, personalidade jurídica própria, estiverem sob a direção, controle ou administração de outra, ou ainda quando, mesmo guardando cada uma sua autonomia, integrem grupo econômico, serão responsáveis solidariamente pelas obrigações decorrentes da relação de emprego.

§ 3º Não caracteriza grupo econômico a mera identidade de sócios, sendo necessárias, para a configuração do grupo, a demonstração do interesse integrado, a efetiva comunhão de interesses e a atuação conjunta das empresas dele integrantes.

Art. 3º Considera-se empregado toda pessoa física que prestar serviços de natureza não eventual a empregador, sob a dependência deste e mediante salário.

Parágrafo único: Não haverá distinções relativas à espécie de emprego e à condição de trabalhador, nem entre o trabalho intelectual, técnico e manual.

TERCEIRIZAÇÃO. *Dir. Trab.*

É formada por uma relação triangular, ou seja, difere da relação jurídica bilateral das relações empregatícia, neste modelo há presença do tomador dos serviços, trabalhador terceirizado e a empresa prestadora de serviços. A empresa tomadora contrata outra empresa que é conhecida como prestadora de serviços para executar atividades por meio de seus empregados terceirizados. Para que a terceirização seja considerada lícita não pode haver pessoalidade e subordinação entre o trabalhador terceirizado e a empresa tomadora dos serviços e o segundo é que a empresa intermediadora tiver capacidade econômica. Súmula 331 do TST e à Lei. 6.019/1974.

BASE LEGAL:

Súmula nº 331 do TST-CONTRATO DE PRESTAÇÃO DE SERVIÇOS. LEGALIDADE.

I A contratação de trabalhadores por empresa interposta é ilegal, formando-se o vínculo diretamente com o tomador dos serviços, salvo no caso de trabalho temporário (Lei nº 6.019, de 03.01.1974).

II A contratação irregular de trabalhador, mediante empresa interposta, não gera vínculo de emprego com os órgãos da Administração Pública direta, indireta ou fundacional (art. 37, II, da CF/1988).

III Não forma vínculo de emprego com o tomador a contratação de serviços de vigilância (Lei nº 7.102, de 20.06.1983) e de conservação e limpeza, bem como a de serviços especializados ligados à atividade-meio do tomador, desde que inexistente a pessoalidade e a subordinação direta.

IV O inadimplemento das obrigações trabalhistas, por parte do empregador, implica a responsabilidade subsidiária do tomador dos serviços quanto àquelas obrigações, desde que haja participado da relação processual e conste também do título executivo judicial.

V Os entes integrantes da Administração Pública direta e indireta respondem subsidiariamente, nas mesmas condições do item IV, caso evidenciada a sua conduta culposa no cumprimento das obrigações da Lei n.º 8.666, de 21.06.1993, especialmente na fiscalização do cumprimento das obrigações contratuais e legais da prestadora de serviço como empregadora. A aludida responsabilidade não decorre de mero inadimplemento das obrigações trabalhistas assumidas pela empresa regularmente contratada.

VI A responsabilidade subsidiária do tomador de serviços abrange todas as verbas decorrentes da condenação referentes ao período da prestação laboral.

TERCEIRIZAÇÃO NA ADMINISTRAÇÃO PÚBLICA. *Dir. Trab.*

É possível a terceirização em face da administração pública, todavia ela tem obrigação de fiscalizar se todos os direitos trabalhistas dos trabalhadores terceirizados estão sendo observados. Ressalta-se que se porventura houve terceirização ilícita, seja ela em face da administração pública direta ou indireta não haverá formação do vínculo empregatício como acontece com empresas privadas, devido a regra do concurso público, segundo o item II, DA Súmula 331, do TST. A administração pública responderá subsidiariamente pelo pagamento de todos os direitos dos trabalhadores terceirizados por todo período da prestação dos serviços no caso de constatada culpa *in vigilando* (falta de fiscalização do contrato de prestação de serviços) e culpa *in elegendo* (má escolha do prestador dos serviços, como uma empresa inidônea ou sem capacidade econômica), e sua conduta negligente mediante à fiscalização. Vide artigos 5-A, §5, Lei 6.019/74 e item IV e V, Súmula 331, 363, TST e OJ 383 da SDI-I e OJ 366 da SDI-I ambas do TST.

BASE LEGAL:

Súmula nº 331 do TST – CONTRATO DE PRESTAÇÃO DE SERVIÇOS. LEGALIDADE (nova redação do item IV e inseridos os itens V e VI à redação) – Res. 174/2011, DEJT divulgado em 27, 30 e 31.05.2011 [...]

IV – O inadimplemento das obrigações trabalhistas, por parte do empregador, implica a responsabilidade subsidiária do tomador dos serviços quanto àquelas obrigações, desde que haja participado da relação processual e conste também do título executivo judicial. V – Os entes integrantes da Administração Pública direta e indireta respondem subsidiariamente, nas mesmas condições do item IV, caso evidenciada a sua conduta culposa no cumprimento das obrigações da Lei n.º 8.666, de 21.06.1993, especialmente na fiscalização do cumprimento das obrigações contratuais e legais da prestadora de serviço como empregadora. A aludida responsabilidade não decorre de mero inadimplemento das obrigações trabalhistas assumidas pela empresa regularmente contratada. [...]

Súmula nº 363 do TST

CONTRATO NULO. EFEITOS (nova redação) – Res. 121/2003, DJ 19, 20 e 21.11.2003

A contratação de servidor público, após a CF/1988, sem prévia aprovação em concurso público, encontra óbice no respectivo art. 37, II e § 2º, somente lhe conferindo direito ao pagamento da contraprestação pactuada, em relação ao número de horas trabalhadas, respeitado o valor da hora do salário mínimo, e dos valores referentes aos depósitos do FGTS.

Art. 5º-A. Contratante é a pessoa física ou jurídica que celebra contrato com empresa de prestação de serviços relacionados a quaisquer de suas atividades, inclusive sua atividade principal. [...]
§ 5º A empresa contratante é subsidiariamente responsável pelas obrigações trabalhistas referentes ao período em que ocorrer a prestação de serviços, e o recolhimento das contribuições previdenciárias observará o disposto no art. 31 da Lei no 8.212, de 24 de julho de 1991.
383. TERCEIRIZAÇÃO. EMPREGADOS DA EMPRESA PRESTADORA DE SERVIÇOS E DA TOMADORA. ISONOMIA. ART. 12, "A", DA LEI Nº 6.019, DE 03.01.1974. (mantida) – Res. 175/2011, DEJT divulgado em 27, 30 e 31.05.2011 A contratação irregular de trabalhador, mediante empresa interposta, não gera vínculo de emprego com ente da Administração Pública, não afastando, contudo, pelo princípio da isonomia, o direito dos empregados terceirizados às mesmas verbas trabalhistas legais e normativas asseguradas àqueles contratados pelo tomador dos serviços, desde que presente a igualdade de funções. Aplicação analógica do art. 12, "a", da Lei nº 6.019, de 03.01.1974.
366. ESTAGIÁRIO. DESVIRTUAMENTO DO CONTRATO DE ESTÁGIO. RECONHECIMENTO DO VÍNCULO EMPREGATÍCIO COM A ADMINISTRAÇÃO PÚBLICA DIRETA ou INDIRETA. PERÍODO POSTERIOR À CONSTITUIÇÃO FEDERAL DE 1988. IMPOSSIBILIDADE (DJ 20, 21 e 23.05.2008) Ainda que desvirtuada a finalidade do contrato de estágio celebrado na vigência da Constituição Federal de 1988, é inviável o reconhecimento do vínculo empregatício com ente da Administração Pública direta ou indireta, por força do art. 37, II, da CF/1988, bem como o deferimento de indenização pecuniária, exceto em relação às parcelas previstas na Súmula nº 363 do TST, se requeridas.

TERCEIRIZAÇÃO NA ATIVIDADE-FIM. *Dir. Trab.*

É permitida a terceirização nas atividades fim da empresa, à disposição é fruto da reforma trabalhista, cujo entendimento foi corroborado pelo STF através da ADPF 324 e RE em repercussão geral 958252, ou seja, pode terceirizar qualquer das atividades do contratante, inclusive a atividade principal da empresa que anteriormente não era permitido, ressalva-se que a Súmula 331 do TST continua aplicável aos casos anteriores a decisão do STF. Artigo 4-A e 5-A §5º Lei 6.019/74

BASE LEGAL:

Art. 4º-A. Considera-se prestação de serviços a terceiros a transferência feita pela contratante da execução de quaisquer de suas atividades, inclusive sua atividade principal, à pessoa jurídica de direito privado prestadora de serviços que possua capacidade econômica compatível com a sua execução. (Redação dada pela Lei nº 13.467, de 2017)

§ *1º* A empresa prestadora de serviços contrata, remunera e dirige o trabalho realizado por seus trabalhadores, ou subcontrata outras empresas para realização desses serviços.

§ *2º* Não se configura vínculo empregatício entre os trabalhadores, ou sócios das empresas prestadoras de serviços, qualquer que seja o seu ramo, e a empresa contratante.

Art. 5º-A. Contratante é a pessoa física ou jurídica que celebra contrato com empresa de prestação de serviços relacionados a quaisquer de suas atividades, inclusive sua atividade principal.

§ 1º É vedada à contratante a utilização dos trabalhadores em atividades distintas daquelas que foram objeto do contrato com a empresa prestadora de serviços.

§ *2º* Os serviços contratados poderão ser executados nas instalações físicas da empresa contratante ou em outro local, de comum acordo entre as partes.

§ 3º É responsabilidade da contratante garantir as condições de segurança, higiene e salubridade dos trabalhadores, quando o trabalho for realizado em suas dependências ou local previamente convencionado em contrato.

§ *4º* A contratante poderá estender ao trabalhador da empresa de prestação de serviços o mesmo atendimento médico, ambulatorial e de refeição destinado aos seus empregados, existente nas dependências da contratante, ou local por ela designado.

§ *5º* A empresa contratante é subsidiariamente responsável pelas obrigações trabalhistas referentes ao período em que ocorrer a prestação de serviços, e o recolhimento das contribuições previdenciárias observará o disposto no art. 31 da Lei no 8.212, de 24 de julho de 1991.

TERCEIRIZAÇÃO NA ATIVIDADE-MEIO. *Dir. Trab.*

A terceirização da atividade meio é permitida e consiste como próprio nome diz na atividade meio das empresas, ou seja, são atividades ligadas a prestação de serviços de apoio, tais como os seguranças, copeiras, limpeza.

BASE LEGAL:

Art. 4º-A. Considera-se prestação de serviços a terceiros a transferência feita pela contratante da execução de quaisquer de suas atividades, inclusive sua atividade principal, à pessoa jurídica de direito privado prestadora de serviços que possua capacidade econômica compatível com a sua execução. (Redação dada pela Lei nº 13.467, de 2017)

§ *1º* A empresa prestadora de serviços contrata, remunera e dirige o trabalho realizado por seus trabalhadores, ou subcontrata outras empresas para realização desses serviços.

§ 2º Não se configura vínculo empregatício entre os trabalhadores, ou sócios das empresas prestadoras de serviços, qualquer que seja o seu ramo, e a empresa contratante.
Art. 5º-A. Contratante é a pessoa física ou jurídica que celebra contrato com empresa de prestação de serviços relacionados a quaisquer de suas atividades, inclusive sua atividade principal.
§ 1º É vedada à contratante a utilização dos trabalhadores em atividades distintas daquelas que foram objeto do contrato com a empresa prestadora de serviços.
§ 2º Os serviços contratados poderão ser executados nas instalações físicas da empresa contratante ou em outro local, de comum acordo entre as partes.
§ 3º É responsabilidade da contratante garantir as condições de segurança, higiene e salubridade dos trabalhadores, quando o trabalho for realizado em suas dependências ou local previamente convencionado em contrato.
§ 4º A contratante poderá estender ao trabalhador da empresa de prestação de serviços o mesmo atendimento médico, ambulatorial e de refeição destinado aos seus empregados, existente nas dependências da contratante, ou local por ela designado.
§ 5º A empresa contratante é subsidiariamente responsável pelas obrigações trabalhistas referentes ao período em que ocorrer a prestação de serviços, e o recolhimento das contribuições previdenciárias observará o disposto no art. 31 da Lei no 8.212, de 24 de julho de 1991.

TERMO DE AJUSTAMENTO DE CONDUTA (TAC). *Dir. Trab.*

É o termo elaborado pelos os órgãos públicos, como o Ministério Público, Defensoria Pública, União, Estados etc., embora o mais comum seja mesmo o Ministério Público, cujo entendimento é de seu um ato unilateral, ou seja o Órgão público não possui obrigações no termo de ajuste de conduta, portanto não atende os requisitos do artigo 840 do Código Civil, em relação à transação, poderá ser estipulado no TAC multas de caráter astreintes e inclusive ser prevista cláusula penal. O órgão público somente pode transacionar sobre o local, forma e prazo de cumprimento pactuando prazos e condições para que a conduta do ofensor seja adequada à previsão legal. A eficácia do TAC é de título extrajudicial, ou seja, no caso de descumprimento do termo pela parte que ajustou caberá diretamente ação de execução. Artigo 5º, parágrafo 6º, da Lei n. 7.347 de 1985, perante à Justiça do Trabalho. Ressalta-se que o MPT não está vinculado ao ajuizamento da execução, tem a prerrogativa de ingressar ação civil pública, apresentando outras pretensões além daquelas obrigações contidas no TAC.

BASE LEGAL:

Art. 840. É lícito aos interessados prevenirem ou terminarem o litígio mediante concessões mútuas.

Lei n. 7.347 de 1985, Art. 5º Têm legitimidade para propor a ação principal e a ação cautelar: [...]

§ 6º Os órgãos públicos legitimados poderão tomar dos interessados compromisso de ajustamento de sua conduta às exigências legais, mediante cominações, que terá eficácia de título executivo extrajudicial. (Incluído pela Lei nª 8.078, de 11.9.1990) (Vide Mensagem de veto)

TERROR PSICOLÓGICO. *Dir. Trab.*

É ocasionado no ambiente de trabalho e é prejudicial à saúde ajuda no desenvolvimento de doença profissional ou do trabalho, nos termos do art. 20, da lei 8.213/91. Ressalta-se que a ocorrência de assédio moral ocorrido no ambiente de trabalho através de uma pressão psicológica, tortura emocional, condutas que de forma reiteradas no sentido de desgastes emocionais, podem levar o obreiro a sofrer um dano psicológico que é considerado uma disfunção no sistema psicorgânico que afeta o desenvolvimento da vítima, devendo ser comprovado através de perícia. Todavia é necessário verificar as causas que levaram a disfunção da vítima, o assédio moral geralmente ocorre de forma vertical, ou seja, do chefe para o subordinado, entre colegas de trabalho ou até mesmo em sentido inverso, não é comum, porém é possível. Ressalta-se que a responsabilidade pelo controle da situação é do empregador, o que pode acarretar em infração grave incidindo nas hipóteses das alíneas a, b, e, do artigo 483 da CLT.

BASE LEGAL:

Art. 483. O empregado poderá considerar rescindido o contrato e pleitear a devida indenização quando:

a) forem exigidos serviços superiores às suas forças, defesos por lei, contrários aos bons costumes, ou alheios ao contrato;

b) for tratado pelo empregador ou por seus superiores hierárquicos com rigor excessivo;

[...]

e) praticar o empregador ou seus prepostos, contra ele ou pessoas de sua família, ato lesivo da honra e boa fama; [...].

TESTEMUNHAS. *Dir. Proc. Trabalho.*

A prova testemunhal é produzida através do depoimento de um indivíduo, o qual tem ou teve contato com um fato essencial para desvendar um acontecimento, a fim de esclarecer a sua discussão em um processo. Em que pese à importância da prova testemunhal, o ordenamento jurídico vigente soma ressalvas sobre o instituto, pois segundo o artigo 443, CPC, apresenta duas exceções, trata-se das normas contidas nos incisos I e II, do dispositivo. Contudo, há limitações para o arrolamento da prova testemunhal, os artigos 447, §4º e 5º do CPC, e 228, do Código Civil vigente. Na área trabalhista deve ser observado o disposto no artigo 62,I e II, da CLT e Súmula 357 do TST. E quanto ao número de testemunhas para cada procedimento deve observar o artigo 821 a CLT.

BASE LEGAL:

Art. 443. O juiz indeferirá a inquirição de testemunhas sobre fatos:

I – já provados por documento ou confissão da parte;

II – que só por documento ou por exame pericial puderem ser provados.

Art. 447. Podem depor como testemunhas todas as pessoas, exceto as incapazes, impedidas ou suspeitas.

[...]

II – o que tiver interesse no litígio.

§ 4º Sendo necessário, pode o juiz admitir o depoimento das testemunhas menores, impedidas ou suspeitas.

§ 5º Os depoimentos referidos no § 4º serão prestados independentemente de compromisso, e o juiz lhes atribuirá o valor que possam merecer.

Art. 62 – Não são abrangidos pelo regime previsto neste capítulo:

I – os empregados que exercem atividade externa incompatível com a fixação de horário de trabalho, devendo tal condição ser anotada na Carteira de Trabalho e Previdência Social e no registro de empregados;

II – os gerentes, assim considerados os exercentes de cargos de gestão, aos quais se equiparam, para efeito do disposto neste artigo, os diretores e chefes de departamento ou filia

[...]

Súmula nº 357 do TST

TESTEMUNHA. AÇÃO CONTRA A MESMA RECLAMADA. SUSPEIÇÃO (mantida) – Res. 121/2003, DJ 19, 20 e 21.11.2003

Não torna suspeita a testemunha o simples fato de estar litigando ou de ter litigado contra o mesmo empregador.

Art. 821 – Cada uma das partes não poderá indicar mais de 3 (três) testemunhas, salvo quando se tratar de inquérito, caso em que esse número poderá ser elevado a 6 (seis).

TÍTULO EXECUTIVO. *Dir. Proc. Civ.*

É um documento revisto de formalidades mínimas, ou seja, deve ser líquido, certo e exigível, o juiz ao se deparar com um processo de execução irá avaliar se o documento possui esses requisitos para determinar o início da execução. O título pode ser judicial ou extrajudicial, todavia deve conter as formalidades mínimas, não pode um título trazer incertezas, é preciso ter certeza não pode estar sujeito a nenhuma espécie de modificação, ou seja no caso do título judicial deverá ter esgotado todas as possibilidades de recurso, havendo necessidade da certificação do trânsito em julgado do processo, ou no caso de o título extrajudicial revestir das formalidades legais. Há necessidade de ser exigível, ou seja, não foi cumprido no momento oportuno pelo devedor; e por último o título deve gozar de liquidez, ou seja delimitação da obrigação ou do valor devido, portanto, não há execução sem a existência de um título, liquido, certo e exigível. Artigo 783 do CPC.

BASE LEGAL:
Art. 783. A execução para cobrança de crédito fundar-se-á sempre em título de obrigação certa, líquida e exigível.

TÍTULO EXECUTIVO EXTRAJUDICIAL. *Dir. Proc. Civil.*

O título executivo é a prova do direito do exequente, seja ele judicial ou extra, o título executivo extrajudicial é um documento composto com requisitos que lhe atribui força executiva, ou seja, poderá ser confeccionado por instrumento público ou particular, ter forma escrita e demonstrar verossimilhança dos fatos que constituíram o direito, devendo demonstrar uma obrigação certa, liquida e exigível. Segundo o professor Mauro Schiavi: "Os títulos executivos extrajudiciais não são produzidos pela Justiça, mas pelas pessoas que fixam determinadas obrigações em documentos que a lei atribui força executiva."[248] Cabe mencionar que o credor portador de um título executivo pode diante do descumprimento ajuizar ação de execução, ou seja não precisa passar pela fase de conhecimento. Os títulos executivos extrajudiciais estão previstos nos artigos 784 do CPC.

BASE LEGAL:
Art. 784. São títulos executivos extrajudiciais:

248 SCHIAVI, 2018, p.1129.

I – a letra de câmbio, a nota promissória, a duplicata, a debênture e o cheque;
II – a escritura pública ou outro documento público assinado pelo devedor;
III – o documento particular assinado pelo devedor e por 2 (duas) testemunhas;
IV – o instrumento de transação referendado pelo Ministério Público, pela Defensoria Pública, pela Advocacia Pública, pelos advogados dos transatores ou por conciliador ou mediador credenciado por tribunal;
V – o contrato garantido por hipoteca, penhor, anticrese ou outro direito real de garantia e aquele garantido por caução;
VI – o contrato de seguro de vida em caso de morte;
VII – o crédito decorrente de foro e laudêmio;
VIII – o crédito, documentalmente comprovado, decorrente de aluguel de imóvel, bem como de encargos acessórios, tais como taxas e despesas de condomínio;
IX – a certidão de dívida ativa da Fazenda Pública da União, dos Estados, do Distrito Federal e dos Municípios, correspondente aos créditos inscritos na forma da lei;
X – o crédito referente às contribuições ordinárias ou extraordinárias de condomínio edilício, previstas na respectiva convenção ou aprovadas em assembleia geral, desde que documentalmente comprovadas;
XI – a certidão expedida por serventia notarial ou de registro relativa a valores de emolumentos e demais despesas devidas pelos atos por ela praticados, fixados nas tabelas estabelecidas em lei;
XII – todos os demais títulos aos quais, por disposição expressa, a lei atribuir força executiva.
§ 1º A propositura de qualquer ação relativa a débito constante de título executivo não inibe o credor de promover-lhe a execução.
§ 2º Os títulos executivos extrajudiciais oriundos de país estrangeiro não dependem de homologação para serem executados.
§ 3º O título estrangeiro só terá eficácia executiva quando satisfeitos os requisitos de formação exigidos pela lei do lugar de sua celebração e quando o Brasil for indicado como o lugar de cumprimento da obrigação.

TÍTULO EXECUTIVO JUDICIAL. *Dir. Proc. Civ.*

São constituídos mediante processo de conhecimento diante da prolação de sentença, cuja a execução iniciará através de processo de cumprimento de sentença e o meio para defesa do executado se dá através de impugnação ou embargos à execução. Segundo o professor Mauro Schiavi "Os títulos executivos judiciais são os produzidos pela Justiça [...]."[249] São títulos judiciais além dos mencionados no artigo 515 do

249 SCHIAVI, 2018, p.1127.

CPC, decisões homologatórias de auto composição extrajudicial de qualquer natureza, sentença estrangeira homologada pelo Superior Tribunal de Justiça, o formal e certidão de partilha, entre outros.

BASE LEGAL:

Art. 515. São títulos executivos judiciais, cujo cumprimento dar-se-á de acordo com os artigos previstos neste Título:

I – as decisões proferidas no processo civil que reconheçam a exigibilidade de obrigação de pagar quantia, de fazer, de não fazer ou de entregar coisa;

II – a decisão homologatória de autocomposição judicial;

III – a decisão homologatória de autocomposição extrajudicial de qualquer natureza;

IV – o formal e a certidão de partilha, exclusivamente em relação ao inventariante, aos herdeiros e aos sucessores a título singular ou universal;

V – o crédito de auxiliar da justiça, quando as custas, emolumentos ou honorários tiverem sido aprovados por decisão judicial;

VI – a sentença penal condenatória transitada em julgado;

VII – a sentença arbitral;

VIII – a sentença estrangeira homologada pelo Superior Tribunal de Justiça;

IX – a decisão interlocutória estrangeira, após a concessão do exequatur à carta rogatória pelo Superior Tribunal de Justiça;

X – (VETADO).

§ 1º Nos casos dos incisos VI a IX, o devedor será citado no juízo cível para o cumprimento da sentença ou para a liquidação no prazo de 15 (quinze) dias.

§ 2º A autocomposição judicial pode envolver sujeito estranho ao processo e versar sobre relação jurídica que não tenha sido deduzida em juízo.

TOYOTISMO. *Dir. Trab.*

É considerado uma forma de precarização dos direitos trabalhistas, criado por montadoras japonesas no Japão, inicialmente em fábricas de automóvel da Toyota. Nada mais é que o emprego de metas aos empregados, ou seja o empregado não é avaliado individualmente, e sim são criadas metas muitas vezes acima da média para desempenho da produção, é um modelo que leva o empregado a acreditar que a vida pessoal e o seu trabalhos tem os mesmos valores.

TRABALHO EM REGIME DE TEMPO PARCIAL. *Dir. Trab.*

A jornada de trabalho comum é a composta de 44 (quarenta e quatro) horas semanais e 220 (duzentas e vinte) horas mensais, já a jornada em regime de tempo parcial é constituída de 30 (trinta) horas por semanais constituída de 150 (cento e cinquenta) horas mensais, não sendo possível a realização de horas extras; ou 26 (vinte e seis) horas semanais, constituído de 130 (cento e trinta) horas mensais, neste caso com a possibilidade de até 6 (seis) horas extras semanais com acréscimo de 50% (cinquenta por cento) sobre o salário, cuja as horas devem ser compensadas a não compensação irá garantir ao pagamento, artigo 58-A, CLT. As férias deverão ser concedidas na modalidade do artigo 134 da CLT.

BASE LEGAL:

Art. 58-A. Considera-se trabalho em regime de tempo parcial aquele cuja duração não exceda a trinta horas semanais, sem a possibilidade de horas suplementares semanais, ou, ainda, aquele cuja duração não exceda a vinte e seis horas semanais, com a possibilidade de acréscimo de até seis horas suplementares semanais.

§ 1º O salário a ser pago aos empregados sob o regime de tempo parcial será proporcional à sua jornada, em relação aos empregados que cumprem, nas mesmas funções, tempo integral.

§ 2º Para os atuais empregados, a adoção do regime de tempo parcial será feita mediante opção manifestada perante a empresa, na forma prevista em instrumento decorrente de negociação coletiva.

§ 3º As horas suplementares à duraçao do trabalho semanal normal serão pagas com o acréscimo de 50% (cinquenta por cento) sobre o salário-hora normal.

§ 4º Na hipótese de o contrato de trabalho em regime de tempo parcial ser estabelecido em número inferior a vinte e seis horas semanais, as horas suplementares a este quantitativo serão consideradas horas extras para fins do pagamento estipulado no § 3º, estando também limitadas a seis horas suplementares semanais.

§ 5º As horas suplementares da jornada de trabalho normal poderão ser compensadas diretamente até a semana imediatamente posterior à da sua execução, devendo ser feita a sua quitação na folha de pagamento do mês subsequente, caso não sejam compensadas.

§ 6º *É facultado ao empregado contratado sob regime de tempo parcial converter um terço do período de férias a que tiver direito em abono pecuniário.*

§ 7º As férias do regime de tempo parcial são regidas pelo disposto no art. 130 desta Consolidação.

Art. 134 – As férias serão concedidas por ato do empregador, em um só período, nos 12 (doze) meses subsequentes à data em que o empregado tiver adquirido o direito.

[...]

§ 1º Desde que haja concordância do empregado, as férias poderão ser usufruídas em até três períodos, sendo que um deles não poderá ser infe-

rior a quatorze dias corridos e os demais não poderão ser inferiores a cinco dias corridos, cada um.
[...]
§ 3º É vedado o início das férias no período de dois dias que antecede feriado ou dia de repouso semanal remunerado.

TRABALHADOR URBANO. *Dir. Trab.*

O artigo 7º da Constituição disciplina os direitos do trabalhadores rurais e urbanos além de outros que visem à melhoria de sua condição social. O empregado urbano é aquele regulamentado pela CLT, é o trabalho prestado por pessoa física, com pessoalidade, não eventualidade, onerosidade, subordinação e alteridade conforme previsto no artigo 3º da CLT, diferentemente do trabalhador rural com previsão específica na Lei 5889/73, tendo inclusive a necessidade do empregador ser enquadrado como empregador rural. O trabalhador urbano, por exemplo tem jornada diferenciada, adicional noturno diferenciado do empregado rural, como por exemplo, a jornada noturna urbana realizada entre as 22h (vinte e duas horas) às 5h (cincoo horas) do dia seguinte.

BASE LEGAL:

Art. 7º São direitos dos trabalhadores urbanos e rurais, além de outros que visem à melhoria de sua condição social:
I – relação de emprego protegida contra despedida arbitrária ou sem justa causa, nos termos de lei complementar, que preverá indenização compensatória, dentre outros direitos;
II – seguro-desemprego, em caso de desemprego involuntário;
III – fundo de garantia do tempo de serviço;
IV – salário mínimo, fixado em lei, nacionalmente unificado, capaz de atender *às* suas necessidades vitais básicas e às de sua família com moradia, alimentação, educação, saúde, lazer, vestuário, higiene, transporte e previdência social, com reajustes periódicos que lhe preservem o poder aquisitivo, sendo vedada sua vinculação para qualquer fim;
V – piso salarial proporcional à extensão e à complexidade do trabalho;
VI – irredutibilidade do salário, salvo o disposto em convenção ou acordo coletivo;
VII – garantia de salário, nunca inferior ao mínimo, para os que percebem remuneração variável;
VIII – décimo terceiro salário com base na remuneração integral ou no valor da aposentadoria;
IX – remuneração do trabalho noturno superior à do diurno;
X – proteção do salário na forma da lei, constituindo crime sua retenção dolosa;

XI – participação nos lucros, ou resultados, desvinculada da remuneração, e, excepcionalmente, participação na gestão da empresa, conforme definido em lei;

XII – salário-família pago em razão do dependente do trabalhador de baixa renda nos termos da lei;

XIII – duração do trabalho normal não superior a oito horas diárias e quarenta e quatro semanais, facultada a compensação de horários e a redução da jornada, mediante acordo ou convenção coletiva de trabalho;

XIV – jornada de seis horas para o trabalho realizado em turnos ininterruptos de revezamento, salvo negociação coletiva;

XV – repouso semanal remunerado, preferencialmente aos domingos;

XVI – remuneração do serviço extraordinário superior, no mínimo, em cinquenta por cento à do normal;

XVII – gozo de férias anuais remuneradas com, pelo menos, um terço a mais do que o salário normal;

XVIII – licença à gestante, sem prejuízo do emprego e do salário, com a duração de cento e vinte dias;

XIX – licença-paternidade, nos termos fixados em lei;

XX – proteção do mercado de trabalho da mulher, mediante incentivos específicos, nos termos da lei;

XXI – aviso prévio proporcional ao tempo de serviço, sendo no mínimo de trinta dias, nos termos da lei;

XXII – redução dos riscos inerentes ao trabalho, por meio de normas de saúde, higiene e segurança;

XXIII – adicional de remuneração para as atividades penosas, insalubres ou perigosas, na forma da lei;

XXIV – aposentadoria;

XXV – assistência gratuita aos filhos e dependentes desde o nascimento até 5 (cinco) anos de idade em creches e pré-escolas;

XXVI – reconhecimento das convenções e acordos coletivos de trabalho;

XXVII – proteção em face da automação, na forma da lei;

XXVIII – seguro contra acidentes de trabalho, a cargo do empregador, sem excluir a indenização a que este está obrigado, quando incorrer em dolo ou culpa;

XXIX – ação, quanto aos créditos resultantes das relações de trabalho, com prazo prescricional de cinco anos para os trabalhadores urbanos e rurais, até o limite de dois anos após a extinção do contrato de trabalho;

XXX – proibição de diferença de salários, de exercício de funções e de critério de admissão por motivo de sexo, idade, cor ou estado civil;

XXXI – proibição de qualquer discriminação no tocante a salário e critérios de admissão do trabalhador portador de deficiência;

XXXII – proibição de distinção entre trabalho manual, técnico e intelectual ou entre os profissionais respectivos;

XXXIII – proibição de trabalho noturno, perigoso ou insalubre a menores de dezoito e de qualquer trabalho a menores de dezesseis anos, salvo na condição de aprendiz, a partir de quatorze anos;
XXXIV – igualdade de direitos entre o trabalhador com vínculo empregatício permanente e o trabalhador avulso
Parágrafo único: *São assegurados à categoria dos trabalhadores domésticos os direitos previstos nos incisos IV, VI, VII, VIII, X, XIII, XV, XVI, XVII, XVIII, XIX, XXI, XXII, XXIV, XXVI, XXX, XXXI e XXXIII e, atendidas as condições estabelecidas em lei e observada a simplificação do cumprimento das obrigações tributárias, principais e acessórias, decorrentes da relação de trabalho e suas peculiaridades, os previstos nos incisos I, II, III, IX, XII, XXV e XXVIII, bem como a sua integração à previdência social.*

TRABALHADOR RURAL. *Dir. Trab.*

A Constituição Federal, em seu art. 7.º da de 1988, equipara os direitos trabalhista aos trabalhadores urbanos e rurais. O trabalho rural é regido pela Lei 5.889, de 8 de junho de 1973. O art. 2.º desse diploma legal, define o trabalhador rural como "[...] toda pessoa física que, em propriedade rural ou prédio rústico, presta serviços de natureza não eventual a empregador rural, sob a dependência deste e mediante salário." A doutrina diverge a respeito do conceito de trabalhador rural. Para Luciano Martinez o empregado rural "[...] está invariavelmente ligado ao de empregador rural. Isso significa que é necessária a investigação acerca da atividade patronal para que se possa certificar se o trabalhador é ou não um rurícola. [...] será empregado rural quem trabalhe nas *propriedades rurais* ou nos *prédios rústicos* de onde provenham estes bens".[250] A Lei 5.8889/73 conferiu os seguintes direitos ao trabalhador rural:

a) intervalo intrajornada de acordo com os usos e costumes da região, para os trabalhos contínuos com duração superior a 6 (seis) horas;

b) intervalo interjornada de, no mínimo, 11 (onze) horas consecutivas entre duas jornadas de trabalho para descanso.

c) hora noturna: das 21 (vinte e uma horas) às 5h (cinco horas), na lavoura; das 20h (vinte horas) às 4h (quatro horas), na atividade pecuária.

d) adicional noturno em percentual de 25% (vinte e cinco por cento) sobre a remuneração normal.

e) salário *in natura*: habitação 20% (vinte por cento);

---

250 SCHIAVI, 2018, p.1127; MARTINEZ, 2020.

f) salário utilidade.

Em do pagamento do salário em utilidades o empregador poderá realizar os seguintes descontos, calculados sobre o salário mínimo: *moradia*, até o limite de 20% (vinte por cento) ; alimentação, até o limite de 25% (vinte em cinco por cento), atendidos os preços vigentes na região. A cessão pelo empregador, de moradia e de sua infraestrutura básica, assim, como, bens destinados à produção para sua subsistência e de sua família, não integram o salário do trabalhador rural, desde que caracterizados como tais, em contrato escrito celebrado entre as partes, com testemunhas e notificação obrigatória ao respectivo sindicato de trabalhadores rurais (§5º, art. 9º, Lei 5.884/73).

BASE LEGAL:
Lei 5.884/73

TRABALHADOR SUBSTITUÍDO. *Dir. Ind. Trab.*

É direito do trabalhador chamado a substituir outro trabalhador com salários mais elevados que o seu próprio salário o recebimento da diferença entre os salários, vide os artigos 5º e 450 da CLT e Súmula 159 do TST.

BASE LEGAL:
Art. 5º – A todo trabalho de igual valor corresponderá salário igual, sem distinção de sexo.
Art. 450 – Ao empregado chamado a ocupar, em comissão, interinamente, ou em substituição eventual ou temporária, cargo diverso do que exercer na empresa, serão garantidas a contagem do tempo naquele serviço, bem como volta ao cargo anterior.
Súmula nº 159 do TST
SUBSTITUIÇÃO DE CARÁTER NÃO EVENTUAL E VACÂNCIA DO CARGO (incorporada a Orientação Jurisprudencial nº 112 da SBDI-1) – Res. 129/2005, DJ 20, 22 e 25.04.2005
I – Enquanto perdurar a substituição que não tenha caráter meramente eventual, inclusive nas férias, o empregado substituto fará jus ao salário contratual do substituído. (ex-Súmula *nº 159* – alterada pela Res. 121/2003, DJ 21.11.2003)
II – Vago o cargo em definitivo, o empregado que passa a ocupá-lo não tem direito a salário igual ao do antecessor. (ex-OJ *nº 112 da SBDI-1* – inserida em 01.10.1997.

TRABALHO A CÉU ABERTO. *Dir. Trab.*

Inicialmente, é necessário esclarecer que adicional de insalubridade é devido quando o obreiro é exposto no ambiente de trabalho há condições nocivas à saúde, cuja a caracterização e classificação se dá mediante perícia técnica a ser realizada por médico do trabalho ou engenheiro do trabalho que devem ser registrados no Ministério do Trabalho. A condição do trabalhado a céu aberto garante o direito ao recebimento de adicional, desde que as condições se enquadrem na normativa NR15, anexo 3, da portaria n.3214/78 do MTE-Ministério do Trabalho e emprego, vide OJ173 SBDI-I, TST.

BASE LEGAL:

CLT, Art.195. A caracterização e a classificação da insalubridade e da periculosidade, segundo as normas do Ministério do Trabalho, far-se-ão através de perícia a cargo de Médico do Trabalho ou Engenheiro do Trabalho, registrados no Ministério do Trabalho.

§ 1º É facultado às empresas e aos sindicatos das categorias profissionais interessadas requererem ao Ministério do Trabalho a realização de perícia em estabelecimento ou setor deste, com o objetivo de caracterizar e classificar ou delimitar as atividades insalubres ou perigosas.

§ 2º Arguida em juízo insalubridade ou periculosidade, seja por empregado, seja por Sindicato em favor de grupo de associado, o juiz designará perito habilitado na forma deste artigo, e, onde não houver, requisitará perícia ao órgão competente do Ministério do Trabalho.

§ 3º O disposto nos parágrafos anteriores não prejudica a ação fiscalizadora do Ministério do Trabalho, nem a realização *ex officio* da perícia.

Súmula 173 do TST. ADICIONAL DE INSALUBRIDADE. ATIVIDADE A CÉU ABERTO. EXPOSIÇÃO AO SOL E AO CALOR.

I – Ausente previsão legal, indevido o adicional de insalubridade ao trabalhador em atividade a céu aberto, por sujeição à radiação solar (art. 195 da CLT e Anexo 7 da NR 15 da Portaria Nº 3214/78 do MTE).

II – Tem direito ao adicional de insalubridade o trabalhador que exerce atividade exposto ao calor acima dos limites de tolerância, inclusive em ambiente externo com carga solar, nas condições previstas no Anexo 3 da NR 15 da Portaria Nº 3214/78 do MTE.

TRABALHO ANÁLOGO AO DE ESCRAVO. *Dir. Trab.*

É aquele cujo o trabalhador é exposto a jornadas excessivas de trabalho, sem pagamento adequado, sem gozar dos intervalos para refeição e descanso, até mesmo o exercício de jornadas degradantes por longos períodos a troca de um local insalubre e alimentação inadequada, ou seja, sem o mínimo de respeito à dignidade humana do trabalhador. As empresas que contratam trabalhadores nessas condições, devem, ser penalizadas, e são lançadas em lista do Cadastro de empregadores, "lista suja". Vide artigo 149 do TST.

BASE LEGAL:

CP, Art. 149. Reduzir alguém a condição análoga à de escravo, quer submetendo-o a trabalhos forçados ou a jornada exaustiva, quer sujeitando-o a condições degradantes de trabalho, quer restringindo, por qualquer meio, sua locomoção em razão de dívida contraída com o empregador ou preposto:

Pena – reclusão, de dois a oito anos, e multa, além da pena correspondente à violência.

§ 1º Nas mesmas penas incorre quem:

I – cerceia o uso de qualquer meio de transporte por parte do trabalhador, com o fim de retê-lo no local de trabalho;

II – mantém vigilância ostensiva no local de trabalho ou se apodera de documentos ou objetos pessoais do trabalhador, com o fim de retê-lo no local de trabalho.

§ 2º A pena é aumentada de metade, se o crime é cometido:

I – contra criança ou adolescente;

II – por motivo de preconceito de raça, cor, etnia, religião ou origem.

TRABALHO AUTÔNOMO. *Dir. Trab.*

Trata-se de uma prestação de serviço por uma pessoa física, *sem* qualquer subordinação, ou seja, possui plena liberdade para gerir o seu serviço e assume o risco do negócio. Mauricio Godinho Delgado leciona que "O trabalhador autônomo consiste, entre todas as figuras próximas à do empregado [...]. Os diversificados vínculos de trabalho autônomo existentes afastam-se da figura técnico-jurídica da relação de emprego essencialmente pela ausência do elemento fático-jurídico da subordinação."[251] A Reforma Trabalhista (Lei 13.467/2017), acrescentou o art. 442-B à CLT, possibilitando a contratação do trabalhador autônomo, *com ou sem exclusividade*, ainda que cumprida todas as formalidades legais, afastando a sua qualificação como empregado. A doutrina recebeu muitas críticas da doutrina, por permitir a exclusividade no trabalho autônomo. Uma das características marcantes do trabalho autônomo é justamente a liberdade de prestar serviços a outros tomadores, sem se fixar a um único tomador.

251 SCHIAVI, 2018, p.1127; MARTINEZ, 2020; DELGADO, 2019, p. 399.

BASE LEGAL:
CLT, Art. 442-B. A contratação do autônomo, cumpridas por este todas as formalidades legais, com ou sem exclusividade, de forma contínua ou não, afasta a qualidade de empregado prevista no art. 3º desta Consolidação.

TRABALHO DA CRIANÇA. *Dir. Trab.*

Criança vem do latim *creantia* e designa ser humano de pouco idade, menino e menina. O Estatuto da Criança e Adolescente (ECA) considera criança a pessoa até 12 (doze) anos de idade. Sublinhe-se, que o trabalho da criança é proibido, considerando a idade mínima fixada para o trabalho em 16 (dezesseis) anos (art. 7º, XXXIII, da CF/88 e art. 403, da CLT), exceto na condição de aprendiz, a partir de 14 (quatorze) anos. As normas de proteção ao trabalho da criança são cogentes e se justificam em razão de sua titularidade de direitos fundamentais inerentes a pessoa humana, pelo princípio da proteção integral (da cidadania, do bem comum, da condição peculiar da pessoa com desenvolvimento, do atendimento, ação paritária, especial ao trabalho e a educação do adolescente portador de deficiência, proteção de dados sensíveis).O Juiz de Direito da Infância e Juventude, pode autorizar, por alvará judicial o trabalho da criança, na qualidade de ator/atriz, nas novelas ou de participações na mídia televisiva em geral, como mero termo de cessão de uso de imagem assinado pelos pais, desde que acompanhado com os devidos cuidados.

BASE LEGAL:
Art. 6º, da CF/88. São direitos sociais a educação, a saúde, a alimentação, o trabalho, a moradia, o transporte, o lazer, a segurança, a previdência social, a proteção à maternidade e à infância, a assistência aos desamparados, na forma desta Constituição.
Art. 7º, XXXIII, da CF/88. Proibição de trabalho noturno, perigoso ou insalubre a menores de dezoito e de qualquer trabalho a menores de dezesseis anos, salvo na condição de aprendiz, a partir de quatorze anos;
Art. 403, da CLT. É proibido qualquer trabalho a menores de dezesseis anos de idade, salvo na condição de aprendiz, a partir dos quatorze anos.
Parágrafo único. O trabalho do menor não poderá ser realizado em locais prejudiciais à sua formação, ao seu desenvolvimento físico, psíquico, moral e social e em horários e locais que não permitam a frequência à escola.
Art. 406, da CLT. O Juiz de Menores poderá autorizar ao menor o trabalho a que se referem as letras "a" e "b" do § 3º do art. 405
I – desde que a representação tenha fim educativo ou a peça de que participe não possa ser prejudicial à sua formação moral.

II – desde que se certifique ser a ocupação do menor indispensável à própria subsistência ou à de seus pais, avós ou irmãos e não advir nenhum prejuízo à sua formação moral.
Art. 2º, do ECA. Considera-se criança, para os efeitos desta Lei, a pessoa até doze anos de idade incompletos, e adolescente aquela entre doze e dezoito anos de idade.
Art. 4º, do ECA. É dever da família, da comunidade, da sociedade em geral e do poder público assegurar, com absoluta prioridade, a efetivação dos direitos referentes à vida, à saúde, à alimentação, à educação, ao esporte, ao lazer, à profissionalização, à cultura, à dignidade, ao respeito, à liberdade e à convivência familiar e comunitária.

TRABALHO DA MULHER. *Dir. Trab.*

O ingresso do trabalho da mulher ocorreu na Revolução Industrial, no século XIX, sendo que os salários eram inferiores do que dos homens. As melhores condições de proteção do trabalho da mulher ocorreram na Inglaterra e seguiu para a França, para então percorrer toda a Europa. O empregador é vedado empregar mulher em serviço que demande o emprego de força muscular superior a 20 (vinte) quilos para o trabalho contínuo, ou 25 (vinte e cinco) quilos para o trabalho ocasional. Não está incluída nesta restrição a remoção do material feita por impulsão ou tração de vagonetes sobre trilho, carros ou meios mecânicos. Confere-se a trabalhadora gestante a licença maternidade de 120 (cento e vinte) dias, sem prejuízo do emprego e salários. Não constitui justo motivo para a rescisão do contrato de trabalho da mulher o fato de ter contraído matrimonio ou de encontrar-se em estado de gravidez. A mãe adotante ou quando obtiver guarda judicial de criança ou adolescente será concedida a licença maternidade.

BASE LEGAL:

Art. 5º, da CF/88. Todos são iguais perante a lei, sem distinção de qualquer natureza, garantindo-se aos brasileiros e aos estrangeiros residentes no País a inviolabilidade do direito à vida, à liberdade, à igualdade, à segurança e à propriedade, nos termos seguintes:
I – homens e mulheres são iguais em direitos e obrigações, nos termos desta Constituição;
Súmula nº 244 do TST. GESTANTE. ESTABILIDADE PROVISÓRIA (redação do item III alterada na sessão do Tribunal Pleno realizada em 14.09.2012) – Res. 185/2012, DEJT divulgado em 25, 26 e 27.09.2012.
I – O desconhecimento do estado gravídico pelo empregador não afasta o direito ao pagamento da indenização decorrente da estabilidade (art. 10, II, "b" do ADCT).

II – A garantia de emprego à gestante só autoriza a reintegração se esta se der durante o período de estabilidade. Do contrário, a garantia restringe-se aos salários e demais direitos correspondentes ao período de estabilidade.
III – A empregada gestante tem direito à estabilidade provisória prevista no art. 10, inciso II, alínea "b", do Ato das Disposições Constitucionais Transitórias, mesmo na hipótese de admissão mediante contrato por tempo determinado.
Convenção da OIT: Convenção 100 (ratificada pelo Brasil, disciplina o princípio da igualdade de remuneração para a mão de obra masculina e feminina, por um trabalho de igual valor); Convenção 111) ratificada pelo Brasil proibi a discriminação no emprego e profissão.

TRABALHO DECENTE. *Dir. Trab.*

O trabalho decente consiste no trabalho produtivo, devidamente remunerado, exercido em condições de liberdade, equidade e segurança, garantindo uma condição digna de vida ao trabalhador. O trabalho decente tem como objetivo o respeito aos direitos no trabalho, especialmente aqueles definidos como fundamentais (liberdade sindical, direito de negociação coletiva, eliminação de todas as formas de discriminação em matéria de emprego e ocupação e erradicação de todas as formas de trabalho forçado e trabalho infantil); a promoção do emprego produtivo e de qualidade; a ampliação da proteção social; o fortalecimento do diálogo social. A jornada de trabalho é uma dimensão importante da qualidade de emprego, com repercussões em outros elementos do trabalho decente, como o ambiente de trabalho seguro e a combinação entre a vida pessoal e familiar. Uma remuneração adequada é aquela que assegure a trabalhadores de ambos os sexos o sustento próprio e da família e que seja livre de quaisquer formas de diferenciação. A "proteção do trabalhador contra as doenças, sejam ou não profissionais, e contra os acidentes de trabalho" é um elemento fundamental da justiça social e trabalho decente. |Aposentadoria digna.

BASE LEGAL:
Art. 3º, III e IV, da CF/88
III – a dignidade da pessoa humana;
IV – os valores sociais do trabalho
Art. 6º, CF/88. São direitos sociais a educação, a saúde, a alimentação, o trabalho, a moradia, o transporte, o lazer, a segurança, a previdência social, a proteção à maternidade e à infância, a assistência aos desamparados, na forma desta Constituição.
Artigo XXIII, Declaração Universal dos Direitos Humanos de 1948:

1. Toda pessoa tem direito ao trabalho, à livre escolha de emprego, a condições justas e favoráveis de trabalho e à proteção contra o desemprego.
2. Toda pessoa, sem qualquer distinção, tem direito a igual remuneração por igual trabalho.
3. Toda pessoa que trabalhe tem direito a uma remuneração justa e satisfatória, que lhe assegure, assim como à sua família, uma existência compatível com a dignidade humana, e a que se acrescentarão, se necessário, outros meios de proteção social.
4. Toda pessoa tem direito a organizar sindicatos e neles ingressar para proteção de seus interesses.

TRABALHO DOMÉSTICO. *Dir. Trab.*

Ao trabalhador doméstico é considerado aquele que presta serviços de forma contínua, subordinada, onerosa pessoal e de finalidade não lucrativa à pessoa ou a família, no âmbito residencial destas, por mais de 2 (dois) dias por semana. É vedado o trabalho de adolescentes e jovens com idade inferior a 18 (dezoito) anos. É facultado a contratação de trabalho doméstico por prazo determinado, mediante contrato de experiencia, para atender as necessidades familiares transitórias e para substituir empregado doméstico com contrato suspenso ou interrompido. O trabalhador doméstico que acompanhar o empregador prestando serviços em viagens, são consideradas as horas efetivamente trabalhadas no período, podendo ser compensadas as horas extraordinárias em outro dia.

BASE LEGAL:

Art. 7º. Parágrafo único, da CF/88. São assegurados à categoria dos trabalhadores domésticos os direitos previstos nos incisos IV, VI, VII, VIII, X, XIII, XV, XVI, XVII, XVIII, XIX, XXI, XXII, XXIV, XXVI, XXX, XXXI e XXXIII e, atendidas as condições estabelecidas em lei e observada a simplificação do cumprimento das obrigações tributárias, principais e acessórias, decorrentes da relação de trabalho e suas peculiaridades, os previstos nos incisos I, II, III, IX, XII, XXV e XXVIII, bem como a sua integração à previdência social.
Art. 1º, da LC 150/2015. Ao empregado doméstico, assim considerado aquele que presta serviços de forma contínua, subordinada, onerosa e pessoal e de finalidade não lucrativa à pessoa ou à família, no âmbito residencial destas, por mais de 2 (dois) dias por semana, aplica-se o disposto nesta Lei.

TRABALHO DO MENOR. *Dir. Trab.*

O alicerce do trabalho do adolescente e infanto-juvenil reside na necessidade do Estado em resguardar a integridade física e psíquica do ser humano que está em fase de desenvolvimento, cuja proteção está balizada em motivos de ordem fisiológica, segurança pessoal, de salubridade, de moralidade e cultura. A Constituição Consolidada proíbe qualquer trabalho aos adolescentes e infante de 16 (dezesseis) anos, salvo na condição de aprendiz aos 14 (quatorze) anos. Para a proteção do trabalho do menor há proibições para o trabalho insalubre, perigoso e penoso, ao trabalho noturno, às condições prejudiciais a formação e ao desenvolvimento físico, psíquico, moral e social, trabalho que impeça o frequência à escola, diferença de salário. Ao adolescente e infanto-juvenil não corre nenhuma prescrição. O fundamento do sistema de proteção ao trabalho do menor reside na necessidade do Estado. Para zelar pelos interesses do adolescente e infanto-juvenil tem-se o Conselho Tutelar. As férias serão concedidas em um só período, além usufrui-la no período das férias escolares. O Contrato de aprendiza-

gem será escrito e por prazo determinado, eis o empregador se obriga a ensinar metodicamente um ofício técnico profissional, alcançando o adolescente e jovens em programa de aprendizagem, entre 14 (quatorze) a 24 (vinte e quatro) anos, sendo no máximo de 2 (dois) anos, salvo para portadores de deficiência.

BASE LEGAL:

Art. 227, da CF/88. É dever da família, da sociedade e do Estado assegurar à criança, ao adolescente e ao jovem, com absoluta prioridade, o direito à vida, à saúde, à alimentação, à educação, ao lazer, à profissionalização, à cultura, à dignidade, ao respeito, à liberdade e à convivência familiar e comunitária, além de colocá-los a salvo de toda forma de negligência, discriminação, exploração, violência, crueldade e opressão.

[...]

§ 3º O direito a proteção especial abrangerá os seguintes aspectos:

I – idade mínima de quatorze anos para admissão ao trabalho, observado o disposto no art. 7º, XXXIII;

II – garantia de direitos previdenciários e trabalhistas;

Art. 7º, do ECA. A criança e o adolescente têm direito a proteção à vida e à saúde, mediante a efetivação de políticas sociais públicas que permitam o nascimento e o desenvolvimento sadio e harmonioso, em condições dignas de existência.

Art. 403, da CLT. É proibido qualquer trabalho a menores de dezesseis anos de idade, salvo na condição de aprendiz, a partir dos quatorze anos.

Parágrafo único: O trabalho do menor não poderá ser realizado em locais prejudiciais à sua formação, ao seu desenvolvimento físico, psíquico, moral e social e em horários e locais que não permitam a frequência à escola.
Art. 424, da CLT. *É dever dos responsáveis legais de menores, pais, mães, ou tutores, afastá-los de empregos que diminuam consideravelmente o seu tempo de estudo, reduzam o tempo de repouso necessário à sua saúde e constituição física, ou prejudiquem a sua educação moral.*

TRABALHO DO PRESO. *Dir. Trab./ Dir. Penal.*

O trabalho do condenado, como dever social e condição de dignidade humana, terá finalidade educativa e produtiva. Embora não sujeito ao regime celetista, o trabalho do preso será remunerado, não podendo ser inferior a 3/4 (três quartos) do salário mínimo. O preso condenado à pena privativa de liberdade está *obrigado* ao trabalho, na medida de suas aptidões e capacidade. O preso provisório, aquele que ainda não possui uma condenação definitiva (casos em que a prisão se dá em flagrante, ou de forma temporária, por decretação de prisão preventiva, pronúncia ou sentença condenatória recorrível), não está obrigado ao trabalho. A jornada normal de trabalho não será inferior a 6 (seis) nem superior a 8 (oito) horas, com descanso nos domingos e feriados. O condenado que cometer falta disciplinar de natureza grave poderá perder até 1/3 (um terço) dos dias remidos. O preso condenado que se nega a trabalhar, sem justificativa plausível, comete falta grave, vez que trata-se de um direito-dever. Tal falta deverá ser apurada em processo administrativo e posterior audiência de justificação. A remuneração pelo trabalho atenderá o ressarcimento ao erário e prejuízos causados a terceiros, à assistência à família, despesas pessoais.

BASE LEGAL:

Art. 6º, da CF/88. São direitos sociais a educação, a saúde, a alimentação, o trabalho, a moradia, o transporte, o lazer, a segurança, a previdência social, a proteção à maternidade e à infância, a assistência aos desamparados, na forma desta Constituição.
Art. 28, da LEP. O trabalho do condenado, como dever social e condição de dignidade humana, terá finalidade educativa e produtiva.
§ 1º Aplicam-se à organização e aos métodos de trabalho as precauções relativas à segurança e à higiene.
§ 2º O trabalho do preso não está sujeito ao regime da Consolidação das Leis do Trabalho.
Art. 29, da LEP. O trabalho do preso será remunerado, mediante prévia tabela, não podendo ser inferior a 3/4 (três quartos) do salário mínimo.

TRABALHO DE IGUAL VALOR. *Dir. Trab.*

Trabalho de igual valor é aquele desenvolvido com igual com igual produtividade e com a mesma perfeição técnica, entre pessoas cuja diferença de tempo de serviço para o mesmo empregador não seja superior a 4 (quatro) anos e a diferença de tempo na função não seja superior a 2 (dois) anos. Verifica-se, portanto, que não basta mera semelhança de trabalho igual para que seja devido igual salário a ambos os empregados, pois há necessidade do preenchimento das condições estabelecidas em lei.

BASE LEGAL:

Art. 7º, XXX, da CF/88 – proibição de diferença de salários, de exercício de funções e de critério de admissão por motivo de sexo, idade, cor ou estado civil;

Art. 7º XXXI, da CF/88 – proibição de qualquer discriminação no tocante a salário e critérios de admissão do trabalhador portador de deficiência;

Art. 5º, da CLT. A todo trabalho de igual valor corresponderá salário igual, sem distinção de sexo.

Art. 461, da CLT. Sendo idêntica a função, a todo trabalho de igual valor, prestado ao mesmo empregador, no mesmo estabelecimento empresarial, corresponderá igual salário, sem distinção de sexo, etnia, nacionalidade ou idade.

§ *1º* Trabalho de igual valor, para os fins deste Capítulo, será o que for feito com igual produtividade e com a mesma perfeição técnica, entre pessoas cuja diferença de tempo de serviço para o mesmo empregador não seja superior a quatro anos e a diferença de tempo na função não seja superior a dois anos.

Convenção da OIT: 100 e 111.

TRABALHO ESCRAVO. *Dir. Trab.*

O trabalho escravo foi a mão de obra adotada por muitos séculos no Ocidente, eis que eram mãos de obras oriundas de navios do Continente Africano para servir de mão de obra na agropecuária. O trabalho forçado, com o impedimento da liberdade de ir e vir, trabalhos degradantes e a servidão por dívidas, todos eles são antíteses de do trabalho digno e espécies de condições análogas à de escravo. Hodiernamente a dor da escravidão está na alma. Está na rendição pessoal, nas condições péssimas na habitação, na ausência de instalações sanitárias, na falta de água potável, na ausência de alimentos saudáveis, nas jornadas de sol a sol, na exposição de riscos de doenças. Está na situação de miséria, indigência e de penúria. O homem é tratado como coisa, um objeto descartável para o lucro máximo em pouco tempo.

> Art. 2º, da IN SIT/M.T.E/2018. O trabalho realizado em condição análoga à de escravo, sob todas as formas, constitui atentado aos direitos humanos fundamentais e à dignidade do trabalhador, sendo dever do Auditor-Fiscal do Trabalho combater a sua prática.
> Art. 6º, da IN SIT/M.T.E/2018. Considera-se em condição análoga à de escravo o trabalhador submetido, de forma isolada ou conjuntamente, a:
> I – Trabalho forçado;
> II – Jornada exaustiva;
> III – Condição degradante de trabalho;
> IV – Restrição, por qualquer meio, de locomoção em razão de dívida contraída com empregador ou preposto, no momento da contratação ou no curso do contrato de trabalho;
> V – Retenção no local de trabalho em razão de:
> a) cerceamento do uso de qualquer meio de transporte;
> b) manutenção de vigilância ostensiva;
> c) apoderamento de documentos ou objetos pessoais.
> Art. 149, CP. Reduzir alguém a condição análoga à de escravo, quer submetendo-o a trabalhos forçados ou a jornada exaustiva, quer sujeitando-o a condições degradantes de trabalho, quer restringindo, por qualquer meio, sua locomoção em razão de dívida contraída com o empregador ou preposto.

TRABALHO FORÇADO OU COMPULSÓRIO. *Dir. Trab.*

É todo trabalho ou serviço exigido de uma pessoa sob a ameaça de uma sanção e para o qual a pessoa não se ofereceu espontaneamente. Sua exploração pode ser feita por autoridades do Estado, pela economia privada ou por pessoas físicas. O conceito é amplo e, portanto, abrange um vasto leque de práticas coercitivas de trabalho, que ocorrem em todos os tipos de atividades econômicas e em todas as partes do mundo. O trabalho forçado se refere a situações em que as pessoas são coagidas a trabalhar por meio do uso de violência ou intimidação, ou até mesmo por meios mais sutis, como a servidão por dívidas, a retenção de documentos de identidade ou ameaças de denúncia às autoridades de imigração. Não estar sujeito ao trabalho forçado é estar sob o manto da dignidade da pessoa humana e respeitar os valores sociais do trabalho.

BASE LEGAL:
Art. 1º, III, IV, da CF/88
III – dignidade da pessoa humana,
IV os valores sociais do trabalho.
Art. 1º, I, da Portaria M.T.E N 1129/2017. Trabalho forçado é aquele exercido sem consentimento da parte do trabalhador e que lhe retire a possibilidade de expressar a sua vontade;
Art. 2.1, Convenção 29, da OIT – Para os fins da presente convenção, a expressão 'trabalho forçado ou obrigatório' designará todo trabalho ou serviço exigido de um indivíduo sob ameaça de qualquer penalidade e para o qual ele não se ofereceu de espontânea vontade.

TRABALHO INFORMAL. *Dir. Trab.*

As transformações do mundo do trabalho, que atualmente traz novas requisições pelo fato do mesmo não estar mais restrito à produção industrial, com o advento da globalização, da tecnologia emergiram novas esferas do trabalho. Uma das políticas para enfrentamento da informalidade é o incentivo à iniciativa empreendedor aos trabalhadores, que os tira da informalidade do trabalho para a "autonomia no trabalho", encontra-se nessa esfera de incentivo ao empreendedorismo, programas de crédito e microcrédito, políticas de redução de impostos para pequenos empreendedores como o Simples Nacional. Dispõe-se para enfrentamento ao quadro da informalidade, como por exemplo, a Secretaria de Inspeção do Trabalho, que vai a ofensiva do trabalho escravo, trabalho infantil, fiscalização da saúde e segurança no trabalho, programa de alimentação do trabalhador. Tem-se que a nossa sociedade assumiu um projeto político neoliberal em detrimento do desenvolvimento pleno de um Estado-Providência.

BASE LEGAL:
Art. 6º, da CF88. São direitos sociais a educação, a saúde, a alimentação, o trabalho, a moradia, o transporte, o lazer, a segurança, a previdência social, a proteção à maternidade e à infância, a assistência aos desamparados, na forma desta Constituição.
Art. 7º, da CF/88. São direitos dos trabalhadores urbanos e rurais, além de outros que visem à melhoria de sua condição social.
Art. 2º, da CLT. Considera-se empregador a empresa, individual ou coletiva, que, assumindo os riscos da atividade econômica, admite, assalaria e dirige a prestação pessoal de serviço.
§ 1º Equiparam-se ao empregador, para os efeitos exclusivos da relação de emprego, os profissionais liberais, as instituições de beneficência, as

associações recreativas ou outras instituições sem fins lucrativos, que admitirem trabalhadores como empregados.
Art. 3º, da CLT. Considera-se empregado toda pessoa física que prestar serviços de natureza não eventual a empregador, sob a dependência deste e mediante salário.
Parágrafo único: Não haverá distinções relativas à espécie de emprego e à condição de trabalhador, nem entre o trabalho intelectual, técnico e manual.
Art. 41, da CLT. Em todas as atividades será obrigatório para o empregador o registro dos respectivos trabalhadores, podendo ser adotados livros, fichas ou sistema eletrônico, conforme instruções a serem expedidas pelo Ministério do Trabalho.

TRABALHO INTERMITENTE. *Dir. Trab.*

O trabalho intermitente pode ser descrito como aquele no qual a prestação de serviços não é contínua, embora com subordinação. O contrato de trabalho intermitente, é um contrato por tempo indeterminado e sem jornada definida. Nesse tipo de contrato, podem ser alternados períodos de prestação de serviços com períodos de inatividade, os quais podem ser de horas, dias ou meses, independentemente do tipo de atividade do empregado e do empregador. A única exceção é feita para os aeronautas, que continuam regidos por legislação própria. Pressupõe que o trabalhador seja convocado conforme a demandado empregador e seja remunerado com base nas horas que efetivamente prestar serviço. Assim, nesse tipo de contrato, o trabalhador fica à disposição do empregador aguardando um chamado para o serviço. Caso a convocação não ocorra, ele não receberá pelo período à disposição. Isto implica que não haverá garantia mínima de remuneração para o trabalhador. O contrato de trabalho intermitente será considerado rescindido caso decorrido o prazo de um ano sem que tenha ocorrido qualquer convocação do empregado pelo empregador, contado a partir da data da celebração do contrato, da última convocação ou do último dia de prestação de serviços, o que for mais recente

BASE LEGAL:
Art. 443, da CLT. O contrato individual de trabalho poderá ser acordado tácita ou expressamente, verbalmente ou por escrito, por prazo determinado ou indeterminado, ou para prestação de trabalho intermitente.
Art. 452-A. O contrato de trabalho intermitente deve ser celebrado por escrito e deve conter especificamente o valor da hora de trabalho, que não pode ser inferior ao valor horário do salário mínimo ou àquele devido aos

demais empregados do estabelecimento que exerçam a mesma função em contrato intermitente ou não.

TRABALHO NOTURNO. *Dir. Trab.*

Tem-se noturno o trabalho executado entre as 22h (vinte horas) de um dia e as 5h (cinco horas) do dia seguinte. Nesse período, o trabalhador receberá adicional, de no mínimo 20% (vinte por cento) sobre a hora noturna reduzida. Esse adicional possui natureza salarial, eis que reflete nas demais verbas trabalhistas. A hora noturna do trabalhador urbano é reduzida, vez que a hora noturna é computada como 52 (cinquenta e dois) minutos e 30 (segundos) segundos. O empregado doméstico passou a ter direito ao recebimento do adicional noturno. O trabalho noturno para o empregado rural dependerá de sua atividade, sendo que não possui hora noturna reduzida. Na lavoura, entre as 21h (vinte e uma horas) e 5h (cinco horas). Na pecuária dar-se-á entre as 20h (vinte horas) de um dia até 4h (quatro horas) do dia seguinte. O trabalhador rural não possui hora noturna reduzida, mas terá um adicional de 25% (vinte e cinco por cento).

BASE LEGAL:

Art. 7º, IX, da CF/88: remuneração do trabalho noturno superior à do diurno

Art. 73. Salvo nos casos de revezamento semanal ou quinzenal, o trabalho noturno terá remuneração superior a do diurno e, para esse efeito, sua remuneração terá um acréscimo de 20 % (vinte por cento), pelo menos, sobre a hora diurna.

§ 1º A hora do trabalho noturno será computada como de 52 minutos e 30 segundos.

§ 2º Considera-se noturno, para os efeitos deste artigo, o trabalho executado entre as 22 horas de um dia e as 5 horas do dia seguinte.

Lei 5889/1973, Art. 7º: Para os efeitos desta Lei, considera-se trabalho noturno o executado entre as vinte e uma horas de um dia e as cinco horas do dia seguinte, na lavoura, e entre as vinte horas de um dia e as quatro horas do dia seguinte, na atividade pecuária.

LC 150/2015, art. 14 – Considera-se noturno, para os efeitos desta lei, o trabalho executado entre as 22h de um dia e às 5h do dia seguinte.

Súmula 60, do TST. Adicional noturno. Integração no salário e prorrogação em horário diurno.

I – O adicional noturno pago com habitualidade integra o salário do empregado para todos os efeitos.

II – Cumprida integralmente a jornada no período noturno e prorrogada esta, devido é também o adicional quanto às horas prorrogadas.

TRABALHO PORTUÁRIO. *Dir. Trab.*

Aquele executado nas dependências dos portos. O trabalho portuário pode ser com vínculo de emprego registrado pelo operador portuário ou trabalho portuário avulso. O portuário com vínculo de emprego é obrigatório a participação do Órgão Gestor de Mão de Obra (OGMO), já que a contratação dos empregados, somente, pode ocorrer dos portuários cadastrados em seu banco de dados. As atividades do trabalho portuário pode ser de:

a) capatazia: atividade de movimentação de mercadoria nas instalações dentro do porto;

b) estiva: atividade de movimentação de mercadoria no convés ou porão das embarcações;

c) conferencia de carga: atua na contagem e verificação do estado das mercadorias;

d)concerto de cargas: consiste na reparação e restauração de mercadorias;

e)vigilância: consiste na fiscalização de pessoas e movimentação de mercadorias;

f) bloco: atividade de limpeza e conservação das embarcações.

BASE LEGAL:

Art. 40, da Lei 12815/2013. O trabalho portuário de capatazia, estiva, conferência de carga, conserto de carga, bloco e vigilância de embarcações, nos portos organizados, será realizado por trabalhadores portuários com vínculo empregatício por prazo indeterminado e por trabalhadores portuários avulsos.

Art. 2°, I, Lei 9719/1998. cabe ao operador portuário recolher ao órgão gestor de mão-de-obra os valores devidos pelos serviços executados, referentes à remuneração por navio, acrescidos dos percentuais relativos a décimo terceiro salário, férias, Fundo de Garantia do Tempo de Serviço – FGTS, encargos fiscais e previdenciários, no prazo de vinte e quatro horas da realização do serviço, para viabilizar o pagamento ao trabalhador portuário avulso;

TST: Súmula 309, OJS 60, 316, 391 e 402, da SDI-1.

TRABALHO TEMPORÁRIO. *Dir. Trab.*

Indica aquele que presta serviço por pessoa física contratada por uma empresa tomadora de serviços, para atender à necessidade de substituição transitória de pessoal permanente ou à demanda complementar de serviços. No caso de serviços complementares tem-se que são as demandas de serviços que seja oriunda de fatores imprevisíveis ou quando decorrentes de fatores previsíveis, tenha natureza intermitente, periódica ou sazonal.

BASE LEGAL:
Art. 2º, da Lei 6019/74 . Trabalho temporário é aquele prestado por pessoa física contratada por uma empresa de trabalho temporário que a coloca à disposição de uma empresa tomadora de serviços, para atender à necessidade de substituição transitória de pessoal permanente ou à demanda complementar de serviços.
§ 1º É proibida a contratação de trabalho temporário para a substituição de trabalhadores em greve, salvo nos casos previstos em lei.
§ 2º Considera-se complementar a demanda de serviços que seja oriunda de fatores imprevisíveis ou, quando decorrente de fatores previsíveis, tenha natureza intermitente, periódica ou sazonal
OJ nº 321, da SDI-1, do TST. OJ-SDI1-321 VÍNCULO EMPREGATÍCIO COM A ADMINISTRAÇÃO PÚBLICA. PERÍODO ANTERIOR À CF/1988 (nova redação) – Res. 129/2005, DJ 20, 22 e 25.04.2005 Salvo os casos de trabalho temporário e de serviço de vigilância, previstos nas Leis nºs 6.019, de 03.01.74, e 7.102, de 20.06.83, é ilegal a contratação de trabalhadores por empresa interposta, formando-se o vínculo empregatício diretamente com o tomador dos serviços, inclusive ente público, em relação ao período anterior à vigência da CF/88.

TRABALHO VOLUNTÁRIO. *Dir. Trab.*

O trabalho prestado de forma gratuita ou voluntária caracteriza uma relação de trabalho, mas não uma relação de emprego. O voluntário atua com animo de caridade, com caráter filantrópico, de benemerência e não espera uma retribuição pecuniária pelo trabalho. Tem como finalidade a causa ou finalidade da prestação de serviços. Não há vínculo empregatício, além da ausência de obrigação trabalhista e previdenciária entre as partes.[252]

BASE LEGAL:
Art. 1º Considera-se serviço voluntário, para os fins desta Lei, a atividade não remunerada prestada por pessoa física a entidade pública de qualquer natureza ou a instituição privada de fins não lucrativos que tenha objetivos cívicos, culturais, educacionais, científicos, recreativos ou de assistência à pessoa.

252 DELGADO, 2018, p. 410-413.

Parágrafo único. O serviço voluntário não gera vínculo empregatício, nem obrigação de natureza trabalhista previdenciária ou afim.

TRANSAÇÃO. *Dir. Trab.*

Do latim *transactio*, de transigere, exprimindo ação de transigir, tem no conceito gramatical, o sentido de pacto, convenção, ajuste, em que as pessoas realizam um contrato ou promovem uma negociação. É um ato jurídico bilateral que importa concessões reciprocas das partes. Versa sobre uma incerteza subjetiva sobre o direito patrimonial envolvido, podendo extinguir um direito de forma judicial ou extrajudicial. Há direitos disponíveis, cujos interesses são meramente particulares.

BASE LEGAL:

Art. 855-B, da CLT. O processo de homologação de acordo extrajudicial terá início por petição conjunta, sendo obrigatória a representação das partes por advogado.

OJ-SDI1-270 PROGRAMA DE INCENTIVO À DEMISSÃO VOLUNTÁRIA. TRANSAÇÃO EXTRAJUDICIAL. PARCELAS ORIUNDAS DO EXTINTO CONTRATO DE TRABALHO. EFEITOS (inserida em 27.09.2002) A transação extrajudicial que importa rescisão do contrato de trabalho ante a adesão do empregado a plano de demissão voluntária implica quitação exclusivamente das parcelas e valores constantes do recibo.

TRANSCENDÊNCIA. *Dir. Proc. Trab.*

É qualificativo do muito elevado, sublime ao ponto de ser metafísico, levando o Direito a bordejar a ciência do suprassensível, relevância elevada ao cubo ou 4º potência.[253] A criação da transcendência não obsta o acesso a justiça. A transcendência funciona como um filtro para o Recurso de Revista, bem como funciona para se discutir tese jurídica relevante e que transcende os interesses da parte envolvidas no processo, ou seja, visa a repercussão para a coletividade.

BASE LEGAL:

Art.896-A. O Tribunal Superior do Trabalho, no recurso de revista, examinará previamente se a causa oferece transcendência com relação aos reflexos gerais de natureza econômica, política, social ou jurídica.

§ *1º* São indicadores de transcendência, entre outros:

I – econômica, o elevado valor da causa;

253 RODRIGUES PINTO, 2006, p. 200.

II – política, o desrespeito da instância recorrida à jurisprudência sumulada do Tribunal Superior do Trabalho ou do Supremo Tribunal Federal;
III – social, a postulação, por reclamante-recorrente, de direito social constitucionalmente assegurado;
IV – jurídica, a existência de questão nova em torno da interpretação da legislação trabalhista.
Enunciado nº 121 e 122, da II Jornada de Direito Material e Processual do Trabalho da Anamatra.
Enunciado 121. TRANSCENDÊNCIA. INDICADORES.
I – A transcendência econômica, nos termos do artigo 896-A, § 1º, I, da CLT deverá considerar a repercussão da pretensão no patrimônio das partes.
II – O exercício da técnica do "distinguishing", por parte dos Tribunais Regionais, a respeito da aplicabilidade da jurisprudência sumulada do STF e do TST aos casos concretos, não configura desrespeito para fins de enquadramento no artigo 896-A, § 1º, II, da CLT.
III – A relevância social e jurídica envolve também as questões atinentes à interpretação e à aplicação dos tratados de direitos humanos ratificados pelo Brasil. (Enunciado no 7 da Comissão 8)
Enunciado 122. TRANSCENDÊNCIA. RECURSO DE REVISTA. SUSTENTAÇÃO ORAL. A fixação de prazo exíguo (cinco minutos) para a sustentação oral do advogado, por ocasião do julgamento do agravo interno perante a turma do TST (artigo 896-A, §§ 2º e 3º, da CLT), não se compatibiliza com o princípio do devido processo legal, plasmado no artigo 5o, LIV, da Constituição Federal. (Enunciado no 8 da Comissão 8)

TRANSFERÊNCIA DE EMPREGADO. *Dir. Trab.*

Do latim *transferens*, de "transfere", transferir, transportar, levar de um lugar para o outro, é a translação, a passagem, a mudança, a substituição. Dentre as possibilidades do poder direção do Empregador, está a transferência de empregados. A transferência unilateral é vedada, sendo que precisa do mútuo consentimento. Para configurar a transferência, é necessário a mudança do domicílio do empregado. Excepcionalmente pode ocorrer a transferência unilateral, como, por exemplo, empregado exercente em cargo de confiança, contrato com clausula expressa de transferência, contrato de trabalho do qual decorre condição explicita de transferência, transferência provisória por necessidade de serviço, decorrente de extinção do estabelecimento.

BASE LEGAL:

Art. 469. Ao empregador é vedado transferir o empregado, sem a sua anuência, para localidade diversa da que resultar do contrato, não se con-

siderando transferência a que não acarretar necessariamente a mudança do seu domicílio.
SUM-29TRANSFERÊNCIA (mantida) – Res. 121/2003, DJ 19, 20 e 21.11.2003 Empregado transferido, por ato unilateral do empregador, para local mais distante de sua residência, tem direito a suplemento salarial correspondente ao acréscimo da despesa de transporte
OJ-SDI1-113 ADICIONAL DE TRANSFERÊNCIA. CARGO DE CONFIANÇA OU PREVISÃO CONTRATUAL DE TRANSFERÊNCIA. DEVIDO. DESDE QUE A TRANSFERÊNCIA SEJA PROVISÓRIA (INSERIDA EM 20.11.1997) O fato de o empregado exercer cargo de confiança ou a existência de previsão de transferência no contrato de trabalho não exclui o direito ao adicional. O pressuposto legal apto a legitimar a percepção do mencionado adicional é a transferência provisória.

TRANSPORTE. *Dir. do Trab.*

Do latim *transportare*, levar além, conduzir para outro lugar. Transporte é a própria condução, ou a deslocação de coisas, ou pessoas, em veículos, ou meios apropriados a esse mister. O contrato de transporte temos a obrigação do condutor levar de um ponto a outro, coisas e pessoas, mediante pagamento pelo outro contratante (art. 730 a 732, do CC/02). O recrutamento de trabalhadores contratados em qualquer atividade urbana, recrutados para trabalhar em localidade diversa da sua origem e o seu transporte é necessária a comunicação ao órgão do M.T.E.

BASE LEGAL:
Art. 6°, CF/88. São direitos sociais a educação, a saúde, a alimentação, o trabalho, a moradia, o transporte, o lazer, a segurança, a previdência social, a proteção à maternidade e à infância, a assistência aos desamparados, na forma desta Constituição.
Art. 1°, IN SIT/M.T.E N° 90/2011 – Para o transporte de trabalhadores contratados em qualquer atividade econômica urbana, recrutados para trabalhar em localidade diversa da sua origem, é necessária a comunicação do fato ao órgão local do Ministério do Trabalho e Emprego – MTE por intermédio da Certidão Declaratória de Transporte de Trabalhadores – CDTT, na forma do Anexo I.
§ 1° Considera-se para a localidade diversa de sua origem o recrutamento que implique a mudança transitória, temporária ou definitiva de residência do trabalhador.
SUM-29TRANSFERÊNCIA (mantida) – Res. 121/2003, DJ 19, 20 e 21.11.2003 Empregado transferido, por ato unilateral do empregador, para local mais distante de sua residência, tem direito a suplemento salarial correspondente ao acréscimo da despesa de transporte.

TRÂNSITO EM JULGADO. *Dir. Proc. Trab./ Dir. Proc. Civ.*

É a entrega final, pelo Estado Juiz, da tutela jurisdicional, solucionando as questões colocadas em discussão, no qual não existe mais apreciação recursal, tornando imutável a decisão de mérito judicialmente proferida. É de suma importância na coisa julgada a existência de uma sentença ou acórdão anterior, proferidas nos autos (mesmas partes, objeto e causa de pedir). Vincula-se as partes que participaram do processo e também os litisconsortes. Os limites objetivos são fixados pela inicial, defesa e pelo que foi apreciado na decisão.

BASE LEGAL:

Art. 5º, XXXVI, da CF/88.

[...] – a lei não prejudicará o direito adquirido, o ato jurídico perfeito e a coisa julgada;

Art. 832, da CLT – Da decisão deverão constar o nome das partes, o resumo do pedido e da defesa, a apreciação das provas, os fundamentos da decisão e a respectiva conclusão.

§ 1º Quando a decisão concluir pela procedência do pedido, determinará o prazo e as condições para o seu cumprimento.

Art. 502, do CPC. Denomina-se coisa julgada material a autoridade que torna imutável e indiscutível a decisão de mérito não mais sujeita a recurso.

Art. 508. Transitada em julgado a decisão de mérito, considerar-se-ão deduzidas e repelidas todas as alegações e as defesas que a parte poderia opor tanto ao acolhimento quanto à rejeição do pedido.

TRIBUNAIS REGIONAIS DO TRABALHO. *Dir. Proc. Trab.*

São órgãos de segundo grau de jurisdição, compostos por Juízes do Trabalho de carreira, promovidos por antiguidade e merecimento, sendo que um quinto dos seus assentos será ocupado por membros do Ministério Público do Trabalho e da classe de advogados, com mais de 10 (dez) anos de serviços. Os Tribunais poderão instalar justiça itinerante, servindo de serviços públicos e comunitários. Compete aos Tribunais julgar os recursos ordinários, interpostos em faces das Vara ou originariamente, ações rescisões, dissídios coletivos e de greve, mandados de segurança e ações previstas em Lei ou regimento interno. Atualmente temos 24 Tribunais Regionais, para cada Estado, salvo Estado do São Paulo que possui dois.

BASE LEGAL:

Art. 115. Os Tribunais Regionais do Trabalho compõem-se de, no mínimo, sete juízes, recrutados, quando possível, na respectiva região, e nomeados pelo Presidente da República dentre brasileiros com mais de trinta e menos de sessenta e cinco anos, sendo:

I um quinto dentre advogados com mais de dez anos de efetiva atividade profissional e membros do Ministério Público do Trabalho com mais de dez anos de efetivo exercício, observado o disposto no art. 94.

II os demais, mediante promoção de juízes do trabalho por antiguidade e merecimento, alternadamente.

Art. 680. Compete, ainda, aos Tribunais Regionais, ou suas Turmas:

a) determinar às Juntas e aos juízes de direito a realização dos atos processuais e diligências necessárias ao julgamento dos feitos sob sua apreciação;

b) fiscalizar o comprimento de suas próprias decisões;

c) declarar a nulidade dos atos praticados com infração de suas decisões;

d) julgar as suspeições arguidas contra seus membros;

e) julgar as exceções de incompetência que lhes forem opostas;

f) requisitar às autoridades competentes as diligências necessárias ao esclarecimento dos feitos sob apreciação, representando contra aquelas que não atenderem a tais requisições;

g) exercer, em geral, no interesse da Justiça do Trabalho, as demais atribuições que decorram de sua Jurisdição.

SUM-425, do TST. JUS POSTULANDI NA JUSTIÇA DO TRABALHO. ALCANCE – Res. 165/2010, DEJT divulgado em 30.04.2010 e 03 e 04.05.2010 Súmulas A-140 SÚMULAS O jus postulandi das partes, estabelecido no art. 791 da CLT, limita-se às Varas do Trabalho e aos Tribunais Regionais do Trabalho, não alcançando a ação rescisória, a ação cautelar, o mandado de segurança e os recursos de competência do Tribunal Superior do Trabalho.

TRIBUNAL SUPERIOR DO TRABALHO. *Dir. Proc. Trab.*

É o órgão de cúpula da Justiça do Trabalho com jurisdição em todo o território nacional, integrante do Poder Judiciário, composto por 27 (vinte e sete) ministros, dá a última palavra acerca da justiça laboral, tem como primícia a uniformização da interpretação da legislação trabalhista no âmbito da Justiça Laboral. Jurisprudência. A Escola Nacional da Magistratura funciona junto ao Tribunal Superior do Trabalho, cuja base é o aperfeiçoamento dos magistrados. Também funciona em sintonia com a Corte Superior o Conselho Superior da Justiça do Trabalho, na forma da lei, funciona como supervisão administrativa, orçamentária, financeira e patrimonial da Justiça do Trabalho, em todos os graus de jurisdição, como órgão central do sistema, cuja decisão tem efeito vinculante.

BASE LEGAL:

Art. 111-A. O Tribunal Superior do Trabalho compor-se-á de vinte e sete Ministros, escolhidos dentre brasileiros com mais de 35 (trinta e cinco) anos e menos de 75 (sessenta e cinco) anos, de notável saber jurídico e reputação ilibada, nomeados pelo Presidente da República após aprovação pela maioria absoluta do Senado Federal, sendo:
I. Um quinto dentre advogados com mais de dez anos de efetiva atividade profissional e membros do Ministério Público do Trabalho com mais de dez anos de efetivo exercício, observado o disposto no art. 94;
II. Os demais dentre juízes dos Tribunais Regionais do Trabalho, oriundos da magistratura da carreira, indicados pelo próprio Tribunal Superior.
§ 1º A lei disporá sobre a competência do Tribunal Superior do Trabalho.
§ 2º Funcionarão junto ao Tribunal Superior do Trabalho:
I. A Escola Nacional de Formação e Aperfeiçoamento de Magistrados do Trabalho, cabendo-lhe, dentre outras funções, regulamentar os cursos oficiais para o ingresso e promoção na carreira;
II. O Conselho Superior da Justiça do Trabalho, cabendo-lhe exercer, na forma da lei, a supervisão administrativa, orçamentária, financeira e patrimonial da Justiça do Trabalho de primeiro e segundo graus, como órgão central do sistema, cujas decisões terão efeito vinculante.
Art. 690, da CLT. O Tribunal Superior do Trabalho, com sede na Capital da República e jurisdição em todo o território nacional, é a instância suprema da Justiça do Trabalho. (Redação dada pela Lei nº 2.244, de 23.6.1954)
Parágrafo único: O Tribunal funciona na plenitude de sua composição ou dividido em Turmas, com observância da paridade de representação de empregados e empregadores.

TURNOS ININTERRUPTOS DO TRABALHO. *Dir. Trab.*

Há empresas que trabalham 24h (vinte e quatro horas) de forma ininterrupta, de modo que se organizam por meio de turno, vez que são grupos de trabalhadores que se sucedem no desempenho de suas atividades. Os turnos fixos, são aqueles em que os trabalhadores sempre trabalham no mesmo turno, com horário de entrada e saída bem definidos. Os turnos ininterruptos de revezamento, há constantes alternâncias de escalas no horário de trabalho.

BASE LEGAL:
Art. 7º, XIV, da CF/88 – jornada de seis horas para o trabalho realizado em turnos ininterruptos de revezamento, salvo negociação coletiva;
SUM-360 TURNOS ININTERRUPTOS DE REVEZAMENTO. INTERVALOS INTRAJORNADA E SEMANAL (mantida) – Res. 121/2003, DJ 19, 20 e 21.11.2003 A interrupção do trabalho destinada a repouso e alimentação, dentro de cada turno, ou o intervalo para repouso semanal, não descarac-

teriza o turno de revezamento com jornada de 6 (seis) horas previsto no art. 7º, XIV, da CF/1988.

SUM-423 TURNO ININTERRUPTO DE REVEZAMENTO. FIXAÇÃO DE JORNADA DE TRABALHO MEDIANTE NEGOCIAÇÃO COLETIVA. VALIDADE (conversão da Orientação Jurisprudencial nº 169 da SBDI-I) – Res. 139/2006 – DJ 10, 11 e 13.10.2006 Estabelecida jornada superior a seis horas e limitada a oito horas por meio de regular negociação coletiva, os empregados submetidos a turnos ininterruptos de revezamento não tem direito ao pagamento da 7ª e 8ª horas como extras.

OJ-SDI1-360 TURNO ININTERRUPTO DE REVEZAMENTO. DOIS TURNOS. HORÁRIO DIURNO E NOTURNO. CARACTERIZAÇÃO (DJ 14.03.2008) Faz jus à jornada especial prevista no art. 7º, XIV, da CF/1988 o trabalhador que exerce suas atividades em sistema de alternância de turnos, ainda que em dois turnos de trabalho, que compreendam, no todo ou em parte, o horário diurno e o noturno, pois submetido à alternância de horário prejudicial à saúde, sendo irrelevante que a atividade da empresa se desenvolva de forma ininterrupta.

TÚNEIS. *Dir. Trab.*

A eclusa de pessoa é a câmara através da qual o trabalhador passa do ar livre para a câmara de trabalho em túneis pressurizados e vice-versa. O termo utilizado nos trabalhos em perfuração de túneis, também conhecidas como "Shield", em referência ao nome da marca do equipamento de perfuração de túneis, que tem acoplada uma câmara hiperbárica para a compressão. É a câmara onde o trabalhador aguarda enquanto a pressão é aumentada no início da atividade laboral, e onde a pressão é diminuída no final da atividade laboral. Túnel pressurizado é escavação abaixo da superfície do solo, cujo maior eixo faz um ângulo não superior a 45° (quarenta e cinco graus) com a horizontal, fechado nas duas extremidades, em cujo interior haja pressão superior a uma atmosfera. Para as atividades em locais confinados (túneis, tubulões etc.), além dos itens anteriores, o procedimento deve contemplar a emissão da permissão de entrada e trabalho, seguindo os critérios da NR 33 (segurança e saúde no trabalho em espaços confinados), que também estabelece e emissão de procedimento para trabalhos em espaço confinado.

BASE LEGAL

Art. 200. Cabe ao Ministério do Trabalho estabelecer disposições complementares às normas de que trata este Capítulo, tendo em vista as peculiaridades de cada atividade ou setor de trabalho, especialmente sobre:

[...]

III – trabalho em escavações, túneis, galerias, minas e pedreiras, sobretudo quanto à prevenção de explosões, incêndios, desmoronamentos e soterramentos, eliminação de poeiras, gases, etc. e facilidades de rápida saída dos empregados;
NR-33 SEGURANÇA E SAÚDE NOS TRABALHOS EM ESPAÇOS CONFINADOS (Redação dada pela Portaria MTE n.º 202, de 22/12/2006)
33.1.1. Esta Norma tem como objetivo estabelecer os requisitos mínimos para identificação de espaços confinados e o reconhecimento, avaliação, monitoramento e controle dos riscos existentes, de forma a garantir permanentemente a segurança e saúde dos trabalhadores que interagem direta ou indiretamente nestes espaços.
33.1.2. Espaço Confinado é qualquer área ou ambiente não projetado para ocupação humana contínua, que possua meios limitados de entrada e saída, cuja ventilação existente é insuficiente para remover contaminantes ou onde possa existir a deficiência ou enriquecimento de oxigênio.

TURISMO. *Dir. Trab.*

Ver TURISMÓLOGO.

TURISMÓLOGO. *Dir. Proc. Trab.*

É o profissional graduado no curso de Turismo. A profissão foi reconhecida pela Lei 12.591/2012, bem como disciplinou o seu exercício. Dirigem, no mais alto nível, e como representantes dos proprietários ou acionistas ou por conta própria, as atividades de produção e operação de empresas de prestação de serviços em turismo, alimentação e hotelaria. definem política e diretrizes; traçam plano operacional; operacionalizam negócios; produzem resultados; coordenam equipes; garantem qualidade de produtos e serviços; analisam mercado e atuam como relações públicas.

BASE LEGAL:

Art. 2º, incisos I a XVIII, da Lei 12591/2012: a atuação no planejamento de viagens, criação de material com informações sobre roteiros turísticos, destacando pontos turísticos, opções de lazer, traslados, passeios, hotéis, etc. Participa da organização de atividades de lazer, negócios, eventos, congressos e viagens. Atua como guia turístico em viagens nacionais e internacionais. Redige textos em sites de turismo, agências de turismo e redes sociais. Atua na reserva de passagens, compra de bilhetes e reserva de hotéis. Orienta clientes em agências de turismo, passando informações úteis sobre os locais, leis, aspectos culturais, entre outras. Pode também trabalhar em órgãos públicos ligados ao turismo (secretarias municipais e esta duais, Ministério do Turismo, entre outros), na divulgação de campanhas que valorizam o turismo numa determinada cidade, região, estado ou país.

TUTELA ANTECIPADA. *Dir. Proc. Civ./ Dir. Proc. Trab.*

A tutela antecipatória postulada pelo autor tem natureza satisfativa, dar-se-á antes do julgamento definitivo do processo, tendo como efeitos adiantar no tempo, os efeitos da futura decisão favorável. A finalidade é conferir a efetividade da função jurisdicional. São pressupostos para a tutela antecipada o requerimento do autor, a probabilidade do direito, o perigo do dano ou resultado útil do processo (art. 294, art. 311, do CPC). São exemplos da tutela antecipada no processo do trabalho a manutenção do plano de saúde, a produção de provas para firmar a convicção sobre a probabilidade do direito e evitar a transferência de empregado do local em que está atuando.

BASE LEGAL:

Art. 300, do CPC. A tutela de urgência será concedida quando houver elementos que evidenciem a probabilidade do direito e o perigo do dano ou resultado útil do processo. [...]

Art. 659 – Competem privativamente aos Presidentes das Juntas, além das que lhes forem conferidas neste Título e das decorrentes de seu cargo, as seguintes atribuições:

[...]

IX – conceder medida liminar, até decisão final do processo, em reclamações trabalhistas que visem a tornar sem efeito transferência disciplinada pelos parágrafos do artigo 469 desta Consolidação.

X – conceder medida liminar, até decisão final do processo, em reclamações trabalhistas que visem reintegrar no emprego dirigente sindical afastado, suspenso ou dispensado pelo empregador.

OJ nº 168, da SDI, II, do TST. Antecipação de Tutela. Competência nos Tribunais, compete ao relator decidir sobre o pedido de antecipação de tutela, submetendo sua decisão ao Colegiado respectivo, independente da pauta, na sessão imediatamente subsequente.

TUTELA ESPECÍFICA. *Dir. Proc. Civ./Proc. Trab.*

A tutela específica consiste na condenação do devedor ao cumprimento de uma obrigação de dar (coisa certa ou incerta), fazer (fungível ou infungível) e não fazer. Diz-se que a tutela é específica, porquanto, ao contrário das perdas e danos, corresponde, exatamente, àquilo que o credor pretende, daí seu caráter de especificidade, diferentemente das perdas e danos, que são estabelecidas quando não mais possível sua obtenção. Poderão ser objeto de tutela especifica o pedido de entrega de CTPS e pertences do empregado que está em poder do empregador, ou uniformes e veículos e equipamentos que estão em poder do empregado.

BASE LEGAL:
Art. 497. Na ação que tenha por objeto a prestação de fazer ou de não fazer, o juiz, se procedente o pedido, concederá a tutela específica ou determinará providências que assegurem a obtenção de tutela pelo resultado prático equivalente.
Parágrafo único. Para a concessão da tutela específica destinada a inibir a prática, a reiteração ou a continuação de um ilícito, ou a sua remoção, é irrelevante a demonstração da ocorrência de dano ou da existência de culpa ou dolo.
Art. 498. Na ação que tenha por objeto a entrega de coisa, o juiz, ao conceder a tutela específica, fixará o prazo para o cumprimento da obrigação.
Parágrafo único. Tratando-se de entrega de coisa determinada pelo gênero e pela quantidade, o autor individualizá-la-á na petição inicial, se lhe couber a escolha, ou, se a escolha couber ao réu, este a entregará individualizada, no prazo fixado pelo juiz.

TUTELA CAUTELAR. *Dir. Proc. Civ./ Proc. Trab.*

A atividade jurisdicional cautelar dirige-se a segurança e garantia do eficaz desenvolvimento e do profícuo resultado das atividades de cognição e execução, com o intuito de se obter a jurisdição, tendo como natureza acessória e instrumental, não tendo um fim em si mesmo. São características da ação cautelar a acessoriedade e provisoriedade, a instrumentalidade, a revogabilidade, a autonomia. São requisitos o *periculum in mora* e o *fumus boni iuris*. São espécies de tutelas cautelares, tais como, o arresto, o sequestro, o arrolamento de bens, o registro de processo contra alienação. Do poder geral de cautela do juiz, visa este tomar as medidas necessárias no processo, de ofício ou a requerimento das partes, com o intuito de preservar o processo de eventuais danos que possam ocorrer durante a sua tramitação, de acordo com critérios de oportunidade e conveniência. A medida cautelar preparatória oportuniza a parte formular o pedido principal, nos mesmos autos, no prazo de 30 (trinta) dias, contados da data da efetivação da medida cautelar.

BASE LEGAL:
Art. 297, do CPC. O juiz poderá determinar as medidas que considerar adequadas para efetivação da tutela provisória.

Art. 301, do CPC. A tutela de urgência de natureza cautelar pode ser efetivada mediante arresto, sequestro, arrolamento de bens, registro de protesto contra alienação de bem e qualquer outra medida idônea para asseguração do direito.
Art. 1º da Instrução Normativa 27/05, do TST: Art. 1º. As ações ajuizadas na Justiça do Trabalho tramitarão pelo rito ordinário ou sumaríssimo, conforme previsto na Consolidação das Leis do Trabalho, excepcionando-se, apenas, as que, por disciplina legal expressa, estejam sujeitas a rito especial, tais como o Mandado de Segurança, *Habeas Corpus*, Habeas Data, Ação Rescisória, Ação Cautelar e Ação de Consignação em Pagamento.

TUTELA PROVISÓRIA. DIR. *Proc. Civ./Dir. Trab.*

A tutela provisória confere a pronta satisfação ou a pronta asseguração. A tutela provisória pode ser requerida em caráter antecedente (momento em que o pedido inicial é realizado) ou incidente (é aquela que é requerida dentro do processo ou já pediu a tutela definitiva). A tutela provisória de urgência (satisfativa ou cautelar) pressupõe a probabilidade do direito e do perigo da demora. São características a sumariedade de cognição (análise superficial do litigio, probalidade), a precariedade (pode ser revogada e modificada a qualquer tempo), cognição sumária e precária (não torna a coisa julgada). O Reclamante, a Reclamada, Terceiros Intervenientes podem requerer a antecipação provisória dos efeitos da tutela, uma vez preenchidos os requisitos da lei, tambem à antecipação provisória dos seus efeitos. Trata-se em regra de decisão interlocutória, vez que concedida a medida, dá seguimento àquela fase do procedimento em que proferida. Pode ser, no entanto, capítula de uma sentença. A tutela provisória pode ser concedida por decisão do relator ou por acórdão do tribunal.

BASE LEGAL:
Art. 294. A tutela provisória pode fundamentar-se em urgência ou evidência.
Parágrafo único: A tutela provisória de urgência, cautelar ou antecipada, pode ser concedida em caráter antecedente ou incidental.
Art. 296. A tutela provisória conserva sua eficácia na pendência do processo, mas pode, a qualquer tempo, ser revogada ou modificada.
Art. 311. A tutela da evidência será concedida, independentemente da demonstração de perigo de dano ou de risco ao resultado útil do processo.
Súmula nº 414 do TST. MANDADO DE SEGURANÇA. TUTELA PROVISÓRIA CONCEDIDA ANTES OU NA SENTENÇA (nova redação em decorrência do CPC de 2015) – Res. 217/2017 – DEJT divulgado em 20, 24 e 25.04.2017

I – A tutela provisória concedida na sentença não comporta impugnação pela via do mandado de segurança, por ser impugnável mediante recurso ordinário. É admissível a obtenção de efeito suspensivo ao recurso ordinário mediante requerimento dirigido ao tribunal, ao relator ou ao presidente ou ao vice-presidente do tribunal recorrido, por aplicação subsidiária ao processo do trabalho do artigo 1.029, § 5º, do CPC de 2015.
II – No caso de a tutela provisória haver sido concedida ou indeferida antes da sentença, cabe mandado de segurança, em face da inexistência de recurso próprio. III – A superveniência da sentença, nos autos originários, faz perder o objeto do mandado de segurança que impugnava a concessão ou o indeferimento da tutela provisória.

TROCA DE ROUPA OU UNIFORME. *Dir. Trab.*

Ver UNIFORME.

U

UBERIZAÇÃO. *Dir. Proc. Trab.*

Hodiernamente temos o predomínio das tecnologias de informação e a comunicação virtual trouxe profundas mudanças nas relações de trabalho no mundo corporativo, cujo instrumento tecnológico tem como pilar o algoritmo. O trabalho digital e a Indústria 4.0, viabiliza que empresas recebam demandas e o algoritmo propõe a execução de serviço por vários prestadores que ficam aguardando o chamado na região. Os trabalhadores, previamente cadastrados nas plataformas, podem aceitar a prestações de serviços por meio de aplicativo ou não, mas recebe a contraprestação, tão logo, conclua o serviço ajustado. As ferramentas tecnológicas fez surgir a economia compartilhada *sharing economy*, cuja a prestação de serviços por veículos particulares é intermediada por empresa de tecnologia. Tem-se uma relação de emprego o profissional que coloca a sua força de trabalho a serviço de aplicativo, sendo que este fixa o preço, forma de pagamento, logística, avalia o desempenho junto ao cliente, define as condições de oferta. Os requisitos de emprego estão caracterizados pela habitualidade (expectativa de serviços), pessoalidade (não pode ser substituído), onerosidade (taxa da prestação de serviços é paga diretamente pelo cliente a plataforma digital, não há negociação da taxa), condutores pré-cadastrados podem prestar os serviços), subordinação (estrutural, inserção do trabalhador na estrutura do tomador; jurídica disruptiva via aparatos tecnológicos a fim de que o empregador exerça a gestão, controle e o poder disciplinar sobre a força de trabalho). É uma relação horizontal em que o profissional passou a compartilhar o bônus e o ônus da relação.

BASE LEGAL:

Art. 6º, da CF/88. São direitos sociais a educação, a saúde, a alimentação, o trabalho, a moradia, o transporte, o lazer, a segurança, a previdência social, a proteção à maternidade e à infância, a assistência aos desamparados, na forma desta Constituição

Art. 2º, da CLT. Considera-se empregador a empresa, individual ou coletiva, que, assumindo os riscos da atividade econômica, admite, assalaria e dirige a prestação pessoal de serviço.
Art. 3º, da CLT. Considera-se empregado toda pessoa física que prestar serviços de natureza não eventual a empregador, sob a dependência deste e mediante salário.
Parágrafo único: Não haverá distinções relativas à espécie de emprego e à condição de trabalhador, nem entre o trabalho intelectual, técnico e manual.

UNIFORME. *Dir. Trab.*

Cabe ao empregador determinar o uniforme que o empregado deve utilizar, sendo lícita a inclusão no uniforme de logomarcas da empresa e empresas parceiras, sempre no atendimento dos interesses de sua empresa, sendo que tal ato insere no poder de organização do empregador (distribuição de tarefas, fixação de horários, utilização de uniformes etc.). A utilização de uniforme não caracteriza salário utilidade, sendo utilizada como ferramenta do trabalho e não como contraprestação do serviço executado. Em regra, a higienização do uniforme é pelo trabalhador, exceto se foram utilizados produtos específicos em sua higienização.

BASE LEGAL:
Enunciado nº 21 da 2ª Jornada de Direito Material e Processual do Trabalho. Padrões de Vestimenta e de logomarcas impostas pelo empregador: Limites.
Art. 456-A, parágrafo púnico, da CLT. Padrões impositivos de vestimentas e logomarcas. Limites e direitos fundamentais. A prerrogativa do empregador de definir padrão de vestimenta, bem como outras formas de identificação e propaganda, encontra limites nos direitos fundamentais dos trabalhadores. Assim, a definição de uniformes, logomarcas e outros itens de identificação deve preservar direitos individuais, tais como relacionados a privacidade, a honra e pudor pessoal, e não exclui a aplicação do art. 20, do Código Civil.
Art. 4º, caput, § 2º, da CLT. Não se considera tempo a disposição do empregador e não será computado como tempo extraordinário, a troca de roupa ou uniforme, quando não houver obrigatoriedade de realizar a troca na empresa.

USOS E COSTUMES. *Dir. Trab./Dir. Civ.*

Fonte autônoma são aquelas elaboradas pelos próprios destinatários da norma, Na heterointegração as lacunas da lei são preenchidas com o auxílio da jurisprudência, dos princípios gerais do Direito e princípios peculiares do Direito do Trabalho, da doutrina, da equidade, do direito comparado e dos costumes. O uso constitui prática de atos semelhantes ou iguais reiterados no tempo. O costume é a regra que surge com o uso, sendo atos repetidos e utilizados com frequência para resolver determinadas situações. Os costumes se classificam em:

i) *praeter legen*, atua integrando a lei, em decorrência da matéria não estar diretamente prevista por ela (art. 4º, da LINDB, art. 8º, da CLT),

ii) *secundum legem* atua na recepção da lei em seu conteúdo, por via de remissão (art. 458, da CLT, art. 5º, da Lei 5889/1973,

iii) *contra legem*, no Direito Positivo brasileiro não é possível identificar esse costume,

BASE LEGAL:
Art. 4º, da LINDB: quando a lei for omissa, o juiz decidirá o caso de acordo com a analogia, os costumes e os princípios gerais do direito.
Art. 8º, da CLT: As autoridades administrativas e a Justiça do Trabalho, na falta de disposições legais ou contratuais, decidirão conforme o caso, [...], de acordo com os usos e costumes, o direito comparado, mas sempre de maneira que nenhum interesse de classe ou particular prevaleça sobre o interesse público.

UTILIDADES. *Dir. Trab.*

Também denominadas como salário *in natura*, as utilidades correspondem a uma das formas de pagamento do salário, consistente na retribuição efetuada pelo empregador que se concretiza por intermédio da entrega de coisas ou pelo pagamento de comodidades ao empregado. Nos termos da lei, as utilidades são caracterizadas como o pagamento por meios que não correspondam a dinheiro. Posto isso, a caracterização de uma utilidade como salário exige que ela seja paga habitualmente e como contraprestação ao serviço, por isso, no caso concreto, devemos apurar se a alimentação, o carro, o vestuário são ofertados para a realização do trabalho (quando então terão natureza indenizatória) ou se disponibilizados pelo trabalho prestado (possuindo natureza salarial). Ademais, algumas benesses entregues pelo empregador não serão consideradas como salário *in natura* em razão de expressa vedação legal, nos termos do art. 458, § 2º, da CLT.

BASE LEGAL:
CLT, Art. 458 – Além do pagamento em dinheiro, compreende-se no salário, para todos os efeitos legais, a alimentação, habitação, vestuário ou outras prestações in natura que a empresa, por força do contrato ou do costume, fornecer habitualmente ao empregado. Em caso algum será permitido o pagamento com bebidas alcoólicas ou drogas nocivas. [...]
Súmula n. 367, TST – UTILIDADES *IN NATURA*. HABITAÇÃO. ENERGIA ELÉTRICA. VEÍCULO. CIGARRO. NÃO INTEGRAÇÃO AO SALÁRIO
I – A habitação, a energia elétrica e veículo fornecidos pelo empregador ao empregado, quando indispensáveis para a realização do trabalho, não têm natureza salarial, ainda que, no caso de veículo, seja ele utilizado pelo empregado também em atividades particulares.
II – O cigarro não se considera salário utilidade em face de sua nocividade à saúde.
Súmula n. 258 – SALÁRIO-UTILIDADE. PERCENTUAIS. Os percentuais fixados em lei relativos ao salário *in natura* apenas se referem às hipóteses em que o empregado percebe salário mínimo, apurando-se, nas demais, o real valor da utilidade.

ULTRATIVIDADE. *Dir. Trab.*

Diz respeito à extensão dos efeitos das normas coletivas (acordo coletivo do trabalho, convenção coletiva do trabalho e sentença normativa) para além de sua vigência. Considere que uma hipotética convenção coletiva do trabalho, com vigência de dois anos, chegou ao término de seu prazo, porém ainda não foi produzida nova norma coletiva: a ultratividade implicaria na integração das cláusulas dessa convenção aos contratos de trabalho até que nova negociação coletiva se concretizasse. Posto isso, em 2016, por decisão liminar, o Supremo Tribunal Federal determinou a suspensão de todos os feitos em curso e dos efeitos de decisões judiciais proferidas no âmbito da Justiça do Trabalho que versassem sobre a aplicação da ultratividade de normas de acordos e de convenções coletivas, sem prejuízo do término de sua fase instrutória, bem como das execuções já iniciadas. Posteriormente, a reforma trabalhista tratou de vedar, expressamente, a ultratividade dos acordos e das convenções coletivas, tornando prejudicada a súmula 277, do TST. Por fim, no precedente normativo n. 120 está prevista a ultratividade da sentença normativa até o limite do prazo máximo de quatro anos.

BASE LEGAL:

CLT, Art. 614. Os Sindicatos convenentes ou as empresas acordantes promoverão, conjunta ou separadamente, dentro de 8 (oito) dias da assinatura da Convenção ou Acordo, o depósito de uma via do mesmo, para fins de registro e arquivo, no Departamento Nacional do Trabalho, em se tratando de instrumento de caráter nacional ou interestadual, ou nos órgãos regionais do Ministério do Trabalho e Previdência Social, nos demais casos.

[...]

§ 3º Não será permitido estipular duração de convenção coletiva ou acordo coletivo de trabalho superior a dois anos, sendo vedada a ultratividade.

Súmula n. 277, TST – CONVENÇÃO COLETIVA DE TRABALHO OU ACORDO COLETIVO DE TRABALHO. EFICÁCIA. ULTRATIVIDADE (aplicação suspensa pela decisão liminar da ADPF 323).

As cláusulas normativas dos acordos coletivos ou convenções coletivas integram os contratos individuais de trabalho e somente poderão ser modificadas ou suprimidas mediante negociação coletiva de trabalho.

Precedente Normativo, 120 – SENTENÇA NORMATIVA. DURAÇÃO. POSSIBILIDADE E LIMITES.

A sentença normativa vigora, desde seu termo inicial até que sentença normativa, convenção coletiva de trabalho ou acordo coletivo de trabalho superveniente produza sua revogação, expressa ou tácita, respeitado, porém, o prazo máximo legal de quatro anos de vigência.

V

VACÂNCIA. *Dir. Trab.*

A vacância se concretiza quando o cargo está vago, seja porque seu antigo ocupante saiu da empresa, ou assumiu novo posto, ou ainda por conta de seu falecimento. De toda sorte, estando o cargo vago, aquele que vier a ocupá-lo não tem direito ao salário pago ao antecessor, por ausência de previsão legal. Observe que o instituto da equiparação salarial não se aplica ao caso, sobretudo pelo fato dos trabalhadores (o antigo e o atual ocupante) não serem contemporâneos no desempenho das mesmas funções. De outra sorte, nos casos de ausência temporária do titular do cargo, temos dois tratamentos possíveis. O primeiro diz respeito à sua substituição eventual, por um dia, por exemplo, que não gera efeitos contratuais em favor do substituto. O segundo é pertinente à substituição que não seja eventual, ou seja, é planejada e perdura no tempo (licença-maternidade, férias, problemas de saúde), caso em que o substituto terá direito ao salário pago ao substituído, enquanto perdurar a situação.

BASE LEGAL:

Súmula n. 159, TST SUBSTITUIÇÃO DE CARÁTER NÃO EVENTUAL E VACÂNCIA DO CARGO.

I – Enquanto perdurar a substituição que não tenha caráter meramente eventual, inclusive nas férias, o empregado substituto fará jus ao salário contratual do substituído.

II – Vago o cargo em definitivo, o empregado que passa a ocupá-lo não tem direito a salário igual ao do antecessor.

VALE-REFEIÇÃO. *Dir. Trab.*

Trata-se de benefício concedido pelo empregador com vistas a custear integral ou parcialmente as despesas do empregado com sua alimentação nos dias de trabalho. Portanto, o vale-refeição destina-se ao pagamento das refeições efetuadas em restaurantes, lanchonetes, padarias, em resumo, alimentações prontas, não se confundido com o vale-alimentação, pois este tem por finalidade custear as despesas na aquisição de alimentos em mercados, para preparo em casa. Existe acalorado debate sobre a natureza salarial do vale-refeição. Como ponto de partida, antes da reforma trabalhista, entendia-se o vale-refeição como salário *in natura*, considerando o disposto na súmula 241, do TST. Atualmente, prevalece o entendimento de que o pagamento do vale-refeição possui caráter indenizatório, salvo se pago em dinheiro, considerando a atual redação do art. 457, §2º, da CLT, de maneira que a súmula 241 restaria prejudicada. É certo que se a empresa participar do Plano de Alimentação do Trabalho – PAT, previsto na Lei 6.321/91 ou se de qualquer forma houver participação do empregado no custeio do benefício, seu caráter será indenizatório.

BASE LEGAL:

CLT, Art. 457 – Compreendem-se na remuneração do empregado, para todos os efeitos legais, além do salário devido e pago diretamente pelo empregador, como contraprestação do serviço, as gorjetas que receber.

[...]

§ 2º As importâncias, ainda que habituais, pagas a título de ajuda de custo, auxílio-alimentação, vedado seu pagamento em dinheiro, diárias para viagem, prêmios e abonos nao integram a remuneração do empregado, não se incorporam ao contrato de trabalho e não constituem base de incidência de qualquer encargo trabalhista e previdenciário.

Súmula n. 241 SALÁRIO-UTILIDADE. ALIMENTAÇÃO.

O vale para refeição, fornecido por força do contrato de trabalho, tem caráter salarial, integrando a remuneração do empregado, para todos os efeitos legais.

VALE-TRANSPORTE. *Dir. Trab.*

Trata-se de benefício previsto na Lei 7.418/1985, que o empregador deve antecipar ao empregado para seus deslocamentos no trajeto casa-trabalho e vice-versa, quando seja utilizado o sistema de transporte coletivo público. Cumpre destacar que o vale-transporte tem caráter indenizatório, ou seja, não se incorpora à remuneração e, portanto, não é considerado na base de cálculo de contribuição previdenciária e FGTS. Ademais, a lei autoriza a participação do empregado mediante um desconto de 6% (seis por cento) de seu salário. É importante destacar o entendimento consolidado no Tribunal Superior do Trabalho no sentido de que é ônus do empregador demonstrar que o empregado não tinha necessidade de receber o vale-transporte (por exemplo, deslocava à pé para o trabalho ou com seu próprio carro) ou que não pretendia receber esse benefício, em caso de uma demanda judicial.

BASE LEGAL:
Lei 7.418/1985
Art. 4°. A concessão do benefício ora instituído implica a aquisição pelo empregador dos Vales-transportes necessários aos deslocamentos do trabalhador no percurso residência-trabalho e vice-versa, no serviço de transporte que melhor se adequar.
Parágrafo único: O empregador participará dos gastos de deslocamento do trabalhador com a ajuda de custo equivalente à parcela que exceder a 6% (seis por cento) de seu salário básico.
Súmula n. 460, TST – VALE-TRANSPORTE. ÔNUS DA PROVA. É do empregador o ônus de comprovar que o empregado não satisfaz os requisitos indispensáveis para a concessão do vale-transporte ou não pretenda fazer uso do benefício.

VALE-CULTURA. *Dir. Trab.*

Benefício criado pela Lei 12.761/2016, com o objetivo de fornecer aos trabalhadores meios para o exercício dos direitos culturais e acesso às fontes de cultura. O vale-cultura é de titularidade do empregado e intransmissível, devendo ser pago aos empregados que recebam até 5 (cinco) salários-mínimos, no âmbito da empresa que aderir ao Programa de Cultura do Trabalhador, sendo possível que empregados com remuneração superior também recebam o vale-cultura, desde que os demais estejam contemplados. O valor mensal do vale-cultura é de R$ 50,00, sendo possível a participação do empregado, com desconto salarial, sendo certo de que em nenhuma hipótese o valor desse benefício deve ser considerado como remuneração, pois sua natureza é de utilidade indenizatória, nos termos do art. 458, § 2°, VIII, da CLT. Por fim, a empresa optante que integrar o Programa de Cultura do Trabalhador poderá deduzir os gastos que tiver quando do pagamento de seus tributos.

BASE LEGAL:
Lei 12.761/2016
Art. 3°. Fica criado o vale-cultura, de caráter pessoal e intransferível, válido em todo o território nacional, para acesso e fruição de produtos e serviços culturais, no âmbito do Programa de Cultura do Trabalhador.
Art. 8° O valor mensal do vale-cultura, por usuário, será de R$ 50,00 (cinquenta reais).

CLT, Art. 458. Além do pagamento em dinheiro, compreende-se no salário, para todos os efeitos legais, a alimentação, habitação, vestuário ou outras prestações *in natura* que a empresa, por força do contrato ou do costume, fornecer habitualmente ao empregado. Em caso algum será permitido o pagamento com bebidas alcoólicas ou drogas nocivas.

[...]

§ 2º – Para os efeitos previstos neste artigo, não serão consideradas como salário as seguintes utilidades concedidas pelo empregador:

[...]

VIII – o valor correspondente ao vale-cultura.

VALOR DA CAUSA. *Dir. Proc. Civil.*

Valor da causa corresponde à expressão pecuniária decorrente dos pedidos presentes na demanda oferecida perante o Poder Judiciário. A disciplina genérica consta do art. 292, do Código de Processo Civil, que esclarece como chegar à quantia considerando diferentes tipos de pedido. No âmbito trabalhista, assim como no processo comum, o valor da causa deve estar presente da petição inicial e na eventual reconvenção. Na seara trabalhista, o valor da causa é fundamental para definição do procedimento que será aplicada à ação em curso, pois para as ações cujo valor da causa seja superior a 40 (quarenta) salários-mínimos, aplica-se o procedimento ordinário, já quando o valor da causa estiver situado na faixa superior a 2 (dois) salários-mínimos até 40 (quarenta) salários-mínimos, temos a adoção do procedimento sumaríssimo, ao passo que nas causas com valor de até 2 (dois) salários-mínimos, tem lugar o procedimento sumário. Ademais, o valor da causa é base de cálculo das custas processuais na fase de conhecimento, sobre a qual incidirá o percentual de 2% (dois por cento) na hipótese de extinção do processo sem julgamento de mérito ou total improcedência dos pedidos, bem como na hipótese de procedência em ações declaratórias ou constitutivas.

BASE LEGAL:

CLT, Art. 852-A. Os dissídios individuais cujo valor não exceda a quarenta vezes o salário-mínimo vigente na data do ajuizamento da reclamação ficam submetidos ao procedimento sumaríssimo.

Lei 5.584/1970

Art. 2°. Nos dissídios individuais, proposta a conciliação, e não havendo acordo, o Presidente, da Junta ou o Juiz, antes de passar à instrução da causa, fixar-lhe-á o valor para a determinação da alçada, se este for indeterminado no pedido.

[...]
§ 3º Quando o valor fixado para a causa, na forma deste artigo, não exceder de 2 (duas) vezes o salário-mínimo vigente na sede do Juízo, será dispensável o resumo dos depoimentos, devendo constar da Ata a conclusão da Junta quanto à matéria de fato.
CLT, Art. 789. Nos dissídios individuais e nos dissídios coletivos do trabalho, nas ações e procedimentos de competência da Justiça do Trabalho, bem como nas demandas propostas perante a Justiça Estadual, no exercício da jurisdição trabalhista, as custas relativas ao processo de conhecimento incidirão à base de 2% (dois por cento), observado o mínimo de R$ 10,64 (dez reais e sessenta e quatro centavos) e o máximo de quatro vezes o limite máximo dos benefícios do Regime Geral de Previdência Social, e serão calculadas:
[...]
II – quando houver extinção do processo, sem julgamento do mérito, ou julgado totalmente improcedente o pedido, sobre o valor da causa;
III – no caso de procedência do pedido formulado em ação declaratória e em ação constitutiva, sobre o valor da causa; [...].

694 **VALOR SOCIAL DO TRABALHO.** *Dir. Trab.*

A Constituição Federal de 1988 consagrada como um dos seus fundamentos os valores sociais do trabalho. Essa expressão deve ser compreendida como o reconhecimento por parte do constituinte de que o trabalho não se circunscreve aos interesses do trabalhador e do tomador de serviços, mas sim ultrapassa as preocupações dos particulares individualmente consideramos alcançando o *status* de um valor que interessa a toda sociedade. Como decorrência, o trabalho é visto como instrumento para promoção da vida digna, de amadurecimento civilizatório e de distribuição das riquezas geradas pela sociedade. Por conta disso, a Constituição da República reconhece o trabalho como um direito fundamental (de segunda dimensão ou geração) e estabelece um conjunto mínimo de direitos assegurados aos empregados e trabalhadores avulsos.

BASE LEGAL:
CF, Art. 1º – A República Federativa do Brasil, formada pela união indissolúvel dos Estados e Municípios e do Distrito Federal, constitui-se em Estado Democrático de Direito e tem como fundamentos:
[...]
IV – os valores sociais do trabalho e da livre iniciativa;
[...]

Art. 6º São direitos sociais a educação, a saúde, a alimentação, o trabalho, a moradia, o transporte, o lazer, a segurança, a previdência social, a proteção à maternidade e à infância, a assistência aos desamparados, na forma desta Constituição.
Art. 7º São direitos dos trabalhadores urbanos e rurais, além de outros que visem à melhoria de sua condição social:
[...].

VARA DO TRABALHO. *Dir. Proc. Trab.*

É o órgão julgador de primeiro grau no âmbito da Justiça do Trabalho. Originariamente, o órgão de piso era denominado Junta de Conciliação de Julgamento, então sendo composto por um juiz togado e dois juízes classistas ou vogais (um representante dos empregados e outro representante dos empregadores). Com a EC 24/1999, foi extinta a representação classista, de maneira a criar as Varas do Trabalho como conhecemos hoje, na qual o exercício da jurisdição é concretizado por um juiz concursado, monocraticamente. A abrangência territorial de uma Vara de Trabalho pode se alcançar mais de um Município e, por outro lado, é possível que uma mesma cidade tenha Varas do Trabalho com abrangência restrita a determinados bairros ou regiões. Ademais, a maioria das ações trabalhistas tem início nas Varas do Trabalho, porém não a totalidade, uma vez que existem ações de competência originária dos Tribunais Regionais do Trabalho e do Tribunal Superior do Trabalho. Por derradeiro, as regras de competência territorial são veiculadas no art. 651, da CLT.

BASE LEGAL:
CF, Art. 112. A lei criará varas da Justiça do Trabalho, podendo, nas comarcas não abrangidas por sua jurisdição, atribuí-la aos juízes de direito, com recurso para o respectivo Tribunal Regional do Trabalho.
CLT, Art. 651. A competência das Juntas de Conciliação e Julgamento é determinada pela localidade onde o empregado, reclamante ou reclamado, prestar serviços ao empregador, ainda que tenha sido contratado noutro local ou no estrangeiro.
§ *1º* Quando for parte de dissídio agente ou viajante comercial, a competência será da Junta da localidade em que a empresa tenha agência ou filial e a esta o empregado esteja subordinado e, na falta, será competente a Junta da localização em que o empregado tenha domicílio ou a localidade mais próxima.
§ *2º* A competência das Juntas de Conciliação e Julgamento, estabelecida neste artigo, estende-se aos dissídios ocorridos em agência ou filial no

estrangeiro, desde que o empregado seja brasileiro e não haja convenção internacional dispondo em contrário.
§ 3º Em se tratando de empregador que promova realização de atividades fora do lugar do contrato de trabalho, é assegurado ao empregado apresentar reclamação no foro da celebração do contrato ou no da prestação dos respectivos serviços.

Ver também JUSTIÇA DO TRABALHO.

VEÍCULO. *Dir. Trab.*

No âmbito do Direito do Trabalho, o automóvel é objetivo de atenção em razão do fato de que a sua concessão por parte do empregador pode resultar na sua caracterização ou como remuneração ou como instrumento indispensável para a realização do serviço. Na primeira hipótese, o veículo será considerado como remuneração, especificamente salário *in natura*, caso a sua entrega esteja motivada da intenção de retribuir o empregado pelo serviço prestado, sendo que nesse cenário, o valor do veículo ou das equivalentes diárias de locação de um automóvel similar deverá ter reflexos em outras parcelas trabalhistas e previdenciárias. Já na situação em que o bem é concedido ao trabalhador como meio apto para viabilizar a realização do serviço, o veículo não terá natureza salarial, não repercutindo em demais verbas, ainda que o empregado faço uso do automóvel também para deslocamentos de interesse particular.

BASE LEGAL:

Súmula n. 367, TST – UTILIDADES *IN NATURA*. HABITAÇÃO. ENERGIA ELÉTRICA. VEÍCULO. CIGARRO. NÃO INTEGRAÇÃO AO SALÁRIO.
I – A habitação, a energia elétrica e veículo fornecidos pelo empregador ao empregado, quando indispensáveis para a realização do trabalho, não têm natureza salarial, ainda que, no caso de veículo, seja ele utilizado pelo empregado também em atividades particulares. [...]
CLT, Art. 458. Além do pagamento em dinheiro, compreende-se no salário, para todos os efeitos legais, a alimentação, habitação, vestuário ou outras prestações *in natura* que a empresa, por força do contrato ou do costume, fornecer habitualmente ao empregado. Em caso algum será permitido o pagamento com bebidas alcoólicas ou drogas nocivas.
[...]

VENDEDOR. *Dir. Trab.*

É o empregado que tem por atribuição a venda de produtos e serviços ofertados por seu empregador. O vendedor pode desempenhar suas atividades no âmbito do estabelecimento da empresa, no atendimento dos clientes, bem como pode exercer seu labor externamente, visitando os potenciais interessados. Existe importante regulação da atividade do vendedor na Lei 3.207/1957. Por exemplo, a referida lei dispõe que empregado vendedor terá direito à comissão avençada sobre as vendas que realizar, bem como estabelece a regra de pagamento mensal das comissões ou percentuais sobre a venda, possibilitando às partes elastecer o prazo de pagamento, respeitando o prazo máximo de um trimestre. Outrossim, no caso de insolvência do comprador, o empregador terá direito a estornar a comissão que houver pagado. Cumpre destacar que os empregados que recebem comissões podem ser divididos entre comissionistas puros, cuja remuneração varia exclusivamente em razão das vendas, e comissionistas mistos, para os quais parte do salário é fixo e a outra parte é variável. Por certo, os dois tipos de comissionistas, sempre é assegurado o pagamento do salário-mínimo.

BASE LEGAL:

Lei 3.207/1957

Art. 2º. O empregado vendedor terá direito à comissão avençada sobre as vendas que realizar. No caso de lhe ter sido reservada expressamente, com exclusividade, uma zona de trabalho, terá esse direito sobre as vendas ali realizadas diretamente pela empresa ou por um preposto desta.

CLT, Art. 78. Quando o salário for ajustado por empreitada, ou convencionado por tarefa ou peça, será garantida ao trabalhador uma remuneração diária nunca inferior à do salário-mínimo por dia normal da região, zona ou subzona.

Parágrafo único. Quando o salário-mínimo mensal do empregado a comissão ou que tenha direito a percentagem for integrado por parte fixa e parte variável, ser-lhe-á sempre garantido o salário-mínimo, vedado qualquer desconto em mês subsequente a título de compensação.

Súmula 340, TST – COMISSIONISTA. HORAS EXTRAS. O empregado, sujeito a controle de horário, remunerado à base de comissões, tem direito ao adicional de, no mínimo, 50% (cinquenta por cento) pelo trabalho em horas extras, calculado sobre o valor-hora das comissões recebidas no mês, considerando-se como divisor o número de horas efetivamente trabalhadas.

VENDEDOR AMBULANTE. *Dir. Trab.*

Essa expressão designa duas possíveis formas de trabalhado. Por um lado, temos o ambulante que trabalha por conta própria, assumindo os riscos da atividade, vendendo produtos nas vias públicas ou batendo de porta em porta, considerado trabalhador autônomo. De outro, temos os empregados subordinados aos empregadores pessoas físicas titulares de licença municipal para exercício de atividade de comércio ambulante, ou seja, trabalhadores contratados pelos proprietários de bancas de comércio ou alimentação que estão sujeitos aos elementos caracterizadores da relação de empregado, especialmente no que respeita à subordinação jurídica.

BASE LEGAL:
CLT, Art. 3º. Considera-se empregado toda pessoa física que prestar serviços de natureza não eventual a empregador, sob a dependência deste e mediante salário.
Parágrafo único: Não haverá distinções relativas à espécie de emprego e à condição de trabalhador, nem entre o trabalho intelectual, técnico e manual.

VENDEDOR/VIAJANTE OU PRACISTA. *Dir. Trab.*

Este empregado desempenha suas atribuições visitando clientes e potenciais interessados nos produtos e serviços ofertados por seu empregador. De pronto, é fundamental destacar que o vendedor viajante ou pracista exerce funções semelhantes às desenvolvidas por representantes comerciais, porém enquanto este possui autonomia, o primeiro é empregado, portanto subordinado ao patrão. O vendedor viajante ou pracista tem sua atividade regulamentada pela Lei 3.207/1957, sem prejuízo das normas aplicáveis previstas na CLT, ao passo que o trabalho do representante comercial autônomo é objeto da Lei 4.886/1965. Posto isso, regras importantes relativas ao pracista estabelecem que seu empregador definirá a zona de trabalho do empregado, noutros termos, a região pela qual era será responsável no que respeita as visitas aos clientes, bem como os limites para a duração de suas viagens e tempo de descanso decorrente.

BASE LEGAL:
Lei 3.207/1957
Art. 2º O empregado vendedor terá direito à comissão avençada sobre as vendas que realizar. No caso de lhe ter sido reservada expressamente, com

exclusividade, uma zona de trabalho, terá esse direito sobre as vendas ali realizadas diretamente pela empresa ou por um preposto desta.
§ 1º A zona de trabalho do empregado vendedor poderá ser ampliada ou restringida de acordo com a necessidade da empresa, respeitados os dispositivos desta lei quanto à irredutibilidade da remuneração.
§ 2º Sempre que, por conveniência da empresa empregadora, for o empregado viajante transferido da zona de trabalho, com redução de vantagens, ser-lhe-á assegurado, como mínimo de remuneração, um salário correspondente à média dos 12 (doze) últimos meses, anteriores à transferência.
[...]
Art. 9º O empregado vendedor viajante não poderá permanecer em viagem por tempo superior a 6 (seis) meses consecutivos. Em seguida a cada viagem haverá um intervalo para descanso, calculado na base de 3 (três) dias por mês da viagem realizada, não podendo, porém, ultrapassar o limite de 15 (quinze) dias.
Súmula 27, TST – COMISSIONISTA. É devida a remuneração do repouso semanal e dos dias feriados ao empregado comissionista, ainda que pracista.

VENTILAÇÃO. *Dir. Trab.*

O direito do trabalho traça regras que objetivam garantir a adequação do meio ambiente do trabalho, incluindo proteção ao conforto térmico dos empregados. Como regra geral, os locais de trabalho deverão possuir ventilação natural adequada, porém em caso de insuficiência o empregador está obrigado a promover ventilação artificial para assegurar o conforto térmico dos trabalhadores. As especificações sobre as condições que devem ser observadas constam das normas regulamentadoras do extinto Ministério do Trabalho, hoje Secretaria Especial de Previdência e Trabalho. Por fim, importa destacar que a exposição do empregado ao calor em ambientes fechados pode ensejar a caracterização da insalubridade.

BASE LEGAL:
CLT, Art. 176. Os locais de trabalho deverão ter ventilação natural, compatível com o serviço realizado.
Parágrafo único: A ventilação artificial será obrigatória sempre que a natural não preencha as condições de conforto térmico.
CLT, Art. 192. O exercício de trabalho em condições insalubres, acima dos limites de tolerância estabelecidos pelo Ministério do Trabalho, assegura a percepção de adicional respectivamente de 40% (quarenta por cento), 20% (vinte por cento) e 10% (dez por cento) do salário-mínimo da região, segundo se classifiquem nos graus máximo, médio e mínimo.

VERBAS RESCISÓRIAS. *Dir. Trab.*

São os valores decorrentes do ato de extinção do contrato de trabalho e variam de acordo com o motivo da rescisão. Em linhas gerais, quando o empregado não é responsável pelo fim do contrato, ele recebe uma maior quantidade de direitos, ao passo que quanto mais ele contribuiu para a extinção, menos direitos recebe. Em linhas gerais, as verbas rescisórias incluem o saldo de salário (os dias trabalhados no mês da rescisão); as férias integrais e proporcionais a depender do caso concreto, acrescidas do terço constitucional; o décimo terceiro proporcional; a indenização do FGTS e a incidência de FGTS sobre os valores da rescisão com natureza salarial. Ainda por conta da rescisão, de acordo com a modalidade de extinção, o trabalhador poderá ter direito de movimentar a sua conta de FGTS e de ingressar no programa de seguro-desemprego. Ademais, na hipótese de dispensa sem justa causa e rescisão indireta, o empregado terá direito ao aviso-prévio, ao passo que no pedido de demissão competirá a ele dar o aviso-prévio ao empregador. Por derradeiro, por ocasião da rescisão, o empregador

deverá acertar o pagamento de eventuais valores contratuais, como os créditos de banco de horas.

BASE LEGAL:

CLT, Art. 477. Na extinção do contrato de trabalho, o empregador deverá proceder à anotação na Carteira de Trabalho e Previdência Social, comunicar a dispensa aos órgãos competentes e realizar o pagamento das verbas rescisórias no prazo e na forma estabelecidos neste artigo.

[...]

§ 6º A entrega ao empregado de documentos que comprovem a comunicação da extinção contratual aos órgãos competentes bem como o pagamento dos valores constantes do instrumento de rescisão ou recibo de quitação deverão ser efetuados até dez dias contados a partir do término do contrato.

[...]

§ 8º A inobservância do disposto no § 6º deste artigo sujeitará o infrator à multa de 160 BTN, por trabalhador, bem assim ao pagamento da multa a favor do empregado, em valor equivalente ao seu salário, devidamente corrigido pelo índice de variação do BTN, salvo quando, comprovadamente, o trabalhador der causa à mora.

Súmula n. 462, TST – MULTA DO ART. 477, § 8º, DA CLT. INCIDÊNCIA. RECONHECIMENTO JUDICIAL DA RELAÇÃO DE EMPREGO. A circunstância de a relação de emprego ter sido reconhecida apenas em juízo não tem o condão de afastar a incidência da multa prevista no art. 477, §8º, da CLT.

A referida multa não será devida apenas quando, comprovadamente, o empregado der causa à mora no pagamento das verbas rescisórias.

VESTIMENTA. *Dir. Trab.*

O empregador, em razão do poder empregatício, dispõe do direito de definir o padrão de vestimenta no meio ambiente laboral. Assim, o empregador pode impor a adoção de uniforme ou de códigos de vestimenta aos seus empregados. Ademais, também está autorizado a incluir logomarcas da empresa ou de empresas parceiras nos uniformes. Por outro prisma, a vestimenta também pode ser encarada como equipamento de proteção individual, devendo ser ofertada pelo empregador, quando as condições de temperatura do local de trabalho forem desconfortáveis.

BASE LEGAL:
CLT, Art. 456-A. Cabe ao empregador definir o padrão de vestimenta no meio ambiente laboral, sendo lícita a inclusão no uniforme de logomarcas da própria empresa ou de empresas parceiras e de outros itens de identificação relacionados à atividade desempenhada.
Parágrafo único: A higienização do uniforme é de responsabilidade do trabalhador, salvo nas hipóteses em que forem necessários procedimentos ou produtos diferentes dos utilizados para a higienização das vestimentas de uso comum.

VESTUÁRIO. *Dir. Trab.*

A par das regras relativas à definição dos padrões de vestimenta no meio ambiente laboral e do tratamento como elemento de proteção contra o desconforto término, podemos compreender o vestuário como modalidade de salário *in natura* ou salário utilidade, quando o empregado tiver parcela de sua contraprestação decorrente do serviço realizado concretizada por intermédio da entrega de peças de vestuário, v.g., uma loja autoriza seus vendedores a escolherem determinado valor em roupas e acessórios, a cada mês, como parte de seu pagamento. Nesse caso, o vestuário deverá ser considerado na remuneração, compondo a base de cálculo de demais parcelas trabalhistas e previdenciárias. Por outro lado, caso a entrega do vestuário esteja realizada à própria execução do trabalho, por exemplo, o fornecimento uniforme por parte da empresa, não haverá o caráter salarial e não haverá qualquer repercussão.

BASE LEGAL:

CLT, Art. 458. Além do pagamento em dinheiro, compreende-se no salário, para todos os efeitos legais, a alimentação, habitação, vestuário ou outras prestações "in natura" que a empresa, por força do contrato ou do costume, fornecer habitualmente ao empregado. Em caso algum será permitido o pagamento com bebidas alcoólicas ou drogas nocivas.

[...]

§ 2º Para os efeitos previstos neste artigo, não serão consideradas como salário as seguintes utilidades concedidas pelo empregador:

I – vestuários, equipamentos e outros acessórios fornecidos aos empregados e utilizados no local de trabalho, para a prestação do serviço;

[...].

VIBRAÇÕES E RUÍDOS. *Dir. Trab.*

No contexto de proteção à saúde do trabalhador, as normas regulamentadores do extinto Ministério do Trabalho, atual Secretaria Especial da Previdência e do Trabalho, estipulam limites de tolerância para exposição dos empregados a vibrações e ruídos. Os referidos limites variam a depender a intensidade e do tempo de exposição, sendo certo que na hipótese de inobservância das regras previstas, caracteriza-se trabalho em condições insalubres.

BASE LEGAL:

CLT, Art. 200. Cabe ao Ministério do Trabalho estabelecer disposições complementares às normas de que trata este Capítulo, tendo em vista as peculiaridades de cada atividade ou setor de trabalho, especialmente sobre:

[...]

VI. proteção do trabalhador exposto a substâncias químicas nocivas, radiações ionizantes e não ionizantes, ruídos, vibrações e trepidações ou pressões anormais ao ambiente de trabalho, com especificação das medidas cabíveis para eliminação ou atenuação desses efeitos limites máximos quanto ao tempo de exposição, à intensidade da ação ou de seus efeitos sobre o organismo do trabalhador, exames médicos obrigatórios, limites de idade controle permanente dos locais de trabalho e das demais exigências que se façam necessárias;

CLT, Art. 192. O exercício de trabalho em condições insalubres, acima dos limites de tolerância estabelecidos pelo Ministério do Trabalho, assegura a percepção de adicional respectivamente de 40% (quarenta por cento), 20% (vinte por cento) e 10% (dez por cento) do salário-mínimo da região, segundo se classifiquem nos graus máximo, médio e mínimo.

VÍCIOS DE CONSENTIMENTO. *Dir. Civ.*

São as circunstâncias que maculam a expressão da vontade do sujeito que formaliza um ato ou negócio jurídico. Os vícios de consentimento consistem no erro ou ignorância, dolo, coação, estado de perigo e lesão. O erro ocorre quando o agente se engana sobre um aspecto do negócio jurídico, que poderia ter sido percebido por pessoa de diligência normal, ao passo que a ignorância se caracteriza pelo desconhecimento por parte do agente. O dolo se concretiza quando uma das partes do negócio ou um terceiro enganam o agente, prejudicando a higidez da sua manifestação de vontade. A coação, no contexto analisado, é a ameaça que infunde temor de dano iminente ao paciente, sua família ou seus bens. Estado de perigo ocorre quando o agente, premido pela necessidade de salvar-se ou à sua família de dano conhecido pela outra parte, assume obrigação excessivamente onerosa. E lesão se caracteriza pela desproporcionalidade entre as obrigações assumidas, em razão da inexperiência ou situação de necessidade de um dos agentes.

BASE LEGAL:

CC, Art. 171. Além dos casos expressamente declarados na lei, é anulável o negócio jurídico:

[...]

II – por vício resultante de erro, dolo, coação, estado de perigo, lesão ou fraude contra credores.

CC, Art. 112. Nas declarações de vontade se atenderá mais à intenção nelas consubstanciada do que ao sentido literal da linguagem.

VIGIA. *Dir. Trab.*

É aquele que exerce atividade de guarda de pessoas e bens, porém de forma mais simples, sem necessidade de treinamento especializado e sem armamento, por intermédio da fiscalização de determinado local, havendo necessidade de acionar as forças policiais caso identifique uma eventual ação criminosa em curso. A despeito do uso coloquial sugerir a identidade entre o vigia e o vigilante, essas funções não se confundem. Com efeito, vigia é simples empregado e não constitui uma categoria profissional diferenciada.

BASE LEGAL:

Súmula n. 65, TST – VIGIA. O direito à hora reduzida de 52 minutos e 30 segundos aplica-se ao vigia noturno.

Súmula n. 140, TST – VIGIA. É assegurado ao vigia sujeito ao trabalho noturno o direito ao respectivo adicional.
Súmula n. 309, TST – VIGIA PORTUÁRIO. TERMINAL PRIVATIVO. NÃO OBRIGATORIEDADE DE REQUISIÇÃO. Tratando-se de terminais privativos destinados à navegação de cabotagem ou de longo curso, não é obrigatória a requisição de vigia portuário indicado por sindicato.

VIGILANTE. *Dir. Trab.*

Esse profissional tem sua atividade regulamentada pela Lei 7.102/1983. O vigilante é empregado contratado para execução das atividades de segurança privada com a finalidade de proceder à vigilância patrimonial das instituições financeiras e de outros estabelecimentos, públicos ou privados, bem como a segurança de pessoas físicas e realizar o transporte de valores ou garantir o transporte de qualquer outro tipo de carga. O exercício dessa profissão exige, dentre outros requisitos a aprovação em curso de formação de vigilante, êxito em exames de saúde física, mental e psicotécnico e inexistência de antecedentes criminais. Ademais, assegura-se ao vigilante o porte de arma. Por derradeiro, considerando ter sua atividade disciplinada em lei específica, o vigilante é categoria profissional diferenciada.

BASE LEGAL:
Lei 7.102/1983
Art. 1º É vedado o funcionamento de qualquer estabelecimento financeiro onde haja guarda de valores ou movimentação de numerário, que não possua sistema de segurança com parecer favorável à sua aprovação, elaborado pelo Ministério da Justiça, na forma desta lei.
Art. 10. São considerados como segurança privada as atividades desenvolvidas em prestação de serviços com a finalidade de:
I – proceder à vigilância patrimonial das instituições financeiras e de outros estabelecimentos, públicos ou privados, bem como a segurança de pessoas físicas;
II – realizar o transporte de valores ou garantir o transporte de qualquer outro tipo de carga.
[...]
Súmula n. 257, TST – VIGILANTE. O vigilante, contratado diretamente por banco ou por intermédio de empresas especializadas, não é bancário.

VÍNCULO EMPREGATÍCIO. *Dir. Trab.*

É a relação jurídica que se forma entre o tomador de serviços e o trabalhador quando caracterizada pela presença dos elementos indicados nos artigos 2º e 3º da Consolidação das Leis do Trabalho. Com efeito, a posição majoritária na doutrina aponta para cinco requisitos: trabalho realizado por pessoa física ou natural, com pessoalidade, onerosidade, habitualidade e subordinação. Acresce explicar que a pessoalidade implica na execução das obrigações contratuais por uma pessoa em específico, que não pode livremente se fazer substituir por outrem. A onerosidade decorre da contraprestação que se consubstancia no pagamento do salário. Por sua vez, a habitualidade ou não eventualidade ocorre em razão do empregado se integrar à dinâmica da atividade desenvolvida pelo empregador, não limitando sua participação a apenas um evento ou acontecimento específico. E a subordinação jurídica é a situação de sujeição do trabalhador ao poder empregatício, devendo obedecer às diretrizes fixados pelo patrão. Assim, enquanto trabalho é gênero, o vínculo empregatício se concretizada pela presença dos elementos acima elencados, caracterizando a relação de emprego.

BASE LEGAL:

CLT, Art. 2º. Considera-se empregador a empresa, individual ou coletiva, que, assumindo os riscos da atividade econômica, admite, assalaria e dirige a prestação pessoal de serviço.

[...]

Art. 3º. Considera-se empregado toda pessoa física que prestar serviços de natureza não eventual a empregador, sob a dependência deste e mediante salário.

Parágrafo único – Não haverá distinções relativas à espécie de emprego e à condição de trabalhador, nem entre o trabalho intelectual, técnico e manual.

VIOLAÇÃO DE SEGREDO DA EMPRESA. *Dir. Trab.*

Constitui uma das hipóteses de falta grave aptas a ensejar a dispensa por justa causa, prevista no art. 482, da Consolidação das Leis do Trabalho. Por violação de segredo da empresa devemos compreender a ação do empregado que resultar no acesso indevido ou divulgação de informações e procedimentos sigilosos e relevantes para o desempenho da atividade empresarial. Por fim, não constitui violação de segredo da empresa a comunicação de eventuais ilegalidades às autoridades competentes ou a prestação de informações em depoimento judicial. Ademais, a violação de segredo da empresa pode ensejar indenização por danos morais e materiais.

BASE LEGAL:
CLT, Art. 223-D. A imagem, a marca, o nome, o segredo empresarial e o sigilo da correspondência são bens juridicamente tutelados inerentes à pessoa jurídica.
CLT, Art. 482 – Constituem justa causa para rescisão do contrato de trabalho pelo empregador:
[...]
g) violação de segredo da empresa; [...].

VIOLÊNCIA DOMÉSTICA. *Dir. Trab./Proc. Trab.*

Em termos legais, a violência doméstica e familiar contra a mulher é qualquer ação ou omissão baseada no gênero que lhe cause morte, lesão, sofrimento físico, sexual ou psicológico e dano moral ou patrimonial. No âmbito do direito do trabalho, a Lei Maria da Penha prevê que o magistrado poderá assegurar à mulher vítima de violência doméstica e familiar a manutenção do seu vínculo empregatício por até seis meses, quando houver necessidade de que ela se afaste do local de trabalho para sua proteção. Já sob o prisma do direito processual, inclusive no que respeita ao processo trabalhista, haverá prioridade de tramitação os procedimentos judiciais em que figure como parte a mulher vítima de violência doméstica e familiar.

BASE LEGAL:
Lei 11.340/2006
Art. 9º A assistência à mulher em situação de violência doméstica e familiar será prestada de forma articulada e conforme os princípios e as diretrizes previstos na Lei Orgânica da Assistência Social, no Sistema Único de Saúde, no Sistema Único de Segurança Pública, entre outras normas e políticas públicas de proteção, e emergencialmente quando for o caso.
[...]
§ 2º O juiz assegurará à mulher em situação de violência doméstica e familiar, para preservar sua integridade física e psicológica:
[...]
II – manutenção do vínculo trabalhista, quando necessário o afastamento do local de trabalho, por até seis meses.
CPC, Art. 1.048. Terão prioridade de tramitação, em qualquer juízo ou tribunal, os procedimentos judiciais:
[...]
III – em que figure como parte a vítima de violência doméstica e familiar, nos termos da Lei nº 11.340, de 7 de agosto de 2006 (Lei Maria da Penha).

VISTAS DOS AUTOS. *Dir. Proc. Trab.*

É direito conferido ao advogado examinar, em qualquer órgão do Poder Judiciário, Legislativo e da Administração Pública em geral, os autos de processos em curso ou arquivados, desde que não submetidos a sigilo ou segredo de justiça, mesmo que esteja sem procuração. Em sintonia com essa regra, é igualmente assegurado ao advogado o direito de ter vista dos autos de processos judiciais ou administrativos, seja nos cartórios do judiciário ou nas repartições públicas, bem como retirá-los para exame dentro dos prazos legais.

BASE LEGAL:

Lei 8.906/1994

Art. 7º São direitos do advogado:

[...]

XIII – examinar, em qualquer órgão dos Poderes Judiciário e Legislativo, ou da Administração Pública em geral, autos de processos findos ou em andamento, mesmo sem procuração, quando não estiverem sujeitos a sigilo ou segredo de justiça, assegurada a obtenção de cópias, com possibilidade de tomar apontamentos;

[...]

XV – ter vista dos processos judiciais ou administrativos de qualquer natureza, em cartório ou na repartição competente, ou retirá-los pelos prazos legais; [...]..

VISTA REGIMENTAL. *Dir. Proc. Trab.*

Vista regimental ou legal é a solicitação de prazo adicional efetuada por um Desembargador ou Ministro para proferir seu voto em uma decisão colegiada. Esse pedido de vista implica no adiamento do julgamento e caso ultrapassado o prazo legal de 10 (dez) dias (CPC) ou o prazo regimental, conforme o caso, o Presidente do órgão julgador deverá pautar o feito e convocar o substituto para proferir o voto. Por derradeiro, vale observar que no âmbito do Tribunal Superior do Trabalho, em sintonia com o regramento do Código de Processo Civil, o prazo de vista regimental também é de 10 (dez) dias.

BASE LEGAL:

CPC, Art. 940. O relator ou outro juiz que não se considerar habilitado a proferir imediatamente seu voto poderá solicitar vista pelo prazo máximo de 10 (dez) dias, após o qual o recurso será reincluído em pauta para julgamento na sessão seguinte à data da devolução.

§ 1º Se os autos não forem devolvidos tempestivamente ou se não for solicitada pelo juiz prorrogação de prazo de no máximo mais 10 (dez) dias, o presidente do órgão fracionário os requisitará para julgamento do recurso na sessão ordinária subsequente, com publicação da pauta em que for incluído.
§ 2º Quando requisitar os autos na forma do § 1º, se aquele que fez o pedido de vista ainda não se sentir habilitado a votar, o presidente convocará substituto para proferir voto, na forma estabelecida no regimento interno do tribunal.

VISTO. *Dir. Proc. Trab.*

Nos julgamentos de órgãos colegiados, a dinâmica usualmente consiste na participação ativa de dois magistrados, um figurando como o relator do feito e o outro como seu revisor. Após o feito ter sido apreciado pelo relator, ele lançará a indicação de que analisou o caso por intermédio do "visto", remetendo o caso para o revisor. Da mesma forma, após a análise por parte do revisor, ele lançará seu "visto". Estando o processo em ordem, será submetido à pauta de julgamento, sendo que na oportunidade, os demais integrantes do órgão participaram da decisão proferindo seus votos.

BASE LEGAL:
CPC, Art. 931. Distribuídos, os autos serão imediatamente conclusos ao relator, que, em 30 (trinta) dias, depois de elaborar o voto, restitui-los-á, com relatório, à secretaria.
[...]
Art. 934. Em seguida, os autos serão apresentados ao presidente, que designará dia para julgamento, ordenando, em todas as hipóteses previstas neste Livro, a publicação da pauta no órgão oficial.

VIÚVA OU VIÚVO. *Dir. Proc. Trab.*

A figura da viúva ou do viúvo tem relevância no processo do trabalho no que respeita à legitimidade ativa para representação do espólio e para as hipóteses de dano em ricochete ou indireto. No primeiro caso, estamos nos referindo à situação em que o trabalhador ou a trabalhadora ajuizou a sua ação trabalhista e no curso desta veio a falecer, ou então quando o cônjuge supérstite promove a ação pleiteando os direitos do *de cujus*, sendo que além das hipóteses de habilitação previstas no CPC, aplica-se também no processo do trabalho as regras previstas na Lei 6.858/1980. No segundo caso, a jurisprudência consolidou-se no sentido de que a Justiça do Trabalho é competente para apreciar o pedido dos dependentes ou sucessores do empregado falecido que pleiteiam indenização pelo dano moral e material decorrente da morte do trabalhador.

BASE LEGAL:

Lei 6.858/1980

Art. 1º – Os valores devidos pelos empregadores aos empregados e os montantes das contas individuais do Fundo de Garantia do Tempo de Serviço e do Fundo de Participação PIS-PASEP, não recebidos em vida pelos respectivos titulares, serão pagos, em quotas iguais, aos dependentes habilitados perante a Previdência Social ou na forma da legislação específica dos servidores civis e militares, e, na sua falta, aos sucessores previstos na lei civil, indicados em alvará judicial, independentemente de inventário ou arrolamento.

Súmula n. 392 DANO MORAL E MATERIAL. RELAÇÃO DE TRABALHO. COMPETÊNCIA DA JUSTIÇA DO TRABALHO. Nos termos do art. 114, inc. VI, da Constituição da República, a Justiça do Trabalho é competente para processar e julgar ações de indenização por dano moral e material, decorrentes da relação de trabalho, inclusive as oriundas de acidente de trabalho e doenças a ele equiparadas, ainda que propostas pelos dependentes ou sucessores do trabalhador falecido.

VOLUNTÁRIO. *Dir. Trab.*

É uma das espécies do gênero trabalho caracterizada pela ausência de onerosidade. Assim, a atividade do voluntário terá caráter gratuito, ainda que presentes outros elementos como habitualidade e subordinação. A função está regulamentada na Lei n. 9.608/1998. A legislação expressamente afasta a caracterização do vínculo empregatício no desempenho do trabalho voluntário, porém a validade dessa forma de prestação de serviço está condicionada à celebração de termo de adesão entre a entidade pública ou privada e o voluntário. Nesse contrato, é possível que o trabalhador seja ressarcido pelas despesas previamente autorizadas que tiver no desempenho de suas atividades voluntárias, o que não pode ser confundido com remuneração. Por fim, somente há que se falar em serviço voluntário quando o trabalhador estiver ciente de que seu labor não receberá contraprestação, estando motivado por questões de natureza ética, de maneira que deve restar claro que havendo expectativa de pagamento de salário, estaremos diante de um vínculo empregatício.

BASE LEGAL:

Lei 9.608/1998

Art. 1º. Considera-se serviço voluntário, para os fins desta Lei, a atividade não remunerada prestada por pessoa física a entidade pública de qualquer natureza ou a instituição privada de fins não lucrativos que tenha objetivos cívicos, culturais, educacionais, científicos, recreativos ou de assistência à pessoa.

Parágrafo único. O serviço voluntário não gera vínculo empregatício, nem obrigação de natureza trabalhista previdenciária ou afim.

Art. 2º O serviço voluntário será exercido mediante a celebração de termo de adesão entre a entidade, pública ou privada, e o prestador do serviço voluntário, dele devendo constar o objeto e as condições de seu exercício.

Z

ZELADOR. *Dir. Trab.*

É o funcionário contratado por um condomínio com atribuições supervisionar as ações de manutenção predial (inspeção, limpeza, reparos), de gestão da mão de obra (distribuição de tarefas, fiscalizar a atuação dos funcionários, colaboração com o síndico) e acompanhamento de reformas e obras de manutenção. A Lei 2.757/1956 define a incidência das normas da Consolidação das Leis do Trabalho na regulamentação do contrato de trabalho do zelador. Aspecto importante relativo à profissão diz respeito ao caráter salarial ou indenizatório da habitação fornecida ao zelador. Com efeito, se a moradia for concedida para a realização do trabalho, ou seja, como meio para sua prestação, o caráter será indenizatório. Já se a habitação concedida não se revela importante para que o serviço seja prestado, conclui-se que a moradia foi fornecida como meio de pagamento, pelo trabalho realizado, assumindo natureza salarial com repercussão em verbas trabalhistas e previdenciárias.

BASE LEGAL:

Lei 2.757/1956

Art. 1°. São excluídos das disposições da letra "a" do art. 7° do decreto-lei n° 5.452, de 1° de maio de 1943, e do art. 1° do decreto-lei n° 3.078, de 27 de fevereiro de 1941, os empregados porteiros, zeladores, faxineiros e serventes de prédios de apartamentos residenciais, desde que a serviço da administração do edifício e não de cada condômino em particular.

CLT, Art. 7° Os preceitos constantes da presente Consolidação salvo quando for em cada caso, expressamente determinado em contrário, não se aplicam :

a) aos empregados domésticos, assim considerados, de um modo geral, os que prestam serviços de natureza não-econômica à pessoa ou à família, no âmbito residencial destas;

[...]

Súmula n. 367, TST – UTILIDADES "IN NATURA". HABITAÇÃO. ENERGIA ELÉTRICA. VEÍCULO. CIGARRO. NÃO INTEGRAÇÃO AO SALÁRIO.

I – A habitação, a energia elétrica e veículo fornecidos pelo empregador ao empregado, quando indispensáveis para a realização do trabalho, não têm natureza salarial, ainda que, no caso de veículo, seja ele utilizado pelo empregado também em atividades particulares.
II – O cigarro não se considera salário utilidade em face de sua nocividade à saúde.

BIBLIOGRAFIA

ALVIM, Eduardo Arruda; GRANADO, Daniel Willian; FERREIRA, Eduardo Aranha. *Direito Processual Civil.* 6. ed. São Paulo: Saraiva Educação, 2019.

ARNOUD, Analu Neves Dias. Do contexto histórico do processo judicial eletrônico. set. 2014. Disponível em: https://jus.com.br/artigos/31690/do-contexto-historico-do-processo-judicial-eletronico#:~:text=A%20fundamenta%C3%A7%C3%A3o%20do%20processo%20judicial,esfera%20c%C3%ADvel%2C%20penal%20e%20trabalhista.&text=Os%20novos%20processos%20s%C3%A3o%20todos,levaro%20PJE%20a%20Justi%C3%A7a%20Comum. Acesso em: 24 jan. 2022.

ASSOCIAÇÕES SEM FINS LUCRATIVOS - CÓDIGO CIVIL. Disponível em: https://www.lefisc.com.br/materias/2007/122007societarios.htm. Acesso em: 24 jan. 2022.

BELMONTE. Alexandre Agra. *Instituições Civis no Direito do Trabalho:* curso de direito civil aplicado ao Direito do Trabalho. 3. ed. atual. Rio de Janeiro: Renovar, 2004.

BEZERRA LEITE, Carlos Henrique. *Curso de direito processual do trabalho.* 17. ed. São Paulo: Saraiva, 2019.

BUENO, Cassio Scarpinella. *Manual de Direito Processual Civil.* 4. ed. São Paulo: Saraiva Educação, 2018.

CARRION, Valentin. *CLT – Comentários à Consolidação das Leis do Trabalhistas.* 44. ed. São Paulo: Saraiva Educação, 2020.

CARRION, Valentin. *Comentários à Consolidação das Leis do Trabalho.* São Paulo: Saraiva, 1998.

CHÉROLET, Branda. Documento oficial que registra assuntos debatidos em um encontro importante. Educa Mais Brasil, 19 mar. 2019. Disponível em: https://www.educamaisbrasil.com.br/enem/lingua-portuguesa/ata. Acesso em: 4 jan. 2022.

DELGADO, Maurício Godinho. *Curso de Direito do Trabalho.* 16. ed. São Paulo: LTr, 2017.

DELGADO, Maurício Godinho. *Curso de Direito do Trabalho.* 18. ed. São Paulo: LTr, 2019.

DINAMARCO, Cândido Rangel. *Instituições de Direito Processual Civil.* São Paulo: Malheiros, 2001.

DINIZ, Maria Helena. *Compêndio de introdução à ciência do Direito.* 5. ed. São Paulo: Saraiva, 1993.

DINIZ, Maria Helena. *Lei de Introdução às normas de Direito Brasileiro interpretada.* 18. ed. São Paulo: Saraiva, 2013.

GARCIA, Gustavo Filipe Barbosa. *CLT comentada.* 6. ed. Salvador: JusPodivm, 2020.

GASPARINI, Diógenes. *Direito Administrativo.* 17. ed. São Paulo: Saraiva, 2012.

GONÇALVES, Marcus Vinícius Rios. *Novo curso de Direto Processual Civil.* 3. ed. São Paulo: Saraiva, 2007.

GUITARRA, Paloma. Indústria. [s.d.] Disponível em: https://brasilescola.uol.com.br/geografia/tipos-industrias.htm. Acesso em: 4 jan. 2022.

HOUAISS, Antônio; VILLAR, Mauro de Salles. *Dicionário Houaiss de Língua Portuguesa.* Rio de Janeiro: Objetiva, 2002.

JUNQUEIRA, Gustavo. *Manual de Direito Penal:* parte geral. 4. ed. São Paulo: Saraiva Educação, 2018.

LEITE, BEZERRA. *Curso de Direito do Trabalho.* 11. ed. São Paulo: Saraiva, 2019.

LEITE, Carlos Henrique Bezerra. *Curso de Direito Processual do Trabalho.* 15. ed. São Paulo: Saraiva, 2017.

LENZA, Pedro. *Direito Constitucional Esquematizado.* 19. ed. São Paulo: Saraiva, 2015.

LOPES, MEIRELLES. Hely. *Direito Administrativo Brasileiro.* 23. ed. São Paulo: Malheiros, 1998.

MANRICH, Nelson. *Administração pública do trabalho em face da autonomia privada coletiva.* São Paulo: LTr, 1996.

MARTINEZ, Luciano. *Curso de Direito do Trabalho.* 11. ed. São Paulo: Saraiva Educação, 2020.

MARTINS, Sérgio Pinto. *Fundamentos de Direito do trabalho.* 16. ed. São Paulo: Atlas, 2015.

MARTINS, Sérgio Pinto. *Fundamentos de Direito do trabalho.* 16. ed. São Paulo: Atlas, 2015.

MEDINA, José Miguel Garcia; ARAÚJO, Fábio Caldas de. *Comentários ao Código Civil.* São Paulo: Thomson Reuters, 2018.

MEIRELLES, Hely Lopes. *Direito Administrativo brasileiro.* 22. ed. São Paulo: Malheiros, 1997.

MEIRELLES, Hely Lopes. *Mandado de segurança, ação popular.* [S.l: s.n.] s.d.

MICHAELIS. Radialista. Disponível em: http://michaelis.uol.com.br/busca?id=dNj9k. Acesso em: 12 jan. 2022.

MICHAELIS. Radiotelefonia. Disponível em: http://michaelis.uol.com.br/busca?id=5B2Qn#:~:text=Dicion%C3%A1rio%20Brasileiro%20da%20L%C3%ADngua%20Portuguesa&text=Telecom%20Transmiss%C3%A3o%20

dos%20sons%20por,ia1%2C%20como%20fr%20radiot%C3%A9l%C3%A9phonie. Acesso em: 12 jan. 2022.

MOURA, Marcelo. *Consolidação das Leis do Trabalho para concursos*. 8. ed. Salvador: JusPODIMV, 2018.

NASCIMENTO, Amauri Mascaro. *Compêndio de Direito sindical*. 6. ed. São Paulo: LTr, 2011.

NASCIMENTO, Amauri Mascaro. *Curso de Direito do Trabalho*. 23. ed. São Paulo: Saraiva, 2018.

NASCIMENTO, Amauri Mascaro. *Curso de Direito Processual do Trabalho*. 20. ed. São Paulo: Saraiva, 2001.

NASCIMENTO, Sônia Mascaro. *A medida provisória n. 873/2019 e sua aplicabilidade*. São Paulo: LTr, 2019 .

NASCIMENTO. Amauri Mascaro do. *Curso de Direito Processual do Trabalho*. 29. ed. São Paulo: Saraiva, 2015.

NERY JUNIOR, Nelson; NERY, Rosa Maria de Andrade. *Comentários ao código de processo civil*. São Paulo: Revista dos Tribunais, 2015.

NERY JUNIOR, Nelson. *Teoria geral dos recursos*. São Paulo: RT, 2004.

NEVES, Daniel Amorim Assumpção. *Manual de Direito Processual Civil*. 10. ed. Salvador: JusPodvim, 2018.

NEVES, Daniel Amorim Assumpção. *Manual de Direito Processual Civil*. 11. ed. Salvador: Juspodvim, 2019.

NUNES JUNIOR, Flávio Martins Alves. *Curso de Direito Constitucional*. 2. ed. São Paulo: Thomson Reuters Brasil, 2018.

OLIVEIRA, J.; VIGANÓ, M.; LUNARDELLI, M., CANÊO, L. *CLT 2020 Comparada e Comentada pelos Magistrados do TRT da 2ª Região*. [S.l: s.n.] s.d.

PAMPLONA FILHO, Rodolfo; PEIXOTO, Tercio Roberto. Souza. *Curso de Direito Processual do Trabalho*. 2. ed. São Paulo: Saraiva Educação, 2020.

PEREIRA, Leone. *Manual de Processo do Trabalho*. 3. ed. São Paulo: Saraiva, 2014.

PEREIRA, Leone. *Manual de Processo do Trabalho*. 5. ed. São Pulo: Saraiva, 2018.

PEREIRA, Leone. *Prática Trabalhista*. 10. ed. São Paulo: Saraiva Educação, 2020. (Coleção Prática Jurídica)

PIETRO, Maria Sylvia Zanella Di. *Direito administrativo*. 31. ed. Rio de Janeiro: Forense, 2018.

PORTAL EMPREGA BRASIL. Programa de Proteção ao Emprego (PSE). Disponível em: https://empregabrasil.mte.gov.br/88/ppe/. Acesso em: 12 jan. 2022.

ROCHA; COLNAGO; FERREIRA (Coords.) *CLT 2020*: Comparada e Comentada pelos Magistrados do TRT da 2ª Região (Precedentes e Jurisprudência do TST e TRT2). São Paulo: LTR, 2020.

SARAIVA, Renato. *Curso de Direito Processual do Trabalho.* 13. ed. Salvador: JusPodivm, 2016.

SCHIAVI, Mauro. *Execução no Processo do Trabalho.* 12 ed. Salvador: JusPodvim, 2020.

SCHIAVI, Mauro. *Manual de Direito Processual do Trabalho.* 14. ed. São Paulo: LTr, 2019.

SCHIAVI, Mauro. *Manual de Direito Processual do Trabalho.* 16 ed. São Paulo: LTr, 2020.

SILVA, DE PLACIDO E. *Vocabulário Jurídico.* 27. ed. Rio de Janeiro: Editora Forense, 2006.

SILVA, Homero Batista Mateus da. *CLT comentada.* São Paulo: Thomson Reuters Brasil, 2018.

TARTUCE, Flávio. *Manual de direito civil: Volume Único.* 8. ed. [S.l.]: Método, 2017.

THEODORO JÚNIOR, Humberto. *Curso de Direito Processual Civil.* 56. ed. Rio de Janeiro: Forense, 2015.

THEODORO JÚNIOR, Humberto. *Prescrição e decadência.* Rio de Janeiro: Forense, 2018.

TRIBUNAL JUSTIÇA DO TRABALHO. O Que é CNDT. Disponível em: http://www.tst.jus.br/o-que-e-cndt. Acesso em: 4 jan. 2022.

editoraletramento
editoraletramento
grupoletramento
editoraletramento.com.br
company/grupoeditorialletramento
contato@editoraletramento.com.br

casadodireito.com
casadodireitoed
casadodireito

Grupo
Editorial
LETRAMENTO